해커스변호사

민사소송법

Civil Procedure Law

기출중심
사례의 脈

해커스변호사

이 책의 **머리말**

포항 냉수리 신라비(국보 제264호)에는 3대에 걸쳐 이어진 재산분쟁의 종지부를 찍는 판결문이 기록되어 있습니다. 지증왕은 전대의 두 왕이 결정한 절거리라는 사람의 재산취득에 관한 사항을 다시 한번 확인하고 그 결정사항을 집행하도록 한 사실을 비석에 남겼습니다. 매듭짓는 과정이 없다면 분쟁은 계속 반복될 것입니다. 그런데 1500년 전처럼 사건마다 왕이 비석을 세우지 않아도 되도록 하는 것이 절차법입니다. 분쟁을 매듭짓는 과정이 절차법이라고 한다면 절차법인 민사소송법이 사례와 함께 호흡하는 관계라는 것은 자명합니다. 그래서 개념을 설명하는 방식으로는 민사소송법의 정확한 내용을 전달하는데 한계가 있습니다. 저자가 민사소송법의 맥을 집필하면서 민사소송법 사례의 맥과 연동하여 '핵심사례'를 수록한 것도 이런 이유에서입니다. 민사소송법의 맥으로 수학한 독자라면 민사소송법 사례의 맥을 통해 민사소송법의 개념을 되새기는 시너지효과까지 거둘 수 있을 것입니다.

본서의 특징은 아래와 같습니다.

1. 주요 기출사례 및 판례사례 정리

변호사시험, 법전협 모의고사, 사법시험, 법원행시, 법무사시험, 5급공채 법무행정고시, 변리사시험 2차 주관식 기출뿐만 아니라 주요 최신판례까지 약 200여 개의 사례가 진도별로 정리되었습니다. 각 사례에는 기본서인 민사소송법의 맥에 수록된 핵심사례에 해당하는 사례번호를 표시하여 기본서와 사례집의 유기적인 활용이 가능하게 하였습니다.

2. 변호사시험 및 사법시험, 법원행시, 법무사, 5급공채, 변리사 기출표시

사례번호 옆에 기출표시를 해 두어 스스로 중요도를 확인할 수 있게끔 하였습니다. 이로써 변호사시험 뿐만 아니라 법원행정고시, 법무사시험, 5급공채 법무행정직렬, 변리사시험을 준비하시는 수험생들에게 합격의 이정표가 되도록 했습니다.

3. 필수암기 사항 두문자 표시 및 결론 표시

암기에 도움이 될 수 있도록 꼭 필요한 내용에 대해서는 두문자를 표시해 두었고, 목차 옆에 결론을 표시하여 반복 학습할 때에 속도를 낼 수 있도록 했습니다.

4. 2021년 법전협 모의고사 및 2022년 11회 변호사시험 기출문제까지 반영

5. 절제된 분량 390page로 민사소송법 사례형 완벽대비

중복되는 문제를 통합하고, 앞의 사례와 반복되는 논점은 참조표시만 하여 분량을 줄였습니다. 기본서인 민사소송법의 맥으로 공부한 독자라면 반복 학습하는 효과가 배가될 것입니다. 변호사시험 전부와 각종 주요고시의 10년간 기출사례, 향후 출제가 유력한 최신판례까지 망라하였으므로 더 이상의 사례풀이 욕심은 과욕이라고 생각합니다. 저자가 분량의 부담을 줄이기 위해 노력한 것은 독자가 본서를 수회 반복 학습하여 사례풀이 능력을 체화하도록 하기 위함임을 이해해주기를 바랍니다.

2022년 4월 연구실에서

윤동환

차 례

제1편 총론 · 제2편 소송의 주체

제3편 제1심 소송절차

제5편 병합소송

제6편 상소심 및 재심절차

제**1**편
총 론

제**2**편
소송의 주체

〈공통된 사실관계〉

甲은 乙종중의 대표자라고 주장하는 B와 乙종중 소유 X건물에 대하여 임대차계약을 체결하면서 보증금 1억 원을 B에게 지급하였다. 임대차 기간 만료 후 甲은 임대차계약의 해지를 통고하고 乙 종중을 상대로 보증금 1억 원의 반환을 구하였으나, 乙종중은 B는 乙종중의 대표자가 아닐 뿐만 아니라 임대차계약을 체결한 아무런 권한이 없고, 보증금 1억 원은 B가 개인적으로 착복하였다며 반환을 거부하였다. 이에 甲은 보증금반환청구의 소를 제기하였다. (민사소송법의 맥 A-02 참조)

〈문제 1.〉

위 소의 담당재판부의 배석판사 중 1인이 乙종중의 구성원이었다는 사실이 나중에 밝혀진 경우에 판결이 적법한지 여부를 검토하고, 부적법한 경우의 구제수단을 설명하시오.

I. 문제 1. - 제41조 1호의 제척사유 해당여부 및 간과판결시 구제수단

1. 문제점

법관의 제척이란 법관이 구체적인 사건과 법률에서 정한 특수한 관계가 있는 경우, 해당 법관을 그 사건에 관한 재판에서 배제시키는 제도를 말한다. 사안과 같이 종중관련 소송의 재판부가 종중원인 경우 제41조 1호에 규정된 제척사유에 해당하는지, 해당한다면 이러한 법관이 관여한 재판이 부적법한지를 살피고 그 구제수단을 검토한다.

2. 제척사유 해당여부

(1) 제41조 1호의 의미

제41조 1호에서 '법관 또는 그 배우자나 배우자이었던 사람이 사건의 당사자가 되거나, 사건의 당사자가 공동권리자·공동의무자 또는 상환의무자의 관계에 있는 때'에 제척사유가 된다고 하고 있다. 여기서 '사건의 당사자가 공동권리자·공동의무자'의 의미와 관련하여, 判例는 "소송의 목적이 된 권리관계에 관하여 공통되는 법률상 이해관계가 있어 재판의 공정성을 의심할 만한 사정이 존재하는 지위에 있는 관계"를 의미한다는 입장이다(대판 2010.5.13. 2009다102254).

(2) 공통되는 법률상 이해관계의 존부

判例는 "종중의 종중원들은 종중원의 재산상·신분상 권리의무 관계에 직접적인 영향을 미치는 종중규약을 개정한 종중총회결의의 효력 유무에 관하여 공통되는 법률상 이해관계가 있다. 따라서 종중원이 종중에 대하여 종중규약을 개정한 종중총회결의에 대한 무효확인의 소를 제기하였는데 재판부를 구성한 판사 중 1인이 당해 종중의 구성원인 경우, 그 판사는 제1호에 정한 '당사자와 공동권리자·공동의무자의 관계에 있는 자'에 해당한다"(대판 2010.5.13. 2009다102254)고 판시한 바 있다.

(3) 사안의 경우

배석판사 중 1인이 乙종중의 구성원이었다면, 그 판사는 乙 종중과 공통되는 법률상 이해관계를 가진다고 볼 수 있으므로, 제41조 1호의 제척사유에 해당한다.

3. 제척사유를 간과한 판결의 효력 및 구제수단

(1) 제척의 효과

제척사유가 있는 법관은 **법률상 당연히** 그 사건에 대하여 직무집행이 배제되며, 일체의 소송행위에 관여할 수 없다. 그러나 예외적으로 ⅰ) 종국판결의 선고(제48조 단서), ⅱ) 긴급을 요하는 행위(제48조 단서) 등은 할 수 있다.

(2) 간과판결의 효력 및 구제수단

제척사유가 있는 법관이 관여하여 선고된 판결은 당연무효는 아니나 절차상 하자가 있는 것으로 위법하다. 따라서 판결 확정 전이면 절대적 상고이유에 해당하므로(제424조 1항 2호) 상고로 다툴 수 있고, 판결 확정 후이면 재심사유(제451조 1항 2호)에 해당하므로 재심으로 불복하면 된다.

(3) 사안의 경우

사안에서는 제48조 단서에 해당하는 사정이 없으므로, 제척사유가 있는 판사가 관여하여 선고된 판결에 해당한다. 따라서 甲은 판결 확정 전이면 상고로 다툴 수 있고, 판결 확정 후이면 재심으로 불복하면 된다.

사례_002 **법관의 제척 · 기피(2)**   2016년 법원행정고시

〈문제 2.〉
제1심에서 乙이 법관을 상대로 기피신청을 하였으나 소속법원 합의부의 기각결정이 내려졌다. 그 후 패소한 乙이 항소하였는데, 항소심의 재판장이 제1심의 기피신청재판에 관여한 법관이라면 제척사유에 해당하는지 설명하시오.   (민사소송법의 맥 20쪽 참조)

Ⅱ. 문제 2. - 제41조 5호의 제척사유 해당여부

1. 문제점

항소심의 재판장이 제1심의 기피신청재판에 관여한 법관인 경우 제41조 5호 소정의 전심재판 관여에 해당하는지 문제된다.

2. 제41조 5호의 취지 및 해석에 관한 판례의 태도

(1) 제41조 5호의 취지

제41조 5호는 법관의 예단을 배제하여 재판의 공정성을 유지하고, 심급제도의 형해화를 막아 심리의 실질화를 도모하는 취지이다.

(2) 제41조 5호의 해석에 관한 판례의 태도

법관은 '법관이 불복사건의 이전심급의 재판에 관여하였을 때'에 해당하면 직무집행에서 제척되는 바(제41조 5호), 여기서 ⅰ) '이전심급'의 재판이란 하급심 재판을 의미하며 종국판결뿐 아니라 중간적 재판도 포함되고(대판 1997.6.13. 96다56115), ⅱ) '관여'란 최종변론, 판결의 합의와 판결의 작성 등 깊이 관여하는 경우를 말한다(대판 1997.6.13. 96다56115). 判例는 특히 "본안사건의 재판장에 대한 기피신청사건의 재판에 관여한 판사가 다시 위 본안사건에 관여한다 하더라도 이는 제41조 5호 소정의 전심재판 관여에는 해당하지 아니한다"(대판 1991.12.27. 91마631)고 판시한 바 있다.

3. 사안의 해결

항소심의 재판장이 제1심의 기피신청재판에 관여한 법관인 경우, 제1심의 기피신청재판은 항소심의 '전심재판'에는 해당하지만, 최종변론 등 재판에 깊이 '관여'한 경우에 해당하지 않는다. 따라서 제41조 5호 소정의 제척사유에 해당하지 아니한다.

〈문제 3.〉

소송계속 도중 甲은 乙종중의 실제 대표자 A와 담당법관 C가 고등학교 동창이라는 사실을 알고는 분개하여 판사 C에 대한 기피신청을 하였다. 그러나 판사 C는 긴급을 요하지 않음에도 불구하고 甲을 배제한 채 A가 신청한 증인을 신문하였고, 이후 기피신청은 이유 없는 것으로 판단되어 기각결정이 확정되었다. 이후 판사 C는 위 증인신문으로 얻은 증언을 기초로 본안판결까지 선고했다면 본안판결은 적법한가? (민사소송법의 맥 A-03 참조)

Ⅲ. 문제 3. - 기피신청의 배척으로 제48조 위반의 하자가 치유되는지 여부

1. 문제점 [각, 판, 급]

(1) 원칙과 예외

① 기피신청이 있는 경우 법원은 기피에 관한 재판이 확정될 때까지 소송절차를 정지하여야 한다(제48조 본문). 만약 정지하지 않고 소송절차를 속행하여 판결을 선고한 경우 항고로써 불복할 수는 없으나 종국판결에 대한 불복절차에 의하여 그 당부를 다툴 수 있다(대결 2000.4.15. 2000그20). ② 다만, 간이각하 하는 경우, 종국판결을 선고하는 경우, 긴급을 요하는 경우에는 예외적으로 정지하지 않아도 된다(제48조 단서). 이 경우 종국판결을 선고한 경우에는 기피신청에 대한 재판을 할 이익이 없다(대결 2008.5.2. 2008마427).

(2) 사안의 경우

법원이 제48조에 위반하여 증인신문을 하였는바, 후에 기피신청의 기각 또는 각하결정이 확정된 경우, 긴급을 요하지 않은 절차속행의 하자가 치유되어 위 증언에 기초한 법원의 본안판결도 적법하게 되는지 문제된다.

2. 기피신청기각결정으로 제48조 위반의 하자가 치유되는지 여부(소극)

(1) 학설

소송경제를 강조하여 하자치유를 긍정하는 **적극설**, 당사자의 절차권 보장을 강조하여 하자치유를 부정하는 **소극설**이 있다.

(2) 판례

① **[적극설을 취한 경우 : 하자 치유 긍정]** "ⅰ) 민사소송법 제48조의 규정에 의하면 법관에 대한 기피신청이 있으면 그 재판이 확정될 때까지 소송절차를 정지하여야 하나(본문) 예외적으로 종국 판결의 선고만은 할 수 있으므로(단서 참조) 위 법관기피신청이 있은 후에 종국 판결인 원판결의 선고만을 한 원심의 조치가 반드시 위법하다고 볼 수 없을 뿐만 아니라(같은 취지의 대판 1966.5.24. 66다517 판결 참조 : 변론 종결 후 기피신청을 한 사안), ⅱ) 가사 원심의 원판결의 선고가 민사소송법 제48조 단서의 경우에 해당하지 아니하여 위법한 것이라 하더라도 기피신청을 당한 법관이 그 기피신청에 대한 재판이 확정되기 전에 한 '판결'은 그후 그 기피신청이 이유없는 것으로서 배척되고 그 결정이 확정되는 때(기각)에는 유효한 것으로 된다"(대판 1978.10.31. 78다1242).

② **[소극설을 취한 경우 : 하자 치유 부정]** "기피신청에 대한 '각하결정'전에 이루어진 변론기일의 진행 및 위 각하결정이 당사자에게 고지되기 전에 이루어진 **변론기일의 진행**은 모두 민사소송법 제48조의 규정을 위반하여 쌍방불출석의 효과(제268조)를 발생시킨 절차상 흠결이 있고, 특별한 사정이 없는 이상, 그 후 위 기피신청을 각하하는 결정이 확정되었다는 사정만으로 민사소송법 제48조의 규정을 위반하여 **쌍방불출석의 효과를 발생시킨 절차 위반의 흠결이 치유된다고 할 수 없다**"(대판 2010.2.11. 2009다78467 : 신청인이 소송에 관여하지 않아 쌍불출석의 효과가 발생한 사안. 이러한 쌍불취하는 무효이므로 기일지정신청을 다시 할 수 있음).

3. 검 토(절충설 : 상대방의 소송상 이익침해여부가 기준)

하자 치유를 긍정한 *判例*는 '본안판단'이 이루어진 후 기피신청이 '기각'된 사안이고, 하자 치유를 부정한 *判例*는 '본안판단'이 이루어지기 전에 기피신청이 '각하'된 사안인바, 원칙적으로 제48조에 위반한 행위는 재판의 적정, 공평을 확보하기 위한 기피제도의 취지에 비추어 위법하지만, 소송상 이익을 침해하지 않는 경우에 한하여 소송경제를 도모하기 위하여 흠이 치유된다고 보는 *判例*의 입장(절충설)이 타당하다. 즉, 긴급하지 않은 절차의 속행은 위법하지만, 기피신청자가 충분한 소송행위를 한 경우에는 그의 소송상 이익이 침해되지 않으므로 위법성이 치유된다.

4. 사안의 경우

사안에서 C가 행한 증인신문은 긴급을 요하지 않음에도 행해진 소송절차로서 위법하고, 이후 기피신청기각결정이 확정되더라도 甲이 위 증인신문절차에서 배제된 이상 기피신청자 甲의 소송상 이익이 침해되었으므로, 증인신문 및 이에 기초한 본안판결은 위법하다.

사례_004 **국제재판관할권의 결정기준** 대판 2013.7.12. 2006다17539

대한민국 국민 甲은 베트남전 참전 군인으로 베트남 전쟁 동안 살포된 고엽제의 다이옥신 성분(TCDD)에 노출되어 귀국한 후 우리나라에서 당뇨병, 암, 염소성여드름 등 각종 질병이 생겼다고 주장하며, 서울에 사무소를 두고 있는 미국 고엽제 제조회사인 乙 회사를 상대로 제조물책임에 기한 손해배상을 청구의 소를 한국 법원에 제기하였다. 재판권에 관한 합의는 없었으며, 乙 회사는 이 사건 고엽제 소송의 국제재판관할권은 미국 법원에 있다고 주장한다.
한국 법원은 이 사건에 대하여 재판권이 있는가? (민사소송법의 맥 13쪽 참조)

I. 문제점 - 국제재판관할권의 의의

국제재판관할권은 섭외적 민사사건에 대해 어느 나라의 법원이 재판권을 가지는지의 문제로서, 재판관할합의가 있거나 피고 乙회사가 한국 법원의 재판권에 대하여 이의하지 않고 변론했다면 한국 법원에 재판권이 인정되나, 그런 사정이 없는 사안에서 한국 법원에 국제재판관할권이 있는지 문제된다.

II. 국제재판관할권의 결정기준

1. 종래의 학설과 판례

종래 역추지설(국내법이 기준), 관할배분설(조리가 기준)이 있었으나, 통설과 주류적 *判例*는 수정역추지설(조리에 반하지 않는 한 국내법이 기준 : 대판 1995.11.21. 93다39607)의 입장이었다.

2. 개정 국제사법

개정 국제사법은 법원은 당사자 또는 분쟁이 된 사안이 대한민국과 실질적 관련이 있는 경우에 국제재판관할권을 가지며(국제사법 제2조 1항), 법원은 국내법의 관할규정을 참작하여 국제재판관할권의 유무를 판단하되, 1항의 규정의 취지에 비추어 국제재판관할의 특수성을 충분히 고려하여야 한다(동조 2항)고 규정하고 있다.

3. 최근 대법원의 입장 [공, 적, 신, 경]

① 判例는 "국제재판관할을 결정함에 있어서는 당사자 간의 공평, 재판의 적정, 신속 및 경제를 기한다는 기본이념에 따라야 할 것이고, 구체적으로는 소송당사자들의 공평, 편의 그리고 예측가능성과 같은 개인적인 이익뿐만 아니라 재판의 적정, 신속, 효율 및 판결의 실효성 등과 같은 법원 내지 국가의 이익도 함께 고려하여야 할 것이며, 이러한 다양한 이익 중 어떠한 이익을 보호할 필요가 있을지 여부는 개별사건에서 법정지와 당사자와의 실질적 관련성 및 법정지와 분쟁이 된 사안과의 실질적 관련성을 객관적인 기준으로 삼아 합리적으로 판단하여야 할 것이다"(대판 2010.7.15. 2010다18355)고 한다.
② 특히 "물품을 제조·판매하는 제조업자에 대한 제조물책임소송에서 손해발생지 법원에 국제재판관할권이 있는지를 판단하는 경우에는 제조업자가 손해발생지에서 사고가 발생하여 그 지역의 법원에 제소될 것임을 합리적으로 예견할 수 있을 정도로 제조업자와 손해발생지 사이에 실질적 관련성이 있는지를 고려하여야 한다"(대판 2013.7.12. 2006다17539)고 판시하고 있다.

Ⅲ. 사안의 경우

1. 국내법의 토지관할 규정 참작

외국법인인 피고 乙 회사의 사무소·영업소 또는 업무담당자의 주소가 한국에 있다면 이 사건 소송의 보통재판적은 한국에 있고(제2조, 제5조 2항), 특별재판적도 손해배상에 대한 의무이행지인 한국에 있다(제8조). 또한 이 사건 소송은 '불법행위에 관한 소'에 해당하는 바, 甲의 고엽제노출로 인한 피해는 우리나라에서 발생하였고, 제18조 1항의 '행위지'에는 가해행위지뿐만 아니라, 법익침해지로서의 결과발생지(손해발생지)도 포함되므로(대판 2010.7.15. 2010다18355), 한국 법원에 토지관할권이 존재한다.

2. 국제재판관할의 특수성 고려

원고甲은 대한민국 국민이며, 실질적 관련성도 인정된다. 判例도 "피고는 우리나라 군인들이 베트남전에 참전하는 사실을 알고 있었으므로 베트남에서 살포된 고엽제에 노출된 우리나라 군인들이 귀국한 후 질병이 발생할 경우 우리나라에서 피고들을 상대로 제조물책임을 묻는 소를 제기할 수 있음을 충분히 예견할 수 있었던 점, 베트남전 참전군인들의 베트남전 복무 및 그 발생 질병에 관한 자료들이 모두 우리나라에 있고 피고들이 우리말로 번역하여야 한다고 주장하는 외국 자료의 분량에 비하여 월등히 많으며, 손해액 산정에 필요한 자료 또한 우리나라에서 수집하는 것이 편리한 점, 우리나라는 베트남전 참전국가로서 참전 중의 행위로 발생한 우리나라 군대 구성원의 질병에 관한 분쟁에 관하여 정당한 이익이 있는 점 등 여러 사정을 참작하여, 분쟁이 된 사안의 손해발생지 겸 당사자의 생활근거지인 우리나라는 이 사건의 사안 및 당사자와 실질적 관련성이 있다"(대판 2013.7.12. 2006다17539)고 판시하였다.

3. 사안의 해결

한국법원은 이 사건에 대하여 재판권이 있다.

일본 동경에 주소를 두고 음식점을 운영하던 甲은 동경에 주소를 두고 있는 乙에게 2004. 7. 4. 500만 엔을 변제기 2004. 9. 4.로 정하여 대여하였다. 그 차용증서는 일본의 문구점에서 그 내용의 대부분이 인쇄된 상태로 판매되고 있는 것으로서, '만일 본건에 관하여 분쟁이 생긴 때에는 채권자의 주소지 법원을 제1심 관할법원으로 하기로 합의한다'는 취지가 부동문자로 인쇄되어 있었다. 그런데 甲은 2013. 3. 27. 서울 서초구 서초동에 주소를 두고 있는 丙에게 기존의 채무를 청산하려고 위 대여금채권 을 양도하였고, 채권양도사실을 통지했다. 채권을 양도받은 丙은 乙을 상대로 서울중앙지방법원에 차 용증서를 제출하면서 양수금청구의 소를 제기하였다. 乙이 '이 사건 소는 합의관할을 위반하였기 때문 에 서울중앙지방법원은 국제재판관할권이 없어 부적법하다'라고 항변을 하고 있다.

위 乙의 항변이 적법한지 여부에 대하여 논하시오. (민사소송법의 맥 A-01 참조)

I. 결론

乙의 항변은 부적법하다.

II. 논거

1. 甲과 乙 사이의 관할합의가 유효한지 여부

(1) 관할합의의 요건 및 방식 [임, 소, 방, 법, 소]

관할합의가 유효하게 성립하기 위해서는 ⅰ) 제1심 법원의 임의관할에 한해 할 것(제29조 1항), ⅱ) 합의 대상인 소송이 특정되었을 것(동조 2항), ⅲ) 합의의 방식이 서면일 것(동조 2항), ⅳ) 관할법원 이 특정되었을 것, ⅴ) 기타 소송행위로서의 요건을 갖출 것이 요구된다.

(2) 사안의 경우

ⅰ) 甲과 乙은 제1심의 토지관할(임의관할)에 대하여 합의하였고, ⅱ) 합의의 대상을 '본건에 관하여 분쟁이 생긴 때'로 특정하였으며, ⅲ) ⅳ) 관할법원도 '채권자의 주소지 법원'으로 특정하여 서면으로 합의하였다. 다만 부동문자로 인쇄된 토지관할합의의 효력이 문제되는데 判例는 관할합의가 부동문 자로 인쇄되어 있는 경우라도 이를 예문(例文)으로 보아 무효라고 할 수 없다(대판 2008.3.13. 2006다68209) 고 한다. 따라서 甲과 乙 사이의 관할합의는 유효하다.

2. 甲과 乙 사이의 관할합의가 전속적 관할합의인지 여부

(1) 관할합의가 불분명한 경우의 구별기준

"당사자들이 법정 관할법원에 속하는 여러 관할법원 중 어느 하나를 관할법원으로 하기로 약정한 경우, 그와 같은 약정은 그 약정이 이루어진 국가 내에서 재판이 이루어질 경우를 예상하여 그 국가 내에서의 전속적 관할 법원을 정하는 취지의 합의라고 해석될 수 있다"(대판 2008.3.13. 2006다68209)

(2) 사안의 경우

'채권자의 주소지 법원'은 제8조에 의하여 특별재판적이 되는 바(민법 제467조 2항 본문 : 지참채무), 법정관할법원을 관할법원으로 합의한 것이므로, 甲과 乙의 토지관할합의는 전속적 토지관할합의에 해당한다.

3. 甲과 乙 사이의 관할합의가 丙에게 미치는지 여부(소극)

(1) 일반적인 경우

判例는 "관할의 합의는 소송법상의 행위로서 합의 당사자 및 그 일반승계인을 제외한 제3자에게 그 효력이 미치지 않는 것이 원칙이지만, 관할에 관한 당사자의 합의로 관할이 변경된다는 것을 실체법적으로 보면, 권리행사의 조건으로서 그 권리관계에 불가분적으로 부착된 실체적 이해의 변경이라 할 수 있으므로, 지명채권과 같이 그 권리관계의 내용을 당사자가 자유롭게 정할 수 있는 경우에는 당해 권리관계의 특정승계인은 그와 같이 변경된 권리관계를 승계한 것이라고 할 것이어서, 관할합의의 효력은 특정승계인에게도 미친다"(대결 2006.3.2. 2005마902)고 하여 소송물을 이루는 권리관계가 채권인 경우에는 양수인도 그 변경된 내용의 권리를 양수받았다고 볼 수 있으므로 합의의 효력이 미친다.

(2) 전속적 토지관할 합의가 다른 나라의 재판권을 배제하는지 여부(원칙적 소극)

그러나 判例는 채권양도 등으로 외국적 요소가 있는 법률관계가 된 경우에는 달리 판시하고 있는 바, "당사자들이 법정관할법원에 속하는 어느 관할법원 중 어느 하나를 관할법원으로 하기로 약정한 경우, 그와 같은 약정은 그 약정이 이루어진 국가 내에서 재판이 이루어질 경우를 예상하여 그 국가 내에서의 전속적 관할법원을 정하는 취지의 합의라고 해석될 수 있지만, 특별한 사정이 없는 한 다른 국가의 재판관할권을 완전히 배제하거나 다른 국가에서의 전속적인 관할법원까지 정하는 합의를 한 것으로 볼 수는 없다. 따라서 채권양도 등의 사유로 외국적 요소가 있는 법률관계에 해당하게 된 때에는 다른 국가의 재판관할권이 성립할 수 있고, 이 경우에는 위 약정의 효력이 미치지 아니하므로 관할법원은 그 국가의 소송법에 따라 정하여진다고 봄이 상당하다"(대판 2008.3.13. 2006다68209)고 한다.

(3) 사안의 경우

일본국에 거주하던 甲과 乙이 체결한 소비대차계약상 관할합의는 일본국에서 재판이 이루어질 경우를 전제로 전속적 관할합의로 봄이 상당하지만, 甲의 이 사건 대여금채권이 한국에 주소를 두고 있는 丙에게 양수되어 외국적 요소가 있는 법률관계가 된 이상, 甲과 乙 사이의 전속적 합의관할의 효력은 丙에게는 미치지 아니한다. 그 결과 한국에의 제소를 막는 재판권 합의는 없는 것이므로, 우리 법에 의해 한국 법원이 재판권을 갖는지가 정해진다.

4. 대한민국 법원이 국제재판관할권을 갖는지 여부(적극)

(1) 국제재판관할권의 결정기준(사례 004. 참조)

(2) 사안의 경우

1) 토지관할규정의 참작(국제사법 제2조 2항)

피고 乙의 주소지가 일본 동경이므로, 일단 일본국의 동경지방재판소에 국제재판관할권이 인정된다(제2조, 제3조). 그러나 채권양수인 丙은 대한민국 서울 서초구 서초동이 주소이고, 이 채권의 의무이행지는 원고의 주소지가 되므로(지참채무의 원칙), 대한민국의 서울중앙지방법원도 국제재판관할권을 가지게 된다(제8조).

2) 실질적 관련성의 유무(국제사법 제2조 1항)

사안의 경우 대한민국법원에 국제재판관할권을 인정하는 것이 실질적 관련성이 없어 부당하지 않은지가 문제되지만, 한국 법원이 재판권을 행사하는 것이 피고들에게 현저히 부당하다고 보기 어렵고, 증거인 차용증이 한국 법원에 제출된 점에 비추어 대한민국에서 재판을 받는 것이 소송의 적정, 공평, 신속에 어긋난다고 볼 수 없다. 따라서 서울중앙지방법원은 국제재판관할권을 가지고, 본 소가 합의관할을 위반하여 부적법하다는 乙의 항변은 이유 없다.

甲과 丙은 공동 도급인으로서 乙과 위 도급계약을 체결하면서 乙에게 공사대금으로 각 5,000만 원씩을 지급하기로 약정하였고, 그 후 乙은 甲에게 1억 원을, 丁에게 2억 원을 각 대여하였다. 그 후 乙은 부산지방법원에 甲, 丙, 丁을 공동피고로 하여 甲을 상대로는 위 공사대금 5,000만 원의 지급과 위 대여금 1억 원의 반환을 구하고, 丙을 상대로는 위 공사대금 5,000만 원의 지급을 구하고, 丁을 상대로는 위 대여금 2억 원의 반환을 구하는 소를 병합하여 제기하였다.

甲, 丙, 丁의 보통재판적은 모두 서울중앙지방법원의 관할구역 내에만 있고, 甲을 상대로 한 대여금반환청구에 대한 특별재판적은 부산지방법원의 관할구역 내에만 있으며, 甲을 상대로 한 공사대금지급청구 및 丙과 丁을 상대로 한 각 청구에 대한 특별재판적은 대구지방법원의 관할 구역 내에만 있다. 甲은 자신을 상대로 한 공사대금청구에 대하여, 丙과 丁은 각 자신을 상대로 한 청구에 대하여 관할위반을 이유로 대구지방법원으로 이송해 달라는 신청을 하였다.

부산지방법원은 甲을 상대로 한 공사대금청구의 소와 丙, 丁을 상대로 한 각 소에 대하여 어떠한 조치를 취하여야 하는가?　　　　　　　　　　　　　　　(민사소송법의 맥 A-04 참조)

Ⅰ. 문제점

乙이 부산지방법원에 甲, 丙, 丁을 공동피고로 하여 각 소를 병합하여 제기한 바, ⅰ) 부산지방법원에 제25조 2항의 관련재판적이 인정되는지 여부, ⅱ) 甲, 丙, 丁에게 각 자신을 상대로 한 청구에 대하여 제34조 1항의 관할위반을 이유로 한 이송신청권이 인정되는지 여부, ⅲ) 甲, 丙, 丁의 이 사건 이송신청에 대한 부산지방법원의 조치가 문제된다.

Ⅱ. 부산지방법원에 乙의 甲에 대한 공사대금지급청구에 관한 관할권이 인정되는지 여부(적극)

1. 제25조 1항의 관련재판적의 요건

① 관련재판적이란 하나의 소로써 여러 청구를 하는 경우 하나의 청구에 관하여 관할권이 있는 법원에 관할권이 없는 나머지 청구에 대해서도 관할권이 생기는 것을 말한다(제25조). 이는 소송경제와 재판 통일을 도모하기 위한 것이다.

② 관련재판적이 객관적 병합의 경우에 적용됨은 이론이 없는 바, ⅰ) 1개의 소로써 수 개의 청구를 하는 경우일 것, ⅱ) 수소법원이 적어도 하나의 청구에 대하여 관할권이 있을 것, ⅲ) 수소법원이 제2조 내지 제24조의 규정 등에 따라 관할권이 있을 것, ⅳ) 관할권이 없는 청구가 다른 법원의 전속관할에 속하지 않을 것(제31조)을 요한다(제25조 1항).

2. 사안의 경우

乙은 부산지방법원에 甲을 상대로 공사대금지급청구와 대여금반환청구를 병합하여 제기하였는 바, 부산지방법원은 대여금금지급청구에 대하여 특별재판적으로서 관할권이 있고, 공사대금지급청구가 대구지방법원이나 서울중앙지방법원의 전속관할에 속하지 않는다. 따라서 부산지방법원은 乙의 甲에 대한 대여금반환청구뿐 아니라 공사대금지급청구에 대하여도 관련재판적으로서 관할권이 인정된다.

Ⅲ. 부산지방법원에 乙의 丙, 丁에 대한 각 청구에 관한 관할권이 인정되는지 여부

1. 주관적 병합에 관련재판적이 적용되는지 여부(절충설)

소의 주관적 병합의 경우에는 견해의 대립이 있었으나, 개정법은 제65조 전문의 공동소송, 즉 피고들끼리 실질적 관련성이 있는 경우(예컨대 수인의 연대채무자, 수인의 불법행위 피해자)에만 관련재판적을 인정한다(제25조

2항). 이러한 경우에는 관련재판적을 인정하여도 다른 공동피고의 관할규정상 이익을 침해할 위험이 적기 때문이다. 이후 判例는 "토지수용법 소정의 보상금 증액청구소송은 필수적 공동소송이므로 재결청이나 기업자 중 어느 하나의 당사자에 대하여만 관할권이 있더라도 그 법원에 제소할 수 있다"(대판 1994.1.25. 93누18655)고 판시하였다.

2. 사안의 경우

甲과 丙은 공동도급인으로서 乙과 이 사건 도급계약을 체결하면서 乙에게 공사대금으로 각 5,000만 원씩을 지급하기로 약정하였으므로 丙의 공사대금지급채무는 甲의 공사대금지급채무와 법률상 같은 원인에 해당하는 이 사건 도급계약으로 인해 생긴 경우에 해당한다(제65조 전문). 그러나 甲과 丁에 대한 각 대여금반환청구는 여러 대여계약으로 수인의 채무자들에 대하여 대여금지급을 청구하는 경우로서 소송목적이 되는 권리나 의무가 사실상 또는 법률상 같은 종류의 원인으로 생긴 경우에 불과하다(제65조 후문). 따라서 부산지방법원은 乙의 丙에 대한 공사대금지급청구에 관하여는 관할권이 인정되지만, 乙의 丁에 대한 대여금반환청구에 대하여는 관할권이 인정되지 않는다.

IV. 甲, 丙, 丁의 관할위반을 이유로 한 대구지방법원으로의 이송신청의 적법여부

1. 관할위반에 따른 이송신청권의 존부(소극)

법원은 소송의 전부 또는 일부에 대하여 관할권이 없다고 인정하는 경우에는 결정으로 이를 관할법원에 이송하는 바(제34조 1항), 관할위반에 의한 이송의 경우에만 당사자의 신청권을 규정하지 않아 직권이송만 가능한지 문제된다.

判例는 "ⅰ) 당사자가 관할위반을 이유로 한 이송신청을 한 경우에도 이는 단지 법원의 직권발동을 촉구하는 의미밖에 없는 것이고, 따라서 법원이 이 이송신청에 대하여는 재판을 할 필요가 없고, ⅱ) 설사 법원이 이 이송신청을 거부하는 재판을 하였다고 하여도 항고가 허용될 수 없으므로 항고심에서는 이를 각하하여야 한다"(대결 1993.12.6. 전합93마524)고 판시하여 부정설의 입장이다.

관할위반에 의한 이송의 경우 다른 이송과 달리 규정상 당사자에게 신청권 인정되지 않으므로 직권에 의한 이송만 가능하다고 봄이 타당하다.

2. 사안의 경우

乙의 甲에 대한 공사대금지급청구의 경우 제25조 1항의 관련재판적이 인정되고, 乙의 丙에 대한 공사대급지급청구의 경우 제25조 2항의 관련재판적이 인정되므로, 甲과 丙의 관할위반을 이유로 한 이송신청은 부적법하다. 한편 乙의 丁에 대한 대여금반환청구의 경우 부산지방법원에 관할권이 인정되지 않지만 丁에게는 관할위반을 이유로 한 대구지방법원으로의 이송신청권이 인정되지 않는다.

V. 사안의 해결 - 부산지방법원의 조치

① 甲과 丙의 이송신청에 대하여 - 관련재판적이 인정되면 원래 토지관할권이 없던 청구에 관하여도 관할권이 생기고, 피고는 관할위반의 항변을 할 수 없다(관할의 창설). 부산지방법원은 甲과 丙의 이송신청에 대하여 재판을 하지 않고 그대로 소송절차를 진행하면 된다.
② 丁의 이송신청에 대하여 - 丁에 대한 청구는 관련재판적이 인정되지 않지만, 이송신청권이 인정되지 않으므로 법원은 신청에 대하여 재판을 하지 않고 직권으로 관할법원으로 이송하는 결정을 하여야 한다. 만약 부산지방법원이 丁의 이송신청에 대하여 기각결정을 한다면, 判例의 다수의견에 따르면 丁은 즉시항고(제39조)는 물론 특별항고(제449조)도 할 수 없지만(대결 1996.1.12. 95그59 : 각하), 判例의 소수의견에 따르면 즉시항고로 불복할 수 있게 된다.

〈제1문의 3〉

甲은 A 토지의 적법한 소유권자인데, 乙과 丙이 공동으로 甲으로부터 A 토지를 매수하는 매매 계약을 체결한 후 이를 원인으로 하여 A 토지 중 각 1/2 지분에 관한 소유권이전등기를 마쳤다.

甲의 주소와 직장은 인천지방법원 관할 내에 있고, 乙의 주소는 대전지방법원 관할 내에, 직장은 인천지방법원 관할 내에 있으며, 丙의 주소는 부산지방법원 관할 내에, 직장은 울산지방법원 관할 내에 있고, A 토지는 대전지방법원 관할 내에 있다. 甲이 乙, 丙을 공동피고로 A 토지에 관한 소유권(지분)이전등기말소청구 소송을 인천지방법원에 제기하자 丙은 관할위반을 이유로 위 소송을 울산지방법원으로 이송하여 달라고 신청하였다. (문제 1.과 문제 2.는 상호 무관함)

〈문제 1.〉

법원이 丙의 이송신청을 기각하자 丙이 즉시항고를 하였다. 항고심 법원은 어떻게 결정하여야하는가?

(민사소송법의 맥 A-08 참조)

〈문제 2.〉

법원이 丙의 이송신청을 받아들여 위 소송을 울산지방법원으로 이송한다는 결정을 하자 甲이 즉시항고를 하였다. 항고심 법원은 어떻게 결정하여야 하는가?

(민사소송법의 맥 A-08 참조)

Ⅰ. 문제 1. 의 해결 - 당사자의 이송신청권 인정여부

1. 문제점

관할위반에 따른 이송은 법원의 직권에 의해 이루어진다. 관할위반이송(제34조 1항)은 심판편의에 의한 이송 등(제34조 2항, 제35조, 제36조, 제269조 2항)과 달리 당사자의 이송신청권이 규정되어 있지 않아 이송신청권 인정 여부가 문제된다.

2. 판 례(부정설)

判例는 "ⅰ) 당사자가 관할위반을 이유로 한 이송신청을 한 경우에도 이는 단지 법원의 직권발동을 촉구하는 의미밖에 없는 것이고, 따라서 법원이 이 이송신청에 대하여는 재판을 할 필요가 없고, ⅱ) 설사 법원이 이 이송신청을 거부하는 재판을 하였다고 하여도 항고가 허용될 수 없으므로 항고심에서는 이를 각하하여야 한다"(대결 1993.12.6. 전합93마524)고 판시하여 부정설의 입장이다.

3. 검 토

제34조 1항의 규정은 피고의 관할이익을 보호하는 법원의 책무를 규정한 것이지 피고의 이송신청권을 부정하는 취지는 아니라는 이유로 긍정하는 입장도 있으나(통설), 다른 이송과 달리 제34조 1항에서 당사자의 이송신청권을 규정하지 않고 있으므로 이송신청권을 부정하는 것이 타당하다.

4. 항고심 법원의 결정

법원의 이송신청기각결정은 이송신청에 대한 재판이므로, 이송신청권을 인정하지 않는 이상 재판할 필요가 없음에도 기각결정을 한 것이어서 이는 항고의 대상이 되지 않는다. 따라서 항고심법원은 항고를 각하하는 결정을 내려야 한다. 만약 항고심법원이 항고기각결정을 하더라도 이는 항고인에게 불이익을 주는 것이 아니므로 丙은 그 결정에 재항고를 할 이익이 인정되지도 않는다(대결 1993.12.6. 전합93마524).

II. 문제 2. 의 해결 - 위법한 이송결정에 대한 즉시항고

1. 문제점

甲의 소제기에 관할위반의 위법이 있는지가 문제되며, 위법한 이송결정에 대한 즉시항고의 인정 여부가 문제된다.

2. 甲의 소제기에 관할위반의 위법이 있는지 여부

(1) 乙에 대한 말소등기청구

보통재판적에 따른 토지관할법원은 피고 乙의 주소지를 기준으로 한 대전지방법원이며(제2조), 특별재판적에 따른 토지관할법원은 乙의 근무지를 기준으로 한 인천지방법원(제7조)과, A토지의 등기를 기준으로 한 대전지방법원(제21조)이다.

(2) 丙에 대한 말소등기청구

보통재판적에 따른 토지관할법원은 피고 丙의 주소지를 기준으로 한 부산지방법원이며(제2조), 특별재판적에 따른 토지관할법원은 丙의 근무지를 기준으로 한 울산지방법원(제7조)과, A토지의 등기를 기준으로 한 대전지방법원(제21조)이다.

(3) 관련재판적(제25조 2항) : 공통의 원인

(4) 사안의 경우

甲이 乙과 丙을 공동피고로 하여 인천지방법원에 제기한 A토지에 관한 소유권(지분)이전등기말소청구 소송은 관할위반의 위법이 없다.

3. 위법한 이송결정에 대한 즉시항고의 인정 여부

(1) 판 례

대법원은 법원이 당사자의 신청에 따른 직권발동으로 **이송결정**을 한 경우에는 즉시항고를 허용한다. 이송신청기각결정은 이송신청에 대한 재판이므로, 이송신청권을 인정하지 않는 이상 재판할 필요가 없음에도 기각결정을 한 것이어서 이는 **항고의 대상이 되지 않지만**(대결 1993.12.6. 전합93마524), 당사자의 신청에 따른 **직권에 의한 이송결정**은 직권에 의한 재판이지 신청에 대한 재판이 아니므로, 이송신청권의 인정 여부와 무관하게 **즉시항고의 대상이 된다**(대결 2018.1.19. 2017마1332).

(2) 사안의 경우

법원이 이송결정을 한 것은 丙의 이송신청에 대한 결정이 아니라 직권에 의한 이송결정이므로 甲은 이에 대해 즉시항고를 할 수 있다.

4. 항고심 법원의 결정

울산지방법원에 특별재판적(제7조)이 인정된다 하더라도 인천지방법원에 제기한 소에 관할위반의 위법이 없는 이상, 관할위반을 이유로 울산지방법원으로 이송한다는 결정은 위법하다. 잘못된 이송결정에도 구속력이 인정되는 것이 원칙이지만(제38조), 이는 당사자의 불복이 없이 이송이 이루어진 경우에 한한다. 따라서 甲의 즉시항고(제39조)가 있은 이상 항고심법원은 원심의 이송결정을 취소하여 인천지방법원에서 심리가 속행될 수 있도록 하여야 한다.[1]

---

1) "관할위반의 위법이 없음에도 법원이 이송결정을 한 것은 위법하다. 잘못된 이송결정에도 구속력이 인정되는 것이 원칙이지만(제38조), 이는 당사자의 불복이 없이 이송이 이루어진 경우에 한한다. 따라서 甲의 즉시항고(제39조)가 있은 이상 항고심법원은 원심의 이송결정을 취소하여 인천지방법원에서 심리가 속행될 수 있도록 하여야 한다."

〈기초적 사실관계〉

버섯 재배업자인 乙은 버섯 판매업자인 丙과 신선도가 떨어지는 버섯을 속여 판매하기로 공모하고, 丙은 소매업자 甲에게 위 버섯을 공급하는 계약을 甲과 체결하였다. 甲은 불량 버섯에 대한 소비자들의 항의가 빗발치자 이를 확인하는 과정에서 乙과 丙이 공모하여 불법행위를 저지른 사실을 알게 되었다.

〈추가적 사실관계 1〉

甲은 乙과 丙을 상대로 서울중앙지방법원에 불법행위로 인한 1억 원의 손해배상청구의 소를 제기하였다. 甲의 주소지는 인천광역시[토지관할 법원은 인천지방법원]이고, 乙의 주소지는 서울 서초구[토지관할 법원은 서울중앙지방법원]이며, 丙의 주소지는 대전광역시[토지관할 법원은 대전지방법원]이다.

1. 소장부본을 송달받은 丙은 甲이 서울중앙지방법원에 제기한 소가 자신에게 관할이 없는 법원에 제기된 것이므로 각하되어야 한다고 주장하였다. 법원은 어떻게 판단하여야 하는가? (「민사소송법」 제18조에 따른 불법행위지의 특별재판적은 고려하지 말 것) (10점)

Ⅰ. 문제 1.의 경우(10)

1. 문제점

丙의 관할위반항변이 적법한지와 서울중앙지방법원에 제25조 2항의 관련재판적이 인정되는지 여부가 문제된다.

2. 丙의 관할위반항변

관할위반의 경우에는 소를 각하하지 아니하고 관할법원에 이송한다(제34조 1항). 또한 관할위반에 따른 이송(제34조 1항)에는 당사자의 이송신청권이 인정되지 않는바(대결 1993.12.6. 전합93마524), 소가 각하되어야 한다는 丙의 관할위반항변은 법원의 직권에 의한 이송 촉구의 의미로 선해함이 타당하다.

3. 관련재판적의 의의 및 효과

'관련재판적'이란 원고가 하나의 소로써 여러 개의 청구를 하는 경우에 그 여러 개 가운데 하나의 청구에 대한 토지관할권이 있는 법원에 본래 그 법원에 법정관할권이 없는 나머지 청구도 관할권이 생기는 것을 말한다(제25조). 따라서 관련재판적이 인정되면, 원래 토지관할권이 없던 청구에 관하여도 관할권이 생기고 피고는 관할위반의 항변을 할 수 없다(관할의 창설).

4. 관련재판적의 적용범위

소의 객관적 병합(제25조 1항)뿐만 아니라, 소의 주관적 병합의 경우(제25조 2항)에도 **제65조 전문의 공동소송, 즉 피고들끼리 실질적 관련성이 있는 경우**(예컨대 수인의 연대채무자, 수인의 불법행위 피해자)에는 관련재판적이 인정된다(제25조 2항). 이러한 경우에는 관련재판적을 인정하여도 다른 공동피고의 관할규정상 이익을 침해할 위험이 적기 때문이다.

5. 사안의 토지관할

피고 乙은 서울중앙지법에, 피고 丙은 대전지법에 각 보통재판적 관할 있고(제3조), 금전지급청구이므로 모두에 대해 甲의 주소지 관할인 인천지법도 특별재판적이 있다(제8조 후단, 민법 제467조 2항).

6. 사안의 관련재판적

乙과 丙은 공동불법행위자로서 피해자 甲이 입은 손해에 대해 부진정연대채무를 지므로(대판 1992.6.23. 전합91다33070) 소송목적이 되는 권리나 의무가 사실상 또는 법률상 같은 원인으로 말미암아 생긴 경우에 해당하여 통상공동소송관계가 성립한다(제65조 전문 후단). 따라서 서울중앙지법, 대전지법, 인천지법 중 어느 법원에 소를 제기해도 乙과 丙 모두에게 관할이 인정된다(민소법 제25조 2항).

7. 사안의 해결

丙에 대한 청구도 서울중앙지법에 관련재판적이 인정되므로 법원은 丙의 주장을 고려할 필요 없이 계속 심리할 수 있다.

사례_009 합의관할(1)
2012년 제1회 변호사시험

〈공통된 사실관계〉
甲(광주광역시 거주)은 乙(서울시 서초구 거주)과 乙소유의 X토지에 대해 매매계약을 체결하였다. 계약 체결당시 매매계약서에 '위 계약에 관한 일체의 분쟁에 관해서는 서울중앙지방법원을 제1심 관할법원으로 한다.'는 문구가 부동문자로 인쇄되어 있었다. 甲이 매매대금을 모두 지급했음에도 乙은 X토지를 丙에게 양도하고, 등기를 경료해 주었다.

〈추가된 사실관계〉
이에 甲은 광주지방법원에 乙을 상대로 손해배상청구의 소를 제기하였고, 乙은 변론준비기일에서 청구원인에 대한 다툼 없이 甲의 청구취지에 대해 청구기각만을 구한다는 취지의 준비서면만을 제출하였고 이후의 변론기일에 불출석 하였으나, 제2변론기일에 출석하여 '甲의 소제기는 관할위반의 소제기'라고 항변하고 있다.

〈문제 1.〉
乙의 항변은 타당한가?   (민사소송법의 맥 A-07 참조)

〈문제 2.〉
乙이 관할위반을 주장하며 '이송신청'을 할 수 있는지 논하고, 만약 법원이 乙의 이송신청에 대해 기각 결정을 하였다면 乙은 이에 '불복'할 수 있는지를 논거와 함께 서술하시오.

Ⅰ. 문제 1. - 관할합의의 모습(전속적 관할합의), 변론관할

1. 결 론

乙의 항변은 타당하다.

2. 논 거

(1) 관할합의의 유효성(유효) 및 관할위반 여부(위반)

1) 합의관할의 의의

합의관할은 당사자의 합의에 의하여 생긴 관할을 말한다(제29조).

2) 관할합의의 요건·방식 [임, 소, 방, 법, 소] (유효)

① 관할합의가 유효하게 성립하기 위해서는 ⅰ) 제1심 법원의 임의관할에 한해 할 것(제29조 1항), ⅱ) 합의 대상인 소송이 특정되었을 것(동조 2항), ⅲ) 합의의 방식이 서면일 것(동조 2항), ⅳ) 관할법원이 특정되었을 것, ⅴ) 기타 소송행위로서의 요건을 갖출 것이 요구된다.

② 사안의 경우 ⅰ) 제1심 법원에 관한 것이며 이는 임의관할을 대상으로 한다. ⅱ) 합의의 대상인 소송도 위 매매계약에 관한 甲과 乙의 분쟁으로 특정되어 있고, ⅲ) 매매계약서에 본 특약을 기재하였고, 관할의 합의가 부동문자로 인쇄되어 있는 경우라도 이를 例文으로 보아 무효라고 할 수 없다(대판 2008.3.13. 2006다68209). ⅳ) 그리고 관할법원도 서울중앙지방법원으로 특정되어 있으며, ⅴ) 기타 소송행위로서의 요건도 모두 갖추었다. 따라서 甲과 乙의 관할합의는 유효하다.

3) 관할합의의 모습 - 전속적 관할합의인지 여부(적극)

① 관할합의가 '전속적 합의'인지 '부가적 합의'인지 불분명 한 경우, 어느 것으로 볼지에 대해 判例는 "관할합의 조항이 여러 법정 관할법원 중의 어느 한 법원을 관할법원으로 하기로 약정한 것이라면 전속적 관할합의에 해당한다"(대판 2008.3.13. 2006다68209)고 한다.

② 사안에서 피고 乙의 주소지는 서울시 서초구(제2조)이고, 의무이행지인 원고 甲의 주소지는 광주광역시이므로(제8조), 법정관할법원은 서울중앙지방법원과 광주지방법원이다. 따라서 서울중앙지방법원을 관할로 합의한 경우, 이는 법정관할법원 중의 한 법원을 관할법원으로 하기로 약정한 것으로서 전속적 관할합의에 해당한다.

4) 관할합의의 효력 - 관할의 변동

관할합의가 유효하게 성립하면 합의한 내용대로 관할이 변동된다. '전속적 관할합의'라면 합의한 법원 이외의 법원의 법정관할권을 소멸시킨다.

5) 사안의 경우 - 관할위반 여부(적극)

甲과 乙의 관할합의는 유효하며, 전속적 관할합의에 해당하므로 甲이 이에 위반하여 광주지방법원에 소를 제기한 것은 변론관할이 발생하지 않는 한 관할위반의 소제기이다.

(2) 변론관할 발생 여부(소극)

1) 전속적 관할 합의 위반의 경우 변론관할 인정여부(적극)

'전속적 관할합의 위반'이 있더라도 '전속관할 위반'의 경우와는 구별되어야 한다. 즉 전속적 관할합의도 임의관할에 관한 것이므로 피고 乙이 다투지 않고 본안에 대하여 변론하거나 변론준비기일에서 진술하면 관할위반의 하자는 치유된다(변론관할, 제30조).

2) 변론관할의 인정 요건 [없, 이, 항]

변론관할이 유효하게 성립하기 위해서는 ⅰ) 원고가 관할권 없는 제1심 법원에 소를 제기하였을 것, ⅱ) 피고가 이의 없이 본안에 대하여 변론하거나 변론준비기일에서 진술하였을 것, ⅲ) 피고의 관할위반의 항변이 없을 것이 요구된다.

3) '본안'에 관한 '변론'하였는지 여부(소극)

a. '본안'에 관한 변론

청구이유의 유무에 관한 사실상·법률상 진술 등 실체사항에 관한 진술을 말한다. 절차사항인 기피신청, 기일변경신청, 소각하판결의 신청 등은 이에 해당하지 않는다. 그러나 피고가 단지 청구기각의 판결만을 구하고, 청구원인에 관한 답변을 뒤로 미루는 경우에는 소각하판결을 구하지 않고 원고의 청구를 배척한다는 뜻을 명백히 한 것이기 때문에 본안에 관한 변론을 한 것으로 볼 수 있다(통설).

b. '변론 또는 변론준비기일에서 진술'

현실적인 구술에 의해 적극적으로 변론하여야 한다는 것을 의미한다(통설). 判例도 변론관할이 인정되기 위한 "피고의 본안에 관한 변론이나 준비절차에서의 진술은 현실적인 것이어야 하므로 피고의 불출석에 의하여 답변서 등이 법률상 진술 간주(제148조 1항)되는 경우는 이에 포함되지 아니한다"(대결 1980.9.26. 80마403)고 한다.

4) 사안의 경우

乙이 청구기각 답변만을 하였더라도 본안에 관하여 다툰 것으로 볼 수도 있으나, 변론기일이나 변론준비기일에 현실적으로 출석하여 말로 진술한 것이 아닌 이상, 乙이 제출한 준비서면이 진술간주(제148조 1항)된 경우라도 변론관할의 효력은 발생하지 않는다. 따라서 광주지방법원에 변론관할이 발생하지 않아 관할위반의 하자는 치유되지 않는다.

(3) 사안의 해결

甲이 제기한 소는 전속적 관할합의에 위반하여 제기된 소로서 부적법하므로, 乙의 항변은 타당하다.

II. 문제 2. - 관할위반의 경우 이송신청권 유무, 이송신청기각결정에 대한 불복가부

1. 결 론

乙은 이송신청을 할 수 없고, 이송신청을 한 경우라도 법원의 직권발동을 촉구하는 의미밖에 없으며, 따라서 이송신청기각결정에 대해 즉시항고할 수 없다.

2. 논 거

(1) 판 례

관할위반으로 인한 이송(제34조 1항)은 심판편의에 의한 이송 등(제34조 2항, 제35조, 제36조, 제269조 2항)과 달리 당사자의 이송신청권이 규정되어 있지 않다. 따라서 判例는 "ⅰ) 당사자가 관할위반을 이유로 한 이송신청을 한 경우에도 이는 단지 법원의 직권발동을 촉구하는 의미밖에 없는 것이고, 따라서 법원은 이송신청에 대한 재판을 할 필요가 없고, ⅱ) 설사 법원이 이 이송신청을 거부하는 재판을 하였다고 하여도 항고가 허용될 수 없으므로 항고심에서는 이를 각하하여야 한다"(대결 1993.12.6. 전합93마524)고 판시하여 부정설의 입장이다. 아울러 判例는 즉시항고(제39조)는 물론 특별항고(제449조)도 부정하는 입장이다(대판 1996.1.2. 95그59).

(2) 사안의 경우

乙에게 관할위반을 이유로 하는 이송신청권이 인정되지 않으며, 이송신청에 대한 기각결정이 있더라도 乙은 이에 대해 불복할 수 없다.

〈추가된 사실관계〉
甲은 乙에 대해 거듭 손해배상금의 지급을 독촉하였으나 乙이 이에 응하지 않자, 甲은 위 채권을 A(대구거주)에게 양도하고 그 사실을 乙에게 통지하여 위 통지가 乙에게 도달하였다. 이후 A는 대구지방법원에 乙을 상대로 위 손해배상청구의 소를 제기하였다. 乙은 변론기일에 출석하여 관할위반의 항변을 하고 있다.

〈문제 3.〉
대구지방법원에 위 청구에 대하여 관할권이 있는가? 결론과 그에 따른 논거를 서술하시오.

(민사소송법의 맥 A-06 참조)

Ⅲ. 문제 3. - 관할합의 효력의 주관적 범위

1. 결 론

A에게 관할합의의 효력이 미치므로, 대구지방법원은 위 청구에 대한 관할권이 없다.

2. 논 거

(1) 관할합의의 유효성(유효) 및 A에게 관할합의의 효력이 미치는지 여부(적극)

1) 관할합의의 의의와 요건·방식 [임, 소, 방, 법, 소] (전술)

2) 관할합의의 모습 - 전속적 관할합의

3) 관할합의의 효력

a. 관할의 변동

'전속적 관할합의'에 해당하므로 합의한 서울중앙지방법원 이외의 법원의 법정관할권을 소멸시킨다. 따라서 A가 甲과 乙의 관할합의의 효력을 받는다면 위 청구에 대해 대구지방법원은 관할권이 없다.

b. 효력의 주관적 범위

① 당사자 간의 소송상 합의이기 때문에, 당사자와 그 일반승계인 사이에만 효력이 있는 것이 원칙이다. 특정승계인에 대하여도 미치는지에 대하여 判例는 채권승계인과 물권승계인을 달리보고 있다. ② 判例는 "관할에 관한 당사자의 합의로 관할이 변경된다는 것을 실체법적으로 보면, 권리행사의 조건으로서 그 권리관계에 불가분적으로 부착된 실체적 이해의 변경이라 할 수 있으므로, 지명채권과 같이 그 권리관계의 내용을 당사자가 자유롭게 정할 수 있는 경우에는, 당해 권리관계의 특정승계인은 그와 같이 변경된 권리관계를 승계한 것 이라고 할 것이어서, 관할합의의 효력은 특정승계인에게도 미친다"(대결 2006.3.2. 2005마902)고 하여 **특정승계인 중 채권승계인은 합의의 효력을 받는다고 본다** (민법 제451조 2항)[1] ③ 그러나 "관할합의의 효력은 물권의 특정승계인에게는 미치지 않는다고 할 것인바, 부동산 양수인이 근저당권 부담부의 소유권을 취득한 특정승계인에 불과하다면, 근저당권 설정자와 근저당권자 사이에 이루어진 관할합의 효력은 부동산 양수인에게 미치지 않는다"(대결 1994.5.26. 94마536)고 한다. 물권인 경우에는 당사자가 그 내용을 자유롭게 대세적으로 변경할 수 없고 (민법 제185조), 그 합의된 바를 등기할 수 없기 때문이다.

4) 사안의 경우

사안의 전속적 관할합의는 유효하며, 지명채권의 특정승계인인 A에게도 효력이 미치므로 A는 서울중앙지방법원에 소를 제기해야 하며 대구지방법원은 변론관할이 인정되지 않는 한 관할권이 없다.

(2) 변론관할 발생여부(소극)

관할위반항변을 하고 있으므로 변론관할이 부정된다.

---

1) 전속적 관할합의 후 채권양도로 외국적 요소가 발생한 경우는 양수인에게 관할합의의 효력이 미치지 않는다(대판 2008.3.13. 2006다 68209). 그 약정이 이루어진 국가 내에서 재판이 행해질 것을 예상하여 그 국가 내에서의 전속적 관할법원을 정하는 합의라고 볼 것이어서 다른 국가의 재판 관할권을 완전히 배제하는 합의로 볼 수 없기 때문이다(사례 004 국제재판관할권의 결정기준 ※ 비교포인트 참조)

甲은 2015. 5. 5. 자신의 소유 X 부동산에 관하여 채무자를 甲, 근저당권자를 乙로 하는 근저당권설정계약을 체결한 후, 같은 달 15. 근저당권설정등기를 마쳐 주었다. 위 근저당권설정계약 당시 甲과 乙은 근저당권에 관한 소송의 관할법원을 A 지방법원으로 하기로 하는 서면 합의를 하였다. 한편 甲은 위 부동산에 관하여 2016. 10. 10. 丙 명의로 같은 해 9. 9. 매매를 원인으로 한 소유권이전등기를 마쳐 주었다. 丙은 위 부동산의 소유자로서 위 근저당권의 피담보채무가 이미 소멸되었다고 하여 乙을 상대로 그 근저당권설정등기의 말소를 청구하는 소를 A 지방법원에 제기하였고, A 지방법원은 丙 승소의 판결을 선고하였다(丙이 A 지방법원에 제기한 위 소송은 원칙적으로 토지관할 위반임).
甲과 乙 사이의 관할합의 효력이 丙에게 미치는가? (민사소송법의 맥 39쪽 참조)

Ⅰ. 문제점

甲과 乙의 관할합의의 효력이 물권승계인 丙에게도 미치는지가 문제되는바, 그 전제로 甲과 乙의 관할합의가 적법·유효한지부터 검토하여야 한다.

Ⅱ. 甲과 乙의 관할합의의 적법여부

1. 관할합의의 요건, 방식 [임, 소, 방, 법, 소] (사례 007. 참조)

2. 사안의 경우

甲과 乙은 X부동산의 근저당권에 관한 소송을 A지방법원으로 하기로 서면 합의를 한 바, 특별히 전속관할이 문제되는 경우도 아니므로 기타 소송행위의 유효요건 갖췄졌다면 관할합의는 유효하다. 그러므로 甲과 乙사이에서는 A지방법원으로 관할이 변동되었다.

Ⅲ. 丙에게도 관할합의의 효력이 미치는지 여부

1. 판례 (사례 007. 참조)

특정승계인 중 채권승계인은 합의의 효력을 받는다(대결 2006.3.2. 2005마902).

2. 사안의 경우

소송물을 이루는 권리관계가 물권인 경우에는 당사자가 그 내용을 자유롭게 대세적으로 변경할 수 없고(민법 제185조), 그 합의된 바를 등기할 수 없는 것이기 때문에 양수인은 양도인이 한 합의에 구속되지 않는다는 判例(대결 2006.3.2. 2005마902)가 타당하다. 따라서 X부동산의 소유권을 취득한 물권승계인 丙에게는 甲·乙사이의 관할합의의 효력이 미치지 않는다.

Ⅳ. 사안의 해결

甲과 乙 사이의 관할합의는 적법하게 효력이 발생하였으나, 그 관할합의의 효력은 물권승계인 丙에게 미치지 않는다.

甲(주소지: 서울 성동구)은 2009. 3. 1. 乙(주소지: 서울 강남구)로부터 서울 강남구 소재 대한빌딩 중 1, 2층을 임대보증금 1억 원, 월 차임 400만 원, 임대차기간 2년으로 약정하여 임차하였다. 그리고 위 임대차계약서 말미에 "본 임대차와 관련하여 甲과 乙 사이에 소송할 필요가 생길 때에는 서울중앙지방법원을 관할법원으로 한다."라는 특약을 하였다. 甲은 乙에게 위 임대보증금 1억 원을 지급한 후 위 건물에서 '육고기뷔페'라는 상호로 음식점을 경영하고 있다. 甲은 도축업자인 丙(주소지 : 서울 노원구)에게서 돼지고기를 구입하여 왔는데, '육고기뷔페'의 경영 악화로 적자가 계속되어 丙에게 돼지고기 구입대금을 제때에 지급하지 못하여 2010. 12.경에는 丙에 대한 외상대금이 1억 원을 넘게 되었다. 이에 丙이 甲에게 위 외상대금을 갚을 것을 여러 차례 독촉하자 甲은 부득이 乙에 대한 위 임대보증금반환채권을 丙에게 2011. 1. 17. 양도하게 되었고, 甲은 2011. 1. 20. 乙에게 내용증명 우편으로 위 채권양도 사실을 통지하여 다음날 乙이 위 내용증명 우편을 직접 수령하였다.

3. 甲과 乙이 한 위 관할 합의에 관한 특약은 丙에게 효력이 미치는가? (20점)

III. 문제 3.의 경우(20)

1. 문제점

甲과 乙의 관할합의의 효력이 채권승계인 丙에게도 미치는지가 문제되는바, 그 전제로 甲과 乙의 관할합의가 유효한지 및 관할합의의 종류부터 검토하여야 한다.

2. 甲과 乙의 관할합의의 유효여부 및 종류

(1) 관할합의의 유효요건 [임, 소, 방, 법, 소]

합의관할은 당사자의 합의에 의하여 생긴 관할을 말한다. 관할합의가 유효하게 성립하기 위해서는 ⅰ) 제1심 법원의 임의관할에 한해 할 것(제29조 1항), ⅱ) 합의 대상인 소송이 특정되었을 것(동조 2항), ⅲ) 합의의 방식이 서면일 것(동조 2항), ⅳ) 관할법원이 특정되었을 것, ⅴ) 기타 소송행위로서의 요건을 갖출 것이 요구된다.

사안의 경우 甲과 乙은 임대차계약에 '특정'된 소송을 서울중앙지방법원으로 하기로 임대차계약서 말미에 '서면'합의를 한 바, 특별히 '전속관할'이 문제되는 경우도 아니므로 기타 소송행위의 유효요건 갖춰졌다면 관할합의는 유효하다.

(2) 관할합의의 종류

관할합의가 '전속적 합의'인지 '부가적 합의'인지 불분명한 경우, 어느 것으로 볼지에 대해 判例는 "관할합의 조항이 여러 법정 관할법원 중의 어느 한 법원을 관할법원으로 하기로 약정한 것이라면 전속적 관할합의에 해당한다"(대판 2008.3.13. 2006다68209)고 한다.

사안의 경우 가능한 토지관할은 ① 임대차보증금반환채무자 乙의 보통재판적인(제2조) '서울중앙지법'과 ② 의무이행지인 甲의 특별재판적(제8조)인 '서울동부지법'이다.[1] 따라서 甲과 乙이 '서울중앙지법'을 합의관할로 정했으므로 '전속적 합의관할'로 보는 것이 타당하다.

---

1) 계약에 기하여 부동산매매대금이나 임대료 등을 구하는 소는 '부동산소재지의 특별재판적'(제20조)에 해당하지 않는다.

3. 丙에게도 관할합의의 효력이 미치는지 여부

(1) 판례

判例는 "관할의 합의는 소송법상의 행위로서 합의 당사자 및 그 일반승계인을 제외한 제3자에게 그 효력이 미치지 않는 것이 원칙이지만, 관할에 관한 당사자의 합의로 관할이 변경된다는 것을 실체법적으로 보면, 권리행사의 조건으로서 그 권리관계에 불가분적으로 부착된 실체적 이해의 변경이라 할 수 있으므로, 지명채권과 같이 그 권리관계의 내용을 당사자가 자유롭게 정할 수 있는 경우에는, 당해 권리관계의 특정승계인은 그와 같이 변경된 권리관계를 승계한 것이라고 할 것이어서, 관할합의의 효력은 특정승계인에게도 미친다(대결 2006.3.2. 2005마902)고 한다.

[비교판례] ＊ 특정승계인 중 물권승계인(효력이 미치지 않음)
判例는 "관할의 합의의 효력은 부동산에 관한 물권의 특정승계인에게는 미치지 않는다고 새겨야 할 것인바, 부동산 양수인이 근저당권 부담부의 소유권을 취득한 특정승계인에 불과하다면(근저당권 부담부의 부동산의 취득자가 그 근저당권의 채무자 또는 근저당권설정자의 지위를 당연히 승계한다고 볼 수는 없다), 근저당권설정자와 근저당권자 사이에 이루어진 관할합의의 효력은 부동산 양수인에게 미치지 않는다"(대결 1994.5.26. 94마536)고 한다. [판례검토] 물권의 경우 당사자가 그 내용을 자유로이 변경할 수 없고(민법 제185조), 부동산등기법상 합의를 등기할 수도 없으므로, 물권승계인에게는 합의의 효력이 미치지 않는다고 보는 判例의 태도는 타당하다.

(2) 검토 및 사안의 경우

지명채권의 양도가 있는 경우 양도통지만이 있었다면 채무자는 그 통지를 받을 때까지 양도인에 대해 생긴 사유로서 대항할 수 있으므로(민법 제451조 2항), 채권승계인에게는 합의의 효력이 미친다고 보는 判例의 태도는 타당하다. 丙은 지명채권인 임차보증금채권의 양수인이므로 甲과 乙의 관할합의의 효력은 丙에게 미친다.

4. 사안의 해결

사안의 甲과 乙의 전속적 관할합의는 유효하며, 丙은 지명채권인 임차보증금채권의 양수인이므로 甲과 乙의 관할합의의 효력은 丙에게 미친다.

甲은 乙을 상대로 3천만 원의 손해배상채무 부존재확인의 소를 제기하였고 제1심에서 전부 승소하였다. 패소한 乙은 전부 불복하는 취지의 항소를 제기하였고 동 항소사건은 지방법원본원합의부(항소부)에서 심리되고 있었다. 乙은 항소심 계속 중 자신에게 발생한 손해가 2억 5천만 원에 이른다면서 그 지급을 구하는 이행의 소를 반소로 제기하였다.(반소는 적법한 것으로 본다) 한편, 乙은 지방법원합의부의 관할에 속하는 반소가 제기되었음을 이유로 이 사건 항소심은 고등법원에서 심리되어야 한다면서 이 사건을 고등법원으로 이송해 달라고 주장하였다. 항소심 법원은 乙의 이송신청을 받아들여 제34조, 제35조를 근거로 동 항소사건을 고등법원으로 이송하는 결정을 하였다.
항소심 법원의 이송결정이 적법한지 여부에 대하여 설명하시오.   (민사소송법의 맥 49쪽 참조)

I. 결 론

항소심은 제34조, 제35조에 의해 이송할 수 없으므로, 항소심 법원의 이송결정은 위법하다.

II. 논 거

1. 제34조에 의한 이송이 적법한지 여부(소극)

(1) 관할위반에 의한 이송

법원은 소송의 전부 또는 일부에 대하여 관할권이 없다고 인정하는 경우에는 결정으로 이를 관할법원에 이송한다(제34조 1항). 사안에서 항소심 사건이 반소로 인해 관할위반이 되는지 문제된다.

(2) 판 례

判例는 "본소 피고가 항소 후 지방법원 합의부의 관할에 속하는 반소를 제기하면서 이송신청을 하였는데, 원심이 민사소송법 제34조, 제35조를 들어 이송결정을 한 사안에서, 본소에 대하여 제1심법원의 토지관할 및 변론관할이 인정되어 위 소송의 항소심은 제1심법원의 항소사건을 담당하는 원심법원의 관할에 속하며, 지방법원 합의부가 지방법원 단독판사의 판결에 대한 항소사건을 제2심으로 심판하는 도중에 지방법원 합의부의 관할에 속하는 반소가 제기되었더라도 이미 정하여진 항소심 관할에는 영향이 없고 (주 : 제34조의 이송불가), 민사소송법 제35조는 전속관할인 심급관할에는 적용되지 않아 손해나 지연을 피하기 위한 이송의 여지도 없다"(대결 2011.7.14. 2011그65)고 한다.

(3) 사안의 경우

乙의 반소제기로 이미 정하여진 항소심의 관할에는 영향이 없다. 따라서 甲이 제기한 소가 관할위반이 되는 것은 아니므로 법원은 제34조에 의한 이송을 할 수 없다.

2. 제35조에 의한 이송이 적법한지 여부(소극)

(1) 심판편의에 의한 이송

법원은 소송에 대하여 관할권이 있는 경우라도 ⅰ) 현저한 손해 또는 지연을 피하기 위하여 필요하면 직권 또는 당사자의 신청에 따른 결정으로 소송의 전부 또는 일부를 다른 관할법원에 이송할 수 있다. ⅱ) 다만, 전속관할이 정하여진 소의 경우에는 그러하지 아니하다(제35조).

(2) 사안의 경우

제35조 이송은 전속관할이 정하여진 경우 제외되는바(제35조 단서), 본소·반소의 관할이 지방법원 항소부인지 고등법원인지는 심급관할에 관한 문제이고 심급관할은 전속관할이므로 사안의 경우 제35조의 이송도 할 수 없다.

甲은 2015. 5. 5. 자신의 소유 X 부동산에 관하여 채무자를 甲, 근저당권자를 乙로 하는 근저당권설정계약을 체결한 후, 같은 달 15. 근저당권설정등기를 마쳐 주었다. 위 근저당권설정계약 당시 甲과 乙은 근저당권에 관한 소송의 관할법원을 A 지방법원으로 하기로 하는 서면 합의를 하였다. 한편 甲은 위 부동산에 관하여 2016. 10. 10. 丙 명의로 같은 해 9. 9. 매매를 원인으로 한 소유권이전등기를 마쳐 주었다. 丙은 위 부동산의 소유자로서 위 근저당권의 피담보채무가 이미 소멸되었다고 하여 乙을 상대로 그 근저당권설정등기의 말소를 청구하는 소를 A 지방법원에 제기하였고, A 지방법원은 丙 승소의 판결을 선고하였다(丙이 A 지방법원에 제기한 위 소송은 원칙적으로 토지관할 위반임).
乙이 위 판결에 항소하여 항소심 심리 도중 B 항소심법원이 현저한 손해나 지연을 피하기 위해 직권으로 이 사건 소송을 다른 항소심법원에 이송할 수 있는가?   (민사소송법의 맥 A-09 참조)

Ⅰ. 문제점

법원은 소송에 대하여 관할권이 있는 경우라도 제35조의 심판편의에 의한 이송이 가능한 바, ⅰ) 현저한 손해나 지연을 피하기 위한 경우일 것, ⅱ) 관할권이 있는 다른 법원에 이송할 것, ⅲ) 전속관할이 정하여진 소가 아닐 것(제35조 단서)을 요한다. 사안의 경우 특히 ⅲ)의 요건과 관련하여 항소심에서 제35조에 의한 이송이 가능한지 문제된다.

Ⅱ. 항소심법원의 관할이 전속관할에 해당하는지 여부

1. 제1심 법원이 관할위반을 간과하여 이송하지 않고 본안판결을 한 경우

임의관할에 위반하여 소를 제기한 경우임에도 불구하고 이를 간과하여 본안판결을 선고한 경우 흠이 치유된다(제411조 본문).

2. 항소심의 관할이 심급관할로서 전속관할에 해당하는지 여부(적극)

항소심의 관할은 심급관할로서 제1심 법원의 존재에 의하여 결정되는 전속관할에 해당한다. 判例도 "본소에 대하여 제1심법원의 토지관할 및 변론관할이 인정된 경우 항소심은 제1심법원의 항소사건을 담당하는 원심법원의 관할에 속하며, 지방법원 합의부가 지방법원 단독판사의 판결에 대한 항소사건을 제2심으로 심판하는 도중에 지방법원 합의부의 관할에 속하는 반소가 제기되었더라도 이미 정하여진 항소심 관할에는 영향이 없고, 제35조는 전속관할인 심급관할에는 적용되지 않아 손해나 지연을 피하기 위한 이송의 여지도 없다"(대판 2011.7.14. 2011그65)고 한다.

3. 사안의 경우

丙이 A 지방법원에 제기한 이 사건 소송은 원칙적으로 토지관할, 즉 임의관할 위반에 해당하지만, A 지방법원이 이를 간과하여 丙 승소의 판결을 선고하였으므로 그 흠이 치유된다. 따라서 그에 따라 정하여진 B 항소심 법원의 관할은 심급관할로서 전속관할에 해당한다.

Ⅲ. 항소심에서 제35조에 의한 이송가부

항소심의 관할은 심급관할로서 제1심 법원인 A 지방법원의 존재에 의하여 결정되는 전속관할에 해당하므로 B 항소심 법원은 현저한 손해나 지연을 피하기 위하여 직권으로 이 사건 소송을 다른 항소심 법원으로 이송할 수 없다(제35조 단서). 결국 사안에서 B 항소심법원은 현저한 손해나 지연을 피하기 위해 직권으로 이 사건 소송을 다른 항소심법원에 이송할 수 없다.

집행법원이 채권자 甲에 의한 채권압류 및 전부명령을 인용하자, 채무자 乙은 이에 불복하여 즉시항고(민사집행법 제15조)를 하였으나 집행법원은 항고기간이 도과되었다고 하여 항고장각하명령을 하였다. 이에 乙은 항고장각하에 대해 불복하여 광주지방법원을 항고법원으로 표시하여 즉시항고를 하였고, 광주지방법원은 乙의 즉시항고를 재항고에 해당한다고 보아 대법원에 이송하였다.
이 경우 대법원은 이송한 법원으로 반송할 수 있는가?   (민사소송법의 맥 51쪽 참조)

I. 결 론

심급관할을 위반한 이송결정의 구속력은 상급심인 대법원에 미치지 않으므로, 대법원은 광주지방법원으로 반송할 수 있다.

II. 논 거

1. 이송결정의 구속력

이송결정이 확정되면 비록 잘못된 이송이라도 이송을 받은 법원은 다시 반송이나 전송을 할 수 없다(제38조).

2. 전속관할을 위반한 이송결정의 구속력 인정여부(소극)

(1) 전속관할을 위반여부(적극)

집행법원인 원심법원의 항고장각하명령에 대한 즉시항고는 '성질상 최초의항고'로서 항고법원이 판단했어야 했음에도 이를 재항고로 보아 대법원에 이송한 것은 심급관할에 위반된다. 이때 심급관할 등 전속관할을 위반한 이송결정의 경우에도 구속력이 인정되는지 문제된다.

(2) 판 례

判例는 ⅰ) "이송결정의 기속력은 당사자에게 이송결정에 대한 불복방법으로 즉시항고가 마련되어 있는 점이나 이송의 반복에 의한 소송지연을 피하여야 할 공익적 요청에 비추어 볼 때, 당사자가 이송결정에 대하여 즉시항고를 하지 아니하여 확정된 이상 원칙적으로 전속관할의 규정을 위배하여 이송한 경우에도 미친다"고 하여 전속관할에 위반한 이송결정의 경우에도 원칙적으로 구속력을 인정하지만, ⅱ) "심급관할을 위배한 이송결정의 기속력이 이송받은 상급심 법원에도 미친다고 한다면 당사자의 심급의 이익을 박탈하고 이송을 받은 법원이 법률심인 대법원인 경우 당사자의 사실에 관한 주장, 입증의 기회가 박탈되는 불합리가 생기므로 상급심 법원에는 미치지 않는다고 보아야 하나, 한편 그 기속력이 이송받은 하급심 법원에도 미치지 않는다고 한다면 사건이 하급심과 상급심 법원 간에 반복하여 전전이송되는 불합리한 결과를 초래하게 되므로 하급심 법원에는 미친다"(대결 1995.5.15. 94마1059,1060)고 판시하였다.

3. 사안의 해결

대법원은 하급심의 이송결정에 구속되지 않으므로 다시 반송할 수 있다.

〈공통된 사실관계〉

朴鐘宣(박종선)은 甲과 乙소유의 X토지를 매수하는 계약을 체결하면서 매도증서에 자신의 이름을 朴鐘宣(박종의)로 잘못 기재하였다. X토지의 등기부에도 소유명의가 朴鐘宣(박종의)로 잘못 기재되었다. 이에 甲은 '박종의'를 피고로 하여 X토지의 소유권이전등기를 구하는 소를 제기하였다.

〈문제 1.〉

甲이 소송계속 중 피고를 '박종선'으로 바꿀 수 있는가?　　　　　　(민사소송법의 맥 A-10 참조)

〈문제 2.〉

만약 甲이 아무런 조치를 취하지 않고 공시송달로 승소확정판결을 받았다면, 이 판결의 효력은 어떠한가?　　　　　　(민사소송법의 맥 57쪽 참조)

I. 문제 1. - 당사자확정과 표시정정

1. 결 론

甲은 표시정정을 통해 피고를 '박종선'으로 바로잡을 수 있다.

2. 논 거

(1) 당사자 확정

1) 의 의

현실적으로 소송계속 중인 사건에서 누가 당사자인지를 결정하는 것으로, 사안에서 피고가 누구로 확정되는지 문제된다.

2) 당사자의 확정기준 [표, 내, 사]

① 의사설, 행동설, 표시설의 대립이 있으나, ② 判例는 "당사자는 소장에 기재된 표시 및 청구의 내용과 원인사실을 합리적으로 해석하여 확정하여야 하는 것"(대판 1996.3.22. 94다61243)이라고 판시하여 (실질적)표시설의 입장이다. 다만, 제소 전에 피고가 사망한 것을 알지 못하고 사망자를 피고로 하여 제소한 경우에는 "상속인이 처음부터 실질적인 피고이고 다만 그 표시를 잘못한 것"이라고 하여 피고의 표시를 사망자로부터 그 상속인으로 표시정정하는 것을 허용하였는바(대결 2006.7.4. 2005마425 등) 이에 대하여 의사설을 취한 것이라는 견해가 있다.

3) 사안의 경우

소장의 전 취지에 비추어 볼 때 피고는 박종선으로 확정되며, 박종의는 그 표시에 오기가 있는 것에 불과하다.

(2) 보정방법 - 당사자표시정정

1) 의의 및 요건

① 당사자의 표시에 있어서 의문이 있거나 또는 부정확하게 기재하는 경우에 당사자의 동일성을 해하지 않는 범위 내에서 바로 잡는 것을 말한다. 당사자 표시정정은 '당사자의 동일성'이 인정되는 범위 안에서 허용된다. ② 判例도 "원고가 당사자능력이 없는 자를 피고로 잘못 표시했다면, 표시정정신청을 받은 법원은 당사자를 확정한 후 원고가 정정신청한 당사자표시가 확정된 당사자의 올바른 표시이며 동일성이 인정되는지 살펴 확정된 당사자로 표시정정하게 해야 한다"(대판 1996.10.11. 96다3852)고 하여 동일성을 요구한다.

2) 사안의 경우

확정된 피고는 박종선이며, 정정하려는 피고표시도 박종선인바 당사자의 동일성이 인정되어 표시정정을 통해 오기를 바로잡을 수 있다.

II. 문제 2. - 표시정정을 간과한 판결의 효력(당연무효 아님)

1. 판 례

"소장의 당사자 표시가 착오로 잘못 기재되었음에도 소송계속 중 당사자표시정정이 이루어지지 않아 잘못 기재된 당사자를 표시한 본안판결이 선고·확정된 경우라 하더라도 그 확정판결을 당연무효라고 볼 수 없을 뿐더러, 그 확정판결의 효력은 잘못 기재된 당사자와 동일성이 인정되는 범위 내에서 위와 같이 적법하게 확정된 당사자에 대하여 미친다고 보아야 한다"(대판 2011.1.27. 2008다27615).

2. 사안의 경우

박종의를 피고로 하여 선고된 판결이라도 적법하게 확정된 당사자인 박종선에게 그 효력이 미친다.

[관련판례] 다만, 대법원은 사망자를 피고로 하는 소제기는 부적법한 것으로서 표시정정을 간과한 경우 당연무효이며, 따라서 상소·재심도 불가하다는 입장이다(대판 2000.1.27. 2000다33775). 동일성이 인정되는 당사자를 상대로 한 소송과 달리 사자상대소송의 경우 대립당사자구조에 반하므로 표시정정을 하지 않은 판결의 효력을 당연무효로 보는 것이다.

사례_016 **당사자 확정과 당사자표시정정(2)** 2009년 사법시험

甲 등 10인으로 구성된 A법인은 사업을 영위하는 과정에서 B주식회사로부터 물품대금 2억 원을 지급받지 못하고 있어, 그 지급을 구하는 소를 제기하려고 한다. A법인은 B주식회사의 대표자인 乙을 피고로 표시하여 소를 제기하였다가 그 소송계속 중 피고를 B주식회사로 바꿀 수 있는가?

I. 당사자 확정 (사례 013. 참조)

1. 의 의

2. 기 준 [표, 내, 새]

3. 사안의 경우

실질적 표시설에 의하면 소장에 기재된 대로 피고는 乙로 확정된다.

II. 보정방법

1. 표시정정 가부(불가)

(1) 표시정정의 의의·요건

(2) 사안의 경우

확정된 피고 乙과, 정정하려는 피고인 B주식회사는 별개의 법인격을 가져 동일성이 인정되지 않는바 표시정정할 수 없다.

2. 임의적 당사자 변경의 허용여부(소극) (사례 180. 참조)

(1) 임의적 당사자 변경

당사자의 의사에 기하여 종전의 당사자에 갈음하여 제3자를 가입시키거나 추가하여 가입시키는 것을 말한다. 사안은 동일성이 인정되지 않으므로 임의적 당사자변경에 해당한다. 이러한 임의적 당사자변경이 허용되는지 문제된다.

(2) 명문의 규정이 없는 임의적 당사자 변경의 허용여부

判例는 임의적 당사자 변경은 명문의 규정이 없는 한 허용하지 않고 있다.

(3) 피고경정의 허용여부(소극)

1) 피고경정의 의의

원고가 피고를 잘못 지정한 것이 분명한 경우에 제1심법원이 변론을 종결할 때까지 원고의 신청에 의하여 결정으로 피고를 경정하는 것을 말한다(제260조).

2) 요 건 [분, 변, 소, 응, 동]

피고경정이 적법하기 위해서는 ⅰ) 원고가 피고를 잘못 지정한 것이 분명할 것, ⅱ) 제1심 변론종결 전일 것, ⅲ) 변경 전후 소송물이 동일할 것, ⅳ) 피고가 본안에 관하여 응소 한 때에는 피고의 동의가 있을 것을 요한다(제260조 1항 단서). 여기서 '피고를 잘못 지정한 것이 분명한 때'란 判例에 의하면 "(소장의)청구취지나 청구원인의 기재 내용 자체로 보아 원고가 법률적 평가를 그르치는 등의 이유로 피고의 지정이 잘못된 것이 명백하거나 법인격의 유무에 관하여 착오를 일으킨 것이 명백한 경우 등을 말하고, 피고로 되어야 할 자가 누구인지를 증거조사를 거쳐 사실을 인정하고 그 인정 사실에 터 잡아 법률판단을 해야 인정할 수 있는 경우는 이에 해당하지 않는다"(대결 1997.10.17. 97마1632)고 하여 경정의 요건을 엄격하게 해석하고 있다.[1] [소, 법, 법, 명백]

3) 사안의 경우

A법인이 법인격유무에 관하여 착오를 일으킨 것으로 볼 수 있다 하더라도 그것이 청구취지나 청구원인의 기재내용 자체로 알 수 있는 경우인지 증거조사를 해야 알 수 있는 경우인지 명확하지 않으므로 증거조사를 해야 알 수 있는 경우라면 피고경정을 통해 피고를 B주식회사로 바꿀 수 없다.

---

1) 이에 반하여 다수설은 소송경제를 이유로 피고경정을 넓게 인정하여 의무자를 혼동한 경우에도 피고경정이 가능하다고 본다.

제소전 사망(1) – 제소전 피고사망과 당사자 확정 2016년 제5회 변호사시험 변형[1]

甲 소유의 X 토지에 관하여 乙이 등기서류를 위조하여 乙 명의로 소유권이전등기를 마쳤다. 이에 甲은 乙을 상대로 甲의 소유권에 기한 방해배제청구로서 乙 명의의 소유권이전등기에 대한 말소등기절차의 이행을 구하는 소를 제기하였다. 그러나 소 제기 전에 乙은 이미 사망하였는데, 이를 알지 못한 甲은 乙을 상대로 소를 제기한 것이었다.

1. 이 사건 소 제기 후 甲은 피고를 乙의 상속인 H로 바꿀 수 있는지와 그 근거를 설명하시오. (10점)

2. 甲이 아무런 조치를 취하지 않고 있는 경우, 이 사건 소의 적법여부에 대해 설명하시오. (5점)

3. 법원은 乙이 이 사건 소 제기 전에 사망한 사실을 모르고 소송을 진행하였는데 乙이 재판에 출석하지 않자 자백간주로 원고 승소판결을 선고하였다. 이에 대하여 乙의 상속인 H가 항소를 제기한 경우 항소심 법원은 어떠한 판단을 하여야 하는지와 그 근거를 설명하시오. (5점)

I. 문제 1.의 경우(10) – 제소 전 사망과 당사자 확정, 표시정정

1. 제소 전 피고가 사망한 경우 '당사자 확정'

(1) 당사자의 확정기준 [표, 내, 새]

소송계속 중인 사건에서 누가 당사자인지를 결정하는 것으로, 사안은 피고가 누구인지 문제된다. 이와 관련하여 判例는 "당사자는 소장에 기재된 표시 및 청구의 내용과 원인사실을 합리적으로 해석하여 확정하여야 하는 것"(대판 1996.3.22. 94다61243)이라고 판시하여 (실질적)표시설의 입장이나, 제소 전에 피고가 사망한 것을 알지 못하고 사망자를 피고로 하여 제소한 경우에는 "상속인이 처음부터 실질적인 피고이고 다만 그 표시를 잘못한 것"이라고 하여 피고의 표시를 사망자로부터 그 상속인으로 표시정정하는 것을 허용하였다(대결 2006.7.4. 2005마425 등).[2]

(2) 사안의 경우

判例에 따르면 실질적 피고는 당사자능력이 없는 사망한 乙이 아니라 상속인 H로 확정된다.

2. 피고를 乙의 상속인 H로 바꾸는 방법

(1) 보정방법

소장에 당사자로 기재된 자와 당사자 수정이 요청된 당사자가 일치하지 않을 경우 이를 정정하는 방법으로는 ① 당사자의 동일성이 인정되는 범위내에서 그 표시만을 변경하는 '당사자표시정정'과 ② 동일성이 없는 새로운 당사자로 변경(교환, 추가)하는 '임의적 당사자변경'이 있는바(피고경정 제260조), 후자의 경우에는 判例는 명문의 규정이 없는 한 허용하지 않는다(대판 1991.6.14. 91다8333).

(2) 사안의 경우

사안에서 실질적 피고는 乙의 상속인 H이므로 소장의 피고란에 乙로 기재된 것은 단순한 오기에 불과하므로 甲은 피고를 H로 당사자표시정정을 해 줄 것을 법원에 요청할 수 있다.

---

1) ★ 2014년 8월 법전협 모의고사에서도 동일한 쟁점이 출제되었다.

2) [판례평석] 당해 判例에 대하여는 의사설을 취한 것이라는 견해(이시윤)와 실질적 표시설에 따라 실질적 피고는 당사자능력이 없는 사망한 사람이 아니라 상속인이고 다만 그 표시에 잘못이 있는 것에 지나지 않으므로 표시정정하도록 한 것이라는 견해가 있다(김홍엽).

[관련판례] "사망 사실을 모르고 사망자를 피고로 표시하여 소를 제기한 경우에, 청구의 내용과 원인사실, 당해 소송을 통하여 분쟁을 실질적으로 해결하려는 원고의 소제기 목적 내지는 사망 사실을 안 이후의 원고의 피고 표시 정정신청 등 여러 사정을 종합하여 볼 때 사망자의 상속인이 처음부터 실질적 피고이고 다만 그 표시에 잘못이 있는 것에 지나지 않는다고 인정된다면 사망자의 상속인으로 피고의 표시를 정정할 수 있다"(대결 2006.7.4. 2005마425).

Ⅱ. 문제 2.의 경우(5) - 사자 상대 소제기의 적법여부

判例가 판시하는 바와 같이 "민사소송에서 소송당사자의 존재나 당사자능력은 소송요건에 해당하고, 이미 사망한 자를 상대로 한 소의 제기는 소송요건을 갖추지 않은 것으로서 부적법하다"(대판 2012.6.14. 2010다105310).

따라서 사안의 경우 상속인 H가 당사자(피고)이므로 법원은 표시정정의 보정을 명하고, '보정을 하지 않으면 판결로 소를 각하'할 수밖에 없다.

Ⅲ. 문제 3.의 경우(5) - 제소 전 사망을 간과한 판결의 효력

1. 제소전 사망을 간과한 판결의 효력 [대, 당, 부]

대법원은 "사망자를 피고로 하는 소제기는 원고와 피고의 대립당사자 구조를 요구하는 민사소송법상 기본원칙이 무시된 부적법한 것으로서 실질적 소송관계가 이루어질 수 없다. 따라서 그와 같은 상태에서 제1심판결이 선고되었다 할지라도 판결은 당연무효이고, 판결에 대한 사망자인 피고의 상소인들에 의한 항소나 소송수계신청은 부적법하다"(대판 2015.1.29. 2014다34041)고 판시하였으며, 무효인 판결이므로 기판력이 발생하지도 않는다(대판 1980.5.27. 80다735)고 하였다.

2. 당연무효 판결에 대한 항소가부(소극)

위 판결은 당연무효인 바, 항소의 대상적격이 없어 법원은 항소를 각하하여야 한다.

사례_018 **제소 전 사망(2) - 표시정정과 시효중단**   2018년 6월 · 2019년 10월 법전협 모의

〈공통된 사실관계〉
甲은 2007. 1. 1. 乙에게 변제기를 2007. 12. 31.로 정하여 3,000만 원을 대여하였다. 그런데 乙은 이를 변제하지 못한 채 심장마비로 2017. 9. 1. 사망하고 말았다.
※ 아래 각 문제는 서로 별개임.

〈추가된 사실관계〉
乙이 사망하자 제1순위 상속인 丙은 상속포기를 하였다. 甲은 2017. 10. 1. 위 상속포기 사실을 알지 못하고 丙을 상대로 위 3,000만 원의 반환을 구하는 소를 제기하였다. 제1심 계속 중 위 상속포기 사실을 알게 된 甲은 2018. 4. 1. 피고를 제2순위 상속인인 丁으로 바꾸어 달라는 피고경정신청서를 법원에 제출하였다. 그 후 丁은 "甲의 채권이 10년의 소멸시효가 완성되어 소멸하였다."라고 주장하였다.

〈문제 1.〉
위와 같은 丁의 주장은 타당한가?   (민사소송법의 맥 A-11 참조)

Ⅰ. 문제 1.의 해결 - 소제기 이전의 당사자 사망과 당사자 확정, 표시정정과 시효중단

1. 논점의 정리

丁이 소송의 당사자인지 여부와 관련하여, 소제기 이전의 당사자 사망과 당사자확정이 문제되고, 丁의 시효완성항변의 당부와 관련하여 2018. 4. 1. 피고경정신청서의 제출을 피고표시정정으로 인정할 수 있는지가 문제된다.

2. 丁이 소송의 당사자인지 여부

(1) 소제기 이전의 당사자 사망시 당사자확정과 보정방법

1) 학 설

의사설은 원고나 법원이 당사자로 삼으려는 사람이 당사자라고 본다. 행위설은 소송상 당사자로 취급되거나 행동하는 사람이 당사자라고 본다. 표시설은 소장에 나타난 당사자의 표시를 비롯하여 청구원인 그 밖의 기재 등 전 취지를 기준으로 객관적으로 당사자를 정한다. 따라서 소 제기 전 사망한 자를 당사자로 표시하여 소 제기한 경우, 표시설에 의하면 표시된 피상속인이 당사자가 된다(결국 이 당사자대립구조가 흠결된 경우라고 할 것이다). 그러나 의사설이나 행동설에 의하면 상속인이 피고가 된다.

2) 판 례 [표, 내, 사]

判例는 "당사자는 소장에 기재된 표시 및 청구의 내용과 원인사실을 합리적으로 해석하여 확정하여야 하는 것"(대판 1996.3.22. 94다61243)이라고 판시하여 (실질적)표시설의 입장이나, 제소 전에 피고가 사망한 것을 알지 못하고 사망자를 피고로 하여 제소한 경우에는 "상속인이 처음부터 실질적인 피고이고 다만 그 표시를 잘못한 것"이라고 하여 피고의 표시를 사망자로부터 그 상속인으로 표시정정하는 것을 허용하였다(대결 2006.7.4. 2005마425 등).

(2) 상속을 포기한 상속인을 당사자로 표시하여 소 제기한 경우

당사자의 사망 사실을 알고 1순위 상속인 명의로 소를 제기하였지만 1순위 상속인의 상속포기 사실을 알지 못한 경우 判例는 "실질적인 피고로 해석되는 사망자의 상속인은 실제로 상속을 하는 사람을 가리키고, 제1순위 상속인이라도 상속을 포기한 경우에는 이에 해당하지 아니하며, 후순위 상속인이라도 선순위 상속인의 상속포기 등으로 실제로 상속인이 되는 경우에는 이에 해당한다"(대판 2006.7.4. 2005마425)고 하여 후순위 상속인으로의 당사자표시정정을 긍정하고 있다"(대판 2009.10.15. 2009다49964).

(3) 사안의 경우

甲은 丙의 상속포기 사실을 모르고 丙을 상대로 소를 제기하였는바, 丙은 이미 상속을 포기하여 정당한 당사자는 후순위 상속인인 丁이다. 이 경우 甲은 丙에서 丁으로의 당사자표시정정을 신청했어야 하는데, 사안의 경우 피고경정신청을 한 것의 법적 효과가 문제된다.

3. 丁의 시효완성항변의 당부

(1) 피고경정신청이 적법한 보정방법인지 여부

判例는 "원고가 의도한 이 사건 소의 실질적인 피고는 상속포기의 소급효로 말미암아 처음부터 상속채무에 관한 법률관계의 당사자가 될 수 없는 1순위 상속인이 아니라 적법한 상속채무자인 2순위 상속인인 피고들이라 할 것인데 다만 그 표시에 잘못이 있는 것에 지나지 아니하여 **피고표시정정의 대상이 된다** 할 것이고, 이와 같이 변경 전후 당사자의 동일성이 인정됨을 전제로 진정한 당사자를 확정하는 표시정정의 대상으로서의 성질을 지니는 이상 비록 소송에서 피고의 표시를 바꾸면서 피고경정의 방법을 취하였다 해도 **피고표시정정으로서의 법적 성질 및 효과는 잃지 않는다**"(대판 2009.10.15. 2009다49964)고 판시하여 이 경우 피고경정은 피고표시정정으로 인정한다.

(2) 시효중단의 시기

피고경정 허가 결정이 있는 때 종전의 피고에 대한 소는 취하한 것으로 본다(제261조 4항). 새로운 피고에 대하여는 신소제기의 실질을 가지므로 **시효중단·기간준수 등의 효과는 경정신청서의 제출시에 발생한다**(제265조). 반면 **표시정정은 종전 소송상태의 승계를 전제로 하기 때문에 당초의 소제기의 효과가 유지**된다.

(3) 사안의 경우

甲의 乙에 대한 채권은 확정기한부 채권으로 변제기인 2007. 12. 31.부터 10년의 시효가 기산되므로 2017. 12. 31에 시효가 완성된다(제162조 1항). 甲이 丙을 상대로 소를 제기한 시점은 2017. 10. 1.로 시효완성 전이고 甲의 피고경정신청의 법적 성질은 표시정정에 해당하므로, 비록 甲의 피고경정신청서가 원래의 시효기간이 지난 2018. 4. 1.에 법원에 제출되었다 하더라도 시효는 그 전에 중단되었으므로 丁의 주장은 부당하다.

사례_019 **제소 전 사망(3)**   2014년 8월 법전협 모의

甲은 평소 상품거래가 많아 잘 알고 지내던 乙의 부탁으로 2004. 8. 20. 乙이 A은행으로부터 대출받은 5천만 원에 대하여 연대보증을 하였다. 乙이 위 대출금을 상환하지 못하여 甲은 2008. 8. 20. A은행에 5천만 원을 대위변제하면서 乙로부터 담보조로 1억 원 상당의 차용증을 받아두었다. 그 후 甲은 위 대위변제한 금원을 지급받고자, 乙을 피고로 기재한 구상금 청구 소장을 2013. 7. 30. 관할법원에 제출하였다. 乙이 2013. 1. 3. 사망한 사실을 소송진행 중 뒤늦게 알게 된 甲은 乙의 유일한 단독상속인 丙을 이 소송절차에 어떻게 끌어들일 수 있는가?

Ⅰ. 결 론

甲은 당사자표시정정을 통해 丙을 소송절차에 끌어들일 수 있다.

Ⅱ. 논 거

1. 제소 전 피고가 사망한 경우 '당사자 확정'

(1) 당사자의 확정기준

(2) 사안의 경우

判例에 따라 실질적 피고는 상속인丙으로 확정된다.

2. 丙을 소송절차에 끌어들이기 위한 방법

(1) 학 설 - 피고경정설

(2) 판 례 - 당사자 표시정정

(3) 사안의 경우

甲은 피고경정이 아닌 당사자표시정정신청으로 丙을 소송절차에 끌어들일 수 있다

사례_020 **소송계속 중 당사자의 사망(1)**

A종중은 그 소유인 Z토지를 丙에게 대금 5억 원에 매도하고, 계약금과 중도금으로 합계 4억 원을 받았다. 그 후 Z토지를 포함한 부근 토지가 수용되었고, A종중은 Z토지의 수용보상금 6억 원을 수령하였다. 이에 丙은 D를 소송대리인으로 선임한 뒤 A를 상대로 위 수용보상금지급청구의 소를 제기하였다(상소의 특별수권을 부여한 바는 없다). 소송도중 丙은 수용으로 인한 화병으로 사망하였으나(상속인으로 E·F가 존재한다), 법원은 丙의 사망을 간과하여 청구기각판결을 선고하였고, 위 판결정본이 D에게 송달되었다. 이에 E는 항소를 제기하면서 항소심법원에 수계신청을 하였다면, E의 항소와 수계신청은 적법한가?

(민사소송법의 맥 A-13 참조)

I. 문제점 - 상소요건 [대, 기, 리, 포, 불, 신, 중]

① 상소가 유효하기 위해서는 상소 요건을 충족해야 한다. 즉, ⅰ) 상소의 대상적격(判 ; 유효한 종국판결) 및 당사자적격 ⅱ) 상소기간 준수, ⅲ) 상소이익, ⅳ) 상소포기와 불상소합의가 없을 것, ⅴ) 기타 소송행위의 유효요건으로 신의칙에 반하지 않을 것, 소송절차 중단 중의 소송행위가 아닐 것이 요구된다.

② 사안에서 E와 F는 전부패소자로서 항소이익이 인정되는바, 당사자 사망으로 소송절차가 중단되는 것은 아닌지, 중단 중의 상소임에도 상소가 적법한 것인지 문제된다. 또한 제1심법원이 아닌 항소심법원에 E가 단독으로 수계신청을 한 것이 적법한 것인지 문제된다.

II. 항소의 적법여부(적법)

1. 소송 중 당사자의 사망으로 소송절차 중단여부 [중, 대, 속, 물]

① 당사자가 죽은 때에 소송절차는 중단될 수 있는바(제233조 1항 전단), 소송절차가 중단되기 위해서는 ⅰ) 소송계속 중 당사자가 죽은 경우이어야 하고, ⅱ) 소송대리인이 있는 경우가 아니어야 하며(제238조), ⅲ) 상속인이 있어야 하고, ⅳ) 소송물이 상속될 수 있는 것이어야 한다.

따라서 소송대리인이 있는 경우에는 당사자가 사망하더라도 소송절차가 중단되지 않고 소송대리인은 법률상 당연히 상속인의 대리인으로 취급되어 상속인들 모두를 위하여 소송을 수행할 수 있다(대판 2011.4.28. 2010다103048). 다만 심급대리의 원칙상 대리인에게 상소의 특별수권이 없는 경우 당해 심급의 판결정본이 소송대리인에게 송달되면 당해 소송대리인의 대리권은 소멸되므로 판결정본 송달로 소송절차는 중단된다(대판 1996.2.9. 94다61649).

② 사안의 경우 소송대리인 D가 존재하는 이상 丙의 사망으로 바로 소송절차가 중단되지는 않으나, D는 상소제기의 특별수권이 없으므로 판결정본이 송달되면 소송은 중단되고 판결이 확정되지 않는다.

2. 당사자지위의 당연승계 여부(적극)

判例는 "소송도중 어느 일방의 당사자가 사망함으로 인해서 그 당사자로서의 자격을 상실하게 된 때에는 그때부터 그 소송은 그의 지위를 당연히 이어 받게 되는 상속인들과의 관계에서 대립당사자 구조를 형성하여 존재하게 되는 것"(대판 1995.5.23. 94다28444)이라고 판시하여 **당연승계를 긍정한다**. 따라서 상속인 E·F가 원고의 지위를 당연히 승계하고, D는 E·F의 소송대리인이 된다.

3. 절차중단을 간과한 판결의 효력(당연무효 아님)

원고의 지위를 당연승계한 상속인은 판결의 효력을 받고, 절차 중단을 간과한 판결은 위법하나 유효하므로 상소의 대상적격이 인정된다.

4. 중단 중 상소의 적법여부(적법)

상소가 적법하기 위해서는 소송절차가 중단 중이 아닐 것이 요구되나, 아래에서 살피는 바와 같이 E의 수계신청에 의해 유효한 것으로 볼 수 있다.

III. 수계신청의 적법여부

1. 중단해소방법

소송절차의 중단 중에 제기된 상소는 부적법한 것이지만 상소심법원에 수계신청을 하여 그 하자를 치유시킬 수 있다(대판 1996.2.9. 94다61649).

2. 종국판결 선고 후의 수계신청의 적법여부(적법)

절차가 중단된 원심법원에 해야한다는 견해가 있으나(제243조 1항 참조), 判例는 "소송계속 중 어느 일방 당사자의 사망에 의한 소송절차 중단을 간과하고 변론이 종결되어 (항소심)판결이 선고된 경우 i) 적법한 상속인들이 원심법원에 수계신청을 하여 판결을 송달받아 상고하거나 또는 ii) 사실상 송달을 받아 상고장을 제출하고 상고심에서 수계절차를 밟은 경우에도 그 수계와 상고는 적법한 것으로 보아야 한다"(대판 1995.5.23. 94다28444)고 판시하여 선택설의 입장이다.

따라서 E가 사실상 송달을 받고 항소심에서 수계절차를 밟더라도 수계신청은 적법하며, 항소의 하자도 치유되므로, 위 항소는 적법하다.

3. E의 단독 수계신청가부(가능)

공동상속재산은 상속인들의 공유(민법 제1006조)이므로 필수적 공동소송관계라고 인정되지 아니한 이상 반드시 공동상속인 전원이 공동으로 수계해야 하는 것은 아니며, 상속인 각자가 개별적으로 수계하여도 무방하다. 따라서 E는 자신의 소송절차에 대해서만 개별적으로 수계신청을 할 수 있다.

IV. 사안의 해결

1. 항소의 적법여부(적법)

소송계속 중 丙이 사망하더라도, 소송대리인D가 있는 이상 절차가 중단되지 않으나, 상소의 특별수권을 부여받지 못한 D에게 판결정본이 송달됨으로 인해 소송절차는 중단되었고, 절차중단을 간과한 판결의 효력은 위법하나 당연무효는 아니므로 항소의 대상적격이 있고, 절차중단 중의 항소이나 항소심에서의 수계신청으로 하자는 치유되었다.

2. 수계신청의 적법여부(적법)

E는 공동상속인으로서 단독으로 항소심에서 수계절차를 밟을 수 있으므로 위 수계신청은 적법하다.

소송계속 중 당사자의 사망(2) – 소장부본 송달 전 피고사망과 당사자표시정정

2022년 제11회 변호사시험

〈기초적 사실관계〉

대부업자 甲은 2013. 5. 21. 乙에게 2억 원을 변제기 2014. 5. 20.로 정하여 대여하였다.

〈추가적 사실관계 1〉

甲은 乙을 상대로 2억 원에 대한 대여금청구의 소를 제기하기 위하여 2019. 2. 1. A변호사를 소송대리인으로 선임하였고, 그 당시 작성된 소송위임장에는 A변호사에게 상소 제기에 관한 특별한 권한을 부여하는 내용이 명시되어 있었다. A변호사는 甲의 소송대리인으로서 소송위임장을 첨부하여 2019. 2. 20. 乙을 피고로 2억 원의 대여금지급을 구하는 소를 제기하였다.

1. 乙은 소장부본이 송달되기 전인 2019. 2. 25. 사망하였고, 丙은 乙의 유일한 상속인이다. 乙에 대한 소장부본이 송달되지 않자, 제1심 법원은 공시송달의 방법으로 소송을 진행하여 甲의 乙에 대한 일부 승소 판결을 선고하였고, 판결정본 역시 공시송달의 방법으로 송달되었다. A변호사는 항소기간 내에 甲의 패소 부분에 대해 甲을 항소인, 乙을 피항소인으로 하여 항소를 제기하였다. 甲은 항소심에서야 비로소 乙의 사망 사실을 알게 되어 피고를 丙으로 정정하는 당사자표시정정 신청서를 제출하였다. 위 당사자표시정정 신청은 적법한가? (10점)

Ⅰ. 문제 1.의 경우(10)

1. 문제점

소장부본 송달 전 당사자가 사망한 사실을 간과한 판결의 효력과 항소심에서의 당사자 표시정정의 가부가 문제된다.

2. 소장부본이 송달 전에 피고가 사망한 경우 판결의 효력 [대, 당, 부]

"사망자를 피고로 하는 소제기는 원고와 피고의 대립당사자 구조를 요구하는 민사소송법상의 기본원칙이 무시된 부적법한 것으로서 실질적 소송관계가 이루어질 수 없으므로, 그와 같은 상태에서 제1심판결이 선고되었다 할지라도 판결은 당연무효이며, 판결에 대한 사망자인 피고의 상속인들에 의한 항소나 소송수계 신청은 부적법하다. 이러한 법리는 소제기 후 소장부본이 송달되기 전에 피고가 사망한 경우에도 마찬가지로 적용된다"(대판 2015.1.29. 2014다34041). 따라서 제1심법원이 甲에게 일부승소 판결을 선고한 것은 당연무효이다.

3. 항소심에서의 당사자표시정정 가부

항소심이 제1심의 속심이고 사실심이라는 점, 당사자의 동일성을 해하지 않는다는 점에서 원칙적으로 항소심에서의 당사자 표시정정은 상대방의 동의 없이 허용된다(대판 1978.8.22. 78다1205 : 당사자표시를 정정하는 것은 당사자를 변경하는 것이 아니므로 항소심에서 그러한 정정이 있었다 한들 당사자에게 심급의 이익을 박탈하는 현상이 일어난다고는 말할 수 없다).

  [관련판례] 判例는 "1심에서 사망자를 상대로 한 제소라 하여 '각하'한 판결에 대하여 항소심이 당사자표시 정정을 한 경우에는 1심판결을 취소하고 환송을 해야 한다"(대판 1974.10.8. 74다834)고 판시하여 사망자를 피고로 하여 제소한 제1심판결에 대한 항소심에서의 당사자표시정정을 긍정하였다.[1]

---

1) 그러나 위 判例는 1심판결이 제소 전 당사자 사망 사실을 알고 '각하' 판결을 한 것이어서 판결이 유효하여 항소가 가능한 상황인 반면, 사안은 제소 전 당사자 사망 사실을 '간과'하여 일부인용 판결을 선고한 것이므로 1심 판결 자체가 무효이고 따라서 항소 자체가 부적법하여 표시정정 신청을 적법하게 볼 여지가 없다.

그러나 判例가 판시하는 바와 같이 "사망자를 피고로 하여 제소한 제1심에서 원고가 상속인으로 당사자표시정정을 함에 있어서 일부상속인을 누락시킨 탓으로 그 누락된 상속인이 피고로 되지 않은 채 제1심판결이 선고된 경우에 원고는 항소심에서 그 누락된 상속인을 다시 피고로 정정추가할 수 없다"(대판 1974.7.16. 73다1190). 항소심에서 누락상속인을 피고로 정정추가한다면, 1심에서 절차관여가 없었던 누락상속인의 심급의 이익을 침해할 수 있기 때문이다.

4. 사안의 해결

소송계속 전 사망한 乙을 당사자로 한 이 사건 1심판결은 '당연무효'이며, 무효인 판결에 대한 甲의 항소는 부적법하므로 이에 따라 당사자표시정정 또한 부적법하다.

사례_022 **소송계속 중 당사자의 사망(3)**　　　　　2016년 제5회 변호사시험

甲 소유의 X 토지에 관하여 乙이 등기서류를 위조하여 乙 명의로 소유권이전등기를 마쳤다. 이에 甲은 乙을 상대로 甲의 소유권에 기한 방해배제청구로서 乙 명의의 소유권이전등기에 대한 말소등기절차의 이행을 구하는 소(이하 '이 사건 소'라 한다)를 제기하였다. 甲이 소송대리인을 선임하지 않은 채 이 사건 소송계속 중 사망하였다.

1. 甲의 사망으로 발생하는 소송법적 효과와, 이에 대하여 甲의 상속인 O가 소송상 취할 수 있는 조치에 대하여 설명하시오. (10점)

2. 법원은 甲이 이 사건 소송계속 중 사망한 사실을 모르고 소송을 진행하여 원고 패소판결을 선고하였다. 이에 대하여 甲의 상속인 O는 소송상 어떠한 조치를 취할 수 있는지와 그 근거를 설명하시오. (5점)

Ⅰ. 문제 1.의 경우(10)

1. 甲의 사망으로 발생하는 소송법적 효과

(1) 당사자지위의 당연승계 여부(적극)

判例가 판시하는 바와 같이 "소송도중 어느 일방의 당사자가 사망함으로 인해서 그 당사자로서의 자격을 상실하게 된 때에는 그때부터 그 소송은 그의 지위를 당연히 이어 받게 되는 **상속인들과의 관계에서 대립당사자 구조를 형성하여 존재하게 되는 것**"(대판 1995.5.23. 전합94다28444)이다(당연승계긍정설). 따라서 상속인 O가 甲의 원고로서의 지위를 당연히 승계한다.

(2) 소송 중 당사자의 사망으로 소송절차 중단여부 [중, 대, 속, 물]

당사자가 죽은 때에 소송절차는 중단될 수 있는바(제233조 1항 전단), 소송절차가 중단되기 위해서는 ⅰ) 소송계속 중 당사자가 죽은 경우이어야 하고, ⅱ) 소송대리인이 있는 경우가 아니어야 하며(제238조), ⅲ) 상속인이 있어야 하고, ⅳ) 소송물이 상속될 수 있는 것이어야 한다. 당연승계한 상속인의 소송절차 참여를 보장하려는 취지이다.

사안의 경우 ⅰ) 소송계속 중 원고 甲이 사망하였고, ⅱ) 소송대리인을 선임하지 않았으며, ⅲ) 상속인 O가 있고, ⅵ) 소유권에 기한 말소등기청구권은 상속될 수 있는 것이어서, 甲의 사망으로 소송절차는 중단되었다.

2. 甲의 상속인 O가 소송상 취할 수 있는 조치

甲의 사망으로 소송절차는 중단되며, 상속인 O는 중단 당시의 법원에 소송수계신청을 하여 절차진행을 속행시킬 수 있다(제233조 1항). 다만, 상속포기를 할 수 있는 동안은 소송절차를 수계하지 못한다(동조 2항). 만약 수계신청을 받은 법원이 신청이 이유 없다고 판단되면 결정으로 기각하고(제243조 1항), 신청이 적법하면 별도의 재판없이 그대로 절차를 진행한다(대판 1984.6.12. 83다카140).

Ⅱ. 문제 2.의 경우(5)

1. 절차중단을 간과한 판결의 효력

소송계속 중 당사자 사망을 간과하고 판결이 선고된 경우 그 판결은 소송에 관여할 수 있는 적법한 수계인의 권한을 배제한 결과가 되어 '절차상 위법'하나 유효한 판결이다. 즉 당연무효라고는 할 수 없다(대판 1995.5.23. 전합94다28444).

2. 甲의 상속인 O가 취할 수 있는 조치

① 판결이 선고된 후 상속인은 판결을 선고한 법원(중단 당시의 법원)에 수계신청을 하여(제243조 1항 참조) 판결을 송달받아 '대리권흠결을 이유로 상소'(제424조 1항 4호)할 수 있다(대판 1995.5.23. 전합94다28444). 만약 상속인이 소송수계신청을 하지 않은 채 판결정본을 사실상 송달받아 상소한 경우 判例에 따르면 이러한 상소는 부적법하지만 상소심에서 수계신청을 하면 그 수계와 상소는 적법하다고 한다(대판 1995.5.23. 전합94다28444)

> [관련판례] 判例는 "소송계속 중 어느 일방 당사자의 사망에 의한 소송절차 중단을 간과하고 변론이 종결되어 (항소심)판결이 선고된 경우 ⅰ) 적법한 상속인들이 원심법원에 수계신청을 하여 판결을 송달받아 상고하거나 또는 ⅱ) 사실상 송달을 받아 상고장을 제출하고 상고심에서 수계절차를 밟은 경우에도 그 수계와 상고는 적법한 것으로 보아야 한다"(대판 1995.5.23. 94다28444)고 하여 '선택설'의 입장이다.

② 판결이 확정된 후에는 '대리권흠결을 이유로 재심'(제451조 1항 3호)을 신청할 수도 있다(대판 1995.5.23. 전합94다28444)

사례_023 **소송계속 중 당사자의 사망(4)**　　　2013년 제2회 변호사시험

A 주식회사 대표이사 B는 C에게 돈을 빌려줄 것을 부탁하였고, 이에 C는 연대보증인을 구해 오면 A 주식회사에 1억 원을 빌려주겠다고 하였다. B는 당시 A 주식회사의 이사로 있던 D에게 위와 같은 사정을 설명하고 연대보증을 허락받았고, C는 B, D를 직접 만나서 D의 연대보증 아래 A 주식회사에게 1억 원을 대여하였다. 변제기 도래 후 C는 A 주식회사 측에 위 대여금의 지급을 촉구하였으나 지급받지 못하자 C1 변호사에게 소송을 의뢰하였고, C1은 C의 소송대리인이 되어 2012. 8. 1. D를 상대로 연대보증채무의 이행을 구하는 소송을 제기하였다. D는 C의 소장을 송달받은 후 변호사 D1을 소송대리인으로 선임하면서 ① 일체의 소송행위, ② 반소의 제기 및 응소, 상소의 제기 및 취하, ③ 소의 취하, 화해, 청구의 포기 및 인낙 등의 권한을 위임하였다.

3. 위 소송에서 피고 D가 소송계속 중 상속인으로 처와 아들 1명을 남기고 사망하였으나, 법원이 이를 알지 못한 채 피고를 D로 표시한 판결을 선고하였고, 그 판결문이 소송대리인 D1에게 송달되었다면 위 판결의 효력이 상속인들에게 미치는지 여부와 상소기간이 진행되는지 여부를 각 논거와 함께 서술하시오. (20점)

III. 문제 3.의 경우(20)

1. 피고 D명의 판결의 효력이 상속인에게 미치는지 여부(적극)

(1) 당사자지위의 당연승계 여부

判例가 판시하는 바와 같이 "소송도중 어느 일방의 당사자가 사망함으로 인해서 그 당사자로서의 자격을 상실하게 된 때에는 그때부터 그 소송은 그의 지위를 당연히 이어 받게 되는 상속인들과의 관계에서 대립당사자 구조를 형성하여 존재하게 되는 것"(대판 1995.5.23. 전합94다28444)이다(당연승계긍정설). 따라서 D의 상속인들은 D의 당사자 지위를 당연승계한다.

(2) 소송 중 당사자의 사망으로 소송절차 중단여부 및 사자를 당사자로 표시한 판결문의 효력

소송대리인인 D1이 선임되어 소송을 수행한 이상, 소송절차는 중단되지 아니한다(제233조 1항, 제238조). 따라서 변호사 D1은 법률상 D의 상속인들의 소송대리인으로 취급되고, 망인인 D를 당사자로 표시한 판결의 효력은 D의 상속인들에게도 미친다(대결 1992.11.5. 91마342)

2. 상소기간이 진행하는지 여부(적극)

(1) 심급대리의 원칙과 상소기간

소송대리인이 있는 경우에는 소송계속 중 당사자가 사망하더라도 소송절차가 중단되지 않지만(제238조), '심급대리'의 원칙상 그 판결정본이 소송대리인에게 송달된 때에는 그 심급은 종료되고 소송대리권도 소멸되어 소송절차가 중단된다(대결 2000.1.31. 99마6205). 그러나 소송대리인이 상소의 제기에 관한 특별수권을 받은 경우(제90조 2항 3호)에는 그 소송은 중단되지 아니하고 상소기간은 진행하는 것이므로, 패소판결을 받고 상소 제기 기간 내에 상소를 제기하여 두지 아니하면 상소기간 경과시 판결은 그대로 확정된다(대판 2010.12.23. 2007다22859).

(2) 사안의 경우

D가 D1을 소송대리인으로 선임하면서 상소의 제기 및 취하의 권한까지 위임한 이상 소송대리인 D1은 상소의 제기에 관한 특별수권을 받은 경우에 해당하므로, 판결정본이 D1에게 송달되었다고 하더라도 바로 소송대리권이 소멸되지 않고, 소송절차도 중단되지 않는다. 따라서 판결정문이 D1에게 송달된 때부터 상소기간이 진행된다.

3. 사안의 해결

판결의 효력은 상속인인 D의 처와 D의 아들에게 미치고, 상소제기의 권한을 위임받은 소송대리인 D1에게 판결문이 송달된 이상 상소기간은 다음날부터 진행된다.

〈제1문의 1〉

〈기초적 사실관계〉

甲은 乙을 상대로 乙 소유로 등기되어 있던 X 토지에 관하여 매매를 원인으로 한 소유권이전등기를 청구하는 소(이하 'A소'라고 한다)를 제기하였다. 소송계속 중 乙은 변호사인 丙에게 소송대리를 위임한 후 사망하였는데, 丁이 그 유일한 상속인이었다. 乙의 사망 사실을 알지 못 한 법원은 乙을 피고로 하여 청구인용 판결을 선고하였고, 판결정본이 甲과 丙에게 송달된 때로부터 30일이 경과한 후 甲은 위 판결에 기하여 자신 앞으로 X 토지에 관한 소유권이전등기를 마쳤다.

그 후 丁은 위 소유권이전등기가 원인무효라고 주장하면서 그 말소를 청구하는 소(이하 'B소'라고 한다)를 제기하였다. 심리 결과 "甲은 乙로부터 X 토지를 매수한 적이 없고, 다른 실체법상 등기원인도 존재하지 않는다."는 점이 밝혀졌다.

〈문 제〉

乙이 사망 전에 丙에게 상소제기의 수권을 한 경우와 위 수권을 하지 않은 경우를 나누어, 각 경우에 B소 법원이 어떠한 판결을 해야 하는지 논하시오. (30점)

Ⅰ. 논점의 정리

B소 법원이 A소 판결과 모순되는 내용의 판결을 할 수 있는지는 A소의 기판력발생 여부에 따라 달라지는데, 기판력이 발생하는 판결은 ⅰ) 유효하고 ⅱ) 확정된 ⅲ) 종국판결이어야 하므로, 乙의 사망과 丙의 상소제기에 대한 특별수권 유무에 따른 A소 판결의 확정여부가 문제된다.

Ⅱ. 유효한 판결인지 여부 (이, 재, 적)

당사자 사망의 경우처럼 이당사자대립구조가 무너진 경우, 재판권이 없는 경우, 당사자 적격이 없는 경우 등 하자가 중대한 경우 그 판결은 당연무효이고, 무효인 판결에는 기판력이 발생하지 않는다. 그런데 대법원은 "소송도중 어느 일방의 당사자가 사망함으로 인해서 그 당사자로서의 자격을 상실하게 된 때에는 그 대립당사자 구조가 없어져 버린 것이 아니고, 그때부터 그 소송은 그의 지위를 당연히 이어 받게 되는 상속인들과의 관계에서 대립당사자 구조를 형성하여 존재하게 되는 것이다"(대판 1995.5.23. 94다28444)고 판시하여 당연승계를 긍정하는 바, 사안의 경우 乙이 소송계속 중 사망하더라도 상속인 丁이 존재하므로, 丁의 수계 여부와 무관하게 丁이 피고의 지위를 승계함으로써 乙에 대한 판결은 유효하다.[1]

Ⅲ. 확정된 종국판결 인지 여부 - 소송계속 중 당사자의 사망과 소송절차의 중단

1. 당사자 사망으로 인한 소송절차의 중단

소송계속 중 당사자가 죽은 때에는 소송절차가 중단되는 것이 원칙이다(제233조). 그러나 상속될 수 있는 법률관계에서 상속인이 있고 소송대리인이 있으면 소송절차는 중단되지 않는다(제238조). 사안의 경우 乙에게는 상속인 丁과 소송대리인 丙이 있었으므로 乙의 사망 시 소송이 중단되지는 않고(제238조), 乙에 대한 판결이 확정되면 丁에게 효력이 있다.

---

1) 이에 반하여 수계절차를 밟아야 당사자지위를 승계한다는 반대설 있음

2. 심급의 종료로 인한 소송절차의 중단

소송대리인이 있어 당사자 사망으로 인한 소송절차의 중단이 발생하지 않는다 하더라도, 심급대리원칙상 해당 심급의 종료로 인해 소송절차는 중단된다. 사안의 경우 丙은 제1심 소송의 대리인으로서 상소제기의 특별수권 유무에 따라 소송절차의 중단시기가 달라지고, 판결정본이 丙에게 송달된 때로부터 30일이 경과함에 따른 A소 판결의 확정여부도 달라진다.

Ⅳ. 기판력의 본질

1. 학 설

① 모순금지설은 기판력은 확정판결과 모순된 판단을 불허하는 효력이라 본다. 승소한 자가 동일한 후소를 제기한 경우에는 소의 이익의 흠결로 후소를 각하하고, 패소한 자가 동일한 소를 제기한 때에는 기각해야 한다고 한다.

② 반복금지설은 기판력은 분쟁해결의 일회성을 위해 후소법원에 대해 다시 변론이나 재판하는 것 자체를 금지하는 효력이라 본다. 전소 판결의 승패를 불문하고 동일한 후소를 제기한 경우 기판력에 저촉됨을 이유로 후소를 각하해야 한다고 하여, 기판력 자체를 독자적인 소극적 소송요건으로 이해한다. 그런데 소송요건은 직권조사사항이므로(대판 1971.2.23. 70다44), 이 견해에 따르면 기판력에 저촉되는지 여부는 당사자의 주장 없이도 법원이 직권으로 조사해야 한다.

2. 판 례(모순금지설)

判例는 전소에서 인용된 부분은 각하해야 하고, 전소에서 기각된 부분은 후소에서 기각하여야 한다고 한다. 즉 判例는 확정판결이 있었던 전소와 후소의 소송물이 동일한 경우, 그 확정판결의 기판력이 후소에 미치므로, 그 중 전소의 확정판결에서 원고가 승소한 부분에 해당하는 부분은 권리보호의 이익이 없어 각하해야 하고(대판 2009.12.24. 2009다64215), 후소와 전소송의 당사자 및 소송물이 동일한 경우, 전 소송에서 한 원고 청구기각판결의 기판력에 의하여 그 내용과 모순되는 판단을 하여서는 안 되는 구속력 때문에 후소는 전소판결의 판단을 채용하여 원고청구기각의 판결을 한다(대판 1989.6.27. 87다카2478)고 하여 모순금지설의 입장이다.

判例의 입장에 따르면 원고가 승소한 경우 기판력의 존부는 소송요건에 해당하나, 패소한 경우 기판력의 존부는 소송요건에 해당하지 않게 된다. 다만 判例는 확정판결의 기판력의 존부를 직권조사 사항으로 본다(대판 1990.10.23. 89다카23329).

3. 검 토

생각건대, 반복금지설은 선결관계 또는 모순관계에서 기판력이 작용하는 경우 후소를 각하하지 않고 본안판결을 하는 것을 설명하기 어려우므로 모순금지설이 타당하다.

Ⅴ. 기판력의 발생 및 작용여부

1. 상소제기의 특별수권을 한 경우

(1) A소의 기판력 발생여부

'제1심 소송대리인에게 상소제기에 관한 특별수권이 있다면' 상소제기시부터 소송절차가 중단된다(대판 2016.4.29. 2014다210449). 상소제기의 특별수권만 있을 뿐 상급심에서의 소송대리권은 없기 때문에 수권받은 상소제기권의 행사시까지만 소송대리권이 인정되기 때문이다.

따라서 丙에게 상소제기의 특별수권이 있다면 丙이 항소를 제기한 때부터 소송이 중단되나, 사안의 경우 판결정본이 丙에게 송달된 때로부터 30일이 경과하였으므로, 丙은 더 이상 항소를 제기할 수 없고 이로써 A소 판결은 확정되고 기판력이 발생한다.

(2) B소에 대한 판결

소유권이전등기 절차를 명하는 확정판결에 의하여 소유권이전등기가 마쳐진 경우에 다시 이러한 등기가 원인무효임을 내세워 그 말소등기절차의 이행을 청구함은 확정된 이전등기청구권을 부인하는 것이어서 기판력에 저촉된다(대판 1987.3.24. 86다카1958). 따라서 B소 법원은 甲의 등기원인이 존재하지 않는다는 확신에도 불구하고, 判例의 입장인 모순금지설에 따라 청구기각 판결을 하여야 한다(반복금지설에 의하면 소각하 판결).

2. 상소제기의 특별수권을 하지 않은 경우

(1) A소의 기판력 발생여부

'소송대리인에게 상소제기에 관한 특별수권(제90조 2항 3호)이 없다면' 당해 심급의 판결정본이 소송대리인에게 송달된 때에 당해 소송대리인의 대리권은 소멸되므로 그때부터 소송절차는 중단된다(대판 1996.2.9. 94다61649). 따라서 丙에게 상소제기의 특별수권이 없다면 판결정본이 丙에게 송달된 때에 소송절차는 중단되고, 따라서 항소기간도 진행되지 않으므로 丙에게 송달된 때로부터 30일이 경과하더라도 A소 판결은 확정되지 않고 기판력도 발생하지 않는다.

(2) B소에 대한 판결

A소 판결에 기판력이 발생되지 않으므로 B소 법원은 A소 판결과 다른 내용의 판결을 할 수 있다. 사안의 경우 B소는 A소 계속 중에 제기되었고, 당사자가 동인한 것으로 인정되지만 소송물이 달라 중복제소에 해당하지 않으므로 적법하고[2], 위 소유권이전등기는 확정판결에 의하지 아니한 것일 뿐 아니라 그 실체적 등기원인도 없는 것이므로 청구인용 판결을 해야 한다.

VI. 결 론

丙에게 상소제기의 특별수권이 있다면, B소 법원은 甲에게 등기원인이 존재하지 않는다는 확신에도 불구하고 청구기각 판결을 하여야 하나, 상소제기의 특별수권이 없다면, 위 소유권이전등기는 확정판결에 의하지 아니한 것일 뿐 아니라 그 실체적 등기원인도 없는 것이므로 청구인용 판결을 해야 한다.

사례_025 **당사자가 소송대리인에게 소송위임을 한 다음 소 제기 전에 사망한 경우(1)**

대판 2016.4.29. 2014다210449 변형

〈공통된 사실관계〉

甲은 2012. 6. 7. 아들인 乙, 丙과 함께 법무법인 丁에게 소송위임(상소의 특별수권을 부여한 바는 없다)을 한 다음 2012. 6. 11. 사망했다. 丁은 그러한 사실을 모른 상태에서 2012. 6. 21. 원고 甲을 원고 중 한명으로 기재한 불법행위를 이유로 손해배상을 구하는 소송을 제기하였다. 제1심법원은 2013. 5. 30. 원고 일부승소판결을 선고하였다. 법무법인 戊는 乙, 丙로부터 甲, 乙, 丙 패소부분에 대한 항소심 소송위임을 받아 2013. 6. 17. 甲, 乙, 丙 명의로 제1심판결 중 패소부분에 불복하여 항소하였다. 戊는 항소심 계속 중 원고 甲의 사망으로 乙, 丙이 소송절차를 수계한다는 소송수계신청서를 제출하였다.

이 사건 소제기와 항소제기의 적법여부를 논거와 함께 서술하시오. (민사소송법의 맥 A-14 참조)

---

2) 중복소제기에 해당하려면, ⅰ) 전·후소 당사자의 동일, ⅱ) 소송물의 동일, ⅲ) 전소계속 중 별소제기라는 요건을 갖추어야 한다(제259조). [당, 소, 계] 즉, 소송물이 동일해야 중복소제기에 해당한다. 반면 기판력의 경우 소송물이 동일하지 않더라도 후소의 소송물이 전소의 기판력있는 사항을 소송물로 할 때에는 후소는 전소의 기판력에 저촉된다. (모순관계)

Ⅰ. 결 론

이 사건 소제기와 항소제기는 적법하다.

Ⅱ. 논 거

1. 소송대리인에게 소송위임 후 소 제기 전 당사자 사망의 경우 소제기의 적법여부(적법)

判例는 ① 사자 상대로 소제기 한 사안에서 "민사소송에서 소송당사자의 존재나 당사자능력은 소송요건에 해당하고, 이미 사망한 자를 상대로 한 소의 제기는 소송요건을 갖추지 않은 것으로서 부적법하다"(대판 2012,6,14, 2010다105310)고 하나, ② "당사자가 사망하더라도 소송대리인의 소송대리권은 소멸하지 아니하므로(제95조 1호), 당사자가 소송대리인에게 소송위임을 한 다음 소 제기 전에 사망하였는데 소송대리인이 당사자가 사망한 것을 모르고 당사자를 원고로 표시하여 소를 제기하였다면 소의 제기는 적법하고, 시효중단 등 소 제기의 효력은 상속인들에게 귀속된다. 이 경우 민사소송법 제233조 제1항이 유추적용 되어 사망한 사람의 상속인들은 소송절차를 수계하여야 한다"(대판 2016,4,29, 2014다210449)고 판시하고 있다.

따라서 甲이 법무법인 丁에게 소송위임을 한 다음 소 제기 전에 사망하였더라도, 丁의 소송대리권은 소멸하지 않으므로 丁이 甲명의로 한 소제기는 甲의 소송위임에 의한 것으로서 적법하다.

2. 항소제기의 적법여부(적법)

(1) 문제점 - 상소요건 (사례 017. 참조 [대, 기, 리, 포, 불, 신, 중])

(2) 소송절차 중단여부(중단)

1) 판 례

判例에 의하면 제233조 1항이 유추적용 되나, "소송대리인이 존재하므로 소송절차가 중단되지 아니하고(제238조, 제233조 1항), 소송대리인은 상속인들 전원을 위하여 소송을 수행하게 되며, 판결은 상속인들 전원에 대하여 효력이 있다. 이 경우 심급대리의 원칙상 판결정본이 소송대리인에게 송달되면 소송절차가 중단된다. 다만 제1심 소송대리인이 상소제기에 관한 특별수권이 있어 상소를 제기하였다면 상소제기 시부터 소송절차가 중단되므로 항소심에서 소송수계절차를 거치면 된다"(대판 2016,4,29, 2014다210449)고 한다.

2) 사안의 경우

소송대리인 丁이 존재하는 이상 소송절차가 중단되지는 않으므로 제1심법원이 선고한 판결은 중단 간과의 위법이 없으며, 甲의 지위를 당연승계한 乙과 丙은 당해 판결의 효력을 받는다. 다만 丁은 상소제기의 특별수권이 없으므로 판결정본이 송달되면 소송은 중단되고 판결이 확정되지 않는다.

(3) 중단 중 상소의 적법여부(적법)

1) 판 례

"심급대리의 원칙상 판결정본이 소송대리인에게 송달되면 소송절차가 중단되므로 항소는 소송수계절차를 밟은 다음에 제기하는 것이 원칙이다. 따라서 소송절차 중단 중에 제기된 상소는 부적법하지만 상소심법원에 수계신청을 하여 하자를 치유시킬 수 있으므로, 상속인들에게서 항소심소송을 위임받은 소송대리인이 소송수계절차를 취하지 아니한 채 사망한 당사자 명의로 항소장 및 항소이유서를 제출하였더라도, 상속인들이 항소심에서 수계신청을 하고 소송대리인의 소송행위를 적법한 것으로 추인하면 하자는 치유되고, 추인은 묵시적으로도 가능하다"(대판 2016,4,29, 2014다210449).

2) 사안의 경우

소송대리인 戊가 소송수계절차를 취하지 아니하고 甲 명의로 항소를 제기한 것은 소송절차 중단 중의 상소로서 부적법하나, 그 후 소송수계신청으로 원고 乙, 丙이 甲에 대한 소송절차를 적법하게 수계하며, 戊의 소송행위를 묵시적으로 추인한 것으로 보아 戊의 항소제기의 하자도 치유된다. 따라서 항소제기는 적법하게 된다.

3. 사안의 해결

(1) 丁의 소제기

丁이 甲명의로 한 소제기는 甲의 소송위임에 의한 것으로서 적법하다.

(2) 戊의 항소제기

丁이 제1심판결정본을 송달받음으로 인해 소송절차는 중단되었고, 절차중단 중의 항소는 부적법하나 항소심에서의 수계신청으로 하자는 치유되었다. 따라서 戊의 항소제기는 적법하다.

> [참고]
>
> ① 사실관계에서 "제1심법원은 2013. 5. 30. 원고 일부승소판결을 선고하였다. 법무법인 戊는 乙, 丙로부터 甲, 乙, 丙 패소부분에 대한 항소심 소송위임을 받아 2013. 6. 17. 甲, 乙, 丙 명의로 제1심판결 중 패소부분에 불복하여 항소하였다. 戊는 항소심 계속 중 원고 甲의 사망으로 乙, 丙이 소송절차를 수계한다는 소송수계신청서를 제출하였다"로 나와있으므로 날짜만 보았을 때에는 항소기간이 지난 것처럼 보이나, 2013. 5. 30. 판결 선고 후 제1심의 소송대리인 丁에게 판결정본이 송달되면서 심급대리원칙상 소송이 중단되므로 항소기간은 진행하지 않고, 따라서 2013. 6. 17. 항소제기는 중단 중의 상소문제만 있고, 항소기간도과의 문제는 없다고 보인다. 결국 항소심에서 乙, 丙의 수계신청 등으로 중단 중의 상소문제도 치유되기 때문에 항소제기는 적법하다.
>
> ② 최신판례의 사실관계에서는 제1심 소송대리인에게 상소제기에 관한 특별수권이 있어 제1심 소송대리인이 상소를 제기하였다면 그 상소제기 시부터 소송절차가 중단되므로 항소심에서 소송수계절차를 거치면 되는 사안이었다(대판 2016.4.2. 2014다210449). 상소제기에 관한 특별수권 부여여부에 따라 소송절차가 중단되는 시점에 차이가 있음을 유의할 필요가 있다.

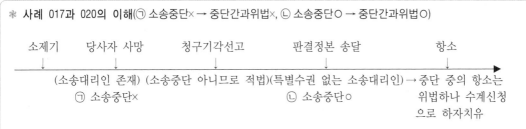

※ 사례 017과 020의 이해(㉠ 소송중단× → 중단간과위법×, ㉡ 소송중단○ → 중단간과위법○)

소제기 — 당사자 사망 — 청구기각선고 — 판결정본 송달 — 항소

(소송대리인 존재) (소송중단 아니므로 적법)(특별수권 없는 소송대리인) → 중단 중의 항소는
㉠ 소송중단× ㉡ 소송중단○ 위법하나 수계신청으로 하자치유

① **[사례 017]** "Ⅳ. 사안의 해결 : 소송계속 중 丙이 사망하더라도, ㉠ 소송대리인 D가 있는 이상 절차가 중단되지 않으나, ㉡ 상소의 특별수권을 부여받지 못한 D에게 판결정본이 송달됨으로 인해 소송절차는 중단되었고, 절차중단을 간과한 판결의 효력은 위법하나 당연무효는 아니므로 항소의 대상적격이 있고, 절차중단 중의 항소이나 항소심에서의 수계신청으로 하자는 치유되었다."

② **[사례 020]** 2. 항소제기의 적법여부 "제233조 1항이 유추적용 되나, ㉠ 소송대리인 丁이 존재하는 이상 소송절차가 중단되지는 않으므로 제1심법원이 선고한 판결은 중단간과의 위법이 없으며, 甲의 지위를 당연승계한 乙과 丙은 당해 판결의 효력을 받는다. 다만 ㉡ 丁은 상소제기의 특별수권이 없으므로 판결정본이 송달되면 소송은 중단되고 판결이 확정되지 않는다." 소제기 전에 당사자가 사망한 사례이나 判例는 제95조 1호를 적용하여 사례 17.과 같은 구조를 갖게 된다. 제233조 1항이 유추적용 되나 소송중단규정(제233조 1항 전단)이 아니라 수계신청규정(동조 동항 후단)만 적용될 뿐이기 때문이다(대판 2016.4.29. 2014다210449)

甲, 乙, 丙은 X토지를 공동으로 매수하여 甲명의로 1/2의, 乙과 丙명의로 각 1/4의 각 지분소유권이전등기를 마친 X토지의 공유자들이다. 그런데 甲은 乙, 丙과의 공유관계를 해소하고자 분할에 관한 협의를 하였으나 원만히 합의가 이루어지지 않았다. 이에 甲은 乙, 丙을 상대로 'X토지를 경매에 부쳐 그 대금을 지분비율에 따라 분할한다.'는 취지의 공유물분할청구의 소(이하 '이사건 소'라 한다)를 제기하였다.
※ 아래 각 설문은 상호 무관함

〈문제 1.〉
甲은 소송대리인 A에게 이 사건 소의 소송위임을 한 다음 소 제기 전에 사망하였는데 그 상속인으로는 B가 있었다. 그 후 소송대리인 A가 甲의 사망사실을 모르고 甲을 당사자로 표시하여 소를 제기하였다. 제1심 법원은 甲의 사망사실을 모른 채, 심리 결과 甲의 청구원인 사실이 인정된다는 이유로 청구인용 판결을 선고하였다. 이 판결은 유효한가?

〈문제 2.〉
이 사건 소의 제1심 변론종결 전에 丙이 자신의 공유지분을 丁에게 매도하고 丁명의로 지분에 관한 소유권이전등기까지 마쳐주었다. 이 사건 소에서 丁이 당사자로 될 수 있는 소송법상 방법과 근거에 관하여 설명하시오.

Ⅰ. 문제 1.의 해결 - 소제기 이전의 당사자 사망

1. 논점의 정리

당사자가 소송대리인에게 소송위임을 한 후 소 제기 전에 사망한 경우 판결의 효력이 문제된다.

2. 소제기 전 당사자가 사망한 경우 판결의 효력

(1) 원칙적인 경우 [대, 당, 부]

判例는 "사망자를 피고로 하는 소제기는 원고와 피고의 대립당사자 구조를 요구하는 민사소송법상 기본원칙이 무시된 부적법한 것으로서 실질적 소송관계가 이루어질 수 없다. 따라서 그와 같은 상태에서 제1심판결이 선고되었다 할지라도 판결은 당연무효이고, 판결에 대한 사망자인 피고의 상소인들에 의한 항소나 소송수계신청은 부적법하다"(대판 2015.1.29. 2014다34041)고 판시하였다. 이러한 법리는 원고가 사망한 경우에도 당연히 적용된다(同 判例).

(2) 당사자가 소송대리인에게 소송위임을 한 다음 소 제기 전에 사망한 경우

判例는 "당사자가 사망하더라도 소송대리인의 소송대리권은 소멸하지 아니하므로(제95조 제1호), 당사자가 소송대리인에게 소송위임을 한 다음 소 제기 전에 사망하였는데 소송대리인이 당사자가 사망한 것을 모르고 당사자를 원고로 표시하여 소를 제기하였다면 소의 제기는 적법하고, 시효중단 등 소 제기의 효력은 상속인들에게 귀속된다. 이 경우 제233조 제1항이 유추적용되어 사망한 사람의 상속인들은 소송절차를 수계하여야 한다"(대판 2016.4.29. 2014다210449)고 판시하였다. 이 경우에도 소송대리인이 있으므로 소송절차는 중단되지 아니한다(同 判例).

(3) 사안의 경우

甲이 사망하더라도 A의 소송대리권은 소멸하지 않으므로 비록 甲이 소제기 전에 사망하였더라도 A는 상속인 B를 위해 소송을 수행하며 그 판결의 효력은 유효하다.

II. 문제 2.의 해결 - 소제기 이전의 당사자 사망

1. 논점의 정리

"공유물분할청구의 소는 분할을 청구하는 공유자가 원고가 되어 다른 공유자 전부를 공동피고로 하여야 하는 고유필수적 공동소송"(대판 2003.12.12. 2003다44615)이다. 때문에 공유물분할에 관한 소송계속 중 丙으로부터 공유지분권을 이전받은 丁이 소송당사자가 되지 못한 경우 소송 전부가 부적법하다(대판 2014.1.29. 2013다78556). 따라서 丁이 당사자로 될 수 있는 방법이 문제된다.

2. 소송승계(참가승계, 인수승계)

공유물분할청구권은 공유지분에 관한 형성권이므로 그 법적 성질은 물권적 청구권에 준한다. 따라서 공유물분할청구소송 중 소송당사자로부터 공유지분을 양수하여 등기를 마친 자는 변론 종결 전의 승계인에 해당하므로, 공유물분할청구소송에서 공유지분의 양수인인 丁은 참가승계신청을 할 수 있고(제81조), 공유물분할청구소송의 당사자인 甲과 乙은 공유지분의 양수인인 丁을 상대로 인수승계신청을 할 수 있다(제82조).

3. 고유필수적 공동소송의 추가

고유필수적 공동소송의 추가란 법률상 공동소송이 강제되는 고유필수적 공동소송인 가운데 일부가 누락된 경우에 그 누락된 공동소송인을 추가하는 임의적 당사자 변경 제도를 말한다(제68조). 그러나 사안은 고유필수적 공동소송에서 후발적으로 당사자적격자의 교환적 변경이 필요한 경우이므로 공동소송인 추가신청의 대상으로 보기 어렵다.

4. 공동소송참가 [타, 당, 합]

공동소송참가란 소송 계속 중 당사자 간의 판결의 효력을 받는 제3자가 원고 또는 피고의 공동소송인으로 참가하는 것을 말한다(제83조 1항). 공동소송참가가 적법하기 위하여는 ⅰ) 타인간의 소송계속 중 일 것, ⅱ) 당사자적격 등의 소송요건을 갖출 것, ⅲ) 합일확정의 필요가 있을 것을 요한다. 그러나 丁이 공유물분할청구소송의 당사자가 되지 않는다면 소송 전부가 부적법하게 될 것이므로 소는 각하되고, 기판력도 미칠 수 없어 합일확정이 요구되지 않는다. 따라서 사안의 경우 공동소송참가가 허용될 수 없다.

5. 사안의 경우

공유지분을 이전받은 丁은 사실심변론종결시까지 승계참가나 소송인수 등의 방식으로 공유물분할청구소송의 당사자가 될 수 있다.

사례_027 **비법인사단의 당사자적격**   2012년 8월·2019년 8월 법전협 모의, 2009년 사법시험

A종중은 양주 강씨 35세손 진선공의 후손으로 구성되었고, 규약을 갖추었으며 대표자는 甲이다. A종중은 2014. 3. 1. B주식회사에게 A종중 소유인 X토지 위에 5층 건물을 신축하는 공사를 공사대금 10억 원에 도급하였고, B주식회사는 2014. 3. 3. C주식회사에게 위 공사를 일괄하여 하도급하였다. B주식회사가 C주식회사에게 하도급 공사대금을 제대로 지급하지 아니하여 공사에 차질을 빚자, A종중은 2014. 7. 1. B주식회사의 C주식회사에 대한 하도급 대금채무를 보증하고 위 채무를 보증하기 위해 X토지에 저당권을 설정해주었다. A종중 규약 제21조는 "종중원에게 부담이 될 계약이나 자금차입에 관한 사항은 임원회의 결의를 거쳐야 한다."고 규정하였으나, 甲은 보증계약 체결 전에 임원회의 결의를 거치지 아니하였다. C주식회사의 대표이사는 甲의 친한 친구여서 A종중의 규약 내용 및 규약 위반사실을 알고 있었다.

甲은 2014. 12. 5. A종중의 임원회의 결의를 거쳐 C를 상대로 보증채무가 무효임을 이유로 근저당권설정등기 말소등기청구의 소를 제기하였다. 이에 제1심법원은 甲의 소를 각하하는 판결을 선고하였다. **제1심법원의 판결은 타당한가?** (민사소송법의 맥 A-15 참조)

Ⅰ. 결 론

甲이 제기한 소는 당사자적격을 흠결한 소로서 부적법하므로 제1심법원이 甲의 소를 각하하는 판결을 선고한 것은 타당하다.

Ⅱ. 논 거

1. 문제점

甲이 제기한 말소등기청구의 소가 총유물에 관한 소로서 필수적 공동소송인지, 총유물의 보존행위에 해당하는 경우 A종중의 대표 甲이 임원회의 결의를 얻어 단독으로 소를 제기할 수 있는지 문제된다.

2. 통상공동소송과 필수적 공동소송의 구별기준

소송목적이 공동소송인 전원에 대해 합일확정될 필요가 있는 소송이 필수적 공동소송인 바, 필수적 공동소송에 해당되지 않으면 통상공동소송이다. ① '소송법상 소송수행권'에 대응하는 '실체법상 관리처분권'이 공동귀속되는 경우 공동소송이 강제되는 고유필수적 공동소송이 된다. ② 공동소송이 법률상 강제되는 것은 아니나 소송법상 판결효력이 확장되는 관계일 경우에 판결의 모순 회피를 위해 소송법적 이유에서 필수적 공동소송으로 다뤄지는 소송을 유사필수적 공동소송이라고 한다.

3. 총유물에 관한 소송이 필수적 공동소송인지 여부(적극)

민법 제276조에 의하면 '총유물의 관리 및 처분은 사원총회의 결의에 의한다'라고 하여, 총유재산관리처분권을 구성원에게 공동귀속 시키고 있다. 따라서 사안의 X토지와 같이 A종중의 총유재산에 관한 소송은 비법인 사단 자체의 명의로 단일소송할 수 있는 외에 그 구성원 전원이 당사자로 나서서 소송을 할 수 있으며, 이때의 소송관계는 '필수적 공동소송'이 된다(대판 1995.9.5. 95다21303).

4. 보존행위의 경우 甲이 단독으로 소를 제기할 당사자적격이 인정되는지 여부(소극)

(1) 총유물의 보존행위

권리능력 없는 사단의 재산소유는 총유로 하며(민법 제275조 1항), 총유물의 관리 및 처분은 정관 기타 규약에 정한 바가 없으면 사원총회의 결의에 의한다(민법 제275조 2항, 제276조 1항). 그런데 사안에서 甲이 제기한 근저당권말소등기청구는 성질상 '보존행위'인바, 총유의 경우에는 공유나 합유의 경우처럼 보존행위는 구성원 각자가 할 수 있다(민법 제265조 단서, 제272조)는 규정이 없으므로 보존행위를 함에도 사원총회의 결의를 요한다.

(2) 총유물의 보존행위에 관한 당사자적격

총유재산의 보존행위에 관한 당사자적격과 관련하여 최근 判例는 "총유재산에 관한 소송은 법인 아닌 사단이 그 명의로 사원총회의 결의를 거쳐 하거나 또는 그 구성원 전원이 당사자가 되어 필수적 공동소송의 형태로 할 수 있을 뿐 그 사단의 구성원은 설령 그가 사단의 대표자라거나 사원총회의 결의를 거쳤다 하더라도 그 소송의 당사자가 될 수 없고, 이러한 법리는 총유재산의 보존행위로서 소를 제기하는 경우에도 마찬가지라 할 것이다"(대판 2005.9.15. 전합2004다44971)라고 판시하였다.

5. 사안의 경우

A종중이 근저당권설정등기의 말소등기청구의 소를 제기하기 위해서는 종중총회 결의를 거쳐 A종중이 직접 당사자가 되거나(제52조), 종중 구성원 전원이 필수적 공동소송의 형태로 당사자가 되어 수행할 수 있을 뿐 甲은 설령 대표자라 하더라도 독자적으로 소를 제기할 수는 없다. 따라서 甲이 제기한 소는 당사자적격을 흠결한 소로서 부적법하므로 제1심법원이 甲의 소를 각하하는 판결을 선고한 것은 타당하다.

> [관련판례] "총유재산에 관한 소송은 비법인사단이 그 명의로 사원총회의 결의를 거쳐 하거나 또는 그 구성원 전원이 당사자가 되어 필수적 공동소송의 형태로 할 수 있을 뿐이며, 비법인사단이 사원총회의 결의 없이 제기한 소송은 소제기에 관한 특별수권을 결하여 부적법하다"(대판 2007.7.26. 2006다64573).

사례_028 **종중의 적법한 대표권이 없는 자에 의한 소제기** 2019년 제8회 변호사시험[1]

〈기초적 사실관계〉

甲종중의 대표자 乙은 2018. 5.경 일부 종원들이 乙 몰래 甲종중 소유의 X토지를 종원 丙에게 매도하고 관련서류를 위조하여 소유권이전등기를 마쳐 준 사실을 알게 되어 甲종중을 원고로 하여 丙을 상대로 X토지에 관한 소유권이전등기말소청구의 소를 제기하였다.

〈추가적 사실관계〉

위 소송에서 丙은 甲종중이 그 종중을 나타내는 특별한 명칭을 사용한 적이 없고 서면으로 된 정식 종중규약도 없으며, 그 대표자라는 乙이 일부 종원들에게는 소집통지를 하지 않고 乙에게 우호적인 종원들에게만 소집통지를 하여 개최된 종중총회의 결의에 의하여 선임되었을 뿐이라고 주장하고 있다. 그럼에도 불구하고 제1심 법원은 甲종중에 대하여 석명권을 행사하거나 직권증거조사를 해서 乙에게 적법한 대표권이 있는지를 심리하지 않고 변론을 종결하였다.

1. 제1심 법원은 원고에 대하여 석명권을 행사하는 등으로 乙에게 대표권이 있는지를 심리 판단하여야 하는가? 또 丙의 주장이 사실이라면 원고의 이 사건 소는 적법한가? (15점)

I. 문제 1.의 경우(15)

1. 제1심 법원의 조치

(1) 종중 대표권 존부의 법적 성격

비법인사단(종중)이 당사자인 사건에서 대표자에게 적법한 대표권이 있는지는 '소송요건'에 관한 것으로서 법원의 '직권조사사항'이다(대판 2013.4.25. 2012다118594).

(2) 직권조사사항의 경우 법원의 조치

직권조사사항의 경우 判例는 "법원으로서는 그 판단의 기초 자료인 사실과 증거를 직권으로 탐지할 의무까지는 없다 하더라도, 이미 제출된 자료들에 의하여 그 대표권의 적법성에 의심이 갈 만한 사정이 엿보인다면 상대방이 이를 구체적으로 지적하여 다투지 않더라도 이에 관하여 심리·조사할 의무가 있다"(대판 1997.10.10. 96다40578 ; 2009.12.10. 2009다22846)고 한다.

따라서 대표자의 선임에 관해 다툼이 있는 이상 제1심 법원은 원고에게 석명권을 행사하거나 직권조사하는 등으로 乙의 대표권 유무를 심리하였어야 한다(대판 1996.3.12. 94다56999).

---

1) ★ 2019년 8월 법전협 모의고사에서도 동일한 쟁점이 출제되었다.

2. 丙의 주장이 사실인 경우 이 사건 소의 적법성

(1) 甲종중의 당사자 능력

"종중은 공동선조의 후손으로 구성되는 종족의 '자연발생적 집단'이므로, 그 성립을 위하여 특별한 조직행위를 필요로 하는 것이 아니고, 반드시 특별한 명칭의 사용 및 서면화된 종중 규약이 있어야 하거나 종중의 대표자가 선임되어 있는 등 조직을 갖추어야 성립하는 것은 아니다"(대판 1996.3.12. 94다56999). 다만, 비법인 사단이 민사소송에서 당사자능력을 가지려면 일정한 정도로 조직을 갖추고 지속적인 활동을 하는 단체성이 있어야 하고 또한 그 대표자가 있어야 하므로(제52조), 종중의 경우에도 그와 같은 비법인 사단의 요건을 갖추어야 한다(대판 2013.1.10. 2011다 64607).

사안의 경우 甲 종중이 특별한 명칭을 사용한 적이 없고 정식 종중 규약을 갖고 있지 않더라도, 공동선조의 후손으로서 단체성을 갖추고 있는 이상, 비법인사단으로서의 실체가 인정된다.

(2) 乙이 적법한 대표권이 있는지 여부

종중의 대표자는 종중의 규약이나 관례에 따라 선임하되, 그러한 것이 없을 때에는 종중 총회의 과반수 결의로 선출하는 것이 일반 관례인데(대판 1993.3.12. 92다48789,48796), **적법한 종중 총회 결의가 성립하기 위해서는 종원들 전원에 대해 소집 통지가 이루어졌어야 한다.**

따라서 사안과 같이 일부 우호적인 종원들에게만 소집통지를 하여 개최된 종중총회 결의는 부적법하고, 그에 의해 선임된 대표자 乙 또한 적법한 대표권한이 없다.

(3) 소 결

따라서 심리 결과 丙의 주장이 사실이라면 원고의 이 사건 소는 '소송대리권' 흠결로 부적법 각하되어야 한다.

3. 사안의 해결

제1심 법원은 원고에 대하여 석명권을 행사하거나 직권으로 증거조사를 하는 등의 방법으로 乙에게 적법한 대표권이 있는지 심리하여야 한다. 또한, 丙의 주장이 사실이라면 원고의 이 사건 소는 소송요건의 흠결로 부적법하다.

사례_029 **조합의 소송수행방안** 2009년 사법시험, 2012년 8월 법전협 모의, 2011년 법무부 모의

甲 등 10인으로 구성된 A단체는 사업을 영위하는 과정에서 B주식회사로부터 물품대금 2억 원을 지급받지 못하고 있어, 그 지급을 구하는 소를 제기하려고 한다. A단체가 민법상 조합일 경우 원고가 될수 있는 자는 누구인가? (민사소송법의 맥 A-16 참조)

I. 결 론

조합원 전원이 원고가 되거나, 조합원 중 1인을 선정당사자로 선정하거나 또는 업무집행조합원이 조합원으로부터 임의적 소송신탁을 받아 원고가 될 수 있다.

II. 논 거

1. 조합의 당사자능력 인정 여부(소극)

判例는 "한국원호복지공단법에 의해 설립된 원호대상자 광주목공조합은 민법상의 조합의 실체를 가지고 있으므로 **소송상 당사자능력이 없다**"(대판 1991.6.25. 88다카6358)고 판시하였다. 따라서 조합인 A단체는 당사자능력이 없어 원고가 될 수 없다.

2. 조합원 전원이 원고가 될 수 있는지 여부(적극)

조합재산에 관한 능동소송의 경우 ⅰ) 합유물의 처분·변경에는 합유자 전원의 동의가 필요하고(민법 제272조), 합유물의 지분 처분에도 전원의 동의가 필요한 점에 비추어(민법 제273조), 조합원의 조합재산에 관한 소송은 고유필수적 공동소송이다(대판 1967.8.29. 66다2200, 대판 1994.10.25. 93다54064). ⅱ) 다만 보존행위에 관한 소송(조합지분권자가 피고의 등기말소를 구하는 경우)은 통상공동소송으로 본다(민법 제272조 단서).

사안은 조합원의 조합재산에 관한 소송으로서 **고유필수적공동소송**이 된다. 고유필수적 공동소송은 구성원 전원이 당사자가 되지 않으면 당사자적격에 흠이 있어 부적법한 소가 된다. 따라서 A단체의 구성원 전원이 원고가 될 수 있다.

3. 조합원 중 1인이 선정당사자로서 원고가 될 수 있는지 여부(적극)

선정당사자란 공동의 이해관계 있는 다수의 사람이 공동소송인이 되어 소송을 하여야 할 경우에 총원을 위해 소송을 수행할 당사자로 선출된 자를 말한다(제53조 1항), 법률상 허용된 임의적 소송담당의 일종이다. 합유관계에 있는 조합원들은 제65조 전문의 소송목적이 되는 권리나 의무가 여러 사람에게 공통되는 경우에 해당하므로 조합원들은 개별적 선정행위를 통해 업무집행조합원을 선정당사자로 선정할 수 있다. 따라서 선정당사자로 선정된 조합원은 원고가 될 수 있다.

4. 임의적 소송담당을 활용하여 업무집행조합원이 원고가 될 수 있는지 여부

(1) 허용 여부

명문의 규정이 없는 임의적 소송담당은 소송신탁금지(신탁법 제6조)와 변호사대리원칙(제87조)의 탈법수단으로 이용될 우려가 있으므로 원칙적으로 허용되지 않는다. 다만 아래와 같은 예외적인 경우에는 가능하다.

(2) 명문의 규정이 없는 임의적 소송담당의 허용기준 [변, 신, 합, 필(수, 고)]

임의적 소송담당이란 권리관계 주체의 의사에 기하여 제3자에게 자신의 권리에 대한 소송수행권을 수여하는 것이다. 명문의 규정이 없는 임의적 소송담당은 변호사대리원칙의 탈법수단으로 이용될 수 있고 소송신탁을 금지한 취지에 반하므로 허용되지 않는다. 다만, 변호사대리의 원칙(제87조)을 잠탈하거나 소송신탁금지 원칙(신탁법 제7조)에 위배되지 않고, 이를 인정할 합리적 필요(ⅰ) 권리주체인 자의 소송수행권을 포함한 포괄적 관리처분권의 수여가 있으며, ⅱ) 소송담당자도 소송을 수행할 고유의 이익이 있는 경우)가 있으면 허용된다.

(3) 업무집행조합원에게 명문의 규정이 없는 임의적 소송신탁이 가능한지 여부(적극)

判例는 동백홍농계사건에서 "민법상의 조합에 있어서 조합규약이나 조합결의에 의하여 자기 이름으로 조합재산을 관리하고 대외적 업무를 집행할 권한을 수여받은 업무집행조합원은 조합재산에 관한 소송에 관하여 조합원으로부터 임의적 소송신탁을 받아 자기 이름으로 소송을 수행하는 것이 허용된다"(대판 1984.2.14. 83다카1815)고 하여 긍정설의 입장이다.

(4) 사안의 경우

업무집행조합원은 임의적 소송담당자가 되어 원고가 될 수 있다.

2007년 법무사, 2016년 제5회 · 2014년 제3회 변호사시험

甲은 乙에게 금원을 대여하였다. 乙은 변제기가 지나도록 위 대여금을 변제하지 못하고 있던 중, 甲과의 사이에서 위 채무를 丙이 인수하는 방안에 관하여 논의하였으나 구체적 내용에 대한 이견으로 결론에 이르지는 못했다. 그 후 甲이 乙을 상대로 위 대여금의 지급을 구하는 소송을 제기하였다. 소송에서 피고 乙은, 위 채무를 丙이 면책적으로 인수하였으므로 乙은 피고가 될 당사자적격이 없다는 이유로 위 소는 부적법하다는 본안전 항변을 하였다.

1. 위 본안전 항변은 받아들여져야 하는가? (10점)

Ⅰ. 문제 1.의 경우(10)

1. 이행의 소에서 당사자적격

통설 및 判例에 의하면 이행의 소에서는 자기에게 이행청구권이 있음을 주장하는 자가 원고적격을 가지며, 그로부터 이행의무자로 주장된 자가 피고적격을 갖는다. 원고를 청구권자가 아니라 청구권을 주장하는 자로 보는 형식적 당사자개념에 의하므로 주장자체로 판단한다.

따라서 원고가 실제로 이행청구권자이며 피고가 이행의무자인지 여부는 본안에서 판단될 문제로서 본안심리 끝에 실제 이행청구권자나 의무자가 아님이 판명되면 청구기각의 판결을 할 것이고, 당사자적격의 흠이라 하여 소를 각하해서는 아니된다(대판 2005.10.7. 2003다44387).

2. 사안의 경우

甲이 제기한 대여금의 지급을 구하는 소송은 이행의 소이고, 甲은 乙을 상대로 소를 제기한바 乙의 피고적격은 甲의 주장 자체로 인정된다. 따라서 본안심리 결과 乙이 채무자가 아니라 하더라도 이 사건 소송이 피고적격 흠결로 부적법해지는 것은 아니다.

따라서 피고 乙의 본안전 항변은 받아들여질 수 없다.

2015년 사법시험, 2013년 10월 법전협 모의

원래 甲 소유의 X토지에 관하여, 甲의 친구인 乙은 甲으로부터 금전 차용에 관한 대리권을 수여받았을 뿐, X토지의 매도에 관한 대리권을 수여받지 않았다. 그럼에도 불구하고 乙은 甲의 대리인이라고 자처하면서 丙에게 X토지를 매도하고, 丙 명의로 소유권이전등기를 마쳐주었다.
甲은 乙을 상대로 乙이 매도에 관한 대리권이 없었으므로 丙 명의의 소유권이전등기가 원인무효라고 주장하면서, 丙 명의의 소유권이전등기의 말소를 청구하는 소를 제기하였다.
이 사건 청구에 대한 결론은 어떠한가?   (민사소송법의 맥 86쪽 참조)

Ⅰ. 결 론

법원은 당사자적격 흠결을 이유로 소각하 판결을 선고하여야 한다.

Ⅱ. 논 거

1. 이행의 소에서 당사자적격

이행의 소에서는 원칙적으로 자기에게 이행청구권이 있음을 '주장'하는 자가 원고적격을 가지며

그로부터 이행의무자로 '주장'된 자가 피고적격을 가진다. 즉 주장 자체로 당사자적격 여부를 판단한다. 다만 判例는 사안과 같은 '말소등기청구'사건에서는 "등기의무자, 즉 등기부상의 형식상 그 등기에 의하여 권리를 상실하거나 기타 불이익을 받을 자(등기명의인이거나 그 포괄승계인)가 아닌 자를 상대로 한 등기의 말소절차이행을 구하는 소는 당사자적격이 없는 자를 상대로 한 부적법한 소이다"(대판 1994.2.25. 93다39225)라고 판시하여 등기의무의 존부를 당사자적격의 문제로 파악한다.

2. 사안의 경우

피고 乙은 등기명의자가 아니므로 등기의무자가 아니다. 따라서 乙을 상대로 丙 명의의 소유권이전등기의 말소를 청구하는 소는 피고적격이 없는 자를 상대로 제기한 것으로 부적법하다.

사례_032 당사자적격(3)   대판 2015.12.10. 2014다87878

甲은 乙로부터 2천만 원을 대여하면서 자기 소유인 X토지에 대하여 乙명의의 근저당권을 설정해주었다. 이후 A가 甲의 乙에 대한 채무를 면책적으로 인수하였고, 이에 乙은 A를 상대로 X토지에 설정된 근저당권설정등기의 채무자를 甲에서 A로 변경하는 근저당권변경등기에 대한 승낙의 의사표시를 청구하는 소송을 제기하였다.
乙이 제기한 소가 적법한지 결론을 그 논거와 함께 서술하시오.

Ⅰ. 결 론

乙이 제기한 소는 피고적격이 없는 자를 상대로 제기한 것으로 부적법하다.

Ⅱ. 논 거

1. 이행의 소에서 당사자적격 (사례 023. 참조)

2. 등기명의인 아닌 사람을 상대로 권리변경등기나 경정등기에 대한 승낙의 의사표시를 청구하는 소가 적법한지 여부(소극)

"부동산등기법 제52조 단서 제5호는 '등기상 이해관계 있는 제3자의 승낙이 없는 경우에는 권리의 변경이나 경정의 등기를 부기등기로 할 수 없다.'라고 규정하고 있는데, 이때 등기상 이해관계 있는 제3자란 기존 등기에 권리변경등기나 경정등기를 허용함으로써 손해를 입게 될 위험성이 있는 등기명의인을 의미하고, 손해를 입게 될 위험성은 등기의 형식에 의하여 판단하며 실질적으로 손해를 입을 염려가 있는지는 고려의 대상이 되지 아니한다. 따라서 등기명의인이 아닌 사람은 권리변경등기나 경정등기에 관하여 등기상 이해관계 있는 제3자에 해당하지 않음이 명백하고, 권리변경등기나 경정등기를 부기등기로 하기 위하여 등기명의인이 아닌 사람의 승낙을 받아야 할 필요는 없으므로, 등기명의인이 아닌 사람을 상대로 권리변경등기나 경정등기에 대한 승낙의 의사표시를 청구하는 소는 당사자적격이 없는 사람을 상대로 한 부적법한 소이다"(대판 2015.12.10. 2014다87878).

3. 사안의 경우

A는 X토지에 관한 등기명의인이 아니며, 승낙의 대상이 된 근저당권변경등기에 의하여 새로이 채무자로 등기된다고 하더라도 등기명의인이라고 할 수 없으므로 등기상 이해관계 있는 제3자가 아니다. 따라서 A는 근저당권변경등기에 대한 승낙의 의사표시를 청구하는 소의 피고적격이 없으므로 乙이 제기한 소는 피고적격 흠결로서 부적법하다.

2013년 제2회 변호사시험

甲은 乙에 대한 대여금 채무를 담보하기 위하여 甲 소유의 X 토지에 관하여 근저당권설정등기를 마쳐 주었다. 乙은 丙에게 위 대여금 채권을 양도하고 이를 甲에게 통지하는 한편 이 사건 저당권을 양도하고 같은 날 丙에게 이 사건 저당권 이전의 부기등기를 마쳐 주었다. 이에 甲은 대여금 채무가 모두 변제되어 소멸하였다고 주장하며 乙, 丙을 상대로 소를 제기하면서 ① 乙에 대하여는 근저당권설정등기 말소등기절차의 이행을 구하고, ② 丙에 대하여는 근저당권 이전의 부기등기 말소를 구하였다. **위 각 청구에 대한 결론을 그 논거와 함께 서술하시오. (10점)**

I. 결 론

乙에 대한 근저당권설정등기 말소청구 및 丙에 대한 근저당권이전의 부기등기 말소청구는 모두 소각 하 되어야 한다.

II. 논 거

1. 乙에 대한 근저당권설정등기 말소청구(부적법)

"근저당권의 양도에 의한 부기등기는 기존의 근저당권설정등기에 의한 권리의 승계를 등기부상 명 시하는 것뿐으로, 그 등기에 의하여 새로운 권리가 생기는 것이 아닌 만큼 근저당권설정등기의 말소등 기청구는 양수인만을 상대로 하면 족하고, 양도인은 그 말소등기청구에 있어서 피고적격이 없다"(대판 1995,5,26, 95다7550). 따라서 양도인 乙에 대한 근저당권설정등기 말소청구는 피고적격이 없는 자를 상대로 한 것으로 부적법 각하되어야 한다.

2. 丙에 대한 근저당권이전의 부기등기 말소청구(부적법)

"부기등기는 별도로 말소를 구하지 않더라도 주등기가 말소되는 경우에는 직권으로 말소되어야 할 성질의 것이므로, 위 부기등기의 말소청구는 소의 이익이 없는 부적법한 청구이다"(대판 2001,4,13, 2001다4903). 따라서 양수인 丁에 대한 근저당권이전의 부기등기 말소청구는 소의 이익이 없어서 부적법 각하되 어야 한다.

2015년 제4회 변호사시험

〈기초적 사실관계〉
B는 A로부터 2005. 2. 17.부터 2008. 6. 30.까지 사이에 합계 4억 3,000만 원을 차용하였다. B는 2008. 7. 28. D와 매매대금 2억 원에 D 소유의 X부동산에 대한 매매계약을 체결하고, 자신의 아들인 C와 합의 아래 C에게 위 매매를 원인으로 한 소유권이전등기를 마쳤다. C 명의로 위 소유권이전등기가 마쳐질 무렵, B의 채무는 A에 대한 4억 3,000만 원과 그 외 금융기관에 대한 1억 원의 대출금 채무가 있었던 반면, B의 재산으로는 시가 1억 원 상당의 주택 외에, 현금 2억 원이 있었는데 그 돈은 X부동산 의 매수대금으로 사용되었다.

〈추가적 사실관계〉

C는 2008. 8. 1. E에게 X부동산에 관하여 소유권이전등기청구권 보전을 위하여 가등기를 설정하여 주었는데, E는 2008. 9. 1. 위 가등기를 F에게 이전하여 주고 가등기이전의 부기등기를 마쳤다. A는 2009. 6. 10. E와 F를 공동피고로 하여 ① E와 F에 대하여는 B와 C 사이의 사해행위의 취소를, ② E에 대하여는 X부동산에 대한 E 명의 가등기의 말소를, ③ F에 대하여는 E 명의의 가등기와 F 명의의 가등기이전 부기등기의 말소를 각 구하였다. 재판과정에서 E와 F는 X부동산에 관하여 C 명의의 등기가 경료된 경위를 전혀 알지 못하였다고 주장하였으나, 그에 관한 구체적인 증명은 없었다.

3. B와 C 사이의 명의신탁이 사해행위로 취소된다는 전제 아래, 법원의 E와 F에 대한 원상회복에 관한 판단과 그 이유를 설명하시오. (15점)

Ⅲ. 문제 3.의 경우(15)

1. 법원의 판단

법원은 ① A의 E에 대한 가등기말소 청구는 '가액배상판결'을 해야 하고, ② A의 F에 대한 E 명의의 가등기 말소 청구는 '청구인용판결'을 해야 하고, ③ A의 F에 대한 F 명의의 가등기이전 부기등기말소 청구에 대해서는 소의 이익의 흠결을 이유로 '소각하판결'을 하여야 한다.

2. 이 유

(1) E에 대한 E 명의 가등기의 말소청구

가등기이전의 부기등기가 경료된 경우 수익자인 가등기권리자 E를 상대로 채권자취소 및 원상회복을 구할 수 있는지와 관련하여 ① 과거 判例에 따르면 양도인 E에 대한 가등기말소 청구는 '피고적격'이 없는 자를 상대로 한 것으로 소각하 판결을 선고해야 한다(대판 2013.6.28. 2013다8564).[1]

② 그러나 바뀐 전원합의체 判例에 따르면 "채권자는 수익자를 상대로 사해행위인 매매예약의 취소를 청구할 수 있고, 부기등기의 결과 가등기 및 본등기에 대한 **말소청구소송에서 수익자의 피고적격이 부정되더라도, 위 부기등기는 사해행위인 매매예약에 기초한 수익자의 권리의 이전을 나타내는 것으로서 부기등기에 의하여 수익자로서의 지위가 소멸하지는 아니하므로 수익자는 부기등기로 인한 가등기말소의무의 불능에 대한 원상회복으로서 가액배상을 할 의무를 진다**" (대판 2015.5.21. 전합2012다952 : 가등기에 의한 권리의 양도인(수익자)은 가등기말소등기청구 소송의 상대방이 될 수 없고 본등기의 명의인도 아니므로 가액배상의무를 부담하지 않는다는 종전판결을 변경)고 한다.

한편 判例는 원물반환을 구하는 경우 법원이 청구취지 변경 없이 가액배상을 명할 수 있다(대판 2001.6.12. 99다20612)고 하므로 사안의 경우 A의 E에 대한 가등기말소 청구는 '가액배상판결'을 해야 한다.

(2) F에 대한 E 명의의 가등기 말소 청구

앞서 검토한 바와 같이 E 명의의 가등기에 대한 말소청구는 현재 등기명의자인 양수인 F를 상대로 해야 한다. 문제는 전득자 F의 사해의사인바, 사해의사의 증명책임과 관련하여 判例는 "사해행위취소소송에 있어서 채무자의 악의의 점에 대하여는 그 취소를 주장하는 채권자에게 입증책임이 있으나 수익자 또는 전득자가 악의라는 점에 관하여는 입증책임이 채권자에게 있는 것이 아니고 수익자 또는 전득자 자신에게 선의라는 사실을 입증할 책임이 있다"고 한다(대판 1997.5.23. 95다51908).

---

[1] "가등기의 이전에 의한 부기등기는 기존의 가등기에 의한 권리의 승계관계를 등기부상에 명시하는 것뿐으로 그 등기에 의하여 새로운 권리가 생기는 것이 아닌 만큼 가등기의 말소등기청구는 양수인만을 상대로 하면 족하고, 양도인은 그 말소등기청구에 있어서의 피고적격이 없다"

사안에서 B와 C 사이의 명의신탁이 사해행위로 취소된다는 전제를 하고 있으므로 채무자 B의 사해의사는 증명된 것으로 볼 수 있다. 그렇다면 전득자 F가 사해의사가 없다는 점을 피고 F가 증명해야 한다. 따라서 이에 대한 증명이 없는 이상 F를 상대로 한 E 명의의 가등기 말소청구는 인용되어야 한다.

(3) F에 대한 F 명의의 가등기이전 부기등기말소 청구

判例가 판시하는 바와 같이 "가등기 이전의 부기등기는 기존의 주등기인 가등기에 종속되어 주등기와 일체를 이루는 것이어서 피담보채무가 소멸된 경우에는 주등기인 가등기의 말소만 구하면 되고 위 부기등기는 별도로 말소를 구하지 않더라도 주등기의 말소에 따라 직권으로 말소된다 할 것이다"(대판 2013.6.28, 2013다8564).

따라서 양수인 F에 대한 가등기이전 부기등기말소 청구에 대해서는 '소의 이익'의 흠결을 이유로 역시 소각하 판결을 하여야 한다.

사례_035 당사자적격(6) - 채권자대위소송의 법적성질과 당사자적격
2009년 법원행정고시, 2017년 사법시험, 2012년 제1회 변호사시험, 2011년 7월 법전협 모의

乙과 丙은 2008. 6. 경 丙의 소유인 A토지에 관하여 매매계약을 체결하였다. 그런데 甲은 2009. 1. 경 乙로부터 A토지를 매수하였다며 乙을 대위하여 丙을 상대로 乙명의로의 소유권이전등기를 구하는 소를 제기하였다. (각 설문은 상호 무관함)

1. 법원의 심리결과 乙이 丙에게 매매대금을 모두 지급하여 소유권이전등기를 청구할 수 있는 상태임은 인정되었으나, 甲이 乙과 A토지에 관한 매매계약을 체결한 사실은 인정되지 않았다. **이러한 경우 법원은 어떠한 판단을 해야 하는가? (10점)**

2. 乙이 이미 2008. 10. 경 丙을 상대로 A토지에 관하여 2008. 6. 경 매매를 원인으로 한 소유권이전등기 절차의 이행을 구하는 소를 제기하였다가 패소판결을 선고받아 그 판결이 확정되었다. **이러한 경우 법원은 어떠한 판단을 해야 하는가? (15점)**

I. 결 론

문제 1. 및 문제 2.의 경우 모두 법원은 당사자적격의 흠결을 이유로 소각하판결을 하여야 한다.

II. 논 거

1. 채권자대위소송의 법적성질

고유의 대위권 행사로 보는 견해도 있으나, 대위소송에서 채권자가 궁극적으로 다투려 하는 것은 채무자의 제3채무자에 대한 권리이며, 그 행사의 효과도 바로 채권자에게 귀속되지 않고 직접 채무자에게 귀속하여 총채권자를 위해 공동담보가 된다는 점을 고려해 보면, 소송물은 채무자의 권리이며 따라서 채무자와 병행하여 소송수행권이 인정된 '법정소송담당'으로 보아야 한다. 判例도 "제404조 소정의 채권자대위권은 채권자가 자신의 채권을 보전하기 위하여 채무자의 권리를 자신의 이름으로 행사할 수 있는 권리"라고 보아 동일한 입장이다(대판 2001.12.27, 2000다73049).

2. 법정소송담당설에 의할 경우 대위소송이 적법하기 위한 요건 [보, 필, 불, 대]

채권자대위권의 요건으로는 ⅰ) 피보전채권의 존재, ⅱ) 채권보전의 필요성, ⅲ) 채무자의 권리불행사, ⅳ) 피대위권리의 존재를 요구한다(민법 제404조). 법정소송담당설에 의할 경우 ⅰ), ⅱ), ⅲ)은 당사자적격에 관계되는 소송요건사실로서 흠결시에는 부적법 각하, ⅳ) 의 흠결의 경우는 본안판단으로서 청구기각판결을 하여야 한다.

3. 문제 1.의 경우 : 피보전채권 흠결시 법원의 조치(소각하판결)

判例가 판시하는 바와 같이 "채권자대위소송에서 대위에 의해 보전될 채권자의 채무자에 대한 권리가 인정되지 않을 경우에는 채권자 스스로 원고가 되어 채무자의 제3채무자에 대한 권리를 행사할 당사자적격이 없게 되므로 그 대위소송은 부적법하여 각하할 수밖에 없다"(대판 1992.7.28. 92다8996). 사안의 경우 甲이 乙과 A토지에 관한 매매계약을 체결한 사실이 인정되지 않았는바, 피보전채권의 흠결이 있으므로 법원은 당사자적격의 흠결을 이유로 소각하판결을 하여야 한다.

4. 문제 2.의 경우 : 채무자가 권리를 행사한 경우 법원의 조치(소각하판결)

(1) 기판력이 미치는지 여부(제218조 3항)

채무자가 제3채무자에 대하여 소를 제기하여 패소판결이 확정된 후 채권자가 제3채무자를 상대로 채권자대위소송을 제기한 경우 判例는 "채권자가 채무자를 대위하여 제3채무자에 대하여 제기한 이 사건 소송과 이미 확정된 채무자의 제3채무자에 대한 소송은, 비록 당사자가 다르지만 실질상 동일 소송이라 할 것이므로, 위 확정판결의 효력이 이 사건에 미친다"(대판 1981.7.7. 80다2751 ; 대판 1979.3.13. 76다688)고 하여 대위소송에 기판력이 미친다고 하였다.

(2) 소송요건심리의 선순위성

다만 이 경우 判例는 "채권자대위권은 채무자가 제3채무자에 대한 권리를 행사하지 아니하는 경우에 한하여 채권자가 자기의 채권을 보전하기 위하여 행사할 수 있는 것이어서 채권자가 대위권을 행사할 당시는 이미 채무자가 권리를 재판상 행사하였을 때에는 설사 패소의 본안판결을 받았더라도 채권자는 채무자를 대위하여 채무자의 권리를 행사할 당사자적격이 없다"(대판 1993.3.26. 92다32876 : 채권자대위권의 요건 중 '채무자의 권리불행사'는 당사자적격에 관계되는 소송요건사실이다)고 하면서 '소각하판결'을 내렸다. 한편 기판력의 본질에 관한 '모순금지설'에 따르면 전소에서 패소한 원고의 후소제기가 기판력에 반할 경우 청구기각을 선고해야 하지만 소송요건흠결사유도 함께 있는 경우는 소송요건심리의 선순위성 원칙에 따라 소각하판결을 하게 된다(대판 1990.12.11. 88다카4727).

(3) 사안의 경우

甲이 乙을 대위하여 소를 제기하기 전에 이미 채무자인 乙이 제3채무자인 丙을 상대로 동일한 내용의 소를 제기하였다가 패소판결을 받아 확정되었는바, '채무자의 권리불행사'라는 요건이 결여되었다. 따라서 법원은 당사자적격흠결을 이유로 소각하판결을 하여야 한다. 이로써 채권자의 대위권행사가 확정판결의 기판력에 저촉되는 것으로 보아 채권자의 청구를 기각한 종래의 대법원 판결(대판 1979.3.13. 76다688)은 사실상 폐기되었다.[1]

---

1) 주석 민법(제4판), p.123

C는 A에 대하여 3천만 원의 대여금 채권이 있고, A는 B에 대하여 1천만 원의 대여금 채권이 있다. C는 위 3천만 원의 대여금 채권에 대하여 이미 승소확정판결을 받았고 이를 집행권원으로 하여 A를 채무자, B를 제3채무자로 한 채권압류 및 추심명령을 신청하여 법원으로부터 채권압류 및 추심명령을 받았는데 그 후 A가 B를 상대로 대여금반환청구의 소를 제기하였다.

1. 위 사실관계 기재 소송의 제1심 변론종결 전에 C가 위 채권압류 및 추심명령 신청을 취하하고 추심권을 포기한 경우(그 관련 서류가 증거로 법원에 제출되었다) 법원은 어떤 판결 주문(소송비용부담과 가집행 관련 주문은 제외한다)으로 선고하여야 하는지와 그 근거를 서술하시오. (15점)

I. 문제 1.의 경우(15)

1. 추심명령의 효력과 당사자적격

이행소송에서는 자신에게 이행청구권이 있다고 주장하는 자가 원고적격을 가진다. 그러나 금전채권이 압류·추심된 경우 추심명령은 제3채무자에 대한 채권을 추심할 권능만을 부여한 것이므로, 채무자가 제3채무자에 대해 가지는 채권이 추심채권자에게 이전하거나 귀속되는 것은 아니지만(대판 2001.3.9. 2000다73490), 제3채무자에 대한 이행의 소는 추심채권자만이 제기할 수 있고(민사집행법 제229조 2항), 집행채무자는 피압류채권에 대한 이행의 소를 제기할 '당사자적격'을 상실하는 '제3자 법정소송담당 중 갈음형'의 관계에 있게 된다.

따라서 C가 B를 상대로 채권압류 및 추심명령을 받은 상태에서 A가 B를 상대로 대여금청구의 소를 제기하면 '원고적격의 흠결'로 소각하 된다(대판 2004.3.26. 2001다51510등)

2. C의 추심명령 취하의 효과(A의 당사자적격 회복)

"채권에 대한 압류 및 추심명령이 있으면 제3채무자에 대한 이행의 소는 추심채권자만이 제기할 수 있고 채무자는 피압류채권에 대한 이행소송을 제기할 당사자적격을 상실하나, 채무자의 이행소송 계속 중에 추심채권자가 압류 및 추심명령 신청의 취하 등에 따라 추심권능을 상실하게 되면 채무자는 당사자적격을 회복한다"(대판 2010.11.25. 2010다64877).

사안에서 A의 이행소송의 제1심 변론종결 전에 C가 채권압류 및 추심명령 신청을 취하하였으므로, A는 당사자적격을 회복한다.

3. 당사자적격의 조사방법과 소송요건 존부의 판단기준시기

(1) 당사자적격의 조사방법(직권조사사항)

당사자적격은 소송요건으로서 법원의 직권조사사항이므로, 법원으로서는 그 판단의 기초자료인 사실과 증거를 직권으로 탐지할 의무까지는 없다 하더라도, 법원에 현출된 모든 소송자료를 통하여 살펴보아 당사자적격의 존부에 관하여 의심할 만한 사정이 발견되면 직권으로 추가적인 심리·조사를 통하여 그 존재 여부를 확인하여야 할 의무가 있다(대판 2009.4.23. 2009다3234).

(2) 소송요건 존부의 판단기준시기(사실심 변론종결시)

사실심의 변론종결 당시를 표준으로 한다. 따라서 소송요건이 소제기당시 부존재하여도 사실심 변론종결시까지 구비하면 족하다(대판 1977.5.24. 전합76다2304).

---

1) ★ 2016년 8월, 2017년 10월 법전협 모의고사에서도 동일한 쟁점이 출제되었다.

4. 사안의 경우

제1심 변론종결 전에 C가 채권압류 및 추심명령 신청을 취하하였으므로, A는 당사자적격을 회복하며, 관련 서류가 증거로 법원에 제출된 이상 법원은 이를 심리·조사하여야 한다. 따라서 변론종결 당시를 기준으로 당사자적격의 존재가 인정되는 이상 법원은 부적법 각하판결을 해서는 안 되고, 본안 판단을 하여 A의 B에 대한 청구를 전부 인용하는 판결 주문을 선고하여야 한다.

즉, 법원은 '피고 B는 원고 A에게 10,000,000원을 지급하라.'는 전부인용판결을 하여야 한다.

사례_037 당사자적격(8) – 채권자취소소송의 피고적격
2012년 8월·2013년 6월·10월 법전협 모의, 2015년 사법시험

甲은 乙로부터 乙 소유인 X 토지를 금 5억 원에 매수하기로 하는 계약을 체결하고 중도금까지 총 4억 원을 지급하였는데, 그 후 乙은 丙으로부터 금 2억 원을 차용하면서 X 토지에 관하여 丙에게 저당권설정등기를 마쳐주었다. 甲은 잔금 지급기일에 그 이행을 제공하였으나 乙이 소유권이전등기를 회피하고 있다. 甲은 "乙과 丙이 통모하여 乙의 유일한 책임재산인 X토지를 허위로 처분한 것으로서 사해행위에 해당한다."고 주장하면서, 乙을 상대로 乙과 丙 사이의 근저당권설정계약취소를 구하면서 이에 병합하여 원상회복으로서 저당권설정등기의 말소를 구하였다.
법원은 이 소에 대하여 어떻게 심리 판단하여야 할 것인가?

I. 결 론

乙을 피고로 하는 채권자취소청구 및 근저당권말소등기청구(원상회복청구) 소송은 피고적격이 흠결된 것으로서 각하하여야 한다.

II. 논 거

1. 乙을 상대로 한 채권자취소소송에 대한 법원의 심리, 판단(채권자취소소송의 피고적격)

채권자취소권의 행사는 '거래안전'의 영향이 크므로 취소권 행사의 효과는 수익자나 전득자로부터 일탈재산의 반환을 청구하는데 필요한 범위에서만, 즉 채권자와 그들에 대한 상대적 관계에서만 발생한다고 보는 **상대적 무효설**이 통설·判例(대판 2004.8.30. 2004다21923)이다. 따라서 악의인 수익자 혹은 전득자만이 피고가 되며, 채무자는 피고적격이 없다. 따라서 채무자인 피고 乙에 대한 채권자취소소송은 부적법한 것으로 각하하여야 한다.

2. 乙을 상대로 한 근저당권말소등기 청구소송의 적법여부(부적법)

(1) 말소등기청구의 피고적격(사례 024. 참조)

(2) 사안의 경우

피고 乙은 등기명의자가 아니므로 등기의무자가 아니다(대판 1994.2.25. 93다39225). 따라서 乙을 상대로 근저당권설정등기의 말소를 청구하는 소는 피고적격이 없는 자를 상대로 제기한 것으로 부적법하다.

甲은 丙의 연대보증 하에 乙에게 금 8,000만 원을 변제기 2011. 4. 13.로 정하여 대여하였다. 丙은 乙의 경제적 상황이 나빠지자 甲으로부터 강제집행을 당할 것을 염려하여 2012. 10. 20. 친구인 丁과 짜고 자신의 유일한 재산인 X건물에 대하여 2012. 10. 10.자 매매를 원인으로 한 소유권이전등기를 丁 명의로 마쳐주었다. 한편 甲은 乙이 위 채무의 변제기일이 지나도 변제를 하지 않자, 연대보증인인 丙의 재산관계를 알아보던 중, 丙 소유의 위 X건물이 丁 앞으로 이전등기된 것을 2015. 1. 9. 알게 되었다. 甲이 2015. 2. 4. 채권자취소의 소를 제기하려고 한다면, 누구를 피고로 정하여 제기하여야 하는가?

(민사소송법의 맥 85쪽 참조)

I. 결 론

甲은 丁을 피고로 하여 채권자취소의 소를 제기하여야 한다.

II. 논 거 - 채권자취소소송의 피고적격 (사례 030. 참조)

乙 주식회사의 대표이사인 甲의 업무수행에 불만을 가진 대주주들의 암묵적인 영향으로 乙주식회사는 이사회를 개최하여 甲을 대표이사직에서 해임하고 丙을 乙주식회사의 대표이사로 선임하였다. 이에 甲은 자신이 부당하게 해임되었다고 주장하면서 이사회결의에 대한 무효확인의 소를 제기하고자 한다. 甲은 누구를 상대로 이사회결의무효확인의 소를 제기하여야 하는가? 수소법원은 甲이 피고로 삼은 자의 당사자적격을 피고가 다투지 않더라도 심사하여 판단할 수 있는가? (민사소송법의 맥 A-17 참조)

I. 결 론

甲은 乙회사를 상대로 이사회결의무효확인의 소를 제기하여야 하고, 수소법원은 당사자적격에 대해 직권으로 조사하여 판단할 수 있다.

II. 논 거

1. 확인의 소의 당사자적격

확인의 이익을 가지는 자가 원고적격자가 되며, 원고의 이익과 대립·저촉되는 이익을 가진 자가 피고적격자로 된다.

2. 단체내부의 분쟁의 피고적격(단체피고설)

단체내부의 분쟁의 피고적격에 관해 대표자피고설, (대표자·단체)필수적공동소송설이 주장되나 判例는 "주식회사의 이사회결의는 회사의 의사결정이고 회사는 그 결의의 효력에 관한 분쟁의 실질적인 주체라 할 것이므로 그 효력을 다투는 사람이 **회사를 상대로 하여 그 결의의 무효확인을 소구할 있다** 할 것이나 그 이사회결의에 참여한 이사들은 그 이사회의 구성원에 불과하므로 특별한 사정이 없는 한 이사 개인을 상대로 하여 그 결의의 무효확인을 소구할 이익은 없다"(대판 1982.9.14. 80다2425)고 하여 **단체피고설**의 입장이다. 따라서 甲은 대표자 丙이 아닌 乙 회사를 상대로 이사회결의무효확인의 소를 제기하여야 한다.

3. 당사자적격의 조사방법(직권조사사항)

당사자적격은 소송요건으로서 법원의 직권조사사항이므로, 법원으로서는 그 판단의 기초자료인 사실과 증거를 직권으로 탐지할 의무까지는 없다 하더라도, 법원에 현출된 모든 소송자료를 통하여 살펴보아 당사자적격의 존부에 관하여 의심할 만한 사정이 발견되면 직권으로 추가적인 심리·조사를 통하여 그 존재 여부를 확인하여야 할 의무가 있다(대판 2009.4.23. 2009다3234).

사례_040 **소송능력**

〈공통된 사실관계〉
18세인 甲은 시가 200만 원의 자신의 디지털 카메라를 乙에게 판매하였다. 그러나 乙은 매매대금을 지급하지 않고 있다. 이에 甲은 乙에 대해서 매매대금의 지급을 구하는 소를 제기하였다.

〈문제 1.〉
소장심사시 甲이 18세임을 알게 된 경우, 법원은 어떠한 조치를 취하여야 하는가?

(민사소송법의 맥 A-20 참조)

〈문제 2.〉
소장심사 이후 甲이 18세임을 알게 된 경우, 법원은 어떠한 조치를 취하여야 하는가?

(민사소송법의 맥 A-20 참조)

〈문제 3.〉
제1심법원은 甲이 미성년자임을 간과하고 그대로 절차를 진행하여 청구기각판결을 선고하였다. 이에 대해 甲이 단독으로 항소하였다. 항소심법원의 조치에 대해 서술하시오.

(민사소송법의 맥 A-20 참조)

Ⅰ. 미성년자의 소송능력

1. 소송능력의 의의

당사자로서 유효하게 소송행위를 하거나 소송행위를 받기 위하여 필요한 능력을 말한다. 소송무능력자를 보호하기 위한 제도이다. 민법상 행위능력자가 곧 소송능력자이므로(제51조), 甲과 같이 미성년자는 소송무능력자가 되는 것이 원칙이다.

2. 무능력자의 소송행위의 효력(유동적 무효)

법정대리인의 추인이 없는 한 원칙적 무효이다(유동적 무효, 제60조). 법정대리인의 동의가 있거나(민법 제5조, 제10조), 법정대리인이 처분을 허락한 재산에 대한 소송행위라도(민법 제6조) 무효이다. 다만, 미성년자가 혼인한 때에는 소송능력을 가지며, 미성년자가 독립하여 법률행위를 할 수 있는 경우(법정대리인의 허락을 얻어 영업에 관한 법률행위를 하는 경우 ; 민법 제8조)에는 그 범위 내에서 소송능력을 가진다(제55조 단서). 또한, 미성년자는 근로계약의 체결·임금의 청구를 하는 경우(근로기준법 제67조 제68조), 그러한 범위의 소송에서는 소송능력이 인정된다.

Ⅱ. 문제 1. : 소장심사단계에서 소송무능력자임이 판명된 경우(소장보정명령, 소장각하명령)

당사자가 소송무능력자인 경우 법정대리인의 기재는 소장의 필요적 기재사항(제249조 1항)이다. 따라서 소장심사시 법정대리인의 기재가 흠결된 것을 발견한 이상 재판장은 흠을 보정하도록 명하여야 하며

(제254조 1항), 원고가 보정에 불응하면 소장각하명령을 한다(제254조 2항). 사안의 경우 재판장은 甲에게 소장보정명령을 하여야 하고, 甲이 보정에 불응하면 소장각하명령을 하여야 한다.

Ⅲ. 문제 2. : 소장심사 이후 소송무능력자임이 판명된 경우(보정명령, 소각하판결)

소송능력 유무는 직권조사사항이므로 법원은 무능력자에게 소송능력의 보정명령(제59조 전단)을 할 수 있고, 변론종결시까지 보정하지 않는 한 부적법한 소이므로 판결로써 각하하여야 한다. 다만, 무효인 소 제기에 대해 부적법한 소송계속을 소멸시키기 위해 무능력자 스스로 취하할 수 있다(통설). 사안의 경우 법원은 甲에게 보정명령을 한 후 불응시 소각하판결을 하여야 한다.

Ⅳ. 문제 3. : 소송능력 흠결을 간과한 판결에 대한 구제책

1. 항소의 적법여부(적법)

(1) 항소의 적법요건 [대, 기, 리, 포, 불, 신, 중]

항소가 적법하기 위해서는 항소 요건을 충족해야 한다. 즉, ⅰ) 상소의 대상적격, ⅱ) 상소기간 준수, ⅲ) 상소이익, ⅳ) 상소포기와 불상소합의가 없을 것, ⅴ) 기타 소송행위의 유효요건으로 신의칙 준수, 소송절차 중단 중의 소송행위가 아닐 것, 소송능력이 있을 것 등이 요구된다.

(2) 항소의 대상적격 인정여부(적극)

소송무능력 간과판결은 당연무효가 아니므로(통설), 항소의 대상적격이 있다.

(3) 항소의 이익 인정여부(적극)

미성년자 甲은 전부 패소한 자로 항소이익이 있다.

(4) 항소제기가 신의칙에 반하는지 여부(소극)

만일 甲이 제1심에서 소송능력이 있다고 주장했거나 그렇게 행동한 경우라도 소송무능력자 구제를 위해 甲의 항소제기가 신의칙에 반한다고 볼 수 없다.

(5) 소송무능력자의 항소제기의 적법여부(적극)

통설은 미성년자임을 간과한 미성년자 패소판결에 대하여 미성년자에 대한 송달을 무효로 보지 않으며, 미성년자가 법정대리인 없이 단독으로 상소·재심을 제기할 수 있다고 한다. 소송능력을 문제 삼아서 각하한다면 소송능력의 존재를 주장하면서 제1심판결의 당부를 다툴 수 있는 기회가 부당히 박탈될 수 있기 때문이다.[1]

(6) 사안의 경우

미성년자 甲이 제기한 항소는 항소요건을 충족하여 적법하다.

2. 항소의 인용여부(적극)

미성년자임을 간과한 미성년자 패소판결에 대하여는 상소(제424조 1항 4호), 재심(제451조 1항 3호)으로 다툴 수 있다. 여기의 '법정대리권 흠결'에는 법정대리인에 의해 적법하게 대리되지 않은 경우도 포함되는바, 따라서 제1심판결에 대리권 흠결 간과에 준하는 위법이 있으므로 항소를 인용하여 제1심판결을 취소하고 자판하여 소각하 판결을 하여야 한다.

---

1) 반면, <u>소송무능력자 승소판결</u>이 선고된 경우 패소한 상대방이 무능력자의 소송능력의 흠을 이유로 <u>상소나 재심</u>을 하는 것은 무능력자 보호 취지와 신의칙에 반하기 때문에 <u>허용되지 않는다</u>.

70세의 노인 甲은 지능지수가 73, 사회연령 8세 수준이다. 甲은 동네사람 乙의 꼬임에 빠져서, 乙이 丙 신용금고로부터 금원을 대출 받을 때, 그 대출금 반환채무에 대하여 연대보증을 하고, 또한 자신이 소유하는 A부동산에 관하여 근저당권설정등기를 경료하여 주었다. 그 후 丙은 乙로부터 대출금을 회수하지 못하자 A부동산에 대하여 경매절차를 신청하였다. 그러자 甲은 위 근저당권설정등기가 무효라고 주장하면서 근저당권설정등기말소청구의 소를 제기하였다. **이 경우 甲은 특별대리인 선임신청을 할 수 있는가?** (민사소송법의 맥 A-21 참조)

Ⅰ. 문제점 - 甲의 소송능력 구비여부(소극)

민법상 행위능력자가 곧 소송능력자인 바(제51조), 甲은 아직 피성년후견개시심판이 이루어지지 않은 사실상 무능력자로서 소송능력은 있다. 다만 의사능력에 흠결이 있는 경우로서 이를 보완하기 위해 특별대리인 선임신청이 가능한지 문제된다.

Ⅱ. 소송상 특별대리인 선임신청

1. 의 의

소송무능력자를 대리할 법정대리인이 없거나 대리권을 행사할 수 없을 때에 법원에 의해 선임되는 소송상 대리인이다(제62조).

2. 선임신청의 요건

대리인이 없을 때란 미성년자에게 친권자나 후견인이 모두 없는 경우를 말하고, 대리권을 행사할 수 없는 때란 법률상의 장애뿐만 아니라 사실상의 장애도 포함한다. 소송절차가 지연됨으로써 손해를 볼 염려가 있는 점을 소명하여 신청하여야 한다(제62조 1항, 동조 2항).

3. 의사무능력의 경우 특별대리인 선임가부(가능)

의사무능력의 경우에도 특별대리인을 선임할 수 있는지에 관하여 判例는 "특별대리인 선임제도는 소송능력이 없는 자에 대하여 소송행위를 하고자 하는 자의 소송의 지연으로 인하여 발생하는 손해를 방지하기 위하여 둔 것이므로 **사실상 의사능력을 상실한 상태에 있어 소송능력이 없는 사람에 대하여 소송을 제기하는 경우에도 특별대리인을 선임할 수 있다**"(대판 1993.7.27. 93다8986)고 긍정한다.

이에 2017.2.4.부터 시행되고 있는 개정법은 의사무능력자를 위한 특별대리인의 선임 등을 명문으로 규정하였다(제62조의2). 이 경우 특별대리인이 소의 취하, 화해, 청구의 포기·인낙 또는 제80조에 따른 탈퇴를 하는 경우 법원은 그 행위가 본인의 이익을 명백히 침해한다고 인정할 때에는 그 행위가 있는 날부터 14일 이내에 결정으로 이를 허가하지 아니할 수 있고, 이 결정에 대해서는 불복할 수 없도록 규정하였다(제62조의2 2항).

Ⅲ. 사안의 경우

의사무능력의 甲은 제62조의2에 의해 특별대리인 선임신청을 할 수 있다.

자동차 판매대리점을 하는 乙은 2014. 3. 10. 甲종중(대표자 A)으로부터 1억 원을, 丙으로부터 2억 원을 각각 이자 연 12%, 변제기 2015. 3. 9.로 정하여 차용하면서, 이를 담보하기 위해 乙 소유의 X 토지에 관하여 甲종중 및 丙과 1개의 매매예약을 체결하였고, 이에 따라 X 토지에 관하여 甲종중과 丙의 채권액에 비례하여 甲종중은 1/3 지분으로, 丙은 2/3 지분으로 각 특정하여 공동명의의 가등기를 마쳤다. 甲종중은 위 변제기가 지난 후 단독으로 「가등기담보 등에 관한 법률」이 정한 청산절차를 이행하고, 2015. 10. 14. 乙을 상대로 X 토지에 대한 1/3 지분에 관하여 가등기에 기한 본등기절차이행을 구하는 소(이하 '이 사건 소'라 한다)를 제기하였다.

2. 이 사건 소송계속 중 A는 甲종중의 대표자 지위를 상실하게 되었다. 그럼에도 A는 그 후 계속 소송을 수행하다가 이 사건 소를 취하하였다. A의 소취하는 효력이 있는지와 그 근거를 설명하시오. (10점)

Ⅱ. 문제 2.의 경우(10)

1. 종중 대표자의 법적지위

甲종중과 같은 비법인 사단의 경우 대표자가 있는 경우에는 소송상 당사자가 될 수 있고(제52조), 그 대표자에 대해서는 법정대리와 법정대리인에 관한 규정이 준용된다(제64조). 그런데 사안의 경우 甲종중의 대표자 A는 그 지위를 상실한 상태에서 소를 취하하였으므로, 그러한 소취하가 효력이 있는지 여부가 문제된다.

2. 대표권을 상실한 자가 한 소취하의 효력

(1) 원 칙

소송절차가 진행되는 중에 법정대리권이 소멸한 경우에는 본인 또는 대리인이 상대방에게 소멸된 사실을 통지하지 아니하면 소멸의 효력을 주장하지 못한다(제63조 1항 본문). 이는 법인 또는 비법인사단의 대표자에게도 준용된다(제64조). 따라서 대리권의 소멸통지가 상대방에게 도달할 때까지는 구 대리인이 한 또는 구대리인에 대한 소송행위는 유효하다.

따라서 사안의 경우 대표자 A가 그 지위를 상실한 사실을 乙에게 통지하지 아니하였다면 甲종중은 A의 대표권 상실을 이유로 乙에게 대항할 수 없고, A의 소취하는 효력이 있다.

> [관련판례] 제63조 1항 본문의 입법취지는 법정대리권이 소멸하였다고 하더라도 당사자가 그 법정대리권의 소멸사실을 알았는지의 여부, 모른 데에 과실이 있었는지의 여부를 불문하고 그 사실의 통지 유무에 의하여 대리권의 소멸 여부를 획일적으로 처리함으로써 소송절차의 안정과 명확을 기하기 위함에 있다(대판 1998.2.19. 전합95다52710). 이러한 입법 취지를 고려하여 判例는 "법인 대표자의 대표권이 소멸된 경우에도 그 통지가 있을 때까지는 다른 특별한 사정이 없는 한 소송절차상으로는 그 대표권이 소멸되지 아니한 것으로 보아야 하므로, 대표권 소멸 사실의 통지가 없는 상태에서 구 대표자가 한 소취하는 유효하고, 상대방이 그 대표권 소멸 사실을 알고 있었다고 하여 이를 달리 볼 것은 아니다"(대판 1998.2.19. 전합95다52710)라고 하였다.

(2) 예 외

제63조 1항 본문에 의하면 구대리인이 상대방과 통모하여 본인에게 손해를 입히려고 배신적 소취하 등의 소송행위를 한 경우에도 유효한 것으로 볼 수밖에 없어 당사자에게 가혹하다는 문제점이 있었다. 이에 제63조 1항 단서는 법원에 법정대리권 또는 대표권의 소멸사실이 알려진 뒤에는 상대방에게 통지 전이라도 구대리인에 대한 제56조 2항(소의 취하, 화해, 청구의 포기·인낙 등)의 행위를 할 수 없도록 하였다.

3. 사안의 경우

법원에 A의 대표권 소멸사실이 알려진 사정이 없으므로, 이를 근거로 A의 소취하의 효력을 부정할 수 없다. 즉, A의 소취하는 효력이 있다.

사례_043 **대리권 소멸통지(2)** 2014년 법무행정고시

甲회사의 대표이사 丙은 甲회사를 대표하여 乙을 상대로 8,000만 원의 매매대금지급청구와 3,000만 원의 공사대금지급청구를 병합하여 소를 제기하였다. 제1심에서 甲이 전부 패소하자 丙은 이에 대하여 항소를 제기하였다. 항소제기 후 丙은 2014. 5. 2. 대표이사를 사임하였음에도 乙에게 이 사실을 통지하지 않고 2014. 5. 9. 항소를 취하하였다. **2014. 5. 8. 법원이 丙의 사임사실을 알게 된 경우 丙의 항소취하는 유효한가?**

I. 결 론

丙의 항소취하는 효력이 없다.

II. 논 거

1. 문제점

사단법인의 대표자는 일체의 소송행위를 할 수 있는 대표권이 있다(민법 제59조). 그런데 사안의 경우 甲회사의 대표이사 丙은 그 지위를 상실한 상태에서 항소를 취하하였으므로, 그러한 항소취하가 효력이 있는지 여부가 문제된다.

2. 대표권의 소멸통지 (사례 035. 참조)

3. 사안의 경우

항소취하 전에 법원에 丙의 대표권 소멸사실이 알려졌으므로 乙에게 대표권 소멸을 통지하지 않았더라도 丙의 항소취하는 무효이다.

甲은 2010. 5. 4. 자신의 토지를 무단점유하고 있는 乙을 상대로 차임상당의 부당이득반환청구의 소를 제기하였다. 제1심법원은 2010. 6. 7. 원고패소판결을 선고하였다. 이에 甲은 항소하면서 소송대리인 D를 선임하여 소송을 수행하였고(상고의 특별수권을 부여한 바 없다), 항소심 법원은 2010. 12. 1. 甲의 항소를 인용하는 판결을 선고하였다. 이에 乙은 상고하였고 甲은 소송대리인 E를 선임하여 소송을 수행하였으나, 대법원은 2011. 4. 15. 항소심판결을 취소하고 위 사건을 항소심으로 환송하였다. 환송 후 항소심법원은 판결정본을 2011. 10. 17. D에게 송달하였으나, D는 甲에게 위 송달사실을 알려주지 않았다. 甲은 2011. 11. 7. 추후보완상고를 제기할 수 있는가? (20점)

I. 甲의 추후보완상고 제기 가부

1. 문제점

① '당사자가 책임질 수 없는 사유'로 말미암아 불변기간을 지킬 수 없었던 경우에는 그 사유가 없어진 날부터 2주 이내에 추후보완상고를 제기할 수 있다(제173조). 소송대리인이 판결정본의 송달을 받고도 당사자에게 그 사실을 알려 주지 아니하여 기간을 지키지 못한 경우처럼 그 책임이 소송대리인에게 있는 이상 본인에게 과실이 없다 하더라도 추후보완은 허용되지 않는다(대판 1984.6.14. 84다카744).

② 대리인 D가 甲에게 송달사실을 알려주지 않아 상고제기기간이 경과한 것이 '당사자의 책임질 수 없는 사유'에 해당하려면, 환송 후 항소심법원이 판결정본을 D에게 송달한 것이 무권대리인에게 송달한 것이어야 한다. 이는 파기환송시 종전 항소심 대리인의 소송대리권이 부활되는지 여부와 관련이 있다.

2. 심급대리원칙 인정여부(적극)

判例는 "소송대리권의 범위는 특별한 사정이 없는 한 당해 심급에 한정되어, 소송대리인의 소송대리권의 범위는 수임한 소송사무가 종료하는 시기인 당해 '심급의 판결을 송달받은 때'까지라고 할 것"(대결 2000.1.31. 99마6205)이라고 하여 심급대리원칙을 인정한다(즉, '제90조 2항 3호'와 관련하여 상소에 피상소인으로서 응소하는 것도 특별수권사항으로 보아야 한다).[1]

사안에서 소송대리인 D의 소송대리권은 원칙적으로 항소심 판결정본의 송달로 소멸한다.

3. 파기환송판결의 종국판결성(적극)

判例는 "대법원의 환송판결도 당해 사건에 대하여 재판을 마치고 그 심급을 이탈시키는 판결인 점에서 당연히 제2심의 환송판결과 같이 종국판결로 보아야 할 것이다"(대판 1995.2.14. 전합93재다27)고 판시하는바, 파기환송판결에 의해 심급의 이동이 발생하여 상고심에서의 소송대리인 E의 소송대리권은 소멸한다.

4. 파기환송 후 환송 전 소송대리인 D의 대리권의 부활여부(적극)

判例는 "사건이 상고심에서 환송되어 다시 항소심에 계속하게 된 경우에는 상고전의 항소심에서의 소송대리인의 대리권은 그 사건이 항소심에 계속되면서 다시 부활하는 것이므로 환송받은 항소심에서 환송 전의 항소심에서의 소송대리인에게 한 송달은 소송당사자에게 한 송달과 마찬가지의 효력이 있다"(대판 1984.6.14. 84다카744)고 하여 부활을 긍정한다.

---

1) 구체적으로 상소제기 수권이 없을 경우에는 '판결정본이 소송대리인에게 송달된 때', 상소제기의 수권이 있는 경우에는 '상소장을 제출한 때'가 소송대리권이 소멸되는 시기이다(대판 1983.10.25. 83다카850).

[비교판례] 이와 달리 ① 재상고의 경우 즉, "상고심에서 항소심으로 파기환송된 사건이 다시 상고된 경우에는 항소심의 소송대리인은 그 대리권을 상실하고, 이때 환송 전 상고심 대리인의 대리권이 그 사건이 다시 상고심에 계속되면서 부활하게 되는 것은 아니라고 할 것이어서, 새로운 상고심은 변호사보수의 소송비용 산입에관한 규칙에서는 환송 전 상고심과는 별개의 심급으로 보아야 한다"(대결 1996.4.4. 94마148)고 판시한 경우도 있다. ② 한편, 재심은 신소제기의 형식을 취하는 것이므로 재심절차에서는 사전 또는 사후의 특별 수권이 없는 이상 재심 전의 소송의 소송대리인이 당연히 소송대리인이 되는 것은 아니다(대결 1991.3.27. 90마970).

5. 사안의 해결

소송대리인 D의 소송대리권은 심급대리원칙에 의해 원칙적으로 항소심 판결정본의 송달로 소멸되나 파기환송에 의해 다시 부활하므로, D에 대한 송달은 당사자 甲에게 한 송달과 마찬가지의 효력이 있다. 따라서 D가 판결정본을 송달받고도 당사자에게 알려주지 않아 甲이 송달사실을 몰라 상고제기기간이 경과하였더라도, 이는 '당사자가 책임질 수 있는 사유'에 해당하므로 甲은 추후보완상고를 제기할 수 없다.

Ⅱ. 사안의 해결

甲은 추후보완상고를 제기할 수 없다.

유사기출

▌파기환송 후 환송 전 항소심 대리인의 대리권 부활여부　　　　　[2020년 제9회 변호사시험]

甲은 乙로부터 X건물을 대금 1억 원에 매수하였다. 甲이 乙을 상대로 위 매매를 원인으로 한 소유권이전등기 청구의 소를 제기하였다. 1심에서 패소한 甲은 변호사 A를 선임하여 위 소의 항소심을 수행하게 하였으나 항소기각 판결을 선고받자 변호사 B를 선임하여 상고를 제기하였다. 상고심 법원은 원심을 파기하여 항소심으로 환송하는 판결을 선고하였다. 환송 후 항소심 법원은 변론기일 통지서를 변호사 A에게 송달하였다. **위 송달은 적법한가? (15점)**

Ⅰ. 송달의 적법 여부

1. 문제점

2. 변호사 소송대리권의 존속시기(심급대리의 원칙)

3. 파기환송 후 환송 전 소송대리인 A의 대리권의 부활여부(적극)

(1) 파기환송판결의 종국판결성(적극)

(2) 소송대리인 B의 대리권 소멸여부(적극)

(3) 소송대리인 A의 대리권 부활여부(적극)

Ⅱ. 사안의 해결

파기환송 후 환송 전 소송대리권이 부활한 변호사 A에게 변론기일 통지서를 송달한 것은 적법하다.

A회사는 B회사와 원단 공급계약을 체결하고 B회사에 원단을 납품하여 왔다. A회사가 B회사에 대금지급을 독촉하자, B회사는 그동안의 거래대금을 지급하였다고 주장하고 있다. 이에 A회사는 B회사를 상대로 원단 대금 1억 원의 지급을 구하는 물품대금청구의 소를 제기하였다. A회사의 전(前) 대표이사 甲은 법인인감도장을 도용하여 변호사 乙에게 B회사에 대한 물품대금청구에 관한 소송행위를 위임하여 소송을 진행한 결과 제1심에서 A회사가 승소하였고, B회사의 항소제기로 소송이 항소심에 계속된 후 위와 같은 방법으로 다시 甲으로부터 소송위임을 받은 변호사 乙이 본건 소를 취하하였다. 이 사실을 뒤늦게 알게 된 A회사의 대표이사 丙은 변호사 乙이 한 일련의 소송행위 중 소취하 행위만을 제외하고 나머지 소송행위를 추인할 수 있는가? (민사소송법의 맥 A-24 참조)

I. 결 론

丙은 변호사 乙이 한 소송행위 중 소취하 행위만을 제외하고 추인할 수 있다.

II. 논 거

1. 변호사 乙의 소송대리권 인정여부(소극)

대표권이 없는 甲이 선임한 소송대리인 乙은 무권대리인이다. 대리권의 존재는 대리인의 소송행위의 유효요건인바, 무권대리인 乙의 소송행위는 무효이다.

2. 소송행위에 표현대리 인정여부(소극)

判例는 집행증서를 작성할 때에 강제집행인낙의 의사표시는 공증인에 대한 소송행위이고 이러한 소송행위에는 민법상의 표현대리 규정은 적용 또는 유추적용될 수 없다고 한다(대판 2006.3.24. 2006다2803). 따라서 乙의 소송행위는 민법상의 표현대리가 적용될 수 없어 무권대리행위로서 무효이다.

3. 일부추인 가부(한정 적극)

① 무권대리인의 소송행위는 유동적 무효이므로 당사자나 정당한 대리인이 추인하면 소급하여 유효하게 된다(제60조). 추인은 사전추인을 제외하면 시기의 제한이 없고 묵시적 의사표시로도 가능하다. ② 일부추인이 가능한지에 대해 判例는 "무권대리인이 행한 소송행위의 추인은 특별한 사정이 없는 한 소송행위의 전체를 대상으로 하여야 하고, 그 중 일부의 소송행위만을 추인하는 것은 허용되지 아니한다"(대판 2008.8.21. 2007다79480)고 하여 **원칙적 일괄추인만 가능**하다고 보면서, "무권대리인이 변호사에게 위임하여 소를 제기하여서 승소하고 상대방의 항소로 소송이 2심에 계속 중 그 소를 취하한 일련의 소송행위 중 소취하 행위만을 제외하고 나머지 소송행위를 추인함은 소송의 혼란을 일으킬 우려없고 소송경제상으로도 적절하여 그 추인은 유효하다"(대판 1973.7.24. 69다60)고 하여 **소송의 혼란을 가져올 염려가 없는 경우에는 일부추인도 허용**된다고 한다.

4. 사안의 경우

대표이사 丙은 무권대리인 乙이 한 일련의 소송행위 중 소취하 행위만을 제외하고 나머지 소송행위를 추인하여 유효하게 할 수 있다.

제 **3** 편
제1심 소송절차

甲, 乙, 丙은 X토지를 각 3분의 1의 지분으로 공유하고 있다. 그러나 내부적인 갈등으로 丙은 공유관계를 해소하기 위해 甲과 乙에 대하여 X토지의 분할을 청구하는 소를 제기하였다. 丙은 청구취지에서 X토지를 수평으로 3등분하는 방법으로 분할을 구하였는데 법원이 丙의 청구와 달리 수직으로 3등분하는 방법으로 분할을 명하는 판결을 선고할 수 있는가? (민사소송법의 맥 130쪽 참조)

I. 결 론

법원은 丙의 청구에 구속되지 않고 수직으로 3등분하는 방법으로 분할을 명하는 판결을 선고할 수 있다.

II. 논 거

1. 문제점

丙은 수평으로 3등분하는 방법의 분할을 요구하고 있는바, 이에 대해 처분권주의(제203조)가 적용되어 법원은 丙의 청구에 구속되는 것은 아닌지가 문제된다.

2. 공유물분할청구소송의 의의와 성격

(1) 의 의

'공유물분할의 소'란 공유자 간에 공유물의 분할의 방법에 관하여 협의가 성립되지 아니한 때에 판결에 의한 분할을 청구하는 소를 말한다(민법 제269조 1항).

(2) 성 격(형식적 형성의 소) [처, 불, 청]

判例는 "공유물분할의 소는 형성의 소이며, 법원은 공유물분할을 청구하는 자가 구하는 방법에 구애받지 아니하고 자유로운 재량에 따라 합리적인 방법으로 공유물을 분할할 수 있는 것"(대판 1991.11.12. 91다27228)이라 하여 형식적 형성소송설의 입장이다. 형식적 형성의 소란 형식적으로는 소송사건이지만 실질적으로는 비송사건에 해당하는 형성의 소를 말한다. 즉 공유물분할소송은 소송사건으로 처리되나, 법원이 재량에 따라 합리적인 방법으로 처분할 수 있는 비송사건의 실질을 가진다. 따라서 처분권주의가 배제되고, 불이익변경금지원칙이 적용되지 않으며, 청구기각판결은 허용되지 않는다.

3. 사안의 해결

공유물분할청구소송은 형식적 형성소송에 해당하므로, 처분권주의가 배제되어 법원은 丙의 청구에 구속되지 않고 수직으로 3등분하는 방법으로 분할을 명하는 판결을 선고할 수 있다.

丙은 X토지의 소유자이다. X토지와 인접한 Y토지의 소유자 C는 2011. 1. 3.부터 X토지의 10㎡가 자신의 소유라고 주장하며 무단으로 경작하였다. 이에 화가 난 丙은 C를 상대로 경계를 확실히 하자고 으름장을 놓으며 2012. 3. 4. X토지와 Y토지에 관한 경계확정의 소를 제기하였다. 이에 C는 제1변론기일에서는 10㎡가 Y토지에 포함되어 있다고 항변하였으나, 이후 제2변론기일에서는 10㎡ 부분을 시효로 취득하였다고 항변했다. 이후 C와 丙은 소송계속 중인 2012. 6. 7. 합의로 X토지와 Y토지의 경계를 임의로 확정하였다.

〈문제 1.〉
법원은 C의 취득시효사실을 심리하여 판단할 수 있는가?　　　　　　(민사소송법의 맥 B-01 참조)

〈문제 2.〉
丙과 C가 소를 취하하고 있지 않다면 법원은 스스로 경계를 확정할 수 있는가?
　　　　　　　　　　　　　　　　　　　　　　　　　　　　(민사소송법의 맥 B-01 참조)

Ⅰ. 문제 1.의 해결

1. 결 론

법원은 C가 시효취득을 하였는지 여부를 심리할 수 없다.

2. 논 거

(1) 토지경계확정의 소의 의의

토지경계확정의 소란 토지경계선에 관하여 다툼이 있는 경우에 법원의 판결로 토지경계를 정하는 소를 말하는 바, 법적 근거는 없으나 학설 및 判例는 이를 인정하고 있다. 사안에서 C는 위 토지 중 10㎡를 시효로 취득하였다고 주장하였는바, 위 소송의 법적성질과 관련하여 법원이 이를 심리하여 판단할 수 있는지 여부이다.

(2) 토지경계확정의 소의 법적 성질(형식적 형성소송설)

判例는 "토지경계확정의 소는 인접하는 토지의 경계확정을 구하는 소이고 그 토지에 관한 소유권의 범위나 실체상 권리의 확인을 목적으로 하는 것은 아니므로 당사자가 토지 일부를 시효취득하였는지의 여부는 토지경계확정소송에서 심리할 대상이 되지 못한다"(대판 1993.10.8. 92다44503)고 하여 형식적 형성소송설의 입장이다.[1]

(3) 형식적 형성의 소의 성격 (사례 039. 참조)

(4) 사안의 해결

토지경계확정의 소의 법적 성질을 형식적 형성의 소로 보는 이상, 처분권주의가 배제되어 법원은 C가 시효취득을 하였는지 여부를 심리할 수 없다.[2]

Ⅱ. 문제 2.의 해결

1. 결 론

소송이 계속되고 있는 이상 법원은 스스로 경계를 확정할 수 있다.

2. 논 거

(1) 판 례

토지경계확정의 소는 형식적 형성의 소이므로 처분권주의가 배제되는바, 判例도 "서로 인접한 토지의 경계선에 관하여 다툼이 있어서 토지 경계확정의 소가 제기되면 법원은 당사자 쌍방이 주장하는 경계선에 구속되지 않고 스스로 진실하다고 인정되는 바에 따라 경계를 확정하여야 한다. 소송 도중에 당사자 쌍방이

---

1) 그 외의 학설로는 토지소유권의 범위에 관한 확인의 소라는 견해(확인소송설)가 있다.
2) 확인소송설에 따른다면 소유권의 범위나 실체상의 권리를 확인할 수 있으므로 시효취득하였는지의 여부도 심리할 대상이 된다.

경계에 관하여 합의를 도출해냈다고 하더라도 원고가 그 소를 취하하지 않고 법원의 판결에 의하여 경계를 확정할 의사를 유지하고 있는 한, 법원은 그 합의에 구속되지 아니하고 진실한 경계를 확정하여야 하는 것이므로, 소송 도중에 진실한 경계에 관하여 당사자의 주장이 일치하게 되었다는 사실만으로 경계확정의 소가 권리보호의 이익이 없어 부적법하다고 할 수 없다"(대판 1996.4.23. 95다54761)고 판시하였다.

(2) 사안의 경우

丙과 C사이에 임의로 경계를 확정하였더라도 소송이 계속되고 있다면 법원은 그 합의에 구속되지 아니하고 진실한 경계를 확정하여야 한다.

사례_048 **경계확정의 소(2)**   2012년 변리사

형제인 乙, 丙, 丁은 부친 A가 소유하고 있던 X토지를 상속받았다. 그런데 X토지에 인접한 Y토지를 B로부터 매수한 甲이 Y토지를 측량한 결과, X토지로 인해 등기부상의 면적보다 부족함을 알게 되었다. 그리하여 甲은 X토지의 등기부상 명의자인 乙, 丙, 丁을 상대로 토지경계확정의 소를 제기하였다.

〈문제 1.〉
이 소의 종류는?

〈문제 2.〉
이 공동소송의 유형은?

〈문제 3.〉
이 소송 중 소외 戊가 검사를 상대로 자신이 A의 혼인 외의 자임을 주장하며 제기한 인지청구소송에서 승소하여 확정되었음이 밝혀졌다. 이 경우 戊가 당사자로 되기 위한 방법은?

Ⅰ. 문제 1.의 해결

1. 결 론

토지경계확정의 소는 형식적 형성의 소에 해당한다.

2. 논 거

(1) 학 설

토지 경계가 명확해지면 쟁점인 소유권범위에 관한 분쟁도 해결된다는 점을 논거로 토지경계확정의 소는 소유권의 범위의 확인을 구하는 소송이라는 견해도 있으나, 다수설은 토지경계확정의 소는 법원이 그 경계를 확정한다는 방식을 취하는 쟁송적 비송사건이고, 다만 소송절차를 통하여 판결에 의해 경계를 확정한다는 형식을 띠게 되므로 형식적 형성의 소라는 입장이다.

(2) 판 례

判例는 토지경계확정의 소는 인접하는 토지의 경계를 확정하는 소로서 토지 소유권의 범위나 실체법 상의 권리의 확인을 구하는 것을 목적으로 하는 것이 아니라고 판시하여 형식적 형성의 소라는 입장이다(대판 1993.10.8. 92다44503).

(3) 검 토

생각건대 토지경계확정의 소는 기각판결을 할 수 없고 법원이 재량으로라도 그 경계를 확정하여야 한다는 점에 비추어 형식적 형성의 소라는 다수설과 판례의 입장이 타당하다.

Ⅱ. 문제 2.의 해결

1. 결 론

甲이 제기한 소송은 고유필수적 공동소송에 해당한다.

2. 논 거

(1) 공동소송의 유형

소송목적의 합일확정의 필요성이 인정되는지 여부에 따라 통상 공동소송과 필수적 공동소송으로 구분되고, 필수적 공동소송은 실체법상 관리처분권이 공동으로 귀속되어 공동소송이 강제되는 경우에 해당하는 고유필수적 공동소송과 소송법상 판결의 효력이 다른 공동소송인에게 미치는 경우에 해당할 뿐 공동소송이 강제되지는 않는 유사필수적 공동소송으로 나뉜다.

(2) 사안의 경우

공유토지의 토지경계확정청구는 공유토지 자체의 처분, 변경을 구하는 소이므로 소송수행권이 공유자 전원에게 공동으로 귀속되는 바(민법 제264조), 공유자 전원이 나서야 하는 고유필수적 공동소송에 해당한다. 判例도 인접하는 토지의 한편 또는 양편이 여러 사람의 공유에 속하는 경우, 그 경계의 확정을 구하는 소송은 관련된 공유자 전원이 공동하여서만 제소하고 상대방도 관련된 공유자 전원이 공동으로서만 제소될 것을 요건으로 하는 고유필수적 공동소송이라고 해석함이 상당하다고 판시한 바 있다(대판 2001.6.26. 2000다24207).

Ⅲ. 문제 3.의 해결

1. 결 론

戊가 당사자로 되기 위한 방법으로 ① 소 취하 후 신소제기, ② 별소제기 후 법원의 변론병합, ③ 甲의 필수적 공동소송인의 추가신청, ④ 戊의 공동소송 참가가 가능하다.

2. 논 거

(1) 소취하 후 신소제기

甲은 소를 취하하고 乙, 丙, 丁, 戊를 피고로 하는 토지경계확정의 소를 제기할 수 있다.

(2) 별소제기 후 법원의 변론병합(제141조)

甲은 戊를 피고로 하는 별소를 제기할 수 있고, 법원은 변론을 병합하여 이를 판단할 수 있다.

(3) 甲의 필수적 공동소송인의 추가신청(제68조)

고유필수적 공동소송인의 누락이 있는 경우이고, 추가되는 자는 공동소송인의 요건을 구비하고 있기에 1심변론종결 전까지 甲의 신청으로 戊를 추가할 수 있다.

(4) 戊의 공동소송 참가(제83조)

고유필수적 공동소송에서 일부 당사자의 누락이 있는 경우, 소는 당사자적격의 흠결을 이유로 부적법한 바, 제83조의 공동소송 참가는 허용될 수 없다는 견해도 존재하나, 다수설은 소송요건은 변론종결시까지 구비하면 족하므로 고유필수적 공동소송에서도 제83조에 의한 공동소송 참가를 허용해야 한다는 입장이다. 소송경제를 고려할 때 다수설이 타당하다. 다수설에 의할 경우 戊는 공동소송 참가를 할 수 있다.

X토지를 소유하고 있는 乙은 甲에게 X토지를 5억 원에 매도하기로 하고, 甲으로부터 5억 원을 받았다. 그 후 乙은 丙과 X토지를 시가 6억 원에 매도하기로 합의한 다음 丙 명의로 소유권이전등기를 마쳐주었다(丙은 단순 악의임). 이에 甲은 乙을 상대로 매매계약에 기한 소유권이전등기청구권이 이행불능되었다고 주장하며 손해배상을 청구하였으나 乙은 이에 응하지 않았다. 甲의 금전채권자 A는 甲에 대한 금전채권을 청구채권으로 하여 위 손해배상채권에 대해 가압류신청을 하여 결정을 받아 위 결정이 乙에게 송달되었다. 이후 甲은 乙을 상대로 위 손해배상청구의 소를 제기하였고 乙은 가압류의 처분금지효로 인해 甲에게 위 채권을 변제할 수 없으므로 甲이 제기한 소는 소의 이익이 없어 부적법하다고 항변하고 있다.

1. 乙의 항변은 타당한가? (10점)

2. 사안과 달리 甲의 청구권이 이행불능이 되지 않은 상태에서 A가 甲의 소유권이전등기청구권에 대하여 가압류결정을 받아 위 결정이 乙에게 송달되었고, 이에 甲이 乙을 상대로 소유권이전등기를 구하는 소송을 제기하였다고 하자. 乙은 가압류의 처분금지효로 인해 소유권이전등기절차를 이행하지 못한다는 항변을 하고 있다. 법원은 이 사건 소에 대하여 어떠한 판결을 해야 하는가?

Ⅰ. 문제 1.의 경우(10)

1. 가압류된 '금전채권'에 대한 이행청구의 경우(소의 이익 긍정)

(1) 현재이행의 소의 이익

'현재이행의 소'란 현재(변론종결시) 이행기가 도래하였으나 이행되지 아니한 이행청구권의 존재를 주장하는 소로서, 이행기가 도래한 청구권을 강제집행하려면 승소확정판결을 얻어야 하므로 판결을 받기 위한 현재이행의 소는 원칙적으로 권리보호이익이 인정된다.

(2) 집행이 불가능 하거나 현저하게 곤란한 경우 소의 이익

집행이 불가능하거나 현저히 곤란한 경우에도 소의 이익이 있다. 판결절차는 분쟁의 관념적 해결절차로서 사실적인 강제집행절차와는 별도로 독자적인 의미가 있고 집행권을 얻게 되면 채무자에 대한 심리적 압박도 가능하기 때문이다.

(3) 판 례

가압류된 금전채권에 대한 이행청구도 소의 이익이 있다. 즉, "채권가압류가 된 경우, 제3채무자는 채무자에 대하여 채무의 지급을 하여서는 안되고, 채무자는 추심, 양도 등의 처분행위를 하여서는 안되지만, 이는 이와 같은 변제나 처분행위를 하였을 때에 이를 가압류채권자에게 대항할 수 없다는 것이며, 채무자가 제3채무자를 상대로 이행의 소를 제기하여 채무명의를 얻더라도 이에 기하여 **제3채무자에 대하여 강제집행을 할 수는 없다고 볼 수 있을 뿐이고 그 채무명의(집행권원)를 얻는 것까지 금하는 것은 아니라고 할 것이다**"(대판 1989.11.24. 88다카25038 ; 대판 2002.4.26. 2001다59033). 이때 제3채무자의 구제수단으로 민사집행법(제248조 1항 및 제291조) 규정에 따른 집행공탁제도가 있다(대판 1994.12.13. 전합93다951참고).[1]

---

1) "ⅰ) 채권의 가압류는 제3채무자에 대하여 채무자에게 지급하는 것을 금지하는 데 그칠 뿐 채무 그 자체를 면하게 하는 것이 아니고, 가압류가 있다 하여도 그 채권의 이행기가 도래한 때에는 제3채무자는 그 지체책임을 면할 수 없다고 보아야 할 것이다. ⅱ) 이 경우 가압류에 불구하고 제3채무자가 채무자에게 변제를 한 때에는 나중에 채권자에게 이중으로 변제하여야 할 위험을 부담하게 되므로 제3채무자로서는 민법 제487조의 규정에 의하여 공탁을 함으로써(실무상 가압류의 경우는 현행 민사집행법상의 집행공탁으로 사실상 통일 ; 저자 주)이중변제의 위험에서 벗어나고 이행지체의 책임도 면할 수 있다고 보아야 할 것이다"

2. 사안의 경우

甲의 乙에 대한 손해배상청구권에 가압류가 집행되었더라도 그 이행을 구할 소의 이익이 인정되므로 甲은 乙을 상대로 그 이행을 구하는 소를 제기할 수 있다. 따라서 乙의 항변은 타당하지 않다.

Ⅱ. 문제 2.의 경우(10)

1. 가압류·가처분된 '소유권이전등기청구권'에 대한 이행청구(소의 이익 조건부 긍정)

가압류·가처분된 소유권이전등기청구권에 대한 이행청구(대판 1992.11.10. 92다4680)도 소의 이익이 있다. 다만, 대법원은 "소유권이전등기청구권에 대한 압류나 가압류가 있더라도 채무자는 제3채무자를 상대로 그 이행을 구하는 소송을 제기할 수 있고 법원은 가압류가 되어 있음을 이유로 이를 배척할 수는 없는 것이지만, 소유권이전등기를 명하는 판결(민법 제389조 2항)은 의사의 진술을 명하는 판결로서 이것이 확정되면 채무자는 일방적으로 이전등기를 신청할 수 있고 제3채무자는 이를 저지할 방법이 없게 되므로 (소유권이전등기를 명하는 판결의 경우 별도의 집행단계가 존재하지 않고, 집행공탁의 공탁물은 금전에 한정되기 때문에 제3채무자는 채무를 면할 방법이 없다 : 저자주) 위와 같이 볼 수는 없고 이와 같은 경우에는 '가압류의 해제'를 조건으로 하지 않는 한 법원은 이를 인용하여서는 안된다"(대판 1999.2.9. 98다42615 ; 대판 1992.11.10. 전합92다4680 등)고 판시하고 있다(원고일부승소).

다만, 변론주의원칙상 제3채무자가 소유권이전등기청구권이 가압류된 사실을 주장하는 등의 사정이 있어야 위와 같은 해제조건부 인용 판결이 가능하다.

2. 사안의 경우

甲의 乙에 대한 소유권이전등기청구권에 가압류가 집행되었더라도 그 이행을 구할 소의 이익이 인정되나, 소유권이전등기를 명하는 판결의 경우 별도의 집행단계가 존재하지 않아 乙이 이를 저지할 방법이 없게 되므로, 법원은 가압류의 해제를 조건으로 소유권이전등기절차의 이행을 명하는 원고일부 승소판결을 하여야 한다.

사례_050 **장래이행의 소(1) - 물건인도청구와 대상청구의 병합** 대판 2006.3.10. 2005다55411

甲은 A로부터 피아노 1대를 구매했으나, A가 변제기가 지나도 이행을 거부하고 있다. 이에 甲은 A를 상대로 "피고는 원고에게 피아노 1대를 인도하라. 위 피아노에 대한 인도가 불능일 때에는 피고는 원고에게 금 1,000만 원을 지급하라."라는 청구취지의 소를 제기하였다.
이 소송의 병합형태와, 대상청구부분의 적법여부를 서술하시오.

Ⅰ. 이 소송의 병합형태

1. 물건인도청구와 대상청구의 병합(단순병합)

(1) 유 형

물건인도청구와 인도불능시의 손해배상청구에서 후자의 대상청구가 이행불능에 대비한 것인지 장래의 집행불능에 대비한 것인지에 따라 병합형태가 달라진다.

(2) 주청구가 종류물의 인도청구인 경우(집행불능 대비 : 단순병합·부진정예비적병합)

이행불능은 있을 수 없고, 피고에 대한 인용판결 후에 피고가 목적물을 소지하지 아니하여 강제집행이 불능이 되는 사태만 있을 수 있는바, 따라서 종류물의 인도청구에 병합한 대상청구는 변론종결후의 집행불능에 대비한 것으로 장래이행의 소이다. 이 경우 원고는 주청구와 대상청구 모두의 인용을 바라는 것으로 현재이행의 소와 장래이행의 소의 단순병합에 해당한다. 判例는 이와 같이 단순병합의 성질을 갖는 경우에도 순서를 붙여 청구하는 부진정예비적병합을 인정한다.

(3) 주청구가 특정물의 인도청구인 경우(이행불능 대비 : 예비적 병합 / 집행불능 대비 : 단순병합)

이행불능이 있을 수 있으므로 이행불능에 대비한 대상청구도 할 수 있고, 집행불능에 대비한 대상청구도 할 수 있다. ① 이행불능에 대비한 대상청구는 변론종결 시점에 주청구의 이행불능을 이유로 기각될 것에 대비하여 전보배상을 구한 것으로 이는 주청구와 대상청구 모두 현재이행의 소로서 예비적병합에 해당한다. ② 집행불능에 대비한 경우에는 앞서 살핀 바와 같이 현재이행의 소와 장래이행의 소의 단순병합에 해당한다.

2. 사안의 경우

피아노는 종류물로서 집행불능을 이유로 한 대상청구에 해당한다. 따라서 이 소송의 병합형태는 현재이행의 소와 장래이행의 소의 단순병합에 해당한다.

II. 대상청구의 적법여부(적법)

1. 문제점 - 장래이행의 소의 의의

장래이행의 소는 변론종결시를 기준으로 하여 이행기가 장래에 도래하는 이행청구권을 주장하는 소이다(제251조). 사안에서 대상청구는 변론종결후의 집행불능에 대비한 것으로 장래이행의 소이다. 장래이행의 소가 적법하기 위하여는 ⅰ) 대상적격을 갖추고 있고, ⅱ) 미리 청구할 필요가 있어야 한다.

2. 장래이행의 소의 대상적격(적극)

ⅰ) 청구권의 발생의 기초가 되는 사실상, 법률상 관계가 변론종결 당시 존재하고 있어야 하고, ⅱ) 원고가 주장하는 장래이행기까지의 상태계속이 확실하여야 한다(대판 1997.11.11. 95누4902,4919). 다만, 조건부 청구권은 조건성취의 개연성이 희박하지 않는 한 인정된다.

사안의 경우 인도청구권의 기초가 되는 계약상태가 변론종결 당시 존재하며, 집행불능이라는 조건성취의 개연성이 있으므로 대상적격이 인정된다.

3. 미리 청구할 필요(인정)

채무자가 임의이행을 거부하거나, 정기행위 등의 경우 미리 청구할 필요가 인정된다. 특히 判例는 "목적물인도청구와 집행불능에 대비한 대상청구의 병합은 본래의 급부청구의 집행불능시에 대비하여 미리 대상청구를 하게 되면 하나의 이익을 두고 두 번 소 제기하는 소송불경제를 피할 수 있기 때문에 허용된다"(대판 2006.3.10. 2005다55411)고 하여 대상청구에 대하여 미리 청구할 필요를 인정한다. 사안의 경우 A가 피아노의 인도를 거부하고 있으므로 집행불능시 대상청구도 거부하겠다는 의사로 볼 수 있어 미리 청구할 필요가 있다.

4. 사안의 경우

미리 대상청구를 하게 하여 소송경제를 도모할 수 있는바 대상청구부분은 적법하다.

甲은 2001. 8. 15. 자기 소유의 X토지를 무단으로 도로로 사용하고 있는 A시를 상대로 A시가 점유를 시작한 2001. 2. 1.부터 'A시가 X토지를 매수할 때까지'의 임대료상당의 부당이득반환청구의 소를 제기하였다.

〈문제 1.〉

甲의 부당이득반환청구의 소는 적법한가?   (민사소송법의 맥 B-03 참조)

〈문제 2.〉

사안과 달리 X토지를 무단으로 점유하고 있는 자가 A시가 아니고, 수용과 무관한 일반인 丙인 경우, 甲이 丙을 상대로 2001. 2. 1.부터 'X토지의 인도완료일까지' 월 200만 원의 비율에 의한 지료 상당의 부당이득반환청구의 소를 제기하였다면 甲의 부당이득반환청구의 소는 적법한가?

    (민사소송법의 맥 B-03 참조)

I. 문제 1.의 해결

1. 결 론

甲의 부당이득반환청구의 소는 부적법하다.

2. 논 거

(1) 문제점

甲이 제기한 소는 2001. 2. 1.부터 변론종결시까지의 부당이득반환청구와 그 이후부터 A시가 토지를 매수할 때까지의 부당이득청구가 병합된 형태에 해당하는바, 전자의 경우에는 변론종결일 당시 이행기가 도래한 것이므로 당연히 소의 이익이 인정되나, 후자의 경우에는 장래이행의 소에 해당하므로 장래이행의 소의 적법요건을 갖춘 것인지 문제된다.

(2) 장래이행의 소의 의의·적법요건 (사례 043. 참조)

(3) 사안의 경우

1) 미리 청구할 필요(인정)

A시는 현재 이행기가 도래한 부당이득반환청구부분에 대해서도 임의이행을 하고 있지 않으므로 장래의 분도 자진 이행을 기대할 수 없어 미리 청구할 필요가 인정된다.

2) 청구적격(소극)

判例는 시(市)가 타인 소유 대지를 도로로 무단 점유한 사안에서 "토지 소유자가 시를 상대로 '시가 토지를 매수할 때까지'(대판 1991.10.8. 91다17139), '1990.6.10. 까지'(대판 1987.9.22. 86다카2151)로 기간을 정한 장래의 차임 상당 부당이득반환청구는 그 시기 이전에 피고가 이 사건 토지를 수용하거나 도로폐쇄 조치를 하여 점유사용을 그칠 수도 있고 원고가 위 토지를 계속하여 소유하지 못할 수도 있기 때문에 의무불이행 상태가 장래의 이행기까지 존속하는 것이 변론종결 당시 확정적으로 예정할 수 없으므로 부적법하다고 보았고, '피고의 점유종료일 또는 원고의 소유권상실일까지'(대판 1994.9.30. 94다32085)로 기간을 정한 장래의 차임 상당 부당이득반환청구는 적법하다고 보았다.[1]

---

1) 반면, 적법점유의 경우 判例는 "피고가 원고에게 토지를 인도하지 아니하더라도 원심이 이행을 명한 '인도하는 날'이전에 토지의 사용·수익을 종료할 수도 있기 때문에 의무불이행사유가 '인도하는 날까지' 존속한다는 것을 변론종결 당시에 확정적으로 예정할 수 없는 경우에 해당한다 할 것이어서 그 때까지 이행할 것을 명하는 판결을 할 수 없다"(대판 2002.6.14. 2000다37517)고 하였다.

3) 결 론

甲이 A시를 상대로 제기한 장래 이행의 소는 청구적격을 갖추지 못하여 부적법하다.

Ⅱ. 문제 2.의 해결

1. 결 론

甲의 부당이득반환청구의 소는 적법하다.

2. 논 거

(1) 장래이행의 소의 의의ㆍ적법요건(사례 043. 참조)

(2) 사안의 경우

1) 미리 청구할 필요(인정)

丙은 현재 이행기가 도래한 부당이득반환청구부분에 대해서도 임의이행을 하고 있지 않으므로 장래의 분도 자진 이행을 기대할 수 없어 미리 청구할 필요가 인정된다.

2) 청구적격(적극)

ⅰ) 부당이득반환청구권의 기초가 되는 Y대지의 점유상태가 성립되어 있고, ⅱ) 이러한 상태는 Y대지의 인도완료일까지 계속될 것임이 변론종결시 확실히 예상되므로 청구적격이 인정된다(문제 1.과 달리 수용과 무관하므로 '인도완료일까지'로 기간을 정한 장래의 차임 상당 부당이득반환청구는 적법하다).

3) 결 론

甲이 丙을 상대로 제기한 장래 이행의 소는 적법하다.

사례_052 **확인의 소의 적법요건**　　　　　　　　　2015년 10월 법전협 모의

〈기초적 사실관계〉

甲은 2015. 2. 1. 乙과의 사이에 甲소유의 X토지를 3억 원에 매도하기로 하는 계약을 체결하고, 계약금 3천만 원은 이 계약 당일 지급받았으며, 중도금 1억 원은 2015. 2. 28.까지, 잔금 1억 7천만 원은 2015. 3. 31. 소유권이전에 필요한 서류의 교부와 동시에 각 지급하기로 약정하였다.

甲은 丁에 대하여 2015. 5. 1. 차용한 금 3억 원의 반환채무를 부담하고 있었는데, 2015. 4. 5. 丁과의 사이에서 위 차용금채무의 변제에 갈음하여 X토지의 소유권을 이전하여 주기로 약정하였다. 乙이 2015. 4. 10. 甲을 상대로 2015. 2. 1. 자 매매계약을 원인으로 한 X토지에 대한 소유권이전등기 및 인도청구의 소(전소라고 함)를 제기하였고, 그 소송의 변론종결 전인 2015. 4. 20. 甲은 X토지를 丁에게 인도하였다.

〈문 제〉

乙이 전소와는 별도로 丁을 상대로 "甲과 丁 사이의 2015. 4. 5. 자 대물변제계약은 무효임을 확인한다"는 소(별소라고 함)를 제기하였다. 별소는 확인의 소로서의 요건을 갖추었는지 구체적으로 검토하라.

(민사소송법의 맥 166쪽 참조)

I. 결 론

乙의 별소는 확인의 이익이 없으므로 부적법하다.

II. 논 거

1. 확인의 소의 대상적격

(1) 요 건 [법, 자, 현]

확인의 소는 '현재'의 '자신'의 '법률관계'를 대상으로 하여야 한다.

(2) '과거'의 법률관계의 존부 확정가부(제한적 적극)

'과거'의 법률관계의 존부 확정은 현재의 분쟁해결을 위한 직접적인 방법이 되지 못하므로 원칙적으로 확인의 소의 대상이 될 수 없다. 다만 判例에 의하면 매매계약의 무효확인을 구하거나(대판 1965.2.4. 64다1492) 계약 해제의 확인을 구하는 소(대판 1982.10.26. 81다108)는 현재 그 계약에 기한 채권 채무가 존재하지 아니함을 확인하는 취지라고 선해하여 확인의 이익을 긍정한다.

(3) '제3자의 권리관계'의 확인을 구하는 것의 가부(제한적 적극)

'제3자의 권리관계'의 확인을 구하는 것에 대하여, 判例는 "자기의 권리 또는 법률상의 지위를 부인하는 상대방이 자기 주장과는 양립할 수 없는 제3자에 대한 권리 또는 법률관계를 주장한다고 하여 상대방 주장의 그 제3자에 대한 권리 또는 법률관계가 부존재한다는 것만의 확인을 구하는 것은, 설령 그 확인의 소에서 승소판결을 받는다고 하더라도 그 판결로 인하여 상대방에 대한 관계에서 자기의 권리가 확정되는 것도 아니고 그 판결의 효력이 제3자에게 미치는 것도 아니어서, 그와 같은 부존재 확인의 소는 자기의 권리 또는 법률적 지위에 현존하는 불안, 위험을 해소시키기 위한 유효 적절한 수단이 될 수 없으므로 확인의 이익이 없다"(대판 1995.10.12. 95다26131)고 하여 **원칙적으로 부인**하나, "당사자 일방과 제3자 사이의 권리관계 또는 제3자 사이의 권리관계에 관하여도 그에 관하여 당사자 사이에 다툼이 있어서 당사자 일방의 권리관계에 불안이나 위험이 초래되고 있고, 다른 일방에 대한 관계에서 그 법률관계를 확정시키는 것이 당사자의 권리관계에 대한 불안이나 위험을 제거할 수 있는 유효·적절한 수단이 되는 경우에는 당사자 일방과 제3자 사이의 권리관계 또는 제3자 사이의 권리관계에 관하여도 확인의 이익이 있다"(대판 1997.6.10. 96다25449)고도 판시하여 **예외를 인정**한다.

2. 확인의 이익 [법, 현, 유적]

"확인의 이익은 원고의 권리 또는 법률상 지위에 현존하는 불안, 위험이 있고 그 불안, 위험을 제거함에는 확인판결을 받는 것이 가장 유효적절한 수단일 때에만 인정된다"(대판 1991.12.10. 91다14420).

3. 사안의 경우

乙의 별소 제기는 2015. 4. 5. 자 대물변제계약의 무효확인을 구하는 것이므로 현재의 권리·법률관계의 부존재 확인을 구하는 청구로 선해할 수 있다. 그러나 이는 제3자에 대한 법률관계의 부존재 확인을 구하는 경우로서 乙 자신의 권리 또는 법률상 지위에 현존하는 불안, 위험을 해소시키기 위한 유효적절한 수단이 될 수 없으므로 乙은 X토지에 관하여 자신의 명의로 소유권이전등기를 마친 후 丁을 상대로 소유권에 기하여 직접 인도청구를 하거나, 甲을 대위하여 X토지의 인도를 구하는 것으로 충분하고 甲과 丁 사이의 대물변제계약의 효력을 다툴 확인의 이익이 없다.

〈제1문의 5〉
〈기초적 사실관계〉
甲 은행은 2017. 2. 9. 乙과 乙 소유의 X토지에 채무자 乙, 채권최고액 1억 3,000만 원, 근저당권자 甲 은행으로 한 근저당권설정계약을 체결하여 甲 은행 앞으로 근저당권설정등기를 마쳤고, 이어서 乙과 乙 소유의 X토지에 지료 없이 존속기간 2017. 2. 9.부터 만 10년으로 한 지상권설정계약을 체결하여 甲 은행 명의의 지상권설정등기를 마쳤다. 甲 은행은 2017. 2. 10. 乙에게 이율 연 5%, 변제기 2020. 2. 10.로 정하여 1억 원을 대출하였다.

〈문제 1.〉
乙은 지상권설정등기에 관한 피담보채무의 부존재 확인의 소를 제기하였다. 乙의 청구에 관한 법원의 판단(각하, 기각, 전부 인용, 일부 인용)을 근거와 함께 서술하시오(15점).

1. 甲명의 지상권의 법적성격

근저당권 등 담보권 설정의 당사자들이 담보로 제공된 토지에 추후 용익권이 설정되거나 건물 또는 공작물이 축조·설치되는 등으로 토지의 담보가치가 줄어드는 것을 막기 위하여 담보권과 아울러 설정하는 지상권을 담보지상권이라고 한다(대판 2017.10.31. 2015다65042). 사안에서 甲 명의 지상권은 담보지상권에 해당하는데 乙에게 담보지상권의 피담보채무 존부의 확인을 구할 이익이 인정되는지 여부가 문제된다.

2. 확인의 이익 [법, 현, 유적]

"확인의 이익은 원고의 권리 또는 법률상 지위에 현존하는 불안, 위험이 있고 그 불안, 위험을 제거함에는 확인판결을 받는 것이 가장 유효적절한 수단일 때에만 인정된다"(대판 1991.12.10. 91다14420).

3. 담보지상권의 피담보채무의 존부

"그 지상권이 담보지상권이라 하더라도, 이는 당사자의 약정에 따라 담보권의 존속과 지상권의 존속이 서로 연계되어 있을 뿐이고, 이러한 경우에도 지상권의 피담보채무가 존재하는 것은 아니다. 따라서 지상권설정등기에 관한 피담보채무의 범위 확인을 구하는 청구는 원고의 권리 또는 법률상의 지위에 관한 청구라고 보기 어려우므로, 확인의 이익이 없어 부적법하다"(대판 2017.10.31. 2015다65042).

4. 결 론

乙의 청구는 확인의 이익이 없으므로 법원은 부적법 각하판결을 하여야 한다.

〈기초적 사실관계〉
甲은 2008. 4. 1. 乙에게 1억 원을 변제기 2009. 3. 31.로 정하여 대여하였다.

1. 乙은 2012. 4. 1. 甲을 상대로 위 대여금 채무가 부존재한다는 확인의 소를 제기하였다. 이에 甲은 乙을 상대로 위 대여금 1억 원의 지급을 청구하는 반소를 제기하였다. 乙의 소는 적법한가? (15점)

Ⅰ. 문제 1.의 경우(15)

1. 문제점

채무의 부존재확인을 구하는 본소에 대하여 그 채무의 이행을 구하는 반소가 제기된 경우, 본소 청구에 대한 확인의 이익이 소멸하는지 여부가 문제된다.

2. 乙의 채무부존재확인의 소 자체의 적법요건 [법, 자, 현], [법, 현, 유적]

확인의 소는 '권리·법률관계'를 대상으로 하는 바, 이는 자기의 권리이며 현재 법률관계의 확인을 구하는 것이어야 한다. 그리고 "확인의 이익은 원고의 권리 또는 법률상 지위에 현존하는 불안, 위험이 있고 그 불안, 위험을 제거함에는 확인판결을 받는 것이 가장 유효적절한 수단일 때에만 인정된다" (대판 1991.12.10. 91다14420).
사안의 경우 乙이 甲에 대해 채무부존재 확인의 소를 제기한 2012. 4. 1. 현재 甲의 乙에 대한 대여금 채권의 변제기가 도래하였으므로 현재의 법률관계에 관한 것으로서, 채무부존재확인 판결을 받는 것은 향후 채권자인 甲으로부터 이행청구를 당할 위험을 제거하는데 가장 유효적절한 방법이므로, 乙의 본소제기 자체는 확인의 이익이 있어 적법하다.

3. 동일 채무의 이행을 구하는 반소제기에 의해 본소인 채무부존재확인의 소의 이익이 소멸되는지 여부(확인의 소와 이행의 소의 경합)

반소는 독립한 소이지 방어방법이 아니다. 따라서 判例는 채권자가 이행소송을 제기하였는데 동일절차에서 채무자가 채무부존재확인을 구하는 반소를 제기한 경우 이러한 반소는 본소기각 이상의 적극적 의미가 없어 확인의 이익이 없다고 한다(대판 2007.4.13. 2005다40709).
그러나 사안처럼 채무자의 채무부존재확인 본소에 대하여 채권자가 이행의 반소를 구한 경우, 判例는 반소는 본소의 적법여부에 영향을 주지 않는 소이므로 뒤에 제기된 반소로 인하여 적법하게 제기된 본소의 확인의 이익이 소멸할 수는 없다고 한다(대판 2010.7.15. 2010다2428,2435).[1]

4. 검토 및 사안의 해결

채무부존재확인의 소는 상대방이 그 채무의 존부를 다투고 있는 한 확인의 이익이 인정된다. 따라서 判例의 태도가 타당하다. 결국 甲의 반소에 의하여 乙의 본소가 부적법해질 수는 없다. 따라서 乙의 소는 적법하다.

---

1) [판례평석] 이러한 判例에 대해서는 이행의 소에서 채무존부가 확정되므로 본소는 당초의 목적을 다한 것으로 보아야 하고, 소의 이익의 존부 판정 시기는 사실심 변론종결시점이므로 채무부존재확인의 소는 확인의 이익이 없어져 각하함이 타당하다는 비판이 있다(다수설).

C는 자신의 X토지에 상가를 건축하기 위하여 D건설회사와 도급계약을 체결하였다. D는 E회사에게 토목공사에 관하여 하도급을 주었고, C는 D건설회사의 E회사에 대한 하도급대금채무를 연대보증하였다. E는 D가 대금지급기일이 되도록 하도급대금채무를 이행하지 못하자 C를 상대로 보증계약에 따른 의무이행의 소를 제기하였다. 당해 소송에서 E는 C가 작성해준 보증계약서를 증거로 제출하였고, 이에 C는 보증계약서는 위조된 것이라 주장하며 별도로 보증계약서가 진정하지 않음을 확인해 달라는 소를 제기하였다.

C가 제기한 소송의 적법여부를 그 논거와 함께 서술하시오.   (민사소송법의 맥 168쪽 참조)

I. 결 론

C가 제기한 증서진부확인의 소는 확인의 이익이 결여되어 부적법하다.

II. 논 거

1. 문제점 - 증서진부확인의 소의 의의

C가 제기한 소송은 보증계약서의 진위여부에 관한 확인의 소송으로서 증서진부확인의 소에 해당한다. 증서진부확인의 소란 서면이 그 작성명의자에 의하여 작성되었는지 그렇지 않으면 위조 또는 변조되었는지의 사실관계를 확정하는 소송이다(제250조). 사실관계에 대한 확인의 소이나 서면의 진부의 확정으로 그 문서가 증명하는 법률관계에 대한 분쟁의 해결에 기여함이 크기 때문에 예외적으로 허용된다.

2. 증서진부확인의 소의 요건

(1) 대상적격

① 증서의 진정 여부를 확인하는 소의 대상이 되는 서면은 직접 법률관계를 증명하는 서면에 한하고, '법률관계를 증명하는 서면'이란 그 i) 기재 내용으로부터 직접 ii) 일정한 현재의 iii) 법률관계의 존부가 증명될 수 있는 서면을 말한다(대판 2007.6.14. 2005다29290,29306).

② '진부'란 작성명의자에 의하여 작성되었는지 여부(성립의 진정)에 관한 것이고, 내용의 진정에 관한 것이 아니다(대판 1991.12.10. 91다15317).

(2) 확인의 이익 [법, 현, 유적] (사례 045. 참조)

증서진부확인의 소는 확인소송으로서 확인의 이익이 있을 것이 요구된다.

(3) 판 례

判例는 어느 서면에 의하여 증명되어야 할 법률관계를 둘러싸고 이미 소가 제기되어 있는 경우에는 그 소송에서 분쟁을 해결하면 되므로 그와 별도로 그 서면에 대한 진정 여부를 확인하는 소를 제기하는 것은 특별한 사정이 없는 한 확인의 이익이 없다. 그러나 진부확인의 소가 제기된 후에 그 법률관계에 관련된 소가 제기된 경우에는 진부확인의 소의 확인의 이익이 소멸되지 않는다(대판 2007.6.14. 2005다29290)고 판시하였다.

(4) 사안의 경우

사안의 보증계약서는 그 자체에 의해 법률관계의 존부가 증명될 수 있는 서면으로서 처분문서에 해당하고, 보증계약서의 위조여부에 대해 관한 것으로 대상적격이 인정된다. 그러나 이미 보증계약에 기한 의무이행청구의 소가 제기되어 있는바, 보증계약서의 진위여부는 당해 소송에서 해결하면 되므로 그와 별도로 보증계약서의 진부확인의 소를 제기하는 것은 확인의 이익이 없다.

사례_056 **증서진부확인의 소(2)** 2013년 변리사

A부동산에 관하여 甲명의로 소유권보존등기가 경료된 다음 乙명의로 매매를 원인으로 하여 소유권이전등기가 경료되었다. 甲은 위 매매에 관한 매매계약서와 영수증이 위조된 것이라고 주장하면서 각 서면이 진정하지 아니하다는 확인의 소를 제기하였다. 이 소의 사실심 심리 중 甲은 乙이 임의로 소유권이전등기를 경료하였다고 주장하면서 乙을 상대로 소유권이전등기말소등기청구의 소를 별소로 제기하였다. 甲이 제기한 위 확인의 소는 적법한지 여부에 대하여 설명하시오. (민사소송법의 맥 168쪽 참조)

Ⅰ. 결 론

영수증에 대한 증서진부확인의 소는 부적법하나, 매매계약서에 대한 증서진부확인의 소는 적법하다.

Ⅱ. 논 거

1. 증서진부확인의 소의 대상

증서진부확인의 소의 대상은 법률관계를 증명하는 서면으로서 그 내용에 의해 직접적으로 현재의 법률관계의 존재가 증명될 수 있는 처분문서여야 한다. 사안의 경우, 영수증은 일정한 금원을 받았음을 증명하는 서면으로서 보고문서에 불과하므로 증서진부확인의 소의 대상이 될 수 없다. 그러나 매매계약서는 그 기재 내용으로부터 직접 일정한 현재의 법률관계의 존부가 증명될 수 있는 처분문서에 해당하므로 증서진부확인의 소의 대상이 될 수 있다.

2. 서면에 의하여 증명되는 법률관계에 대해 별소가 제기된 경우, 증서진부확인의 소의 적법여부(적법, 사례 047. (3)판례 참조)

3. 사안의 경우

甲의 영수증에 대한 증서진부확인의 소는 대상적격을 흠결하여 부적법하지만, 甲의 매매계약서에 대한 증서진부확인의 소는 이미 소송요건을 구비하여 적법하게 제기되었고, 나중에 제기된 甲의 乙에 대한 소유권이전등기말소등기청구의 소로 인하여 확인의 이익이 소멸하지 않으므로 여전히 적법하다.

사례_057 **소송요건의 존부판단** 대판 2015.9.10. 2013다55300

〈공통된 사실관계〉

K는 甲소유의 Z토지를 매수하기로 마음먹고 2014. 1. 1. L에게 Z토지 매수 및 등기명의를 L로 해줄 것을 부탁하고 이에 매수자금을 제공하였다. 아울러 향후 L은 K가 요구하는 경우 언제든지 K에게 소유권을 반환하기로 하는 약정을 하였다. 한편 이러한 약정을 몰랐던 甲은 L과 Z토지에 관한 매매계약을 체결하고 다만 등기는 L의 부탁에 따라 M에게 경료하였다.

이에 K는 자신이 2014. 1. 1.자 위임약정 또는 반환약정에 의하여 L에게 Z토지에 관한 이전등기청구권을 가진다고 주장하면서 L과 甲을 순차로 대위하여 "M은 甲에게 Z토지에 관하여 말소등기절차를 이행하라"는 내용의 소를 제기하였다.

제1심 법원은 ① 2014. 1. 1.자 위임약정은 L이 Z토지를 매수하여 보관하고 있다가 K의 의사에 따라 그에게 이전해주기로 하는 내용의 부동산 매입의 위임약정과 등기명의는 L명의로 하되 내부적으로는 K의 소유로 하기로 하는 내용의 명의신탁약정이 혼합된 계약명의신탁약정인데, 부동산실명법에 의해 명의신탁약정이 무효로 된 이상 그와 함께 이루어진 부동산 매입의 위임 약정 역시 무효로 되었고, ② 2014. 1. 1.자 반환약정은 명의신탁약정과 구별되는 별개의 독립된 약정으로 보기 어렵거나 무효인 명의신탁약정을 전제로 명의신탁 부동산 자체의 반환을 구하는 범주에 속하는 것으로 역시 무효이므로, K의 L에 대한 이전등기청구권을 인정할 수 없어 K의 당사자적격도 인정할 수 없다고 판단하였다.

〈문 제〉

이에 K는 항소를 제기하여 "제1심법원은 2014. 1. 1.자 위임약정과 반환약정이 부동산실명법에 의하여 무효라는 M의 항변을 받아들여 무효라고 판단하였는데, 위 항변은 채무자인 L이 가지는 항변일 뿐이므로 제3채무자인 M은 위 사유를 들어 다툴 수 없다"고 주장한다. **K의 주장은 타당한가?**

Ⅰ. 결 론

K의 주장은 타당하지 않다.

Ⅱ. 논 거

1. 채권자대위소송에서 제3채무자의 항변권

① 채권자는 채무자의 권리를 행사하는 것이므로 대위권 행사의 통지가 있기 전에 제3채무자는 채무자에 대하여 가지는 모든 항변(피대위권리에 대한 항변)으로 채권자에게 대항할 수 있다.

② 그러나 피보전권리에 관한 항변에 대하여 判例는 "채권자가 채권자대위소송을 제기한 경우, 제3채무자는 채무자가 채권자에 대하여 가지는 항변권이나 형성권 등과 같이 권리자에 의한 행사를 필요로 하는 사유를 들어 채권자의 채무자에 대한 권리가 인정되는지 여부를 다툴 수 없지만, **채권자의 채무자에 대한 권리의 발생원인이 된 법률행위가 무효라거나 위 권리가 변제 등으로 소멸하였다는 등의 사실을 주장하여 채권자의 채무자에 대한 권리가 인정되는지 여부를 다투는 것은 가능하고**, 이 경우 법원은 제3채무자의 주장을 고려하여 채권자의 채무자에 대한 권리가 인정되는지 여부에 관하여 직권으로 심리·판단하여야 한다"(대판 2015.9.10. 2013다55300)고 한다.

[참고판례] "'채권자대위권의 행사에서 제3채무자'는 채무자가 채권자에 대하여 가지는 항변으로 대항할 수 없을 뿐더러 시효이익을 직접 받는 자에도 해당하지 않는다는 이유로 채권자의 채권이 시효로 소멸하였다고 주장할 수 없다"고 한다(대판 1998.12.8. 97다31472). 다만 채무자가 이미 소멸시효를 원용한 경우에는 피보전채권이 소멸하게 되므로 제3채무자가 그 '효과'를 원용하여 피보전채권의 부존재를 주장하는 것은 허용된다(대판 2008.1.31. 2007다64471).

2. 사안의 경우

2014.1.1.자 위임약정과 반환약정이 부동산실명법에 의하여 무효라는 제3채무자 M의 항변은 **채무자가 채권자에 대하여 가지는 항변권이나 형성권의 행사가 아니라 권리발생원인이 되는 법률행위가 무효라는 사실을 주장한 것으로 무효인 행위는 법률상 당연히 효력이 없고, 누구나 주장 가능한바** 따라서 채권자대위소송의 제3채무자도 이를 주장할 수 있다. 따라서 K의 주장은 타당하지 않다.

甲은 乙 소유의 A 대지를 2011. 3. 11. 대금 1억 원에 매수하는 매매계약을 체결하였다. 甲은 계약금 및 중도금 4천만 원을 지급하고 나머지 잔금은 2011. 6. 11. 지급하기로 약정하였다. 그런데 잔금을 지급하기 전에 甲에 대해 1억 원의 물품대금채권을 가진 채권자 X가 甲의 乙에 대한 소유권이전등기청구권을 가압류하였다. 그 후 甲에 대해 1억 원의 대여금채권을 가진 다른 채권자 Y는 甲을 대위하여 소유자 乙을 상대로 소유권이전등기청구의 소를 제기하였다. 원고 Y는 위 소장의 청구원인에 소외 甲에 대한 다른 채권자 X가 이미 甲의 乙에 대한 소유권이전등기청구권을 가압류하였다는 사실을 기재하였다.

원고 Y가 제기한 대위소송의 소장 부본이 피고 乙에게 송달되었으나 피고 乙은 법원이 정한 기간 내에 아무런 답변서를 제출하지 않았다. **법원은 무변론판결을 선고할 수 있는지 여부와 아울러 이 상태에서 어떠한 판결을 선고하여야 하는지 논하시오.** (민사소송법의 맥 B-04 참조)

Ⅰ. 결 론

법원은 무변론판결을 할 수 있으며, 원고전부승소판결을 하여야 한다.

Ⅱ. 논 거

1. 무변론판결의 가부(적극)

(1) 무변론판결의 의의와 요건 [구, 답, 불, 예]

무변론판결이란, 피고가 소장부본을 송달받은 날로부터 최초의 답변서를 30일 이내에 제출하지 아니하거나 자백취지의 답변서를 제출한 경우 변론 없이 원고승소 판결을 할 수 있는 제도이다(제257조). 요건으로, ⅰ) 원고가 제출한 소장의 기재가 구체적이어야 한다. ⅱ) 피고는 공시송달 이외의 방법으로 소장부본을 송달받은 경우 그 날로부터 30일 이내에 최초의 답변서를 제출하여야 한다. ⅲ) 피고가 답변서를 불제출 또는 모두 자백하는 취지의 답변서를 제출한 경우여야 한다. ⅳ) 예외에 해당하지 않아야 한다. 예외는 답변서 제출의무가 없는 공시송달 사건(제256조 1항 단서), 직권조사사항이 있는 사건(제257조 1항 단서), 판결선고일까지 원고의 청구를 다투는 취지의 답변서를 제출한 경우(제257조 1항 단서), 형식적 형성의 소, 자백간주의 법리가 적용되지 아니하는 사건이다.

(2) 소유권이전등기청구권의 가압류사실이 직권조사사항인지 여부(소극)

判例는 "소유권이전등기청구권이 가압류되어 있다는 사정은 피고측의 항변사유에 해당하는 것이고 직권조사사항은 아니"(대판 1999.6.11. 98다22963)라고 한다.

(3) 사안의 경우

피고 乙은 공시송달에 의하지 않은 적법한 소장부본을 송달받고도 법원이 정한 기한 내에 아무런 답변서를 제출하지 않았다. 가압류사실을 직권조사사항으로 볼 수 없는 이상, 다른 예외사유가 있다고 보이지 않으므로 법원은 무변론판결을 할 수 있다.

2. 가압류의 해제를 조건으로 하는 이행판결을 할 수 있는지 여부(소극)

(1) 처분권주의와 변론주의

처분권주의란 절차의 개시, 심판의 대상과 범위, 절차의 종결에 대하여 당사자에게 주도권을 주어 그의 처분에 맡기는 원칙이며(제203조), 변론주의란 주요사실과 증거의 수집·제출을 당사자에게 맡기고, 당사자가 변론에 제출한 소송자료만을 재판의 기초로 삼는 원칙을 말한다.

(2) 조건부판결의 요건

단순이행청구의 경우에 상환이행판결을 하는 것은 원고의 신청범위를 일탈하는 것이 아니므로 처분권주의에 반하지 않는다. 즉 원고가 단순이행청구를 하고 있는데 피고의 항변이 있고 심리결과 항변이 이유 있을 때(항변이 없는데 판단하면 변론주의 위반이다), 원고가 반대의 의사표시를 하지 않는 한 원고청구기각이 아니라, 조건부인용판결을 하여야 한다.

(3) 판 례

判例는 "소유권이전등기청구권이 가압류되어 있다는 사정은 피고측의 항변사유에 해당하는 것이고 직권조사사항은 아닌 만큼, 소유권이전등기 청구소송의 소장에 그와 같은 가압류의 존재 사실이 기재되어 있다고 하더라도 이는 선행자백에 불과하여 피고가 응소하여 그 부분을 원용하는 경우에 비로소 고려될 수 있는 것이므로, 피고가 답변서를 제출하지 아니하고 변론기일에 출석하지도 아니하여 그 사건의 원고가 주장하는 소유권이전등기청구권의 요건 사실에 관하여 의제자백의 효과가 발생한 이상 법원으로서는 전부승소의 판결을 할 것이지 단순히 가압류사실을 알게 되었다고 하더라도 가압류가 해제될 것을 조건으로 한 판결을 할 수는 없는 것이다"(대판 1999.6.11. 98다22963)라고 판시한 바 있다.

(4) 사안의 경우

소유권이전등기청구권이 가압류되어 있다는 사실을 피고乙이 항변하지 아니한 이상, 법원은 원고의 전부승소판결을 하여야 한다.

사례_059 **중복소송금지(1) - 상계항변과 중복소제기**

2011년 사법시험, 2013년 8월 법전협 모의, 2009년 변리사

甲은 乙에게 5천만 원을 대여해주었으나, 乙이 이행기가 지나도록 변제하지 않자 乙을 상대로 위 대여금을 청구하는 소를 제기하였다. 乙은 위 소송에서 甲에 대하여 불법행위를 원인으로 하는 손해배상청구권이 있다고 주장하면서 5,000만 원의 손해배상채권으로 상계한다는 항변을 하였다. 乙은 소송계속 중 甲을 상대로 손해배상금 5,000만 원의 지급을 구하는 별소를 제기하였다. 乙의 별소에 대해 법원은 부적법 각하판결을 하여야 하는가? 결론과 그 논거를 서술하시오.

(민사소송법의 맥 B-06 참조)

I. 결 론

법원은 乙의 별소에 대하여 중복소제기를 이유로 각하판결을 해서는 안된다.

II. 논 거

1. 중복소제기의 의의와 요건 [당, 소, 계]

이미 사건이 법원에 계속되어 있을 때에는 그와 동일한 사건에 대하여 당사자는 다시 소를 제기하지 못하는데 이를 중복된 소제기의 금지라고 한다(제259조). 이는 판결의 모순저촉을 방지하기 위한 제도이다. 중복소제기에 해당하려면, i) 전·후소 당사자의 동일, ii) 소송물의 동일, iii) 전소계속 중 별소제기라는 요건을 갖추어야 한다(제259조). 상계항변의 경우 소제기는 아니지만 판단에 기판력이 있으므로(제216조 2항) 별도의 소를 제기하는 것이 중복소송으로 금지되는지 문제된다.

2. 상계항변으로 주장한 채권의 별소제기가 중복소송인지 여부(소극)

判例는 별소로 청구한 반대채권을 가지고 상계항변을 한 사건에서(별소선행형) "사실심 재판부로서는 전소와 후소를 같은 기회에 심리·판단하기 위하여 이부, 이송 또는 변론병합 등을 시도함으로써 기판력의 저촉·모순을 방지함과 아울러 소송경제를 도모함이 바람직하였다고 할 것이나, 그렇다고 하여 특별한 사정이 없는 한 별소로 계속 중인 채권을 자동채권으로 하는 소송상 상계의 주장이 허용되지 않는다고 볼 수는 없다"(대판 2001.4.27. 2000다4050)고 하여, 중복소제기가 아니라는 입장이다.[1]

3. 사안의 경우

Y가 상계항변으로 제출한 대여금채권과 동일한 채권을 별소로 제기하였더라도 법원은 중복소제기를 이유로 각하판결을 해서는 안 된다.

사례_060 ## 중복소송금지(2) – 채권자취소소송과 중복소제기 2018년 제7회 변호사시험

甲은 2011. 8. 1. 丙과 丁의 연대보증 아래 乙에게 3억 원을 변제기 2012. 7. 31. 이율 연 12%(변제기에 지급)로 정하여 대여(이하 '이 사건 대여'라 한다)하였다. 丁은 무자력 상태에서 2015. 10. 1. 자신의 유일한 재산인 시가 4억 원 상당의 X토지를 戊에게 1억 원에 매도(이하 '이 사건 매매계약'이라 한다)하고 같은 달 10. 소유권이전등기(이하 '이 사건 소유권이전등기'라 한다)를 마쳐주었다. 丁에 대해 변제기가 2014. 11. 30.인 2억 원의 물품대금채권을 가지고 있던 K는 戊를 상대로 2016. 9. 1. 이 사건 매매계약의 취소와 소유권이전등기의 말소를 구하는 사해행위취소의 소를 제기하였다.

1. K의 사해행위취소의 소가 법원에 계속 중인 2016. 9. 30. 甲이 丁에 대한 연대보증채권을 피보전채권으로 하여 K와 동일한 청구취지의 사해행위취소의 소를 같은 법원에 제기하였고, 법원이 두 사건을 병합하여 2017. 5. 1. 판결을 선고하는 경우 甲과 K의 청구의 결론과 논거를 서술하시오. (20점)

Ⅰ. 결 론

甲과 K의 청구는 각각 전부 인용되어야 한다.

Ⅱ. 논 거

1. 채권자취소권의 적법요건 및 본안요건

① 채권자취소권의 적법요건은 ⅰ) '상대적 무효설'에 따르면 악의인 수익자 혹은 전득자만이 피고가 되며(피고적격), 채무자는 피고적격이 없다. ⅱ) 채권자가 취소원인을 안 날로부터 1년, 법률행위 있은 날로부터 5년 내에 제기하여야 하고(민법 제406조 2항 : 제소기간), ⅲ) 채무자와 수익자 사이의 법률행위만이 취소의 대상이 된다(대상적격). [피, 제, 대]

② 채권자취소권의 본안요건은 객관적 요건으로는 ⅰ) (금전)채권이 사해행위 이전에 발생하여야 하고(피보전채권), ⅱ) 채권자를 해하는 재산권을 목적으로 하는 법률행위가 있어야 하며(사해행위), ⅲ) 주관적 요건으로는 채무자 및 수익자(또는 전득자)의 사해의사가 있어야 한다. [보, 사, 사]

---

[1] 그러나, 상계항변으로 제출한 자동채권과 동일한 채권으로 별소를 제기(상계선행형)한 경우에는 판시한 바 없다. 다만, 상계항변이 판결에서 판단되어 기판력이 발생할 것인지 분명하지도 않은데 전면적으로 반대채권의 별소를 배척하는 것은 피고의 권리보호를 외면하는 것이므로 원칙적으로 중복소제기 유추를 부정하되, 판결의 모순을 막기 위해 별소 제기시에 이송·이부·변론의 병합으로 병합심리하는 것이 바람직하다.

2. K의 사해행위취소의 소

① 원고 K의 소는 피고적격자인 수익자 戊를 상대로 민법 제406조의 제척기간 내에 적법하게 채무자의 이 사건 매매계약의 취소와 소유권이전등기의 말소를 구하고 있으므로 채권자취소소송의 적법요건 갖추었다.

② 채권자취소소송의 본안요건과 관련하여 K의 丁에 대한 물품대금채권(금전채권)은 변제기가 2014. 11. 30.이므로 丁의 사해행위가 있은 2015. 10. 1.보다 이전에 발생했고, 丁이 무자력 상태에서 자신의 유일한 재산인 부동산을 처분한 행위는 사해의사가 추정되므로 K의 사해행위취소의 소는 인용되어야 한다. 문제는 K의 사해행위취소의 소가 이미 계속되고 있는 2016. 9. 30. 甲이 丁에 대한 연대보증채권을 피보전채권으로 하여 K와 동일한 청구취지의 사해행위취소의 소를 같은 법원에 제기한 것이 중복된 소제기에 해당하는지 여부이다.

3. 甲의 사해행위취소의 소

(1) 각 채권자가 동시 또는 이시에 채권자취소소송을 제기하는 경우(중복소송 부정)

判例는 "채권자취소권의 요건을 갖춘 각 채권자는 고유의 권리로서 채무자의 재산처분 행위를 취소하고 그 원상회복을 구할 수 있는 것이므로 여러 명의 채권자가 동시에 또는 시기를 달리하여 사해행위취소 및 원상회복청구의 소를 제기한 경우 이들 소가 **중복제소에 해당하지 아니할 뿐 아니라,** 어느 한 채권자가 동일한 사해행위에 관하여 사해행위 취소 및 원상회복청구를 하여 승소판결을 받아 그 판결이 확정되었다는 것만으로는 그 후에 제기된 다른 채권자의 동일한 청구가 **권리보호이익이 없어지게 되는 것은 아니다**"(대판 2008.4.24. 2007다84352)고 판시하였다.

다만, "사해행위의 취소에 의해 복귀를 구하는 재산이 벌써 채무자에게 복귀한 경우에는, 특별한 사정이 없는 한, 그 채권자취소소송은 이미 그 목적이 실현되어 더 이상 그 소에 의해 확보할 **권리보호의 이익이 없어지는 것이다**"(대판 2008.3.27. 2007다85157)

(2) 사안의 경우 [당, 소, 계]

① 중복소제기에 해당하려면, ⅰ) 전·후소 당사자의 동일, ⅱ) 소송물의 동일, ⅲ) 전소계속 중 별소제기라는 요건을 갖추어야 한다(제259조). 사안의 경우 ⅰ) 甲과 K는 당사자가 다를 뿐만 아니라, ⅱ) 채권자취소소송의 소송물은 채권자 자신이 각자 가지는 '채권자취소권' 그 자체이므로 소송물도 다르다. 따라서 甲이 戊를 상대로 제기한 사해행위취소의 소는 중복제소에 해당하지 않으며, 등기가 戊에게 남아있으므로 권리보호이익도 인정된다. 아울러 甲의 채권자취소소송은 당해 소송의 적법요건도 갖추었다.

② 본안판단과 관련해서는 甲의 丁에 대한 대여금채권은 丁의 사해행위가 있은 2015. 10. 1.보다 이전인 2011. 8. 1.에 발생했고, 특히 **연대보증인의 사해행위성 판단시 주채무자의 변제자력은 원칙적으로 고려할 요소는 아니므로**(대판 2003.7.8. 2003다13246)[1] 丁이 무자력 상태에서 자신의 유일한 재산인 X토지를 저가로 처분한 행위는 사해행위이며 사해의사도 추정된다. 따라서 甲의 사해행위취소의 소는 인용된다.

4. 사안의 해결

"여러 명의 채권자가 사해행위취소 및 원상회복청구의 소를 제기하여 여러 개의 소송이 계속중인 경우에는 각 소송에서 채권자의 청구에 따라 사해행위의 취소 및 원상회복을 명하는 판결을 선고하여야 하고"(대판 2005.11.25. 2005다51457). 만약 원물반환이 불가능하여 가액반환을 할 경우에도 "수익자 등이 반환하여야 할 가액을 채권자의 채권액에 비례하여 채권자별로 안분한 범위 내에서 반환을 명할 것이 아니라, 수익자 등이 반환하여야 할 가액 범위 내에서 각 채권자의 피보전채권액 전액의 반환을 명하여야 한다. 이와 같은 법리는 여러 명의 채권자들이 제기한 각 사해행위취소 및 원상회복

---

1) "연대보증인이 그의 유일한 재산을 증여하였다면 주채무자가 채무를 변제할 자력이 있는 경우에도 채권자에게 우선변제권이 확보되어 있는 경우가 아닌 이상, 그 증여는 사해행위에 해당한다"

청구의 소가 민사소송법 제141조에 의하여 병합되어 하나의 소송절차에서 심판을 받는 경우에도 마찬가지이다(대판 2008.6.12. 2008다8690,8706).

따라서 법원은 甲과 K의 사해행위 취소청구를 모두 인용하여야 한다.

사례_061 **중복소송금지(3) - 채권자대위소송과 중복소제기**
2012년 제1회 변호사시험, 2012년 8월·2015년 6월 법전협 모의, 2012년 사법시험

甲은 자기 소유의 X토지를 2013. 10. 1. 乙에게 1억 원에 매도하고, 1억 원을 지급받기 전에 미리 소유권이전등기를 마쳐주었다. 그런데 대금지급기일인 2014. 2. 1.이 경과하여도 乙은 甲에게 매매대금을 지급하지 않았다. 한편 2013. 5. 2. 丙은 자신이 제조한 물품을 甲에게 1억 원에 공급하기로 하는 물품공급계약을 체결하면서 2014. 5. 2. 물품공급과 상환으로 그 대금 1억 원을 지급받기로 하였다. 2014. 5. 2. 丙은 물품을 甲에게 공급하였다. 그러나 甲은 사업부도로 자력이 부족하여 물품대금 1억 원을 지급할 수 없게 되었다. 그러던 중 2015. 1. 15. 丙은 甲을 대위하여 乙을 상대로 매매대금 1억 원 및 그에 대한 지연손해금의 지급을 구하는 소를 제기하였고, 2015. 1. 28. 乙에게 소장부본이 송달되었다. 그런데 甲에 대하여 대여금채권을 가지고 있던 丁이 2015. 1. 17. 甲을 대위하여 乙을 상대로 매매대금 1억 원 및 그에 대한 지연손해금의 지급을 구하는 소를 제기하였고 2015. 1. 25. 乙에게 소장부본이 송달되었다.

丙이 제기한 소송의 결론을 판단하고 그 논거를 설명하시오. (15점)

I. 결 론

丙의 채권자대위소송은 중복소송으로 부적법 각하하여야 한다.

II. 논 거

1. 중복소제기금지의 원칙의 의의와 요건 [당, 소, 계]

이미 사건이 법원에 계속되어 있을 때에는 그와 동일한 사건에 대하여 당사자는 다시 소를 제기하지 못하는데 이를 중복된 소제기의 금지라고 한다(제259조). 이는 판결의 모순저촉을 방지하기 위한 제도이다. 중복소제기에 해당하려면, i) 전·후소 당사자의 동일, ii) 소송물의 동일, iii) 전소계속 중 별소제기라는 요건을 갖추어야 한다(제259조).

2. 사안의 경우

(1) 전후소의 판별기준

iii) 요건과 관련하여 전·후소의 판별기준은 소송계속의 발생시기, 즉 소장이 피고에게 송달된 때의 선후에 의할 것이다(대판 1990.4.27. 88다카25274). 丁의 소장부본은 2015. 1. 25.에 송달되었고, 丙의 소장부본은 2015. 1. 28.에 송달된 점에서 丙의 소가 후소에 해당한다.

(2) 당사자 동일·소송물 동일여부 - 채권자대위소송 계속 중 다른 채권자의 대위소송의 중복소제기

"채권자대위소송의 계속중 다른 채권자가 같은 채무자를 대위하여 같은 제3채무자를 상대로 법원에 출소한 경우 두 개 소송의 소송물이 같다면 나중에 계속된 소는 중복제소금지의 원칙에 위배하여 제기된 부적법한 소가 된다"(대판 1994.2.8. 93다53092). 채권자대위소송의 법적성질에 대해 법정소송담당설(判例)에 따르면 채권자의 피대위권리가 소송물이 되므로 전후소의 소송물 모두 '甲의 乙에 대한 매매대금 1억 원 및 그에 대한 지연손해금청구권'이므로 소송계속 중에는 甲이 대위소송을 알았는가와 관계없이 실질적으로 동일소송이어서 丙의 후소는 중복제소금지원칙에 저촉된다.

〈공통된 사실관계〉

甲은 "乙이 甲과의 운송계약에 따라 甲 소유의 시가 8억 원 상당의 X 기계를 운반하던 중 X 기계가 멸실되었다."라고 주장하면서 乙을 상대로 불법행위 또는 채무불이행으로 인한 손해배상금 8억 원의 지급을 청구하는 소(이하 'A소'라고 한다)를 제기하였다.

※ 재판상 자백 및 소송상 신의칙 위반은 고려하지 말 것.

〈변경된 사실관계〉

A소의 소송과정에서 甲은 "X 기계의 시가는 10억 원이고, 청구금액 8억 원은 그 중 일부 금액이다."라고 명시적으로 주장하였다.

〈문제 3.〉

甲이 A소의 소송계속 중에 X 기계 멸실을 이유로 하여 乙을 상대로 불법행위로 인한 손해배상금 2억 원(A소에서 유보된 나머지 손해액)의 지급을 청구하는 별소(이하 'B소'라고 한다)를 제기하였다면, B소는 적법한가?

Ⅲ. 문제 3.의 해결 - 일부청구와 중복제소

1. 논점의 정리

일부청구 계속 중 잔부청구가 별소로 제기된 경우 중복소송에 해당하는지 문제된다.

2. 중복소송 금지

(1) 요 건 [당, 소, 계]

중복소제기에 해당하려면, ⅰ) 전·후소 당사자의 동일, ⅱ) 소송물의 동일, ⅲ) 전소계속 중 별소제기라는 요건을 갖추어야 한다(제259조).

(2) 사안의 경우

A소와 B소는 당사자가 甲과 乙로 동일하고 A소 계속 중 B소가 제기되었는바, A소에서 유예된 나머지 손해액의 지급을 구하는 B소의 소송물이 동일한지 여부에 따라 B소의 적법성이 판단된다.

3. 일부청구와 잔부청구의 소송물

(1) 학 설

① 중복소송설은 판결의 모순·저촉 우려가 있고, 원고의 잔부청구는 별소를 제기하지 않고 동일절차에서 청구취지를 확장함으로써 가능하므로 후소는 중복소송에 해당한다는 견해이다. ② 독립소송설은 일부청구가 제기된 경우 그 범위 안에서만 소송계속의 효과가 발생하므로 잔부청구를 하여도 중복소송에 해당하지 않는다는 견해이다. ③ 명시적 일부청구설은 전소에서 일부청구임을 명시한 경우는 일부청구만이 소송물이므로 후소는 중복소송에 해당하지 않지만, 전소에서 일부청구임을 명시하지 않은 경우에는 중복소송이라는 견해이다. ④ 단일절차병합설은 잔부청구 자체는 중복소송의 문제는 아니나 잔부청구의 후소는 남소로 볼 여지가 있는바 이부, 이송, 변론의 병합 등의 방법으로 단일화를 시도하고 그것이 안 될 때는 후소를 각하한다는 견해이다.

(2) 판 례

判例는 "전 소송에서 불법행위를 원인으로 치료비청구를 하면서 일부만을 특정하여 청구하고 그 이외의 부분은 별도소송으로 청구하겠다는 취지를 명시적으로 유보한 때에는 그 전소송의 소송물은 그 청구한 일부의 치료비에 한정되는 것이고 전 소송에서 한 판결의 기판력은 유보한 나머지 부분의 치료비에까지는 미치지 아니한다 할 것이므로 전 소송의 계속 중에 동일한 불법행위를 원인으로 유보한 나머지 치료비청구를 별도소송으로 제기하였다 하더라도 중복제소에 해당하지 아니한다"(대판 1985.4.9. 84다552)고 판시하여 명시적 일부청구설의 입장이다.

(3) 검 토

원고의 분할청구의 자유를 존중하는 측면(일부청구 긍정설)과 분쟁의 일회적 해결을 강조하는 측면(일부청구 부정설)을 조화하는 判例의 태도(명시적 일부청구설)가 타당하다.

(4) 사안의 경우

甲은 A소의 소송과정에서 청구금액 8억 원은 X 기계의 시가 10억 원에 해당하는 손해의 일부분임을 명시했다. 따라서 A소의 소송물은 전체 손해배상청구권 중 8억 원의 손해배상청구권에 한정되는 것이고, 나머지 2억 원의 손해배상청구권은 이와는 소송물이 다르므로 B소는 A소에 중복되지 않아 적법한 소제기에 해당한다.

사례_063 **중복소송금지(5) − 채무자가 제소한 후 압류채권자의 추심소송** 2014년 사법시험

甲은 2012. 4. 1. 乙에게 2억 원을 변제기 2013. 4. 1.로 정하여 대여하였으나 乙이 변제기에 위 차용금을 변제하지 아니하였다. 이에 甲은 乙을 상대로 서울중앙지방법원에 대여금 청구의 소를 제기하여 위 법원으로부터 2억 원의 지급을 명하는 청구인용 판결을 선고받았고, 위 판결은 2013. 8. 1. 확정되었다. 한편, 친구 사이인 丙, 丁, 戊 3인은 2013. 6. 1. 乙로부터 X토지를 대금 1억 원에 매수한 다음 3인이 1/3지분씩 공유하는 것으로 소유권이전등기를 마쳤다. 그런데 丙, 丁, 戊가 위 토지의 매매대금을 지급하지 아니하자, 乙은 2013. 9. 1. 丙, 丁, 戊를 상대로 X토지 대금 1억 원의 지급을 구하는 소를 서울중앙지방법원에 제기하였고, 2013. 9. 10. 丙, 丁, 戊에게 소장 부본이 송달되었다.
甲은 2013. 10. 1. 乙에 대한 위 확정 판결에 기하여 서울중앙지방법원에 乙을 채무자로, 丙, 丁, 戊를 제3채무자로 하여, 乙이 丙, 丁, 戊에 대하여 가지는 위 1억 원의 매매대금 채권에 관하여 채권압류 및 추심명령을 받았고, 위 채권압류 및 추심명령은 2013. 12. 1. 丙, 丁, 戊에게 모두 송달되었다. 그 후 甲은 丙, 丁, 戊를 공동피고로 삼아 1억 원의 추심금의 지급을 구하는 소를 서울중앙지방법원에 제기하였다. 이에 대하여 피고 丙, 丁, 戊는 이미 乙이 매매대금 청구의 소를 제기하여 별도의 소송이 계속 중인데 다시 甲이 같은 매매대금 채권에 관한 추심의 소를 제기한 것은 부당하다고 다투었다.
피고 丙, 丁, 戊의 주장은 타당한가? (민사소송법의 맥 189쪽 참조)

I. 결 론

피고 丙, 丁, 戊의 주장은 타당하지 않다.

II. 논 거

1. 문제점

2013. 9. 10. 채무자乙이 이행의 소를 제기하여 소송계속 중 압류 및 추심명령을 받은 채권자 甲이 별소로써 추심의 소를 제기한 경우 중복된 소제기에 해당하여 부적법한 것인지 문제된다.[1]

---

1) 압류 및 추심명령의 효력발생 시기는 제3채무자에 대한 송달일이고(민사집행법 제227조 3항, 제229조 4항), 제3채무자에게 송달된 이

2. 중복된 소제기인지 여부(소극)

(1) 의의 및 문제점 [당, 소, 계] (사례 051. 참조)

사안에서 전후소의 소송물은 모두 乙의 丙, 丁, 戊에 대한 매매대금 채권으로 소송물이 동일하고, 기판력이 미치는 관계이므로 당사자도 실질적으로 동일하다고 볼 수 있다. 다만 전소가 계속되기만 하면 전소가 부적법하더라도 후소가 중복소송이 된다는 것이 판례(대판 1998.2.27. 97다45532)의 태도인데, 추심명령의 경우에도 동일하게 볼 수 있는지 문제된다.

(2) 판 례

1) 전원합의체 다수의견(부정설)

"ⅰ) 채무자가 제3채무자를 상대로 제기한 이행의 소가 이미 법원에 계속되어 있는 상태에서 압류채권자가 제3채무자를 상대로 제기한 추심의 소의 본안에 관하여 심리·판단한다고 하여, 제3채무자에게 불합리하게 과도한 이중 응소의 부담을 지우고 본안 심리가 중복되어 당사자와 법원의 소송경제에 반한다거나 판결의 모순·저촉의 위험이 크다고 볼 수 없다. ⅱ) 압류채권자는 채무자가 제3채무자를 상대로 제기한 이행의 소에 민사소송법 제81조, 제79조에 따라 참가할 수도 있으나, 채무자의 이행의 소가 상고심에 계속 중인 경우에는 승계인의 소송참가가 허용되지 아니하므로 압류채권자의 소송참가가 언제나 가능하지는 않으며, 압류채권자가 채무자가 제기한 이행의 소에 참가할 의무가 있는 것도 아니다. ⅲ) 채무자가 제3채무자를 상대로 제기한 이행의 소가 법원에 계속되어 있는 경우에도 압류채권자는 제3채무자를 상대로 압류된 채권의 이행을 청구하는 추심의 소를 제기할 수 있고, 제3채무자를 상대로 압류채권자가 제기한 추심의 소는 채무자가 제기한 이행의 소에 대한 관계에서 민사소송법 제259조가 금지하는 중복된 소제기에 해당하지 않는다고 봄이 타당하다"(대판 2013.12.18. 전합2013다202120).

2) 전원합의체 소수의견(긍정설)

"ⅰ) 민사소송법 제259조가 규정하는 중복된 소제기의 금지는 소송의 계속으로 인하여 당연히 발생하는 소제기의 효과이다. 그러므로 설령 이미 법원에 계속되어 있는 소(전소)가 소송요건을 갖추지 못한 부적법한 소라고 하더라도 취하·각하 등에 의하여 소송 계속이 소멸하지 않는 한 그 소송 계속 중에 다시 제기된 소(후소)는 중복된 소제기의 금지에 저촉되는 부적법한 소로서 각하를 면할 수 없다. ⅱ) 채무자가 제3채무자를 상대로 먼저 제기한 이행의 소와 압류채권자가 제3채무자를 상대로 나중에 제기한 추심의 소는 비록 당사자는 다를지라도 실질적으로 동일한 사건으로서 후소는 중복된 소에 해당한다. ⅲ) 압류채권자에게는 채무자가 제3채무자를 상대로 제기한 이행의 소에 민사소송법 제81조, 제79조에 따라 참가할 수 있는 길이 열려 있으므로, 굳이 민사소송법이 명문으로 규정하고 있는 기본법리인 중복된 소제기의 금지 원칙을 깨뜨리면서까지 압류채권자에게 채무자가 제기한 이행의 소와 별도로 추심의 소를 제기하는 것을 허용할 것은 아니다. 다만 다수의견이 지적하듯이 채무자가 제3채무자를 상대로 제기한 이행의 소가 상고심에 계속 중 채권에 대한 압류 및 추심명령을 받은 경우에는 압류채권자가 상고심에서 승계인으로서 소송참가를 하는 것이 불가능하나, 이 때에도 상고심은 압류 및 추심명령으로 인하여 채무자가 당사자적격을 상실한 사정을 직권으로 조사하여 압류 및 추심명령이 내려진 부분의 소를 파기하여야 하므로, 압류채권자는 파기환송심에서 승계인으로서 소송참가를 하면 된다"

(3) 검토 및 사안의 경우

압류채권자가 제기한 추심의 소를 중복소제기로 각하한 다음 당사자적격이 없는 채무자의 이행의 소가 각하 확정되기를 기다려 다시 압류채권자로 하여금 추심의 소를 제기하도록 하는 것이 소송경

상 채무자에게 송달되지 않았다 하더라도 효력발생에는 아무런 영향이 없다. 이에 반해 '전부명령'은 채무자와 제3채무자에게 송달되어야 한다(민사집행법 제229조 4항, 제227조 2항). 전부명령은 확정되어야 효력이 있고(민사집행법 제229조 4항), 즉시항고권자인 채무자에게 송달되지 아니하면 확정될 수 없으므로 추심명령과 달리 채무자에 대한 송달도 전부명령의 효력발생요건이 된다.

제에 반할 뿐 아니라, 이는 압류 및 추심명령이 있는 때에 민사집행법 제238조, 제249조 제1항에 의하여 압류채권자에게 보장되는 추심의 소를 제기할 수 있는 권리의 행사와 그에 관한 실체 판단을 바로 그 압류 및 추심명령에 의하여 금지되는 채무자의 이행의 소를 이유로 거부하는 셈이어서 부당하다(전합2013다202120의 다수의견). 따라서 이미 乙이 매매대금 청구의 소를 제기하여 별도의 소송이 계속 중인 경우라도 다시 丙이 같은 매매대금 채권에 관한 추심의 소를 제기한 것은 부당하지 않다.

사례_064 **중복소송금지(6)**　　　　　　　　　　　　　2016년 8월 법전협 모의

乙은 2015. 1. 15. 甲으로부터 X토지를 대금 1억 원에 매수하였다. 甲은 2015. 6. 3. 乙의 매매대금 미지급을 이유로 乙을 상대로 매매대금 1억 원의 지급을 구하는 소송을 제기하였다. 丙은 甲에 대하여 1억 원의 대여금 채권을 가진 채권자이다. 丙은 2015. 7. 1. 위 대여금 채권을 피보전채권으로 하여 甲의 乙에 대한 위 매매대금채권에 대한 가압류결정을 받고, 2015. 9. 1. 위 채권가압류를 본압류로 전이하는 채권압류 및 추심명령을 받았으며, 이는 乙에게 송달되어 2015. 9. 15. 확정되었다. 앞서 2015. 6. 3. 제기된 甲과 乙 사이의 소송의 제1심은 2016. 2. 20. 변론종결되었다.
丙이 위 추심명령을 근거로 2015. 12. 1. 乙을 상대로 추심의 소를 제기하였다면, 위 추심의 소는 적법한가?

(목차와 내용은 앞과 같음)
丙이 乙을 상대로 제기한 추심의 소는 중복소송에 해당하지 않으므로 적법하다.

사례_065 **처분권주의(1) - 일부청구와 과실상계**　　　2014년 8월 법전협 모의, 2011년 법무사시험

乙은 친지로부터 사채업자 A를 소개받아 대출여부를 문의하였다. 乙은 사채업자 A의 요청에 의해 동인에게 자신의 甲은행 계좌와 비밀번호 등을 알려주었다. 그런데 A는 이 정보를 이용하여 甲은행으로부터 공인인증서를 재발급 받고 인터넷 뱅킹을 통하여 乙의 계좌를 담보로 하여 5천만 원을 대출받은 후 잠적하였다. 그 후 이러한 사실을 알게 된 甲은행은 乙을 상대로 위 대출금 지급을 구하는 소를 제기하였다. (원고 甲은행 직원의 실수로 청구취지 금액이 3천만 원으로 기재되었으나 청구원인에는 원고 甲은행이 피고 乙에 대해 가지는 채권이 여전히 5천만 원임이 표시되어 있다고 가정한다.) 심리 과정에서 원고 甲은행은 금융감독원 지침을 어기고 사채업자 A가 공인인증서의 재발급신청서에 기재한 대포폰에 문자메시지를 보내어 본인확인을 한 과실이 있음이 밝혀졌다.
원고 甲은행의 과실을 80%로 인정한다면 법원은 피고 乙이 원고 甲에게 얼마를 지급하라고 판결하여야 하는가?　　　　　　　　　　　　　　　　　　　　　　　(민사소송법의 맥 B-08 참조)

I. 결론

법원은 피고 乙은 원고 甲에게 1천만 원을 지급하라고 일부인용판결을 하여야 한다.

II. 논거

1. 문제점

일부청구란 금전 또는 대체물과 같이 수량적으로 가분인 급여를 목적으로 하는 채권을 임의로 분할하여 그 일부만 청구하는 것을 말하는바, 사안에서 甲은행은 직원의 실수로 인해 청구취지에 3천만

원의 지급을 구하는 것으로 기재하였으나, 소송행위는 표시주의·외관주의가 관철되어야 하므로 일부청구로 보아야 한다. 이 경우 일부청구의 소송물이 무엇인지, 일부청구에 대해 법원이 과실상계를 하는 경우 처분권주의와 관련하여 어떠한 방법으로 해야 하는지 문제된다.

2. 일부청구의 소송물

분할청구의 자유로 긍정하는 견해와 분쟁의 일회적 해결을 위해 부정하는 견해가 있으나, 원고의 분할청구이익과 함께 법원과 피고의 부담 경과를 조화시키는 명시적 일부청구설이 타당하다. 判例는 "가분채권의 일부에 대한 이행청구의 소를 제기하면서 나머지를 유보하고 일부만을 청구한다는 취지를 명시하지 아니한 이상 그 확정판결의 기판력은 청구하고 남은 잔부청구에까지 미치는 것이므로 그 나머지 부분을 별도로 다시 청구할 수 없다"(대판 1993.6.25. 92다33008)고 판시하여 **명시적 일부청구설**의 입장이다.

사안에서 甲은행 측은 3천만 원 만을 먼저 청구한다는 취지를 명시하지 않았으므로 소송물은 5천만 원 채권 전액에 해당한다.

3. 일부청구와 과실상계 방법

(1) 문제점

사안과 같이 일부청구의 경우에 과실상계를 함에 있어서 청구권 전액에 대해 과실상계를 할 것인지, 청구된 일부에 대해서 할 것인지 문제된다. 처분권주의(제203조)에 따라 법원은 원고의 신청범위 내에 있는 사항에 관해서만 심판대상으로 할 수 있기 때문에, 손해배상의 일부청구시 법원이 채권 전체에 대하여 과실상계를 할 것인지의 문제는 원고의 신청범위(소송물)가 채권 전체에 미치는가의 여부와 관련된다.

(2) 판 례[1]

判例는 "법원이 채권자 측의 과실을 참작하여 손해배상의 범위를 정함에 있어서는 채권자가 입은 전체 손해액을 기준으로 하여야 한다"(대판 1991.1.25. 90다6491)고 판시한바, **외측설**의 입장이다.

(3) 검토 및 사안의 경우

생각건대 당사자가 자신의 과실을 자인하여 일부청구를 하는 경우가 보통인 점, 일부청구라도 채권 전부에 대해 심리하는 것이 통상적인 점을 고려할 때 외측설이 타당하다. 설문에서 甲은 묵시적 일부청구를 한 것이어서 甲의 신청범위는 5천만 원 전부에 미치므로 외측설에 따라 5천만 원에 대해 과실상계하고, 남은 잔액 1천만 원이 청구액 3천만 원보다 적기 때문에 잔액인 1천만 원의 한도에서 인용된다.

> **[관련판례]** ※ 금전채권 전액중의 일부청구에 대한 피고의 상계항변과 청구인용범위
> 判例는 과실상계(원고의 과실참작)의 경우뿐만 아니라 피고의 반대채권으로 상계를 하는 경우에도 외측설을 취한다(대판 1984.3.27. 83다323). 예컨대, 甲은 乙에게 과실로 인한 손해배상으로 3천만 원을 청구하는 소를 제기하였고, 이에 乙은 甲에 대하여 가지는 5천만 원의 대여금채권으로 상계한다는 항변을 하였다. 만약 법원이 심리결과 수동채권인 甲의 손해배상채권액은 5천만 원, 자동채권인 乙의 대여금채권액은 1천만 원이라는 심증을 형성하였다면 외측설에 따르면 수동채권(=소구채권)의 전액 5천만 원에서 자동채권 1천만 원을 상계하면 잔액이 4천만 원이 되므로, 이는 청구액 3천만 원을 초과하는 금액이므로 법원은 청구전액인 3천만 원을 인용하는 판결을 하면 된다.

---

1) **[학설]** 외측설은 전체 손해액을 산정하여 그로부터 과실상계를 한 뒤에 남는 잔액이 청구액을 초과하면 청구액의 한도에서 인용하는 견해이며, 안분설은 일부청구액을 기준으로 과실상계한다는 입장이다.

처분권주의(2) - 일부청구와 과실상계

인력경비용역업체인 甲법인은 2005. 1. 1. 의류제조업체 乙법인과 乙소유 창고에 대하여 2006. 1. 1.까지 방범 및 방재업무의 제공을 내용으로 하는 경비용역계약을 체결하였다. 그런데 乙의 前종업원 丙은 2005. 5. 1. 甲의 감시가 소홀한 틈을 타 위 창고에 침입하여 의류제품 등 합계 1억 원 어치를 절취하여 갔다. 그 후 丙은 절도죄로 징역 6월을 선고받았다. 만일 위 사고에서 乙의 과실이 40%로 인정되는데 乙이 일부청구로 甲과 丙을 상대로 7천만 원을 청구한 경우 인용될 액수와 그 근거를 설명하시오.

I. 乙의 청구 중 인용될 액수

乙의 청구 중 인용될 액수는 6천만 원이다.

II. 근 거

1. 고의의 불법행위자 丙의 과실상계

判例에 따르면 사안에서 피해자의 부주의(감시를 소홀히 한 과실)를 이용하여 고의로 불법행위를 저지른 자가 피해자의 부주의를 이유로 자신의 책임을 감하여 달라고 주장하는 것은 신의칙상 허용될 수 없다(대판 2000.1.21. 99다50538). 그러나 원칙적으로 고의가 인정되는 경우에도 과실상계가 가능하므로 설문에서 丙은 乙의 부주의를 이용한 것으로는 볼 수 없어 乙의 40% 과실에 대해서는 과실상계를 주장할 수 있다(제396조, 제763조).

2. 일부청구와 과실상계(사례 056. 참조)

3. 사안의 경우

사안에서 乙의 과실 40%를 과실상계하면 6천만 원인데(=1억 - 1억×0.4), 7천만 원을 청구하고 있으므로 외측설에 따르면 6천만 원만 인용될 것이다.

처분권주의(3) - 현재 이행의 소에 대한 장래이행판결

乙은 2002. 11. 12. 丙을 상대로 피담보채무 3억 원 전액을 변제하였음을 원인으로 한 근저당권설정등기의 말소등기청구의 소를 제기하였다. 이에 丙은 피담보채무는 3억 5천만 원이므로 아직 변제되지 않은 5천만 원이 있다고 항변하였는바, **법원의 심리결과 실제 피담보채무가 3억 5천만 원이고 3억 원이 변제된 것에 불과하다면 법원은 어떠한 판결을 하여야 하는가? 또한, 만약 사안에서 乙이 피담보채무의 부존재를 원인으로 근저당권설정등기의 말소등기청구의 소를 제기하였다면, 법원은 어떠한 판결을 하여야 하는가? (20점)**

I. 결 론

① 乙이 피담보채무의 '변제'를 원인으로 한 근저당권설정등기의 말소등기청구의 소를 제기한 경우라면 법원은 나머지 5천만 원을 지급받은 다음 근저당권설정등기의 말소등기절차를 이행하라는 일부인용 판결을 선고하여야 한다.

② 이와 달리 乙이 피담보채무의 '부존재'를 원인으로 근저당권설정등기의 말소등기청구의 소를 제기하였다면 전부기각판결을 선고하여야 한다(일부인용판결을 허용할 수 없다).

Ⅱ. 논 거

1. 문제점

피담보채무의 변제 또는 부존재를 원인으로 하는 乙의 말소등기청구는 현재이행의 소에 해당하는데 법원의 심리 결과 잔존채무가 존재하는 경우 법원이 잔존 채무의 선이행을 조건으로 말소청구를 인용하는 판결을 할 수 있는지 문제된다. 즉 현재이행청구에 대해 일부인용판결에 해당하는 장래이행판결을 할 수 있는지 '처분권주의'와 관련하여 문제된다.

2. 처분권주의와 일부인용의 허용여부

법원은 당사자가 신청하지 아니한 사항에 대하여는 판결하지 못한다(제203조). 즉 법원은 당사자가 신청한 사항(질적 동일성)에 대하여 신청한 범위(양적 동일성)에서만 판단할 수 있다. 신청한 소송물의 범위 내에서 그 일부가 인용될 수 있을 경우에는 일부인용의 판결을 해야 하며, 일부인용판결은 처분권주의에 반하지 않는다(다만 원고의 명시적 반대의사가 있으면 청구기각 판결을 하여야 한다).

3. 현재 이행의 소에 대한 장래이행판결의 가부 [피, 원, 미]

(1) 피담보채무의 '소멸'을 원인으로 한 근저당권설정등기의 말소등기청구의 소(일부인용판결 가능)

1) 처분권주의에 위반되는지 여부

단순이행청구의 경우에 선이행판결을 하는 것도 원고의 신청범위를 일탈하는 것이 아니므로 처분권주의에 반하지 않는다. 즉, 判例가 판시하는 바와 같이 원고가 피담보채무의 소멸을 이유로 저당권설정등기의 말소나 소유권이전등기의 말소청구를 한 경우에(단순이행청구), ⅰ) 변론주의 원칙상 피고의 선이행의 항변이 있었고(원고의 채무가 아직 남아 있다는 항변) 심리결과 항변이 이유 있을 때, ⅱ) 원고가 반대의 의사표시를 하지 않는 한, ⅲ) 미리 청구할 필요(제251조)가 있으면 원고청구기각이 아니라 원고의 남은 채무의 선이행을 조건으로 피고의 채무이행(등기말소)을 명하는 장래이행판결을 할 수 있다(대판 1996.11.12. 96다33938 ; 대판 2008.4.10. 2007다83694).

2) 원고의 의사에 부합하는지 여부

判例가 판시하는 바와 같이 채무자가 피담보채무 전액을 변제하였다고 하면서 저당권설정등기 말소를 구함에 대하여 채권자가 피담보채무의 액수를 다투고 있는 경우, 채무자의 청구 중에는 만약 피담보채무가 남아 있다면 잔존 피담보채무의 지급을 조건으로 그 저당권설정등기의 말소를 구한다는 취지까지 포함되어 있는 것으로 해석하는 것이 당사자의 의사에 부합한다(대판 1996.11.12. 96다33938).

3) 미리 청구할 필요가 있는지 여부

장래이행의 소는 미리 청구할 필요가 있어야 소의 이익이 인정되는바(제251조), 미리 청구할 필요는 ⅰ) 의무의 성질, ⅱ) 의무자의 태도를 고려하여 개별적으로 판단한다.

사안의 경우 丙이 피담보채무액을 다투는 경우이므로 미리 청구할 필요가 있다. 判例도 채무자가 피담보채무 전액을 변제하였다는 이유로 저당권설정등기의 말소등기절차 이행을 청구하였지만 피담보채무의 범위에 관한 견해 차이로 그 채무 전액을 소멸시키지 못하였다면 그 청구 중에는 확정된 잔존채무의 변제를 조건으로 그 등기의 말소를 구한다는 취지까지 포함되어 있고, 장래 이행의 소로서 미리 청구할 필요가 있다(대판 1996.2.23. 95다9310)[1]고 한다.

---

1) "채무자가 피담보채무 전액을 변제하였다고 하거나, 피담보채무의 일부가 남아 있음을 시인하면서 그 변제를 조건으로 저당권설정등기의 말소등기절차 이행을 청구하였지만 피담보채무의 범위에 관한 견해 차이로 그 채무 전액을 소멸시키지 못하였거나 변제하겠다는 금액만으로는 소멸시키기에 부족한 경우에 그 청구 중에는 확정된 잔존채무의 변제를 조건으로 그 등기의 말소를 구한다는 취지까지 포함되어 있고, 이러한 경우에는 장래 이행의 소로서 그 저당권설정등기의 말소를 미리 청구할 필요가 있다"

4) 사안의 경우

丙의 피담보채무의 범위에 관한 항변은 이유 있으며, 조건부 인용판결은 원고 乙의 의사에 반하지 않고, 丙이 피담보채무의 범위를 다투는 이상 미리 청구할 필요가 인정된다. 따라서 법원은 나머지 5천만 원을 지급받은 다음 근저당권설정등기의 말소등기절차를 이행하라는 일부인용판결을 선고하여야 한다.

(2) 피담보채무의 '부존재'를 원인으로 한 근저당권설정등기의 말소등기청구의 소(일부인용판결 불가)

1) 판 례

判例는 "피담보채무가 발생하지 아니한 것을 전제로 한 근저당권설정등기의 말소등기절차이행청구 중에 피담보채무의 변제를 조건으로 장래의 이행을 청구하는 취지가 포함된 것으로는 보여지지 않는다"(대판 1991.4.23. 91다6009)고 하여 일부인용판결을 불허하였다.

2) 검토 및 사안의 경우

생각건대, 피담보채무의 부존재를 원인으로 한 말소등기청구에서 일부인용판결은 원고의 의사에 반하므로 일부인용판결은 허용되지 않는다고 보는 判例의 태도가 타당하다. 따라서 법원은 나머지 5천만 원을 지급받은 다음 근저당권설정등기의 말소등기절차를 이행하라는 일부인용판결을 선고할 수 없다. 결국 법원은 전부기각판결을 선고하여야 한다.

사례_068 **처분권주의(4) – 채무일부부존재확인의 소**   2007년 변리사

〈공통된 사실관계〉

乙은 자신소유의 X토지 위에 Y건물을 신축하기 위해 丙에게 금전을 차용하면서 1994. 4. 10. 丙에게 최고액 4억 원의 1번 근저당권을 설정해 주었다. 그 후 乙은 B에 대한 채무의 담보를 위하여 B의 요구에 따라 1994. 5. 8. 제3자 C에게 乙자신의 X토지에 채권최고액 2억 원의 2번 근저당권을 설정해 주었다. 그러나 C는 B의 친구로 B의 부탁에 따라 자신의 이름으로 근저당권의 등기를 한 것이다. 그 후 乙은 1995. 5. 10. 甲의 A에 대한 채권의 담보를 위하여 乙자신의 X토지에 채권최고액 3억 원인 3번 근저당권을 甲에게 설정해 주었다. 그리고 B는 위 C로부터 근저당권이전의 부기등기를 1995. 6. 10. 경료하였다.

한편 乙은 1997. 7. 10. 甲의 승낙을 얻어 甲에 대한 A의 채무를 면책적으로 인수한 후 채무자를 A에서 자신으로 변경하는 근저당권 변경의 부기등기를 경료하였는데, 그 당시 A가 甲에게 부담하고 있던 채무액은 1억 원이었다. 이 경우 甲은 乙이 약정한 시기에 빌린 돈을 갚지 않자 2002. 11. 10. 저당권에 기한 임의경매를 신청하였다.

〈추가된 사실관계〉

乙은 2000. 1. 2. 甲을 상대로 1천만 원을 초과하는 피담보채무의 부존재확인의 소를 제기하였다. 그러나 법원의 심리결과 피담보채무가 3천만 원이 존재한다고 보아 乙의 청구를 일부인용하는 판결을 선고하였다.

〈문 제〉

위 법원의 일부인용판결은 적법한가? (실제 피담보채무는 3천만 원이 존재한다고 전제할 것)

(민사소송법의 맥 B-09 참조)

Ⅰ. 결 론

법원이 심리결과 3천만 원의 피담보채무가 존재한다고 보아 일부인용판결을 선고한 것은 적법하다.

Ⅱ. 논 거

1. 채무의 상한을 명시하지 않은 채무일부부존재확인의 소의 적법여부(적법)

(1) 문제점

사안과 같이 乙이 채무상한을 특정하지 않고 소극적 확인소송을 제기한 경우, 소송물이 특정되지 않아 소 전체가 부적법해지는 것인지 문제된다.

(2) 판 례

判例는 "원고가 상한을 표시하지 않고 일정액을 초과하는 채무의 부존재의 확인을 청구하는 사건에 있어서 일정액을 초과하는 채무의 존재가 인정되는 경우에는, 특단의 사정이 없는 한, 법원은 그 청구의 전부를 기각할 것이 아니라 존재하는 채무부분에 대하여 일부패소의 판결을 하여야 한다"(대판 1994.1.25. 93다9422)고 보아 소송요건의 흠결은 없다고 본다.

(3) 검 토

소송에서 청구금액을 명시하도록 요구하는 취지는 피고의 방어권의 범위를 확정하기 위함인 바, 소극적 확인소송에서 피고는 특별한 사정이 없는 한 청구금액을 잘 알고 있으므로 청구금액을 명시하지 않고 소를 제기하더라도 방어권 행사에 있어서 불이익이 있다고 할 수 없다. 따라서 **채무상한을 특정하지 않은 소도 적법하다고 보는 判例의 태도가 타당하다.**

2. 채무일부부존재확인의 소에서 일부인용판결의 허용여부(적극)

(1) 처분권주의와 일부인용의 허용여부(적극)(사례 058. 참조)

일부인용판결은 처분권주의에 반하지 않는다는 것이 통설과 判例의 입장이다. 사안과 같이 채무일부부존재확인의 소에서 소송물이 무엇인지와 일부인용판결이 가능한지 문제된다.

(2) 채무일부부존재확인의 소의 소송물

채무부존재확인의 소의 소송물은 원고와 피고 사이에서 소멸여부가 다투어지는 부분이다. 따라서 "권리 또는 법률관계의 존부확인은 다툼있는 범위에 대해서만 청구하면 되는 것이므로 채무자가 채권자 주장의 채무 중 일부의 채무가 있음을 인정하고 이를 초과하는 채무는 없다고 다투는 경우 채무자가 인정하는 채무부분에 대하여는 그 존재에 대하여 다툼이 없으므로 확인의 이익이 없고 이를 초과하는 부분에 대해서만 채무자로서 채무부존재확인의 이익이 있다"(대판 1983.6.14. 83다카37).

(3) 채무상한이 표시되지 않은 경우 일부인용판결이 허용되는지 여부(적극)

1) 판 례[1]

判例는 "채무자의 채무부존재 확인청구가 채무자가 자인하는 금액을 제외하는 나머지 채무의 부존재 확인을 구하는 것이라면, 이 같은 소극적 확인소송에 있어서 그 부존재확인을 구하는 목적인 법률관계가 가분하고 또 분량적으로 그 일부만이 존재하는 경우에는 그 청구전부를 기각할 것이 아니고 그 존재하는 법률관계의 부분에 대하여 일부 패소의 판결을 하여야 한다"(대판 1983.6.14. 83다카37)고 판시하여 일부패소설의 입장이다.

---

1) [학설] ① 청구기각설은 채무상한이 표시되지 않은 경우에 원고의 의사는 채무액수가 아닌 채무존부의 확정만을 희망하는 것이라고 보아 일부판결이 허용되지 않는다고 보며, ② 일부패소설은 원고의 의사는 일부인용판결도 희망하는 것이 통상적이라고 보아 일부 인용판결을 하여야 한다고 본다.

2) 검토 및 사안의 해결

채무존부만을 확정하고 채무금액에 대한 다툼을 방치하는 것은 분쟁해결의 일회성에 반하므로, 判例의 태도가 타당하다.

3. 사안의 해결

법원이 심리결과 3천만 원의 피담보채무가 존재한다고 보아 일부인용판결을 선고한 것은 적법하다. 구체적인 선고는 "원고의 채무는 3천만 원을 초과하여서는 존재하지 아니한다. 원고의 나머지 청구를 기각한다."라는 형태가 될 것이다.

사례_069 **처분권주의(5) - 단순이행청구에 대한 상환이행판결**

2011년 7월 · 2012년 8월 법전협 모의, 2007년 사법시험

乙은 甲과 甲소유의 A토지에 대하여 지상건물의 소유를 목적으로 하는 토지임대차계약을 체결하고, 이에 따라 A토지 위에 B건물을 신축하였다. 甲은 임대차기간이 만료한 뒤 乙의 임대차계약의 갱신요청을 거절하고 乙을 상대로 건물철거 및 토지인도를 청구하는 소를 제기하였다. 위 소송절차의 변론에서 乙은 건물매수청구권을 행사하였다. **이 경우 법원의 조치 및 그에 따른 판결에 대하여 검토하시오.**

(민사소송법의 맥 B-10 참조)

I. 결론

법원은 원고 甲에게 '석명권'을 행사하여 건물철거청구를 건물소유권이전등기 · 건물인도청구로 변경하게 한 후 甲이 이에 응하면 매매대금지급과의 상환이행을 명하는 판결을 하여야 한다.

II. 논거

1. 법원의 상환이행판결 가능여부

(1) 문제점(처분권주의와 일부인용의 허용여부)(사례 058. 참조)

(2) 건물철거와 그 부지인도청구 속에 건물의 매수대금지급과 상환으로 건물명도를 구하는 청구가 포함되어 있는지 여부(소극)

判例는 일관하여 원고의 건물철거와 그 부지인도 청구에는 건물매수대금 지급과 동시에 건물명도를 구하는 청구가 포함되어 있지 않다고 보고 있다(대판 1995.7.11. 전합94다34265). 따라서 원고의 청구의 변경이 없다면, 법원이 건물매수대금을 지급받음과 동시에 건물을 인도하라는 판결은 처분권주의에 위반되어 허용될 수 없다.

2. 법원의 적극적 석명이 가능한지 여부[1]

(1) 적극적 석명의 인정여부(제한적 적극)

判例는 원칙적으로 적극적 석명을 인정하지 않으나, 위와 같은 사안에서는 "법원으로서는 '석명권'을 적절히 행사하여 임대인으로 하여금 건물철거청구를 건물소유권이전등기 · 건물인도청구[2]로 변경하

---

[1] 앞서 살펴보았듯이, 건물매수대금 지급과 동시에 건물명도를 구하는 청구가 건물철거 및 부지인도청구에 포함되어 있지 않다고 판단한바, 그렇다면 이러한 경우에 원고가 청구를 변경하도록 법원이 석명해야 하는지 문제된다.

[2] 대지와 건물부지가 일치할 경우 건물인도청구 이외에 별도의 대지인도청구는 불필요하다.

게 한 후 매매대금과의 상환이행을 명하는 판결을 하여야 하며, 이와 같은 **석명권 행사 없이 그냥 기각하면 위법하다**"(대판 1995.7.11. 전합94다34265)고 한다.

(2) 사안의 경우

건물매수청구권의 행사의 경우에는 임차인의 항변에 기초한 것으로 법원의 석명에 의하여 임대인에게 특별히 불리한 것이 아니므로 법원의 적극적 석명을 인정하는 것은 타당하다. 따라서 법원은 원고에게 건물매수대금지급과 상환으로 건물명도를 청구할 의사가 있는지를 석명할 의무가 있고, 원고가 그 석명에 응하여 소를 변경한 때에는 상환이행판결을 함으로써 분쟁의 1회적 해결을 꾀하여야 한다.

[관련쟁점] ※ 임대인의 건물철거청구 소송 중에 임차인의 매수청구권 행사시

건물의 소유를 목적으로 하는 토지 임대차에 있어서, 임대차가 종료함에 따라 토지의 임차인이 임대인에 대하여 건물매수청구권을 행사할 수 있음에도 불구하고 이를 행사하지 아니한 채, 토지의 임대인이 임차인에 대하여 제기한 토지인도 및 건물철거청구 소송에서 패소하여 그 패소판결이 확정되었다고 하더라도, 그 확정판결에 의하여 건물철거가 집행되지 아니한 이상 토지의 임차인으로서는 건물매수청구권을 행사하여 별소로써 임대인에 대하여 건물매매대금의 지급을 구할 수 있다(대판 1995.12.26. 95다42195).[3]

사례_070 **변론주의(1) - 처분권주의와 변론주의**   2019년 8월 법전협 모의, 2010년 사법시험

〈제1문의 4〉
〈기초적 사실관계〉
甲 소유인 X 토지에 관하여 乙 앞으로 매매를 원인으로 한 소유권이전등기(이하 '이 사건 등기'라고 한다)가 마쳐졌다. 丙은 "乙은 甲으로부터 X 토지를 매수하였으므로 甲에 대하여 X 토지에 관한 소유권이전등기청구권을 갖는다. 그리고 乙은 甲으로부터 X 토지를 매수하지 않았음에도 등기관련서류를 위조하여 이 사건 등기를 마쳤으므로 이 사건 등기는 원인무효이다. 따라서 丙은 甲에 대한 위 소유권이전등기청구권을 보전하기 위하여 甲을 대위하여 乙을 상대로 이 사건 등기의 말소를 청구할 수 있다." 라고 주장하면서, 甲과 乙을 공동피고로 하여, 甲에 대하여는 丙에게 X 토지에 관하여 매매를 원인으로 한 소유권이전등기절차를 이행할 것을 청구하고, 乙에 대하여는 甲에게 이 사건 등기의 말소등기절차를 이행할 것을 청구하는 소를 제기하였다.
소송과정에서 甲, 乙, 丙 중 누구도 "甲이 丙에게 X 토지를 증여하였다."라는 주장을 하지 않았는데, 제1심 법원은 甲이 제출한 증거를 통하여 '甲이 丙에게 X 토지를 매도한 것이 아니라 증여하였다.'는 확신을 갖게 되었다. 이에 제1심 법원은 甲에 대하여는 丙에게 X 토지에 관하여 증여를 원인으로 한 소유권이전등기절차를 이행할 것을 명하고, 乙에 대하여는 甲에게 이 사건 등기의 말소등기절차를 이행할 것을 명하는 판결을 선고하였다(乙에 대한 판결에 있어, 법원은 丙의 甲에 대한 증여를 원인으로 한 소유권이전등기청구권을 피보전권리로 인정하였다).

〈문제〉
1. 제1심 판결 중 甲에 대하여 증여를 원인으로 한 소유권이전등기절차의 이행을 명한 부분은 타당한가? (15점)

1. 논점의 정리

丙이 매매를 원인으로 한 소유권이전등기절차를 이행할 것을 청구하였음에도 법원이 甲에 대하여

---

3) **[판례해설]** 전 소송에서 형성권을 행사하지 않아 패소한 피고가 후소에서 형성권을 다시 행사하여 전소 확정판결을 다투는 것은 기판력에 저촉되어 허용되지 않으나, 判例는 이에 대한 예외를 위와 같이 인정하고 있다.

증여를 원인으로 한 소유권이전등기절차의 이행을 명한 것이 처분권주의와 변론주의(주장책임)에 위반되는지 여부가 문제된다.

2. 처분권주의 위반여부

(1) 처분권주의의 의의

처분권주의란 절차의 개시(제248조), 심판의 대상과 범위(제203조), 절차의 종결(제220조, 제266조)에 대하여 당사자에게 주도권을 주어 그의 처분에 맡기는 원칙을 말한다(절차의 진행은 직권진행주의). 심판의 대상과 범위와 관련하여 법원은 당사자가 특정하여 신청한 사항에 대하여 당사자의 신청범위 내에서만 판단하여야 하는바(제203조), 判例는 매매를 원인으로 한 소유권이전등기를 청구한 데 대하여 양도담보약정을 원인으로 한 소유권이전등기를 명한 것은 당사자가 신청하지 아니한 사항에 대하여 판결한 것으로서 처분권주의에 반하여 위법하다고 하여 법원은 원고가 신청한 소송물에 대해서만 심판해야 한다는 입장이다(대판 1992.3.27. 91다40696).

(2) 이전등기청구의 소송물

소송물이론 중 신청(청구취지)이 소송물의 구성요소라는 신소송물이론은 분쟁의 일회적 해결이라는 면에서 우월하나, 원고의 권리구제 측면과 법원의 실무부담이 가중된다는 점에서 부당하므로, 실체법상의 권리 또는 법률관계의 주장을 소송물로 보아 실체법상의 권리마다 소송물이 별개로 된다는 구소송물이론이 타당하다.

判例도 이전등기청구와 관련하여 "매매를 원인으로 한 소유권이전등기청구소송과(민법 제568조) 취득시효완성을 원인으로 한 소유권이전등기 청구소송은(민법 제245조) 이전등기청구권의 발생원인을 달리하는 별개의 소송물이므로 전소의 기판력은 후소에 미치지 아니한다"(대판 1981.1.13. 80다204)고 판시하였다. 이는 구소송물이론에 의해 실체법적근거(민법 제568조와 민법 제245조 2개의 청구)에 따라 소송물을 특정한 것으로 판단된다.[1]

(3) 사안의 경우

사안에서 丙은 매매계약(민법 제568조)에 의한 이전등기청구를 구하였는바, 이는 증여계약(민법 제554조)에 의한 이전등기청구권과는 실체법적근거를 달리하는(민법 제568조와 민법 제554조 2개의 청구) 별개의 소송물이고, 법원은 당사자가 심판의 대상으로 삼지 아니한 것에 대해 판단한 것이므로 이는 처분권주의에 위반된다.

다만, 신청을 소송물로 보는 신소송물이론에 의한다면 이전등기를 청구하는 원인은 공격방어방법의 차이에 불과한 것으로 처분권주의 위반의 문제는 발생하지 않으므로, 변론주의 위반여부까지 검토할 필요가 있다.

3. 변론주의 위반여부

(1) 변론주의의 의의

변론주의란 주요사실과 증거의 수집·제출을 당사자에게 맡기고, 당사자가 변론에 제출한 소송자료만을 재판의 기초로 삼는 원칙을 말한다. 처분권주의가 소송물에 대한 처분의 자유를 의미하는 반면 변론주의는 소송자료에 대한 당사자의 수집책임을 의미한다.

---

1) 반면 말소등기청구의 경우 구소송물이론을 따르면 말소등기청구소송의 소송물은 민법 제214조의 말소등기청구권 자체이고, 소송물의 동일성 식별표준이 되는 청구원인, 즉 말소등기청구권의 발생원인은 당해 '등기원인의 무효'에 국한된다. 따라서 등기원인의 무효를 뒷받침하는 개개의 사유는 독립된 공격방어방법에 불과하여 별개의 청구원인을 구성하는 것이 아니다(대판 1993.6.29. 93다11050).
따라서 대법원은 "소유권에 기한 방해배제청구권의 행사로서 말소등기청구(민법 제214조)를 한 전소의 확정판결의 기판력이 계약해제에 따른 원상회복으로 말소등기청구(등기원인의 무효를 뒷받침하는 사유로서 민법 제548조)를 하는 후소에 미치지 않는다"(대판 1993.9.14. 92다1353)고 판시하였다.

(2) 변론주의의 적용대상인 주요사실의 주장책임

변론주의는 '주요사실'에 대하여만 인정되고 간접사실과 보조사실에는 인정되지 않는다는 것이 통설이다. 왜냐하면 주요사실은 증명의 목표이지만 간접사실 등은 증명의 수단으로서 증거자료와 같은 기능을 하는데, 변론주의가 적용된다면 법관의 자유심증을 제한하게 될 것이기 때문이다. '주장책임'이란 자기에게 유리한 주요사실을 당사자가 주장하지 않으면 없는 것으로 취급되어 불이익한 판단을 받게 되는 불이익을 말한다. 주요사실은 당사자가 변론에서 주장하여야 하며, 주장되지 않은 사실은 판결의 기초로 삼을 수 없다.

(3) 소송자료와 증거자료의 구별 [간, 묵, 대][2]

소송자료와 증거자료는 구별되는 개념인바, 증거자료를 통하여 주요사실을 알았다 하여도 당사자가 변론에서 주장한 바 없으면 이를 기초로 심판할 수 없다(주요사실의 주장책임). 그러나 위와 같은 구별을 강조하면 구체적 타당성을 기할 수 없으므로 통설·判例는 간접적 주장, 묵시적 주장을 허용한다.

(4) 사안의 경우

사안에서 甲의 丙에 대한 증여사실은 청구원인사실(소유권이전등기청구권에 대한 권리발생사실)로서 丙이 주장 증명하여야 할 주요사실인데, 당사자들 모두가 증여에 대해 아무런 주장을 한 적이 없다. 또한 원고 丙이 아니라 피고 甲이 제출한 증거에 증여 사실이 나타나 있고, 문제에 丙이 이를 원용하였다는 내용이 없으므로 간접적 주장도 인정하기 어렵다.

따라서 제1심 법원이 甲이 제출한 증거를 통하여 '甲이 丙에게 X 토지를 매도한 것이 아니라 증여하였다.'는 확신을 갖게 되었다하더라도 당사자의 주장 없는 주요사실을 법원이 임의로 인정한다면 이는 변론주의의 위반이 된다.

4. 결 론

제1심판결 중 甲에 대하여 증여를 원인으로 한 소유권이전등기절차의 이행을 명한 부분은 처분권주의 및 변론주의(주장책임)를 위반한 것으로서 타당하지 않다.

사례_071 변론주의(2) - 주요사실과 간접사실의 구별　　　2016년 6월 법전협 모의

甲은 乙이 운전하던 A회사의 택시를 타고 가던 중, 乙이 丙이 운전하던 자동차와 추돌하는 바람에 중상을 입고 병원에 입원하여 치료를 받고 있다. 이 사고에 대한 乙의 과실은 40%, 丙의 과실은 60%로 확정되었다. 甲은 乙을 상대로 불법행위를 이유로 치료비 1,500만 원, 일실수익 3,000만 원, 위자료 1,500만원 합계 6,000만 원의 손해배상청구소송을 제기하였다.

甲은 위 소송에서 乙이 앞차를 보고 제동을 하였으나 과속으로 달린 탓으로 택시가 정차하지 않고 밀리면서 앞차를 들이받았다고 주장하였고, 乙은 과속한 사실이 없다고 주장하였다. 법원은 甲과 乙 사이에 쟁점이 된 과속 여부에 대하여는 판단하지 않은 채, 乙이 전방주시의무를 태만히 하다가 뒤늦게 제동하는 바람에 사고가 발생한 것이므로 乙에게 손해배상책임이 있다고 판단하였다. **법원의 위 판단은 적법한가?**

(민사소송법의 맥 B-13 참조)

I. 결 론

법원의 판단은 변론주의에 위반한 것으로 위법하다.

---

2) 소송자료와 증거자료는 구별되는 개념인바, 증거자료를 통하여 주요사실을 알았다 하여도 당사자가 변론에서 주장한 바 없으면 이를 기초로 심판할 수 없다. 그러나 위와 같은 구별을 강조하면 구체적 타당성을 기할 수 없으므로 통설·判例는 간접적 주장, 묵시적 주장, 주장사실과 인정사실의 다소차이를 허용한다.

II. 논 거

1. 문제점

법원의 판단이 적법한지는, 과속한 사실이나 전방주시를 태만히 한 사실이 주요사실인지, 법원이 당사자 간에 쟁점이 된 바 없는 전방주시를 태만히 한 사실을 인정한 것이 변론주의 위반이 되는지의 문제이다.

2. 변론주의와 주장책임

변론주의란 소송자료, 즉 사실과 증거의 수집 및 제출의 책임을 당사자에게 맡기고 법원은 당사자가 제출한 소송자료만을 재판의 기초로 삼아야 한다는 원칙이다. 그 중 주장책임이란 변론주의 하에서 당사자가 주요사실을 주장하지 않으면 유리한 법률효과발생이 인정되지 않는 불이익을 의미한다.

3. 주요사실과 간접사실의 구별 - 법규기준설(사례 061. 참조)

4. 과실이 주요사실에 해당하는지 여부 - 일반조항의 경우에 새로운 구별기준과 비판

과실, 인과관계 등을 요건으로 하는 일반규정에서 구별기준이 문제되는바, ① 법규에 과실, 인과관계 등 추상적 개념이 있다면 그 자체가 주요사실이 되고 판단의 기초가 되는 사실은 주요사실인 과실의 존재를 추단케 하는 간접사실이라고 보는 법규기준설(判例의 입장)과, ② 요건사실(과실)을 구성하는 개개의 구체적 사실(전방주시의무 태만)을 주요사실에 준하여 보자는 준주요사실설, ③ 주요사실(전방주시의무 태만)은 사실 그 자체이며 요건사실(과실)은 그 사실에 대한 법적평가이므로 주요사실만 변론주의가 적용된다는 주요사실 · 요건사실 구별설 등의 견해가 대립한다.

생각건대, 과실, 인과관계 등의 법률요건은 가치판단의 결론일 뿐이므로, 그와 같은 불확정 개념의 판단의 기초가 되는 구체적 사실 자체가 주요사실이 된다고 봄이 타당하다.

5. 사안의 해결

설문의 경우 과실 판단의 기초가 되는 개개의 과속한 사실, 전방주시를 태만히 한 사실 자체가 주요사실이 되어야 한다. 따라서 전방주시의무를 태만히 한 사실에 대하여 당사자가 명시적으로 주장한 바 없어 쟁점이 된 적도 없고, 간접적 주장 내지 묵시적 주장이 인정될 만한 사정도 보이지 않으므로 법원이 이를 인정하여 乙에게 손해배상책임을 인정한 것은 변론주의 위반으로 위법하다.

다만, 判例의 입장인 법규기준설에 따르면 과실 자체가 주요사실이 되므로 과속한 사실과 전방주시의무를 태만히 한 사실은 간접사실이 되기 때문에 법원이 쟁점이 된 바 없는 다른 사실에 대하여 판단하여도 변론주의 위반이 아니다.

사례_072 **변론주의(3) - 주장책임(소멸시효의 기간 및 기산점), 유권대리 주장에 표현대리의 주장이 포함되어 있는지 여부**

2013년 제2회 변호사시험, 2009년 · 2015년 사법시험

甲은 2000. 7. 10. 乙의 대리인이라 칭하는 丙에게 변제기를 2001. 7. 10.으로 정하여 2억 원을 빌려 주었다. 甲은 2005. 9. 1. 乙을 상대로 2억 원의 대여금반환청구의 소를 제기하였다. 乙은 ① 자신은 2억 원을 대여한 적이 없다고 주장하였고, ② 설령 대여하였다고 하더라도 위 채권은 상사채권으로 5년의 소멸시효기간이 적용되므로 2000. 7. 10.부터 5년이 경과하여 소멸하였다고 주장하였다. 이에 甲은 丙는 乙로부터 위 2억 원의 채무부담에 관한 대리권을 수여받은 자라고 주장하였을 뿐, 표현대리 주장을 하지 않았다.

1. 법원의 심리결과 甲과 乙이 상인이 아니라면, 乙의 소멸시효 항변에 대해 어떠한 판단을 하여야 하는가? (15점)

2. 법원의 심리결과 표현대리책임이 성립하는 경우, 법원은 어떠한 판단을 하여야 하는가? (단. 문제 1.과 중복되는 서술은 생략할 것) (15점)

Ⅰ. 문제 1.의 경우(15)

1. 문제점

'변론주의'란, 소송자료, 즉 사실과 증거의 수집·제출을 당사자에게 맡기고, 당사자가 변론에 제출한 소송자료만을 재판의 기초로 삼는 원칙을 말한다. 사안에서 소멸시효의 기산점과 소멸시효 기간에 관한 당사자의 주장이 주요사실로서 변론주의의 대상이 되는 것인지 문제된다.

2. 변론주의의 대상이 되는 주요사실

변론주의는 '주요사실'에 대하여만 인정되고 간접사실과 보조사실에는 인정되지 않는다. 왜냐하면 주요사실은 증명의 목표이지만 간접사실 등은 증명의 수단으로서 증거자료와 같은 기능을 하는데, 변론주의가 적용된다면 법관의 자유심증을 제한하게 될 것이기 때문이다. '주장책임'이란 자기에게 유리한 주요사실을 당사자가 주장하지 않으면 없는 것으로 취급되어 불이익한 판단을 받게 되는 불이익을 말한다. 주요사실은 당사자가 변론에서 주장하여야 하며, 주장되지 않은 사실은 판결의 기초로 삼을 수 없다.

3. 소멸시효 기산점이 주요사실인지 여부(적극)

判例는 "소멸시효의 기산일은 채무의 소멸이라고 하는 법률효과 발생의 요건에 해당하는 소멸시효 기간 계산의 시발점으로서 소멸시효 항변의 법률요건을 구성하는 구체적인 사실에 해당하므로 이는 변론주의의 적용대상이고, 따라서 본래의 소멸시효 기산일과 당사자가 주장하는 기산일이 서로 다른 경우에는 변론주의의 원칙상 법원은 당사자가 주장하는 기산일을 기준으로 소멸시효를 계산하여야 하는데, 이는 당사자가 본래의 기산일보다 뒤의 날짜를 기산일로 하여 주장하는 경우는 물론이고 그 반대의 경우에 있어서도 마찬가지이다"(대판 1995.8.25. 94다35886)고 판시하여 주요사실로 본다.

4. 소멸시효 기간에 관한 주장이 주요사실인지 여부(소극)

判例는 "어떤 권리의 소멸시효기간이 얼마나 되는지에 관한 주장은 단순한 법률상의 주장에 불과하므로 변론주의의 적용대상이 되지 않고 법원이 직권으로 판단할 수 있다"(대판 2013.2.15. 2012다68217)고 판시하였다.

5. 사안의 해결

소멸시효 기산점은 주요사실로서 변론주의가 적용되므로, 법원은 당사자가 주장하는 2000. 7. 10.을 기산점으로 삼아야 하나, 소멸시효 기간에 관한 주장에 대해서는 변론주의가 적용되지 않는바, 상인에 해당하지 않는 甲의 대여금채권은 민법 제162조 제1항에 의해 10년의 소멸시효기간이 적용되므로, 법원은 乙의 소멸시효 항변을 이유 없다고 보아 배척하여야 한다.

Ⅱ. 문제 2.의 경우(15)

1. 문제점

사안에서 甲은 유권대리사실을 주장하면서 대여금 청구를 하고 있는데, 주장하지 않은 표현대리사실을 인정하면 처분권주의 또는 변론주의를 위반한 것은 아닌지 문제된다.

2. 표현대리 인정시 처분권주의 위반여부

청구규범은 민법 제598조이고 유권대리주장과 표현대리주장은 같은 소송물 하에 그 공격방법을 달리한다고 할 것이다. 따라서 유권대리 주장에 대해 표현대리를 판단해도 처분권주의 위반은 아니다.[1]

3. 표현대리 인정시 변론주의 위반여부

(1) 문제점

사안에서 원고 甲이 유권대리 주장만 하고 있는데, 법원이 표현대리를 인정하면 주장하지 않은 '주요사실'을 인정한 것이므로 변론주의를 위반한 것이 아닌지 문제된다.

(2) 변론주의와 주장책임

(3) 유권대리사실과 표현대리사실이 변론주의의 주장책임의 대상이 되는 주요사실인지 여부

변론주의에서 사실의 주장책임의 대상은 주요사실에 한하고, 간접사실이나 보조사실은 이에 해당하지 아니한다. 주요사실과 간접사실의 구별기준에 대해서는 '법규기준설'이 判例의 입장인바, 이에 의하면 '주요사실'이란 권리의 발생·변경·소멸이라는 법률효과를 발생시키는 실체법상의 구성요건 해당사실을 말하는바(대판 1983.12.13. 전합 83다카1489), 사안에서의 유권대리사실(대판 1996.2.9. 95다27998)과 표현대리 사실은 법률행위의 특별효력발생요건사실이므로 법률효과 발생에 직접 필요한 주요사실이다.

(4) 유권대리주장에 표현대리주장의 포함여부

1) 소송자료와 증거자료의 준별의 완화

증거자료와 소송자료는 구별되므로 법원이 증거에 의하여 주요사실을 알았다고 해도 당사자가 변론에서 주장한 바 없으면, 예상외의 재판을 막기 위하여 이를 기초로 심판할 수 없다(소송자료와 증거자료의 준별). 다만 구체적으로 사안의 타당한 해결을 위해 判例는 명시적 주장이 없었더라도 간접적으로 주장된 것으로 보거나 다른 주장에 포함되어 있다고 보고 판단하기도 하는데, 설문에서 당사자의 유권대리 주장에 표현대리 주장이 포함되어 있다고 볼지 문제된다(준별의 완화).

2) 판 례

"유권대리에 있어서는 본인이 대리인에게 수여한 대리권의 효력에 의하여 법률효과가 발생하는 반면 표현대리에 있어서는 대리권이 없음에도 불구하고 법률이 특히 거래상대방 보호와 거래안전유지를 위하여 본래 무효인 무권대리행위의 효과를 본인에게 미치게 한 것으로서 표현대리가 성립된다고 하여 무권대리의 성질이 유권대리로 전환되는 것은 아니므로, 양자의 구성요건 해당사실 즉 주요사실은 다르다고 볼 수 밖에 없으니 유권대리에 관한 주장 속에 무권대리에 속하는 표현대리의 주장이 포함되어 있다고 볼 수 없다"(대판 1983.12.13. 전합83다카1489)고 하여 불포함설의 입장이다.

3) 검토 및 사안의 경우

유권대리의 주장과 무권대리의 성질을 가지는 표현대리의 주장은 각 별개의 주요사실로 보아야 하므로, 불포함설이 타당하다. 따라서 법원은 심리결과 표현대리책임이 인정되더라도 당사자들의 주장이 없는 이상 표현대리책임을 인정할 수 없다.

4. 법원의 조치 : 적극적 석명의 인정여부

(1) 판 례

"표현대리의 성립여부를 심리판단할 필요가 없음은 물론 나아가 당사자에게 표현대리에 관한 요건사실의 주장이나 입증을 촉구할 의무가 없다"(대판 2001.3.23. 2001다1126)고 판시하였다.

---

1) 구이론 중에는 유권대리에 의한 청구근거는 사안의 경우 민법 제598조(금전소비대차)이고 표현대리의 청구근거는 민법 제125조, 제126조, 제129조이므로 소송물이 다르다고 하는 견해가 있다.

(2) 검토 및 사안의 경우

석명의무는 '변론주의 원칙에 대한 예외'이므로 원칙적으로 표현대리 요건사실을 주장하지 않은 원고에게 법원이 표현대리에 대해 적극적으로 석명할 의무는 없다. 또 유권대리와 표현대리는 요건사실 자체가 다르므로 지적의무의 대상인 법률적 사항이라고 하기도 어렵다. 결국 석명의무가 없다는 判例가 타당하다.

5. 사안의 해결

당사자 甲이 표현대리주장을 하지 않은 이상, 법원은 변론주의에 따라 표현대리를 인정할 수 없으며, 별도로 甲에게 표현대리주장을 촉구할 적극적 석명의무도 인정되지 않는다. 따라서 법원은 별도의 사정이 없는 한 甲의 청구를 기각하는 판결을 선고하여야 한다.

사례_073 **적시제출주의 – 실기한 공격방어방법의 각하** 2010년 사법시험 변형

〈공통된 사실관계〉
M은 2003. 1. 1. 甲로부터 공작기계를 매수하였다. M과 甲은 위 매매계약 당시 甲이 공작기계를 계속 사용하되 M이 요구하면 즉시 공작기계를 M에게 인도하고, 甲은 2003. 1. 1.부터 공작기계를 현실적으로 M에게 인도하는 날까지 월 1,000만 원의 사용료를 M에게 지급하기로 약정한 '계약서'를 작성하였다. 그 후 M은 甲에게 매매대금 전액을 지급하였다.

〈제1심 소송절차〉
M은 2003. 7. 1. 甲을 상대로 공작기계의 인도와 2003. 6. 30. 까지 이미 발생한 6개월간의 공작기계 사용료 합계 6,000만 원의 지급을 청구하는 소를 제기하였다.
제1심 법원은 M이 甲으로부터 공작기계를 매수하고 점유개정의 방법으로 그 소유권을 취득한 사실은 인정되나 사용료지급 약정에 대하여는 이를 인정할 증거가 없다는 이유로, M의 공작기계 인도청구는 인용하고 사용료 청구는 기각하였다. 그 후 甲은 제1심 판결 선고 후인 2003. 10. 1. M에게 공작기계를 임의로 인도하였다.

〈제2심 소송절차〉
M은 사용료 청구를 기각한 제1심 판결에 대해 항소를 제기하였다. 그 뒤 M은 위 '계약서'를 발견하고 이를 증거로 제출하였다.

〈문 제〉
M이 항소심에서 위 계약서를 증거로 제출한 것이 실기한 공격방어방법에 해당하는지에 대한 결론 및 그 논거에 대하여 서술하시오. (민사소송법의 맥 B-16 참조)

Ⅰ. 결 론

M이 항소심에서 '계약서'를 공격방어방법으로 제출한 것은 실기한 공격방어방법에 해당하지 않는다.

Ⅱ. 논 거

1. 실기한 공격방어방법의 각하의 의의와 요건 [적, 고, 지]

당사자가 적시제출주의 규정(제146조)을 어기어 고의 또는 중대한 과실로 공격 또는 방어방법을 뒤늦게 제출함으로써 소송의 완결을 지연시키게 하는 것으로 인정할 때에는 법원은 직권으로 또는

상대방의 신청에 따라 결정으로 이를 각하할 수 있다(제149조 1항). 이는 **집중심리와 소송촉진**을 위한 규정이다.

2. 적시제출주의 규정을 어기어 공격방어방법을 뒤늦게 제출하였는지 여부(한정 적극)

(1) 적시제출주의 규정을 어기어 공격방어방법을 뒤늦게 제출할 것

① 이는 사건마다 개별적으로 판단한다. 소송 진행의 정도로 보아 이미 제출을 기대할 수 있었음에도 불구하고 제출하고 있지 않다가 뒤늦게 제출하는 것을 말한다. 判例는 "건물철거와 대지명도의 청구 사건에 있어서 **제1심에서 유치권의 항변을 주장할 수 있었을 뿐만이 아니라 제2심의 1,2,3차 변론기일에까지도 그 항변을 주장할 수 있었을 것인데 만연히 주장을 하지 않고 제4회 변론기일에 비로소 그 주장을 한 것은 시기에 늦어서 방어방법을 제출한 것**"(대판 1962.4.4. 4294민상1122)이라고 하여 유치권 항변을 각하하였다. ② 항소심에서 시기에 늦었는지를 판단할 경우에 항소심이 속심구조이고 제149조가 총칙규정임을 고려해 제1심·제2심을 합쳐서 판단해야 한다(통설, 대판 1962.4.4. 4294민상1122). ③ **유일한 증거**[1]는 조사함이 원칙이지만 부적법한 증거신청까지 받아 주어야 한다고 볼 수 없으므로 시기에 늦은 것은 각하할 수 있다고 보는 것이 타당하다. 判例[2]는 i) 유일한 증거라도 각하할 수 있다는 것[3]과, ii) 유일한 증거이므로 각하할 수 없다는 것[4]이 있다.

(2) 사안의 경우

항소심 제4회 변론기일에 비로소 제출한 유치권 항변을 각하한 判例의 태도에 비추어, 적시제출주의 규정을 어기어 공격방어방법을 뒤늦게 제출한 것으로 볼 여지가 있다. 다만 위 계약서는 M과 甲의 사용료 약정사실을 증명할 수 있는 유일한 증거이므로, 실기한 공격방어방법으로 각하할 수 없는 것은 아니나 신중을 기해야 한다.

3. 소송의 완결을 지연할 것인지 여부(적극)

그 공격방어방법이 없으면 곧 변론을 종결시킬 수 있는데 이 때문에 **새로 기일을 열어야 하면** 지연으로 본다(절대설).[5] M이 위 '계약서'를 제출함으로써 새로 기일을 열어야 하는 경우에 해당하여 소송의 완결을 지연하게 된다.

---

1) 증거의 채택 여부는 법원의 재량이지만 증거가 당사자가 주장하는 사실에 대한 유일한 증거인 때에는 그러하지 아니하다(제290조 단서). 유일한 증거란 당사자로부터 신청된 주요사실에 관한 증거방법이 유일한 것으로서 그 증거를 조사하지 않으면 증명할 방법이 없어 증명이 없는 것으로 되는 경우의 증거이다. 유일한 증거를 조사하지 않으면 증명할 기회도 안주고 증거가 없다고 불이익을 주는 결과가 되어 쌍방심리주의에 반한다는 점에 취지가 있다.

2) **[학설]** ① 유일한 증거라고 해서 예외를 인정하여 각하하지 말아야 한다고 하면 소송의 신속을 도모할 수 없다는 것을 논거로 하는 '긍정설', ② 유일한 증거는 조사하는 것이 원칙이고, 실기한 공격방어방법을 각하시켜 달성하려는 '소송의 신속'이라는 가치가 유일한 증거까지 무시해 가면서 달성할 절대적 가치는 아니라는 것을 논거로 하는 '부정설'이 대립한다.

3) "피고가 증인신청을 하여 채택하고 그 신문기일을 정하였던바 피고는 그 증인들의 소환비용을 예납하지 아니하였을 뿐 아니라 그 기일에 피고는 출석도 하지 아니하였으므로 그 증거채택을 취소하고 변론을 종결하였던바 그 후 피고의 변론재개신청을 채택하여 다음 기일을 지정 고지하였음에도 불구하고 피고는 출석하지 아니하고 다음 기일에 비로소 출석하여 이미 취소된 증인의 환문을 재차 신청한바 <u>이 신청은 시기에 늦은 공격방어방법이라고 볼 수 있을 것이므로 원심이 이를 채택하지 아니하였다 하여 유일한 증거를 조사하지 아니하거나 심리미진의 위법이 있다고 할 수 없다</u>"(대판 1968.1.31. 67다2628)

4) "민소법 제138조(현행법 제149조)는 실기한 공격 방어방법은 각하 할 수 있음을 규정하고 있는 바 같은 법 제263조(현행법 제290조 단서)는 당사자가 신청한 증거방법에 대한 증거조사는 <u>유일한 증거방법에 대한 경우 이외에는</u> 법원이 자유로 결정할 수 있음을 규정하였으므로 유일한 증거에 해당되지 아니한 때는 가령 당사자의 증거신청이 같은 법138조(현행법 제149조)에 규정한 당사자의 고의 또는 중대한 과실로 시기에 늦은 것이 아닌 경우라 할지라도 법원은 그 신청을 각하 할 수 있다"(대판 1962.7.26. 62다315).

5) 가령 재정증인과 같이 당해 기일에 즉시 조사할 수 있는 증거의 신청은 소송의 완결을 지연시킨다고 할 수 없지만 재정증인이 아니면 새로 기일을 열어야 하므로 지연으로 본다. 이에 대해 '상대설은 <u>적시에 제출한 경우보다 소송이 지연되는 경우만</u> 지연으로 본다. 예를 들어 재정증인이 아니라도 해외여행 중인 증인을 신청한 경우에 적시에 신청했어도 어차피 조사가 힘들었을 것이므로 지금 신청해도 지연으로 보지 않는다.

4. 당사자에게 고의 또는 중대한 과실이 있었는지 여부(소극)

위 '계약서'는 M이 항소를 제기한 이후에 발견한 것으로서 1심에서는 제출할 수 없었으므로, 항소심에서 제출하게 된 것에 대하여 고의 또는 중과실이 있다고 보기 어렵다.

5. 사안의 경우

설문의 경우, 적시제출주의 규정을 어기어 공격방어방법을 뒤늦게 제출한 것으로 볼 여지는 있다. 또한 소송의 완결을 지연하게 된다. 그러나 고의 또는 중과실이 있다고 보기 어렵다. 따라서 M의 위 '계약서' 제출은 실기한 공격방어방법에 해당하지 않는다.

사례_074 부인과 항변(1)
2006년 · 2015년 사법시험, 2015년 법무행정고시

C 명의로 소유권이전등기가 경료되어 있던 Y건물에 관하여 매매를 원인으로 하는 D 명의의 소유권이전등기가 경료되었다. 그러자 C가 D를 상대로 Y건물에 대한 D 명의의 소유권이전등기의 말소를 구하는 소를 제기하였다. 위 소송에서 C는 D에게 Y건물을 매도한 사실이 없다고 주장하였고, 증거조사결과 C와 D 사이에 직접 매매계약이 체결된 것이 아니라 C의 대리인이라고 칭하는 소외 乙과 D 사이에 매매계약이 체결된 사실이 밝혀졌다.
이에 D는 乙이 C로부터 위 매매에 관한 대리권을 수여받았다고 주장하고, C는 乙에게 대리권을 수여한 사실이 없다고 주장하였다. **D의 위 주장의 성격이 부인인지 항변인지 여부를 밝히고, 그 근거를 간략하게 설명하시오.** (민사소송법의 맥 B-17 참조)

Ⅰ. 결론

D 명의로 소유권이전등기가 경료된 이상 乙이 C를 적법하게 대리한 것으로 추정되므로 D의 유권대리주장의 성격은 상대방인 C에게 그 부존재에 대한 증명책임이 있는 사실을 주장한 것으로서 '부인'이다.

Ⅱ. 논거

1. 부인과 항변의 의의

(1) 부인

상대방이 증명책임을 지는 주장사실과 양립할 수 없는 주장을 함으로써 상대방의 주장을 직접 배척하는 진술이다. 부인은 상대방 주장하는 사실이 진실이 아니라고 진술함에 그치는 '단순부인'과 상대방이 주장하는 사실과 양립할 수 없는 별개의 사실을 주장하는 '이유부 부인'으로 나뉜다.

(2) 항변

상대방이 증명책임을 지는 주장사실이 진실임을 전제로 이와 양립할 수 있는 다른 사실을 주장하여 상대방의 청구를 배척하는 진술이다. 항변은 상대방의 주장사실을 인정하면서 양립될 수 있는 별개의 사실을 진술하는 '제한부 자백'과 상대방의 주장사실을 다투면서 예비적으로 항변하는 '가정적 항변'으로 나뉜다.

2. 부인과 항변의 구별기준과 증명책임

부인과 항변은 주로 '상대방의 주장사실과 양립가능한지 여부'로 구별한다. 또한 부인과 항변은 증명책임의 소재가 다른데, 자기에게 증명책임이 있는 사실의 주장은 항변이 되고, 그렇지 않은 사실의 주장은 부인이 된다.[1]

통설·判例는 증명책임의 분배에 있어서 법률요건분류설(규범설)에 따라 각 당사자는 자기에게 유리한 법규의 요건사실의 존부에 대해 증명책임을 지는 것으로 분배시키고 있다. 즉, 권리의 존재를 주장하는 자는 권리근거규정의 요건사실에 대한 주장·증명책임을 지고, 그 존재를 다투는 상대방은 반대규정의 요건사실에 대한 증명책임을 진다.

3. D의 주장의 성격

(1) C의 말소등기청구의 요건사실

민법 제214조의 말소등기청구권의 요건사실은 ⅰ) Y건물이 C의 소유인 사실, ⅱ) D명의의 소유권이전등기가 경료된 사실, ⅲ) D명의의 등기가 원인무효인 사실이다.

(2) 등기의 추정력

1) 판 례

등기가 있으면 등기권리(대판 2009.9.24. 2009다37831), 등기원인(대판 1994.9.13. 94다10160), 등기절차(대판 2002.2.5. 2001다72029)의 적법성이 추정된다. 명문규정이 없어 그 성질에 관해 견해가 대립하나, 判例는 증명책임의 전환의 효과를 가져오는 '법률상추정'으로 본다. 또한 判例는 "소유권이전등기가 전등기명의인의 직접적인 처분행위에 의한 것이 아니라 제3자가 그 처분행위에 개입된 경우 현등기명의인이 그 제3자가 전등기명의인의 대리인이라고 주장하더라도 현등기명의인의 등기가 적법히 이루어진 것으로 추정되므로 그 등기가 원인무효임을 이유로 말소를 청구하는 전등기명의인으로서는 그 반대사실 즉, 그 제3자에게 전등기명의인을 대리할 권한이 없었다든지, 또는 그 제3자가 전등기명의인의 등기서류를 위조하였다는 등의 무효사실에 대한 입증책임을 진다"(대판 2009.9.24. 2009다37831)고 한다.

2) 사안의 경우

D 명의의 등기가 경료된 이상 '乙의 대리권 존재'가 법률상 추정되므로 대리권의 부존재사실은 C에게 증명책임이 있다. 따라서 乙이 유권대리라는 D의 주장은 등기의 추정력에 의해 C가 증명책임을 지는 무권대리라는 주장사실과 양립할 수 없는 주장으로써 상대방의 주장을 배척하는 '부인'에 해당한다.

사례_075 **부인과 항변(2)** 2015년 법무행정고시

甲은 乙을 상대로 2억 원의 대여금 반환을 청구하는 소를 제기하였다. 원고의 대여금채권 주장에 대하여 피고가 다음과 같이 진술한 경우, 다툼이 있는 사실은 무엇이며, 그에 대한 입증책임을 누가 부담하는가?

〈문제 1.〉

"원고가 주장하는 돈을 빌린 적이 없을 뿐만 아니라 가령 빌렸다고 해도 이미 소멸시효가 완성되었다." (민사소송법의 맥 B-18 참조)

---

[1] 부인과 항변은 ① 증명책임에 있어서 차이가 있으며(항변의 경우에는 권리를 다투는 상대방이 입증이 있어야 한다), ② 주장이 인정되지 않을 경우 부인은 판결 이유에서 판단하지 않아도 되나(대판 1967.12.19. 66다2291) 항변에 대해서는 따로 판단하여야 하며 이를 누락한 경우 판단누락의 위법이 있어 상고이유·재심사유가 된다.

"원고가 주장하는 돈을 원고로부터 부양료로 받았다."   (민사소송법의 맥 B-18 참조)

Ⅰ. 결 론

〈문제 1.〉의 경우 다툼이 있는 사실은 대여사실과 소멸시효완성사실이고, 대여사실은 원고 甲이 입증책임을 부담하고, 소멸시효완성사실은 피고 乙이 입증책임을 부담한다.

〈문제 2.〉의 경우 다툼이 있는 사실은 소비대차계약체결사실과 부양료로 받았다는 사실(증여사실)이고, 소비대차계약체결사실은 원고 甲이 입증책임을 부담하고, 부양료로 받았다는 사실(증여사실)은 이유부부인에 해당하므로 원고 甲이 권리근거규정에 해당하는 소비대차계약체결사실에 대하여 여전히 입증책임을 부담한다.

Ⅱ. 논 거

1. 사안에서의 주요사실 및 부인과 항변

(1) 주요사실과 간접사실의 구별기준 및 부인과 항변의 구별기준

통설과 判例의 입장인 법규기준설에 따르면, 주요사실은 권리의 발생·변경·소멸이라는 법률효과를 가져오는 법규의 직접요건사실을 말한다. 한편 부인과 항변은 '양립가능성 여부'에 따라 상대방의 주장과 양립가능한 사실은 항변이 되고, 그렇지 않은 사실은 부인이 된다.

(2) 사안의 경우

사안의 경우 대여금반환청구에서의 주요사실은 ① 소비대차계약체결사실, ② 금전인도사실, ③ 변제기도래사실이다. 〈문제 1.〉에서의 '돈을 빌린 적이 없다'는 주장은 대여사실에 대한 단순부인이고, '가령 빌렸다고 해도 이미 소멸시효가 완성되었다'는 주장은 소비대차계약체결사실과 양립이 가능한 사실로서 예비적 항변에 해당한다. 〈문제 2.〉에서의 '돈을 부양료로 받았다'는 주장은 증여사실에 대한 주장으로서 대여사실과 양립이 불가능한 별개의 사실을 주장하는 것이므로 이유부부인에 해당한다.

2. 입증책임의 소재

(1) 증명책임의 분배

객관적 증명책임이란 사실의 존부가 확정되지 않은 상태에서 당해사실이 존재하지 않는 것으로 취급되어 당사자 일방이 받는 불이익을 말하고, 증명책임의 분배란 진위불명상태에서 누구에게 불이익을 돌릴지의 문제이다. 통설 및 判例인 법률요건분류설에 따르면 각 당사자는 자기에게 유리한 법규의 요건사실의 존부에 대하여 증명책임을 지는 것으로 분배하는 바, 권리의 존재를 주장하는 자는 권리근거규정의 요건사실에 대한 주장·증명책임을 지고, 그 존재를 다투는 상대방은 반대규정의 요건사실에 대한 증명책임을 지게 된다.

(2) 〈문제 1.〉의 경우

1) 대여사실(소비대차계약사실 및 금전인도사실)

사안의 경우 대여사실은 원고 甲의 주장이 있었으나 피고 乙이 원고가 주장하는 돈을 빌린 적이 없다고 부인하였으므로 다툼이 있는 사실로서 증명을 요한다. 그런데 피고 乙이 대여사실에 대하여 단순부인하고 있으므로 대여사실에 대한 증명책임은 여전히 원고 甲이 부담한다.

2) 변제기도래사실

사안의 경우 변제기도래사실의 주장여부가 불분명한 바, 변제기가 확정기한이라면 그 도래사실에 대하여 甲이 따로 주장하지 않아도 변제기를 주장하면 그 도래사실을 묵시적으로 주장한 것으로 볼 수 있다. 또한 변제기도래사실은 현저한 사실로서 증명을 요하지 아니한다(제288조).

3) 소멸시효완성사실

사안의 경우 소멸시효완성사실에 대한 주장이 있었지만 다툼이 있으므로 증명을 요하는 사실에 해당하는 바, 이는 피고 乙의 대여금반환청구권의 존부를 다투는 권리멸각규정에 해당하는 요건사실이므로 乙이 증명책임을 부담한다.

(3) 〈문제 2.〉의 경우

1) 소비대차계약체결사실

소비대차계약사실에 대한 원고 甲의 주장이 있었지만 피고 乙이 '부양료로 받았다고 주장'하여 이를 부인하는 경우에 해당하므로 다툼이 있는 사실로서 증명을 요하는 사실에 해당하는 바, 이는 권리근거규정의 요건사실이므로 원고 甲이 증명책임을 부담한다.

2) 금전인도사실

재판상 자백이란 ① 변론 또는 변론준비기일에 ② 상대방의 주장과 일치하고 ③ 자기에게 불리한 ④ 주요사실의 진술을 말하는 바(제288조), 자백이 있는 경우 상대방의 증명책임이 면제되어 증명을 요하지 않고, 법원에 대한 구속력으로서 사실인정권이 배제되어 자백한 것을 그대로 인정하여야 하며, 당사자에 대한 구속력으로 임의적 철회가 제한된다.

사안의 경우 금전인도사실은 원고 甲에게 유리하고 피고 乙에게 불리한 사실인데, 피고 乙이 부양료로 지급받았다고 하여 금전인도사실을 자백하였으므로 법원은 증거조사 없이 자백한 그대로의 사실을 인정하여야 한다.

3) 변제기도래사실(위와 동일)

4) 부양료로 받았다는 사실(증여사실)

사안의 경우 부양료라는 사실은 권리의 장애·멸각·저지규정에 해당하는 항변사실이 아니고, 부인에 해당하므로 피고 乙에게 증명책임이 없고, 원고 甲이 여전히 권리근거규정에 해당하는 소비대차계약체결사실에 대하여 증명책임을 진다.

사례_076 **소송에 있어서 형성권의 행사(1) – 상계항변의 법적성질**

2016년 8월 법전협 모의, 2011년 1월 법무부 모의

乙은 2015. 1. 15. 甲으로부터 X토지를 대금 1억 원에 매수하였다. 甲은 2015. 6. 3. 乙의 매매대금 미지급을 이유로 乙을 상대로 매매대금 1억 원의 지급을 구하는 소송을 제기하였다. 乙은 甲에게 매매대금 전액을 지급하였다고 주장하면서 甲의 청구를 적극 다투는 한편, 제2회 변론기일에서 예비적으로 甲에 대한 2천만 원의 별도의 대여금채권을 자동채권으로 하여 甲의 청구채권과 대등액에서 상계한다고 항변하였다. 제2회 변론기일 직후 위 사건은 조정에 회부되어, 甲과 乙 사이에 "① 乙은 甲에게 2015. 12. 30.까지 7천만 원을 지급하고 위 금원의 지급을 지체할 경우 연 15%의 비율에 의한 지연손해금을 가산하여 지급한다. ② 甲은 위 ①항의 금원을 지급받음과 동시에 乙에게 X토지에 관한 소유권이전등기절차를 이행한다. ③ 소송비용 및 조정비용은 각자 부담한다. ④ 甲은 나머지 청구를 포기한다."는 내용의 조정이 성립(조정조항에 위 내용 외에 다른 내용은 없었음)되었다. 위 조정에 따라 乙은 2015. 12. 30.

甲에게 금 7천만 원을 지급하였다. 그 후 乙은 甲을 상대로 위 상계항변에 제공된 2천만 원의 대여금 청구소송을 제기하였다. 그러자 甲은 "乙의 위 대여금채권은 이미 전소에서 상계 의사표시로 소멸하였다"고 항변하였다.

甲의 항변의 타당성 여부를 논하라. (민사소송법의 맥 B-19 참조)

Ⅰ. 결 론

甲의 항변은 타당하지 않다.

Ⅱ. 논 거

1. 문제점

사법상 형성권(상계권) 행사와 소송상 (상계)항변이 동시에 이루어지는 경우 이후 조정이 성립됨으로써 실질적인 판단을 받지 못한 때에도 제216조 2항에 의한 상계의 기판력이 인정되는지 즉, 乙이 상계항변에 제공한 2천만 원의 대여금채권이 소송상 상계항변으로 소멸하였는지 문제된다.

2. 소송에 있어서 형성권의 행사의 법적 성질(신병존설)

(1) 학 설

소송상 형성권 행사의 법적 성질과 관련하여 ① 사법행위설(양행위병존설)은 외관상 1개의 행위이지만 법적으로 사법상 형성권을 행사하는 사법행위와 그 사법상 효과를 법원에 진술하는 소송행위의 두 개의 행위가 병존한다고 보고, 각 행위는 실체법과 소송법에 의하여 규율된다고 한다. ② 소송행위설은 소송상 형성권행사는 공격방어방법으로서 순수한 소송행위로 보고, 소송법에 의해 규율된다고 본다. ③ 신병존설은 병존설의 입장을 취하면서 당사자의 의사를 존중해 소송상의 형성권 행사의 진술이 소송행위로서의 의미를 상실한 때(소취하·각하, 형성권의 각하 등)는 그 사법상 효과도 발생하지 않는다고 한다.

(2) 판 례

대법원은 해제권과 관련하여는 **병존설로 평가되는 입장이었으나,**[1] 최근 "소송상 방어방법으로서의 상계항변은 그 수동채권의 존재가 확정되는 것을 전제로 하여 행하여지는 일종의 예비적 항변으로서 당사자가 소송상 상계항변으로 달성하려는 목적, 상호양해에 의한 자주적 분쟁해결수단인 조정의 성격 등에 비추어 볼 때 당해 소송절차 진행 중 당사자 사이에 조정이 성립됨으로써 수동채권의 존재에 관한 법원의 실질적인 판단이 이루어지지 아니한 경우에는 그 소송절차에서 행하여진 소송상 상계항변의 사법상 효과도 발생하지 않는다고 봄이 상당하다"(대판 2013.3.28. 2011다3329)[2]라고 하여 신병존설의 입장으로 판시한 듯한 내용도 있다.

---

[1] "소제기로써 계약해제권을 행사한 후 그 뒤 그 소송을 취하하였다 하여도 해제권은 형성권이므로 그 행사의 효력에는 아무런 영향을 미치지 아니한다"(대판 1982.5.11. 80다916)

[2] 대법원은 위 판결에서 "한편 조정조서에 인정되는 확정판결과 동일한 효력은 소송물인 권리관계의 존부에 관한 판단에만 미친다고 할 것이므로, 소송절차 진행 중에 사건이 조정에 회부되어 조정이 성립한 경우 소송물 이외의 권리관계에도 조정의 효력이 미치려면 특별한 사정이 없는 한 그 권리관계가 조정조항에 특정되거나 조정조서 중 청구의 표시 다음에 부가적으로 기재됨으로써 조정조서의 기재 내용에 의하여 소송물인 권리관계가 되었다고 인정할 수 있어야 한다(대법원 2007. 4. 26. 선고 2006다78732 판결 등 참조)"고 판시하고 있다.

(3) 검 토

병존설은 상계항변이 실기된 공격방어방법에 해당하여 각하된 경우 피고의 반대채권이 대가 없이 소멸하는 문제가 있고, 양성설은 민법이 허용하지 않는 조건부 상계라는 문제가 있으며, 소송행위설은 실체법상 권리를 행사함에도 소송법에 의하여 규율되는 문제점이 있다. 따라서 신병존설이 타당하다.

3. 사안의 해결

(1) 乙의 대여금채권은 상계로 소멸하였는지 여부(소극)

乙은 전소에서 2천만 원의 대여금채권을 자동채권으로 하는 예비적 상계항변을 하였으나 그 소송절차 진행 중에 甲과 乙 사이에 조정이 성립됨으로써 수동채권에 대한 법원의 실질적인 판단이 이루어지지 아니한 이상 乙의 상계항변은 그 사법상 효과도 발생하지 않는다고 보아야 한다. 따라서 乙의 대여금채권은 상계로 소멸하였다고 볼 수 없다.

(2) 甲의 항변이 타당한지 여부(소극)

乙의 대여금채권은 전소의 소송물이 아니었을 뿐만 아니라 조정조서의 조정조항에 특정되거나 청구의 표시 다음에 부가적으로 기재되지 아니하였으므로 특별한 사정이 없는 한 위 조정조서의 효력이 대여금채권에 미친다고 보기 어렵다. 따라서 "전소에서의 상계권 행사로 乙의 대여금채권이 소멸하였다"는 甲의 항변은 타당하지 않다.

사례_077 소송에 있어서 형성권의 행사(2) - 상계항변의 법적성질

甲은 乙을 상대로 A토지의 반환청구 및 인도시까지의 임료상당의 부당이득반환청구의 소를 제기하였다. 변론에서 乙은 임료상당의 부당이득과 자신이 甲에 대해 가지고 있던 대여금채권으로 상계한다는 항변을 하였다. 그러나 법원은 상계항변을 실기한 방어방법이라며 각하하였고 乙의 점유는 임대인의 동의없는 전대차에 기한 것으로서 X의 청구가 이유있다고 보아 원고승소판결을 하였다.
乙이 패소 후에 甲을 상대로 대여금지급청구의 소를 제기하였다면 법원은 청구를 기각하여야 하는가?

I. 문제점

소송에서 형성권인 상계권을 행사하였으나 상계항변이 실기한 방어방법으로 각하된 경우[1], 형성권의 효력에 의해 대여금청구권이 소멸되었으므로 후소는 청구권부존재를 이유로 청구기각판결을 하여야 하는지 문제된다. 이는 상계항변의 법적성질을 어떻게 판단하는지에 달려있다.

II. 판 례 (사례 067. 참조)

III. 결 론

사안에서 상계항변이 각하되었으므로 사법상 상계권 행사의 효력 또한 발생하지 않는다. 따라서 법원은 청구권부존재를 이유로 청구기각판결을 하여서는 아니되며, 변론기일을 열어 乙의 청구권의 존부에 대해 심리하여야 한다.

---

1) 상계의 예비적 항변으로서의 성격에도 불구하고 判例는 " 환송 전 원심 소송절차에서 상계항변을 할 기회가 있었음에도 불구하고 환송 후 원심 소송절차에서 비로소 주장하는 상계항변은 실기한 공격방어방법에 해당한다"(대판 2005.10.7. 2003다44387)고 한 원심판결을 수긍하여 상계 항변의 실기를 인정한다.

2015년 법무행정고시

甲은 금목걸이 등 세공품을 제작하여 乙에게 납품하고, 乙은 이를 소비자들에게 판매하여 왔다. 甲은 乙을 상대로 납품대금 중 미납된 잔금 1억 원(소구채권)을 지급하라는 소를 제기하였다. 이에 대하여 乙은 변론기일에 출석하여 납품대금은 이미 전액 지급하였고, 가령 전액 지급되지 않았다고 하더라도 甲이 금 세공품 제작을 위한 설비를 갖출 때 乙로부터 돈 1억 원(대여금채권)을 빌려갔으므로 이 채권과 상계한다는 의사를 표시하였다.

乙의 위 상계항변에 대하여 甲은 乙에게 이미 가지고 있던 별도의 물품대금채권 1억 원으로 다시 상계한다는 의사를 변론기일에서 표시하였다. 심리결과 甲의 乙에 대한 미납대금채권(소구채권)과 乙의 甲에 대한 대여금채권이 인정되는 경우 **법원은 乙의 상계항변과 甲의 상계재항변에 대하여 각각 어떠한 판단을 하여야 하는가?**

(민사소송법의 맥 B-20 참조)

Ⅰ. 결 론

법원은 乙의 상계항변은 인용할 수 있지만, 甲의 상계재항변은 판단할 필요가 없으므로 이를 배척하여야 한다.

Ⅱ. 논 거

1. 乙의 상계항변에 대한 법원의 판단

判例는 소송상 방어방법으로서의 상계항변은 통상 수동채권의 존재가 확정되는 것을 전제로 하여 행하여지는 일종의 예비적 항변으로서 소송상 상계의 의사표시에 의하여 확정적으로 효과가 발생하는 것이 아니라 당해 소송에서 수동채권의 존재 등 상계에 관한 법원의 실질적 판단이 이루어지는 경우에 비로소 실체법상 상계의 효과가 발생한다고 한다.

사안의 경우 법원의 심리결과 甲의 乙에 대한 미납금채권(소구채권)과 乙의 甲에 대한 대여금채권이 인정되므로 乙의 변제항변이 받아들여지지 않는다면, 예비적 상계항변이 인용될 수 있다.

2. 乙의 상계항변에 대한 甲의 상계의 재항변 가부(불가)

(1) 판 례

최근 判例는 "피고의 소송상 상계항변에 대하여 원고가 다시 피고의 자동채권을 소멸시키기 위하여 소송상 상계의 재항변을 하는 경우, 법원이 원고의 소송상 상계의 재항변과 무관한 사유로 피고의 소송상 상계항변을 배척하는 경우에는 소송상 상계의 재항변을 판단할 필요가 없고, 피고의 소송상 상계항변이 이유 있다고 판단하는 경우에는 원고의 청구채권인 수동채권과 피고의 자동채권이 상계적상 당시에 대등액에서 소멸한 것으로 보게 될 것이므로 원고가 소송상 상계의 재항변으로써 상계할 대상인 피고의 자동채권이 그 범위에서 존재하지 아니하는 것이 되어 이때에도 역시 원고의 소송상 상계의 재항변에 관하여 판단할 필요가 없게 된다. 또한, 원고가 소송물인 청구채권 외에 피고에 대하여 다른 채권을 가지고 있다면 소의 추가적 변경에 의하여 그 채권을 당해 소송에서 청구하거나 별소를 제기할 수 있다. 그렇다면 원고의 소송상 상계의 재항변은 일반적으로 이를 허용할 이익이 없다. 따라서 피고의 소송상 상계항변에 대하여 원고가 소송상 상계의 재항변을 하는 것은 다른 특별한 사정이 없는 한 허용되지 않는다는 보는 것이 타당하다"(대판 2014.6.12. 2013다95964)고 한다.

(2) 검토 및 사안의 해결

乙의 소송상 상계항변이 배척될 경우이든 이유 있다고 판단될 경우이든 법원은 甲의 소송상 상계의 재항변을 판단할 필요가 없다. 나아가 甲이 소송물인 미납금채권 외에 乙에 대하여 별도의 물품대금채권을 갖는 것으로 인정된다면 이는 소의 추가적 변경에 의하여 그 채권을 당해 소송에서 청구하거나 별소를 제기할 수 있으므로 乙의 상계항변에 대한 甲의 상계의 재항변은 이를 허용할 이익이 없으므로 배척된다.

사례_079 소송에 있어서 형성권의 행사(4) - 상계항변에 대한 상계의 재항변 가부

2018년 8월 법전협 모의

〈기초적 사실관계〉

건축업자 甲은 2010. 3. 1. 시멘트판매업자 乙로부터 향후 10년 간 시멘트를 공급받고 그 대금은 매월 말일 일괄하여 정산하되 기한을 넘기는 경우에는 월 2%의 지연손해금을 지급하기로 하는 내용의 계약을 체결하였다. 위 계약 당시 보증보험회사 丙은, 甲이 乙에 대해 위 기간 동안 부담하게 될 대금채무에 관하여 총 1억 원을 한도로 乙과 서면에 의한 연대보증계약을 체결하였다. 이후 乙은 甲의 요청에 따라 현재까지 甲에게 시멘트를 공급해 오고 있다.

〈문제 1.〉

甲은 2017. 9. 30. 분까지는 약정대로 乙에게 시멘트대금을 모두 지급하였으나, 그 이후로는 乙의 독촉에도 불구하고 차일피일 미루며 현재까지 대금을 전혀 지급하지 않고 있다. 한편, 甲은 2017. 4. 1. 乙의 동생이 대표이사로 있는 A주식회사에 5천만 원을 대여하면서 이자는 월 2%로 하되 6개월 후 원금 상환시 이자도 함께 지급받기로 하였고, 당시 乙은 위 대여금반환채무에 대하여 서면에 의한 단순보증을 하였다. A주식회사는 채무변제의 자력이 있음에도 불구하고 아직 甲에게 위 대여원리금을 일체 변제하지 않았으며, 甲은 채무의 이행을 구하지도 않고 있는 상태이다. 甲이 그 동안 밀린 시멘트대금을 지급하지 않자 乙은 丙에게 연대보증채무의 이행을 청구하였는데, 이에 대해 丙은 甲의 乙에 대한 위 보증채권과 현재까지 발생한 합계 6천만 원 상당의 시멘트대금채권을 대등액의 범위에서 상계하며, 그 결과 乙에게 지급할 금액은 존재하지 않는다고 주장한다. 丙의 주장은 타당한가?

I. 문제 1.의 해결 - 보증인의 상계의 항변과 재항변

1. 논점의 정리

甲의 채무를 보증한 丙이 甲의 乙에 대한 보증채권으로 상계의 항변을 할 수 있는지, 甲의 채권에 대한 단순보증인인 乙이 최고검색의 항변권을 이유로 상계의 재항변을 할 수 있는지 문제된다.

2. 상계의 요건 [대, 동, 변, 허, 현]

상계의 요건사실은 자동채권의 발생원인사실, 자동채권과 수동채권이 상계적상에 있는 사실, 수동채권(청구채권)에 대하여 피고가 원고에게 상계의 의사표시를 한 사실이다(제492조). 여기서 상계적상이 인정되기 위한 요건으로는, i) 채권이 대립하고 있을 것, ii) 대립하는 채권이 동일한 종류일 것, iii) 적어도 자동채권의 변제기가 도래할 것, iv) 상계가 허용되지 않는 채권이 아닐 것을 요한다. v) 이러한 상계적상은 원칙적으로 상계의 의사표시가 행하여지는 당시에 현존하여야 한다(제492조).

3. 丙의 상계의 항변

자동채권은 상계자(채무자)가 피상계자(채권자)에 대해 가지는 채권이어야 하나, 이에 대한 예외로서 보증인은 자신의 채권자에 대한 채권으로 상계할 수 있음은 물론, 주채무자의 채권자에 대한 채권으로도 상계할 수 있다(제434조). 또한 甲의 乙에 대한 채권과 乙의 丙에 대한 채권은 금전채권으로 동종채권이며, 甲의 乙에 대한 보증채권액이 6천만 원인바 이는 2017. 4. 1.부터 변제기인 2017. 10. 1.까지의 원리금 5,600만 원(원금 5천만 원 + 5천만 원×월 2%×6개월)을 넘는 액수이므로 자동채권의 변제기 역시 도래하였다. 따라서 甲의 乙에 대한 채권이 상계가 허용되지 않는 채권이 아니라면 丙의 상계의 항변은 인정될 수 있다.

4. 乙의 상계의 재항변

ⅰ) 채무가 성질상 상계가 허용되지 않는다는 주장, ⅱ) 상계의 의사표시에 조건 또는 기한이 붙어 있다는 것(제493조 1항 후문)은 상계의 항변에 대한 재항변이 된다. 여기서 채무가 성질상 허용되지 않는 사유로는 자동채권에 항변권이 붙어 있는 경우가 포함된다.[1] 상계를 허용하면 상대방은 이유 없이 항변권을 상실하기 때문이다(대판 2002.8.23. 2002다25242). 그런데 단순보증인은 ⅰ) 주채무자의 변제자력이 있는 사실과 ⅱ) 그 집행이 용이한 사실을 증명하여 먼저 주채무자에게 청구할 것과 그 재산에 대하여 집행할 것을 항변할 수 있으므로(제437조), 사안의 경우 자동채권인 甲의 乙에 대한 보증채권에는 항변권이 붙어 있어, 乙은 丙의 상계의 항변에 대해 재항변을 할 수 있다.

5. 사안의 경우

丙은 甲의 乙에 대한 보증채권을 자동채권으로 하여 乙의 丙에 대한 보증채권에 대하여 상계의 항변을 할 수는 있으나(제434조), 甲의 乙에 대한 보증채권에는 최고검색의 항변권이 부착되어 있으므로(제437조) 결국 丙의 상계주장은 부당하다.

사례_080 소송상 합의(1) – 부제소합의와 지적의무

2013년 8월 법전협 모의, 2014년 사법시험, 2014년 변리사

乙은 丙을 피고로 하여 乙과 丙 사이의 소비대차계약에 기한 채무는 1,000만 원을 초과하여서는 존재하지 않는다는 내용의 채무부존재확인의 소를 제기하였다. 법원이 乙의 청구에 대해 심리하기 위해 위 사건의 차용증서 등을 검토하는 도중 '이 사건 소비대차계약과 관련하여 어떠한 분쟁이 있더라도 제소하지 아니한다'는 문구를 발견하였다. 법원은 당사자들이 부제소합의의 효력이나 그 범위에 관하여 쟁점으로 삼아 소의 적법여부를 다투지 아니하는데도 직권으로 소를 부적법 각하하였다. 乙은 이에 대해 상소할 수 있는가?

(민사소송법의 맥 267쪽 참조)

Ⅰ. 결론

법원이 곧바로 소각하 판결을 한 것은 지적의무 위반이다. 따라서 乙은 상소할 수 있다.

Ⅱ. 논거

1. 문제점

乙과 丙이 부제소합의를 체결한 것이 유효한 것인지, 유효할 경우 법원이 직권으로 위 계약체결사실을 조사할 수 있는지, 별도의 의견진술기회를 주지 않고 소를 각하한 것이 지적의무 위반으로 위법한 것인지 문제된다.

---

[1] 그러나 수동채권에 항변권이 붙어 있는 경우에는 채무자가 이를 포기하고 상계하는 것은 무방하다.

2. 부제소합의 유효성

(1) 의의 및 유효성

소송상 합의는 현재 계속 중 또는 장래 계속될 특정 소송에 대해 직접 또는 간접으로 영향을 미치는 법적 효과의 발생을 목적으로 하는 당사자 간의 합의를 말하는데 사안의 부제소합의 역시 소송상 합의로서 소송 외에서 원고가 피고에 대하여 소를 취하하기로 하는 약정이다. 현재 통설·判例는 강행법규를 배제하려는 합의는 무효이지만, 처분권주의·변론주의 등 당사자의 의사결정의 자유가 확보된 소송행위에 관한 계약은 허용된다고 본다.

(2) 적법요건 [처, 변, 예, 합]

통설·判例는 소취하합의, 불상소합의, 부제소합의 등 명문규정이 없는 소송상 합의에 대해 ① 처분권주의·변론주의가 행해지는 범위 내에서 이루어지고 ② 당사자가 그 합의의 법효과를 명확히 예측하고 합의를 한때에는 적법성을 인정한다.[1]

(3) 사안의 경우(적법)

乙과 丙사이에 체결된 부제소합의는 불공정한 방법으로 이루어진 사정을 볼 수 없고, 소송의 개시를 가져오는 것으로 처분권주의·변론주의가 지배하는 영역 내이고, 양자 모두 법적 효과를 명확히 예측할 수 있었다고 보아야 하므로 적법하다.

3. 부제소합의에 대한 법원의 조치

(1) 직권조사사항인지 여부(적극)

다수설은 소송상 합의를 항변사항으로 본다. 그러나 判例는 "특정한 권리나 법률관계에 관하여 분쟁이 있어도 제소하지 아니하기로 합의(이하 '부제소 합의'라고 한다)한 경우 이에 위배되어 제기된 소는 권리보호의 이익이 없고, 또한 당사자와 소송관계인은 신의에 따라 성실하게 소송을 수행하여야 한다는 신의성실의 원칙(제1조 2항)에도 어긋나는 것이므로, 소가 부제소 합의에 위배되어 제기된 경우 법원은 직권으로 소의 적법 여부를 판단할 수 있다"(대판 2013.11.28. 2011다80449)고 판시하여 직권조사사항으로 본다. 따라서 법원이 위 부제소합의를 직권으로 조사한 것 자체에는 위법이 없다.

(2) 지적의무 위반여부(적극)

1) 지적의무의 의의 및 요건 [법, 명, 결]

법원은 당사자가 간과하였음이 분명한 법률상 사항에 관하여 당사자에게 의견진술의 기회를 부여하여야 한다(제136조 4항). 예상하지 못한 법률적 관점에 의한 의외의 재판을 막고 당사자의 절차권을 보장하는 취지이다. 지적의무의 요건으로는 ⅰ) 당사자가 간과하였음이 분명한 ⅱ) 법률상 사항이고 ⅲ) 판결의 결과에 영향이 있어야 한다. 간과하였음이 분명한 경우란, 당사자가 부주의 또는 오해로 인하여 명백히 간과한 법률상의 사항이 있거나 당사자의 주장이 법률상의 관점에서 보아 모순이나 불명료한 점이 있는 경우를 말하며, 법률상 사항이란 사실관계에 대한 법규적용사항인 법률적 관점을 말한다.

2) 부제소합의와 지적의무위반 여부(적극)

判例는 "부제소 합의는 소송당사자에게 헌법상 보장된 재판청구권의 포기와 같은 중대한 소송법상의 효과를 발생시키는 것으로서 그 합의 시에 예상할 수 있는 상황에 관한 것이어야 유효하고, 그 효력의 유무나 범위를 둘러싸고 이견이 있을 수 있는 경우에는 당사자의 의사를 합리적으로 해석한 후 이를 판단하여야 한다. 따라서 당사자들이 부제소 합의의 효력이나 그 범위에 관하여 쟁점으로 삼아

---

1) 관할의 합의(제29조), 불항소합의(제390조 1항 단서) 등 명문 규정이 있는 소송상 합의의 경우에는 각 규정의 요건을 갖추면 된다.

소의 적법 여부를 다투지 아니하는데도 법원이 직권으로 부제소 합의에 위배되었다는 이유로 소가 부적법하다고 판단하기 위해서는 그와 같은 법률적 관점에 대하여 당사자에게 의견을 진술할 기회를 주어야 하고, 부제소 합의를 하게 된 동기 및 경위, 그 합의에 의하여 달성하려는 목적, 당사자의 진정한 의사 등에 관하여도 충분히 심리할 필요가 있다. 법원이 그와 같이 하지 않고 직권으로 부제소 합의를 인정하여 소를 각하하는 것은 예상외의 재판으로 당사자 일방에게 불의의 타격을 가하는 것으로서 석명의무를 위반하여 필요한 심리를 제대로 하지 아니하는 것이다"(대판 2013.11.28. 2011다80449)고 판시하여 지적의무 위반으로 본다.

4. 사안의 해결

乙과 丙 사이의 부제소합의는 유효하며, 법원은 이를 직권으로 조사하여 소각하 판결을 할 수 있음이 원칙이나, 법원이 이에 대한 의견진술기회를 부여하지 않고 곧바로 소각하 판결을 한 것은 지적의무 위반으로 위법하여 일반적 상고이유가 된다(제423조). 따라서 乙은 상소할 수 있다.

사례_081 **소송상 합의(2) - 조건부 소취하계약** 2017년 6월 법전협 모의

〈공통된 사실관계〉
甲은 2016. 8.경 인테리어 시공업자인 乙과 카페의 인테리어 공사에 관하여 공사대금 5,000만 원으로 하는 도급계약을 체결하였다. 乙은 약정기한인 2016.10.20. 위 인테리어 공사를 완료하고, 甲에게 카페를 인도하였다(아래 각 추가된 사실관계 및 설문은 서로 별개이다).

〈추가된 사실관계〉
乙은 甲을 상대로 위 공사대금의 지급을 구하는 소를 제기하여 위 〈공통된 사실관계〉를 모두 주장·증명하였다. 甲과 乙은 기일 외에서 '甲은 乙에게 위 공사대금 채무에 대한 대물변제로서 시가 5,000만 원 상당의 기계를 양도하고 乙은 甲으로부터 위 기계를 양도받음과 동시에 소를 취하한다'는 약정을 하였다. 그럼에도 乙이 소를 취하하지 아니하자 甲은 변론기일에서 위 소취하 약정 사실을 주장·증명하였고, 乙은 '甲이 乙에게 위 기계를 양도하지 않았다'는 사실을 주장·증명하였으며, 변론이 종결되었다.

〈문제〉
법원은 어떠한 판결을 하여야 하는가? (민사소송법의 맥 B-21 참조)

I. 문제점

甲과 乙이 이 사건 조건부 소취하계약을 한 사실이 주장·증명되었고, 甲이 그 조건을 불이행한 사실이 주장·증명되었는 바, 법원이 어떠한 판결을 하여야 하는지와 관련하여 ⅰ) 이 사건 조건부 소취하계약의 유효여부, ⅱ) 조건불성취의 경우 심판을 유지할 법률상의 이익이 있는지 여부가 문제되는데, ⅲ) 그 선결문제로서 소취하계약의 법적성질을 검토한다.

Ⅱ. 이 사건 소취하계약의 법적성질 - 명문의 규정이 없는 소송상 합의의 법적성질

1. 명문의 규정이 없는 소송상 합의의 허용 여부 [처, 변, 예, 합]

관할의 합의(제29조), 불항소합의(제390조 1항 단서) 등 명문 규정이 있는 외에 규정이 없는 소취하합의, 불상소합의, 부제소합의 등도 인정되는지 문제되는바, 통설·判例는 ① 처분권주의·변론주의가 행해지는 범위 내에서 이루어져야 하며 ② 당사자가 그 합의의 법효과를 명확히 예측하고 합의를 한때에는 적법성을 인정한다.

2. 소송상 합의의 법적 성질

(1) 학 설

학설은 크게 ① 소송상 합의를 소송법상 계약으로 이해하여 이는 직접 소송법상 효과를 발생시키고 소송상태를 변동시킨다고 보는 **소송계약설**과 ② 요건이나 효과 모두 소송법에 규정되어 있지 않은 소송상 합의는 소송행위가 아닌 사법계약이며, 이에 의해 사법상 권리·의무가 발생할 뿐이고 소송법상 효력이 발생하지 않는다는 **사법계약설**로 나뉘고, 사법계약설은 다시 상대방의 의무불이행의 경우 그 구제방법과 관련하여 ㉠ 의무불이행의 경우 의무이행을 소구하여 승소판결에 의해 강제집행을 할 수 있고, 만일 집행이 불가능하면 손해배상을 청구할 수 있다는 **의무이행소구설**과 ㉡ 상대방에게 당해소송에서 소송계약을 맺은 사실을 항변으로 주장할 수 있는 항변권이 발생한다는 **항변권발생설**로 나뉜다.

항변권발생설에 따르면 소취하합의의 경우 원고에게 소를 취하할 사법상 작위의무가 발생하고, 원고가 이에 위반하여 소를 취하하지 않는 경우에는 피고가 항변으로 합의의 존재를 증명하면 권리보호이익이 없는 것으로서 소를 각하하여야 한다고 하고, 소송계약설에 따르면 소취하합의가 절차 내에서 이루어지면 법원은 직권으로 소송종료선언을 하고, 소송 외에서 이루어지면 당사자의 주장을 기다려 소송종료선언을 한다고 한다.

(2) 판 례

① "강제집행신청의 취하약정을 위배하였다고 하여 직접 소송으로서 그 취하를 청구할 수 없다"(대판 1966.5.31. 66다564)고 하여 의무이행소구설을 배척하였고, ② "소를 취하하기로 합의한 경우에는 원고에게 권리보호이익이 없으므로 원고의 소는 각하되어야 한다"(대판 1997.9.5. 96후1743 등)고 판시하여 **항변권발생설**의 입장이다.

(3) 검 토

의무이행소구설은 구제방법이 우회적이고, 소송계약설은 명문의 규정이 없음에도 소송행위로 보는 문제점이 있으므로, 항변권발생설이 타당하다.

Ⅲ. 이 사건 소취하계약의 유효여부 - 소송상합의의 유효요건

명문의 규정이 없는 소송상 합의는 사법계약설에 따라 행위능력과 민법상 대리권으로 족하고, 명문의 규정의 유무를 불문하고 조건과 기한을 붙일 수 있으며, 특정한 법률관계에 대하여 처분권주의와 변론주의의 범위 내에서 합의하여야 한다. 이 사건 소취하계약은 조건을 붙일 수 있고, '위 공사대금 채무'라는 특정한 법률관계에 대하여 처분권주의와 변론주의의 범위 내에서 합의를 하였으므로 유효하다.

Ⅳ. 조건부 소취하계약에 있어 소송의 계속을 유지할 법률상 이익 유무

判例는 "당사자 사이에 그 소를 취하하기로 하는 합의가 이루어졌다면 특별한 사정이 없는 한 소송을 계속 유지할 법률상의 이익이 없어 그 소는 각하되어야 하는 것이지만, 조건부 소취하의 합의를 한 경우에는 **조건의 성취사실이 인정되지 않는 한** 그 소송을 계속 유지할 법률상의 이익을 부정할 수 없다(대판 2013.7.12. 2013다19571).

사안의 경우 원고 乙이 피고 甲의 조건불이행사실을 주장·증명하였으므로 피고 甲이 소취하계약사실 주장·증명하였음에도 불구하고 이 사건 소송을 계속 유지할 법률상 이익이 있다.

V. 사안의 해결

원고 乙과 피고 甲의 소취하계약은 유효하고, 피고 甲이 소취하계약사실을 주장·증명하였지만, 원고 乙이 甲의 조건불이행사실을 주장·증명한 이상 이 사건 소송을 계속 유지할 법률상 이익이 있으므로 소는 일응 적법하다. 나아가 원고 甲은 이 사건 공사대금지급청구의 소에서 청구원인에 해당하는 〈공통된 사실관계〉를 모두 주장·증명하였으므로 법원은 청구인용판결을 하여야 한다.

사례_082 **소송상 합의(3)** 2013년 8월 법전협 모의

丙은 2010. 12. 11. 甲과 乙을 상대로 손해배상청구의 소를 제기하였다. 소송계속 중 소송이 지연되자 丙은 甲과 乙을 사기죄로 형사고소하였다. 그러자 乙은 자신이 처 명의의 부동산을 담보로 제공하겠으니 합의를 하자고 하여 丙과 甲, 乙은 다음과 같이 합의 하였다.

- 합 의 서 -

1. 乙은 乙의 처 소유의 부동산에 근저당권자 丙, 채권최고액 3억으로 하는 근저당권을 2011. 7. 5.까지 설정한다.
2. 위 근저당권을 설정받음과 동시에 丙은 진행 중인 손해배상청구의 소와 형사고소를 취하한다.

그 후 위 합의서에 따른 근저당권이 2011. 7. 5. 설정되어 丙은 형사고소를 취하하였으나 위 손해배상청구의 소는 취하하지 않았다. 이에 甲, 乙은 위 소송에서 위 합의서를 증거로 제출하면서 소 취하합의 되었으니 소송종료가 되었다고 주장하고 丙은 합의한 사실은 인정하나 위 부동산이 담보가치가 없어 위 합의는 무효라고 주장하고 있다. 그 후에도 소송은 계속 진행되다 변론이 종결되었다. 법원이 심리한 결과 원고의 청구원인 사실이 전부 인정되고 위 합의서대로 합의한 사실이 인정되었다. 법원은 어떤 판결을 하여야 하는가?

I. 결 론

법원은 丙의 소송유지는 **권리보호자격이** 없다는 이유로 소각하판결을 선고하여야 한다.

II. 논 거

1. 소취하합의의 유효성

(1) 의의 및 유효성(사례 070. 참조)

(2) 적법요건 [처, 변, 예, 합] (사례 070. 참조)

(3) 사안의 경우

ⅰ) 丙과 甲, 乙 사이에 체결된 소취하합의는 불공정한 방법으로 이루어진 사정을 볼 수 없고, ⅱ) 소송의 종료를 가져오는 것으로 처분권주의·변론주의가 지배하는 영역 내이고, ⅲ) 丙은 비록 합의한 사실은 인정하나 위 부동산의 담보가치가 없어 위 합의는 무효라고 주장하나 양자 모두 법적 효과를 명확히 예측할 수 있었다고 보아야 하며, ⅳ) 특정 권리관계에 관한 것으로 적법하다. 따라서 소취하계약이 적법하다면 사안에서 甲, 乙은 어떻게 소취하계약의 효력을 얻을 수 있을 것인지 문제된다.

2. 소취하합의에 대한 법원의 조치(항변권발생설, 사례 070. 참조)

3. 사안의 해결(계약의 효과)

丙과 甲, 乙의 위 소취하합의는 적법하고, 甲, 乙이 소송상 항변으로 소취하계약의 존재를 주장·증명한 결과 丙의 청구원인 사실이 전부 인정되고 위 합의서대로 합의한 사실이 인정되었으므로, 항변권발생설에 의할 때 법원은 丙의 소송유지는 **권리보호자격이 없다는** 이유로 소각하판결을 선고하여야 한다.

사례_083 **소송행위의 철회와 취소(1)** 　　2014년 법원행정고시, 2009년 사법시험

A는 B를 상대로 1억 원의 대여금 청구소송을 제기하여 7천만 원의 일부 승소판결을 받았고, A와 B 쌍방이 항소하였다. A는 항소심의 변론기일 전날에 법원에 소취하서를 제출하였다가 변론기일에 출석하여 소취하의 효력이 없다고 주장하였고, B는 변론기일에 출석하지 않고 다음날 소취하동의서를 제출하였다. A가 항소취하서를 제출한다는 것이 착오로 소취하서를 작성·제출한 경우와 B의 강요·강박에 의하여 소취하서를 제출한 경우로 나누어 소취하의 효력을 설명하시오.

(민사소송법의 맥 272쪽 참조)

Ⅰ. 문제점

소취하와 같이 여효적 소송행위는 법원의 행위가 개입하지 않고 직접 소송상 효력을 발생하므로, 상대방의 이익과 절차의 안정을 고려하여 원칙적으로 철회가 허용되지 않는다. 다만, 사안과 같이 소취하에 사기·강박, 착오 등 의사표시의 하자가 있는 경우 민법규정을 유추적용하여 취소할 수 있는지 문제된다.

Ⅱ. 판 례[1]

1. 소송행위에 의사표시의 하자에 관한 민법규정 적용(소극)

判例는 "원래 민법상 법률행위에 관한 규정은 민사소송법상의 소송행위에는 특별한 규정 기타 특별한 사정이 없는 한 적용이 없는 것이므로 소송행위가 강박에 의하여 이루어진 것임을 이유로 취소할 수는 없다"(대판 1980.8.26. 80다76)고 하여 절차종료적 소송행위에는 의사표시의 하자에 관한 민법규정이 적용되지 않는다는 입장이다(하자불고려설).

2. 타인에 대한 유죄판결이 확정되고 의사에 부합하지 않을 경우(소송행위의 효력부정 : 제451조 1항 5호 유추적용)

判例는 "소송행위가 사기, 강박 등 형사상 처벌을 받을 타인의 행위로 인하여 이루어졌다고 하여도 그 타인의 행위에 대하여 유죄판결이 확정되고 또 그 소송행위가 그에 부합되는 의사없이 외형적으로만 존재할 때에 한하여 민사소송법 제451조 1항 제5호, 2항의 규정을 유추해석하여 그 효력을 부인할 수 있다고 해석함이 상당하므로 타인의 범죄행위가 소송행위를 하는데 착오를 일으키게 한 정도에 불과할 뿐 소송행위에 부합되는 의사가 존재할 때에는 그 소송행위의 효력을 다툴 수 없다"(대판 1984.5.29. 82다카963)고 한다(유죄확정판결 필요설).

---

1) [학설] ① '하자고려설'은 절차를 종료시키는 행위는 절차안정과 무관하므로 민법규정을 유추적용하여 취소할 수 있다고 한다. ② '하자불고려설'은 소송행위에는 절차의 안정성과 명확성을 도모하기 위해 표시주의와 외관주의가 적용되므로 민법의 의사표시의 흠에 관한 규정을 유추적용하여 취소할 수 없다고 한다.

Ⅲ. 검토 및 사안의 해결

청구의 포기, 인낙, 소송상 화해의 경우 준재심의 대상이 되는 것 이외에 그 하자의 구제책을 인정하지 아니하는 것이 우리법제(제461조)이고, 그 밖의 소송행위(소취하 또는 항소취하)에 있어서도 사기·강박에 의한 경우 민법의 규정이 아니라 제451조 1항 제5호 규정을 유추적용[2]하여 취소할 수 있으므로 하자불고려설이 타당하다. 사안의 경우 A가 착오로 소취하를 한 경우라도 민법 109조의 착오를 이유로 그 취소를 주장할 수 없으므로 A의 소취하는 유효하다. 다만 A가 B의 강요·강박에 의하여 소취하서를 제출한 경우에는 B의 강요·강박행위에 대해 유죄판결이 확정되고, A의 소취하가 그에 부합되는 의사 없이 외형적으로만 존재하는 경우라면 제451조 제1항 5호의 재심사유를 유추하여 소취하가 무효라고 할 것이다.

> [관련판례] "소의 취하는 원고가 제기한 소를 철회하여 소송계속을 소멸시키는 원고의 법원에 대한 소송행위이고 소송행위는 일반 사법상의 행위와는 달리 내심의 의사보다 그 표시를 기준으로 하여 그 효력 유무를 판정할 수밖에 없는 것인바, 원고들 소송대리인으로부터 원고 중 1인에 대한 소 취하를 지시받은 사무원은 원고들 소송대리인의 표시기관에 해당되어 그의 착오는 원고들 소송대리인의 착오로 보아야 하므로, 그 사무원의 착오로 원고들 소송대리인의 의사에 반하여 원고들 전원의 소를 취하하였다 하더라도 이를 무효라 볼 수는 없고, 적법한 소 취하의 서면이 제출된 이상 그 서면이 상대방에게 송달되기 전·후를 묻지 않고 원고는 이를 임의로 철회할 수 없다"(대판 1997.6.27. 97다6124).

사례_084 소송행위의 철회와 취소(2)
2014년 변리사

甲회사는 乙회사를 상대로 「부정경쟁방지 및 영업비밀보호에 관한 법률」 제5조에 기하여 2010. 1. 1. 부터 2013. 6. 30. 까지의 부정경쟁행위로 인한 손해배상을 청구하였다. 이에 대하여 제1심 법원은 甲의 청구를 기각하는 판결을 선고하였다.
甲회사의 대표자 丙이 乙회사와 공모하여 개인적으로 돈을 받기로 하고 제1심 판결에 대한 항소를 취하했다. 丙은 항소를 취하한 행위에 대하여 업무상 배임죄로 유죄판결을 선고받았고, 그 판결은 확정되었다. 이 경우 丙이 한 항소취하의 효력에 대해 설명하시오. (민사소송법의 맥 B-22 참조)

Ⅰ. 결론

丙의 항소취하는 제451조 1항 5호에 준하는 재심사유가 있다고 할 것이므로 효력이 없다.

Ⅱ. 논거

1. 문제점

丙을 제451조 1항 5호의 '형사상 처벌을 받을 다른 사람'으로 볼 수 있는지, 丙의 항소취하행위를 제451조 1항 5호의 '형사상 처벌을 받을 다른 사람의 행위로 말미암아 자백을 한 경우'로 볼 수 있는지, 丙의 항소취하행위가 제451조 1항 5호의 재심사유에 해당한다면 어떠한 효력을 갖는지 문제된다.

---

2) 취하와 달리 기판력이 인정되는 포기, 인낙, 화해는 재심규정인 1항과 2항의 적용이고 유추적용이 아니다.

2. 丙을 제451조 1항 5호의 '형사상 처벌을 받을 다른 사람'으로 볼 수 있는지 여부(적극)

" '형사상 처벌을 받을 다른 사람의 행위'에는 당사자의 대리인이 범한 배임죄도 포함될 수 있으나, 이를 재심사유로 인정하기 위해서는 단순히 대리인이 문제된 소송행위와 관련하여 배임죄로 유죄판결을 받았다는 것만으로는 충분하지 않고, 위 대리인의 배임행위에 소송의 상대방 또는 그 대리인이 통모하여 가담한 경우와 같이 대리인이 한 소송행위의 효과를 당사자 본인에게 귀속시키는 것이 절차적 정의에 반하여 도저히 수긍할 수 없다고 볼 정도로 대리권에 실질적인 흠이 발생한 경우라야 한다"(대판 2012.6.14. 2010다86112).

甲회사의 대표자 丙은 당사자의 대리인으로서 乙회사와 공모하여 개인적으로 돈을 받기로 하고 제1심 판결에 대한 항소를 취하하여 업무상 배임죄로 유죄판결을 선고받았으므로 丙이 한 소송행위의 효과를 당사자 본인에게 귀속시키는 것이 절차적 정의에 반한다. 따라서 丙은 제451조 1항 5호의 '형사상 처벌을 받을 다른 사람'에 해당한다.

3. 丙의 항소취하행위를 제451조 1항 5호의 '자백을 한 경우'로 볼 수 있는지 여부(적극)

"제451조 1항 5호는 자백의 경우를 재심사유로 인정하고 있는데, 이는 다른 사람의 범죄행위를 직접적 원인으로 하여 이루어진 소송행위와 그에 기초한 확정판결은 법질서의 이념인 정의의 관념상 그 효력을 용인할 수 없다는 취지에서 재심이라는 비상수단을 통해 확정판결의 취소를 허용하고자 한 것이므로, 형사상 처벌을 받을 다른 사람의 행위로 말미암아 상소 취하를 하여 그 원심판결이 확정된 경우에도 위 자백에 준하여 재심사유가 된다고 봄이 상당하다"(대판 2012.6.14. 2010다86112).

丙은 절차적 정의에 반하여 배임의사로서 항소취하를 하여 원심판결을 확정시켰으므로 이러한 확정판결은 정의의 관념상 용인될 수 없어 丙의 항소취하행위는 재심사유에 대당한다.

4. 丙의 항소취하행위의 효력(부정)

判例는 "어떠한 소송행위에 민사소송법 제451조 1항 5호의 재심사유가 있다고 인정되는 경우 그러한 소송행위에 기초한 확정판결의 효력을 배제하기 위한 재심제도 취지상 재심절차에서 해당 소송행위 효력은 당연히 부정될 수밖에 없고, 그에 따라 법원으로서는 위 소송행위가 존재하지 않은 것과 같은 상태를 전제로 재심대상사건의 본안에 나아가 심리·판단하여야 하며 달리 소송행위의 효력을 인정할 여지가 없다"(대판 2012.6.14. 2010다86112)[1]고 하였다. 判例는 "소송행위가 사기, 강박 등 형사상 처벌을 받을 타인의 행위로 인하여 이루어졌다고 하여도 그 타인의 행위에 대하여 유죄판결이 확정되고 또 그 소송행위가 그에 부합되는 의사없이 외형적으로만 존재할 때에 한하여 민사소송법 제422조 1항 5호, 2항의 규정을 유추해석하여 그 효력을 부인할 수 있다고 해석함이 상당하므로 타인의 범죄행위가 소송행위를 하는데 착오를 일으키게 한 정도에 불과할 뿐 소송행위에 부합되는 의사가 존재할 때에는 그 소송행위의 효력을 다툴 수 없다"(대판 1984.5.29. 82다카963)고도 하였으나, 이는 상대방의 기망에 의하여 착오로 소송대리인이 한 소송행위의 효력에 관한 판결로서 의사표시의 하자와 관련한 소송행위의 취소문제이고 사안에서처럼 소송대리인 스스로 범죄행위를 한 경우에 적용될 수 없다.

따라서 丙의 항소취하행위가 제451조 1항 5호에 준하는 재심사유에 해당하는 한 효력이 없으며, 丙의 항소취하행위가 丙의 의사에 부합하는지 여부는 따질 필요가 없다.

---

1) 고등법원은 대표이사의 배임죄에 대한 형사처벌이 있더라도 항소취하에 의사표시 자체가 전혀 존재하지 않았다고 볼 수 있을 정도로 방해받은 중대한 사정이 없다고 하여 항소취하를 유효하다고 판시하였지만, 대법원은 재심제도의 취지상 해당소송행위의 효력을 당연히 부정된다고 판시하였다. 이러한 대법원의 판시는 항소취하가 외형만 존재하는 경우에는 이에 부합하는 의사의 존부를 묻지 않고 그 효력을 부정하는 것인데, 앞으로 판례의 기본적 입장이 변경될 것인지에 대하여 논란이 있다.

甲은 2012. 5. 6. 乙이 운전하는 영업용택시를 타고 귀가하던 중 자신이 탄 택시와 丙이 운전하던 승용차가 교차로에서 충돌하는 교통사고를 당하여 안면부 열상과 뇌진탕 등의 상해를 입었다. 수사결과 丙이 교통사고를 위반한 과실이 인정되어 丙에게 벌금 300만 원의 약식명령이 내려지자 甲은 2013. 2. 5. 丙을 상대로 이미 지출된 치료비 3,000만 원 상당의 손해배상을 청구하는 소송을 제기하였다. 위 소송에서 丙은 자신이 교통신호를 위반하지 않았다고 주장하면서 청구기각을 구하는 답변서를 제출하였는데, 얼마 후 甲과 丙은 2013. 2. 25. 소외에서 "1. 丙은 甲에게 치료비 2,000만 원을 지급한다. 2. 甲은 진행 중인 손해배상청구의 소를 취하하고, 민형사상 일체의 이의를 제기하지 아니한다."는 내용으로 서면합의하였고, 丙은 합의서를 법원에 제출하였다.
甲과 丙이 변론준비기일에 1회 불출석하고, 법원이 제1회 변론기일소환장을 송달하자 丙은 "2013. 2. 25. 합의로 소송은 종료되었으므로 출석하지 않겠다"는 내용으로 불출석신고서를 법원에 제출하였으며, 甲과 丙은 지정된 제1회 변론기일에 출석하지 않았다. **이 경우 소송종료여부에 관하여 검토하시오.**

(민사소송법의 맥 B-23 참조)

I. 결론

丙은 소취하합의의 존재에 대하여 항변한 바 없고, 甲과 丙의 변론준비기일의 불출석 효과는 제1회 변론기일에 승계되지 않으므로 소취하간주의 효력이 인정되지 않는다. 따라서 甲과 丙의 소송은 종료되지 않았다.

II. 논거

1. 문제점

사안의 경우 소송의 종료사유로 검토할 수 있는 것으로, 첫째, 甲과 丙간의 소외 합의와 관련하여 1.항의 치료비를 2천만 원으로 한 것은 민법상 화해계약이며, 2.항의 약정은 소취하합의와 부제소특약이 결합된 형태인데, 민법상 화해계약 자체만으로는 소송법적 효력이 없고, 다만 본안에서 丙의 주장과 증명에 의해 청구기각의 판결을 할 뿐인바, 이하에서는 소취하합의(부제소특약)에 대한 적법성과 그 효과에 대한 논의들이 필요하다. 둘째, 쌍방불출석시 취하간주제도에 대한 논의가 필요하다.

2. 소취하합의 및 부제소특약의 허용 여부 및 효과(법적성질)

(1) 명문규정이 없는 소송상 합의의 허용 여부(적극) [처, 변, 예, 합] (사례 070. 참조)

사안에서 甲과 丙간의 소취하합의 및 부제소특약은 丙이 처분할 수 있는 권리에 관한 것이고, 특정한 법률관계에 관한 것으로 예상가능성 역시 인정되는 등 적법·유효하다고 보여진다.

(2) 법적성질과 효과(법원의 조치)

1) 판례

判例는 소취하계약의 법적 성질을 사법계약으로 보고 있으며, 소취하계약을 위반하여 소를 유지하는 경우 i) 그 취하이행의 소구는 허용되지 않는다고 하여 사법계약설 중 의무이행소구설을 배척하였으며, ii) 소취하계약을 어긴 경우에 권리보호이익이 없다고 하여 소각하를 구하는 본안 전 항변권이 발생한다고 본다(**항변권발생설**)(대판 1997.9.5. 96후1743 등).

2) 검토[1] 및 사안의 경우

항변권발생설인 判例에 의하면 피고는 위 합의의 존재를 항변으로 주장할 수 있고, 법원은 권리보호의 이익이 없다는 이유로 소를 각하하게 된다. 따라서 사안의 경우 甲과 丙의 합의에 따라 丙이 2013.2.25. 합의로 소송은 종료되었다고 항변할 경우 소송은 권리보호이익이 없어 각하된다. 그러나 丙은 불출석신고서를 제출하였을 뿐 소송에서 소취하합의와 민사상화해계약의 존재에 대하여 변론기일에서 항변하지 않았으므로 소송은 아직 종료되지 아니하였다.

3. 양쪽 당사자의 결석 - 소의 취하간주

(1) 의의 및 요건

적법한 기일통지를 받았음에도 불구하고 양쪽 당사자가 결석한 경우에 취하간주로 처리한다(제268조). 양쪽 당사자가 변론기일에 1회 불출석이거나 출석무변론이어야 한다(제268조 1항). 변론기일은 1회 변론기일이든 속행기일이든 가리지 않는다. 이때 재판장은 다시 변론기일을 정하여 양쪽 당사자에게 통지하여야 한다(제268조 1항). 1회 결석 후에 새 변론기일 또는 그 뒤 변론기일에 양쪽 당사자가 불출석 또는 출석했더라도 무변론인 경우 1월 이내에 기일지정신청을 하지 아니하거나, 그 뒤의 변론기일에 양쪽 당사자가 불출석 또는 출석했더라도 무변론인 경우 소취하가 간주된다(제268조 2항, 3항).

(2) 변론준비기일 불출석의 효과가 변론기일에 승계되는지 여부(소극)

쌍불취하간주 규정은 당사자의 기일해태로 인한 소송지연을 막으려는 것이지만, 이는 국민의 기본권인 재판청구권을 제한하는 불리한 규정이므로, 법률에 명백한 근거가 없는 한 섣불리 확대적용할 수 없는 것임을 고려할 때 변론준비기일에서 양쪽 당사자 불출석의 효과는 변론기일에 승계되지 않는다는 判例(대판 2006.10.27. 2004다69581)[2]의 태도가 타당하다.

(3) 사안의 경우

甲과 丙은 변론준비기일에 1회 불출석 한 후, 지정된 제1회 변론기일에 출석하지 않은 점에서 불출석의 효과는 승계되지 않고, 재판장은 다시 변론기일을 정하여 양쪽에 통지하여야 한다.

4. 사안의 해결

丙은 불출석신고서를 제출하였을 뿐 소송에서 소취하합의와 민사상화해계약의 존재에 대하여 변론기일에서 항변하지 않았고, 쌍방불출석의 효과로서 소취하간주의 효력도 인정되지 않는 점에서 소송은 아직 종료되지 아니하였다.

---

1) [학설] ① '사법계약설'은 약정대로 작위·부작위의무를 발생시키는 사법상 계약이라고 보고, 이를 위반하여 소를 제기하는 경우 구제방법에 관련해 의무이행소구설과 항변권발생설로 나뉜다. ② '소송계약설'은 직접적으로 소송법상의 효과를 발생게 하는 소송계약으로 본다(이에 따르면 법원은 직권으로 소송종료선언을 해야 한다). 소송계약설은 소송법상 아무런 규정이 없는 소송계약을 소송행위로 보는 문제가 있고, 의무이행소구설은 그 구제방법으로 우회적이고 간접적이므로 보다 간이한 해결책이 되는 항변권발생설이 타당하다.

2) "변론준비절차는 원칙적으로 변론기일에 앞서 주장과 증거를 정리하기 위하여 진행되는 변론 전 절차에 불과할 뿐이어서 변론준비기일을 변론기일의 일부라고 볼 수 없고 변론준비기일과 그 이후에 진행되는 변론기일이 일체성을 갖는다고 볼 수도 없는 점, 변론준비기일이 수소법원 아닌 재판장 등에 의하여 진행되며 변론기일과 달리 비공개로 진행될 수 있어서 직접주의와 공개주의가 후퇴하는 점, 변론준비기일에 있어서 양쪽 당사자의 불출석이 밝혀진 경우 재판장 등은 양쪽의 불출석으로 처리하여 새로운 변론준비기일을 지정하는 외에도 당사자 불출석을 이유로 변론준비절차를 종결할 수 있는 점, 나아가 양쪽 당사자 불출석으로 인한 취하간주제도는 적극적 당사자에게 불리한 제도로서 적극적 당사자의 소송유지의사 유무와 관계없이 일률적으로 법률적 효과가 발생한다는 점까지 고려할 때 변론준비기일에서 양쪽 당사자 불출석의 효과는 변론기일에 승계되지 않는다"

甲은 乙이 甲 소유의 X건물을 무단으로 점유·사용하여 甲의 소유권을 침해하고 있다고 주장하며 乙을 상대로 X건물의 인도와 손해배상을 청구하는 소를 제기하였다. 이후 열린 첫 변론기일에 乙이 X건물에 관한 임차권을 주장하자, 甲은 임차권의 존부에 관한 사항은 자신이 다음 기일에 진술하겠다고 법원에 요청하여 법원은 甲과 乙에 대해 다음 기일을 고지하였다. **(다음 각 설문은 독립적임)**

〈문제 1.〉
甲이 준비서면을 제출하고 제2회 변론기일에 결석하여 乙만이 출석하여 변론하였다. 법원은 해당 기일을 적법하게 진행하였다. 그런데 甲이 제출한 준비서면에는 자신이 X건물을 乙에게 임대한 것은 사실이라는 취지의 기재가 있다고 한다면, 이후 이 소송의 변론기일에서 甲이 X건물을 乙에게 임대한 적이 없다고 주장할 수 있는지 설명하시오. (민사소송법의 맥 B-24 참조)

〈문제 2.〉
제2회 변론기일을 위하여 甲은 "乙에게 X건물의 임차권이 존재하였으나 이 임차권은 乙이 차임을 2회 이상 연체하여 해지통고를 하였으므로 소멸하였다"는 취지의 준비서면을 제출하여 이 서면이 乙에게 송달되었는데, 乙은 이에 대해 아무런 준비서면도 내지 않은 채 이 변론기일에 결석하였다. 甲은 이 변론기일에 출석하여 자신이 제출한 준비서면을 진술하였다. 이때 그 다음기일에 출석한 乙이 자신은 X건물에 대한 차임을 연체한 적도 없고, 甲으로부터 해지통고를 받은 적도 없다고 주장할 수 있는지 설명하시오. (민사소송법의 맥 B-24 참조)

I. 문제 1.의 해결

1. 결 론

甲은 자백의 철회사유가 없는 한 X건물을 乙에게 임대한 적이 없다고 주장할 수 없다.

2. 논 거

(1) 기일해태와 진술간주(진술간주기속설)

甲은 제2회 변론기일에 출석하지 않았는바, 법원은 기일을 해태한 당사자가 미리 제출한 소장·답변서 그 밖의 준비서면에 적혀 있는 사항을 진술한 것으로 간주하고, 출석한 상대방에게 변론을 명하고 심리를 진행할 수 있다(제148조 1항). 다만 한쪽 당사자가 불출석한 경우에 반드시 진술간주의 처리를 하여야 하는 것은 아니며, 진술간주 제도를 적용하여 변론을 진행하느냐 기일을 연기하느냐는 법원의 재량에 속한다고 할 것이나, 출석한 당사자만으로 변론을 진행할 때에는 반드시 불출석한 당사자가 그때까지 제출한 소장·답변서, 그 밖의 준비서면에 적혀 있는 사항을 진술한 것으로 보아야 한다(대판 2008.5.8, 2008다2890 : 진술간주기속설).

(2) 자백이 적힌 준비서면이 진술간주된 경우, '재판상 자백'인지 '자백간주'인지 여부(재판상 자백설)

한 쪽 당사자가 상대방의 주장사실을 자백한 내용의 준비서면을 제출한 채 기일을 해태한 경우, 재판상 자백설과 자백간주설의 견해대립이 있다. 결석자가 법정에 출석하였더라도 자백 취지의 진술을 하였을 것인바, 재판상 자백으로 보는 것이 결석자에게 불이익하다고 보기 어려우므로 재판상 자백설이 타당하다.

사안에서 甲이 서면을 통해 乙의 임차권의 존재를 인정한 것은 상대방 乙의 주장과 일치하고 자기에게 불리한 사실을 인정하는 당사자의 주요사실의 진술로서 변론기일에서 진술간주되었으므로 재판상 자백이 된다(대판 2015.5.12, 2014다229870).

(3) 자백의 철회가부(소극) [오, 동, 착, 경]

자백과 같은 여효적 소송행위는 법원의 행위가 개입되지 않고 직접 소송상 효력이 발생하므로, 절차의 안정과 상대방의 신뢰보호를 위해 원칙적으로 철회할 수 없고, 민법상 법률행위에 관한 규정을 유추하여 취소할 수 없다. 다만, 예외적으로 ⅰ) 제451조 1항 5호의 재심사유가 있거나, ⅱ) 자백을 취소하고 이에 대해 상대방이 이의를 제기함이 없이 동의하거나, ⅲ) 자백이 진실에 반하고 착오로 인한 것일 때(제288조 단서)에는 철회할 수 있다. ⅳ) 소송대리인의 자백을 당사자가 경정하는 것도 가능하다(제94조).

사안의 경우 위 철회사유가 없는 한 甲은 자백을 철회하여 X건물을 乙에게 임대한 적이 없다고 주장할 수 없다.

Ⅱ. 문제 2.의 해결

1. 결 론

乙은 X건물에 대한 차임을 연체한 적도 없고, 甲으로부터 해지통고를 받은 적도 없다고 주장할 수 있다.

2. 논 거

(1) 불출석 자백간주의 의의 및 요건

공시송달에 의하지 않은 방법으로 기일통지서를 송달받은 당사자가 답변서, 준비서면 등을 제출하지 않고 당해 변론기일에 출석하지 아니하는 경우, 변론에서 상대방이 주장하는 사실에 대하여 자백한 것으로 본다(제150조 3항). 즉, ⅰ) 출석한 당사자는 준비서면을 미리 제출하고(제276조), ⅱ) 불출석한 당사자는 답변서, 준비서면 등을 미리 제출하지 않은 경우(제148조), ⅲ) 공시송달에 의하지 않은 기일통지가 있음에도 ⅳ) 책임 있는 사유에 의한 불출석의 경우(쌍방심문주의의 원칙) 의제자백이 성립한다.

(2) 자백간주의 효과

자백간주시 법원에 대한 구속력은 발생하나 당사자에 대한 구속력은 생기지 않으므로 당사자는 재판상 자백의 철회사유 없이도 자백간주의 효과를 번복할 수 있다. 다만, 제149조 및 제285조의 한계는 존재한다.

(3) 사안의 해결

甲은 임차권이 소멸하였다는 취지의 준비서면을 미리 제출했으나 乙은 공시송달에 의하지 않은 기일통지(고지)를 받고도 아무런 준비서면도 내지 않은 채 변론기일에 불출석했으므로 자백간주가 성립된다. 그러나 자백간주가 된 경우라도 당사자에 대한 구속력이 없으므로 乙은 차임연체사실과 해지통고를 받은 사실이 없다고 주장할 수 있다.

〈기본적 사실관계〉

乙은 2014. 10. 1. 丙으로부터 1억 원을 이자 월 2%, 변제기 2016. 9. 30.로 정하여 차용하고, 이 차용원리금 채무(이하 '이 사건 차용금 채무'라고 한다)의 변제를 담보하기 위하여 丙에게 乙 소유 X 부동산에 관하여 채권최고액 1억 5,000만 원으로 하는 근저당권설정등기(이하 '이 사건 근저당권설정등기'라고 한다)를 마쳐주었다.

甲은 2016. 10. 1. 乙로부터 X 토지를 대금 2억 원에 매수하면서 계약금은 5,000만 원으로 하고, 중도금 1억 원은 2016. 11. 1.에, 잔금 5,000만 원은 2016. 12. 1.에 각 지급하되, 잔금은 이 사건 근저당권설정등기가 말소된 후 소유권이전등기관계서류의 교부와 동시에 지급하기로 약정(이하 '이 사건 매매계약'이라 한다)하고 계약금과 중도금까지 지급하였다.

한편 乙은 丙에게 이 사건 차용금 채무를 모두 변제하였으므로 이 사건 근저당권설정등기를 말소하여 달라고 요구하였으나, 丙은 이 사건 차용금 채무가 일부 남아 있다는 이유로 乙의 요구를 거절하였다. 甲은 이 사건 근저당권설정등기가 말소되지 않아 잔금을 지급하고 있지 않다가, 2017. 3. 20. 乙과 丙을 상대로 X 토지에 관하여, ① 乙에게는 2016. 10. 1. 매매를 원인으로 한 소유권이전등기를, ② 丙에게는 이 사건 차용금 채무가 모두 변제되었다는 것을 이유로 乙을 대위하여 이 사건 차용금 채무가 부존재한다는 확인 및 이 사건 근저당권설정등기말소를 청구하는 소(이하 '이 사건 소송'이라고 한다)를 제기하였고, 이 사건 소장 부본은 2017. 3. 27. 乙과 丙에게 각 적법하게 송달되었다.

(아래의 각 추가적 사실관계는 상호 무관함. 견해의 대립이 있는 경우 대법원 판례에 따를 것)

〈추가된 사실관계〉

이 사건 소송에서 乙은 답변서를 제출하고 변론기일에 출석하여 이 사건 매매계약은 적법하게 해제되었다고 주장하였고, 심리 결과 乙의 주장 사실은 인정되었다. 丙은 답변서를 제출하지 않았고 공시송달에 의하지 아니한 적법한 통지를 받고도 계속 변론기일에 출석하지 않았다.

〈문 제〉

이 사건 청구 중 丙에 대한 각 청구에 관한 법원의 판결결론(각하, 인용, 기각 등)과 그 이유를 기재하시오.

(민사소송법의 맥 B-25 참조)

Ⅰ. 결 론

법원은 이 사건 청구 중 丙에 대한 각 청구에 대하여 당사자 적격의 흠결을 이유로(피보전채권의 부존재) 소각하판결을 하여야 한다.

Ⅱ. 논 거

1. 채권자대위소송의 법적성질

(1) 학 설

① 채권자대위소송을 채권자가 채무자를 위하여 채무자의 권리를 행사하는 것이 아니라 자기 고유의 대위권을 행사하는 소송이라고 보는 견해(고유의 대위권설)도 있으나, ② 채권자대위소송은 민법이 채무자와 병행하여 채권자에게 소송수행권을 부여한 결과 인정되는 법정소송담당이라는 견해(법정소송담당설)가 통설이다.

(2) 판 례

"채권자대위소송에서 원고는 채무자에 대한 자신의 권리를 보전하기 위하여 채무자를 대위하여 자신의 명의로 채무자의 제3채무자에 대한 권리를 행사하는 것이므로 그 지위는 채무자 자신이 원고인 경우와 마찬가지이다"(대판 2013.3.28. 2012다100746)고 판시한 바, **법정소송담당설**의 입장이다.

(3) 검 토

생각건대 대위소송에서 채권자가 궁극적으로 다투고자 하는 것은 채무자의 제3채무자에 대한 권리 이며, 그 행사의 효과도 채무자에게 귀속하여 총채권자를 위한 공동담보가 된다는 점을 고려할 때 통설과 判例의 입장인 법정소송담당설이 타당하다.

2. 甲의 乙에 대한 채권(피보전채권)의 존재여부

(1) 채권자대위소송의 요건 및 흠결된 경우 법원의 조치

채권자대위소송은 ① 피대위채권의 존재, ② 피보전채권의 존재, ③ 채권보전의 필요성, ④ 채무자의 권리불행사를 요한다. 법정소송담당설에 의하면 ①의 요건은 소송물에 해당하고, ②,③,④의 요건은 소송요건 중 당사자적격에 해당한다. 따라서 법원은 ②,③,④의 요건이 흠결된 경우에는 당사자적격 흠결로 소를 각하하여야 하고, ①의 요건이 흠결된 경우에는 청구가 이유 없는 경우가 되므로 청구 기각판결을 하여야 한다.

(2) 법원의 직권조사사항

항변사항을 제외한 나머지 소송요건은 소송제도의 유지에 필요한 공익적 성격을 띠고 있기 때문에 법원이 직권조사사항이다. 判例도 "채권자대위소송에서 대위에 의하여 보전될 채권자의 채무자에 대한 권리(피보전채권)가 존재하는지 여부는 소송요건으로서 법원의 직권조사사항이므로, 법원으로서는 그 판단의 기초자료인 사실과 증거를 직권으로 탐지할 의무까지는 없다 하더라도, 법원에 현출된 모든 소송자료를 통하여 살펴보아 피보전채권의 존부에 관하여 의심할 만한 사정이 발견되면 직권으로 추가적인 심리·조사를 통하여 그 존재 여부를 확인할 의무가 있다"(대판 2009.4.23. 2009다3234)고 한다.

(3) 사안의 경우

이 사건 소송에서 乙은 답변서를 제출하고 변론기일에 출석하여 이 사건 매매계약은 적법하게 해제되었다고 주장하였고, 심리 결과 乙의 주장 사실이 인정된 바, 甲의 乙에 대한 소유권이전등기청구권(피보전채권)이 존재하지 않는다. 따라서 법원은 직권으로 당사자적격 흠결을 이유로 소각하판결을 하여야 한다.

3. 무변론원고승소판결 가부

법원은 피고가 30일 이내에 답변서를 제출하지 아니한 때 청구의 원인이 된 사실을 자백한 것으로 보고 변론 없이 판결할 수 있다(제257조 1항).

사안의 경우 피고 丙이 답변서를 제출하지 아니하였지만 변론기일에 계속 불출석하였다는 것으로 미루어 보아 변론기일을 연 것으로 보이므로 무변론원고승소판결은 문제되지 않는다.

4. 불출석 자백간주 여부

불출석 자백간주가 성립하려면 ① 당사자가 변론기일에 불출석할 것, ② 불출석한 당사자가 상대방의 주장사실을 다투는 답변서 기타 준비서면을 제출하지 않을 것, ③ 당사자가 공시송달에 의하지 않은 기일통지를 받았음에도 불출석한 경우일 것을 요한다(제150조 3항).[1]

사안의 경우 丙은 변론기일에 계속 불출석하였고, 甲의 주장사실을 다투는 답변서 기타 준비서면을 제출하지도 않았으며, 공시송달에 의하지 않은 적법한 기일통지를 받았음에도 계속 불출석한 경우이므로 자백간주가 성립할 수 있다.

---

1) 2002년 개정된 민사소송법 하에서는 피고의 답변서제출의무를 부과하여 답변서를 제출하지 아니하면 그것으로 자백간주하고 변론기일의 지정은 물론 출석의 통지 없이 바로 무변론 원고승소판결을 하도록 하였으므로, 피고의 변론기일 불출석에 의한 자백간주의 효과가 생기는 일은 예외에 속한다.

5. 소송요건심사와 본안심사의 판단순서

(1) 학 설

소송요건심사에 대하여 본안심사보다 선순위성을 인정할 것인지 문제되는 바, 학설은 ① 소송요건은 본안판결의 요건이므로 소송요건에 대한 문제를 남겨 놓고 원고청구의 기각판결을 할 수 없다는 견해(긍정설), ② 소송요건과 실체법상의 요건은 동일평면상의 판결 선고요건이므로 실체법상 이유 유무가 먼저 판명되면 소송요건 충족여부를 불문하고 본안판결을 하는 것이 소송경제에 합치한다는 견해(부정설), ③ 소송요건을 무익한 소송의 배제나 피고의 사익보호를 목적으로 삼는 것과 공익의 확보를 목적으로 하는 것을 구별하여 전자의 경우는 먼저 본안판결을 할 수 있다는 견해(절충설)가 대립한다.

(2) 판 례

判例는 "공동상속인전원이 당사자가 되어야 할 경우에 그 1인만이 원고가 되어 한 소유권이전등기말소청구는 부적법하여 각하되어야 함에도 불구하고 이를 기각한 것은 법률적용을 그릇한 것으로서 파기를 면할 수 없다"(대판 1957.5.2. 4289민상379)고 하여 긍정설의 입장이다.

(3) 검토 및 사안의 경우

당사자에 관한 소송요건에 대한 청구기각판결은 절차보장에 차질을 가져올 수 있으므로 소송요건의 선순위성을 긍정하는 判例의 입장이 타당하다고 본다. 따라서 법원은 자백간주에 의하여 인용판결을 내리기에 앞서 소송요건을 먼저 심사하여 소각하판결을 하여야 한다.

사례_088 **공시송달과 상소추후보완**　　　　　　2019년 8월 법전협 모의, 2012년 변리사

〈제1문의 3〉
〈기초적 사실관계〉
甲은 2010. 4. 10. 이래 그 생사를 알 수 없게 되었다. 법원은 2018. 12. 10. 甲에 대한 실종선고를 하였고, 이는 2018. 12. 29. 확정되었다.
한편 乙은 2018. 1. 22. 甲을 상대로 甲 소유의 X 토지에 관한 소유권이전등기청구의 소를 제기하고 甲에 대한 소장 등의 소송서류를 공시송달되게 하여 2018. 11. 15. 제1심에서 청구인용 판결을 선고받았는데, 그 판결정본은 2018. 11. 16. 甲에게 공시송달되었다(이상의 공시송달은 모두 유효하다).
甲의 유일한 상속인인 丙은 2019. 1. 17. 위 소제기 및 판결선고 사실을 알게 되었다.

〈문 제〉
2019. 1. 17. 현재 丙은 추후보완 항소를 할 수 있는가? (20점)

Ⅰ. 논점의 정리

상소가 적법하기 위해서는 ⅰ) 상소의 대상적격(判 : 유효한 종국판결) 및 당사자적격 ⅱ) 상소기간 준수, ⅲ) 상소이익, ⅳ) 상소권 포기, 불상소합의 등의 상소장애사유가 없을 것, 기타 소송행위의 유효요건으로 ⅴ) 신의칙에 반하지 않을 것, ⅵ) 소송절차 중단 중의 소송행위가 아닐 것 등이 요구된다[대, 기, 리, 포, 불, 신, 중].
사안의 경우 대상적격과 관련하여 제1심 판결이 사망자에 대한 것으로서 무효인지 여부가 문제되고, 상소기간준수와 관련하여 공시송달과 상소추후보완이 문제된다.

Ⅱ. 항소의 대상적격

1. 제1심 판결의 효력

(1) 요 건

상소는 법원이 선고한 종국판결에 대하여만 가능하다. 당연무효인 판결이 상소의 대상적격이 있는지 여부에 관하여, 判例는 "당사자가 소제기 이전에 이미 사망한 사실을 간과한 경우(주 : 당연무효 대판 2015.1.29. 2014다34041 등 참조) 민사소송이 당사자의 대립을 그 본질적 형태로 하는 것임에 비추어 사망한 자를 상대로 한 상고는 허용될 수 없다 할 것이므로, 이미 사망한 자를 상대방으로 하여 제기한 상고는 부적법하다"(대판 2000.1.27. 2000다33775)고 판시하여 상소를 부정한다(다수설은 외관 제거를 위한 상소를 긍정한다).

(2) 실종기간 진행 중인 피고에 대하여 선고된 판결의 효력

다만 判例는 "실종자를 당사자로 한 판결이 확정된 후에 실종선고가 확정되어 그 사망간주의 시점이 소 제기 전으로 소급하는 경우(민법 제28조)에도 위 판결 자체가 소급하여 당사자능력이 없는 사망한 사람을 상대로 한 판결로서 무효가 된다고는 볼 수 없다"(대판 1992.7.14. 92다2455)고 판시하여 당사자능력의 존부에 따라 일률적으로 판결의 효력을 결정하지는 않는 모습을 보인다.

2. 사안의 경우

2018. 12. 29. 확정된 실종선고에 의해 甲은 2010. 4. 10부터 실종기간이 만료된 2015. 4. 10.에 사망한 것으로 간주되어, 乙의 제소시점인 2018. 1. 22.에는 이미 사망자로 간주된 상태이다(민법 제27조 1항, 민법 제28조). 그러나 실종선고가 내려지기 전까지 甲은 생존추정상태였으며, 실종선고전 선고된 판결은 유효하므로 항소의 대상적격은 갖추었다.

Ⅲ. 항소기간준수여부

1. 소송행위의 추후보완

(1) 요 건

사안의 제1심 판결은 유효하므로 항소기간 내라면 이에 대한 항소는 허용된다. 그런데 2019. 1. 17. 현재, 판결서가 공시송달된 다음 날부터(민사소송법 제196조 단서) 2주의 항소기간(불변기간임)이 이미 경과하였다. 이 경우 소송행위의 추후보완이 적법하기 위하여는 ⅰ) '당사자가 책임질 수 없는 사유'로 ⅱ) '불변기간'의 해태가 있어야 하고, ⅲ) 그 사유가 없어진 날부터 '2주' 이내에 추완항소를 제기하여야 한다[당, 불, 이].

(2) 공시송달과 상소추후보완

공시송달의 경우에는 그 당사자가 현실적으로 송달서류의 내용을 알 수 있는 경우란 거의 없다. 그러나 제1심 판결정본이 공시송달의 방법에 의하여 피고에게 송달되었다면 비록 피고의 주소가 허위이거나 그 요건에 미비가 있다 하더라도 그 송달은 유효한 것이므로, 항소기간의 도과로 그 판결은 형식적으로 확정되어 기판력이 발생한다. 여기서 상소의 추후보완을 허용할 것인지에 관하여, 判例는 공시송달제도의 기능과 송달받을 사람의 이익을 조화롭게 고려하여, 송달받을 사람이 송달사실을 몰랐고 또 모른 데 과실이 없을 것을 요건으로 하여 추후보완이 허용되어야 한다는 견해를 취하고 있다(대판 1987.3.10. 86다카2224).

2. 사안의 경우

判例는 "실종자에 대하여 공시송달의 방법으로 소송서류가 송달된 끝에 실종자를 피고로 하는 판결이 확정된 경우에는 실종자의 상속인으로서는 실종선고 확정 후에 실종자의 소송수계인으로서 위 확정판결에 대하여 소송행위의 추완에 의한 상소를 하는 것이 가능하다"(대판 1992.7.14. 92다2455)고 판시하였다. 사안에서 丙은 2019. 1. 17. 판결선고 사실을 알게 되었으며, 피상속인에 대하여 판결이 확정되었다는 사실을 몰랐다는 점에 특별히 책임을 질 사정도 인정되지 않는다(제173조). 따라서 2019. 1. 17. 현재 丙은 추후보완항소를 할 수 있다.

IV. 결론

丙은 소송수계 신청을 하고 소송수계인으로서 추완항소를 할 수 있다.

사례_089 보충송달, 송달의 하자와 구제책, 하자의 치유

2019년 10월 법전협 모의, 2016년 사법시험, 2012년 변리사

A는 丁에게 5,000만 원을 빌려주면서 丁으로부터 丁의 아들 戊 명의의 차용증을 받았다. 위 대여금의 변제기가 도래하였음에도 戊가 이를 변제하지 아니하자, A는 戊를 상대로 대여금청구의 소를 제기하였다. 丁은 A로부터 5,000만 원을 빌릴 당시, 아들 戊의 동의 없이 戊 명의의 차용증을 작성하여 교부해주었던 것이었고, 그 후 A의 소장부본이 丁과 戊가 함께 살고 있는 주소지로 송달되자, 丁은 戊의 동거인으로서 위 소장부본을 수령한 다음 戊에게 전달해 주지 않았다. 법원은 2015. 4. 1. A의 청구를 인용하는 판결을 선고하였다. (아래 각 문제는 독립된 것임)

〈문제 1.〉
丁은 위 판결정본을 주소지에서 송달받은 다음 戊에게 전달하지 않았다. 그 후 항소기간이 도과되자 A는 2015. 5. 1. 위 판결에 기해 戊 명의의 부동산을 압류하고 강제경매를 신청하였다. 戊는 2015. 6. 10. A의 강제경매신청 사실을 알고서 丁에게 문의한 결과, 丁이 소장부본과 판결정본을 송달받은 사실 등을 알게 되었다. 戊가 위 판결에 대하여 구제받을 수 있는 방법은 무엇인가?

(민사소송법의 맥 B-28 참조)

〈문제 2.〉
우편집배원 K는 2015. 4. 10. 丁이 우체국에 들어오자 丁이 戊의 동거인이라는 이유로 판결정본을 丁에게 송달하였고 丁은 아무런 이의 없이 판결정본을 수령하였다. 戊는 2015. 6. 10. 丁이 위 판결정본을 송달받은 사실을 알았음에도 2016. 6. 10. 위 판결에 대한 항소장을 제출하였다. 戊의 항소는 적법한가?

(민사소송법의 맥 B-28 참조)

I. 문제 1.의 해결

1. 결론

戊는 위 판결에 대하여 추후보완항소 또는 재심의 소를 제기할 수 있다.

2. 논거

(1) 丁에게 한 판결정본 송달이 유효하여 판결이 확정되었는지 여부(적극)

1) 교부송달의 원칙과 보충송달

송달은 송달받을 사람에게 법이 정한 송달장소에서 송달서류를 교부하는 것이 원칙이다(제178조 1항). 송달은 송달받을 사람의 주소 등에서 한다(제183조 1항). 다만 주소 등을 알지 못하거나 그 장소에서 송달할 수 없는 때에는 송달받을 사람의 근무장소에서 송달할 수 있다(동조 2항).

근무장소 외의 송달할 장소(주소, 영업소 등)에서 송달받을 자를 만나지 못한 때에는 그 사무원, 피용자 또는 동거인으로서 사리를 분별할 지능이 있는 사람에게 서류를 교부하는 '보충송달'을 할 수 있다(제186조 1항). 여기서 '동거인'이란 "송달받을 사람과 사실상 동일한 세대에 속하여 생활을 같이하는 사람을 말하고(대판 2013.4.25. 2012다98423)[1], '사리를 분별할 지능이 있는 사람'이라 함은 송달의 취지를 이해하고 영수한 서류를 송달받을 사람에게 교부하는 것을 기대할 수 있는 정도의 판단능력이 있는 사람을 말한다(대결 1968.5.7. 68마336). 보충송달이 적법한 경우 사무원 또는 동거인에게 교부된 때에 송달의 효력이 발생하고, 송달받을 자에게 교부되었는지는 묻지 않는다(대판 1984.6.26. 84누405).

2) 사안의 경우

丁과 戊는 동일한 세대에 속하여 생활을 함께 하고 있는바, 丁은 戊의 '동거인으로서 사리를 분별할 지능이 있는 사람'에 해당한다. 따라서 소장부본과 판결정본은 戊에게 그 주소지에서 적법하게 보충송달된 것이고, 丁에게 서류가 교부된 때 송달의 효력이 발생한다. 위 서류가 戊에게 전달되었는지 여부는 묻지 않으므로 丁이 판결정본을 교부받은 날로부터 2주가 지난 이상 판결은 확정된다(제396조 1항).

(2) 戊의 구제방법으로 추후보완항소가 가능한지 여부(적극)

1) 추후보완항소의 의의 및 요건

당사자 등이 행위기간을 넘겼지만 당사자가 책임질 수 없는 사유로 말미암아 불변기간을 지키지 못한 경우에 예외적으로 구제하는 제도이다(제173조). 추완항소가 적법하기 위하여는 ⅰ) '당사자가 책임질 수 없는 사유'로 ⅱ) '불변기간'의 해태가 있어야 하고, ⅲ) 그 사유가 없어진 날부터 '2주' 이내에 추완항소를 제기하여야 한다.

2) 사안의 경우

상소기간은 불변기간에 해당하므로(제396조, 제425조) 추후보완의 대상이 되며, 判例에 따르면 서류를 수령한 자와 함께 생활하지 않았다거나 동거인의 수령에도 불구하고 소제기 사실 등을 알지 못했다는 점을 입증하면 추완항소가 가능하다고 하는바(대판 1992.6.9. 92다11473), 戊가 판결의 선고 및 송달 사실을 알지 못하여 상소기간을 지키지 못한 데 과실이 없다는 사정을 주장·입증하면 추완상소가 가능할 것이다. 다만 이 경우에도 戊가 판결정본을 송달받은 사실 등을 알게 된 2015.6.10.부터 2주 이내에 추완항소장을 제출하여야 할 것이다.

> [참고판례] "甲에 대한 판결정본을 甲의 모가 수령하였는데 甲이 모와의 종교적 갈등 외에 부의 유산의 분배와 관리를 둘러싼 다툼도 없지 아니하였고, 모가 乙에게 甲의 상속지분을 포함한 부동산을 매각하면서, 乙에게 자신의 부담으로 乙측 변호사를 선임하여 소유권이전등기청구소송을 제기하게 하고 그 판결에 기해 소유권이전등기를 해 주겠다고 하여 소송이 제기되기에 이르렀다면, 甲이 판결정본이 송달된 사실을 모르고 이에 따라 항소기간을 준수하지 못한 데 대하여 그에게 책임을 돌릴 수 없는 사유가 있었다고 봄이 상당하므로 추완항소는 적법하다"(대판 1992.6.9. 92다11473).

(3) 戊의 구제방법으로 재심의 소가 가능한지 여부(적극)

1) 추후보완상소와 재심

추후보완상소는 제173조 1항에 근거한 것으로, 제451조 이하에 근거하는 재심과 그 요건과 효과를 달리한다. 따라서 추후보완상소 제기기간을 도과하였더라도 재심청구의 요건을 만족하는 경우 재심청구가 가능하다. 判例는 "공시송달에 의하여 판결이 선고되고 판결정본이 송달되어 확정된 이후에 추완항소의 방법이 아닌 재심의 방법을 택한 경우에는 추완상소기간이 도과하였다 하더라도 재심기간 내에 재심의 소를 제기할 수 있다고 보아야 한다"(대판 2011.12.22. 2011다73540)고 판시하였다.

---

1) "이혼한 처라도 사정에 의하여 사실상 동일 세대에 소속되어 생활을 같이 하고 있다면 여기에서 말하는 수령대행인으로서의 동거자가 될 수 있으며"(대결 2000.10.28. 2000마5732), "원고의 딸은 원고의 처, 모 등과 함께 그 이웃 아파트에 따로 세대를 구성하여 주민등록상 별개의 독립한 세대를 구성하고 있지만 실제로는 생활을 같이하고 있는 동거자라고 봄이 상당하다"(대판 1992.9.14. 92누2363)

2) 사안의 경우

재심의 소가 적법하려면 ⅰ) 재심대상적격, ⅱ) 재심기간 준수(제456조), ⅲ) 재심당사자적격, ⅳ) 재심이익, ⅴ) 재심사유 주장 ⅵ) 보충성요건이 필요하다. 다른 요건은 문제되지 않으나, 재심사유 주장과 관련하여 戊는 변론기일에 출석하여 공격방어방법을 제출할 기회를 박탈당하였는바, 당사자로서 절차상 부여된 권리를 침해당하였다고 할 것이므로 당사자가 대리인에 의하여 적법하게 대리되지 않았던 경우와 마찬가지로 보아 제451조 1항 3호의 재심사유를 주장하여 재심의 소를 제기할 수 있다.

Ⅱ. 문제 2.의 해결

1. 결론

戊의 항소는 적법하다.

2. 논거

(1) 丁에게 한 송달의 적법여부(부적법)

1) 교부송달 원칙과 조우송달

송달은 송달받을 사람에게 법이 정한 송달장소에서 송달서류를 교부하는 것이 원칙이다(제178조 1항). 송달받을 사람의 '주소 등이 국내에 없거나 알 수 없는 때' 또는 '주소 등이 있는 사람의 경우에도 송달받기를 거부하지 아니하면' 그를 만나는 장소에서 '조우송달'을 할 수 있다(제183조 3항). 다만 조우송달은 송달받을 자인 본인을 만난 때에 하는 송달이므로, 보충송달을 받을 수 있는데 불과한 동거인 등에게는 조우송달을 할 수 없다. 사안의 경우 동거인 丁은 송달받을 사람 본인이 아닌 바 조우송달은 허용될 수 없다.

2) 보충송달

송달할 장소에서 송달받을 사람을 만나지 못한 때에는 사리분별할 지능이 있는 동거인에게 보충송달할 수 있으나(제186조 1항), 이러한 보충송달은 위 법 조항에서 정하는 송달장소에서 하는 경우에만 허용되고, 법정 송달장소가 아닌 곳에서 동거자를 만난 경우에는 그가 송달받기를 거부하지 아니한다 하더라도 그 곳에서 그 자에게 서류를 교부하는 것은 보충송달의 방법으로서 부적법하다(대결 2001.8.31. 2001마3790).

사안의 경우 '우체국'은 戊의 주소 등 법률이 정하는 송달장소가 아니므로, 우체국에서 동거인 丁에게 서류를 교부한 것은 부적법한 보충송달이다.

(2) 송달의 하자와 하자의 치유여부(소극)

1) 송달의 하자

송달에 관한 규정에 위배하여 행해진 송달은 원칙적 무효이다. 따라서 丁에게 한 판결정본 송달은 무효이므로, 원칙적으로 항소기간은 진행하지 않는다.

2) 하자치유여부(소극)

법원의 소송행위가 절차규정에 위배된 경우에 당사자가 이를 알거나 알 수 있었을 때는 바로 이의하지 않으면 이의권의 포기·상실로 흠이 치유된다(제151조). 이의권의 상실은 절차규정 중 임의규정을 위반한 경우에만 인정되는바, 判例에 의하면 "불변기간인 항소 제기기간에 관한 규정은 성질상 강행규정이므로 그 기간 계산의 기산점이 되는 판결정본의 송달의 하자는 이에 대한 이의권의 포기·상실로 인하여 치유될 수 없다"(대판 2002.11.8. 2001다84497)고 한다.

사안의 경우 戊가 2015.6.10. 판결정본이 송달된 사실을 알고도 1년 간 항소를 제기하지 않았다고 하더라도 판결정본의 송달의 하자는 이의권의 포기·상실로 치유될 수 없으므로, 丁에게 한 판결정본의 송달은 여전히 무효이다. 따라서 항소기간은 진행하지 않으므로 2016.6.10. 戊의 항소는 적법하다.

Ⅲ. 보론 : 항소권의 실효 여부

항소권 실효는 채점자에 따라 점수를 줄 여지가 있기는 하나, 소권실효논의를 적었다면 채점자에게 좋지 않은 인상을 줄 것이다.

1. 개 념

실효의 원칙이란 권리자가 장기간 권리를 행사하지 않아 상대방이 더 이상 권리자가 권리를 행사하지 아니할 것으로 신뢰할 만한 정당한 기대를 가지게 된 경우에, 새삼스럽게 권리자가 권리를 행사하는 것은 신의성실원칙에 위반되어 허용되지 아니한다는 것이다. 항소권과 같은 소송법상 권리에도 실효의 원칙은 적용될 수 있다.

2. 사안의 경우

2015. 4. 10. 판결정본의 송달이 이루어졌고, 乙이 2015. 6. 10.에 모든 사실을 알았음에도 1년이 지난 2016. 6. 10.에서야 항소장을 제출하였는바, 상대방인 丙의 입장에서는 더 이상 항소권을 행사하지 않을 것이라는 정당한 기대를 가지게 되었다고 볼 것이므로 乙의 항소권은 실효되었다고 보아야 한다.

3. 사안의 해결

2015. 4. 10. 판결정본의 송달이 부적법하므로, 항소기간은 진행하지 않았지만, 乙의 항소권은 실효되었다고 보아야 한다. 따라서 乙의 항소는 부적법하다.

사례_090 **송달과 지급명령**   2013년 법원행정고시

A는 B로부터 B소유의 건물을 매수하는 내용의 매매계약을 체결하면서, 중도금과 잔금은 5회에 걸쳐 각 분할하여 지급하기로 하되, B의 승낙을 받아 매매대금을 전액 지급하기 전에 미리 위 건물을 인도받아 사용하고 대신 B에게 일정한 사용료를 지급하기로 약정한 후, 위 건물을 인도받아 사용하였다. 그런데 A는 일부 중도금을 지급한 후 나머지 중도금 및 잔금의 지급을 지체하게 되었고, 이에 B는 위 매매계약을 해제하고 A를 상대로 건물인도청구의 소를 제기하였다. 위 소송에서 A는 매매계약 해제로 인한 원상회복으로서 기지급한 중도금을 B로부터 반환받을 때까지는 위 건물인도청구에 응할 수 없다고 동시이행의 항변을 하였고, 이에 대하여 B는 A에게 반환해야 할 기지급 중도금은 A가 부담해야 할 위 건물에 대한 점유사용료로 모두 상계되어 결국 중도금 반환채무가 존재하지 아니한다고 재항변하였다. 법원은 B의 재항변을 받아들여 A의 항변을 배척하는 내용의 판결을 선고하였고, 이후 위 판결이 그대로 확정되었다.

〈문 제〉
A는 위 판결이 확정된 이후 B를 상대로 위 매매계약에 따라 기지급한 중도금의 지급을 구하는 내용의 지급명령신청을 하면서 그 신청서에 B의 주소를 기재한 후 송달장소를 B가 대표이사로 있는 주식회사 甲의 사무실 주소인 '서울 서초구 서초동 100 그린빌딩 2층 (주)甲'으로 기재하였고, 법원이 지급명령 정본을 위 그린빌딩 2층으로 발송하여 주식회사 甲의 직원인 C가 2013. 3. 4. 이를 수령하였다. 그런데 C는 위 지급명령 정본을 곧바로 B에게 전달하지 못한 채 출장을 가게 되었고 출장에서 돌아온 이후인 2013. 3. 15. B에게 위 지급명령 정본을 전달하였으며, B는 2013. 3. 21. 법원에 지급명령에 대한 이의신청을 제기하였다. **법원은 위 이의신청에 대하여 어떻게 처리해야 하는지 설명하시오.**

(민사소송법의 맥 B-27 참조)

Ⅰ. 결 론

B의 이의신청은 적법하다. 따라서 지급명령은 그 이의의 범위 내에서 실효되고, 법원은 지급명령을 신청한 때 소가 제기된 것으로 보아야 한다.

Ⅱ. 논 거

1. 2013. 3. 4. 송달의 유효여부

(1) 교부송달의 원칙

송달할 장소는 송달받을 사람의 주소, 거소, 영업소 또는 사무소가 원칙이다(제183조 1항). 주소 등을 알지 못하거나 그 장소에서 송달할 수 없는 때에는 근무 장소에서 송달할 수 있다(동조 1항).

(2) 甲주식회사의 사무실이 제183조 1항의 사무소에 해당하는지 여부

判例는 "제183조 제1항의 영업소 또는 사무소는 송달 받을 사람 자신이 경영하는 영업소 또는 사무소를 의미하는 것이지 송달 받을 사람의 근무장소는 이에 해당하지 않으며, 송달을 받을 사람이 경영하는 그와 별도의 법인격을 가지는 회사의 사무실은 송달을 받을 사람의 영업소나 사무소라 할 수 없고 이는 그의 근무장소에 지나지 않는다"(대결 2004.7.21. 2004마535)고 판시하였다. 따라서 사안의 경우 甲주식회사의 사무실은 B의 사무소가 아니라 단순한 근무장소에 불과하다.

(3) 주소에 대한 송달을 하지 않고 근무장소로 한 송달의 적법여부(위법)

判例는 "근무장소에서의 송달을 규정한 제183조 제2항에 의하면 근무장소에서의 송달은 송달을 받을 자의 주소 등의 장소를 알지 못하거나 그 장소에서 송달할 수 없는 때에 한하여 할 수 있는 것이므로, 소장, 지급명령신청서 등에 기재된 주소 등의 장소에 대한 송달을 시도하지 않은 채 근무장소로 한 송달은 위법하다"(대결 2004.7.21. 2004마535)고 한다.
사안의 경우 A는 지급명령신청서에 B의 주소를 기재하였으므로, 그 주소에 송달하지 아니하고 곧바로 근무장소에 송달한 것은 위법하다.

(4) 소 결

송달이 위법한 경우 그 송달은 무효이므로, 2013. 3. 4. 송달은 효력이 없다.

2. 법원의 처리

(1) 2013. 3. 15. 지급명령정본의 전달의 유효여부

判例는 피고종업원이 피고 주소지에 일시 방문하여 판결정본을 수령한 후 피고에게 전달한 사안에서 그 송달은 유효하며 상소기간은 피고가 받은 날로부터 기산한다고 한다(대판 1995.1.24. 93다25875).
사안의 경우 2013. 3. 4.자 송달이 무효일지라도 C가 B에게 지급명령정본을 전달한 2013. 3. 15.부터는 송달의 흠이 치유되어 유효한 것으로 볼 수 있다.

(2) B의 이의신청의 적법여부

채무자는 지급명령이 송달된 날로부터 2주일 내에 이의신청을 하여 불복할 수 있다(제468조, 제469조). 채무자가 적법한 이의신청을 하면 지급명령은 이의의 범위 내에서 실효되고, 지급명령을 신청한 때에 소를 제기한 것으로 본다.
사안의 경우 송달이 유효해진 2013. 3. 15. 로부터 2주일 내인 2013. 3. 21.에 법원에 대한 지급명령에 대한 이의신청을 제기하였으므로 B의 이의신청은 적법하다. 따라서 지급명령은 그 이의의 범위 내에서 실효되고, 지급명령을 신청한 때 소를 제기한 것으로 본다.

〈기초적 사실관계〉

甲과 乙은 2018. 3. 1. 甲 소유의 고려청자 1점을 乙이 보관하기로 하는 계약을 체결하였고, 甲은 乙에게 위 고려청자를 인도하였다.

1. 乙은 2018. 5. 1. 보관 중이던 위 고려청자를 관리 소홀로 도난당하였고, 甲은 위 고려청자의 소재를 파악할 수 없게 되자 2019. 5. 3. 위 고려청자의 시가가 1억 5,000만 원이라고 주장하면서 乙을 상대로 채무불이행을 원인으로 한 시가 상당액의 손해배상을 청구하는 소를 제기하였다. 甲은 위 고려청자의 시가 감정을 신청하였으나, 감정인은 '위 고려청자와 비슷한 도자기가 존재하지 아니하여 정확한 시가를 산정하기 곤란하다'는 의견을 제시하였다. **甲은 시가를 정확히 산정할 만한 다른 증거를 제출하지 못하였다. 이때 甲의 청구는 인용될 수 있는가? (10점)**

Ⅰ. 문제 1.의 경우(10)

1. 문제점

'법률요건분류설'에 따르면 각 당사자는 자기에게 유리한 법규의 요건사실에 관한 증명책임을 진다. 따라서 채권자가 채무자를 상대로 채무불이행에 따른 손해배상책임을 청구하는 경우 민법 제390조[1] 에 따라 채권자는 ⅰ) 채무자가 채무의 내용에 좇은 이행을 하지 아니한 것과 ⅱ) 그로 인한 손해발생을 주장·증명하고, 이에 채무자는 '채무불이행에 대하여 고의나 과실 없음'을 주장·증명해야 한다. 사안의 경우 수치인의 채무불이행에 따른 손해액의 증명책임은 임치인인 채권자 甲에게 인정되는바 甲이 이에 대한 증거를 제출하지 못한 경우 법원의 직권에 의한 증거조사가 가능한지 문제된다.

2. 직권에 의한 증거조사

법원은 당사자가 신청한 증거에 의하여 심증을 얻을 수 없거나 그 밖에 필요할 때 행하는 보충적 직권조사를 한다(제292조).

3. 변론주의와의 관계

변론주의 하에서 증거자료 수집·제출책임을 당사자에게 맡기고 있기 때문에 직권증거조사는 보충적·예외적일 수밖에 없다. 다만 判例는 손해배상의무의 존재는 인정되지만 그 손해액이 불명인 경우에는 법원이 석명권을 행사하여 입증을 촉구하거나 **직권증거조사를 하여야 하며 손해액 등의 입증이 없다는 이유로 청구를 기각하는 것은 부당하다**고 하였다(대판 1987.12.22. 85다카2453).

"이에 개정 민사소송법 제202조의2(2016.9.30.시행)는 종래의 判例를 반영하여 '손해가 발생한 사실은 인정되나 구체적인 손해의 액수를 증명하는 것이 사안의 성질상 매우 어려운 경우에 법원은 변론 전체의 취지와 증거조사의 결과에 의하여 인정되는 모든 사정을 종합하여 상당하다고 인정되는 금액을 손해배상 액수로 정할 수 있다.'라고 정하고 있다"(대판 2017.9.26. 2014다27425).[2]

---

1) 「채무자가 채무의 내용에 좇은 이행을 하지 아니한 때에는 채권자는 손해배상을 청구할 수 있다. 그러나 채무자의 고의나 과실없이 이행할 수 없게 된 때에는 그러하지 아니하다.」

2) **[동지판례]** "민사소송법 제202조의2는 종래의 판례를 반영하여 '손해배상 액수의 산정'이라는 제목으로 "손해가 발생한 사실은 인정되나 구체적인 손해의 액수를 증명하는 것이 사안의 성질상 매우 어려운 경우에 법원은 변론 전체의 취지와 증거조사의 결과에 의하여 인정되는 모든 사정을 종합하여 상당하다고 인정되는 금액을 손해배상 액수로 정할 수 있다."라고 정하고 있다. <u>이 규정은 특별한 정함이 없는 한 채무불이행이나 불법행위로 인한 손해배상뿐만 아니라 특별법에 의한 손해배상에도 적용되는 일반적 성격의 규정이다. 손해가 발생한 사실이 인정되나 구체적인 손해의 액수를 증명하는 것이 매우 어려운 경우에는 법원은 손해배상청구를 쉽사리 배척해서는 안 되고, 적극적으로 석명권을 행사하여 증명을 촉구하는 등으로 구체적인 손해액에 관하여 심리하여야 한다. 그 후에도 구체적인 손해액을 알 수 없다면 손해액 산정의 근거가 되는 간접사실을 종합하여 손해액을 인정할 수 있다</u>"(대판 2020.3.26. 2018다301336)

4. 사안의 해결

분실한 도자기의 시가 산정이 곤란한 이상, 법원은 변론 전체의 취지 등을 종합적으로 고려하여 직권으로 손해액을 인정할 수 있고, 이에 따라 결국 甲의 청구는 인용될 수 있다.

사례_092 **재판상 자백(1) - 선결적 법률관계에 대한 자백, 자백의 철회**
2014년 제3회 변호사시험, 2011년 7월 · 2013년 10월 · 2014년 6월 법전협 모의

X는 乙과 丙을 상대로 자신소유 A토지 위에 무단으로 건축된 B건물에 대한 철거를 구하는 소를 제기하였다. 제1회 변론기일에 피고 乙과 丙은 "원고 X가 이 사건 A토지의 소유자임을 인정한다"고 변론하였다. 피고 乙과 丙은 제2회 변론기일에 "원고 X는 이 사건 A토지의 소유자가 아니다"며 "종전 변론기일에서의 진술을 철회한다"고 변론하였다.

4. 피고 乙과 丙의 진술 철회는 유효한가? (15점)

IV. 문제 4.의 경우(15)

1. 문제점

피고 乙과 丙이 원고의 소유권을 인정한 진술이 재판상 자백에 해당하는지 문제되며, 재판상 자백에 해당하는 경우 철회사유가 인정되는지 문제된다.

2. 재판상 자백의 성립여부

(1) 재판상 자백의 의의, 요건 [일치, 불, 주사]

재판상 자백이란 변론 또는 변론준비절차에서 상대방 주장과 일치하고 자기에게 불리한 상대방의 주장사실을 진실한 것으로 인정하는 당사자의 주요사실의 진술을 말한다(제288조).

(2) 선결적 법률관계에 대한 자백의 성립여부

判例는 "소송물의 전제문제가 되는 권리관계나 법률효과를 인정하는 진술은 권리자백으로서 법원을 기속하는 것도 아니며 상대방의 동의 없이 자유로이 철회할 수 있다"(대판 2008.3.27, 2007다87061)고 하면서도 "소유권에 기한 이전등기말소청구소송에 있어서 피고가 원고 주장의 소유권을 인정하는 진술은 그 소전제가 되는 소유권의 내용을 이루는 사실에 대한 진술로 볼 수 있으므로 이는 재판상 자백이라 할 것이다"(대판 1989.5.9, 87다카749)라고 판시하였는바, 선결적 법률관계가 중간확인의 소(제264조 : 판결이유 중 기판력이 생기게 하는 제도)의 소송물이 되었을 때는 청구의 인낙이 허용되는 것과의 균형상 긍정설이 타당하다.

(3) 사안의 경우

피고 乙과 丙은 변론기일에서 자신에게 불리한 원고 X의 토지소유사실을 인정한다고 진술하였는바, 이는 재판상 자백에 해당한다.

3. 재판상 자백의 철회가부

(1) 재판상 자백의 철회 제한과 예외 [오, 동, 착, 경]

자백과 같은 '여효적 소송행위'는 법원의 행위가 개입되지 않고 직접 소송상 효력이 발생하므로(구속적 소송행위), 절차의 안정과 상대방의 신뢰보호를 위해 원칙적으로 철회할 수 없고, 민법상 법률행위에 관한 규정을 유추하여 취소할 수 없다.

다만, 예외적으로 ⅰ) 제451조 1항 5호의 재심사유가 있거나, ⅱ) 자백을 취소하고 이에 대해 상대방이 이의를 제기함이 없이 동의하거나, ⅲ) 자백이 진실에 반하고 착오로 인한 것일 때(제288조 단서)에는 철회할 수 있다. ⅳ) 소송대리인의 자백을 당사자가 경정하는 것도 가능하다(제94조).

(2) 사안의 경우

사안에서 ⅰ) 피고 乙과 丙의 자백이 형사상 처벌받을 다른 사람의 행위로 인한 것이라 볼 수 없으며, ⅱ) 원고 X가 피고들의 자백 철회에 대해 동의하였다고 볼만한 사정이 인정되지 않는다. ⅲ) 그리고, 자백이 진실에 반한다거나 착오로 인한 것이라고 볼 만한 사정이 없다. 따라서 피고 乙과 丙은 재판상 자백을 철회할 수 없다.

4. 사안의 해결

피고 乙과 丙의 진술철회는 유효하지 않다.

사례_093 **재판상 자백(2) - 법률용어를 사용한 당사자의 진술, 문서의 형식적 증거력**
2013년 제2회 변호사시험, 2015년 6월 · 2011년 7월 법전협 모의

甲은 乙에게 乙의 재산 중 X토지를 자신에게 매매하지 않으면 乙의 외화밀반출 사실을 사직당국에 고발하겠다고 끈질기게 협박하자, 이에 겁을 먹은 乙은 어쩔 수 없이 X토지를 甲에게 매도한다는 내용의 서면을 작성하였고, 다만 매매대금이 완납되기 전까지 공증인 丙에게 매매계약서를 보관시키기로 하되 매매대금 완납시 공동으로 丙에게 매매계약서를 반환받기로 합의하였다.
甲은 乙을 상대로 X토지의 소유권이전등기절차의 이행을 구하는 소송을 제기하였고, 자신의 주장을 뒷받침하기 위하여 丙이 보관하고 있던 매매계약서를 증거로 제출하고자 하였다. 그러나 丙은 甲과 乙사이의 합의의 내용을 이유로(대금미납) 甲의 반환청구를 거절하였고, 할 수 없이 甲은 자정에 丙의 집에 몰래 침입하여 매매계약서를 가지고 나와 증거로 제출하였다. 이에 乙은 위 매매계약서에 날인된 인영이 자신의 도장인 것은 맞지만 도용되었다고 주장하였다(단, '본증'과 같은 증명도로써 증명되지 못하였다). 소송 진행 중 甲은 "적당히 자백하면 乙의 비리사실을 묵인해주겠다"며 乙을 협박했고, 이에 달리 방법이 없다고 판단한 乙은 법정에서 "매매계약이 적법하게 체결되었다"고 진술하였다.

1. 위와 같은 상황 하에서 원고 · 피고 모두 다른 주장 · 입증을 하지 않은 상태에서 위 소송이 변론종결 되었다면, 법원이 매매계약서를 증거로 사용할 수 있는가? (20점)
2. 법원은 피고의 진술과 같이 매매계약체결사실을 인정할 수 있는가? (15점)

Ⅰ. 문제 1.의 경우(20)

1. 문제점

문서를 증거로 사용하여 사실을 인정하려면 합의서가 '증거능력'(추상적으로 증거조사의 대상이 될 수 있는 자격)이 있어야 하고, '증거력'(요증사실의 증명에 기여하는 효과)이 있어야 한다. 당해 매매계약서가 위법수집증거로서 증거능력이 부인되는지, 증거능력을 인정할 경우 매매계약서의 증거력을 인정할 수 있는지 문제된다.

2. 매매계약서의 증거능력

(1) 문제점

민사소송에서는 원칙적으로 증거능력의 제한이 없는바, 사안과 같이 절취에 의해 취득한 문서가 위법수집증거로서 증거능력이 부정되는지 문제된다.

(2) 판 례

2인간 대화 중에 그 중 1인이 상대방의 부지 중 비밀로 그 대화를 녹음한 사건에서 "민사소송법이 증거에 관해 자유심증주의를 채택하고 있기 때문에 상대방의 부지 중 비밀로 대화를 녹음한 테이프를 '위법'으로 수집되었다는 이유만으로 증거능력이 없다고 단정할 수 없고, 그 채증 여부는 법원의 재량의 의할 것이다"(대판 1981.4.14. 80다2314)고 판시하여 **증거능력을 긍정**한 것이 있다.[1]

[비교판례] "자유심증주의를 채택하고 있는 우리 민사소송법하에서 상대방 부지 중 비밀리에 상대방과의 대화를 녹음하였다는 이유만으로 그 녹음테이프가 증거능력이 없다고 단정할 수 없고, 그 채증 여부는 사실심 법원의 재량에 속하는 것이며, 녹음테이프에 대한 증거조사는 검증의 방법에 의하여야 한다"(대판 1999.5.25. 99다1789 : 당해 판례는 80다2314와 달리 '위법'이라는 표현이 없다)

(3) 사안의 해결

위법행위 유발방지를 강조하여 증거능력을 부정해야 한다는 입장이 있으나, **실체진실주의와 소송촉진의 요청**을 고려하여 증거능력을 긍정하는 判例의 태도가 타당하다. 이에 따르면 절취에 의해 취득한 매매계약서라도 일단 증거능력이 인정된다.

3. 매매계약서의 증거력

(1) 의 의

증거자료가 요증사실의 인정에 기여하는 정도를 증거력(증명력·증거가치)이라고 한다. 이것은 형식적 증거력과 실질적 증거력의 두 단계로 나누어지는데, 특히 서증의 경우에 중요한 의미가 있다.

(2) 문서의 형식적 증거력

1) 의 의

문서가 거증자가 주장하는 특정인의 의사에 기하여 작성된 것(위조·변조된 것이 아님)을 '문서의 진정성립'이라 하고, 진정하게 성립된 문서가 '형식적 증거력'(성립의 진정)이 있다고 한다.

[관련쟁점] ＊ 성립의 인부(조사)
상대방이 서증의 진정성립에 관한 제출자의 주장을 인정한 때에는, 보조사실에 대한 자백이나 그 자백은 주요사실에 대한 자백과 같은 효력이 있고 그 취소도 주요사실에 대한 자백과 동일하게 처리한다. 침묵한 때에는 자백간주의 법리에 따라 성립인정으로 간주된다. 상대방이 부인한 경우에는 제출자가 입증하여야 한다(대판 1994.11.8. 94다31549). 부지라고 다투면 부인으로 간주된다. 제출자가 성립의 진정을 증명하지 아니한 경우에도, 법원은 변론 전체의 취지를 참작하여 자유심증으로써 성립의 진정을 인정할 수도 있다(대판 1993.4.13. 92다12070).

2) 사문서의 경우 진정성립의 추정 및 복멸

가) 형식적 증거력의 의의 및 증명

사문서는 공문서와 달리(제356조 1항) 진정성립이 추정되지 않으므로 제출자는 '사문서가 진정한 것임을 증명하여야 한다'(제357조). 그러나 그 사문서에 있는 본인 또는 대리인의 서명·날인, 무인이 진정한 것임을 증명한 때에 한하여 진정한 문서로서 추정을 받는다(제358조)(제한적 추정력).

---

1) 현행 통신비밀보호법 제14조 1항은 "누구든지 공개되지 아니한 타인간의 대화를 녹음하거나 전자장치 또는 기계적 수단을 이용하여 청취할 수 없다"고 규정하며, 동조 2항과 동법 제4조는 이를 위반한 녹음 또는 청취의 내용은 재판 또는 징계절차에서 증거로 사용될 수 없도록 규정되어있다. 따라서 <u>타인간의 대화를 녹음한 것이 아니라 위 판례 80다2314와 같이 대화자간 일방이 상대방의 대화를 녹음한 것은 현행법상으로는 위법하지 않다.</u>

나) 인영의 동일성이 인정되는 경우 진정성립의 추정가부

判例는 ⅰ) '인영의 진정'(인영의 동일성, 자기 인장이란 점)이 인정되면 '날인의 진정'(인장 소유자의 의사에 의해 날인된 것)이 사실상 추정되고 ⅱ) 날인의 진정이 추정되면 제358조에 의해 그 문서전체의 진정성립이 추정된다고 하여 2단계의 추정으로 형식적 증거력을 추정하고 있다(대판 1986.2.11. 85다카1009).

다) 1단계 추정을 복멸하는 방법 : 인장도용·강박날인의 항변(간접반증)[2]

判例는 사문서에 날인된 작성 명의인의 인영이 그의 인장임(인영의 진정)이 증명되면 "날인행위가 작성 명의인의 의사에 기한 것이라는 추정은 사실상의 추정이므로, 인영의 진정성립을 다투는 자가 반증을 들어 인영의 진정성립(날인의 진정을 의미한다), 즉 날인행위가 작성 명의인의 의사에 기한 것임에 관하여 법원으로 하여금 의심을 품게 할 수 있는 사정을 입증하면 그 진정성립의 추정은 깨어진다"(대판 1997.6.13. 96재다462)고 한다. 그리고 날인사실의 추정은 그 날인행위가 작성명의인 이외의 자에 의하여 이루어진 것(도용사실 등)임이 밝혀진 경우에는 깨지고(대판 1997.6.13. 96재다462), 위와 같은 사실은 그것을 주장하는 자가 적극적으로 증명하여야 하고, 이 항변사실을 증명하는 증거의 증명력은 개연성만으로는 부족하고, '본증'과 같은 증명도로써 증명하여야 한다(대판 1987.12.22. 87다카707 ; 대판 2008.11.13. 2007다82158)고 한다.

(3) 사안의 해결

乙이 인장도용항변을 하였는데, '본증'과 같은 증명도로써 증명되지 못하였으므로 법관에게 확신을 주지 못하여 날인의 진정에 대한 반증에 실패한 것으로 보인다. 따라서 날인의 진정추정은 깨지지 않았다.

4. 사안의 해결

매매계약서는 위법수집증거에 해당하나 증거능력이 인정된다. 그리고 날인의 진정에 대한 사실상의 추정이 깨지지 않았으므로 법원은 이를 재판의 증거로 사용할 수 있다.

Ⅱ. 문제 2.의 경우(15)

1. 문제점

법원이 사실을 인정하기 위해서는 당사자에 의해 증거가 제출되어 입증되거나 자백 또는 자백간주되거나 현저한 사실일 것을 요하는바(제288조), 사안의 매매계약사실에 재판상 자백이 성립하는지 문제된다.

2. 재판상 자백의 요건, 방식

재판상 자백은 변론 또는 변론준비기일에서 한 상대방 주장과 일치하고 자기에게 불리한 주요사실의 진술이다(제288조). 자백은 방식으로서, 소송의 변론이나 준비절차에서 소송행위로서 진술하였거나 진술간주되어야 한다. 사안의 경우, 乙은 변론기일에서 매매계약사실을 인정한 것인바, 매매계약체결사실이 주요사실인지 여부와, 법률용어를 사용한 진술이 재판상 자백에 해당하는지 문제된다.

3. 매매계약사실이 주요사실인지 여부

(1) 주요사실과 간접사실의 구별기준

判例의 입장인 법규기준설에 의하면 주요사실이란 권리의 발생, 변경, 소멸이라는 법률효과를 가져오는 법규의 직접 요건사실이고 간접사실이란 주요사실의 존부를 경험칙에 의하여 추인하게 하는 사실이다.

---

2) 1단계 추정을 복멸하는 방법으로 인장도용·강박날인·원본부존재·자격모용의 항변이 있다. 이러한 항변은 '인영의 진정'(인영과 인장의 동일성)과 양립가능한 별개의 사실을 주장하는 것으로 간접반증에 해당한다. 간접반증이란 주요사실에 대하여는 진위불명의 상태에 빠뜨리면 되므로 반증이지만, 양립하는 별개의 간접사실 자체의 존재에 대하여는 법관에게 확신을 줄 정도로 증명해야 하므로 본증이다.

(2) 사안의 경우

매매계약체결사실은 권리의 발생이라는 법률효과를 가져오는 법규의 직접의 요건사실이므로 주요사실에 해당한다.

4. 법률용어를 사용한 당사자의 진술로 자백이 성립하는지 여부

判例는 "법률용어를 사용한 당사자의 진술이 구체적인 사실관계의 표현으로서 사실상의 진술도 포함하는 경우에는 그 범위 내에서 자백이 성립한다."(대판 1984.5.29. 84다122)고 보아 **법률상 개념을 사용하여 주요사실을 진술하는 경우 자백이 성립한다**고 본다. 따라서 매매계약체결사실을 인정한다는 진술은 자백의 요건으로서의 진술에 해당한다.

5. 사안의 해결

乙은 주요사실인 매매계약체결사실에 대해서 변론기일에서 인정하는 진술을 한 것이므로 재판상 자백이 성립한다. 따라서 법원은 자백한 사실에 대해 진위여부를 조사할 필요 없이 자백한 그대로 사실을 인정해야한다.

사례_094 재판상 자백(3) – 선행자백의 구속력 2017년 8월 법전협 모의

⟨공통된 사실관계⟩

甲은 2016. 5. 1. 자신의 X 기계를 乙에게 소유권유보부매매로 하여 乙이 경영하는 공장에 위 X 기계를 설치해 주었다. 그런데 乙이 위 X 기계에 대한 대금을 지급하기로 한 약속을 지키지 못하자, 甲은 乙에 대하여 2016. 9. 10. 위 매매계약을 해제하였다. 그런데 위 X 기계가 설치된 乙 소유의 공장대지 및 건물에 대하여 丙이 저당권을 취득하고, 丙의 저당권 실행을 위한 경매절차에서 위 공장대지 및 건물과 더불어 「공장 및 광업재단 저당법」에 따라 저당목적물로 경매목록에 기재되어 있던 위 X 기계를 丁이 매수하였다. 이에 대하여 甲이 丁을 상대로 위 X 기계에 대한 소유권 확인의 소를 제기하였고, 丙을 상대로 자신의 기계가 경매되었다고 주장하며 별소로 X 기계의 매각대금 상당액인 1억 원의 부당이득반환 청구의 소를 제기하였다.

※ 「공장 및 광업재단 저당법」에 의하면, 공장의 소유자가 공장에 속하는 토지에 설정한 저당권의 효력은 건물을 제외한 그 토지에 부가되어 이와 일체를 이루는 물건과 그 토지에 설치된 기계, 기구 기타의 공장의 공용물에 미친다.

⟨문제 1.⟩

甲은 위 부당이득반환소송의 제1회 변론기일에 丙에 대한 1억 원의 부당이득반환청구권의 발생 요건사실을 모두 주장·증명하였다. 그 후 甲은 제2회 변론기일 전에 준비 서면을 제출하였는데, 이 준비서면에 甲이 丙으로부터 위 부당이득금 1억 원을 지급받았다는 내용이 기재되어 있었다. 제2회 변론기일에 甲은 출석하지 않았고 丙은 출석하여 '甲이 丙으로부터 위 부당이득금을 지급받았다는 甲의 주장을 丙의 이익으로 원용 한다'라고 진술하였다. 제3회 변론기일에는 甲과 丙 모두 출석하였는데, 甲은 '甲이 丙으로부터 위 부당이득금을 반환받은 적이 없고, 위 준비서면의 내용은 진술하지 않겠다'라고 진술하였다. 법원은 제3회 변론기일에 증거조사를 하고 변론을 종결하였는데, 위 증거조사 결과 甲이 丙으로부터 위 부당이득금을 반환받았는지 여부에 대하여 확신을 갖지 못 하였다.
법원은 어떠한 판결을 하여야 하는가? (민사소송법의 맥 B-32 참조)

Ⅰ. 결 론

자백의 구속력에 따라 법원은 甲이 丙으로부터 위 부당이득금을 반환받았는지 여부에 대하여 확신을 갖지 못하였더라도, 위 부당이득금을 반환되었다고 보아 청구기각의 판결을 하여야 한다.

Ⅱ. 논 거

1. 재판상자백의 성립여부(적극)

(1) 재판상자백의 요건 [구, 불, 일, 소]

재판상자백이 인정되기 위해서는, 구체적인 사실을 대상으로 하였을 것(대상적격), 자기에게 불리한 사실상의 진술일 것(자백의 내용), 상대방의 주장사실과 일치하는 진술일 것(자백의 모습), 변론이나 변론준비기일에서 소송행위로서 진술하였을 것(자백의 형식)을 요한다.

(2) 구체적인 사실인지 여부(적극)

자백의 대상이 될 수 있는 구체적 사실이란 변론주의가 적용되는 주요사실을 말한다.

사안에서 甲이 丙으로부터 위 부당이득금 1억 원을 지급받았다는 사실은 甲의 청구권을 상실시키는 법률효과를 가져오는 법규의 요건사실이므로 주요사실에 해당한다.

(3) 자기에게 불리한 사실상의 진술인지 여부(적극)

상대방에게 증명책임이 있는 사실이라는 증명책임설이 있으나, 상대방 신뢰를 보호한다는 측면에서 인정사실로 패소가능성이 있다면 자기에게 증명책임이 있는 사실이라도 재판상 자백에 포함된다고 보아야 한다(패소가능성설 ; 대판 1993.9.14. 92다24899).

사안의 경우 어떠한 입장에 의하더라도 甲의 청구권 상실을 인정하는 진술이므로 불리한 진술에 해당한다.

(4) 상대방의 주장사실과 일치하는 진술인지 여부(적극)

당사자 일방이 먼저 불리한 진술을 하는 경우를 선행자백이라 하고, 상대방이 이를 원용하면 재판상 자백이 된다. 判例도 "재판상 자백의 일종인 이른바 선행자백은 당사자 일방이 자진하여 자기에게 불리한 사실상의 진술을 한 후 상대방이 이를 원용함으로써 사실에 관하여 당사자 쌍방의 주장이 일치함을 요하므로 일치가 있기 전에는 전자의 진술을 선행자백이라 할 수 없고, 따라서 일단 자기에게 불리한 사실을 진술한 당사자도 그 후 상대방의 원용이 있기 전에는 자인한 진술을 철회하고 이와 모순되는 진술을 자유로이 할 수 있으며 이 경우 앞의 자인사실은 소송자료에서 제거된다"(대판 2016.6.9. 2014다64752 : 判例는 상대방의 원용이 있으면 선행자백이라하고, 학설은 선행자백에 대하여 원용이 있으면 재판상 자백이 된다고 한다)고 한다.

사안의 경우 甲은 丙의 진술이 있기 전 부당이득금 1억 원을 지급받았다고 서변에 먼저 기재하여 진술간주 되었고 丙은 이를 원용하였다. 따라서 선행자백이 인정된다.

(5) 소송행위로서 진술인지 여부(적극)

1) 진술간주로 인정되는지 여부(적극)

한쪽 당사자가 불출석한 경우에 반드시 진술간주의 처리를 하여야 하는 것은 아니며, 진술간주 제도를 적용하여 변론을 진행하느냐 기일을 연기하느냐는 법원의 재량에 속한다고 할 것이나, 출석한 당사자만으로 변론을 진행할 때에는 반드시 불출석한 당사자가 그때까지 제출한 소장 · 답변서, 그 밖의 준비서면에 적혀 있는 사항을 진술한 것으로 보아야 한다(대판 2008.5.8. 2008다2890 : 진술간주기속설).

사안의 경우 甲이 불출석하여 丙만으로 진행된 2차 변론기일에서 甲의 준비서면에 기재된 사항은 진술간주되었다.

2) 재판상 자백에서의 진술에 진술간주도 포함되는지 여부(적극)

법원에 제출되어 상대방에게 송달된 답변서나 준비서면에 자백에 해당하는 내용이 기재되어 있는 경우 그것이 변론기일이나 변론준비기일에서 진술 또는 진술간주된다면 재판상 자백이 성립한다(대판 2015.2.12. 2014다229870).

2. 자백의 구속력

(1) 법원에 대한 구속력

법원은 증거조사 및 변론 전체의 취지로부터 자백한 사실과 반대되는 심증을 얻었다 하더라도 자백 사실에 반하는 사실을 인정할 수 없다. 다만 직권탐지주의가 적용되는 경우나 소송요건 등의 직권조 사사항에 대하여는 자백의 효력이 인정되지 않는다(대판 2002.5.14. 2000다42908). 현저한 사실에 반하는 자백에 관하여는 구속력을 부정하는 것이 통설·判例(대판 1959.7.30. 4291민상551)이다.

(2) 당사자에 대한 구속력

철회가 제한되어 자백한 당사자는 임의로 취소할 수 없다. 다만 判例는 "일단 자백이 성립되었다고 하여도 그 후 그 자백을 한 당사자가 종전의 자백과 배치되는 내용의 주장을 하고 이에 대하여 상대 방이 이의를 제기함이 없이 그 주장내용을 인정한 때에는 종전의 자백은 취소되고 새로운 자백이 성 립된 것으로 보아야 한다"(대판 1990.11.27. 90다카20548)고 하여 예외적으로 상대방의 동의가 있는 경우 철회가 가능하다는 입장이다.

(3) 사안의 경우

甲은 제3회 변론기일에 '乙이 丙으로부터 위 부당이득금을 반환받은 적이 없고, 위 준비서면의 내용 은 진술하지 않겠다'라고 진술한 것은 자백의 철회에 해당한다. 그러나 이미 제2회 변론기일에 丙은 '乙이 丙으로부터 위 부당이득금을 지급받았다는 甲의 주장을 丙의 이익으로 원용한다'고 진술하였으 므로 위 주장철회는 불가하다. 나아가 자백이 진실에 반한다는 점도 증명되지 않았으므로 취소도 불가하다(제288조 단서).

사례_095 재판상 자백(4) − 선행자백의 구속력 2017년 법원행정고시

〈공통된 사실관계〉

원고는 2015. 5. 1. 의사인 피고를 상대로 서울중앙지방법원에, 자신이 2012. 5. 25. 피고로부터 척추수 술을 받았으나 피고의 의료상 과실로 하지마비 등의 장애(이하 '이 사건 의료사고'라 한다)가 발생하였 음을 이유로 불법행위에 따른 손해배상을 구하는 조정신청을 하였는데, 그 조정신청서에 신청금액과 관련하여 다음과 같이 기재하였다.

- 조정신청서 -

'원고는 적극적 손해에 대한 배상금으로 기왕치료비 500만 원을 청구하고, 향후치료비는 추후 소송 시 신체감정 결과에 따라 확정하여 청구하되, 기존 유사사례에 근거하여 비뇨기과 향후치료비 1,000만 원과 항문외과 향후치료비 1,500만 원을 각 청구하며, 위자료로 3,000만 원을 청구한다.'

그런데 원고와 피고 사이에 조정이 성립되지 않아 위 사건은 소송으로 이행되었고, 이후 피고가 답변 서를 제출하지 않고 불출석하자 원고에 대한 신체감정이 이루어지지 않은 상태에서 위 법원은 2015. 9. 25. '피고는 원고에게 위 신청금액 합계 6,000만 원을 지급하라.'는 내용의 자백간주에 의한 원고 전부승소 판결을 선고하였으며, 위 판결은 그 무렵 확정되었다.(이하 위 소송을 '이 사건 선행소송'이 라 한다)

한편 원고는 2017. 4. 20. 피고를 상대로 서울중앙지방법원에 이 사건 의료사고로 인한 불법행위를 원인으로 한 손해배상 청구소송(이하 '이 사건 소송'이라 한다)을 다시 제기하였는데, 그 청구내용은 이 사건 선행소송에서 인정된 금액을 제외한 나머지 적극적 손해에 대한 배상금 5,000만 원, 소극적 손해에 대한 배상금 2,000만 원 및 위자료 1억 원이었다.

※ 다음의 각 질문에 답하시오.
(단, 각 질문은 서로 무관하며, 견해의 대립이 있는 경우 대법원 판례에 의함)

〈문제 1.〉 (문제 2.는 사례 - 117. 참고)
원고는 이 사건 소송 제1회 변론기일에서 이 사건 선행소송 이후 피고로부터 소극적 손해에 대한 배상금으로 1,000만 원을 변제받았다고 진술(이하 '종전진술'이라 한다)하였고, 이에 대해 피고는 위 돈은 형사합의금으로 변제한 것이라고 주장하였다. 이에 원고는 제2회 변론기일에서 종전진술을 철회하면서 향후 소극적 손해에 대한 배상금을 5,000만 원으로 확장하겠다고 진술하였다. **이 경우 법원이 원고의 위 종전진술과 반대되는 사실을 인정할 수 있는지 설명하시오.**

I. 문제점

재판상 자백이 성립하려면 ⅰ) 구체적 사실을 대상으로 하였을 것, ⅱ) 자기에게 불리한 사실상의 진술일 것, ⅲ) 상대방의 주장사실과 일치하는 진술일 것, ⅳ) 변론이나 변론준비기일에서 소송행위로서 진술하였을 것을 요하는 바, 재판상 자백이 성립하면 법원은 자백사실에 반하는 사실을 인정할 수 없다(제288조). 사안은 특히 요건 ⅲ)과 관련하여 원고의 '종전진술'이 선행자백에 해당하는지, 해당한다면 재판상 자백이 성립하여 법원을 구속하는지 문제된다.

II. 선행자백의 성립요건

判例는 "재판상 자백의 일종인 이른바 선행자백은 당사자 일방이 자진하여 자기에게 불리한 사실상의 진술을 한 후 상대방이 이를 원용함으로써 사실에 관하여 당사자 쌍방의 주장이 일치함을 요하므로 일치가 있기 전에는 전자의 진술을 선행자백이라 할 수 없고, 따라서 일단 자기에게 불리한 사실을 진술한 당사자도 그 후 상대방의 원용이 있기 전에는 자인한 진술을 철회하고 이와 모순되는 진술을 자유로이 할 수 있으며 이 경우 앞의 자인사실은 소송자료에서 제거된다"(대판 2016.7.27. 2013다96165)고 한다.

III. 사안의 해결

원고는 이 사건 소송 제1회 변론기일에서 이 사건 선행소송 이후 피고로부터 1,000만 원을 변제받은 사실을 자인하였다가 이를 철회하였는 바, 원고의 '종전진술'은 선행자백에 해당하나, 불법행위에 따른 손해배상금으로 변제된 것(민법 제750조)과 형사합의금으로 변제된 것(민법 제733조)은 그 주요사실이 다르므로 피고가 위 돈을 형사합의금으로 변제한 것이라고 주장한 것은 원고의 '종전진술'에 대하여 이를 원용하였다고 할 수 없다. 따라서 원고가 제2회 변론기일에서 종전진술을 철회한 것은 인정되고, 나아가 향후 소극적 손해에 대한 배상금을 5,000만 원으로 확장하겠다고 진술한 것 역시 종전진술과 모순된다고 하더라도 허용되며, 원고의 종전진술은 소송자료에서 제거된다. 따라서 법원은 자유심증주의에 따라 원고의 위 종전진술과 반대되는 사실을 인정할 수 있다.

甲은 2011. 8. 1. 丙과 丁의 연대보증 아래 乙에게 3억 원을 변제기 2012. 7. 31. 이율 연 12%(변제기에 지급)로 정하여 대여(이하 '이 사건 대여'라 한다)하였다. 丁은 무자력 상태에서 2015. 10. 1. 자신의 유일한 재산인 시가 4억 원 상당의 X토지를 戊에게 1억 원에 매도(이하 '이 사건 매매계약'이라 한다)하고 같은 달 10. 소유권이전등기(이하 '이 사건 소유권이전등기'라 한다)를 마쳐주었다. 丁에 대해 변제기가 2014. 11. 30.인 2억 원의 물품대금채권을 가지고 있던 K는 戊를 상대로 2016. 9. 1. 이 사건 매매계약의 취소와 소유권이전등기의 말소를 구하는 사해행위취소의 소를 제기하였다.

제1차 변론기일에 丙은 적법하게 변론기일 소환장을 받고도 출석하지 않았으며, 丁 또한 출석하지 않았다. 한편, 제1차 변론기일 후 2017. 12. 11. 아래와 같은 내용으로 제2차 변론기일이 추가로 진행 되었다. 甲은 제2차 변론기일에 출석하여 乙이 2017. 8. 20. 이 사건 대여원리금을 이유를 불문하고 조만간 갚겠다는 각서를 써 주었다고 주장하며 乙의 서명이 된 위 각서를 증거로 제출하였고, 위 기일에 출석한 乙은 그 각서의 서명이 자신의 것이 맞다고 진술하였다. 한편 丙은 제2차 변론기일에는 출석하여 이 사건 대여원리금을 연대보증한 사실은 인정하지만, 모든 채무가 시효로 소멸하였다고 항변하였다. 丁은 제2차 변론기일에도 출석하지 않았다. 법원은 심리 후 丁에 대한 변론을 분리하여 乙과 丙에 대해서만 변론을 종결하였다. 만약 법원이 2018. 1. 12. 판결을 선고하는 경우 피고 乙과 丙(丁은 제외)에 대한 청구의 결론과 논거를 서술하시오.

(민사소송법의 맥 B-30 참조)

I. 결 론

법원은 甲의 乙에 대한 청구를 인용하고, 丙에 대한 청구를 기각하는 판결을 선고하여야 한다.

II. 논 거

1. 甲의 乙에 대한 청구

(1) 재판상 자백의 요건과 효과 [구, 불, 일, 소]

재판상자백이 인정되기 위해서는, 구체적인 사실을 대상으로 하였을 것(대상적격), 자기에게 불리한 사실상의 진술일 것(자백의 내용), 상대방의 주장사실과 일치하는 진술일 것(자백의 모습), 변론이나 변론준비기일에서 소송행위로서 진술하였을 것(자백의 형식)을 요한다. 재판상 자백이 성립된 경우 그 내용에 대해서는 증명을 요하지 않는다(제288조 본문).

(2) 문서의 진정성립에 대한 재판상 자백이 성립하는지 여부(적극)

자백의 대상이 되는 대상은 원칙적으로 주요사실에 한하며, 간접사실과 보조사실에 대하여는 자백이 성립하지 아니한다. 사안의 경우 이 사건의 서명이 자신의 것이 맞다는 乙의 진술은 문서의 진정성립을 추정케 하는 사실에 관한 인정진술로서 보조사실에 대한 자백이나, 예외적으로 재판상 자백이 성립할 것인지 문제된다. 判例는 "문서의 성립에 관한 자백은 보조사실에 관한 자백이기는 하나 그 취소에 관하여는 다른 간접사실에 관한 자백취소와는 달리 주요사실의 자백취소와 동일하게 처리하여야 할 것이므로 문서의 진정성립을 인정한 당사자는 자유롭게 이를 철회할 수 없다"(대판 2001.4.24, 2001다5654)고 하여 긍정설의 입장이다. 생각건대 진정성립에 대한 자백을 허용하여 철회를 원칙적으로 제한함으로서 심리촉진을 도모하고 상대방사자의 신뢰할 보호의 필요성이 있으므로 판례의 태도가 타당하다.

(3) 사안의 경우

甲이 소멸시효완성의 이익을 포기한다는 乙의 각서를 증거로 제출한 것에 대하여 乙이 그 문서의 진정성립을 인정한바, 재판상 자백이 성립하였다. 따라서 법원은 甲의 乙에 대한 청구에 대하여 인용하는 판결을 선고하여야 한다.

2. 甲의 丙에 대한 청구

(1) 자백간주의 효과

丙은 제1차 변론기일에서 자백간주가 성립되었는바, 법원에 대한 구속력이 발생하여 법원은 자백간주된 사실에 반하는 사실을 인정할 수 없지만, 재판상 자백과 달리 당사자에 대한 구속력이 인정되지 않아 당사자는 사실심 변론종결시까지 상대방의 주장사실을 다투어 자백간주의 효력을 번복할수 있다(대판 1987.12.8. 87다368).

(2) 丙의 연대보증사실에 대한 재판상 자백의 성부

丙의 연대보증사실은 권리근거규정에 해당하는 요건사실로서 주요사실에 해당하는 바, 甲에게 유리한 법규의 요건사실로서 원고 甲이 증명책임을 진다. 그런데 丙은 제2차 변론기일에 출석하여 상대방 甲에게 유리하고 자신에게 불리한 사실에 해당하는 연대보증사실에 대하여 인정한다고 진술하였으므로 재판상 자백이 성립한다. 따라서 법원은 甲이 丙의 연대보증사실을 증명할 만한 증거를 제출하지 않았다고 하더라도 丙의 연대보증사실을 인정하여야 한다.

(3) 丙의 소멸시효완성사실에 대한 항변

丙은 연대보증인으로서 독자적으로 소멸시효이익을 원용할 수 있는 자에 해당하므로, 주채무자 乙의 시효이익 포기각서에 불구하고 소멸시효완성사실에 대하여 항변할 수 있다. 다만, 소멸시효완성사실은 丙에게 유리한 법규의 요건사실에 해당하므로 피고 丙이 증명책임을 부담한다.

(4) 사안의 경우

원고 甲이 주장하는 대여금채권의 변제기에 해당하는 2012. 7. 31.을 기산점으로 하여 상사채권의 소멸시효기간인 5년이 경과하여 제기된 이 사건 소에 있어 丙의 연대보증채무는 부종성에 따라 소멸하였다. 따라서 법원은 甲의 丙에 대한 청구를 기각하여야 한다.

사례_097 **재판상 자백 – 법률용어를 사용한 당사자의 진술, 문서의 형식적 증거력(2)**

2013년 제2회 변호사시험, 2015년 6월·2011년 7월 법전협 모의

甲은 乙에게 乙의 재산 중 X토지를 자신에게 매매하지 않으면 乙의 외화밀반출 사실을 사직당국에 고발하겠다고 끈질기게 협박하자, 이에 겁을 먹은 乙은 어쩔 수 없이 X토지를 甲에게 매도한다는 내용의 서면을 작성하였고, 다만 매매대금이 완납되기 전까지 공증인 丙에게 매매계약서를 보관시키기로 하되 매매대금 완납시 공동으로 丙에게 매매계약서를 반환받기로 합의하였다.

甲은 乙을 상대로 X토지의 소유권이전등기절차의 이행을 구하는 소송을 제기하였고, 자신의 주장을 뒷받침하기 위하여 丙이 보관하고 있던 매매계약서를 증거로 제출하고자 하였다. 그러나 丙은 甲과 乙사이의 합의의 내용을 이유로(대금미납) 甲의 반환청구를 거절하였고, 할 수 없이 甲은 자정에 丙의 집에 몰래 침입하여 매매계약서를 가지고 나와 증거로 제출하였다. 이에 乙은 위 매매계약서에 날인된 인영이 자신의 도장인 것은 맞지만 도용되었다고 주장하였다(단, '본증'과 같은 증명도로써 증명되지 못하였다). 소송 진행 중 甲은 "적당히 자백하면 乙의 비리사실을 묵인해주겠다"며 乙을 협박했고, 이에 달리 방법이 없다고 판단한 乙은 법정에서 "매매계약이 적법하게 체결되었다"고 진술하였다.

〈문제 1.〉
위와 같은 상황 하에서 원고·피고 모두 다른 주장·입증을 하지 않은 상태에서 위 소송이 변론종결
되었다면, **법원이 매매계약서를 증거로 사용할 수 있는가?** (민사소송법의 맥 B-29 참조)

〈문제 2.〉
법원은 피고의 진술과 같이 매매계약체결사실을 인정할 수 있는가? (민사소송법의 맥 321쪽 참조)

Ⅰ. 문제 1.의 해결

1. 문제점

문서를 증거로 사용하여 사실을 인정하려면 합의서가 증거능력(추상적으로 증거조사의 대상이 될 수 있는 자격)이 있어야 하고, 증거력(요증사실의 증명에 기여하는 효과)이 있어야 한다. 당해 매매계약서가 위법수집증거로서 증거능력이 부인되는지, 증거능력을 인정할 경우 매매계약서의 증거력을 인정할 수 있는지 문제된다.

2. 매매계약서의 증거능력

(1) 문제점

민사소송에서는 원칙적으로 증거능력의 제한이 없는바, 사안과 같이 절취에 의해 취득한 문서가 위법수집증거로서 증거능력이 부정되는지 문제된다.

(2) 판 례

判例는 "민사소송법이 증거에 관해 자유심증주의를 채택하고 있기 때문에 상대방의 부지 중 비밀로 대화를 녹음한 녹음테이프를 위법으로 수집되었다는 이유만으로 증거능력이 없다고 단정할 수 없고, 그 채증 여부는 법원의 재량에 의할 것"(대판 1981.4.14. 80다2314)이라고 하여 증거능력을 긍정한 바 있다.

(3) 사안의 해결

위법행위 유발방지를 강조하여 증거능력을 부정해야 한다는 입장이 있으나, **실체진실주의와 소송촉진의 요청**을 고려하여 증거능력을 긍정하는 判例의 태도가 타당하다. 이에 따르면 절취에 의해 취득한 매매계약서라도 일단 증거능력이 인정된다.

3. 매매계약서의 증거력

(1) 의 의

증거자료가 요증사실의 인정에 기여하는 정도를 증거력(증명력·증거가치)이라고 한다. 이것은 형식적 증거력과 실질적 증거력의 두 단계로 나누어지는데, 특히 서증의 경우에 중요한 의미가 있다.

(2) 문서의 형식적 증거력

1) 의 의

문서가 거증자가 주장하는 특정인의 의사에 기하여 작성된 것(위조·변조된 것이 아님)을 '문서의 진정성립'이라 하고, 진정하게 성립된 문서가 '형식적 증거력'(성립의 진정)이 있다고 한다.

2) 성립의 인부(조사)

상대방이 서증의 진정성립에 관한 제출자의 주장을 인정한 때에는, 보조사실에 대한 자백이나 그 자백은 주요사실에 대한 자백과 같은 효력이 있고 그 취소도 주요사실에 대한 자백과 동일하게 처리한다. 침묵한 때에는 자백간주의 법리에 따라 성립인정으로 간주된다. 상대방이 부인한 경우에는 제출자

가 입증하여야 한다(대판 1994.11.8. 94다31549). **부지라고 다투면 부인으로 간주된다.** 제출자가 성립의 진정을 증명하지 아니한 경우에도, 법원은 변론 전체의 취지를 참작하여 자유심증으로써 성립의 진정을 인정할 수도 있다(대판 1993.4.13. 92다12070).

3) 사문서의 경우 진정성립의 추정 및 복멸

a. 형식적 증거력의 의의 및 증명

사문서는 공문서와 달리(제356조 1항) 진정성립이 추정되지 않으므로 제출자는 '사문서가 진정한 것임을 증명하여야 한다'(제357조). 그러나 그 사문서에 있는 본인 또는 대리인의 서명·날인, 무인이 진정한 것임을 증명한 때에 한하여 진정한 문서로서 추정을 받는다(제358조)(제한적 추정력).

b. 인영의 동일성이 인정되는 경우 진정성립의 추정가부

判例는 ⅰ) '인영의 진정'(인영의 동일성, 자기 인장이란 점)이 인정되면 '날인의 진정'(인장 소유자의 의사에 의해 날인된 것)이 사실상 추정되고 ⅱ) 날인의 진정이 추정되면 제358조에 의해 그 문서전체의 진정성립이 추정된다고 하여 2단계의 추정으로 형식적 증거력을 추정하고 있다(대판 1986.2.11. 85다카1009).[1]

c. 진정성립 추정의 복멸

判例는 사문서에 날인된 작성 명의인의 인영이 그의 인장임(인영의 진정)이 증명되면 "날인행위가 작성 명의인의 의사에 기한 것이라는 추정은 사실상의 추정이므로, 인영의 진정성립을 다투는 자가 반증을 들어 인영의 진정성립(날인의 진정을 의미한다), 즉 날인행위가 작성 명의인의 의사에 기한 것임에 관하여 법원으로 하여금 의심을 품게 할 수 있는 사정을 입증하면 그 진정성립의 추정은 깨어진다"(대판 1997.6.13. 96재다462)고 한다. 그리고 날인사실의 추정은 그 날인행위가 작성명의인 이외의 자에 의하여 이루어진 것(도용사실 등)임이 밝혀진 경우에는 깨지고(대판 1997.6.13. 96재다462), 위와 같은 사실은 그것을 주장하는 자가 적극적으로 증명하여야 하고, 이 항변사실을 증명하는 증거의 증명력은 개연성만으로는 부족하고, '본증'과 같은 증명도로써 증명하여야 한다(대판 1987.12.22. 87다카707 ; 대판 2008.11.13. 2007다82158)고 한다.

(3) 사안의 해결

乙이 인장도용항변을 하였는데, '본증'과 같은 증명도로써 증명되지 못하였으므로 법관에게 확신을 주지 못하여 날인의 진정에 대한 반증에 실패한 것으로 보인다. 따라서 날인의 진정추정은 깨지지 않았다.

4. 사안의 해결

매매계약서는 위법수집증거에 해당하나 증거능력이 인정된다. 그리고 날인의 진정에 대한 사실상의 추정이 깨지지 않았으므로 법원은 이를 재판의 증거로 사용할 수 있다.

Ⅱ. 문제 2.의 해결

1. 문제점

법원이 사실을 인정하기 위해서는 당사자에 의해 증거가 제출되어 입증되거나 자백 또는 자백간주되거나 현저한 사실일 것을 요하는바(제288조), 사안의 매매계약사실에 재판상 자백이 성립하는지 문제된다.

2. 재판상 자백의 요건. 방식

재판상 자백은 변론 또는 변론준비기일에서 한 상대방 주장과 일치하고 자기에게 불리한 주요사실

---

1) 이러한 추정에 의하여 법관의 자유심증은 제한된다(자유심증의 제한 내지 예외가 아니라는 견해도 있다).

의 진술이다(제288조). 자백은 방식으로서, 소송의 변론이나 준비절차에서 소송행위로서 진술하였거나 진술간주되어야 한다. 사안의 경우, 乙은 변론기일에서 매매계약사실을 인정한 것인바, 매매계약체결사실이 주요사실인지 여부와, 법률용어를 사용한 진술이 재판상 자백에 해당하는지 문제된다.

3. 매매계약사실이 주요사실인지 여부(적극)

(1) 주요사실과 간접사실의 구별기준

判例의 입장인 법규기준설에 의하면 주요사실이란 권리의 발생, 변경, 소멸이라는 법률효과를 가져오는 법규의 직접 요건사실이고 간접사실이란 주요사실의 존부를 경험칙에 의하여 추인하게 하는 사실이다.

(2) 사안의 경우

매매계약체결사실은 권리의 발생이라는 법률효과를 가져오는 법규의 직접의 요건사실이므로 주요사실에 해당한다.

4. 법률용어를 사용한 당사자의 진술로 자백이 성립하는지 여부(적극)

判例는 "법률용어를 사용한 당사자의 진술이 구체적인 사실관계의 표현으로서 사실상의 진술도 포함하는 경우에는 그 범위 내에서 자백이 성립한다."(대판 1984.5.29. 84다122)고 보아 **법률상 개념을 사용하여 주요사실을 진술하는 경우 자백이 성립한다고 본다.** 따라서 매매계약체결사실을 인정한다는 진술은 자백의 요건으로서의 진술에 해당한다.

5. 사안의 해결

乙은 주요사실인 매매계약체결사실에 대해서 변론기일에서 인정하는 진술을 한 것이므로 재판상 자백이 성립한다. 따라서 법원은 자백한 사실에 대해 진위여부를 조사할 필요 없이 자백한 그대로 사실을 인정해야한다.

사례_098 **재판상 자백, 문서의 형식적 증거력(3)**   2015년 6월 · 2019년 6월 법전협 모의

乙과 丙은 각 2/3, 1/3 지분에 따라 X주택을 소유하며, 乙과 丙의 합의에 따라 乙이 단독으로 X주택을 거주하고 있었다. 2010. 4. 1. 乙은 甲에게 X주택의 보수를 의뢰하면서 그 대금을 5,000만 원으로 하고 공사완공과 동시에 지급하기로 약정하였다. 이 약정에 따라 甲은 보수공사를 마쳤으나 乙은 공사대금을 지급하지 않았다. 따라서 甲은 乙을 상대로 공사대금 전액을 청구하고, 丙을 상대로 공사비 3,000만 원 중 丙의 지분의 비율에 따른 1,000만 원의 비용상환 또는 부당이득반환을 청구하는 소를 제기하였다. 위 소송에서 丙은 "본인은 공사계약의 직접당사자가 아니므로 비용상환 또는 부당이득반환을 할 의무가 없다"고 항변하였고, 이에 대해 甲은 "공사계약으로 원인 없이 이익을 얻은 丙은 이를 반환하여야 한다"고 주장하였다.

〈문제 1.〉
위 소송에서 甲이 제출한 보수공사계약서에는 도급인으로 乙과 丙의 성명이 기재되어 있고 乙의 이름 뒤에는 乙의 인장이, 丙의 이름 뒤에는 丙의 인장이 각 날인되어 있었는데, 丙은 위 계약서를 작성한 사실이 없다고 주장하였다. 그러나 심리결과 위 계약서에 날인된 丙의 인장에 의한 것임이 밝혀졌다면 법원은 어떠한 판단을 할 수 있는가?

〈문제 2.〉
만약 위 문제 1.의 경우에 丙의 인장을 乙이 임의로 사용하여 丙의 이름 뒤에 날인하여 위 계약서를 작성한 사실이 증명되었다면 법원은 어떠한 판단을 할 수 있는가?

Ⅰ. 문제 1.의 해결

1. 문제점

보수공사계약서는 도급계약이 그 문서에 의해 이루어진 것으로 처분문서에 해당한다. 법원이 甲이 제출한 보수계약서의 기재된 내용을 인정하고 그에 기초하여 판단하기 위해서는 계약서의 실질적 증거력을 인정하여야 하는데, 실질적 증거력은 형식적 증거력을 전제로 하므로, 형식적 증거력에 대한 검토를 먼저 살펴야 한다.

2. 문서의 형식적 증거력

(1) 성립의 인부(조사)

사안의 경우 丙이 계약서를 작성한 사실이 없다고 주장하고 있으므로 부인으로 볼 것이고, 문서제출자 甲에게 문서의 진정성립에 대한 증명책임이 인정된다. 공문서의 경우 진정의 추정이 인정되나(제356조 1항) 사안의 보수공사계약서는 사문서이므로 증명과정에서 아래의 추정이 이용된다.

(2) 사문서의 진정성립의 추정 : 2단의 추정

사문서는 그것이 진정한 것임을 증명하여야 하는데(제357조), 判例는 ⅰ) '인영의 진정'(인영의 동일성, 자기 인장이란 점)이 인정되면 '날인의 진정'(인장 소유자의 의사에 의해 날인된 것)이 사실상 추정되고 ⅱ) 날인의 진정이 추정되면 제358조에 의해 그 문서전체의 진정성립이 추정된다고 하여 2단계의 추정으로 형식적 증거력을 추정하고 있다(대판 1986.2.11. 85다카1009).[1]

설문에서 甲이 제출한 보수공사계약서에 대해 丙이 계약서 작성사실을 부인하나, 丙이 인장도용(다른 사람이 날인한 사실)에 관하여 증거를 제출하였다는 사정이 보이지 않으므로 법원은 위 도급계약서의 진정성립을 인정할 수 있다.

3. 처분문서의 실질적 증거력의 추정 및 복멸

문서가 요증사실을 증명하는 가치에 대한 판단은 법관의 자유심증에 일임되어 있다. 다만, 변론조서의 증명력(제158조)과 같이 법률이 자유심증주의의 예외를 인정한 경우도 있다. 처분문서는 증명하고자 하는 법률행위가 그 문서 자체에 의해 이루어진 문서이고, 보고문서는 작성자가 보고 느끼고 판단한 점을 기재한 문서로서 처분문서의 경우에는 형식적 진정성립이 인정되면 실질적 진정성립이 사실상 추정된다는 점에서 차이가 있다, 설문에서 보수공사계약서는 도급계약이 그 문서에 의해 이루어진 것으로 처분문서에 해당한다.

처분문서는 그 성립을 인정하는 이상 반증이 있거나 또는 이를 조신할 수 없는 합리적인 이유설시 없이는 그 기재내용을 조신할 수 없다고 하여 배척할 수 없다(대판 1970.12.24. 전합70다1630). 이러한 추정의 범위는 문서에 기재된 법률적 행위와 그 내용에 국한된다 할 것이고, 그 법률행위의 해석, 행위자의 의사의 흠결의 여부에는 미치지 않는다(대판 2000.4.11. 2000다4517).

---

1) ① 사문서는 그것이 진정한 것임을 증명하여야 하는데(제357조), 본인 또는 대리인의 서명이나 날인 또는 무인이 있는 때에는 진정한 것으로 추정한다(제358조). 이는 인영의 진정성립이 인정되면 문서전체의 진정성립이 추정된다는 증거법칙적 추정을 규정한 것이다. ② 더 나아가 통설·判例는 인영의 동일이 인정되면 인영의 진정성립이 추정된다는 사실상 추정을 인정하고 있다. ③ 그 결과 문서에 날인된 작성명의인의 인영이 작성 명의인의 인장에 의하여 현출된 인영임이 인정되는 경우에는 특단의 사정이 없는 한 그 인영의 성립, 즉 날인행위가 작성명의인의 의사에 기하여 진정하게 이루어진 것으로 추정되고(1단계) 일단 인영의 진정성립이 추정되면 제358조의 규정에 의하여 그 문서전체의 진정성립까지 추정된다(2단계).

4. 사안의 해결

법원은 甲이 제출한 보수공사계약서가 丙에 의해 작성된 문서로서 진정하게 성립하였음을 인정하고 그에 기초하여 문서에 기재된 내용에 따른 판단(도급계약체결사실)을 할 수 있다. 따라서 법원은 甲의 丙에 대한 청구를 인용할 수 있다.

Ⅱ. 문제 2.의 해결

1. 문제점

사안의 보수공사계약서는 진정성립은 추정되는데, 乙이 임의로 丙의 인장을 사용하여 날인한 사정으로 진정성립의 추정이 복멸되는지가 문제이다.

2. 사문서의 진정성립의 추정

앞서 살핀바와 같이 도급계약서의 인영이 丙의 것임이 인정되므로 丙이 날인한 사실이 사실상 추정되고, 제358조에 의하여 도급계약서 전체의 진정성립이 추정된다.

3. 추정의 복멸

1단계 추정을 복멸하는 방법으로 인장도용·강박날인의 항변이 있다. 인영의 진정성립, 즉 날인행위가 작성 명의인의 의사에 기한 것이라는 추정은 사실상의 추정이므로, 인영의 진정성립을 다투는 자가 반증을 들어 인영의 진정성립, 즉 날인행위가 작성 명의인의 의사에 기한 것임에 관하여 법원으로 하여금 의심을 품게 할 수 있는 사정을 입증하면 그 진정성립의 추정은 깨어진다(대판 1997.6.13. 96재다462). 인영과 인장의 동일성 사실에 양립가능한 별개의 사실을 주장하는 간접반증이고, 인장도용·강박날인이 있었다는 사실 자체는 본증이다. 추정이 복멸된 경우 문서제출자는 날인행위가 작성명의인으로부터 위임받은 정당한 권원에 의한 것이라는 사실까지 입증할 책임이 있다(대판 1995.6.30. 94다41324).

설문에서 丙의 인장을 乙이 임의로 사용하여 날인하였다는 사실이 인정되면 날인의 진정추정은 유지될 수 없다.

4. 사안의 해결

사안에서 丙의 인장이 도용된 사실이 증명됨에 따라 추정이 복멸되는 경우에 甲은 乙이 丙으로부터 문서작성권한을 위임받아 작성한 사실을 증명(문서제출자의 재항변)하지 않는 한(대판 1995.6.30. 94다41324) 진정성립이 인정되지 않고, 따라서 실질적 증거력도 추정되지 않는다. 법원은 자유심증주의(제202조)에 따라 문서의 진정성립을 인정할 수도 있으나, 인정할 사정이 없다면 문서의 기재내용을 기초로 판단할 수 없다. 따라서 법원은 이 도급계약서를 증거로 사용할 수 없으므로 다른 증거가 없다면 법원은 甲의 丙에 대한 청구를 기각할 수 있다.

사례_099 **문서의 형식적 증거력(4) – 사문서의 진정성립의 추정과 그 복멸**
2008년 사법시험, 2015년 변리사

A는 戊를 상대로 "戊는 A에게 대여금 5,000만 원을 지급하라."는 내용의 민사소송을 제기하고, 증거로 차용증을 제출하였다. 차용증에는 '戊가 A로부터 5,000만 원을 차용한다'는 내용이, 문서 하단에 날짜와 戊이름이 기재되어 있으며 이름 옆에 戊명의로 된 도장이 찍혀있었다. 위 차용증에 관하여 戊는 "A에게서 돈을 빌리기 위해 A가 지시하는 대로 백지의 하단에 戊이름을 기재하고 인감도장을 날인한 다음 이를 A에게 교부했다. 그 다음날 차용금으로 3,000만 원을 받았는데, 그 뒤 A가 내 허락 없이 차용증에 5,000만 원을 빌려준 것으로 적어 넣은 것이다"라고 주장했다.
(아래 각 문제는 독립적임)

〈문제 1.〉
이에 A는 "백지에 도장을 받은 것이 아니다. 戊에게 5,000만 원을 빌려주면서 내가 금액(5,000만 원)과 내용을 기재한 차용증을 戊에게 건네주자 戊가 읽어보고 자신 이름을 쓰고 도장을 찍은 다음 나에게 교부했다"라고 주장했다. 戊와 A는 위 주장들을 뒷받침할 아무 증거도 제출하지 않았다. 이 차용증의 진정성립이 증명되었는가?

(민사소송법의 맥 B-35 참조)

〈문제 2.〉
이에 A는 "빌려줄 금액을 정할 수 없어서 戊로부터 백지에 이름과 도장을 받았는데 그 다음날 5,000만 원을 건네주면서 戊로부터 '차용증에 5,000만 원을 빌린다고 적어도 좋다'는 허락을 받고 그 금액·내용과 날짜를 적어 넣었다"고 주장했다. 戊와 A는 위 주장들을 뒷받침할 아무 증거도 제출하지 않았다. 이 차용증의 진정성립이 증명되었는가?

(민사소송법의 맥 B-35 참조)

Ⅰ. 결 론

문제 1.의 경우 차용증의 진정성립이 인정되나, 문제 2.의 경우 차용증의 진정성립을 인정할 수 없다.

Ⅱ. 논 거

1. 진정성립의 의의

문서가 거증자가 주장하는 특정인의 의사에 기하여 작성된 것을 '문서의 진정성립'이라 하고, 진정하게 성립된 문서가 '형식적 증거력'(성립의 진정)이 있다고 한다.[1] 사문서는 공문서와 달리(제356조 1항) 진정성립이 추정되지 않으므로 제출자는 '사문서가 진정한 것임을 증명하여야 한다'(제357조).

2. 사문서의 진정성립의 추정

判例는 ⅰ) '인영의 진정'(인영의 동일성, 자기 인장이란 점)이 인정되면 '날인의 진정'(인장 소유자의 의사에 의해 날인된 것)이 사실상 추정되고 ⅱ) 날인의 진정이 추정되면 제358조에 의해 그 문서전체의 진정성립이 추정된다고 하여 2단계의 추정으로 형식적 증거력을 추정하고 있다(대판 1986.2.11. 85다카1009).

3. 백지날인문서를 교부한 것이 입증된 경우 2단계 추정이 복멸되는지 여부(적극)

2단계 추정을 복멸하는 방법으로 백지보충항변과 변조항변이 있다. 백지날인문서를 교부한 것이 입증된 경우 백지보충권을 수여한 것으로 보아 문서의 진정성립을 추정하는 추정설이 있으나 判例는 "작성명의인의 날인만 되어 있고 그 내용이 백지로 된 문서를 교부받아 후일 그 백지부분을 작성명의자가 아닌 자가 보충한 문서의 경우에 있어서는 문서제출자는 그 기재 내용이 작성명의인으로부터 위임받은 정당한 권원에 의한 것이라는 사실을 입증할 책임이 있다"(대판 2003.4.11. 2001다11406)고 하여 추정복멸설의 입장인데 작성명의인 보호측면에서 判例가 타당하다(다수설은 백지로 날인된 문서를 준 것이라면 백지보충권도 준 것이라고 보아야 하므로 문서의 진정성립은 계속 추정된다고 본다). 백지날인과 변조는 날인의 진정과 양립가능한 별개의 사실을 주장하는 것으로 간접반증에 해당한다.[2] 따라서 문서의 진정성립을 깨기 위해 문서제출자의 상대방이 날인의 진정을 인정하고 이와 양립 가능한 사실인 '자신이 만든 문서를 타인이 변조했다거나 자신의 백지문서에 제3자가 보충기재 했다는 사실'을 법관에게 확신을 줄 정도로 주장·증명하여야 한다.

---

1) 실무상 문서의 형식적 증거력은 성립인부절차를 통해서 판단하는바, 진정성립에 관해 상대방이 부인·부지로 답변하면, 증명책임은 문서제출자에게 돌아가지만 이때 증명과정에서 추정이 이용된다.

2) 간접반증이란 주요사실에 대하여는 진위불명의 상태에 빠뜨리면 되므로 반증이지만, 양립하는 별개의 간접사실 자체의 존재에 대하여는 법관에게 확신을 줄 정도로 증명해야 하므로 본증이다.

4. 문제 1.의 경우 2단계 추정이 복멸(소극)

戊가 인영의 진정과 날인의 진정을 인정하고 있는 이상 차용증의 진정성립이 추정된다. 또한 백지문서인 점에 대한 다툼이 있으나, 이를 다투는 戊가 백지문서에 서명날인 하였다는 점을 증명하지 못한 이상 차용증의 진정성립은 여전히 추정된다.

5. 문제 2.의 경우 2단계 추정이 복멸(적극)

判例는 "원고에 의하여 그 백지부분이 보충된 것이라 함은 원고 스스로 인정하고 있는 터이므로, 이 경우 문서의 제출자인 원고로서는 그 보충 기재내용이 피고로부터 위임받은 정당한 권원의 범위 내에서 이루어진 것임을 입증해야 한다"(대판 1988.4.12. 87다카576)고 하는바, 즉 백지문서임에 다툼이 없는 경우라면 문서의 진정성립이 깨지게 된다. 다만 문서제출자가 문서의 보충이 정당한 권원에 기한 것이라는 점을 입증하면 문서의 진정성립은 추정되는바, 사안의 경우 문서제출자 A가 '戊로부터 차용증에 5,000만 원을 빌린다고 적어도 좋다는 허락을 받은 점'에 대한 입증이 없으므로 진정성립은 추정되지 않는다.

사례_100 문서의 형식적 증거력(5) – 문서의 진정성립에 대한 자백, 사본의 증거력

2012년 법무행정고시

甲은 A와 공동매수인이 되어 丁으로부터 Y건물을 매수하기로 마음먹고 丁과 Y건물에 관한 매매계약을 체결하였다(지분은 각각 1/2). 그러나 丁은 甲과 A에게 소유권이전등기를 경료해주지 않고 있다. 이에 甲과 A는 丁에 대하여 Y건물에 관하여 소유권이전등기청구의 소를 제기하였고, 丁의 인영이 날인되어 있는 매매계약서를 증거로 제출하였다. 丁은 제1회 변론기일에 출석하여 매매계약서에 찍힌 인영이 자신의 인장의 인영과 같다고 인정하면서도, 자신은 위 매매계약서에 날인한 적이 없다고 주장하였다. 그러나 丁은 제2회 변론기일에 출석하여 위 인영은 자신의 인장의 인영과 다르며 인장도용을 주장하였다.

〈문제 1.〉
법원이 위 도용사실에 대한 확신을 얻지 못한 경우, 위 매매계약서의 진정성립은 추정되는가?

(민사소송법의 맥 B-34 참조)

〈문제 2.〉
甲과 A가 위 매매계약서를 전자복사한 사본을 제출하였으나 丁이 원본의 제출을 요구하며 원본의 존재 및 원본의 진정성립에 관하여 이의를 제기한 경우, 법원은 사본의 필적이 丁의 필적과 동일함을 이유로 매매계약서의 진정성립을 인정하여 甲과 A의 청구를 인용할 수 있는가?

(민사소송법의 맥 B-36 참조)

I. 문제 1.의 해결

1. 문제점

丁이 사문서인 매매계약서에 날인된 인영이 자신의 인장의 인영과 동일함을 인정한 이상 사문서 전체의 진정성립이 추정되는지, 이후 丁의 진술의 철회에 의해 진정성립의 추정이 복멸되는지 문제된다. 그리고 丁의 진술의 철회가 허용되지 않더라도 인장이 도용되었다는 丁의 주장에 의해 문서전체의 진정성립의 추정이 복멸되는 것인지 문제된다.

2. 매매계약서(사문서)의 형식적 증거력 인정여부(적극) (사례 086, 087. 참조)

사안의 경우 ⅰ) 매매계약서는 사문서이고, ⅱ) 피고 丁이 인영의 동일성을 인정한 이상 인영의 진정성립이 사실상 추정될 수 있다.

3. 丁의 인영의 동일성에 관한 진술의 철회가부(소극)

(1) 자백의 구속력 인정여부

1) 의의 및 문제점

재판상의 자백이라 함은 변론기일 또는 변론준비기일에서 한 상대방의 주장과 일치하고 자기에게 불리한 사실의 진술을 의미하는바, 여기서 사실의 진술이란 주요사실을 뜻한다. 인영의 동일성을 인정하는 진술은 보조사실에 관한 자백에 불과한바, 丁이 위 진술을 자유롭게 철회할 수 있는 것인지 문제된다.

2) 판 례[1]

"문서의 성립에 관한 자백은 보조사실에 관한 자백이기는 하나, 그 취소에 관하여는 다른 간접사실에 관한 자백취소와는 달리 주요사실의 자백취소와 동일하게 처리하여야 한다"(대판 2001.4.24. 2001다5654)라고 판시한 바 있다.

3) 검토 및 사안의 경우

심리촉진과 금반언 및 상대방의 신뢰보호의 관점에서 자백의 구속력을 인정하는 判例의 태도가 타당하다. 判例에 따르면 재판상의 자백으로 인정되어 구속력이 있다고 판단하여야 한다.

(2) 재판상 자백의 철회요건 구비여부(소극) [오, 동, 착, 경] (사례 076. 참조)

사안에서는 예외적으로 인정되는 자백의 철회사유가 보이지 않으므로 자백을 철회할 수 없다고 보아야 한다.

4. 丁의 인장도용 항변에 의해 진정성립의 추정이 복멸되는 것인지 여부(소극)

(1) 판 례

判例는 사문서에 날인된 작성 명의인의 인영이 그의 인장임(인영의 진정)이 증명되면 "날인행위가 작성 명의인의 의사에 기한 것이라는 추정은 사실상의 추정이므로, 인영의 진정성립을 다투는 자가 반증을 들어 인영의 진정성립(날인의 진정을 의미한다), 즉 날인행위가 작성 명의인의 의사에 기한 것임에 관하여 법원으로 하여금 의심을 품게 할 수 있는 사정을 입증하면 그 진정성립의 추정은 깨어진다"(대판 1997.6.13. 96재다462)고 한다. 그리고 날인사실의 추정은 그 날인행위가 작성명의인 이외의 자에 의하여 이루어진 것(도용사실 등)임이 밝혀진 경우에는 깨지고(대판 1997.6.13. 96재다462), 위와 같은 사실은 그것을 주장하는 자가 적극적으로 증명하여야 하고, 이 항변사실을 증명하는 증거의 증명력은 개연성만으로는 부족하고, '본증'과 같은 증명도로써 증명하여야 한다(대판 1987.12.22. 87다카707 ; 대판 2008.11.13. 2007다82158)고 한다.

(2) 사안의 경우

간접반증에 의해 추정을 번복하는 경우에도 간접반증 자체는 법원에 확신을 줄 수 있을 정도의 증명도가 요구되는바, 사안에서 법원은 丁의 인장의 도용사실에 관하여 확신을 갖지 못하였으므로 위 도용항변에 의해 문서전체의 진정성립의 추정이 복멸되지 않는다.

---

1) **[학설]** ① 긍정설은 진정성립이 갖는 의미와 중요성은 주요사실에 준하므로 자백의 구속력을 인정하며, ② 부정설은 보조사실은 간접사실과 같은 역할을 하므로 간접사실에 대한 자백처럼 자백의 구속력을 부정한다.

5. 사안의 해결

丁의 인영의 동일성을 인정하는 진술은 보조사실에 관한 자백에 불과하나, 그 취소는 주요사실의 취소의 요건을 갖추지 않는 한 허용되지 않고, 법원이 丁의 인장도용 항변에 관해 확신을 얻지 못하였으므로, 매매계약서 전체의 진정성립은 추정된다.

II. 문제 2.의 해결

1. 문제점

원고의 사본제출이 사본을 원본으로 제출한 것인지, 이에 해당할 경우 사본의 증거능력과 형식적 증거력 및 실질적 증거력의 인정되는 것인지 여부가 문제된다.

2. 사본 제출의 형태

(1) 구별기준

사본은 ① 사본을 원본으로 제출하는 경우와 ② 사본을 원본에 갈음해 제출하는 경우가 있다. 사본을 원본에 갈음하여 제출하는 경우에 判例는 "문서제출은 원본으로 하여야 하고, 원본이 아닌 사본만에 의한 증거제출은 정확성의 보증이 없어 원칙적으로 부적법하므로, 원본의 존재 및 원본의 성립의 진정에 관하여 다툼이 있고 사본을 원본의 대용으로 하는 데 대하여 상대방으로부터 이의가 있는 경우에는 사본으로써 원본을 대용할 수 없다(대판 2004.11.12. 2002다73319)고 판시하였다.

(2) 사안의 경우

사안에서 丁이 원본의 제출을 요구하며 원본의 존재 및 원본의 진정성립에 관하여 이의를 제기한 이상, 사본을 원본에 갈음하여 제출한 것으로 볼 수 없다. 따라서 위 매매계약서는 사본을 원본으로 제출한 것이 된다.

3. 사본의 증거력

(1) 사본의 형식적 증거력

사본을 원본으로 제출하는 경우에는 그 사본이 독립한 서증이 되므로 사본 자체에 대해 성립의 인부절차를 거쳐야 한다. 그러나 설문과 같은 전자복사한 사본은 이러한 절차가 문제되지 않는다.

(2) 사본의 실질적 증거력

判例는 "사본을 원본으로서 제출하는 경우에는 그 사본이 독립한 서증이 된다고 할 것이나 그 대신 이에 의하여 원본이 제출된 것으로 되지는 아니하고, 이때에는 **증거(변론 전체의 취지에 의해서는 인정될 수 없다)**에 의하여 사본과 같은 원본이 존재하고 또 그 원본이 진정하게 성립하였음이 인정되지 않는 한 그와 같은 내용의 사본이 존재한다는 것 이상의 증거가치는 없다"(대결 2010.1.29. 2009마2050)[2]고 판시하였다. 사안에서도 사본이 '원본이 제출된 것과 같은 정도'의 실질적 증거력이 인정되려면 '증거에 의하여 사본과 같은 원본이 존재하고 그 원본이 진정하게 성립하였음이 인정되어야' 하는데, 사안에서 사본의 필적이 피고의 필적과 같다는 이유만으로는 원본의 존재와 진정성립이 증명되었다고 볼 수 없다(대판 1992.4.28. 91다45608 참고).

---

[2] 다만, "서증사본의 신청 당사자가 문서 원본을 분실하였다든가, 선의로 이를 훼손한 경우, 또는 문서제출명령에 응할 의무가 없는 제3자가 해당 문서의 원본을 소지하고 있는 경우, 원본이 방대한 양의 문서인 경우 등 원본 문서의 제출이 불가능하거나 비실제적인 상황에서는 원본의 제출이 요구되지 아니한다고 할 것이지만, 그와 같은 경우라면 해당 서증의 신청당사자가 원본 부제출에 대한 정당성이 되는 구체적 사유를 주장·입증하여야 할 것이다"(대판 2002.8.23. 2000다66133)고 판시한 경우도 있다.

4. 사안의 해결

따라서 법원은 원본 존재 여부에 관하여 별다른 심리 없이 사본의 필적이 丁의 필적과 동일함을 이유로 매매계약서의 진정성립을 인정하여 甲과 A의 청구를 인용할 수 없다.

사례_101 **문서의 실질적 증거력**   2010년 사법시험, 2013년 법무행정고시

甲은 2009. 1. 1. A로부터 최신식 의료장비를 매수하기로 하였다. 甲과 A는 위 매매계약 당시 A가 의료장비를 계속 사용하되 甲이 요구하면 즉시 의료장비를 甲에게 인도하고, A는 2009. 1. 1.부터 의료장비를 현실적으로 甲에게 인도하는 날까지 월 1,000만 원의 사용료를 甲에게 지급하기로 약정한 '계약서'를 작성하였다. 甲은 2009. 7. 1. A를 상대로 의료장비의 인도와 2009. 6. 30.까지 이미 발생한 6개월간의 의료장비 사용료 합계 6,000만 원의 지급을 청구하는 소를 제기하였다. A는 甲의 위 청구에 대해 의료장비 매도 사실을 부인하였고, 甲은 위 '계약서'를 증거로 제출하였다. 항소심 법원이 사용료 지급약정 사실이 있는지를 판단하는 경우, **甲이 제출한 위 '계약서'의 진정성립이 인정된다면, 반드시 甲과 A 사이에 위 '계약서'의 기재 내용과 같은 사용료 지급약정이 체결된 사실을 인정하여야 하는지를 간략히 서술하시오.** (민사소송법의 맥 347쪽 참조)

I. 결론

항소심 법원은 甲이 제출한 '계약서'의 진정성립이 인정된다면, 특별한 사정이 없는 한 甲과 A 사이에 위 '계약서'의 기재 내용과 같은 사용료 지급약정이 체결된 사실을 인정하여야 한다.

II. 논거

1. 문서의 실질적 증거력의 의의 및 판단

문서의 '실질적 증거력'이란, 문서가 요증사실을 증명하는 가치를 말한다. 실질적 증거력에 대한 판단은 법관의 자유심증에 일임되어 있다(제202조). 사안의 '계약서'는 진정성립이 인정되므로 형식적 증거력이 있는데, 형식적 증거력이 인정되는 계약서와 같은 처분문서는 문서에 기재된 내용과 같은 법률행위가 존재한다고 추정되는 것은 아닌지, 즉 실질적 증거력이 추정되는지 문제된다.

2. 처분문서의 경우 실질적 증거력이 추정되는지 여부(적극)

判例는 처분문서는 그 성립을 인정하는 이상 반증이 있거나 또는 이를 조신할 수 없는 합리적인 이유설시 없이는 그 기재내용을 조신할 수 없다고 하여 배척할 수 없다(대판 1970.12.24. 전합70다1630)고 하여 처분문서는 형식적 증거력이 인정되면 문서에 기재된 대로의 법률행위가 존재한다는 실질적 증거력이 추정된다는 입장이다. 이러한 추정의 범위는 문서에 기재된 법률적 행위와 그 내용에 국한된다 할 것이고, 그 법률행위의 해석, 행위자의 의사의 흠결의 여부에는 미치지 않는다(대판 2000.4.11. 2000다4517). 따라서 추정되는 한도 내에서는 법관의 자유심증은 제한된다.

3. 사안의 경우

처분문서인 '계약서'의 진정성립이 인정되면 실질적 증거력이 추정된다. 그러나 **사실상 추정에 불과하**므로, 반증에 의해 복멸될 수 있으나 사안에서 A의 반증이 있다는 사정이 없으므로 위 추정은 유지된다. 따라서 항소심 법원은 특별한 사정이 없는 한 甲과 A 사이에 위 '계약서'의 기재 내용과 같은

사용료 지급약정이 체결된 사실을 인정하여야 한다.[1]

[참고판례] "등기부, 가족관계등록부, 각종 대장 등의 공문서에 기재된 사항은 일응 진실에 부합하는 것이라는 추정을 받으나, 그 기재에 반하는 증거가 있거나 그 기재가 진실이 아니라고 볼만한 특별한 사정이 있는 때에는 그 추정을 번복할 수 있다"(대판 1994.6.10. 94다1883), 다만 그렇다 하더라도 "진정성립이 추정되는 공문서는 그 내용의 증명력을 쉽게 배척할 수 없으므로, 공문서의 기재 중에 의문점이 있는 부분이 일부 있더라도 기재 내용과 배치되는 사실이나 문서가 작성된 근거와 경위에 비추어 기재가 비정상적으로 이루어졌거나 내용의 신빙성을 의심할 만한 특별한 사정을 증명할 만한 다른 증거자료가 없는 상황이라면 기재 내용대로 증명력을 가진다"(대판 2015.7.9. 2013두3658)

사례_102 처분문서의 증거력 2017년 법무행정고시

甲은 乙에게 甲 소유의 토지 A에 대하여 계약금 2,000만 원, 중도금 8,000만 원, 잔금 1억 원, 합계 2억 원으로 하는 매매계약서를 작성하였다. 甲은 乙로부터 계약금, 중도금 및 잔금 중 6,000만 원, 합계 1억 6,000만 원을 지급받고 미지급 잔금 4,000만 원의 지급을 독촉하였으나 乙은 이를 이행하지 아니하였다. 이에 甲은 乙을 상대로 미지급 잔금 4,000만 원의 지급을 구하는 소를 제기하면서 증거로 갑 제1호증(매매계약서)을 제출하였다. 乙은 변론과정에서 "총 매매대금은 1억 6,000만 원이지만, 나중에 있을 세금문제 등을 고려하여 내가 매매액수를 2억 원으로 하자고 부탁하여 실제 잔금이 6,000만 원인데도 1억 원으로 기재하게 된 것이다."라고 주장하였고, 乙이 신청한 증인 丙도 乙의 주장과 동일한 취지의 증언을 하였다. 乙의 주장에 대하여 甲은 그러한 합의를 한 사실이 없으며, 증인 丙에 대해서는 일면식도 없는 사람이라고 주장하고 있다. **이 경우 법원은 甲, 乙의 주장 중 누구의 주장을 받아들여야 하는가?**

I. 문제점

잔금 4,000만 원 존부에 대해서 甲과 乙의 주장이 대립한다. 이와 관련하여, 4,000만 원의 존부가 주요사실인지, 주요사실이라면 이에 대한 증명책임은 누구에게 있는지가 문제된다. 또한, 甲에게 증명책임이 있다면 甲이 제시한 매매계약서의 증명력이 乙의 주장으로 깨졌는지 문제된다.

II. 변론주의와 주장책임

1. 변론주의

변론주의란 소송자료, 즉 사실과 증거의 수집 제출 책임을 당사자에게 맡기고 법원은 당사자가 제출한 소송자료만을 재판의 기초로 삼아야 한다는 원칙이다. 변론주의의 내용으로는 주요사실의 주장책임, 자백의 구속력, 증거제출책임이 있다.

2. 주요사실의 판단기준

주요사실과 간접사실의 구별기준에 대해서는 '법규기준설'이 判例의 입장이다. 이에 따르면 권리의 발생 변경 소멸이라는 법률효과를 가져오는 법규의 직접요건사실을 말하고, 간접사실이란 주요사실의 존부를 경험칙에 의하여 추인하게 하는 사실을 말한다(대판 2004.5.14. 2003다57697). 사안의 경우 대금 2억 지급을 대가로 토지 A 매매계약을 한 사실은 토지 A에 대한 소유권 이전 즉, 권리의 변경을 일으키는 주요사실이다.

---

[1] '계약서'의 기재 내용과 다르게 인정하기 위하여는 이를 조신할 수 없는 합리적인 이유설시가 있어야 하고, 합리적인 이유설시 없이 계약서의 기재내용을 배척한다면 자유심증주의의 내재적 한계 일탈로서 상고이유가 된다.

III. 대금 4,000만 원에 대한 증명책임

1. 증명책임의 판단 기준

증명책임이란 주요사실의 존부가 확정되지 않을 때에 당해 사실이 존재하지 않는 것으로 취급되어 법률판단을 받게 되는 당사자 일방의 불이익을 말한다. 判例는 법률요건분류설에 따라 각 당사자는 자기에게 유리한 법규의 요건사실의 존부에 대해 증명책임을 진다고 판시한 바 있다. 즉, 권리의 존재를 주장하는 자가 권리근거규정의 요건사실에 대한 주장 증명책임을 지고, 그 존재를 다투는 상대방은 반대규정의 요건사실에 대한 증명책임을 지게 된다.

2. 사안의 경우

사안의 경우, 甲은 잔금 4,000만 원에 대한 권리를 주장하고 있다. 따라서 甲에게 대금 4,000만 원 존부에 대한 증명책임이 있다.

IV. 甲의 매매계약서의 증거력

1. 처분문서의 증거력

증거력은 형식적 증거력과 실질적 증거력으로 나뉘어 진다. 실질적 증거력이란 문서가 요증사실을 증명하는 가치를 뜻한다. 처분문서란 법률행위가 그 문서에 의하여 이루어진 것을 뜻한다. 처분문서는 그 성립을 인정하는 이상 반증이 있거나 또는 이를 조신할 수 없는 합리적인 이유설시 없이는 그 기재내용을 조신할 수 없다고 하여 배척할 수 없다(대판 1970.12.24. 전합70다1630). 이러한 추정의 범위는 문서에 기재된 법률적 행위와 그 내용에 국한된다 할 것이고, 그 법률행위의 해석, 행위자의 의사의 흠결의 여부에는 미치지 않는다(대판 2000.4.11. 2000다4517).

사안의 경우, 甲이 제시한 매매계약서는 매매계약의 직접적 내용을 담고 있으므로 처분문서이다. 따라서, 형식적 증거력이 인정된 이상, 합리적 이유의 설시 없이 기재내용을 배척할 수 없다. 즉, 매매대금이 2억이라는 사실은 사실상 추정된다.

2. 매매계약서의 실질적 증거력 복멸여부

(1) 실질적 증거력 복멸 판단 기준

判例는 "처분문서라 할지라도 그 기재 내용과 다른 명시적, 묵시적 약정이 있는 사실이 인정될 경우에는 그 기재 내용과 다른 사실을 인정할 수 있다"(대판 2006.4.13. 2005다34643)고 하였다. 처분문서의 요증사실에 대한 증거력은 사실상 추정된다. 따라서 반증이 있을 경우, 추정이 깨진다.

(2) 사안의 경우

乙은 나중에 있을 세금문제 등을 고려하여 실제 대금은 1억 6천만 원인데도 2억으로 하자고 합의한 바 있다고 주장했으며, 증인 丙도 동일한 취지의 증언을 하였다. 이는 정당한 반증이고 따라서 잔금 4,000만 원이 존재한다는 요증사실에 대한 매매계약서의 추정력은 깨어진다. 추정이 깨어진 이상 증명책임을 지고 있는 甲이 잔금 4,000만 원에 대해서 다시 증명해야한다. 그런데 乙의 주장에 대해 甲은 그러한 합의를 한 사실이 없으며, 증인 丙에 대해서는 일면식도 없는 사람이라고 주장만 하지 증명이 없다. 그러므로 매매계약서의 추정력은 복멸되었다.

V. 사안의 해결

甲이 잔금 4,000만 원에 대해서 새로운 증명을 제시하지 않는 이상, 법원은 乙의 잔금 4,000만 원 부존재 주장을 받아들여야 한다.

甲은 乙에게 자신이 소유하는 X부동산을 1억 원에 매도하였으나 乙이 매매대금으로 7,000만 원만을 지급하고 나머지 대금을 지급하지 않는다고 주장하며, 乙에 대하여 3,000만 원의 잔대금지급 청구의 소를 제기하였다. 乙은 변론에서 위 계약의 매매대금은 7,000만 원이므로 대금 전부를 변제하였다고 다투었다. 甲은 자신이 소지하고 있던 X부동산에 관한 매매계약서를 분실하여 이를 법원에 제출하지 못하게 되자 乙이 소지하고 있는 매매계약서에 대한 문서제출명령을 법원에 신청하였다.

〈문제 1.〉

乙은 법원의 문서제출명령에 따라 매매계약서를 제출하였는데, 그 계약서에는 매매대금이 7,000만 원으로 기재되어 있다. 제출된 매매계약서에 대한 진정성립이 인정된 경우 법원은 매매대금에 대한 사실인정을 어떻게 해야 하는가?

〈문제 2.〉

만일 乙이 법원의 문서제출명령을 따르지 않는다면, 법원은 매매대금에 대한 사실인정을 어떻게 해야 하는가? (민사소송법의 맥 B-38 참조)

Ⅰ. 문제 1.의 해결

1. 결 론

법원은 계약서의 기재된 대로 매매대금이 7천만 원이라는 사실을 인정하여야 한다.

2. 논 거

(1) **문서의 실질적 증거력의 의의 및 판단**(사례 089. 참조)

(2) **처분문서의 경우 실질적 증거력이 추정되는지 여부**(사례 089. 참조)

(3) **사안의 경우**

처분문서인 '계약서'의 진정성립이 인정되면 실질적 증거력이 추정된다. 그러나 **사실상 추정에 불과하**므로, 반증에 의해 복멸될 수 있으나 사안에서 그러한 사정이 없으므로 위 추정은 유지된다. 따라서 법원은 특별한 사정이 없는 한 계약서에 기재된 대로 매매대금이 7천만 원이라는 사실을 인정하여야 한다. 합리적 이유설시 없이 그 기재내용을 믿을 수 없다고 배척하면 자유심증주의의 내재적 한계 일탈로서 상고이유가 된다.

Ⅱ. 문제 2.의 해결

1. 결 론

법원은 乙의 제출거부를 변론 전체의 취지로 삼아 자유심증으로 매매대금에 대한 사실을 판단할 수 있다.

2. 논 거

(1) 문서제출명령과 그 부준수

문서제출명령은 상대방·제3자가 가지고 있는 제출의무 있는 문서에 대한 서증신청방법이다. 이는 현대형 소송에 있어서 증거의 구조적 편재현상에서 오는 당사자 간의 실질적 불평등을 시정하기 위한 제도이다. 당사자가 문서제출명령에 따르지 않는 경우 법원은 그 문서의 기재에 관한 상대방의 주장을 진실한 것으로 인정할 수 있다고 규정하는데(제349조) 그 의미에 대해 견해가 대립한다.

(2) 문서제출명령 부준수의 효과

1) 판 례[1]

判例는 "당사자가 문서제출명령에 따르지 아니한 경우에는 법원은 상대방의 그 문서에 관한 주장 즉, 문서의 성질, 내용, 성립의 진정 등에 관한 주장을 진실한 것으로 인정하여야 한다는 것이지 그 문서에 의하여 입증하고자 하는 상대방의 주장사실까지 반드시 증명되었다고 인정하여야 한다는 취지가 아니며, 주장사실의 인정 여부는 법원의 자유심증에 의하는 것"(대판 1993.6.25. 93다15991 ; 대판 1993.11.23. 93다41938)이라고 하여 자유심증설의 입장이다.

2) 검 토

증명책임전환설과 법정증거설은 증명방해자에게 지나치게 가혹한 면이 있으므로 비난가능성의 정도를 고려하여 자유재량으로 방해받은 상대방의 주장의 진실여부를 가려야 한다는 자유심증설이 타당하다.[2]

(3) 사안의 해결

乙이 문서제출명령을 거부하였다고 하여 甲이 증명하고자 하는 매매대금에 관한 사실이 증명되는 것은 아니고, 법원은 乙의 제출거부를 하나의 변론 전체의 취지로 삼아 자유심증으로 매매대금에 관한 사실을 판단할 수 있다.

사례_104 증거보전, 문서제출명령 2009년 변리사

甲은 의사 乙로부터 얼굴 성형수술을 받았는데 수술 뒤에 부분적 마비 증상이 나타났다. 甲은 乙에게 수술결과에 항의하고 피해보상을 요구하면서 몰래 乙과의 대화를 녹음하였다. 그 뒤 甲은 乙을 상대로 의료과오에 따른 손해배상청구의 소를 제기할 수밖에 없다는 생각이 들었다.
민사소송법상 甲이 소제기 전과 후에 乙이 보유하고 있는 甲에 대한 진료기록부를 증거로 확보할 수 있는 방안은 무엇인가? (민사소송법의 맥 B-37 참조)

I. 결 론

甲은 소제기 전에는 증거보전신청을 통하여, 소제기 후에는 문서제출명령제도를 이용하여 진료기록부를 증거로 확보할 수 있다.

---

1) [학설] ① 자유심증설은 법원이 상대방의 그 문서의 존재 및 내용에 관한 주장을 진실한 것으로 인정할 수 있다는 것이지, 그 문서에 의하여 증명하고자 하는 요증사실 자체를 진실한 것으로 인정할 수 있는 것은 아니며, 이를 바탕으로 요증사실을 인정할 것인가의 여부는 법관의 자유심증에 의한다고 하고, ② 증명책임전환설은 문서부제출이라는 사실만으로 증명책임이 상대방에게 전환된다고 보며, ③ 법정증거설은 문서부제출이라는 사실로부터 증명할 사실 자체를 진실한 것으로 인정할 수 있다고 하고, ④ 절충설은 원칙적으로 자유심증설에 의하되, 공해소송 등 현대형 소송의 경우에는 제한적으로나마 법정증거설에 의해야 한다고 본다.
2) 다만, 의료과오소송은 현대형 소송으로서 증거가 의사에게 구조적으로 편재되어 있으므로 증명방해가 고의적이고, 방해받은 당사자에게 달리 증거방법이 없을 경우에 증명책임을 의사에게 전환할 수 있다고 할 것이다.

Ⅱ. 논 거

1. 소제기 전 진료기록부를 증거로 확보할 수 있는 방법 - 증거보전신청

(1) 증거보전의 의의

법원은 미리 증거조사를 하지 아니하면 그 증거를 사용하기 곤란할 사정이 있다고 인정한 때에는 당사자의 신청에 따라 증거조사를 할 수 있다(제375조).

(2) 증거보전의 요건 - 증거보전의 필요성

① 미리 증거조사를 하지 아니하면 장래 그 증거방법을 사용하는 것이 불가능하거나 곤란한 사정이 현저해야 한다(증거보전의 필요성). ② 그리고 이러한 증거보전의 사유를 소명하여야 한다(제377조).

(3) 사안의 경우

甲에 대한 진료기록부는 현재 乙이 보유하고 있는바, 甲이 乙에 소를 제기한 후에는 乙에 의한 진료기록부의 위조 내지는 훼멸의 우려가 있을 수 있다. 따라서 甲은 乙에 대한 소를 제기하기 전에 미리 진료기록부에 대한 증거조사를 하지 아니하면 소제기 후 이를 증거로 사용하는 것이 불가능하거나 곤란한 사정이 있음을 소명하여 증거보전신청을 할 수 있다.

2. 제소 후 진료기록부를 증거로 확보할 수 있는 방법 - 문서제출명령

(1) 문서제출명령의 의의 및 요건

① 서증신청의 방법으로는 직접제출(제343조 전단), 제출명령신청(제343조 후단), 문서송부촉탁(제352조)(제294조와 조사·송부촉탁, 이른바 사실조회와 구별), 소재장소에서 서증조사(제297조, 규칙 제112조) 등이 있는데, 문서제출명령은 상대방·제3자가 가지고 있는 제출의무 있는 문서에 대한 서증신청방법이다. 이는 현대형 소송에 있어서 증거의 구조적 편재현상에서 오는 당사자 간의 실질적 불평등을 시정하기 위한 제도이다.
② 문서제출명령을 내리기 위해서는 ⅰ) 문서제출의무가 있는 문서이어야 하며, ⅱ) 문서의 존재와 소지 및 제출의무가 증명되어야 한다.

(2) 乙이 보유하고 있는 진료기록부가 문서제출의무가 있는 문서인지 여부(적극)

제344조 1항에서 문서제출의무가 있는 문서로 인용문서(1호),[1] 인도 및 열람문서(2호),[2] 이익문서·법률관계문서(3호)(이익문서란 신청자의 실체적 이익을 위하여 작성된 문서를 말하며, 법률관계문서란 신청자와 소지자 사이의 법률관계 자체를 기재한 문서를 말한다)를 열거하고 있다. 한편 개정법은 증거개시제도와 거의 같은 효과를 거둘 수 있도록 1항에서 정한 문서에 해당하지 아니하는 문서라도 원칙적으로 문서의 소지자는 이를 모두 제출할 의무가 있는 것으로 규정하여 문서제출의무를 일반적 의무로 확장하였다(제344조 2항).

따라서 진료기록부를 이익문서로 보든 그렇지 않든 문서제출의무가 있는 문서에는 해당한다. 다만 거부사유에 있어 차이가 있을 뿐이다.

---

1) [관련판례] "민사소송법 제344조 1항 제1호에서 말하는 '당사자가 소송에서 인용한 문서'라 함은 당사자가 소송에서 당해 문서 그 자체를 증거로서 인용한 경우뿐 아니라 자기 주장을 명백히 하기 위하여 적극적으로 문서의 존재와 내용을 언급하여 자기 주장의 근거 또는 보조로 삼은 문서도 포함한다고 할 것이고, 동법 제344조 1항 제1호의 인용문서에 해당하는 이상, 같은 조 2항에서 규정하는 바와는 달리, 그것이 '공무원이 그 직무와 관련하여 보관하거나 가지고 있는 문서'라도 특별한 사정이 없는 한 문서제출의무를 면할 수 없다"(대결 2008.06.12. 2006무82).

2) 신청자가 문서의 인도 및 열람을 청구할 수 있는 실체법상 권리를 가지는 경우를 말한다.

(3) 乙이 진료기록부의 제출을 거부할 수 있는지 여부(소극)

이익문서·법률관계문서에 있어서 공무원의 직무상 비밀과 같이 동의를 필요로 하는 경우에 동의를 받지 아니한 문서, 증인의 증언거부사유와 같은 일정한 사유가 있는 문서는 제출을 거부할 수 있다 (제344조 1항 3호 단서). [공, 증] 그리고 일반문서 중 공무원의 직무상 보관문서(동조 2항 본문), 증언거부사유가 있는 때(동조 2항 1호), 오로지 소지인이 이용하기 위한 문서(동조 2항 2호) 등은 제출의무 대상에서 제외하였다. [공, 증, 이용]

乙의 진료기록부는 제344조 1항과 2항의 어떠한 예외사유에도 해당하지 않으므로 甲은 문서제출명령을 신청할 수 있다.

(4) 사안의 경우

소제기 후에도 乙이 보유하고 있는 甲에 대한 진료기록부는 문서제출의무가 인정되는 문서이고 乙에게는 거부가유가 인정되지 않으므로 甲은 문서제출명령을 신청할 수 있다.

사례_105 · 증인신문 2012년 변리사

甲은 乙이 운전하는 차에 치어 중상을 입어서 乙을 상대로 손해배상청구의 소를 제기하였다. 이 소송에서 乙은 그러한 사실이 전혀 없었다고 甲의 주장을 부인하자 甲은 그 사건을 목격한 丙을 증인으로 신청하였다. 증인신문에서 丙은 자신이 2011. 5. 30. 오후 2시경 횡단보도를 건너고 있는 중에 乙의 승용차가 甲을 치어서 쓰러졌고, 乙이 차에서 내려 약 1분 동안 甲을 살펴보는 것을 목격하였다고 증언하였다.

〈문제 1.〉
위에서 원고 甲이 丙을 신문하면서 "증인이 2011. 5. 30. 오후 2시경 횡단보도를 건너고 있는 중에 乙의 승용차가 甲을 치어서 길바닥에 쓰러뜨렸고, 乙이 차에서 내려 약 1분동안 甲을 살펴보는 것을 목격하였지요?"라고 물어보았다. 이에 丙은 "네"라고만 대답하였다. 이렇게 자신이 원하는 바대로 진술을 얻어내는 이러한 신문은 적절한가? (민사소송법의 맥 B-33 참조)

〈문제 2.〉
만일 위 소송에서 丙이 정당한 사유 없이 출석하지 아니한 경우의 제재방법은 무엇이 있는가? (민사소송법의 맥 B-33 참조)

Ⅰ. 문제 1.의 해결

1. 결 론

원고 甲의 주신문에서의 유도신문은 허용될 수 없다. 따라서 甲의 신문은 적절하지 않다.

2. 논 거

(1) 교호신문제도

증인신문은 원칙적으로 증인신문의 신청을 한 당사자의 주신문 후 상대방의 반대신문이 이루어진다 (제327조 1항). 다만 법원은 알맞다고 인정하는 때에는 당사자의 의견을 들어 같은 원칙의 신문순서를 바꿀 수 있다(제327조 4항).

(2) 주신문에서의 유도신문 가부

① 증인과 당사자의 관계, 증인의 경력, 교우관계 등 실질적인 신문에 앞서 미리 밝혀둘 필요가 있는 준비적인 사항에 관한 신문의 경우, ② 증인이 주신문을 하는 사람에 대하여 적의 또는 반감을 보이는 경우, ③ 증인이 종전의 진술과 상반되는 진술을 하는 때에 그 종전 진술에 관한 신문의 경우, ④ 그 밖에 유도신문이 필요한 특별한 사정이 있는 경우 외에는 주신문에서 유도신문이 금지된다(규칙 제91조 2항).

사안의 경우 원고 甲의 丙에 대한 신문은 희망하는 답변을 암시하는 유도신문에 해당하고, 甲의 신문은 주신문에 해당하므로 이는 허용될 수 없을 것이다.

Ⅱ. 문제 2.의 해결

1. 결 론

불출석 증인 丙에 대한 제재로서 ① 소송비용부담과 과태료의 부과, ② 감치, ③ 구인이 논의될 수 있다.

2. 논 거

(1) 소송비용부담과 과태료의 부과

증인이 적법한 출석요구를 받고 정당한 사유가 없음에도 출석하지 아니한 때에는 법원은 결정으로 소송비용의 부담과 500만 원 이하의 과태료에 처할 수 있다(제311조 1항). 이는 법원의 재량에 해당하고, 양자는 함께 부과될 수 있고 택일적으로 부과될 수도 있다.

(2) 감 치

법원은 증인이 과태료 재판을 받고도 정당한 사유 없이 다시 출석하지 아니한 때에는 7일 이내의 감치결정을 내릴 수 있다(제311조 2항).

(3) 구 인

법원은 정당한 사유 없이 출석하지 아니한 증인을 구인하도록 명할 수도 있다(제312조 1항).

사례_106 채권자 대위소송과 증명책임

2011년 변리사

甲은 乙로부터 A부동산을 매수하였으나 아직 소유권이전등기를 경료하지 못하고 있었다. 丙은 A부동산에 관한 등기서류를 위조하여 자신의 명의로 소유권이전등기를 경료하였다. 그리하여 甲이 丙을 피고로 乙을 대위하여 소유권이전등기말소를 구하는 소를 제기하자, 변론에서 丙은 甲과 乙 사이에 매매계약이 체결된 사실이 없다고 주장하였다.

〈문제 1.〉
매매계약체결사실의 존부에 대하여 甲과 丙 중 누가 증명책임을 부담하는가?

(민사소송법의 맥 B-39 참조)

〈문제 2.〉
매매계약체결사실의 존부에 대해 법원이 심증을 형성하지 못한 경우 어떠한 판결을 하여야 하는가?

(민사소송법의 맥 B-39 참조)

I. 결 론

문제 1.의 경우 매매계약체결사실의 존부에 대하여 甲이 증명책임을 부담하며, 문제 2.의 경우 법원은 당사자적격 흠결을 이유로 소각하판결을 하여야 한다.

II. 논 거

1. 채권자대위소송의 법적성질 - 법정소송담당

判例는 "민법 제404조 소정의 채권자대위권은 채권자가 자신의 채권을 보전하기 위하여 채무자의 권리를 자신의 이름으로 행사할 수 있는 권리"라고 보아 **법정소송담당설**의 입장이다(대판 2001.12.27. 2000다73049). 최근 判例도 "채권자대위소송에서 원고는 채무자에 대한 자신의 권리를 보전하기 위하여 채무자를 대위하여 자신의 명의로 채무자의 제3채무자에 대한 권리를 행사하는 것이므로, 그 지위는 채무자 자신이 원고인 경우와 마찬가지라고 볼 수 있다"(대판 2013.3.28. 2012다100746)고 판시하여 법정소송담당설임을 명확히 하였다.[1]

① 고유의 대위권 행사로 보는 견해도 있으나, ② 대위소송에서 채권자가 궁극적으로 다투려 하는 것은 채무자의 제3채무자에 대한 권리이며, 그 행사의 효과도 바로 채권자에게 귀속되지 않고 직접 채무자에게 귀속하여 총채권자를 위해 공동담보가 된다는 점을 고려해 보면, 소송물은 채무자의 권리이며 따라서 채무자와 병행하여 소송수행권이 인정된 '법정소송담당'으로 보아야 한다.

2. 증명책임의 분배 - 법률요건분류설

증명책임이란 주요사실의 존부가 확정되지 않을 때에 당해 사실이 존재하지 않는 것으로 취급되어 법률판단을 받게 되는 당사자 일방의 불이익을 말한다. 통설·判例는 증명책임의 분배에 있어서 **법률요건분류설(규범설)**에 따라 각 당사자는 자기에게 유리한 법규의 요건사실의 존부에 대해 증명책임을 지는 것으로 분배시키고 있다. 즉, 권리의 존재를 주장하는 자는 권리근거규정의 요건사실에 대한 주장·증명책임을 지고, 그 존재를 다투는 상대방은 반대규정의 요건사실에 대한 증명책임을 지게 되는데, 반대규정으로는 권리장애규정, 권리멸각규정, 권리저지규정이 있다. 소송요건의 존부는 본안판결을 받는 것 자체가 원고에게 이익이므로 원고에게 증명책임이 있다.

3. 채권자대위소송에서 피보전채권의 소송법적 의미

채권자대위소송의 법적성격과 관련해 '법정소송담당설'에 의할 경우 피보전채권의 존재는 소송요건이고, 가령 매매계약체결사실이 피보전채권을 인정하기 위한 사실이라면 이것이 인정되어야 대위소송의 당사자적격이 인정되므로 소송요건에 해당하는 사실이다. 判例는 "직권조사사항에 관하여도 그 사실의 존부가 불명한 경우에는 입증책임의 원칙이 적용되어야 할 것인바, 본안판결을 받는다는 것 자체가 원고에게 유리하다는 점에 비추어 **직권조사사항인 소송요건에 대한 입증책임은 원고에게 있다**"(대판 1997.7.25. 96다39301)고 하였으므로 결국 매매계약체결사실의 존부에 대하여 원고가 증명책임을 부담한다.

4. 채권자대위소송에서 피보전채권 흠결시 법원의 조치

법정소송담당설에 의하면 소각하를 하게 되고, 고유의 대위권설에 의하면 청구기각을 하게 된다. 判例는 법정소송담당설의 입장에서 "채권자대위소송에서 대위에 의해 보전될 채권자의 채무자에 대한 권리가 인정되지 않을 경우에는 채권자 스스로 원고가 되어 채무자의 제3채무자에 대한 권리를 행사할 당사자적격이 없게 되므로 그 대위소송은 부적법하여 각하할 수밖에 없다"(대판 1992.7.28. 92다8996)고 한다.[2]

---

1) **[관련판례]** "채권자가 대위권을 행사할 당시 이미 채무자가 그 권리를 재판상 행사하였을 때에는 설사 패소의 확정판결을 받았더라도 채권자는 채무자를 대위하여 채무자의 권리를 행사할 당사자적격이 없다"(대판 1993.3.26. 92다32876)

2) **[비교쟁점]** 법정소송담당설에 따르면 채권자대위권에서 ① 원고적격의 판단자료인 피보전채권의 존재, 보전의 필요성, 채무자의 권리

5. 사안의 해결

(1) 문제 1.의 경우

채권자대위소송의 법적성질을 법정소송담당으로 보면 위 매매계약체결사실은 甲이 丙을 피고로 乙을 대위하여 제기하는 소의 소송요건이므로 법률요건분류설에 따를 때 이의 증명책임은 원고 甲에게 인정된다.

(2) 문제 2.의 경우

"채권자대위소송에서 대위에 의하여 보전될 채권자의 채무자에 대한 권리(피보전채권)가 존재하는지 여부는 소송요건으로서 법원의 직권조사사항이므로, ⅰ)법원으로서는 그 판단의 기초자료인 사실과 증거를 직권으로 탐지할 의무까지는 없다 하더라도, 법원에 현출된 모든 소송자료를 통하여 살펴보아 피보전채권의 존부에 관하여 의심할 만한 사정이 발견되면 직권으로 추가적인 심리·조사를 통하여 그 존재 여부를 확인하여야 할 의무가 있다"(대판 2009.4.23. 2009다3234) 그러나 매매계약체결사실의 존부에 대해 법원이 심증을 형성하지 못한 경우 증명책임을 지는 원고 甲에 불리하게 적용되어야 하므로 법원은 당사자적격흠결을 이유로 각하하여야 한다.

사례_107 **등기의 추정력과 증명책임**   2003년 사법시험

甲은 해외근무차 출국하면서 친구인 乙에게 자신의 재산관리를 부탁하였다. 乙은 甲을 위하여 재산관리를 하던 중 甲의 승낙 없이 甲 소유의 아파트를 乙 명의로 이전등기하였다. 귀국 후 이 사실을 알게 된 甲은 아파트를 돌려달라며 乙을 상대로 소유권이전등기말소소송을 제기하였다. 乙은 임의로 이전등기를 마친 것이 아니라 甲의 대리인 A로부터 적법하게 아파트를 매수하여 이전등기를 마쳤다고 주장하는데, 법원의 심리 결과 甲의 A에 대한 대리권수여 여부가 분명하지 않다면, 법원으로서는 어떤 내용의 판결을 하여야 하는가?

(민사소송법의 맥 B-40 참조)

Ⅰ. 결 론

법원은 甲청구 기각판결을 선고하여야 한다.

Ⅱ. 논 거

1. 증명책임의 분배(법률요건분류설 - 사례 094. 참조)

말소등기청구의 요건사실은 甲이 소유자이고, 甲소유의 아파트에 乙의 등기가 경료되어 있으며, 그 등기가 원인무효일 것을 요한다. 사안에서는 乙의 등기가 원인무효인지가 문제되는 바, 이는 A에게 대리권이 있었는지 여부에 달려있다. A의 대리권 유무의 증명책임이 甲과 乙 중 누구에게 있는지는 등기의 추정력이 대리권의 존부에까지 미치는지 여부에 따라 달라진다.

2. 등기의 추정력의 성질 및 효과

(1) 등기의 추정력이 법률상 추정인지 여부(적극)

1) 논의실익

당해 추정을 법률상의 추정으로 보는 경우에는 증명책임이 전환되어 상대방이 반대사실에 대한 증명

불행사가 흠결된 경우는 소 각하판결을 선고해야 하나, ② 피대위권리의 존재는 소송물로서 본안의 문제이므로 본안심리결과 피대위권리가 존재하지 않는다면 청구기각판결을 하여야한다. 반면, 독립한 대위권설에서는 소송물을 채권자대위권으로 보며, 피보전채권, 보전필요성, 채무자의 권리불행사, 피대위권리는 요건사실로서 어느 하나라도 흠이 있으면 청구기각을 하여야 한다는 입장이다.

책임, 즉 '본증'을 부담하게 되고, 사실상의 추정으로 보는 경우에는 이를 다투는 자의 '반증'만으로 쉽게 깨지므로 증명책임은 여전히 등기명의자에게 남게 된다는 점에서 차이가 있다.

2) 등기의 추정력의 성질

判例는 이전등기가 경료된 사건에서 "이전등기는 권리의 추정력이 있으므로 이를 다투는 측에서 무효사유를 주장·증명하지 않는 한 그 등기를 무효라고 판정할 수 없다"(대판 1979.6.26. 79다741, 대판 1992.10.27. 92다30047)고 하여 법률상 추정으로 본다. 다만, "소유권이전등기의 원인으로 주장된 계약서가 진정하지 않은 것으로 증명된 이상 그 등기의 적법추정은 복멸되는 것이고 계속 다른 적법한 등기원인이 있을 것으로 추정할 수는 없다(대판 1998.9.22. 98다29568).

등기의 공신력이 인정되지 않는 우리 법제하에서, 실체법상의 권리자일 개연성이 높은 등기명의자에게 소송상 유리한 지위를 부여하는 것이 거래의 안전에 도움이 되는 점을 고려하여 **'법률상의 추정'**으로 보는 것이 타당하다(통설).[1]

(2) 효 과

등기가 있으면 등기권리(대판 2009.9.24. 2009다37831), 등기원인(대판 1994.9.13. 94다10160), 등기절차(대판 2002.2.5. 2001다72029)의 적법성이 법률상 추정된다. 뿐만 아니라 判例는 매매계약 및 등기가 대리인에 의해 행해지는 경우 대리인이 대리권을 수여받아 유효한 대리행위를 하였다는 점도 추정된다고 한다(대판 1993.10.12. 93다18914). 따라서 등기의 진정성을 부인하려는 甲은 현 등기명의인인 乙의 등기가 무효라는 사실주장과 증명책임을 부담한다.

3. 사안의 해결

등기가 경료되어 있다면 대리인이 유효한 대리행위를 하였다는 점도 추정되므로 이를 다투는 甲의 불이익으로 돌아가 법원은 甲청구 기각판결을 선고하여야 한다.

---

1) [학설] 명문의 규정도 없는 법제에서 이러한 강력한 법률상 추정력을 인정할 수 없으므로 사실상 추정이고, 이러한 추정을 복멸하기 위해 상대방은 반증으로 추정사실에 대해 법관의 의심을 가지게 하면 충분하다는 점에서 증명책임이 상대방에게 전환되지 않는다고 하는 사실상 추정설도 있다.

제 **4** 편
소송의 종료

甲은 평소 상품거래가 많아 잘 알고 지내던 乙의 부탁으로 2004. 8. 20. 乙이 A은행으로부터 대출받은 5천만 원에 대하여 연대보증을 하였다. 乙이 위 대출금을 상환하지 못하여 甲은 2008. 8. 20. A은행에 5천만 원을 대위변제하면서 乙로부터 담보조로 1억 원 상당의 차용증을 받아두었다. 그 후 甲은 위 대위변제한 금원을 지급받고자, 乙을 피고로 기재한 구상금 청구 소장을 2013. 7. 30. 관할법원에 제출하였다.

甲은 위 구상금청구소송의 1심에서 전부승소판결을 받았고 피고가 불복하여 항소하였다. 甲은 항소심에서 위의 차용증을 이용해서 더 많은 금액을 받아내기 위해 1억 원의 지급을 구하는 대여금 청구로 변경하였다. 그런데, 甲의 대여금청구에 대하여 피고가 적극적으로 반대주장을 펼치자 이에 당황한 甲은 차라리 1심에서 승소했던 구상금 청구를 유지하는 것이 더 좋겠다고 생각하여 다시 구상금청구로 변경하는 신청을 하였다. **법원은 이 신청을 받아들여야 하는가?**

(민사소송법의 맥 C-02 참조)

I. 결 론

법원은 甲의 신청을 받아들여서는 안 된다.

II. 논 거

1. 문제점

甲의 신청이 소변경 중 교환적 변경에 해당하는지 문제되며, 특히 구청구를 신청구로 교환적 변경하였다가 다시 신청구를 구청구로 교환적 변경하는 것이 재소금지원칙에 위배되는 것인지 문제된다.

2. 교환적 변경에 해당하는지 여부(적극)

(1) 교환적 변경의 의의 및 요건 [기, 지, 전, 일]

소의 교환적 변경이란 당사자와 법원의 동일성을 유지하면서, 구청구에 대신하여 신청구에 대해 심판을 구하는 것인바(제262조), 소송물의 변경이 아닌 단순한 공격방어방법의 변경과는 구별된다. 교환적 변경이 인정되기 위해서는 일반적인 병합요건으로 ① 청구기초의 동일성이 인정될 것, ② 소송절차를 현저히 지연시키지 않을 것, ③ 사실심 변론종결 전일 것, ④ 소의 병합요건을 갖출 것이 요구되며, 기타 일반소송요건을 갖추어야 한다.

(2) 사안의 경우

5천만 원의 구상금청구권과 1억 원의 대여금청구권은 별개의 소송물이므로, 소송물을 구상금청구권에서 대여금청구권으로 변경하였다가 다시 대여금청구권을 구상금청구권으로 변경한 것은 소의 교환적 변경에 해당한다.

① 대위변제에 따른 구상금의 청구와 대여금 청구는 동일한 생활사실 또는 경제적 이익에 관한 분쟁에 있어서 그 해결방법에 차이가 있음에 불과하므로 청구기초의 동일성이 인정되며, ② 종전 소송자료를 대부분 이용할 수 있는 경우이므로 소송절차를 현저히 지연시키는 사정도 보이지 않는다. ③ 사실심 변론종결 전에 변경신청을 한 것이며, 기타 병합요건의 위배여부도 문제되지 않는바, ④ 대여금청구를 다시 구상금청구로 변경하는 것이 일반소송요건과 관련하여 재소금지원칙에 위배되는지 문제된다.

3. 재소금지원칙 위배여부(적극)

(1) 재소금지원칙의 의의 및 요건 [당, 소, 리, 본]

본안에 대한 종국판결이 있은 뒤에 소를 취하한 사람은 같은 소를 제기하지 못한다(제267조 2항). 이는 소취하로 인해 그동안 판결에 들인 법원의 노력이 무용화되고 종국판결이 당사자에 의해 농락 당하는 것을 방지하기 위한 취지이다. 재소가 금지되기 위해서는 ⅰ) 당사자가 동일해야 하고, ⅱ) 소송물이 동일해야 하며, ⅲ) 권리보호이익도 동일해야 하고, ⅳ) 본안에 관한 종국판결 이후에 소를 취하한 경우이어야 한다.

사안에서 당사자 및 소송물의 동일성은 인정되며 별도의 권리보호이익이 인정되지 않는바, ⅳ)의 충족 여부가 문제된다.

(2) 사안의 경우

判例는 "소의 교환적 변경은 신청구의 추가적 병합과 구청구의 취하의 결합형태로 볼 것이므로 본안에 대한 종국판결이 있은 후 구청구를 신청구로 교환적 변경을 한 다음 다시 본래의 구청구로 교환적 변경을 한 경우에는 종국판결이 있은 후 소를 취하하였다가 동일한 소를 다시 제기한 경우에 해당하여 부적법하다"(대판 1987.11.10. 87다카1405)라고 하여, 재소금지의 적용을 받는다는 입장이다.

甲의 교환적 변경 후 대여금 청구로 다시 교환적 변경을 한 것은 종국판결이 있은 후 소를 취하하였다가 동일한 소를 다시 제기한 경우에 해당하므로 이는 재소금지원칙에 위배된다.

사례_109 **채권자대위소송과 재소금지**　　　　　　2006년 사법시험

A토지는 원래 甲의 소유였는데, 甲이 2005. 9. 1. 사망하여 그의 아들 乙이 단독으로 상속하였다. 그런데 乙이 미처 상속등기를 하지 못한 사이에 甲의 전처인 丙은 甲의 생전인 2005. 7. 1. 甲으로부터 A토지를 증여받았음을 원인으로 하여 2005. 11. 1. 이에 관한 소유권이전등기를 경료하였다. 丁은 2005. 10. 1. 乙로부터 A토지를 매수하였는데 甲이 丙에게 A토지를 증여한 바 없음에도 丙이 관계서류를 위조하여 등기를 경료하였다고 주장하면서 2006. 4. 1. 乙을 대위하여 丙을 상대로 그 명의의 위 소유권이전등기의 말소를 구하는 소를 제기하였다(다음 각 설문은 상호 무관한 것이다). 丁은 제1심 법원이 청구를 기각하자 항소하였는데, 항소심 계속 중 이 사건 소를 취하하여 소송이 종료되었다. 그 이후 乙이 丙을 상대로 이 사건 소와 동일한 내용의 소를 제기한 경우 이 소는 적법한가?

(민사소송법의 맥 C-01 참조)

Ⅰ. 결론

법원은 乙이 제기한 소를 재소금지원칙에 위배된다는 이유로 각하하여야 한다.

Ⅱ. 논거

1. 재소금지원칙의 의의와 요건 [당, 소, 리, 본]

설문의 경우 사안에서 권리보호이익이 다르다고 볼 만한 사정도 없으며(대판 1998.3.13. 95다48599), 丁은 본안에 관한 종국판결 이후에 소를 취하하였으므로 ⅲ) ⅳ)의 요건은 갖추었다. 다만, 대위소송의 법적 성질에 관한 소송담당설에 의하면 이 사건 소의 소송물은 채무자乙의소유권이전등기 말소등기 청구권에 해당하는 바, 당사자 丁과 乙을 동일인으로 볼 수 있을지 문제된다.

2. B가 재소금지원칙의 적용을 받는지 여부 - 당사자의 동일성

(1) 채권자가 대위소송에서 소를 취하한 경우 채무자의 재소가 금지되는지 여부(적극)

(2) 사안의 경우

만약 丁이 乙을 대위하여 丙을 상대로 소유권이전등기의 말소를 구하는 소를 제기한 사실을 乙이 알고 있었다면 丁이 소를 취하한 후 제기한 乙의 丙에 대한 소유권이전등기의 말소를 구하는 소는 재소금지에 반하여 각하되어야 한다.

사례_110 **재판상 화해의 법적성질(1) - 실체법상 하자를 이유로 한 화해의 해제**

대판 1991.4.12. 90다9872

소송계속 중 甲은 乙의 강박에 못이겨 '甲은 乙에게 7천만 원을 지급한다'는 소송상 화해를 하여 소송이 종료되었고 위와 같은 내용의 화해조서가 작성되었으며, 乙는 甲으로부터 7천만 원을 지급받았다. 이후 甲은 위 화해가 乙의 강박에 못이겨 행해진 것으로서 무효라고 주장하며 화해무효확인의 소를 제기할 수 있는가?

I. 결 론

甲은 실체법상 하자를 이유로 기일지정신청이나 화해무효확인의 소로 무효를 주장할 수 있다(제한적 기판력설)

II. 논 거

1. 재판상 화해의 의의

재판상 화해는 제소전 화해와 소송상 화해의 두 가지로 나눌 수 있다. 제소전 화해도 법관의 면전에서 하는 화해로서 소송상 화해와 같은 효력이 인정된다. 소송상 화해라 함은 소송의 계속 중에 당사자가 소송물인 권리 또는 법률관계에 관하여 상호 그 주장을 양보함에 의하여 다툼을 해결하는 기일 내의 소송상 합의를 말한다. 화해가 성립되어 당사자 쌍방의 일치된 진술을 조서에 기재한 때에는 확정판결과 동일한 효력이 있으므로(제220조), 화해가 이루어진 소송물 범위 내에서 소송은 당연히 종료한다.

2. 甲과 乙의 재판상 화해의 법적 성질

(1) 학 설

① 소송행위설은 소송상 화해는 사법상 화해와는 별개의 순수한 소송행위로서 오직 소송법에 의해 규율된다고 하고, ② 사법행위설은 사법상 화해계약과 동일하고 조서기재는 공증 목적에 불과하여 소송행위가 아니라고 하며, ③ 양성설은 당사자 간에는 사법상 화해의 성질을, 법원에 대해서는 소송행위로서의 성질을 동시에 갖는 하나의 행위라고 본다.

(2) 판 례

대법원은 "소송상의 화해는 판결의 내용으로서 소송물인 법률관계를 확정하는 효력이 있으므로 순연한 소송행위로 볼 것이다"(대판 1962.5.31. 4293민재6)고 하여 **소송행위설의 입장**이다. 다만, ⅰ) 실효조건부 화해를 인정하기도 하고(대판 1965.3.2. 64다1514), ⅱ) "재판상 화해 또는 제소전 화해는 확정판결과 동일한 효력이 있으며 당사자 간의 사법상의 화해계약이 그 내용을 이루는 것이면 화해는 창설적효력을 가져 화해가 이루어지면 종전의 법률관계를 바탕으로 한 권리의무관계는 소멸한다"(대판 2001.4.27. 99다17319)고 판시하여 **양성설의 태도를 보이기도** 하였다.

(3) 검 토

사법행위설은 조서가 확정판결과 동일한 효력을 갖는 것(제220조)을 설명할 수 없고, 소송행위설은 사법상의 분쟁을 해결함이 없이 소송만을 종결시키는 것은 당사자의 의사에 맞지 않고, 조건과 기한을 붙이지 못하게 되어 분쟁의 탄력적 해결에 반하며, 실체법적 하자를 다투는 것이 배제되어 화해가 탈법적 수단으로 악용될 우려가 있으므로 양성설이 타당하다.

(4) 사안의 경우

甲과 乙의 재판상 화해는 당사자 간에는 사법상 화해의 성질을 가지나, 법원에 대해서는 소송행위로 인정된다.

3. 甲과 乙의 재판상 화해의 무제한 기판력 인정여부(소극 : 제한적 기판력설에 따름)

(1) 문제점

사안에서 甲은 乙의 강박에 의해 소송상 화해를 하였는바, 조서에 실체법상 하자가 있는 경우에도 무제한의 기판력이 인정되는지 문제된다.

(2) 판 례

判例는 "화해가 강행법규에 위배되더라도 화해조서의 당연무효사유가 있다고 할 수 없고 단지 재판상 화해에 하자가 있음에 불과하므로 기판력은 존속한다"(대판 1991.4.12. 90다9872)고 하여 **무제한 기판력설**[1]의 입장이다.

(3) 검 토

무제한 기판력설에 따르면 화해의 내용이 부적법한 경우에도 재심에 의해서만 효력을 부인할 수 있으므로 불법적 내용의 화해에 대처하기 어려울 것이고, 화해는 당사자의 합의에 의한 자주적 분쟁해결 결과인데도 법원의 공권적 판단에 인정되는 기판력을 전면적으로 인정하는 것은 불합리하다는 점에 비추어 제한적 기판력설이 타당하다.

4. 甲의 화해무효확인의 소의 제기 가부(불가)

判例에 의하면 甲은 재심사유에 해당될 흠이 있는 경우에 한하여 준재심의 소로 다투는 방법 이외에는 그 무효를 주장할 수 없다(대판 1999.10.8. 98다38760). 그러나 제한적 기판력설에 따르면 기일지정신청이나 화해무효확인의 소로 무효를 주장할 수 있다.

---

1) [학설] ① 무제한 기판력설은 주로 소송행위설의 입장에서 화해조서는 확정판결과 마찬가지로 언제나 기판력을 가지며, 화해의 성립 과정의 하자는 그것이 준재심절차에 의한 구제를 받는 것 이외에는 무효를 주장할 수 없다고 하는 바, 이것이 제220조와 제461조 등 현행법에 충실한 해석이며, 화해의 무효나 취소를 쉽게 인정하면 법적 안정성에 반한다고 한다. ② 제한적 기판력설은 주로 양성설의 입장에서 화해에 실체법상 아무런 하자가 없는 경우에만 기판력이 생긴다고 하는 바, 제451조의 재심사유는 판결절차의 하자를 염두해 둔 것이기 때문에 실체법상 하자가 있는 경우에는 화해의 하자에 대한 구제가 미흡하게 된다는 점을 논거로 한다.

〈공통된 사실관계〉

甲은 2017. 3. 1. 乙에게 자신의 소유인 X토지를 5억 원에 매도하면서 계약 당일 계약금 5천만 원을 지급받았고, 같은 해 4. 1. 중도금 1억 5천만 원, 같은 해 5. 1. 소유권이전등기에 필요한 서류의 교부 및 X토지의 인도와 상환으로 잔대금 3억 원을 지급받기로 합의하였다.

〈추가된 사실관계〉

甲은 2017. 4. 1. 중도금 1억 5천만 원을 지급받고서 당일 X토지를 乙에게 인도하여 주었는데, 乙은 같은 해 4. 15. X토지를 丁에게 임대하기로 계약하고 이를 丁에게 인도해 주었다.

甲이 소장의 청구원인란에서 乙의 채무불이행을 이유로 매매계약을 해제한다고 주장하면서 X토지에 관하여 乙을 상대로 하여서는 계약해제에 따른 원상회복으로, 丁을 상대로 하여서는 소유권에 기하여 각 인도를 구하는 청구를 병합하여 소(전소)를 제기하였고, 그 소장부본이 乙, 丁에게 교부송달의 방식으로 적법하게 송달되었다. 그 후 제1회 변론기일에 "1. 丁은 2017. 7. 1.까지 甲에게 X토지를 인도한다. 2. 甲은 2019. 8. 1.까지 乙에게 매매대금 2억 원을 반환한다. 3. 甲과 乙은 이 사건 매매계약과 관련된 나머지 청구를 모두 포기한다."는 내용으로 소송상 화해가 성립되었다.

〈문제 1.〉

丁이 2018. 7. 1. 戊에게 X토지를 전대하여 인도한 채 위 화해조항에 따른 의무를 이행하지 아니하자, 甲은 丁의 의무불이행을 이유로 위 소송상 화해를 모두 해제한다고 주장하면서, 戊를 상대로 소유권에 기하여 X토지의 인도를 구하는 소(후소)를 제기하였다. 후소에서 위 소송상 화해 성립사실이 주장, 증명된다면 후소 법원은 어떻게 판단하여야 하는가? (민사소송법의 맥 C-03 참조)

Ⅰ. 문제 1.의 해결 - 소송상화해의 법적성질, 기판력

1. 논점의 정리

소송상화해를 의무불이행을 이유로 해제할 수 있는지와 관련하여 소송상화해의 법적성질과 기판력 발생여부가 문제되고, 戊를 상대로 한 후소가 적법한지와 관련하여 戊가 기판력의 주관적 범위에 포함되는지 여부가 문제된다.

2. 丁의 의무불이행을 이유로 소송상화해를 해제할 수 있는지 여부

(1) 소송상화해의 법적성질

1) 학 설

소송행위설은 소송상 화해는 사법상 화해와는 별개의 순수한 소송행위로서 오직 소송법에 의해 규율된다고 하고, 사법행위설은 사법상 화해계약과 동일하고 조서기재는 공증 목적에 불과하여 소송행위가 아니라고 하며, 양성설은 당사자 간에는 사법상 화해의 성질을, 법원에 대해서는 소송행위로서의 성질을 동시에 갖는 하나의 행위로 본다.

2) 판 례

대법원은 "소송상의 화해는 판결의 내용으로서 소송물인 법률관계를 확정하는 효력이 있으므로 순연한 소송행위로 볼 것이다"(대판 1962.5.31. 4293민재6)고 하여 소송행위설의 입장이다. 다만, 실효조건부 화해를 인정하기도 하고(대판 1965.3.2. 64다1514), "재판상 화해 또는 제소전 화해는 확정판결과 동일한 효력이 있으며 당사자 간의 사법상의 화해계약이 그 내용을 이루는 것이면 화해는 창설적 효력을 가져 화해가 이루어지면 종전의 법률관계를 바탕으로 한 권리의무관계는 소멸한다"(대판 2001.4.27. 99다17319)고 판시하여 양성설의 태도를 보이기도 하였다.

(2) 소송상화해의 기판력

1) 학 설

소송상 화해의 진술을 조서에 적은 때에는 그 조서는 확정판결과 같은 효력이 있다(제220조). 다만 소송상 화해의 법적성질과 관련하여, 화해조서에도 확정 판결과 동일한 기판력을 인정할 것인지 여부가 문제된다. 무제한 기판력설은 주로 소송행위설의 입장에서 화해조서는 확정판결과 마찬가지로 언제나 기판력을 가지며, 화해의 성립과정의 하자는 그것이 준재심절차에 의한 구제를 받는 것 이외에는 무효를 주장할 수 없다고 하는 바, 이것이 제220조와 제461조 등 현행법에 충실한 해석이며, 화해의 무효나 취소를 쉽게 인정하면 법적 안정성에 반한다고 한다. 제한적 기판력설은 주로 양성설의 입장에서 화해에 실체법상 아무런 하자가 없는 경우에만 기판력이 생긴다고 하는 바, 제451조의 재심사유는 판결절차의 하자를 염두해 둔 것이기 때문에 실체법상 하자가 있는 경우에는 화해의 하자에 대한 구제가 미흡하게 된다는 점을 논거로 한다.

2) 판 례(무제한기판력설)

대법원은 "화해가 강행법규에 위배되더라도 화해조서의 당연무효사유가 있다고 할 수 없고 단지 재판상 화해에 하자가 있음에 불과하므로 기판력은 존속한다"(대판 1991.4.12. 90다9872)고 하여 무제한 기판력설의 입장이다.

(3) 의무불이행을 이유로 하는 화해의 해제

1) 학 설

무제한 기판력설은 소송상 화해는 소송행위이므로 해제 등 민법 규정이 적용되지 않아 해제가 허용되지 않는다고 본다. 제한적 기판력설은 화해에 실체법상 하자가 없는 경우에만 제220조에 의한 기판력이 생기므로, 화해에 실체법상 해제 사유가 있는 경우 해제가 허용된다고 한다.

2) 판 례(소극)

대법원은 재판상 화해를 하여 조서에 기재한 후 화해 내용에 따라 원고가 일정 금액을 지불해야 되는데 이를 행사하지 않자 피고가 화해를 해제하고 화해가 실효되었다는 이유로 기일신청을 한 사건에서 "재판상 화해를 한 당사자는 재심의 소에 의하지 않고서는 화해를 사법상 화해계약임을 전제로 화해 해제를 주장하는 것과 같은 화해조서의 취지에 반하는 주장을 할 수 없다"(대판 1962.2.15. 61다914)고 하였다.

(4) 사안의 경우

소송상화해는 소송행위이고 기판력이 발생하므로 사법상화해를 전제로 한 해제는 허용되지 않는다. 따라서 甲은 丁의 의무불이행을 이유로 소송상화해를 해제할 수 없다.

3. 戊를 상대로 한 후소가 기판력에 반하는지 여부

(1) 기판력의 시적 범위

戊는 전소의 기판력의 발생시점인 소송상화해 성립일 이후에 계쟁물을 양수한 자로서 기판력의 시적범위에 포함된다.

(2) 기판력의 객관적 범위

전소와 후소 모두 X토지에 대한 소유권에 기한 인도청구권이므로 후소는 기판력의 객관적 범위에 포함된다.

(3) 기판력의 주관적 범위

1) 변론종결한 뒤의 승계인

변론종결한 뒤에 소송물인 권리관계에 관한 지위를 당사자로부터 승계한 제3자는 당사자 간의 판결의 기판력을 받는다(제218조 1항). 승계인의 범위에는 소송물 자체를 승계한 것은 아니나 **계쟁물**(다툼의 대상이 되는 물건)에 관한 당사자적격을 승계한 자도 포함한다는 것이 통설이다(적격승계설). 다만, 判例[1]는 구실체법설의 입장에서 청구가 소유권에 기한 이전등기말소청구권인 경우 피고로부터 소유권이전등기를 경료받은 자는 승계인으로 보지만(대판 1979.2.13. 78다2290), 청구가 매매에 기한 소유권이전등기청구권인 경우 피고로부터 소유권이전등기를 경료받은 자는 승계인에 해당하지 않는다고 한다(대판 2003.5.13. 2002다64148). 즉, 소송물이 물권적 청구권인 경우에는 인정되지만, 채권적 청구권인 경우에는 부정된다.

2) 소송상화해의 창설효로인해 청구권의 성질이 바뀌는지 여부

"재판상 화해는 확정판결과 동일한 효력이 있고 창설적 효력을 가지는 것이어서 화해가 이루어지면 종전의 법률관계를 바탕으로 한 권리·의무관계는 소멸하나, 재판상 화해 등의 창설적 효력이 미치는 범위는 당사자가 서로 양보를 하여 확정하기로 합의한 사항에 한하며, 당사자가 다툰 사실이 없었던 사항은 물론 화해의 전제로서 서로 양해하고 있는 데 지나지 않은 사항에 관하여는 그러한 효력이 생기지 아니한다"(대판 2013.2.28. 2012다98225). 따라서 判例는 물권적 청구권을 소송물로한 사건에서 화해권고결정이 내려졌다고 하여 그 창설적 효력에 의해 소송물의 성질이 채권적 청구권으로 바뀌는 것도 아니라고 하였다(대판 2012.5.10. 2010다2558).

(4) 사안의 경우

戊는 소송상화해의 기판력이 발생한 이후 계쟁물을 양수한 자이고, 甲의 청구권은 전소와 동일한 물권적 청구권이므로 戊에게는 전소의 기판력이 미친다.

4. 후소 법원의 판단

(1) 기판력의 본질

判例는 전소에서 인용된 부분은 각하해야 하고, 전소에서 기각된 부분은 후소에서 기각하여야 한다고 한다. 즉 判例는 확정판결이 있었던 전소와 후소의 소송물이 동일한 경우, 그 확정판결의 기판력이 후소에 미치므로, 그 중 전소의 확정판결에서 원고가 승소한 부분에 해당하는 부분은 권리보호의 이익이 없어 각하해야 하고(대판 2009.12.24. 2009다64215), 후소와 전소송의 당사자 및 소송물이 동일한 경우, 전소송에서 한 원고 청구기각판결의 기판력에 의하여 그 내용과 모순되는 판단을 하여서는 안되는 구속력 때문에 후소는 전소판결의 판단을 채용하여 원고청구기각의 판결을 한다(대판 1989.6.27. 87다카2478)고 하여 모순금지설의 입장이다.

判例의 입장에 따르면 원고가 승소한 경우 기판력의 존부는 소송요건에 해당하나, 패소한 경우 기판력의 존부는 소송요건에 해당하지 않게 된다. 다만 判例는 확정판결의 기판력의 존부를 직권조사 사항으로 본다(대판 1990.10.23. 89다카23329).

(2) 사안의 경우

전소에서 甲에게 소유권에 기한 X토지의 인도청구권이 인정됨에 기판력이 발생하였고 戊에게는 전소의 기판력이 미치는바, 甲은 전소의 화해조서는 집행권원으로 하여 戊에 대한 승계집행문을 받아 X토지에 대한 인도집행을 할 수 있으므로, 후소 법원은 소의 이익이 없음을 이유로 소각하판결을 선고하여야 한다(모순금지설).

---

1) [학설] ① 구실체법설은 청구의 실체법상의 성격을 참작하여 청구가 물권적 청구권인 경우에 한하여 승계인을 인정하고, 채권적 청구권일 때에는 승계인으로 보지 않으며, ② 소송법설은 실체법상 권리와 무관하게 소송물이론을 구성하므로 청구가 채권적인가 물권적인가 구별하지 않고 기판력 확장을 인정한다.

〈기초적 사실관계〉

甲은 乙로부터 X부동산을 5억 원에 매수하였다며 2017. 3. 2. 乙을 상대로 "乙은 甲에게 X부동산에 관하여 2015. 7. 1. 매매를 원인으로 한 소유권이전등기절차를 이행하라."라는 취지의 소유권이전등기청구의 소를 제기하였다.

〈추가적 사실관계〉

위 소송 계속 중 2018. 2. 2. 甲과 乙은 다음과 같이 소송상화해를 하였다. "乙은 甲에게 X부동산에 관하여 2015. 7. 1. 매매를 원인으로 한 소유권이전등기절차를 이행한다. 甲은 乙에게 매매 잔대금 1억 원을 2018. 6. 30.까지 지급한다. 소송비용은 각자 부담한다." 그런데 乙은 위 화해조항에 따라 甲 명의로 소유권이전등기를 마쳤음에도 甲이 매매 잔대금 1억 원을 지급하지 않아서 위 매매계약이 잔대금 미지급으로 해제되었고 그로 인해 위 소송상화해도 효력이 없다고 주장하면서, 甲을 상대로 X부동산에 관한 甲 명의 소유권이전등기의 말소를 구하는 소를 제기하였다.

〈문제 1.〉

乙의 주장대로 甲이 화해조항에 따른 매매 잔대금 1억 원을 지급하지 않았다면, 법원은 乙의 청구에 대해 어떤 판결을 하여야 하는가?   (민사소송법의 맥 392쪽 참조)

I. 결 론

乙의 청구를 기각해야 한다.

II. 논 거

1. 논점의 정리

乙의 청구와 관련하여, 乙의 후소가 소송상 화해의 기판력에 저촉되는 것은 아닌지, 소송상 화해를 해제하는 것이 가능한지 문제된다.

2. 기판력 저촉 여부

(1) 소송상 화해의 효력

소송상 화해란, 법원에서 소송 계속 중에 양 당사자가 소송물인 권리관계에 관하여 서로 양보하여 합의결과를 법원에 진술함으로써 소송을 종료시키는 행위이다. 소송상 화해가 성립하게 되면, 소송이 종료하고, 법원은 화해조서를 작성하게 된다(규칙 제31조 본문). 그리고 화해 조서에는 확정판결과 같은 효력, 즉 기판력이 인정된다(제220조).

(2) 기판력 범위

기판력은 원칙적으로 소송 당사자 사이에 (제218조 1항), 사실심 변론 종결 당시를 기준으로 하여 (시적 범위) 그 판결의 주문에서 판단되는 법률관계의 존부에 관한 판단(제216조 1항 객관적 범위)에 미친다. 그에 따라 소송 당사자는 전소 변론 종결시(화해 성립시) 이전의 사유를 들어, 전소와 모순되는 주장 혹은 청구를 할 수 없다(기판력의 차단효).

(3) 의무불이행을 이유로 하는 화해의 해제 가부(소극)

대법원은 재판상 화해를 하여 조서에 기재한 후 화해 내용에 따라 원고가 일정 금액을 지불해야 되는데 이를 행사하지 않자 피고가 화해를 해제하고 화해가 실효되었다는 이유로 기일신청을 한 사건에서 "재판상 화해를 한 당사자는 재심의 소에 의하지 않고서는 화해를 사법상 화해계약임을 전제로 화해 해제를 주장하는 것과 같은 화해조서의 취지에 반하는 주장을 할 수 없다"(대판 1962.2.15. 61다914)고 하였다.

(4) 사안의 경우

소송상 화해의 당사자인 乙이 甲을 상대로 제기한 소유권이전등기 말소 청구 소송은 그 소송물이 소송상 화해의 내용에 모순되는 것으로서, 기판력의 객관적, 주관적 범위에 해당한다. 기판력의 본질에 관해 判例는 모순금지설의 입장에서 전소에서 인용된 부분은 각하해야 하고(대판 2009.12.24. 2009다64215), 전소에서 기각된 부분은 후소에서 기각하여야 한다고 한다(대판 1989.6.27. 87다카2478). 따라서 등기에 관하여 패소자의 지위에 있는 乙의 말소등기 청구는 기각되어야 한다.

사례_113 **재판상 화해와 중복제소** 2008년 법무행정고시

교통사고의 피해자 甲은 가해자 乙과 합의를 시도하였으나 원만히 이루어지지지 않자, 乙을 상대로 기왕 치료비 2,000만 원과 향후 5년 동안 매달 100만 원의 치료비 지급을 구하는 소를 제기하였다. 원고 甲과 피고 乙은 변론기일에 법원의 권유에 따라 기왕 치료비 1,500만 원과 향후 5년 동안 치료비로 매달 80만 원을 지급하기로 하는 내용으로 화해를 하였다. 화해조서가 작성되어 소송이 종료된 후 甲은 乙이 자신을 협박하여 할 수 없이 화해한 것이었다며, 이를 취소하고 새롭게 동일한 소를 다시 제기하였다. 이 소의 적법성 여부를 논하라.

I. 결론

甲의 소제기는 중복소송에 해당하여 부적법하다.

II. 논거

1. 재판상 화해의 의의(사례 098. 참조)

2. 재판상 화해의 법적 성질(사례 098. 참조)

3. 재판상 화해의 무제한 기판력 인정여부(사례 098. 참조)

4. 중복제소금지여부

(1) 중복소제기의 의의와 요건 [당, 소, 계](사례 051. 참조)

(2) 사안의 경우

제한적 기판력설에 따르면 재판상화해에 실체법상 하자가 있을 때에는 소송이 종료되지 않아 기판력이 발생하지 않는다는 것이므로, 따라서 전소에 기일지정신청을 하여 절차속행이 가능한데 별소를 제기하면 중복제소에 해당한다(제259조). 중복제소여부는 소극적 소송요건으로 직권조사사항이며, 후소법원은 소를 각하하여야 한다(판례의 태도인 무제한 기판력설을 따른다면 재판상 화해에 의해 기판력이 발생하였으므로 패소한 부분에 대한 제소는 모순금지설에 의해 청구기각의 판결을 받는다).

"화해권고결정에 대하여 소정의 기간 내에 이의신청이 없으면 화해권고결정은 재판상 화해와 같은 효력을 가지며(제231조), 한편 재판상 화해는 확정판결과 동일한 효력이 있고 창설적 효력을 가지는 것이어서 화해가 이루어지면 종전의 법률관계를 바탕으로 한 권리·의무관계는 소멸함과 동시에 재판상 화해에 따른 새로운 법률관계가 유효하게 형성된다. 그리고 소송에서 다투어지고 있는 권리 또는 법률관계의 존부에 관하여 동일한 당사자 사이의 전소에서 확정된 화해권고결정이 있는 경우 당사자는 이에 반하는 주장을 할 수 없고 법원도 이에 저촉되는 판단을 할 수 없다"(대판 2014.4.10. 2012다29557).

[사실관계] 甲이 乙을 상대로 제기한 상속회복청구소송 중 상속재산인 부동산이 수용되어 乙이 수용보상금을 수령하자 甲이 대상청구로서 금전지급을 구하는 청구로 변경하였고 그 후 甲과 乙 사이에 화해권고결정이 확정되었는데, 甲이 乙이 수령한 보상금 중 甲의 상속분 해당 금원에서 화해권고결정에 따라 받은 금원 등을 공제한 나머지 금원의 지급 등을 구하자 甲의 청구를 기각한 사례

사례_114 **기판력의 본질(1)** 사법 연수원 사례

甲이 乙을 상대로, '乙은 甲에게 1,000만 원을 지급하라'는 청구취지로 보관금반환청구소송을 제기하여, '乙은 甲에게 450만 원을 지급하라, 甲의 나머지 청구를 기각한다'는 판결을 선고받아, 그 판결이 확정되었다. 그 후 甲이 동일한 청구원인에 기초하여 乙을 상대로 '乙은 甲에게 1,000만 원을 지급하라'는 소를 다시 제기하였다면, 법원은 후소에 대하여 어떻게 판결해야 하는가?

Ⅰ. 결 론

법원은 후소 중 450만 원 부분은 소각하판결, 나머지 550만 원 부분은 청구기각판결을 하여야 한다.

Ⅱ. 논 거

1. 기판력의 본질

(1) 학 설

① 모순금지설은 기판력은 확정판결과 모순된 판단을 불허하는 효력이라 본다. 승소한 자가 동일한 후소를 제기한 경우에는 소의 이익의 흠결로 후소를 각하하고, 패소한 자가 동일한 소를 제기한 때에는 기각해야 한다고 한다. ② 반복금지설은 기판력은 분쟁해결의 일회성을 위해 후소법원에 대해 다시 변론이나 재판하는 것 자체를 금지하는 효력이라 본다. 전소 판결의 승패를 불문하고 동일한 후소를 제기한 경우 기판력에 저촉됨을 이유로 후소를 각하해야 한다고 하여, 기판력 자체를 독자적인 소극적 소송요건으로 이해한다.

(2) 판 례(모순금지설)

判例는 전소에서 인용된 부분은 각하해야 하고, 전소에서 기각된 부분은 후소에서 기각하여야 한다고 한다. 즉 判例는 확정판결이 있었던 전소와 후소의 소송물이 동일한 경우, 그 확정판결의 기판력이 후소에 미치므로, 그 중 전소의 확정판결에서 원고가 승소한 부분에 해당하는 부분은 권리보호의 이익이 없어 각하해야 하고(대판 2009.12.24. 2009다64215), 후소와 전소송의 당사자 및 소송물이 동일한 경우, 전소송에서 한 원고 청구기각판결의 기판력에 의하여 그 내용과 모순되는 판단을 하여서는 안되는 구속력 때문에 후소는 전소판결의 판단을 채용하여 원고청구기각의 판결을 한다(대판 1989.6.27. 87다카2478)고 하여 모순금지설의 입장이다.

(3) 검 토

생각건대, 반복금지설은 선결관계 또는 모순관계에서 기판력이 작용하는 경우 후소를 각하하지 않고 본안판결을 하는 것을 설명하기 어려우므로 모순금지설이 타당하다.

2. 사안의 경우

후소 중 원고 甲이 승소한 부분 450만 원 부분은 권리보호의 이익이 없어 소각하 판결을, 패소한 550만 원 부분은 기판력에 의하여 그 내용과 모순되는 판단을 하여서는 안 되는 구속력 때문에 전소판결의 판단을 채용하여 청구기각판결을 하여야 한다.

사례_115 **기판력의 본질(2)** 사법 연수원 사례

甲은 乙이 발행한 액면금 4,000만 원의 약속어음의 적법한 소지인으로서 乙을 상대로 약속어음금청구소송을 제기하여 '乙은 甲에게 4,000만 원을 지급하라'는 판결을 선고받아, 그 판결이 2001. 6. 5. 확정되었다.

〈문제 1.〉

甲이 2011. 5. 12. 乙을 상대로 위 확정판결에 기한 채권의 소멸시효 중단을 위하여 위 확정판결과 동일한 청구취지와 청구원인으로 약속어음금청구의 소를 제기하였다면, 후소의 제기는 위 확정판결의 기판력에 저촉되는가? (민사소송법의 맥 C-11 참조)

〈문제 2.〉

위 사안에 乙이 甲의 약속어음 소지여부에 관하여 다툰다면, 후소 법원은 甲의 약속어음 소지여부를 다시 심리할 수 있는가? (민사소송법의 맥 C-11 참조)

Ⅰ. 문제 1.의 해결

1. 결 론

기판력에 저촉되지 않는다.

2. 논 거

① 기판력의 본질에 관해 모순금지설은 권리보호이익의 흠결을 이유로 각하하고, 반복금지설에 따르면 기판력은 그 자체로 소극적 소송요건이 되어 각하한다. ② 判例는 원고가 이미 승소판결을 받아 즉시 강제집행이 가능한 경우에는 동일청구에 대한 신소제기는 소의 이익이 없어 각하한다(대판 2006.12.7. 2004다54978).[1] ③ 다만 判例는 ㉠ 판결원본이 멸실된 경우, ㉡ 판결내용이 특정되지 않은 경우(대판 1998.5.15. 97다57658), ㉢ 시효중단의 필요성이 있는 경우(대판 2010.10.28. 2010다61557),[2] ㉣ 공정증서의 경우 집행력은 있으나 기판력이 없기 때문에 기판력 있는 판결을 받기 위해 공정증서의 내용과 동일한 청구를 소로 제기할 이익을 인정한다(대판 1996.3.8. 95다22795,22801).

---

1) 만약, 전소 패소자가 동일한 소를 제기한다면 후소 법원은 권리보호이익 흠결을 이유로 소를 각하할 수는 없지만 전소판결의 내용과 모순되는 판단을 할 수 없다는 구속력 때문에 청구기각판결을 선고하여야 한다(대판 1999.12.10. 99다25785).
2) 이러한 경우에 신소의 판결이 전소의 승소확정판결의 내용에 저촉되어서는 아니 되므로, 후소 법원으로서는 그 확정된 권리를 주장할 수 있는 모든 요건이 구비되어 있는지 여부에 관하여 다시 심리할 수 없다(대판 2010.10.28. 2010다61557).

Ⅱ. 문제 2.의 해결

1. 결 론

후소법원은 甲의 약속어음 소지여부를 다시 심리할 수 없다.

2. 논 거

"확정된 승소판결에는 기판력이 있으므로 당사자는 그 확정된 판결과 동일한 소송물에 기하여 신소를 제기할 수 없는 것이 원칙이나 다만 **시효중단 등 특별한 사정이 있어 예외적으로 신소가 허용되는 경우**라고 하더라도, 신소의 판결은 전소의 승소확정판결의 내용에 저촉되어서는 아니되므로, 후소 법원으로서는 그 확정된 권리를 주장할 수 있는 모든 요건이 구비되어 있는지 여부에 관하여 다시 심리할 수는 없다고 보아야 할 것인바, 전소인 약속어음금 청구소송에서 원고의 피고에 대한 약속어음채권이 확정된 이상 그 확정된 채권의 소멸시효의 중단을 위하여 제기한 소송에서 원고의 약속어음의 소지 여부를 다시 심리할 수는 없다고 할 것이고, 이러한 법리는 약속어음에 제시증권성 및 상환증권성이 있다고 하여 달리 취급할 것은 아니다"(대판 1998.6.12. 98다1645).

사례_116 **소송판결의 기판력**   사법 연수원 사례

甲 종중은 乙의 아버지인 丙에게 임야를 명의신탁하였음을 이유로 丙의 유일한 상속인인 乙을 상대로 명의신탁해지를 원인으로 한 소유권이전등기청구의 소를 제기하였다. 그런데 법원은 甲 종중의 대표자인 丁에게 대표권이 없어 위 소가 부적법하다는 이유로 소각하 판결을 선고하였고, 그 판결은 확정되었다.

〈문제 1.〉

그 후 적법한 절차를 거쳐 새로 대표자로 선출된 戊가 甲 종중을 대표하여 乙을 상대로 명의신탁해지를 원인으로 한 소유권이전등기청구의 소를 다시 제기하였다면, 후소는 위 확정판결의 기판력에 저촉되는가?   (민사소송법의 맥 C-04 참조)

〈문제 2.〉

전소에서 법원이 丁의 대표권 흠결에 대하여 판단하면서 그 전제로 甲 종중이 실재하는 종중이라고 판단하였다면, 후소의 법원은 甲 종중이 실재하지 아니한 종중으로서 당사자 능력이 없다는 이유로 소각하 판결을 할 수 있는가?   (민사소송법의 맥 C-04 참조)

Ⅰ. 문제 1.의 해결

1. 결 론

후소는 전소의 확정판결의 기판력에 저촉되지 않는다.

2. 논 거

(1) 소송판결의 기판력

기판력 있는 재판은 **유효한 확정종국판결**이다. 본안판결이라면 청구인용판결이든 청구기각판결이든 모두 기판력이 발생한다. 소송판결도 소송요건의 흠결로 소가 부적법하다는 판단에 한하여 기판력이 발생한다. 그러나 판단된 당해 소송요건의 흠을 보정한 후 다시 소를 제기하는 것은 소송판결의 기판력에 반하지 않는다(대판 2003.4.8. 2002다70181).

(2) 사안의 경우

법원은 甲 종중의 대표자인 丁에게 대표권이 없어 위 소가 부적법하다는 이유로 소각하 판결을 선고하였으나, 그 후 적법한 절차를 거쳐 새로 대표자로 선출된 戊가 甲 종중을 대표하여 소를 다시 제기하였다면 기판력에 반하지 않는다.

Ⅱ. 문제 2.의 해결

1. 결 론

후소의 법원은 甲 종중이 실재하지 아니한 종중으로서 당사자 능력이 없다는 이유로 소각하 판결을 할 수 있다.

2. 논 거

(1) 소송판결의 기판력

어떠한 소송요건의 흠으로 판단한 것인가에 대해서는 판결이유를 참작할 것이며, 이에 의하여 정해지는 소송요건의 흠에 대한 판단에만 기판력이 생긴다(대판 2003.4.8. 2002다70181).

(2) 사안의 경우

전소판결의 기판력은 각하의 이유가 된 대표권 흠결에 관하여만 발생하므로 甲 종중의 실재여부에 대한 판단에는 전소의 기판력이 미치지 않는다. 따라서 후소의 법원은 당사자 능력의 유무를 판단할 수 있다.

사례_117 **기판력의 시적범위(1)** 2020년 제9회 변호사시험, 사법 연수원 사례

甲은 2008. 3. 10. 乙에게 3억 원을 이자 연 12%, 변제기 2008. 4. 10.로 정하여 대여하였음을 이유로 2008. 5. 20. 乙을 상대로 위 대여금 원금의 지급을 구하는 소를 제기하였다. 법원은 2008. 9. 10. 변론을 종결하고 2008. 9. 24. 위 대여사실이 인정되지 아니한다는 이유로 甲의 청구를 기각하는 판결을 선고하였고, 그 판결은 2008. 10. 30. 확정되었다. 그 후 甲은 乙을 상대로 위 대여금 3억 원 및 이에 대하여 위 대여일 2008. 3. 10.부터 다 갚는 날까지 연 12%의 비율에 의한 이자 또는 지연손해금의 지급을 구하는 소를 제기하였다.

1. 후소의 청구 중 위 확정판결의 기판력에 저촉되는 부분과 그렇지 않은 부분을 특정하시오. (20점)

Ⅰ. 문제 1.의 경우(20)

1. 기판력의 시적범위

확정판결은 **사실심의 변론종결시(표준시)의 권리관계의 존부에 기판력이 생긴다. 표준시 이전이나 이후의 권리관계를 확정하는 것이 아니다. 전소 변론종결 후에 새로이 발생한 사실의 주장은 후소에서 실권효의 제재를 받지 않으며, 전소 변론종결 전의 사유라도 소송물이 다르면 후소에서 차단되지 않는다.

2. 판 례

"확정판결의 기판력은 사실심의 최종변론종결 당시의 권리관계를 확정하는 것이므로, 원고의 청구 중 확정판결의 사실심 변론종결시 후의 이행지연으로 인한 손해배상(이자) 청구부분은 그 선결문제로서 확

정판결에 저촉되는 금원에 대한 피고의 지급의무의 존재를 주장하게 되어 논리상 확정판결의 기판력의 효과를 받게 되는 것이라고 할 것이나 그 외의 부분(변론종결당시까지의 분)의 청구는 확정판결의 기판력의 효과를 받지 않는다"(대판 1976.12.14. 76다1488).

3. 대여금 3억 원에 대한 청구에 대하여

사안의 경우 전소의 변론종결일인 2008. 9. 10에 원본채권이 부존재한다는 것에 기판력이 생긴다.

4. 대여금 3억 원에 대한 2008. 9. 10.부터의 지연손해금 청구에 대하여

변론종결일 이후부터의 이행지연으로 인한 손해배상채권에 대해서는 전소 소송물인 원본채권의 존부가 후소의 선결문제로서 전소 확정판결의 기판력이 미친다.

5. 대여금 3억 원에 대한 위 대여일 부터 변론종결 전일까지의 이자 또는 지연손해금 청구에 대하여

전소의 변론종결시를 기준으로 위 대여일 2008. 3. 10.부터 변론종결 전일(2008. 9. 9.)까지의 이자채권에는 전소의 기판력이 미치지 않는다. 다만 전소에서 판단한 대여사실이 인정되지 아니한다는 사실은 후소법원의 유력한 증거가 될 뿐이다.

6. 사안의 해결

후소의 청구 중 대여금 3억 원 및 이에 대한 전소의 변론종결일인 2008. 9. 10.부터의 지연손해금 청구부분은 전소확정판결의 기판력에 저촉되나, 대여금 원금에 대한 대여일부터 전소의 변론종결일의 전일인 2008. 9. 9.까지의 이자 또는 지연손해금청구 부분은 기판력에 저촉되지 아니한다.

사례_118 **기판력의 시적범위(2) - 표준시 전에 발생한 형성권의 변론종결 후의 행사 (건물매수청구권 행사 : 실권부정)** 2007년 사법시험

乙은 A토지 위에 지상건물의 소유를 목적으로 하는 甲과의 토지임대차계약에 따라 B건물을 신축하였다. 甲은 임대차기간이 만료한 뒤 乙의 임대차계약의 갱신요청을 거절하고 乙을 상대로 건물철거 및 토지인도를 청구하는 소를 제기하였다.
乙은 위 소송절차의 변론에서 건물매수청구권을 행사하지 아니하여 甲의 승소판결이 선고되었고, 이 판결은 그대로 확정되었다. 그 후 B건물이 철거되기 전에 乙이 甲에 대하여 건물매수청구권을 행사하면서 그 매매대금의 지급을 청구하는 소를 제기하는 것이 위 확정판결에 저촉되는지 여부를 밝히시오.

(민사소송법의 맥 C-09 참조)

Ⅰ. 결 론

乙의 소는 확정판결의 기판력에 저촉되지 않는다.

Ⅱ. 논 거

1. 문제점

건물철거 및 토지인도청구에 대한 乙의 패소판결이 확정된 후, 乙이 건물매수청구권을 행사하는 것이 전소 확정판결의 기판력에 저촉되어 허용되지 않는지 문제된다.

2. 乙의 건물매수청구권의 행사가능성

(1) 기판력의 시적범위와 차단효

기판력은 사실심 변론종결시의 권리관계의 존부에 생기며, 차단효(=실권효)란 당사자는 전소의 변론 종결 전에 존재했으나 제출하지 않은 공격방어방법을 그 뒤 후소에서 제출하여 전소에서 확정된 권리관계와 다른 판단을 구할 수 없음을 말한다(채무자가 변론종결 전에 발생한 사실을 알지 못한 데 대한 과실 여부를 묻지 않는다). 그렇다면, 전소 변론종결 전에 발생한 형성권을 후소에서 행사하는 것도 차단되는 것인지 문제된다.

(2) 건물매수청구권의 행사가부에 관한 판례[1]의 태도

判例는 ① 해제권, 취소권, 백지보충권의 경우에는 실권을 인정하면서도(대판 1981.7.7. 80다2751) ② 토지 임대차 종료 후 임차인이 건물매수청구권을 행사하지 않아 임대인이 제기한 건물철거소송에서 패소 확정된 후, 임차인이 변론종결 후에 건물매수청구권을 행사하면서 건물매매대금의 지급을 청구한 사건에서 "그 확정판결에 의하여 건물철거가 집행되지 아니한 이상, 토지의 임차인으로서는 건물매 수청구권을 행사하여 별소로써 임대인에 대하여 건물 매매대금의 지급을 구할 수 있다고 할 것이다. 전소인 토지인도 및 건물철거 청구소송과 후소인 매매대금 청구소송은 서로 그 소송물을 달리하는 것이므로, 종전 소송의 확정판결의 기판력에 의하여 건물매수청구권의 행사가 차단된다고 할 수도 없다"(대판 1995.12.26. 95다42195)고 판시하였다.

(3) 검토 및 사안의 경우

법적 안정성을 추구하는 기판력제도의 취지, 건물매수청구권 항변을 실권시키면 건물매수청구권의 항변을 강제하는 결과가 되어 부당하다는 점, 건물매수청구권의 항변은 소구채권의 하자문제가 아 닌 점을 고려할 때, 상계권·건물매수청구권 비실권설이 타당하다. 이에 따르면, 乙은 패소판결이 확 정되었더라도 건물에 대해 철거집행이 되지 않은 이상 건물매수청구권을 행사할 수 있다.

사례_119 **기판력의 시적범위(3) – 표준시 전에 발생한 형성권의 변론종결 후의 행사 (상계권 행사 : 실권부정)** 2020년 제9회 변호사시험

〈기초적 사실관계〉
甲은 2008. 4. 1. 乙에게 1억 원을 변제기 2009. 3. 31.로 정하여 대여하였다.

2. 甲은 2012. 4. 1. 乙을 상대로 위 대여금 채권 1억 원의 지급을 청구하는 소를 제기하여 청구 인용 판결을 선고받아 위 판결이 확정되었다. 한편 乙에게는 甲에 대한 1억 원의 손해배상 채권이 있었 고, 위 소송의 사실심 변론종결 당시 위 두 채권은 상계적상에 있었으며, 乙도 위 두 채권이 상계적 상에 있음을 알고 있었다. 甲이 위 확정판결로 강제집행을 하려고 하자, 乙은 비로소 위 손해배상 채권으로 위 대여금 채권과 상계한다고 주장하면서 위 확정판결의 집행력을 배제하기 위한 청구이 의의 소를 제기하였다.

乙의 상계 주장은 적법한 청구이의의 사유에 해당하는가? (15점)

---

1) [학설] ① 비실권설은 실체법상 형성권의 행사기간을 소송법이 단축시키는 결과가 되므로 모든 형성권이 실권되지 않는다는 견해, ② 상계권 및 건물매수청구권 비실권설은 취소권과 해제권 등은 실권되지만 상계권 및 건물매수청구권은 표준시 전에 알았는지 불문하 고 실권되지 않는다는 견해, ③ 제한적 실권설은 상계권 및 건물매수청구권을 알고도 행사하지 않는 경우에는 실권된다는 견해, ④ 실권설은 법적 안정성을 근거로 모든 형성권은 차단된다는 견해이다.

II. 문제 2.의 경우(15)

1. 문제점

乙은 전소 확정판결의 사실심 변론종결 당시에 상계적상인 채권이 있음을 알았음에도, 후소인 청구이의의 소를 제기하면서 뒤늦게 상계항변을 제출하였는바, 전소 변론종결 전에 발생한 상계권을 변론종결 이후에 행사하여 청구이의의 소로써 다툴 수 있는지 문제된다.

2. 판 례

(1) 취소권, 해제권 등 형성권 일반의 경우(실권 긍정)

대법원은 표준시 전에 행사할 수 있었던 취소권(대판 1959.9.24. 4291민상830), 해제권(대판 1979.8.14. 79다1105) 등에 대하여는 표준시 후에 이를 행사하면 차단된다고 한다.

(2) 상계권(실권 부정)

그러나 대법원은 상계권에 관하여는 "집행권원인 확정판결의 변론종결 전에 상대방에 대하여 상계적상에 있는 채권을 가지고 있었다 하여도 변론종결 이후에 비로소 상계의 의사표시를 한 때에는 그 청구이의의 원인이 변론종결 이후에 생긴 때에 해당하는 것으로서 당사자들이 그 변론종결 전에 상계적상에 있은 여부를 알았던 몰랐던 간에 적법한 이의의 사유(민사집행법 제44조 2항)가 된다"(대판 1998.11.24. 98다25344)고 판시하여 상계권비실권설의 입장이다.

> **[관련판례]** ＊ **토지임대차에서의 건물매수청구권**(실권 부정)
> 判例는 "토지의 임차인이 임대인에 대하여 건물매수청구권을 행사할 수 있음에도 불구하고 이를 행사하지 아니한 채, 토지의 임대인이 임차인에 대하여 제기한 토지인도 및 건물철거 청구소송에서 패소하여 그 패소판결이 확정되었다고 하더라도, 그 확정판결에 의하여 건물철거가 집행되지 아니한 이상, 토지의 임차인으로서는 건물매수청구권을 행사하여 별소로써 임대인에 대하여 건물 매매대금의 지급을 구할 수 있다고 할 것이고, 전소인 토지인도 및 건물철거 청구소송과 후소인 매매대금 청구소송은 서로 그 소송물을 달리하는 것이므로, 종전 소송의 확정판결의 기판력에 의하여 건물매수청구권의 행사가 차단된다고 할 수도 없다"(대판 1995.12.26. 95다42195)고 하여 건물매수청구권 비실권설의 입장이다.

(3) 검 토

ⅰ) 상계의 항변을 실권시키면 상계의 항변을 강제하는 결과가 되어 부당하다는 점, ⅱ) 상계의 항변은 출혈적 · 예비적 방어방법이며, 소구채권의 하자문제가 아니므로 상계권 비실권설이 타당하다.

3. 사안의 해결

표준시 이후의 상계권 행사는 전소의 기판력에 반하지 않으므로, 乙의 상계 주장은 적법한 청구이의의 사유에 해당한다(민사집행법 제44조 2항).

사례_120 **기판력의 시적범위(4) – 청구이의의 소** 2014년 8월 법전협 모의

乙은 건물소유를 목적으로 甲 소유의 토지를 임차하였다. 甲은 乙을 피고로 하여 이 토지 위의 건물의 철거와 대지의 인도를 구하는 소를 제기하였다.
법원은 甲의 청구를 전부 인용하는 판결을 선고하여 그대로 확정되었다. 甲은 이 판결을 집행권원으로 하여 강제집행을 신청하였다. **이 경우 乙이 강제집행을 정지시킬 수 있는 방법은 무엇인가?**

Ⅰ. 결 론

乙은 건물매수청구권을 이유로 하여 청구이의의 소를 제기한 후 법원으로부터 강제집행의 정지를 명하는 잠정처분을 받아 집행기관에 제출함으로써 강제집행을 정지시킬 수 있다.

Ⅱ. 논 거

1. 문제점

2. 乙의 건물매수청구권의 행사가능성(사례 104. 참조)

(1) 기판력의 시적범위와 차단효

(2) 건물매수청구권의 행사가부에 관한 判例의 태도

(3) 검토 및 사안의 경우

3. 강제집행을 정지시키는 구체적 방법

'청구이의의 소'란, 채무자가 집행권원에 표시된 청구권에 관하여 생긴 이의를 내세워 그 집행권원이 가지는 집행력의 배제를 구하는 소를 말한다(민사집행법 제44조). 임차인 乙은 건물철거소송에서 패소판결을 받았더라도 실제 건물철거가 집행되지 않은 이상 건물매수청구권을 행사한 뒤 이를 청구이의의 이유로 하여 확정판결의 집행력의 배제를 구할 수 있다. 다만, 청구이의의 소는 강제집행의 개시 및 속행에 영향이 없는 바(민사집행법 제46조), 乙이 강제집행의 속행을 저지하기 위해서는 별도로 강제집행의 정지를 명하는 잠정처분을 법원으로부터 받아 이를 집행기관에 제출하여야 한다(민사집행법 제46조 2항).

사례_121 **기판력의 시적범위(5) – 변종 전 한정승인 사실 실권여부**

대판 2006.10.13, 2006다23138

甲은 乙이 1999. 9. 29. A은행으로부터 대출 받음에 있어 보증을 하였고 2001. 8. 22. 乙을 대위하여 위 대출원리금을 A은행에 변제하였다. 한편 乙은 2001. 3. 8. 사망하였고, 단독상속인인 丙은 乙이 사망하자 그로부터 3월 이내인 2001. 5. 25. 한정승인을 신청하였고, 위 법원은 2001. 5. 29. 위 한정승인 신청을 수리하는 심판을 하였다.

甲은 2002. 5. 7. 丙을 상대로 甲의 위 대위변제에 따른 구상금 청구의 소를 제기하였다. 위 소송의 진행과정에서 丙은 위와 같은 한정승인 수리 심판이 있었음을 주장하지 아니하였고, 이에 법원은 2003. 3. 18. 구상금청구에 관하여 丙의 책임재산에 관한 유보 없이 구상금을 지급하라는 취지의 판결을 선고하였고, 그 판결은 확정되었다. 甲은 이 판결정본을 집행권원으로 하여 丙 소유의 아파트에 대하여 강제경매신청을 하였고, 법원은 이를 받아들여 2005. 3. 10. 이 사건 아파트에 대한 강제경매개시결정을 하고 위 경매절차를 진행하였다. 이에 丙은 위 판결정본에 기한 강제집행은 이를 불허하여야 한다는 내용의 청구에 관한 이의의 소를 제기하고자한다. **丙의 주장은 타당한가?**

Ⅰ. 문제점

청구이의의 후소에서 전소 변론종결 전에 주장할 수 있었던 한정승인 사실이 기판력에 의해 차단되는지 문제된다.

Ⅱ. 판 례[1]

判例는 "채무자가 한정승인을 하고도 채권자가 제기한 소송의 사실심 변론종결시까지 그 사실을 주장하지 아니하는 바람에 **책임의 범위에 관하여 아무런 유보가 없는 판결이 선고되어 확정되었다고 하더라도, 채무자는 그 후 위 한정승인 사실을 내세워 청구에 관한 이의의 소를 제기하는 것이 허용된다**"(대판 2006.10.13. 2006다23138)고 하는바, 그 이유에 대해 "한정승인에 의한 책임의 제한은 상속채무의 존재 및 범위의 확정과는 관계가 없고 다만 판결의 집행대상을 상속재산의 한도로 한정함으로써 판결의 집행력을 제한할 뿐이나, 특히 채권자가 피상속인의 금전채무를 상속한 상속인을 상대로 그 상속채무의 이행을 구하여 제기한 소송에서 채무자가 한정승인 사실을 주장하지 않으면 책임의 범위는 현실적인 심판대상으로 등장하지 아니하여 주문에서는 물론 이유에서도 판단되지 않는 것이므로 그에 관하여는 기판력이 미치지 않는다"(대판 2009.5.28. 2008다79876)고 하였다.

Ⅲ. 검토 및 사안의 해결

한정승인사실은 전소에서 주장할 수 있었던 것이라도 채무 자체에 관한 것이 아니고 집행과 관련하여 책임을 정하는 것이므로 한정승인사실을 청구이의의 사유로 주장할 수 있다. 따라서 丙의 주장은 타당하다.

> **[비교판례]** 한정승인 사례(기판력에 저촉되지 않음)와 상속포기 사례(기판력에 저촉됨)의 **구별**
> 이와 달리, 이와 달리, 변론종결 전의 상속포기사실에 대하여 상속인이 전소에서 상속포기를 주장하지 않고 청구이의의 후소에서 상속포기를 주장한 사건에서, 判例는 "한정승인 사안에서 판시한 기판력에 의한 실권효 제한의 법리는 채무상속에 따른 책임의 제한 여부만이 문제되는 한정승인과 달리 상속에 의한 채무의 존재 자체가 문제되어 그에 관한 확정판결의 주문에 당연히 기판력이 미치게 되는 상속포기의 경우에는 적용될 수 없다"(대판 2009.5.28. 2008다79876)고 하였다.

사례_122 **정기금판결에 대한 변경의 소** 2016년 6월 법전협 모의

甲은 乙이 운전하던 A회사의 택시를 타고 가던 중, 乙이 丙이 운전하던 자동차와 추돌하는 바람에 중상을 입고 병원에 입원하여 치료를 받고 있다. 이 사고에 대한 乙의 과실은 40%, 丙의 과실은 60%로 확정되었다. 甲은 불법행위를 이유로 치료비 1,500만 원, 일실수익 3,000만 원, 위자료 1,500만 원 합계 6,000만 원의 손해배상청구소송을 제기하였다. 甲의 위 손해배상소송은 乙을 상대로 제기한 것이다. 위 소송 도중 甲은 위 교통사고로 인하여 뇌손상에 의한 거동불능 상태가 되었다. 이에 원고 측은 이 부분에 대하여 청구를 확장하였고, 신체감정 결과 기대여명이 10년일 것으로 인정되어 제1심 법원은 기왕 치료비와 일실수익 및 위자료와는 별도로 향후 10년간 매월 100만 원씩 치료비를 지급하라는 판결을 선고하였고 그 판결이 확정되었다. **甲이 그로부터 2년이 지난 후 예상과 달리 건강이 크게 호전된 경우 乙은 어떠한 소송상의 조치를 취할 수 있는가?**

(민사소송법의 맥 C-06 참조)

Ⅰ. 문제점 - 정기금판결에 대한 변경의 소의 의의

변경의 소는 정기금지급을 명하는 판결이 확정된 뒤에 그 액수 산정의 기초가 된 사정이 현저하게 바뀐 경우 장차 지급할 정기금의 액수를 바꾸어 달라고 제기하는 소이다(제252조). 사안에서 정기금

---

1) **[학설]** ① 부정설은 한정승인의 항변을 하지 않은 이상 기판력 상속인의 고유재산에 미치므로 변론종결 전에 주장할 수 있었던 한정승인의 사유는 차단되므로 이를 청구이의의 사유로 할 수 없다고 보며, ② 긍정설은 책임은 심판대상이 아니므로 기판력이 미치지 않아 후소인 청구이의의 소에서 주장할 수 있다고 한다.

지급을 명하는 판결이 확정된 후 甲의 건강이 크게 호전된 것이 그 액수 산정의 기초가 된 사정이 현저하게 바뀐 경우가 되어 乙이 변경의 소를 제기할 수 있는지 문제된다.

Ⅱ. 정기금판결에 대한 변경의 소의 소송물

① 변경의 소의 소송물은 변경청구권으로서 전소인 정기금판결의 소송물과 달라서 전소의 기판력과 무관하게 전소에서 명한 급부의 내용을 장래를 향하여 변경해달라는 것이 정기금판결변경의 소의 목적이라는 견해가 있으나, ② 변경의 소는 전소판결에서 반영하지 못한 변경된 정기금 산정의 기초 사실을 반영하기 위하여 전소판결을 변경하는 것이므로 **전소와 소송물이 동일하다고 봄이 타당하다.**

Ⅲ. 정기금판결에 대한 변경의 소의 요건

1. 적법요건

ⅰ) 소의 대상으로 '정기금의 지급을 명한 판결'일 것, ⅱ) 변경의 대상이 되는 판결이 '확정'될 것, ⅲ) 판결확정 뒤 정기금 액수산정의 기초가 된 사정이 현저하게 바뀌었을 것, ⅳ) 제1심판결 법원의 전속 관할(제252조 2항)이라는 요건을 충족하여야 한다. 다만 ⅲ)에서 '판결이 확정된 뒤' 라고 규정되어 있지만 사실심 변론종결 후의 사정은 법원이 고려할 수 없었으므로 '변론종결 이후'로 해석하는 것이 타당하다. 또한 '현저한 사정변경'이란 당사자 사이의 형평을 크게 침해할 특별한 사정을 의미한다. 현저 한지 여부는 변경의 정도뿐만 아니라 그 기간도 고려하여야 할 것이다.

2. 사안의 경우

사안의 경우 ⅰ) 전소 판결은 10년간 매월 100만 원씩 치료비를 지급하라는 판결이므로 정기금판결 로 대상이 되고, ⅱ) 위 판결이 그대로 확정되었으며, ⅲ) 정기금 액수산정 당시 예상했던 거동불능 상태가 2년 후 크게 호전되었으므로 당사자 사이의 형평을 크게 침해할 특별한 사정이 생겼다고 볼 수 있다. 따라서 ⅳ) 乙은 제1심 법원에 변경의 소를 제기할 수 있다.

Ⅳ. 사안의 해결

乙은 종전 정기금판결의 기판력을 배제하고 새로운 사정을 기초로 다시 법률관계를 확정하기 위하 여 제1심 법원에 정기금판결에 대한 변경의 소를 제기할 수 있다.

사례_123 **기대여명연장으로 인한 추가청구** 2013년 법무행정고시

乙은 자신의 횡령사실에 대하여 죄책감을 떨쳐버리기 위해 한 겨울에 등산을 갔다가 심하게 굴러 떨 어져서 丁이 운영하는 병원에서 머리와 척추수술을 받던 중, 丁의 과실에 의한 뇌손상으로 식물인간이 되었다. 乙은 법정대리인을 통하여 丁을 상대로 손해배상청구의 소를 제기하였다(전소). 전소에서 신 체감정을 하였는데, 乙의 여명은 감정일로부터 향후 5년으로 추정되며, 여명기간 동안 1일 24시간 개 호인의 조력이 필요하다는 요지의 감정결과가 제출되었다. 법원은 감정결과에 따라 감정일로부터 5년 동안의 향후 치료비와 개호비 손해로 매월 200만 원의 지급을 명하는 정기금 지급 판결을 선고하였고, 이 판결이 확정되어 乙은 정기금을 모두 받았다. 그러나 전소에서 인정된 여명기간 후에도 乙이 계속 생존하자 乙의 법정대리인은 丁을 상대로 향후 치료비 및 개호비 손해를 구하고자 한다. **이 경우 전소 의 정기금지급 판결에 대한 변경의 소를 제기하여야 하는가 아니면 별소를 제기하여야 하는가?**

(민사소송법의 맥 C-07 참조)

I. 결 론

乙의 법정대리인은 변경의 소가 아닌, 추가청구의 별소를 제기하여야 하며, 이 경우 추가청구는 전소의 기판력에 저촉되지 않는다.

II. 논 거

1. 기대여명연장으로 인한 추가청구의 별소 제기 가부 - 기판력의 저촉여부(소극)

(1) 기판력의 의의·인정범위

기판력이란 확정된 종국판결의 내용이 가지는 후소에 대한 구속력으로 전소판결이 확정된 이상 기판력이 발생하였다. 사안에서 ① 전·후소의 당사자가 동일하므로 전소판결의 기판력의 주관적 범위에 해당한다. ② 객관적 범위와 관련하여 확정판결은 주문에 포함된 것에 한하여 기판력을 가지는바(제216조 1항), 사안에서는 향후 5년분에 해당하는 정기금의 손해배상청구권이 존재한다는 판단에 기판력이 발생한다.

(2) 기판력의 작용여부(소극)

1) 판 례

기판력은 후소의 소송물이 전소의 소송물과 동일, 선결, 모순관계에 있을 경우에 작용하는바, 추가청구가 전소의 소송물과 동일한 경우인지 문제된다. 이에 대해 判例[1]는 후유증 발생 또는 여명연장으로 추가청구한 사건에서 "불법행위로 인한 적극적 손해의 배상을 명한 전소송의 변론종결 후에 새로운 적극적 손해가 발생한 경우에 그 소송의 변론종결 당시에 그 손해의 발생을 예견할 수 없었고 또 그 부분 청구를 포기하였다고 볼 수 없는 등 특별한 사정이 있다면 전소송에서 그 부분에 관한 청구가 유보되어 있지 않다고 하더라도 이는 전소송의 소송물과는 별개의 소송물이므로 전소송의 기판력에 저촉되는 것이 아니며, 식물인간 피해자의 여명이 종전의 예측에 비하여 수년 연장되어 그에 상응한 향후치료, 보조구 및 개호 등이 추가적으로 필요하게 된 것은 전소의 변론종결 당시에는 예견할 수 없었던 새로운 중한 손해로서 전소의 기판력에 저촉되지 않는다"(대판 2007.4.13. 2006다78640)고 판시하여 '기존의 손해'와 '여명연장 또는 후유증에 의한 확대손해'는 별개의 소송물에 해당한다고 본다(추가청구 가능).

2) 검토 및 사안의 경우

전소와 후소의 소송물은 가해행위, 과실, 인과관계는 공통으로 하고 있음에도 손해의 발생은 전혀 별개이기 때문에 후소의 소송물을 전소의 소송물과 동일하게 볼 수 없으므로 判例의 태도가 타당하다. 따라서 사안에서 乙의 여명연장으로 인한 추가적 손해는 전소에서 예견할 수 없었던 별개의 소송물로서 전소의 기판력이 작용하지 않는바, 추가청구 할 수 있다.

2. 정기금지급판결에 대한 변경의 소 제기 가부(소극)

(1) 변경의 소의 의의

변경의 소는 정기금지급을 명하는 판결이 확정된 뒤에 그 액수 산정의 기초가 된 사정이 현저하게 바뀐 경우 장차 지급할 정기금의 액수를 바꾸어 달라고 제기하는 소이다(제252조). 현실로 발생한 사실이 예측과 다른 경우 판결을 변경하여 주는 것이 당사자사이의 형평에 부합하기 때문이다.

---

1) 구체적 타당성을 위해 추가청구가 전소 기판력에 저촉되지 않는 근거에 대하여 ① 전소의 소송물과 후유증에 의한 확대손해배상청구의 소송물은 동일하나, 기대여명연장 또는 후유증 발생으로 인한 추가적 손해는 표준시 후의 새로운 사유로 보아 별소제기가 허용된다는 시적범위한계설과 ② 전소의 변론종결시까지 예견할 수 없었던 추가된 손해배상청구는 전소와 별개 소송물로서 별소제기가 허용된다는 별개소송물설의 대립이 있다.

(2) 변경의 소의 소송물과 전소 소송물이 동일한 경우여야 하는지 여부[2]

이에 대하여 견해대립이 있으나, 변경의 소는 전소판결에서 반영하지 못한 변경된 정기금 산정의 기초사실을 반영하기 위하여 전소판결을 변경하는 것이므로 소송물이 동일하다고 볼 것이다(부정설). 따라서 사안에서 변경의 소는 허용되지 않는다.

사례_124 **기대여명보다 일찍 사망한 경우와 기대여명이 연장된 경우의 구별**

2016년 법무사

甲이 2010. 5. 12. 乙 보험회사와 자동차보험계약을 체결한 丙의 자동차운행으로 인하여 발생한 교통사고로 뇌손상 등의 상해를 입게 되자, 甲은 乙 회사를 상대로 손해배상청구소송을 제기하였다. 위 소송에서 甲에 대한 신체감정을 한 결과 甲의 기대여명이 2011. 6. 10부터 3년으로 평가된 것을 기초로, 제1심 법원은 2011. 11. 24 甲에게 일실수입, 향후 치료비 및 개호비 등을 산정하여 합계 4억 원 및 지연손해금을 지급하라는 판결을 선고하였고, 2011. 12. 20. 위 판결이 확정되었다. 한편, 乙 회사는 판결에 따라 甲에게 4억 원 및 지연손해금 전부를 지급하였다.
(아래의 각 추가적 사실관계는 상호 무관함)

⟨문제 1.⟩ 추가된 사실관계
원고 甲이 2012. 9. 21. 사망하자, 乙 회사는 甲의 상속인인 甲의 부모를 상대로 "甲이 인정된 기대여명보다 일찍 사망하였기 때문에 당초 확정된 판결에 따라 지급한 손해배상금 중 실제사망시점 이후의 치료비 및 개호비 등은 법률상 원인 없는 이득에 해당한다."고 주장하면서 위 치료비 및 개호비 상당액을 부당이득으로 반환하라는 청구를 하였다. 이러한 경우 법원이 乙 회사의 부당이득 반환청구에 대하여 어떠한 판결을 선고할 수 있는지에 대한 의견을 밝히고, 그 근거를 설명하시오.

(민사소송법의 맥 C-08 참조)

⟨문제 2.⟩ 추가된 사실관계
원고 甲은 위 여명기간을 지나서도 계속 생존하면서 치료를 받았다. 원고 甲은 2016. 3. 20. 그로 인하여 추가로 발생한 치료비, 향후 치료비 및 개호비 손해의 배상을 구하는 소를 다시 제기하였다. 한편, 제1심 법원이 다시 원고 甲에 대한 신체감정을 촉탁한 결과, 감정인은 그 감정일인 2016. 8. 22.부터 10년 후까지 원고 甲의 여명이 연장된 것으로 평가된다는 내용의 감정의견을 제출하였다. 이러한 경우 제1심 법원이 전소에서 인정된 여명기간을 넘어선 기간에 지출한 치료비와 향후 치료비, 개호비 등에 대한 원고의 청구를 인용하는 판결을 선고할 수 있는지 여부에 대해서 의견을 밝히고, 그 근거를 설명하시오.

(민사소송법의 맥 C-08 참조)

문제 1.의 경우

Ⅰ. 결 론

법원은 乙의 청구를 기각하는 판결을 선고하여야 한다.

Ⅱ. 논 거

---

[2] ① 긍정설은 변경의 소의 소송물은 새로운 청구취지 및 새로운 사실관계의 주장으로서 전소의 소송물과 다르므로 후유증에 의한 확대손해도 변경의 소를 통하여 제기할 수 있다고 한다. ② 부정설은 변경의 소의 소송물은 전소의 소송물과 동일하므로 후유증에 의한 확대손해와 같이 소송물이 달라지는 경우는 변경의 소를 제기할 수 없다고 한다.

1. 문제의 소재

피해자가 '기대여명보다 일찍 사망한 경우' 소송을 통해 기대여명에 기초하여 산정된 손해배상금을 일시금[1]으로 지급한 가해자가 그 손해배상금 중 일부를 부당이득으로 반환청구하는 것이 확정판결의 기판력에 저촉되는지 문제된다.

2. 기판력의 작용

(1) 주관적 범위(제218조 1항)

전소와 후소의 원고와 피고가 바뀌었어도 당사자가 甲을 포괄승계한 甲의 상속인과 乙로 동일하므로 주관적 범위에 포함된다.

(2) 객관적 범위(제216조 1항)

전소의 소송물은 불법행위에 기한 손해배상청구권(민법 제750조 및 상법 제724조 2항)이고, 후소의 소송물은 부당이득반환청구권(민법 제741조)이므로 동일관계는 아니다. 그러나 후소 청구는 전소 소송물과 모순관계로 기판력이 작용하므로 객관적 범위에 포함된다.

(3) 시적 범위(제208조 1항 5호)

判例는 "확정판결이 실체적 권리관계와 다르다 하더라도 그 판결이 재심의 소 등으로 취소되지 않는 한 그 판결의 기판력에 저촉되는 주장을 할 수 없어 그 판결의 집행으로 교부받은 금원을 법률상 원인 없는 이득이라 할 수 없는 것이므로, 불법행위로 인한 인신손해에 대한 손해배상청구소송에서 판결이 확정된 후 피해자가 그 판결에서 손해배상액 산정의 기초로 인정된 기대여명보다 일찍 사망한 경우라도 그 판결이 재심의 소 등으로 취소되지 않는 한 그 판결에 기하여 지급받은 손해배상금 중 일부를 법률상 원인 없는 이득이라 하여 반환을 구하는 것은 그 판결의 기판력에 저촉되어 허용될 수 없다"(대판 2009.11.12. 2009다56665)고 판시 하였다. 甲의 사망사실(2012. 9. 21.)은 비록 전소의 변론종결일(2011. 11. 24.) 이후이지만, 이행판결의 주문에서 변론종결 이후 기간까지 급부의무의 이행을 명한 경우(장래이행의 소)에는 확정판결의 기판력이 주문에 포함된 기간까지의 청구권의 존부에 미치므로[2] 기대여명(2014. 6. 9.)까지의 사유에는 기판력이 미친다.

3. 기판력의 본질에 따른 법원의 처리(사례 100. 참조)

4. 사안의 해결

乙의 부당이득 반환청구는 전소에서의 판단과 모순관계로 작용하고, 乙이 주장하는 甲의 사망사실은 전소 기판력에 의하여 차단되므로, 乙의 후소는 모순금지설에 따라 기각되어야 한다.

문제 2.의 경우

Ⅰ. 결 론

법원은 甲의 2014. 6. 10. 이후 추가로 발생한 치료비 및 2026. 8. 22.까지의 치료비와 개호비 청구를 전부 인용하거나 정기금지급을 명하는 판결을 선고할 수 있다.

---

1) 사례 108.과 달리 피해자가 기대여명보다 일찍 사망하였고 전소의 판결내용도 정기금이 아니라 일시금이었음에 차이가 있다.

2) "확정판결은 주문에 포함한 것에 대하여 기판력이 있고, 변론종결시를 기준으로 하여 이행기가 장래에 도래하는 청구권이더라도 미리 청구할 필요가 있는 경우에는 장래이행의 소를 제기할 수 있으므로, 이행판결의 주문에서 변론종결 이후 기간까지 급부의무의 이행을 명한 이상 확정판결의 기판력은 주문에 포함된 기간까지의 청구권의 존부에 대하여 미치는 것이 원칙이고, 다만 장래 이행기 도래분까지의 정기금의 지급을 명하는 판결이 확정된 경우 그 소송의 사실심 변론종결 후에 액수 산정의 기초가 된 사정이 뚜렷하게 바뀜으로써 당사자 사이의 형평을 크게 해할 특별한 사정이 생긴 때에는 전소에서 명시적인 일부청구가 있었던 것과 동일하게 평가하여 전소판결의 기판력이 차액 부분에는 미치지 않는다"(대판 2011.10.13. 2009다102452).

Ⅱ. 논 거

1. 문제점

甲은 전소에서 인정한 여명기간을 넘어선 기간 동안 이미 지출한 치료비와 향후 치료비 및 개호비를 청구하고 있는데, 이미 지출한 치료비와 관련하여서는 전소 기판력이 미치는지 문제되고, 이미 지출한 치료비와 장래 치료비 및 개호비의 병합의 형태 및 장래 치료비 및 개호비와 관련하여서는 장래 이행의 소로서 적법한지 문제된다.

2. 기대여명연장으로 인한 추가청구의 별소 제기 - 기판력의 저촉여부(소극 : 사례 108. 참조)

(1) 기판력의 의의·인정범위

(2) 기판력의 작용여부(소극)

1) 판 례

'기존의 손해'와 '여명연장 또는 후유증에 의한 확대손해'는 별개의 소송물에 해당한다(대판 2007.4.13. 2006다78640 : 추가청구 가능).

2) 검토 및 사안의 경우

별개의 소송물로 보는 判例의 태도가 타당하다. 따라서 2014. 6. 9. 이후에 발생한 손해에 대하여서는 전소의 기판력이 작용하지 않는바, 추가청구 할 수 있다.

3. 병합청구의 요건 및 형태

甲은 전소기판력 이후의 범위에 대한 추가 치료비로서 현재이행의 소와 아직 지출하지 않은 예상손해에 대한 장래이행의 소를 함께 청구하고 있고, 이는 양립가능하고 별개의 경제적 목적을 위한 청구로서 단순병합에 해당한다. 양 청구는 동일한 소송절차 및 공통관할을 가지므로 적법하다(제253조). 따라서 법원은 병합된 모든 청구에 대하여 심판하여야 한다.

4. 장래이행의 소로서의 적법요건(적법 : 사례 043. 참조)

추가로 발생하여 이미 지출한 치료비 부분은 현재이행의 소로써 청구해야 하지만, 향후 치료비 및 개호비는 이행기가 장래에 도달하는 청구권이어서 장래이행의 소로써 청구해야 한다(제251조). 사안의 경우 확정판결의 해석에 대하여 다툼이 있는 경우여서 현재 발생한 치료비에 대하여서도 다툼이 있으므로 장래치료비에 대하여 미리 청구할 필요성이 인정된다.

5. 법원의 판단

법원은 기대여명에 관한 감정결과에 구속되는 것은 아니지만 특별한 사정이 없는 한 존중하여야 한다(대판 2002.11.26. 2001다72678). 따라서 원칙적으로 법원은 특별한 사정이 없는 한 2026. 8. 22.까지의 치료비 및 개호비의 청구를 인정하여야 하지만, 개호비와 같이 장래 일정기간에 걸쳐 일정시기마다 발생하는 손해의 배상을 일시금으로 청구하였다 하더라도 법원은 이를 정기금으로 지급할 것을 명할 수 있고, 정기금으로 지급할 것을 명할 것인지 여부는 법원의 자유재량에 속한다(대판 1995.2.28. 94다31334).[3]

---

[3] 사례 108.과 같은 기대여명연장 사례이지만 전소에서 일시금 배상을 명하였으므로 정기금지급판결에 대한 변경의 소 제기 가부는 논점이 아니다. 더구나 사례 108.의 결론이 '정기금판결을 구할 수 없다'는 것(별개의 소송물이기 때문)만을 외우고 2016년 법무사기출 문제에서 '정기금판결을 구할 수 없다'거나 '법원이 정기금판결을 할 수 없다'는 결론을 내리면 안 된다.

甲은 자신의 소유인 A토지 위에 乙이 무단으로 B건물을 신축한 것이라고 주장하면서, 乙을 상대로 건물철거 및 토지인도를 청구하는 소를 제기하였다. 위 소송계속 중에 甲은 A토지를 인도할 때까지 매월 임대료 상당의 50,000 원의 금액을 지급하라는 청구를 병합하였다. 이에 대하여 甲의 승소판결이 선고되었고, 이 판결은 그대로 확정되었다. 그런데 그 후 갑작스러운 경제사정의 변동으로 인근토지의 월 임대료가 대폭 상승하여 A토지의 임대료도 400,000 원 상당에 이르렀다. **이 경우 현격한 임대료 상승에 따라 甲이 취할 수 있는 소송상의 방법을 설명하시오.**

Ⅰ. 추가청구의 기판력 저촉 여부

이미 정기금 판결이 확정되었음에도 사정변경을 이유로 새로 발생한 손해액 등을 청구하는 것이 전소의 기판력에 위배되지 않는 지의 문제가 있었는바, 종래 대법원(대판 1993.12.21. 92다46226)은 전소의 청구를 명시적 일부청구로 보아 그 차액부분에는 전소의 기판력이 미치지 아니하므로 후소는 적법하다고 판시하였다.

Ⅱ. 변경의 소 가부(사례 107. 참조)

변경의 소는 정기금지급을 명하는 판결이 확정된 뒤에 그 액수 산정의 기초가 된 사정이 현저하게 바뀐 경우 장차 지급할 정기금의 액수를 바꾸어 달라고 제기하는 소이다(제252조).

사안의 경우 매월 5만 원을 지급하라는 정기금 판결이 확정되었으며, 전소판결의 변론종결시 예상할 수 없었던 경제사정의 변동으로 임료폭등이 발생하여 정기금 액수 산정의 기초가 된 사정의 현저한 변경이 인정된다. 따라서 甲은 변경의 소를 제기할 수 있다.

Ⅲ. 추가청구와 변경의 소와의 관계

변경의 소는 변경청구 이후의 증감액만 구제되므로(判例), 전소 변론종결 후부터 변경의 소제기 전까지의 부분은 추가청구의 소를 제기하여 구제받을 수 있다.

Ⅳ. 사안의 해결

변경의 소제기일 이후부터의 임대료 증가분은 변경의 소를 제기하여 기판력 변경을 요구할 수 있고, 전소 변론종결 후부터 변경의 소제기일 전까지의 부분은 추가청구를 통해서 구제받을 수 있다.

A토지에 관하여 甲으로부터 乙 앞으로 매매를 원인으로 한 소유권이전등기가 마쳐져 있다. 甲은 乙을 상대로 乙이 등기관련 서류를 위조하여 위 등기를 이전하였다고 주장하면서 소유권이전등기 말소등기청구의 소를 제기하였다. 乙에 대한 甲의 말소등기청구는 기각되고, 판결은 확정되었다. 그 후, 甲은 소유권이전등기의 등기원인인 甲과 乙 사이의 매매계약은 가장매매로서 무효라고 주장하면서 다시 乙을 상대로 말소등기청구의 소를 제기하였다. **이 경우 법원은 어떠한 판결을 하여야 하는가?**

(민사소송법의 맥 C-10 참조)

I. 결 론

甲의 후소는 기판력에 저촉되므로 법원은 청구기각판결을 하여야 한다.

II. 논 거

1. 문제점 - 기판력의 의의

기판력이란 확정된 유효한 종국판결의 내용이 가지는 후소에 대한 구속력이다. 사안에서 전소와 후소의 당사자가 동일하고, 전소의 변론종결전의 사유인 가장매매를 주장하는바, 전소 확정판결의 기판력의 주관적범위, 시적범위에 포함된다.

2. 기판력의 객관적 범위와 작용국면 - 말소등기청구소송에서의 소송물

(1) 기판력의 객관적 범위

확정판결은 주문에 포함된 것에 한하여 기판력을 가진다(제216조 1항). 따라서 본안판결의 경우에는 소송물인 권리관계에 관한 판단에만 기판력이 발생하는바, 사안에서 전소의 소송물인 '말소등기청구권의 부존재'에 관한 판단에 기판력이 생긴다. 기판력은 후소의 소송물이 전소의 소송물과 동일, 선결, 모순관계에 있을 경우에 작용하는바, 사안에서 전후소의 소송물이 동일한지가 문제된다.

(2) 판 례

判例는 "동일 당사자 사이의 전·후 두 개의 소유권이전등기말소청구사건에 있어서의 양 소송물은 당해 등기의 말소청구권이고, 그 동일성 식별의 표준이 되는 청구원인 즉 말소등기청구권의 발생원인은 당해 등기원인의 무효에 국한되므로 전소의 변론종결 전까지 주장할 수 있었던 무효사유는 그것이 무권대리행위, 불공정한 불법행위이거나 또는 통모허위 표시에 의한 매매 무효를 이유로 하거나 간에 다같이 청구원인인 등기원인이 무효임을 뒷받침하는 이른바 독립된 공격방어방법에 불과하여 서로 별개의 청구원인을 구성하는 것이 아니므로 기판력의 표준시인 전소의 변론종결 전에 발생한 사유로서 전소에서 주장하지 아니하여 패소한 경우라도 그 사유는 전소의 확정판결의 기판력에 의하여 후소에서 주장하여 확정판결의 내용을 다툴 수 없다"(대판 1982.12.14. 82다카148)고 한다.

(3) 사안의 경우

사안에서 전소 소송물은 말소등기청구권이고, 후소 소송물도 말소등기청구권이며 단지 등기원인의 무효사유가 위조냐, 가장매매냐의 차이로 독립된 공격방어방법을 달리할 뿐이다. 따라서 전후소의 소송물은 동일하다.

3. 기판력에 저촉되는 경우 법원의 조치 - 기판력의 본질(사례 100. 참조)

원고가 승소한 부분에 해당하는 부분은 권리보호의 이익이 없어 각하해야 하고(대판 2009.12.24. 2009다64215), 원고가 청구기각판결을 받은 부분은 원고청구기각의 판결을 한다(대판 1989.6.27. 87다카2478).

4. 사안의 해결

甲의 후소는 전소 확정판결의 기판력에 저촉되는바, 법원은 후소에 대하여 청구기각판결을 하여야 한다.

사무용품 도매상을 개업하려는 乙은 개업자금을 조달하기 위하여 지인 甲으로부터 2004. 4. 1. 1억 원을 이자 월 1%(매월 말일 지급), 변제기 2005. 3. 31.로 정하여 차용하였다. 乙은 甲으로부터 위와 같이 1억 원을 차용하면서, 이를 담보하기 위하여 甲에게 액면금 1억 원의 약속어음을 발행·교부하였다. 그 후 甲은 "乙이 변제기가 지나도록 위 차용금 1억 원을 변제하지 않았고 약속어음금의 지급도 거절되었다"라고 주장하면서, 乙을 상대로 위 약속어음금 1억 원의 지급을 구하는 소송을 제기하였다. 위 소송에서 법원은 위 차용금 1억 원이 모두 변제되었다는 이유로 甲의 청구를 기각하는 판결을 선고하였고, 이는 그대로 확정되었다. 그 후 甲이 乙을 상대로 다시 위 차용금 1억 원의 지급을 구하는 소를 제기하였고, 이에 乙은 위 확정판결을 증거자료로 제출하면서 위 차용금 1억 원은 모두 변제되었다고 주장하였다. **이 경우 법원은 어떠한 판결을 선고하여야 하는지 그 근거를 들어 설명하시오(단, 소멸시효는 논외로 할 것).**

(민사소송법의 맥 C-14 참조)

Ⅰ. 결 론

법원은 甲의 차용금청구에 대하여 청구기각판결을 선고하여야 한다.

Ⅱ. 논 거

1. 문제점

원인채권의 부존재를 이유로 甲의 어음금청구에 대한 기각판결이 확정된 후 甲이 다시 乙에 대하여 원인채권의 지급을 구하는 소를 제기한 경우, 전소확정판결의 기판력이 후소에 미치는지 문제되며, 만약 기판력이 미치지 않는다면 전소판결의 이유 중 판단에 구속력이 인정되는지 문제된다.

2. 甲의 후소가 전소확정판결의 기판력에 저촉되는지 여부(소극)

(1) 기판력의 인정범위

1) 기판력의 주관적 범위에 해당하는지 여부(적극)

기판력이란 확정된 종국판결의 내용이 가지는 후소에 대한 구속력을 말한다. 사안에서 후소의 당사자는 전소 당사자와 동일하므로 기판력의 주관적 범위에 해당한다.

2) 기판력의 객관적 범위에 해당하는지 여부(소극)

확정판결은 주문에 포함된 것에 한하여 기판력이 발생하므로(제216조 1항), 반대해석상 판결이유 중의 판단인 사실인정, 항변, 선결적 법률관계 등에는 기판력이 발생하지 않음이 원칙이다. 判例도 "확정판결의 기판력은 소송물로 주장된 법률관계의 존부에 관한 판단의 결론에만 미치고 그 전제가 되는 법률관계의 존부에까지 미치는 것은 아니다(대판 2002.9.24. 2002다11847)"라고 하여 선결적 법률관계에 대한 판단에 기판력을 인정하지 않고 있다.[1]

사안의 경우 전소의 소송물로 주장된 '약속어음금 채권이 부존재한다'는 판단에 기판력이 발생할 뿐이고, '원인채권이 변제로 소멸하였다는 점'은 선결적 법률관계에 대한 판결이유 중의 판단으로서 기판력이 발생하지 않는다.

---

1) "확정판결의 기판력은 소송물로 주장된 법률관계의 존부에 관한 판단의 결론에만 미치고 그 전제가 되는 법률관계의 존부에까지 미치는 것은 아니므로, 계쟁 부동산에 관한 피고 명의의 소유권이전등기가 원인무효라는 이유로 원고가 피고를 상대로 그 등기의 말소를 구하는 소송을 제기하였다가 청구기각의 판결을 선고받아 확정되었다고 하더라도, 그 확정판결의 기판력은 소송물로 주장된 말소등기청구권이나 이전등기청구권의 존부에만 미치는 것이지 그 기본이 된 소유권 자체의 존부에는 미치지 아니한다"

(2) 기판력의 작용국면

1) 전·후소의 소송물이 동일, 선결, 모순관계인지 여부(소극)

기판력은 전소의 소송물이 후소의 소송물과 동일하거나, 전소의 소송물에 관한 판단이 후소와 선결관계 또는 모순관계에 있을 때에 작용한다. 사안에서 후소 소송물인 차용금청구(원인채권)가 전소의 소송물인 어음금청구와 동일한 경우인지 문제된다. 이에 대하여 ① 일지설은 신청(청구취지)을 소송물의 구성요소로 보아 청구취지가 동일한 이상 동일 소송물로 파악하며, ② 이지설은 신청(청구취지)과 사실관계(청구원인의 사실관계)라는 두 가지 요소에 의해 소송물이 구성된다고 보아 사안은 사실관계가 다르기 때문에 별개의 소송물로 보고 있다. ③ 判例의 입장인 구실체법설에 따르면 실체법상의 권리 또는 법률관계의 주장을 소송물로 보므로 원인채권과 어음채권은 실체법상 별개의 권리에 해당하기 때문에 별개의 소송물이라고 한다.

2) 사안의 경우

원고의 권리구제측면과 법원의 인적·물적 한계를 고려하는 判例의 입장이 타당한바, 사안의 경우 전·후소의 소송물은 다르며, 또한 전소의 소송물에 관한 판단이 후소와 선결관계나 모순관계에 있지도 않다. 따라서 전소판결의 기판력은 후소에 미치지 않는다.

3. 확정판결의 이유 중 판단의 구속력 인정여부(소극)

사안에서 후소는 전소판결의 기판력에 저촉되지 않는다. 다만 분쟁의 재현과 판결의 모순 방지의 관점에서 판결 이유 중에 구속력을 인정할 수 있을지 문제된다. 判例는 "민사재판에 있어서는 다른 민사사건 등의 판결에서 인정된 사실에 구속받는 것이 아니라 할지라도 이미 확정된 관련 민사사건에서 인정된 사실은 특별한 사정이 없는 한 유력한 증거가 되므로, 합리적인 이유설시 없이 이를 배척할 수 없고, 특히 전후 두 개의 민사소송이 당사자가 같고 분쟁의 기초가 된 사실도 같으나 다만 소송물이 달라 기판력에 저촉되지 아니한 결과 새로운 청구를 할 수 있는 경우에 있어서는 더욱 그러하다"(대판 2006.6.24. 2008다92312)고 판시하여 이유 중의 판단의 구속력은 부정하나, 판결의 증명효를 통해 판결의 모순·저촉 문제를 해결하고 있다(증명력설).[2]

4. 사안의 해결

甲의 후소는 전소와 소송물이 달라 전소판결의 기판력에 저촉되지는 않는다. 다만 전·후소는 당사자가 같고 분쟁의 기초가 된 사실도 같다고 볼 수 있어 특별한 사정이 없는 한 전소판결의 이유에서 판단된 '원인채권이 변제로 소멸하였다는 점'은 후소에서 유력한 증거가 되므로 합리적인 이유설시 없이 이를 배척할 수 없다. 따라서 법원은 甲의 차용금청구에 대하여 청구기각판결을 선고하여야 한다.

---

2) 판결이유 중의 판단에 대해 판결의 모순 방지를 위해 구속력을 인정하는 쟁점효이론, 경제적가치동일성설, 의미관련론이 있다. 그러나 판결이유 중의 판단에 구속력을 인정하면 민사소송법 제216조 1항에 반하고, 오판의 시정기회가 적어지므로 구속력을 부정하는 것이 타당하다. 판결의 모순·저촉을 방지하는 방안으로는 ① 후소에서 전소 판단과 모순되는 주장과 증명을 할 경우에 특별한 사정이 없는 한 '선행행위와 모순되는 거동의 금지원칙'이나 '실효의 원칙'에 의해 판결의 통일을 기하려는 <u>신의칙설</u>과 ② 판결의 증명효를 통해 해결하려는 '<u>증명력설</u>'이 있다.

기판력의 객관적 범위(2) – 판결이유 중의 판단(모순적 법률관계)

甲은 2009. 1. 1. A로부터 최신식 의료장비를 매수하기로 하였다. 甲과 A는 위 매매계약 당시 A가 의료장비를 계속 사용하되 甲이 요구하면 즉시 의료장비를 甲에게 인도하고, A는 2009. 1. 1.부터 의료장비를 현실적으로 甲에게 인도하는 날까지 월 1,000만 원의 사용료를 甲에게 지급하기로 약정한 '계약서'를 작성하였다.

甲은 2009. 7. 1. A를 상대로 의료장비의 인도와 2009. 6. 30.까지 이미 발생한 6개월간의 의료장비 사용료 합계 6,000만 원의 지급을 청구하는 소를 제기하였다. A는 甲의 위 청구에 대해 의료장비 매도 사실을 부인하면서, 甲을 상대로 의료장비의 소유권 확인을 구하는 반소를 제기하였다. 제1심법원은, 甲이 A로부터 의료장비를 매수하고 점유개정의 방법으로 그 소유권을 취득한 사실은 인정되나 사용료 지급 약정은 인정할 증거가 없다는 이유로, 甲의 의료장비 인도 청구는 인용하고 사용료 청구는 기각하는 한편, A의 반소 청구도 기각하였다. A는 제1심판결 선고 후인 2009. 10. 1. 甲에게 의료장비를 임의로 인도하였다. 위 소송이 확정된 후, ① A는 甲과 A 사이의 위 의료장비 매매계약은 甲의 사기에 의해 체결된 것이므로 이를 취소한다고 주장하면서 甲을 상대로 '소유권'에 기하여 위 의료장비의 인도를 구하는 소를 제기하였고, ② 甲은 A를 상대로 위 의료장비가 甲 소유임을 확인을 구하는 반소를 제기하였다. **A의 본소와 甲의 반소가 각각 전소판결의 기판력에 저촉되는지 결론과 그에 따른 논거를 서술하시오.**

I. 결 론

① A의 본소는 전소확정판결의 기판력에 저촉되므로 기각판결을 하여야 하고, ② 甲의 반소는 전소확정판결의 기판력에 저촉되지 않으므로 청구인용판결을 하여야 한다.

II. 논 거

1. 기판력의 의의 및 발생

기판력이란 확정된 종국판결의 내용이 가지는 후소에 대한 구속력을 말한다. 판결의 기판력이 발생하기 위해서는 종국판결로서 확정되어야 하며, 유효한 판결이어야 한다. 사안에서는 어떠한 판결의 무효사정이 발견되지 않으므로 기판력이 발생한다.

사안의 경우 후소 당사자는 甲과 A로, 전소 기판력의 주관적 범위에 해당한다(제218조 1항). 객관적 범위와 관련하여 기판력은 전소판결의 주문에서 판단된 소송물에 대해서만 발생하므로(제216조 1항), 甲의 인도청구권 존재, A의 소유권 부존재에 관한 판단에 기판력이 발생한다.

2. A의 본소청구에 대한 판단

(1) 기판력의 작용여부(모순관계)

① 기판력은 전소와 후소의 소송물이 동일하거나, ② 후소가 전소의 소송물을 선결적 법률관계로 하거나, ③ 후소의 소송물이 전소에서 확정된 법률관계와 모순되는 정반대의 사항을 소송물로 삼은 경우에 한하여 후소에 미친다.

전소의 A의 소유권부존재에 관한 판단은 A의 소유권에 기한 인도청구의 후소에서 선결관계로 작용한다. 또한 A의 인도청구의 후소는 전소의 甲의 인도청구권 존재에 관한 판단을 부인하는 것으로서 전소확정판결과 모순관계에 해당한다.

(2) 기판력의 시적 범위와 차단효

확정판결은 사실심의 변론종결시(표준시)의 권리관계의 존부에 기판력이 생긴다. 따라서 후소 법원은 '전소 변론종결 당시 A의 소유권 부존재'함을 전제로 판단하여야 한다. 다만, 변론종결 전에 행사할 수 있었던 취소권과 같은 형성권이 차단되는지[1]와 관련하여 判例는 표준시 전에 행사할 수 있었던 취소권(대판 1959.9.24. 4291민상830), 해제권(대판 1979.8.14. 79다1105), 백지보충권(대판 2008.11.27. 2008다59230)에 대하여는 표준시 후에 행사하면 차단된다고 한다. 즉 확정된 법률관계에 있어 동 확정판결의 변론종결전에 이미 발생하였던 취소권(또는 해제권)을 그 당시에 행사하지 않음으로 인하여 취소권자(또는 해제권자)에게 불리하게 확정되었다 할지라도 확정후 취소권(또는 해제권)을 뒤늦게 행사함으로써 동 확정의 효력을 부인할 수는 없게 되는 것이다(대판 1979.8.14. 79다1105). 기판력의 인정근거가 법적 안정성임을 고려할 때, 원칙적으로 형성권도 실권효를 인정하는 判例의 태도가 타당하다. 결국 사안의 취소권은 차단된다.

[참고] 判例는 ① 상계권에 관하여는 "채무명의인 확정판결의 변론종결 전에 상대방에 대하여 상계적상에 있는 채권을 가지고 있었다 하여도 변론종결 이후에 비로소 상계의 의사표시를 한 때에는 그 청구이의의 원인이 변론종결 이후에 생긴 때에 해당하는 것으로서 당사자들이 그 변론종결 전에 상계적상에 있는 여부를 알았던 몰랐던 간에 적법한 이의의 사유가 된다"(대판 1998.11.24. 98다25344)고 하며, ② 임대차에서의 건물매수청구권에 관하여는 "토지의 임차인이 임대인에 대하여 건물매수청구권을 행사할 수 있음에도 불구하고 이를 행사하지 아니한 채, 토지의 임대인이 임차인에 대하여 제기한 토지인도 및 건물철거 청구소송에서 패소하여 그 패소판결이 확정되었다고 하더라도, 그 확정판결에 의하여 건물철거가 집행되지 아니한 이상, 토지의 임차인으로서는 건물매수청구권을 행사하여 별소로써 임대인에 대하여 건물 매매대금의 지급을 구할 수 있다고 할 것이고, 전소인 토지인도 및 건물철거 청구소송과 후소인 매매대금 청구소송은 서로 그 소송물을 달리하는 것이므로, 종전 소송의 확정판결의 기판력에 의하여 건물매수청구권의 행사가 차단된다고 할 수도 없다"(대판 1995.12.26. 95다42195)고 하여 상계권·건물매수청구권 비실권설의 입장이다.[2]

(3) 사안의 경우

A의 인도청구의 본소는 전소확정판결의 기판력에 저촉된다.

3. 甲의 반소청구에 대한 판단

(1) 판결이유 중의 판단에 기판력이 발생하는지 여부(소극)

1) 문제점

확정판결은 주문에 포함된 것에 한하여 기판력이 발생하므로, 반대해석상 판결이유 중의 판단에는 기판력이 발생하지 않는다. 따라서 전소인 甲의 장비인도청구에 대한 인용판결은 甲의 인도청구권 존재에 관한 판단에만 기판력이 발생하고, 이유 중 판단인 甲의 소유권 유무에는 기판력이 발생하지 않는다. 또한 A의 소유권확인의 반소는 기각판결로서 A에게 소유권이 없다는 주문판단에 기판력이 발생하였으므로 후소인 甲의 소유권확인청구는 모순관계에 빠지지 않는다. 그러나 분쟁의 재현과 판결의 모순 방지의 관점에서 판결 이유 중에 기판력을 인정할지 여부에 관해 견해가 대립한다.

---

1) [학설] ① 실권설은 형성원인이 존재하는 때를 실권여부의 판단시점으로 보고 변론종결 뒤에는 형성권을 행사할 수 없다고 하고, ② 비실권설은 기판력에 의한 실권여부는 형성권을 실제로 행사한 시점을 기준으로 하여 판단해야 하므로 상계권은 물론 취소권·해제권 등 모든 형성권은 변론종결 뒤에도 실권되지 않는다고 하며, ③ 상계권(지상물매수청구권)비실권설은 변론종결 뒤의 다른 형성권 행사는 원칙적으로 기판력에 저촉되어 실권되지만 상계권과 건물매수청구권은 소구채권(소송물)의 하자를 다투는 것이 아닌 점을 이유로 예외적으로 실권되지 않는다고 하고, ④ 제한적 상계권실권설은 다른 형성권은 당연히 실권되고, 상계권의 경우에도 상계권이 있음을 알고 이를 행사하지 않은 경우에는 실권된다고 한다.

2) [판례평석] 이 판례 사안에 대해 후소는 청구이의 소가 아닌 매매대금청구의 소이므로 기판력의 작용국면이 아님이 명백하여 건물매수청구권이 차단되지 않는다고 보는 관점도 있다. 생각건대 기판력의 인정근거가 법적 안정성임을 고려할 때, 원칙적으로 형성권도 실권효를 인정해야 하나, 상계항변은 출혈적 방어방법이며 상계권과 건물매수청구권이 소구채권의 하자를 다투는 것이 아닌 점을 고려할 때 상계권과 건물매수청구권은 예외적으로 실권되지 않는다고 보는 상계권(건물매수청구권)비실권설이 타당하다.

2) 판례[3] 및 검토

判例는 "확정판결의 기판력은 소송물로 주장된 법률관계의 존부에 관한 판단의 결론에만 미치고 그 전제가 되는 법률관계의 존부에까지 미치는 것은 아니므로, 계쟁 부동산에 관한 피고 명의의 소유권이전등기가 원인무효라는 이유로 원고가 피고를 상대로 그 등기의 말소를 구하는 소송을 제기하였다가 청구기각의 판결을 선고받아 확정되었다고 하더라도, 그 확정판결의 기판력은 소송물로 주장된 말소등기청구권이나 이전등기청구권의 존부에만 미치는 것이지 그 기본이 된 소유권 자체의 존부에는 미치지 아니한다"(대판 2002.9.24. 2002다11847)고 하여 **판결 이유 중의 판단에 구속력을 부정한다.**

생각건대, 판결이유 중의 판단에 구속력을 인정하면 제216조 1항에 반하고, 오판의 시정기회가 적어지므로 구속력을 부정하는 判例의 태도가 타당하다.

(2) 사안의 경우

전소확정판결의 이유에서 인정된 '甲의 소유권이 존재한다'는 판단에는 기판력이 발생하지 않는다. 다만, 判例는 "민사재판에 있어서는 다른 민사사건 등의 판결에서 인정된 사실에 구속받는 것이 아니라 할지라도 이미 확정된 관련 민사사건에서 인정된 사실은 특별한 사정이 없는 한 유력한 증거가 되므로 합리적인 이유설시 없이 이를 배척할 수 없고, 특히 전후 두개의 민사소송이 당사자가 같고 분쟁의 기초가 된 사실도 같으나 다만 소송물이 달라 기판력에 저촉되지 아니한 결과 새로운 청구를 할 수 있는 경우에 있어서는 더욱 그러하다"(대판 1995.6.29. 94다47292)고 판시하는바, 결국 법원은 甲의 소유권확인의 반소청구에 대하여 청구인용판결을 하여야 한다.

> **사례_129** **기판력의 객관적 범위(3) – 판결이유 중의 판단(모순적 법률관계)** 사법 연수원 사례
>
> 토지에 관한 소유권이전등기명의가 매매를 원인으로 甲으로부터 乙로 이전된 사안에서, 甲은 애당초 乙과의 매매계약 자체가 체결된 사실이 없다고 주장하면서 소유권에 기하여 乙을 상대로 소유권이전등기의 말소를 구하는 소를 제기하였으나 패소판결을 선고받아, 그 판결이 확정되었다.
>
> 〈문제 1.〉
> 그 후 甲이 위 등기원인인 매매가 사기에 의한 의사표시이므로 이를 취소한다고 주장하면서 乙을 상대로 소유권에 기한 소유권이전등기의 말소를 구하는 소를 다시 제기하였다면, 후소는 위 확정판결의 기판력에 저촉되는가?
>
> 〈문제 2.〉
> 그 후 甲이 乙을 상대로 위 토지의 소유권확인을 구하는 소를 제기하였다면, 후소는 위 확정판결의 기판력에 저촉되는가?

I. 문제 1.의 해결(사례 111. 참조)

1. 결 론

甲의 후소는 전소 확정판결의 기판력에 저촉된다.

2. 논 거

(1) 문제점 - 기판력의 의의

---

3) [학설] 판결이유 중의 판단에 대해 판결의 모순 방지를 위해 구속력을 인정하는 쟁점효이론, 경제적가치동일성설, 의미관련론이 있다. 그러나 통설은 판결이유에 기판력을 인정시 오판을 시정할 기회가 적어진다는 점을 논거로, 이유 중 판단에 기판력을 부정한다.

(2) 기판력의 객관적 범위와 작용국면 - 말소등기청구소송에서의 소송물

(3) 기판력에 저촉되는 경우 법원의 조치 - 기판력의 본질

원고가 승소한 부분에 해당하는 부분은 권리보호의 이익이 없어 각하해야 하고(대판 2009.12.24. 2009다 64215), 원고가 청구기각판결을 받은 부분은 원고청구기각의 판결을 한다(대판 1989.6.27. 87다카2478)

(4) 사안의 경우

甲의 후소는 전소 확정판결의 기판력에 저촉되는바, 법원은 후소에 대하여 청구기각판결을 하여야 한다.

Ⅱ. 문제 2.의 해결

1. 결 론

甲의 후소는 전소 확정판결의 기판력에 저촉되지 않는다.

2. 논 거

(1) 판결이유 중의 판단에 기판력이 발생하는지 여부(사례 112. 참조)

(2) 사안의 경우

전소 확정판결의 기판력은 그 소송물로 주장된 말소등기청구권의 존부에만 미치고, 그 전제가 되는 소유권 자체의 존부에는 미치지 아니하므로 甲의 후소는 전소 확정판결의 기판력에 저촉되지 않는다. 한편, 비록 甲이 위 확정판결의 기판력으로 인하여 위 토지에 관한 등기부상의 소유명의를 회복할 방법이 없게 되었다고 하더라도 그로써 甲에게 소유권이 없음이 확정된 것은 아니며, 등기부상 소유자로 등기되어 있지 않더라도 소유권을 행사하는 것이 전혀 불가능한 것도 아닌 이상, 甲으로서는 乙에 대해 위 토지가 甲의 소유라는 확인을 구할 법률상의 이익도 있다.

사례_130 **기판력의 객관적 범위(4) – 일부청구와 기판력 저촉여부** 2012년 제1회 변호사시험

甲은 乙로부터 건물을 임차하였다. 그 후 甲에 대해 1억 원의 외상대금채권을 가지고 있는 丙은 甲으로부터 甲의 乙에 대한 위 임대보증금반환채권을 양수받았고, 甲은 같은 날 乙에게 내용증명 우편으로 위 채권양도 사실을 통지하여 다음 날 乙이 위 내용증명 우편을 직접 수령하였다. 그 후 甲과 乙은 위 임대차기간을 2년 연장하기로 합의(묵시의 갱신은 문제되지 아니하는 것을 전제로 함)하였다. 임대차기간이 연장된 것을 전혀 모르는 丙이 乙에게 임대보증금의 지급을 요구하자 乙은 위 임대차기간이 연장되었음을 이유로 丙에게 임대보증금의 반환을 거절하였다.

이에 丙은 乙을 상대로 임대보증금의 반환을 구하는 소를 제기하였고, 한편 乙은 甲을 상대로 甲의 3기 이상 월차임 연체를 이유로 한 임대차계약의 해지를 청구원인으로 하여 위 건물의 인도를 구하는 소송을 제기하였다.

7. 乙은 丙과의 소송에서 연체차임이 임대보증금에서 공제되어야 한다는 항변을 전혀 하지 아니한 채 소송이 종료된 후, 甲이 연체한 차임이 5,000만 원이라고 주장하면서 승소가능성을 고려하여 일단 3,000만 원만을 청구하는 것임을 소장 청구원인에서 명시적으로 밝히고 그 지급을 구하는 별도의 소를 甲을 상대로 제기하였다. 이 소송 제1심에서 원고 청구가 전부 기각되어 그 제1심 판결이 그대로 확정된 후 乙이 나머지 2,000만 원 부분에 대하여 甲을 상대로 소를 다시 제기하는 경우, **이 소는 적법한가? (30점)**

Ⅶ. 문제 7.의 경우

1. 문제점

후소인 乙의 甲에 대한 '연체차임' 청구는 전소인 丙의 乙에 대한 '양수금(임대차보증금반환)' 청구에서 乙이 제출가능한 '공제항변'[1]이었으나 이러한 항변을 하지 아니한 채 소송이 종료된 후[2] 별소를 甲에게 제기한 것이 기판력의 실권효가 미치는 것은 아닌지 문제된다. 아울러 5,000만 원의 차임 중 3,000만 원을 일부청구한 후에 패소확정 판결을 받고 나머지 2,000만 원을 청구하는 것이 또한 기판력에 저촉되는 것은 아닌지 문제된다.

2. 전소에서 공제항변을 하지 않고 제기한 별소가 기판력에 저촉되는지 여부(소극)

(1) 전소의 기판력이 후소에 영향을 미치는지 여부

기판력은 사실심 변론종결시의 권리관계의 존부 판단에 생기므로 당사자는 전소의 변론종결 전에 제출할 수 있었던 '공격방어방법'을 그 뒤에 후소에서 제출하여 전소에서 확정된 권리관계와 다른 판단을 구할 수 없다(기판력의 실권효).

다만 전소의 기판력이 후소에 미치려면 원칙적으로 전·후 양소의 당사자가 동일하여야 하는바 사안에서 전소의 당사자는 乙과 甲이고, 후소의 당사자는 丙과 乙이므로 당사자가 동일하지 않다. 물론 기판력이 당사자 이외의 제3자에게 미치는 경우도 있으나(제218조) 이는 소송물이 동일하거나 선결문제 또는 모순관계에 의하여 기판력이 미치는 객관적 범위에 해당하는 경우를 전제로 하기 때문에(대판 2014.10.30, 2013다539390) 전소와 후소가 기판력이 작용하는 경우인지 검토하여야 한다.

(2) 사안의 경우

전소인 丙의 乙에 대한 '양수금(임대차보증금반환)' 청구와 후소인 乙의 甲에 대한 '연체차임' 청구는 소송물이 동일하지도 않고 선결관계 혹은 모순관계에 있다고도 볼 수 없어 전소의 기판력이 후소에 미친다고 볼 수 없다. 따라서 실권효도 생기지 않는다.

그러므로 乙이 甲을 상대로 제기한 후소는 丙의 乙에 대한 전소의 기판력에 저촉되지 않는다.

3. 일부청구와 기판력의 객관적 범위

(1) 판 례

判例는 일부청구와 기판력의 관계에서 일관하여 '명시적 일부청구설'을 취하고 있다. 즉 묵시적 일부청구의 경우에는 나머지 부분에도 기판력이 미치지만, 명시적 일부청구의 경우 나머지 부분에는 기판력이 미치지 않는다는 입장이다.

> [관련판례] ＊ 묵시적 일부청구
> "가분채권의 일부에 대한 이행청구의 소를 제기하면서 나머지를 유보하고 일부만을 청구한다는 취지를 명시하지 아니한 이상 그 확정판결의 기판력은 청구하고 남은 잔부청구에까지 미치는 것이므로 그 나머지 부분을 별도로 다시 청구할 수 없다"(대판 1993.6.25. 92다33008)

> [관련판례] ＊ 명시적 일부청구
> "불법행위의 피해자가 일부청구임을 명시하여 그 손해의 일부만을 청구한 경우 그에 대한 판결의 기판력은 청구의 인용여부에 관계없이 청구의 범위에 한하여 미치고 잔부청구에는 미치지 않는다"(대판 1989.6.27. 87다카2478).

---

1) 임대차보증금반환채권의 양수인이 임대차 종료 후 임대차보증금(양수금)의 지급을 구하는 경우에도 임차목적물을 인도받을 때까지 발생한 연체차임 등의 당연공제를 주장할 수 있고, 이는 임차인이 위 채권양도 사실을 통지한 경우 혹은 임대인이 아무런 이의 유보 없이 승낙한 경우에도 동일하다(대판 2012.9.27. 2012다49490).

2) 사안에서 판결의 확정여부는 불명확하나, 이하에서는 이를 전제로 검토하였다.

(2) 검토 및 사안의 경우

원고의 분할청구의 자유를 존중하는 측면(일부청구 긍정설)과 분쟁의 일회적 해결을 강조하는 측면(일부청구 부정설)을 조화하는 判例의 태도(명시적 일부청구설)가 타당하다.

사안에서 判例에 의하면 乙은 甲이 연체한 차임이 5,000만 원임을 명시적으로 주장하였으며 단지 승소가능성을 고려하여 일단 3,000만 원만 청구한 것이므로 이에 소송물은 3,000만 원에 한정되며 나머지 2,000만 원에 대해 패소판결이 확정된 후에 다시 청구하더라도 이는 기판력에 저촉되지 아니한다.

4. 사안의 해결

乙이 2,000만 원 부분에 대하여 甲을 상대로 다시 별소를 제기하는 것은 적법하다.

사례_131 기판력의 객관적 범위(5) - 일부청구의 소송물
2012년 제1회 변호사시험, 2014년 8월 법전협 모의, 2010년 법무사, 2002년 사법시험

甲은 원동기면허도 없이 친구들과 오토바이 폭주를 즐기던 중 횡단보도에서 정지신호를 무시하고 오토바이를 타고 가다가 길을 건너던 乙을 충격하여 중상을 입혔다. 乙은 甲을 상대로 불법행위를 이유로 5,000만 원의 손해배상청구의 소를 제기하였다(일부청구임을 명시한 바는 없다). 법원은 乙의 청구 전부를 인용하는 판결을 선고하였다. 판결이 확정된 후 乙은 전체 손해액이 1억 원이라고 주장하며 甲을 상대로 5,000만 원의 잔액의 지급을 청구하는 소를 제기하였다. **이 경우 법원은 어떠한 판결을 하여야 하는가?**
(민사소송법의 맥 C-13 참조)

I. 결 론

乙의 후소는 기판력에 저촉되므로 법원은 소각하판결을 하여야 한다.

II. 논 거

1. 문제점 - 기판력의 의의

乙이 전소에서 5,000만 원을 청구한 것은 묵시적 일부청구에 해당한다. 따라서 나머지 5,000만 원의 지급청구의 소가 적법한가는 가분채권의 일부에 대한 확정판결의 기판력이 잔부청구에 미치는지 문제이다. 기판력이란 확정된 유효한 종국판결의 내용이 가지는 후소에 대한 구속력으로 사안에서 전후소의 당사자가 동일하므로 기판력의 주관적 범위에 포함된다.

2. 기판력의 객관적 범위와 작용국면 - 일부청구의 소송물(사례 115. 참조)

명시적 일부청구설이 타당한 바, 乙은 일부청구임을 명시하지 않았으므로 전소의 소송물은 채권 전부이다. 따라서 다시 5,000만 원의 지급을 구하는 乙의 후소는 기판력에 저촉된다.

3. 기판력에 저촉되는 경우 법원의 조치 - 기판력의 본질(사례 100. 참조)

4. 사안의 경우

乙의 후소는 전소 확정판결의 기판력에 저촉되는바, 법원은 후소에 대하여 소각하판결을 하여야 한다.

원고는 2015. 5. 1. 의사인 피고를 상대로 서울중앙지방법원에, 자신이 2012. 5. 25. 피고로부터 척추수술을 받았으나 피고의 의료상 과실로 하지마비 등의 장애(이하 '이 사건 의료사고'라 한다)가 발생하였음을 이유로 불법행위에 따른 손해배상을 구하는 조정신청을 하였는데, 그 조정신청서에 신청금액과 관련하여 다음과 같이 기재하였다.

- 조정신청서 -

'원고는 적극적 손해에 대한 배상금으로 기왕치료비 500만 원을 청구하고, 향후치료비는 추후 소송 시 신체감정 결과에 따라 확정하여 청구하되, 기존 유사사례에 근거하여 비뇨기과 향후치료비 1,000만 원과 항문외과 향후치료비 1,500만 원을 각 청구하며, 위자료로 3,000만 원을 청구한다.'

그런데 원고와 피고 사이에 조정이 성립되지 않아 위 사건은 소송으로 이행되었고, 이후 피고가 답변서를 제출하지 않고 불출석하자 원고에 대한 신체감정이 이루어지지 않은 상태에서 위 법원은 2015. 9. 25. '피고는 원고에게 위 신청금액 합계 6,000만 원을 지급하라.'는 내용의 자백간주에 의한 원고 전부승소 판결을 선고하였으며, 위 판결은 그 무렵 확정되었다.(이하 위 소송을 '이 사건 선행소송'이라 한다). 한편 원고는 2017. 4. 20. 피고를 상대로 서울중앙지방법원에 이 사건 의료사고로 인한 불법행위를 원인으로 한 손해배상 청구소송(이하 '이 사건 소송'이라 한다)을 다시 제기하였는데, 그 청구내용은 이 사건 선행소송에서 인정된 금액을 제외한 나머지 적극적 손해에 대한 배상금 5,000만 원, 소극적 손해에 대한 배상금 2,000만 원 및 위자료 1억 원이었다.

※ 다음의 각 질문에 답하시오.
(단, 각 질문은 서로 무관하며, 견해의 대립이 있는 경우 대법원 판례에 의함)

〈문제 2.〉 (문제 1.은 사례 - 083. 참고)
이 사건 소송이 이 사건 선행소송의 기판력에 저촉되는지 설명하시오. (민사소송법의 맥 C-12 참조)

Ⅰ. 문제점

기판력이란 확정된 종국판결의 내용이 가지는 후소에 대한 구속력을 말한다. 사안의 경우 이 사건 소송이 이 사건 선행소송의 기판력에 저촉되는지와 관련하여 기판력의 객관적 범위(제216조 1항)가 문제되는 바, ⅰ) 신체상해로 인한 손해배상청구에서의 소송물의 특정, ⅱ) 일부청구와 기판력의 객관적 범위에 관한 판례의 법리를 검토한다.

Ⅱ. 신체상해로 인한 손해배상청구에서의 소송물의 특정

1. 판례

判例는 "불법행위로 신체의 상해를 입었기 때문에 가해자에 대하여 손해배상을 청구할 경우에 있어서는 그 소송물인 손해는 통상의 치료비 따위와 같은 적극적 재산상 손해와 일실수익 상실에 따르는 소극적 재산상 손해 및 정신적 고통에 따르는 정신적 손해(위자료)의 3가지로 나누어진다고 볼 수 있다"(대판 1976.10.12. 76다1313)고 하여 **손해3분설**의 입장이다.

2. 검토 및 사안의 경우

생각건대, 손해항목에 따라 별개의 소송물로 보고 손해항목별로 처분권주의를 적용하는 것이 각 소송물에 따른 주장·증명의 범위를 명확히 할 수 있으므로[1] 판례의 태도는 타당하다고 본다. 따라서 이 사건 소송에 있어 적극적 손해와 소극적 손해 및 위자료 부분의 청구는 각각 별개의 소송물에 해당한다.

III. 일부청구와 기판력의 객관적 범위

判例는 "가분채권의 일부에 대한 이행청구의 소를 제기하면서 나머지를 유보하고 일부만을 청구한다는 취지를 명시하지 아니한 이상 그 확정판결의 기판력은 청구하고 남은 잔부청구에까지 미치는 것이므로 그 나머지 부분을 별도로 다시 청구할 수는 없다. 그러나 **일부청구임을 명시한 경우에는 그 일부청구에 대한 확정판결의 기판력은 잔부청구에 미치지 아니하는 것이고**, 이 경우 일부청구임을 명시하는 방법으로는 반드시 전체 채권액을 특정하여 그 중 일부만을 청구하고 나머지에 대한 청구를 유보하는 취지임을 밝혀야 할 필요는 없으며, 일부청구하는 채권의 범위를 잔부청구와 구별하여 그 심리의 범위를 특정할 수 있는 정도의 표시를 하여 전체 채권의 일부로서 우선 청구하고 있는 것임을 밝히는 것으로 충분하다. 그리고 일부청구임을 명시하였는지를 판단함에 있어서는 소장, 준비서면 등의 기재뿐만 아니라 소송의 경과 등도 함께 살펴보아야 한다."(대판 2016.7.27. 2013다96165)고 하여 명시적 일부청구설의 입장이다.

IV. 위자료 1억 원 부분 청구에 대한 판단

원고는 조정신청서에서 '위자료로 3,000만 원을 청구한다'고 하여 이 사건 의료사고로 인한 위자료 채권의 전부에 관하여 청구하고 있을 뿐 그 청구의 일부를 유보하고 나머지만을 청구한다는 취지를 명확히 밝히지 아니 하였는 바, 이 사건 선행소송 확정판결의 기판력은 이 사건 의료사고에 따른 원고들의 위자료 및 그 지연손해금 채권 전부에 미친다. 따라서 이 사건 소송 중 위자료 1억 원 부분의 청구는 이 사건 선행소송의 기판력에 저촉된다.

V. 적극적 손해에 대한 배상금 5,000만 원 부분 청구에 대한 판단

① 원고는 조정신청서에 '비뇨기과 향후치료비 1,000만 원과 항문외과 향후치료비 1,500만 원을 각 청구'하여 그 청구하는 적극적 손해의 개별 항목과 금액을 특정하면서 '향후치료비는 추후 신체감정 결과에 따라 확정하여 청구'할 것임을 밝혔고, ② 향후치료비는 그 성질상 원고에 대한 신체감정 등을 통해서 필요한 치료의 내용·기간·액수와 개호의 필요성 등이 밝혀져야 그 청구금액을 확정할 수 있는데 조정이 성립되지 않아 소송으로 이행되었음에도 이 사건 선행 소송에서 신체감정이나 그에 따른 청구금액 확장 등이 모두 이루어지지 않은 상태에서 자백간주에 의한 원고들 전부승소판결이 선고되었고 이에 대하여 원고가 항소를 하지 않았으며, ③ 원고의 하지마비 등의 장애라는 상해의 정도에 비추어볼 때 향후 상당한 액수의 치료비가 소요될 것으로 보여 원고가 위 승소금액만을 받고 더 이상 나머지 적극적 손해를 청구하지 않는다는 의사로 위 자백간주에 의한 전부승소판결에 대하여 불복하지 않았다고 보기 어려운 바, 이 사건 선행 소송의 이 부분 청구는 일부청구하는 채권의 범위를 잔부청구와 구별하여 그 심리의 범위를 특정할 수 있는 정도로 표시하고 또한 전체 채권의 일부로서 우선 청구하고 있는 것임도 밝힌 경우에 해당하여 명시적 일부청구라고 할 것이다. ⑤ 나아가 이 사건 소송의 적극적 손해 부분청구는 이 사건 의료사고로 인한 것이기는 하나, 이 사건 선행 소송에서의 그것과 달리 그 청구 후에 발생한 치료비나 신체감정 결과 등에 의하여 밝혀진 별도의 치료비에 관한 것이다. 따라서 이 사건 선행소송 확정판결의 기판력은 이 사건 소송의 이 부분 청구에는 미치지 않는다.

VI. 소극적 손해에 대한 배상금 2,000만 원 부분 청구에 대한 판단

앞서 검토한 바, 소극적 손해 부분 청구는 별개의 소송물에 해당하는 바, 원고가 이 사건 선행소송에서 소극적 손해 부분에 대해 청구하지 않았고 이에 대한 법원의 판결 또한 존재하지 않으므로 이 사건 선행소송의 기판력이 미치지 않는다.

---

1) 이창한 통합민사소송법 G09

Ⅶ. 사안의 해결

이 사건 소송 중 위자료 1억 원 부분 청구는 이 사건 선행소송의 기판력에 저촉되고, 적극적 손해에 대한 배상금 5,000만 원 및 소극적 손해에 대한 배상금 2,000만 원 부분 청구는 이 사건 선행소송의 기판력에 저촉되지 아니한다.

사례_133 **기판력의 객관적 범위(7) – 토지의 특정일부, 지분 매수주장** 사법연수원 사례

甲은 2010. 5. 7. 乙로부터 임야 7,000㎡ 중 밭으로 사용되고 있는 부분 3,000㎡를 특정하여 증여받았다고 주장하면서 乙을 상대로 위 특정 부분에 관한 소유권이전등기를 구하는 소를 제기하였으나, 법원은 甲이 주장하는 증여 사실이 인정되지 아니한다는 이유로 甲의 청구를 기각하는 판결을 하였고, 그 판결이 확정되었다. 그 후 甲이 2010. 5. 7. 乙로부터 위 토지 중 3/7 지분을 증여받았음을 이유로 乙을 상대로 위 지분에 관한 소유권이전등기를 구하는 소를 제기하였다면, 후소는 위 확정판결의 기판력에 저촉되는가?

Ⅰ. 결 론

甲의 후소는 전소 확정판결의 기판력에 저촉되지 않는다.

Ⅱ. 논 거

1. 문제점 – 기판력의 의의

2. 기판력의 객관적 범위와 작용국면

(1) 기판력의 객관적 범위

확정판결은 주문에 포함된 것에 한하여 기판력을 가진다(제216조 1항). 따라서 본안판결의 경우에는 소송물인 권리관계에 관한 판단에만 기판력이 발생하는바, 사안에서 전소의 소송물인 '증여로 인한 특정부분(3,000㎡)'에 대한 소유권이전등기청구권 부존재'에 관한 판단에 기판력이 생긴다.

(2) 기판력의 작용국면

1) 문제점

기판력은 후소의 소송물이 전소의 소송물과 동일, 선결, 모순관계에 있을 경우에 작용하는바, 사안에서 전후소의 소송물이 동일한지가 문제된다.

2) 소송물이 동일하지 않다는 견해(대법원 다수의견)

1필의 토지의 일부인 특정 부분에 대한 소유권이전등기청구가 기각된 이후 같은 청구원인으로 그 1필 전체 토지 중 일정 지분에 대한 소유권이전등기를 청구한 경우 전원합의체 판결의 다수의견은 "전소와 후소는 그 각 **청구취지를 달리하여 소송물이 동일하다고 볼 수 없으므로**, 전소의 기판력은 후소에 미칠 수 없다"(대판 1995.4.25. 전합94다17956)고 하였다.

3) 소송물이 동일하는 견해(대법원 반대의견)

대법원 반대의견은 "어떤 토지의 특정부분 전부에 관한 지분권이전등기는 특정부분에 관한 소유권이전등기청구의 분량적 일부임이 분명하므로, 당사자가 토지의 특정부분 전부에 관한 소유권이전등기청구에 승소하였다가 후에 특정부분을 포함한 토지 전부에 관한 지분이전등기를 청구하였다면 그 특정부분에 관한 한 본안에 관하여 나아가 판단할 필요 없이 권리보호의 이익이 없음을 이유로 각하하

여야 하고, 거꾸로 특정부분 전부에 관한 소유권이전등기청구를 하였다가 기각되었음에도 불구하고 후에 그 특정부분을 포함한 토지 전부에 관한 지분이전등기를 구하는 경우에는 그 특정부분에 관한 기판력에 저촉되어 전소와 다른 판단을 할 수 없을 것이므로 청구가 기각되어야 한다"고 하였다.

4) 검토

생각건대 반대의견이 논리적인 면이 있으나, 재판실무상 적지 않은 이러한 사안에서 특정 지분이든 고유 지분이든 어느 한 쪽으로는 전부 승소해야 할 원고가 자신이나 전소 법원의 불찰로 인해 일부라도 패소하여서는 부당하므로, 구체적 타당성 있는 해결을 도모할 수 있다는 점에서 다수의견이 타당하다.

(3) 사안의 해결

판례 다수의견에 따르면 전소와 후소는 청구취지를 달리하는바, 따라서 甲의 후소는 전소 확정판결의 기판력에 저촉되지 않는다.

사례_134 **기판력의 객관적 범위(8) – 진정명의회복을 위한 소유권이전등기청구와 말소등기청구**   2002년 변리사

甲의 X건물이 乙의 협박으로 乙 소유로 이전등기가 되고, 다시 丙, 丁으로 소유권이 이전되어 현재는 丁 명의로 등기가 되어 있다. 이에 甲은 이 같은 소유권이전등기는 乙의 협박에 의한 것이므로 원인무효라고 주장하며 乙, 丙, 丁을 공동피고로 하여 소유권이전등기의 말소를 구하는 소를 제기하였다. 그러나 이 소송에서 甲의 주장은 받아들여지지 않았고, 甲의 패소가 확정되었다. 이 경우 甲은 다시 최후의 등기명의자인 丁을 상대로 진정명의회복을 이유로 소유권이전등기를 구하는 소를 제기할 수 있는가?

Ⅰ. 결론

甲은 丁을 상대로 진정명의회복을 이유로 하는 소유권이전등기의 소를 제기할 수 없다. 만약 제기한다면 甲의 후소는 전소 확정판결의 기판력에 저촉되어 청구기각판결을 받을 것이다.

Ⅱ. 논거

1. 진정명의회복을 위한 소유권이전등기청구의 허용여부

진정한 등기명의의 회복을 위한 소유권이전등기청구는 자기 명의로 소유권을 표상하는 등기가 되어 있었거나 법률에 의하여 소유권을 취득한 진정한 소유자가 그 등기명의를 회복하기 위한 방법으로 그 소유권에 기하여 현재의 등기명의인을 상대로 진정한 등기명의 회복을 원인으로 한 소유권이전등기절차의 이행을 구하는 것이다(대판 2001.8.21. 2000다36484).

甲 명의로 소유권을 표상하는 등기가 되어 있었거나, 甲이 상속 등 법률에 의하여 소유권을 취득한 사실이 인정된다면 丁을 상대로 진정명의회복을 위한 소유권이전등기청구를 제기할 수 있다.

2. 기판력의 의의 및 주관적 범위(사례 109. 참조)

3. 기판력의 객관적 범위 및 작용 – 진정명의회복을 위한 말소등기청구와 이전등기청구의 소송물 동일 여부(사례 097. 참조)

양소의 소송물이 동일하다(대판 2001.9.20. 전합99다37894).

4. 기판력에 저촉되는 경우 법원의 조치 - 기판력의 본질(사례 100. 참조)

5. 사안의 해결

사례_135 **기판력의 객관적 범위(9) - 판결이유 중의 판단(상계항변)**

사법연수원 사례, 2020년 제9회 변호사시험, 2017년 10월 법전협 모의, 2013년 법원행정고시

A는 B 회사에 대한 손해배상금을 마련하기 위해 돈이 필요하자 공장 주변의 자기 소유인 X토지를 甲에게 대금 7억 원에 매도하였고, 잔금지급시까지 X토지 위에 건립되어 있던 Y 건물을 철거해주기로 약정하였다. 甲은 A에게 계약금 7,000만 원 및 중도금 2억 8,000만 원을 지급하였다.
(아래 각 설문은 상호 독립적임)

〈문제 1.〉
A는 잔금지급기일에 잔금의 이행제공을 받았으나, 잔금지급시까지 위 철거 약정을 이행하지 못하였다. 甲은 A의 위 건물철거 약정 불이행을 이유로 위 매매계약이 해제되었다고 주장하면서 A를 상대로 그 해제에 의한 원상회복으로서 위 계약금 및 중도금의 반환을 구하는 소(이하'甲의 소'라고 한다)를 제기하였다. 한편, A는 다른 법원에서 甲을 상대로 대여금 1억 원의 반환을 구하는 소(이하'A의 소'라고 한다)를 진행하고 있었다. 甲이 甲의 소를 진행하면서, A의 소에서 위 계약금 및 중도금 반환채권을 자동채권으로 하여 위 대여금채권과의 상계를 주장하여, **A의 소에 대한 판결이 아래와 같이 확정되었다면, 이는 甲의 소에 어떠한 영향을 미치는가? (30점)**

가. 법원이 甲의 상계주장을 받아들여 A의 대여금반환청구를 기각한 경우
나. 법원이 위 매매계약이 해제되지 아니하여 자동채권인 계약금 및 중도금 반환채권이 발생하였음이 인정되지 않는다는 이유로 甲의 상계주장을 배척하고 A의 대여금반환청구를 전부 인용한 경우(이후로도 위 매매계약이 새로운 요건사실에 의하여 또다시 해제가 논의되는 일은 없다고 가정함)
다. 법원이 위 매매계약은 해제되었으나 자동채권인 계약금 및 중도금 반환채권이 甲이 위 매매계약에 따라 인도받았던 위 토지의 반환의무와 동시이행관계에 있어 상계가 허용되지 않는다는 이유로 상계주장을 배척하고 A의 대여금반환청구를 전부 인용한 경우

〈문제 2.〉
A는 잔금지급기일 전에 위 건물을 철거하고 위 토지를 인도하였으나 잔금지급기일에 甲으로부터 잔금을 지급받지 못하자, 위 매매계약이 甲의 잔금지급의무 불이행을 이유로 해제되었다고 주장하면서 甲을 상대로 위 토지의 반환을 청구하는 소를 제기하였다. 위 소에서 甲은 계약금 및 중도금 합계 3억 5,000만 원의 지급과의 동시이행항변을 하였고, 이에 대하여 A는 甲에 대한 1억 원의 대여금채권을 자동채권으로 하여 甲의 위 계약금 및 중도금 지급채권과의 상계를 주장하였다.
법원은 甲의 동시이행항변은 받아들이고 A의 상계주장은 A의 甲에 대한 1억 원의 대여금채권이 인정되지 아니한다는 이유로 배척하여, 甲에 대하여 A에게 위 계약금 및 중도금 합계 3억 5,000만 원의 지급과 동시이행으로 위 토지의 인도를 명하는 판결을 선고하였고, 그 판결은 확정되었다.
그 후 A가 甲을 상대로 위 대여금 1억 원의 지급을 구하는 소를 제기하였다면, **후소는 위 확정판결의 기판력에 저촉되는가? (15점)**

Ⅰ. 문제 1.의 경우(30)

1. 문제점

A의 소가 확정되었으므로 후소인 甲의 소가 기판력에 저촉되는지가 문제된다. 기판력이란 확정된 종국판결의 내용이 가지는 후소에 대한 구속력을 말한다. A의 소의 당사자와 甲의 소의 당사가 동일하므로 기판력의 주관적 범위에 포함된다. 다만 기판력의 객관적 범위와 관련하여 판결이유에서 판단되는 상계항변에 대하여도 기판력이 발생하는지 문제된다.

2. 기판력의 객관적 범위와 상계항변

(1) 의 의

확정판결은 주문에 포함된 것에 한하여 기판력을 가진다(제216조 1항). 따라서 항변같이 판결이유 중 판단에 대해서는 기판력이 생기지 않는다. 항변은 소송물이 아니기 때문이다. 다만 피고가 상계항변을 제출한 경우 비록 판결이유 중의 판단임에도 자동채권의 존부에 대하여 상계로써 대항한 액수의 한도 내에서 기판력이 발생한다(동조 2항). 당사자의 이중의 이익취득과 법원의 이중의 심판을 방지하기 위함이다.

(2) 상계항변에 관한 판단에 기판력의 발생요건

상계항변에 대해 기판력이 발생하려면 ① 자동채권이 실질적으로 판단된 경우이고[1], ② 수동채권이 소송물로서 심판되는 소구채권이거나 그와 실질적으로 동일하다고 보이는 경우여야 한다.

(3) 기판력의 내용 및 범위

기판력은 상계로써 대항한 액수에 한하여 생긴다. 상계항변을 배척한 경우에는 반대채권의 부존재에 대하여 기판력이 발생한다(대판 1975.10.21. 75다48). 상계항변을 인용한 경우에는 원고의 소구채권과 피고의 반대채권이 모두 존재하고 그것이 상계에 의해 소멸하였다고 한 판단에 기판력이 미친다.[2]

(4) 기판력의 작용국면

기판력은 후소의 소송물이 전소의 소송물과 동일, 선결, 모순관계에 있을 경우에 작용하는바, 기판력이 발생한 자동채권과 동일한 채권을 후소의 소송물로 하는 경우 기판력이 후소에 작용한다.

3. <설문 가.>에 대하여

사안의 경우 A의 甲에 대한 대여금반환청구소송의 확정판결은 甲의 계약금 및 중도금 반환채권이 1억 원의 한도 내에서 소멸하여 존재하지 아니한다는 점에 관하여 기판력을 가지게 된다. 따라서 甲의 소에서 법원은 甲이 A의 소에서 상계항변으로 대항한 1억 원 부분에 대해서는 청구기각 판결을 선고하여야 하고(모순금지설), 나머지 2억 5,000만 원의 한도 내에서만 위 계약금 및 중도금 반환채권 존부를 심리·판단하여야 한다.

4. <설문 나.>에 대하여

상계항변이 배척되더라도 상계로 대항한 액수 한도 내에서 자동채권의 부존재에 관하여 기판력이 생기므로 A의 甲에 대한 대여금반환청구소송의 확정판결은 甲의 계약금 및 중도금 반환채권이 1억 원의 한도 내에서 존재하지 아니한다는 점에 관하여 기판력을 가지게 된다. 따라서 甲의 소에서 법원은 1억 원 부분에 대하여는 청구기각판결을 하여야 하고, 나머지 2억 5,000만 원의 한도 내에서만 위 계약금 및 중도금 반환채권의 존부를 심리·판단하여야 한다.

---

[1] 따라서 시기에 늦게 제출되어 각하된 경우나(제149조) 상계적상이 성립하지 않은 경우에 해당하여 배척된 경우(민법 제492조 1항 본문)는 제외된다.

[2] 현재의 법률관계로서 자동채권이 존재하지 않는다는 점에 기판력이 생기는 것으로 보는 입장도 있다.

5. <설문 다.>에 대하여

(1) 甲의 상계항변이 성질상 허용되지 않는 것인지 여부(적극)

判例는 "항변권이 부착되어 있는 채권을 자동채권으로 하여 타의 채무와의 상계를 허용한다면 상계가 일방의 의사표시에 의하여 상대방의 항변권행사의 기회를 상실케 하는 결과가 되므로 이와 같은 상계는 그 성질상 허용할 수 없다"(대판 1975.10.21. 75다48)고 한다.

사안의 경우 A의 소에서 甲의 상계항변은 동시이행항변권이 부착되어 있는 채권을 자동채권으로 한 것으로 성질상 허용될 수 없다.

(2) 甲의 상계항변에 대하여 기판력 발생여부(소극)

전술하였듯이 자동채권이 실질적으로 판단된 경우에만 상계항변에 대해 기판력이 생긴다. 따라서 시기에 늦게 제출되어 각하된 경우나(제149조) 상계적상이 성립하지 않은 경우 또는 성질상 상계가 허용되지 않는 경우로서 배척된 경우(민법 제492조 1항 본문), 성질상 상계가 허용되지 않는 경우(민법 제496조, 제492조 1항 단서)에는 기판력이 발생하지 않는다.

사안의 경우 A의 소에서 법원은 甲의 상계항변이 성질상 허용되지 않는다는 이유로 배척하였으므로, 甲의 상계항변으로 제공한 위 계약금 및 중도금 반환채권의 존부에 관해서는 실질적인 판단이 이루어지지 않았기 때문에 기판력이 발생하지 않는다. 따라서 甲의 소에 아무런 영향을 미치지 않는다.

II. 문제 2.의 경우(15)

1. 결 론

후소는 전소 확정판결의 기판력에 저촉되지 않는다.

2. 논 거

(1) 상계항변에 관한 판단에 기판력의 발생요건

문제 1.에서 살펴보았듯이 상계항변에 대해 기판력이 발생하려면 ① 자동채권이 실질적으로 판단된 경우이고, ② 수동채권이 소송물로서 심판되는 소구채권이거나 그와 실질적으로 동일하다고 보이는 경우여야 한다. 따라서 判例는 "만일 상계 주장의 대상이 된 수동채권이 동시이행항변에 행사된 채권일 경우에는 그러한 상계 주장에 대한 판단에는 기판력이 발생하지 않는다고 보아야 할 것인 바, 위와 같이 해석하지 않을 경우 동시이행항변이 상대방의 상계의 재항변에 의하여 배척된 경우에 그 동시이행항변에 행사된 채권을 나중에 소송상 행사할 수 없게 되어 민사소송법 제216조가 예정하고 있는 것과 달리 동시이행항변에 행사된 채권의 존부나 범위에 관한 판결의 이유 중의 판단에 기판력이 미치는 결과에 이르기 때문"(대판 2005.7.22. 2004다17207)이라고 한다.

(2) 甲의 상계항변에 대하여 기판력 발생여부(소극)

사안에서 법원은 A의 甲에 대한 대여사실을 배척하는 판단을 하였으므로, A의 자동채권은 전소에서 실질적으로 판단되었다. 그러나 수동채권인 甲의 A에 대한 계약금 및 중도금반환채권은 전소의 소구채권이거나 그와 실질적으로 동일한 채권이 아니라, 전소의 소송물인 A의 토지반환 청구에 대한 동시이행항변에 행사된 채권일 뿐이므로, 이러한 甲의 상계주장에 대한 판단에는 기판력이 발생하지 않는다. 결국 A의 자동채권에 대한 전소의 판단에는 기판력이 발생하지 않는다.

(3) 사안의 경우

A는 전소 확정판결에도 불구하고 다시 甲을 상대로 전소에서 상계재항변으로 제공한 위 대여금 1억원의 지급을 구하는 후소를 제기할 수 있다.

〈기초적 사실관계〉

B는 2002. 1. 1. 주택을 신축할 목적으로 C로부터 X토지를 매매대금 10억 원에 매수하면서, 소유권이전 등기는 추후 B가 요구하는 때에 마쳐주기로 하였다. B는 2002. 4. 5. 매매대금 전액을 지급하고 C로부 터 X토지를 인도받았다. B는 그 무렵 이후 C에게 X토지에 관한 소유권이전등기절차의 이행을 요구하 였는데, C는 X토지를 매도할 당시보다 시가가 2배 이상 상승하였다고 주장하면서 매매대금으로 10억 원을 더 주지 않으면 B에게 소유권이전등기를 마쳐줄 수 없다고 하였다. B는 C에게 수차례 소유권이 전등기절차의 이행을 구하다가 2009. 12 .4. A에게 X토지를 25억 원에 매도하였다.

〈추가적 사실관계〉

한편 X토지 바로 옆에 있는 Y토지에서 중고차매매업을 하던 E는, 위와 같이 C가 B에게 X토지를 매도 하였다는 사실을 잘 알면서도 C의 배임적 처분행위에 적극 가담하여 2012. 3. 5. C와 X토지를 매수하 는 계약을 체결하고, 그 매매계약서를 근거로 2012. 7. 28. C를 상대로 법원에 X토지에 관하여 2012. 3. 5.자 매매를 원인으로 한 소유권이전등기절차 이행을 구하는 소를 제기하여 2012. 9. 1. 무변론 승소 판결을 선고받고 위 판결이 확정되자, 위 판결에 기하여 2012. 11. 25. X토지에 관하여 E 명의로 소유권 이전등기를 마쳤다. 그 후 E는 2013. 9. 8. X토지 위에 컨테이너를 설치하여 이를 사무실로 사용하는 한편, X토지 전부를 위 컨테이너 부지 및 주차장 용도로 사용하고 있다.

A는 2014. 7. 10. X토지에 관한 소유권이전등기청구권을 보전하기 위하여 법원에 E를 상대로 B와 C를 대위하여, ① E 앞으로 마쳐진 2012. 11. 25.자 소유권이전등기가 반사회적인 법률행위에 기한 원인 무효의 등기라는 이유로 말소를 구하는 한편, ② E가 무단으로 X토지 위에 설치한 컨테이너의 철거와 X토지의 인도를 구하는 소를 제기하였다. 재판과정에서, E는 확정판결에 따라 적법하게 X토지에 관한 소유권이전등기를 마쳤으므로 A의 청구는 모두 부당하다고 주장하였다.

3. 이 경우 법원은 어떠한 판단을 하여야 하며, 그 이유는 무엇인가? (30점)

I. 결 론

법원은 A의 청구 전부를 기각하여야 한다.

II. 이 유

1. 제3채무자에 대한 확정판결의 효력이 채권자대위소송에 미치는지 여부(적극)

채권자대위소송의 소송물은 채무자의 권리(피대위권리)라고 보는 법정소송담당설에 따를 때, 判例가 판 시하는 바와 같이 "채권자가 채무자를 대위하여 제3자를 상대로 제기한 소송과 이미 판결확정이 되 어 있는 채무자와 그 제3자 간의 기존 소송이 당사자만 다를 뿐 실질적으로 동일 내용의 소송이라면, 위 확정판결의 효력이 채권자대위권 행사에 의한 소송에 미친다"(대판 1979.3.13. 76다688). 따라서 사안 에서 A가 E에게 제기한 각 채권자대위소송이 전소확정판결의 기판력에 저촉되는지 검토를 요한다.

2. A의 각 대위 소송이 전소의 기판력에 저촉되는지 여부

(1) 문제점

기판력은 전소의 확정판결이 가지는 후소에 대한 내용적 구속력이다. 사안의 전소는 E의 C에 대한 '매매계약에 따른 소유권이전등기청구권 존재'에 기판력 발생하는 바, A가 B와 C를 대위하여 E에게 ① X토지에 대한 소유권이전등기 말소청구(민법 제214조)와 ② X토지 인도(민법 제213조) 및 컨테이 너 철거청구(민법 제214조)를 주장하는 것이 전소의 기판력에 저촉되는지 문제된다.

(2) X토지에 대한 소유권이전등기 말소청구가 기판력에 저촉되는지 여부(적극)

전소의 소송물로 된 E의 C에 대한 '매매계약에 따른 소유권이전등기청구권 존재'는 후소에서 주장하는 X토지에 대한 소유권이전등기말소 청구와 '모순관계'에 있으므로, 判例가 판시하는 바와 같이 "부동산의 소유자에 대하여 소유권이전등기를 청구할 지위에 있기는 하지만 아직 그 소유권이전등기를 경료하지 않은 상태에서, 제3자가 부동산의 소유자를 상대로 그 부동산에 관한 소유권이전등기절차 이행의 확정판결을 받아 소유권이전등기를 경료한 경우, 그 확정판결이 당연무효이거나 재심의 소에 의하여 취소되지 않는 한, 종전의 소유권이전등기청구권을 가지는 자가 부동산의 소유자에 대한 소유권이전등기청구권을 보전하기 위하여 부동산의 소유자를 대위하여 제3자 명의의 소유권이전등기가 원인무효임을 내세워 그 등기의 말소를 구하는 것은 확정판결의 기판력에 저촉되므로 허용될 수 없다"(대판 1999.2.24. 97다46955).

(3) X토지 인도 및 컨테이너 철거청구가 기판력에 저촉되는지 여부(소극)

전소의 소송물로 된 E의 C에 대한 '매매계약에 따른 소유권이전등기청구권 존재'는 후소에서 주장하는 X토지 인도 및 컨테이너 철거청구와 선결관계나 모순관계에 해당하지 않는다. 따라서 기판력에 저촉되지 않으므로 본안판단을 할 수 있다.

3. X토지의 소유권이전등기 말소청구에 관한 후소법원의 판단

判例는 전소에서 인용된 부분은 권리보호이익이 없어 '각하'하여야 하고, 전소에서 기각된 부분은 모순없는 판결을 위해 후소에서 '기각'하여야 한다(대판 1979.9.11. 79다1275)고 하여, 모순금지설의 입장이다. 이러한 判例에 따르면 전소는 후소에서 주장하는 X토지에 대한 소유권이전등기말소 청구와 '모순관계'에 있으므로, 법원은 청구기각 판결을 해야 한다.

4. X토지 인도 및 컨테이너 철거청구에 관한 후소법원의 판단

(1) A의 피대위권리로 B의 C에 대한 권리

1) C의 주장에 의해 매매계약이 해제되었는지 여부(소극)

사정변경으로 인한 계약해제는 계약준수 원칙의 예외로서 인정되나(대판 2007.3.29. 2004다31302), 이는 법률행위 성립의 기초가 된 객관적 사정이 현저히 변경되어 이를 강제하는 것이 명백하게 부당할 경우에만 적용되는 것으로 시가가 약 2배 상승한 것은 사정변경을 이유로 한 적법한 해제사유라 할 수 없다. 따라서 C가 시가 상승을 이유로 매매대금으로 10억 원을 더 주지 않으면 소유권이전등기를 마쳐줄 수 없다는 주장에 의해 B와 C의 매매계약이 해제되었다고 볼 수 없다.

2) B의 채권이 소멸시효가 완성되었는지 여부(소극)

B의 C에 대한 소유권이전등기청구권은 약정에 의해 B가 이를 행사할 수 있었던 때, 즉 B가 소유권이전등기절차의 이행을 요구한 2002. 4. 5. 무렵부터 원칙적으로 10년의 소멸시효가 진행된다(민법 제162조 1항). 그러나 매수인이 부동산을 인도받아 사용·수익하다가 '보다 적극적인 권리행사'의 일환으로 다른 사람에게 그 부동산을 처분하고 점유를 승계해 준 경우에도, 부동산을 스스로 계속 사용수익하고 있는 경우와 마찬가지로 소멸시효는 진행하지 않는다(대판 1998.3.18. 전합98다32175). 따라서 B의 C에 대한 소유권이전등기청구권은 소멸시효가 완성하지 않았다.

(2) A의 피대위권리로 C의 E에 대한 권리

1) C가 X토지의 소유권자인지 여부(적극)

사안에서 E는 C가 B에게 X토지를 매도하였다는 사실을 잘 알면서도 C의 '배임행위에 적극 가담'하여 X토지 매수계약을 체결하였으므로, 이는 반사회적 법률행위에 해당하여 무효이다(대판 1994.3.11. 93다

55289). 따라서 C는 여전히 X토지의 소유권자이므로 원칙적으로 소유권자로서의 권리(민법 제213조, 제214조)를 행사할 수 있다.

2) C가 X토지 인도 및 컨테이너 철거청구를 행사하는 것이 불법원인급여에 해당하는지 여부(적극)[1]

불법의 원인으로 인하여 재산을 급여하거나 노무를 제공한 때에는 그 이익의 반환을 청구하지 못한다(민법 제746조). 이는 사회적 타당성 없는 행위를 한 사람이 스스로 불법한 행위를 주장하여 복구하려는 것을 그 형식여하에 불구하고 인정하지 않겠다는 이상을 표현한 것이므로 소유권에 기한 물권적 반환청구권 역시 부정되며, 그 '반사적 효과'로서 급여한 물건의 소유권은 급여를 받은 상대방에게 귀속하게 된다(대판 1997.11.13. 전합79다483). 따라서 C의 E에 대한 X토지 매도는 반사회적 법률행위로 인한 재산 급여이므로, E를 상대로 한 물권적 청구권(X토지 인도 및 컨테이너 철거청구)은 불법원인급여에 해당하여 행사할 수 없다. 따라서 법원은 A의 대위청구에 대해 청구기각 판결을 해야 한다.

사례_137 기판력의 작용(2) - 선결관계, 모순관계   사법연수원 사례

〈설문 1.〉
甲은 乙로부터 토지를 매수하였다고 주장하면서 乙을 상대로 소유권이전등기청구의 소를 제기하여 승소판결을 받아 그 판결이 확정되었고, 甲은 위 확정판결에 따라 소유권이전등기를 마쳤다. 그 후 乙이 위 토지를 甲에게 매도한 사실이 없으므로 甲 명의의 위 소유권이전등기는 원인무효라고 주장하면서 甲을 상대로 소유권이전등기의 말소를 구하는 소를 제기하였다면, 후소는 위 확정판결의 기판력에 저촉되는가?

I. 결 론 - 기판력 저촉

II. 논 거 - 모순관계 (사례 121. 참조)

〈설문 2.〉
甲은 乙이 점유하고 있는 토지가 甲의 소유라고 주장하면서 乙을 상대로 위 토지에 관한 소유권확인청구소송을 제기하였다가 패소하여, 그 판결이 확정되었다. 그 후 甲이 위 토지가 자신의 소유임을 이유로 乙을 상대로 그 지상에 세워져있는 乙 소유 건물의 철거를 구하는 소송을 제기하였다면, 후소는 위 확정판결의 기판력에 저촉되는가?

I. 결 론 - 기판력 저촉

II. 논 거 - 선결문제

1. 판 례

---

1) 다만 判例는 이중매매와 관련하여 제1매수인이 매도인 대위하여 제2매수인에게 등기의 말소 청구하는 경우에 구체적인 논거의 제시 없이 이를 청구할 수 있다고 하는 바(대판 1983.4.26. 83다카57), 이를 허용하지 않을 경우 부동산 소유권이 궁극적으로 귀속되어야 할 제1매수인이 소유권을 취득하지 못하여 부당하므로 判例의 입장은 타당하다(다수설). 따라서 B가 C를 대위하여 E에게 X토지에 대한 소유권이전등기의 말소를 청구하는 것은 원칙적으로 불법원인급여에 해당하지 않으나, 사안의 경우는 앞서 검토한 바와 같이 전소의 기판력에 저촉된다. 결국 제1매수인이 채권자대위권을 행사하여 제2매수인으로부터 토지 소유권을 회복하는 방법은 기판력에 저촉되는 경우에는 그 실효성이 적다(윤진수, 부동산의 이중양도와 원상회복, 민사법학 6호, p.170).

"확정된 전소의 기판력 있는 법률관계가 후소의 소송물 자체가 되지 아니하여도 후소의 선결문제가 되는 때에는 전소의 확정판결의 판단은 후소의 선결문제로서 기판력이 작용한다고 할 것이므로, 소유권확인청구에 대한 판결이 확정된 후 다시 동일 피고를 상대로 소유권에 기한 물권적 청구권을 청구원인으로 하는 소송을 제기한 경우에는 전소의 확정판결에서의 소유권의 존부에 관한 판단에 구속되어 당사자로서는 이와 다른 주장을 할 수 없을 뿐만 아니라, 법원으로서도 이와 다른 판단을 할 수 없는 것이다"(대판 1994.12.27. 94다4684)

2. 사안의 경우

전소확정판결의 변론종결 후에 甲이 새로 소유권을 취득하였다는 등의 사정변경이 없는 이상, 甲의 전소확정판결의 판단은 후소의 선결문제에 해당하므로 기판력이 작용한다. 따라서 후소는 기판력에 저촉된다.

사례_138 **기판력의 주관적 범위(1)**　　　　　　　　　　　　　2014년 사법시험

甲은 乙을 상대로 X부동산에 관하여 매매를 원인으로 한 소유권이전등기청구의 소를 제기하였는데, 법원은 2013. 6. 28. 위 사건에 관한 변론을 종결한 후 2013. 7. 26. 원고의 청구를 전부 인용하는 판결을 선고하였고, 이 판결은 그대로 확정되었다. 그런데 乙은 2013. 6. 15. 丙과 사이에 X 부동산에 관한 증여계약을 체결한 후 2013. 8. 26. 丙에게 X부동산에 관하여 위 증여를 원인으로 한 소유권이전등기를 경료하여 주었다. **이 경우 위 확정판결의 효력은 丙에게 미치는가?**　　(민사소송법의 맥 C-15 참조)

I. 결 론

전소 확정판결의 효력은 丙에게 미치지 않는다.

II. 논 거

1. 기판력의 의의

기판력이란 확정된 종국판결의 내용이 가지는 후소에 대한 구속력을 말한다. 판결의 기판력이 발생하기 위해서는 종국판결로서 확정되어야 하며, 유효한 판결이어야 한다. 설문의 경우, 전소 판결이 확정되었고(제498조), 기타 판결이 무효인 사정이 없으므로 기판력이 발생한다.

2. 기판력의 주관적 범위

(1) 상대성 원칙과 확장

기판력은 당사자에게만 미치고 제3자에게는 미치지 않는 것이 원칙이다(기판력의 상대성의 원칙). 다만 분쟁해결의 실효성을 위해 당사자 외에 제3자에게 기판력이 미치는 경우가 있는데, 이는 **법률에 특별**한 규정이 있는 경우에 한한다. 예를 들면, **변론종결 뒤의 승계인**, 목적물 소지자, 권리(이익)귀속주체, 소송탈퇴자가 이에 속한다(제218조 등). 따라서 丙이 乙의 지위를 변론종결 뒤에 승계하였다면 전소 판결의 당사자가 아닌 丙에게도 전소 판결의 기판력이 미치게 된다.

(2) 변론종결 뒤의 승계인의 의의와 요건

변론종결한 뒤에 소송물인 권리관계에 관한 지위를 당사자로부터 승계한 제3자는 당사자 간에 내린 판결의 기판력을 받는다(제218조 1항). 그렇지 않으면 기판력 있는 판결을 무력화시키고, 승소당사자의 지위를 붕괴시킬 수 있기 때문이다. '변론종결 뒤의 승계인'에 해당하기 위해서는 i) '변론종결

뒤'에 승계가 이루어졌을 것, ii) '승계인'에 해당할 것을 그 요건으로 한다. 사안에서 ⅰ) 丙은 변론종결 뒤 乙로부터 소유권이전등기를 경료받았으므로 승계요건은 구비하였다. 문제는 ii) '승계인'에 해당하는지 여부이다.

3. 丙이 변론종결 뒤의 승계인인지 여부(소극)

(1) '승계인'의 범위

변론이 종결된 뒤의 소송당사자로부터 소송물 자체를 승계한 자를 승계인이라하고, 계쟁물의 승계인도 경우에 따라 포함된다.

(2) 소송물의 승계인에 해당하는지 여부(소극)

변론이 종결된 뒤의 소송당사자로부터 소송물 자체를 승계한 자가 승계인이라는 데에는 다툼의 여지가 없다. 소송물 자체의 승계인이란 변론종결한 뒤에 당사자로부터 소송물인 실체법상 권리의무를 승계한 자를 말한다. 예컨대 소유권확인판결 후 그 소유권을 양수한 자, 대여금채권의 이행판결 후 그 채권을 양수한 자 등이 여기에 해당한다. 이때 소송물의 채권·물권 여부를 불문하고 여기의 승계인에 포함된다. 그런데 사안의 경우 전소 판결의 소송물은 소유권이전등기청구권이지 X부동산이 아니므로 X부동산을 증여받은 丙은 소송물의 승계인이라 할 수 없다.

(3) 계쟁물의 승계인에 해당하는지 여부(소극)

소송물 자체를 승계한 것은 아니나 계쟁물에 관한 당사자적격을 승계한 자도 변론종결 뒤의 승계인에 포함한다는 것이 통설이다(적격승계설). 다만 判例[1]는 "전소의 소송물이 채권적 청구권인 소유권이전등기청구권일 때에는 전소의 변론종결 후에 전소의 피고인 채무자로부터 소유권이전등기를 경료받은 자는 전소의 기판력이 미치는 변론종결 후의 제3자에 해당한다고 할 수 없다"(대판 1993.2.12. 92다25151)고 하여 전소 소송물이 물권적 청구권인 경우만 '승계인'에 포함된다는 입장이다. 소송물이 채권적 청구권인 경우에 변론종결 뒤에 승계한 자는 원고와 양립할 수 있는 권리를 가지고 원고에게 아무런 실체법상의 의무를 부담하지 않는데 이러한 자에게 까지 기판력이 미치는 것은 기판력의 지나친 확장이므로 判例가 타당하다. 사안에서 전소 판결의 소송물은 매매를 원인으로 한 소유권이전등기청구였으므로 丙은 '변론종결 후의 승계인'에 해당하지 않는다.

(4) 승계인에게 실체법상 고유의 방어방법이 있는 경우 기판력의 작용(소극)

동산의 선의취득자, 부동산의 점유취득시효완성자, 해제에 있어 보호받는 제3자와 같이 승계인이 고유의 방어방법을 갖고 있는 경우에 승계인에게 기판력이 미치는지 여부에 대해서 견해가 대립한다. 대법원[2]은 원고가 명의신탁해지를 원인으로 이전등기를 청구하여 수탁자에게 승소하였으나 수탁자가 목적물을 처분한 사안에서 "소유권이전등기를 명하는 확정판결의 변론종결 후에 그 청구 목적물을 매수하여 등기를 한 제3자는 변론종결후의 승계인에 해당되지 아니한다"(대판 1980.11.25. 80다2217)고 하여 실질설의 입장이다(명의신탁관계가 해지되더라도 수탁자 명의의 등기가 남아있는 한 외부관계에 있어서는 수탁자가 소유자이다). 사안에서 丙은 甲에 대항할 수 있는 고유의 방어방법(등기)이 있으므로 丙은 기판력이 확장되는 '변론종결 후의 승계인'에 해당하지 않는다.

---

1) [학설] ① 구실체법설은 청구의 실체법상의 성격을 참작하여 청구가 물권적 청구권인 경우에 한하여 승계인을 인정하고, 채권적 청구권일 때에는 승계인으로 보지 않으며, ② 소송법설은 실체법상 권리와 무관하게 소송물이론을 구성하므로 청구가 채권적인가 물권적인가 구별하지 않고 기판력 확장을 인정한다.

2) [학설] ① 형식설은 승계인에게 고유의 방어방법이 있더라도 그는 변론종결 후 제3자이므로 기판력이 미치지만, 승계인은 집행문 부여에 대한 이의의 소(민사집행법 제45조)를 제기하여 다툴 수 있다고 하며, ② 실질설은 승계인에게 고유의 방어방법이 있는 경우 그는 변론종결 후 제3자가 아니므로 기판력이 미치지 않고, 집행문이 부여되지 않으므로 승계인의 상대방이 승계집행문 부여의 소(민사집행법 제33조)를 제기해야 한다고 한다.

4. 사안의 해결

丙은 계쟁물 승계인이다. 다만 전소 소송물이 채권적 청구권이며, 丙은 甲에 대항할 수 있는 고유의 방어방법(등기)이 있으므로 丙은 기판력이 확장되는 '변론종결 후의 승계인'에 해당하지 않는다. 따라서 전소확정판결의 효력은 丙에게 미치지 않는다.

사례_139 **기판력의 주관적 범위(2)** 2016년 8월 법전협 모의[1]

乙은 2012. 1. 28. 丙으로부터 돈을 빌리면서 이를 담보하기 위하여 자신 소유의 Y건물에 대하여 소유권이전등기청구권 보전을 위한 가등기를 丙 앞으로 경료해 주었다. 그런데 甲은 2015. 5. 1. 'Y건물은 자신의 토지 위에 무단으로 건축된 것이다'라고 주장하면서, 乙을 상대로 토지소유권에 기한 방해배제청구로서 그 지상물인 Y건물의 철거 및 토지인도청구 소송을 제기하였다. 법원은 위 소송에서 甲의 청구를 인용하는 판결을 선고하였고, 이 판결은 2016. 1. 6. 그대로 확정되었는데, 乙은 그 후인 2016. 1. 25. Y건물에 관하여 위 가등기에 기한 본등기(소유권이전등기)를 丙 앞으로 경료해 주었다. 甲은 乙에 대한 위 확정판결을 가지고 Y건물을 철거할 수 있는가?

Ⅰ. 결론

甲은 乙에 대한 승소판결문에 기하여 승계집행문을 부여 받아 丙 소유의 Y건물을 철거할 수 있다.

Ⅱ. 논거

1. 문제점

甲이 乙에 대한 승소판결을 가지고 丙 소유의 Y건물을 철거하려면 그 확정판결의 집행력이 丙에게 미쳐야 한다. 따라서 丙이 확정판결의 집행력이 미치는 변론종결 후의 승계인에 해당하는지 문제된다.

2. 집행력의 주관적 범위

판결의 집행력의 인정범위는 원칙적으로 기판력의 범위와 같다. 따라서 기판력과 같이 집행력도 당사자에게만 미치고 제3자에게는 미치지 않는 것이 원칙이다(상대성 원칙). 다만 예외적으로 변론종결한 뒤에 소송물인 권리관계에 관한 지위를 당사자로부터 승계한 제3자는 당사자 간의 판결의 효력을 받는다(제218조 1항). 따라서 丙이 변론종결 후의 승계인에 해당한다면 甲은 乙에 대한 승소판결문에 기하여 승계집행문을 부여 받아 Y건물을 철거할 수 있게 된다(민사집행법 제31조 1항).

3. 丙이 변론종결 후의 승계인에 해당하는지 여부(적극)

(1) 변론종결 '후'의 승계인지 여부(적극)

권리의 이전에 등기를 요하는 경우에는 등기시가 기준이 된다. 사안에서 丙이 변론종결 전에 Y건물에 대하여 가등기를 경료하였더라도 부동산 물권변동의 효력은 '본등기'가 이루어진 경우에 발생하므로 본등기인 소유권이전등기가 경료된 시점을 기준으로 승계가 변론종결 후의 것인지를 판단해야 한다.[2] 따라서

---

1) 이 문제는 '승계집행문'의 문제로 '판결의 집행력의 확장'이 쟁점이 된다고 보인다. 왜냐하면 기판력이 문제되려면 전소판결이 확정된 후 또 다른 소가 제기되어야 하는데, 사안은 후소제기가 아니라 甲의 乙에 대한 승소판결문을 가지고 丙의 건물에 대하여 철거집행을 할 수 있느냐의 문제이기 때문이다. 다만 집행력의 범위는 기판력의 범위와 동일하므로 그 풀이과정은 기판력의 풀이과정과 동일하게 풀어나가면 될 것이다.

2) "소유권이전등기말소 청구소송을 제기당한 자가 소송 계속 중 당해 부동산의 소유권을 타인에게 이전한 경우에는, <u>부동산물권변동의 효력이 생기는 때인 소유권이전등기가 이루어진 시점을 기준으로</u> 그 승계가 변론종결 전의 것인지 변론종결 후의 것인지 여부를 판단하여야 한다"(대판 2005.11.10. 2005다34667,34674).

丙이 가등기에 기한 본등기(소유권이전등기)를 경료한 시점이 변론종결 후인 2016. 1. 25.이므로 이 요건을 충족한다.[3]

(2) 승계인의 범위(사례 123. 참조)

1) 소송물의 승계인에 해당하는지 여부(소극)

2) 계쟁물의 승계인에 해당하는지 여부(적극)

전소 소송물이 물권적 청구권인 경우만 '승계인'에 포함된다(대판 1993.2.12. 92다25151).

(3) 소 결

甲의 乙에 대한 건물철거 및 토지인도청구권은 물권적 청구권(민법 제213조, 제214조)이고, 丙은 위 판결의 변론종결 후에 Y건물에 대하여 본등기(소유권이전등기)를 경료한 자로서 제218조 1항의 변론종결 후의 승계인에 해당한다.

4. 사안의 해결

丙은 변론종결 후의 승계인에 해당하므로, 甲은 乙에 대한 승소판결문에 기하여 승계집행문을 부여받아 丙 소유의 Y건물을 철거할 수 있다.

사례_140 **기판력의 주관적 범위(3) - 계쟁물의 양수인**　　　　2019년 제8회 변호사시험

〈기초적 사실관계〉
甲종중의 대표자 乙은 2018. 5.경 일부 종원들이 乙 몰래 甲종중 소유의 X토지를 종원 丙에게 매도하고 관련서류를 위조하여 소유권이전등기를 마쳐 준 사실을 알게 되어 甲종중을 원고로 하여 丙을 상대로 X토지에 관한 소유권이전등기말소청구의 소를 제기하였다.

〈추가적 사실관계〉
제1심에서 甲종중의 청구를 인용하는 판결이 선고되어 확정되었다. 이에 甲종중이 丙의 소유권이전등기를 말소하기 위하여 새로운 등기부등본을 발급받아 보고, 丙이 丁에게 위 소송의 변론종결 전에 소유권이전등기를 마쳐 주었으며, 다시 丁이 戊에게 위 소송의 변론종결 후에 소유권이전등기를 마쳐 준 사실을 비로소 알게 되었다.

3. 위 판결의 효력이 丁과 戊에게 미치는지 여부와 甲종중이 丁과 戊 명의의 각 소유권이전등기를 말소할 수 있는 방법을 서술하시오. (15점)

Ⅰ. 문제 3.의 경우(15)

1. 문제점

'계쟁물의 승계인'에 대해 전소확정판결의 기판력이 미치기 위한 요건을 살펴본 후(제218조 1항), 甲의 승소확정판결의 기판력이 丁, 戊에게 미치는지와 그에 따른 각 소유권이전등기를 말소할 수 있는 방법을 검토하기로 한다.

---

3) "대지 소유권에 기한 방해배제청구로서 그 지상건물의 철거를 구하여 승소확정판결을 얻은 경우, 동 지상건물에 관하여 위 확정판결의 변론종결 전에 경료된 소유권이전청구권가등기에 기하여 위 확정판결의 변론종결 후에 소유권이전등기를 경료한 자가 있다면 그는 민사소송법 제218조 제1항의 변론종결후의 승계인이라 할 것이어서 위 확정판결의 기판력이 미친다고 할 것이다"(대판 1992.10.27. 92다10883).

2. 기판력의 범위

확정판결의 기판력은 당사자 뿐만 아니라 '변론종결 후의 승계인'에 대해서도 미친다(제218조 1항). 변론 종결 뒤 승계인이란 ㉠ 소송물 자체를 승계한 자이거나, ㉡ 전소의 소송물이 물권적 청구권인 경우에 그 계쟁물을 승계함으로써 당사자 적격을 승계한 자를 의미한다(제218조 1항). 이 때 승계 시점이 '변론 종결 뒤'인지 여부는 "부동산 물권 변동의 효력이 생기는 때인 소유권 이전등기가 이루어진 시점을 기준으로" 판단하게 된다(대판 2005.11.10. 2005다34667).

3. 승계인의 범위

소송물 자체를 승계한 것은 아니나 **계쟁물**(다툼의 대상이 되는 물건)**에 관한 당사자적격을 승계한 자도 포함**한다는 것이 통설이다(적격승계설). 계쟁물승계의 범위에 대하여는 소송물이론에 따라 견해가 대립한다. 判例는 구실체법설의 입장에서 ① 청구가 **소유권에 기한 이전등기말소청구권**인 경우 피고로부터 소유권이전등기를 경료받은 자는 승계인으로 보지만(대판 1979.2.13. 78다2290), ② 청구가 **매매에 기한 소유권이전등기청구권**인 경우 피고로부터 소유권이전등기를 경료받은 자는 승계인에 해당하지 않는다고 한다(대판 2003.5.13. 2002다64148).

소송물이 물권적 청구권의 경우에는 '대세효'가 있으나, 채권적 청구권인 경우에 '대인효'만 있으므로 변론종결 뒤에 승계한 자는 원고와 양립할 수 있는 권리를 가지고 원고에게 아무런 실체법상의 의무를 부담하지 않는데 이러한 자에게 까지 기판력이 미치는 것은 기판력의 지나친 확장이므로 判例가 타당하다.

4. 丁과 戊가 변론 종결 뒤 승계인인지 여부

甲의 丙에 대한 확정 판결의 소송물은 甲종중의 丙에 대한 소유권이전등기말소청구권으로서, **물권적 청구권**(민법 제214조)에 해당한다. 그리고 丁과 戊 모두 확정판결의 당사자인 丙으로부터 X 부동산의 소유권을 양수 혹은 전전양수한 자로서 일응 계쟁물의 승계인이라 할 수 있다.

그러나 丁은 소송 당사자인 丙으로부터 변론 종결 '전'에 소유권이전등기를 받았으므로 앞서의 법리에 비추어 변론 종결 '후'의 승계인이라 할 수 없으며(소송을 인계받은 자), 戊는 기판력이 미치지 않는 丁으로부터 계쟁물을 양수한 것이므로 그 시점이 변론 종결 후인지 여부와 관계없이 당사자 적격을 승계하는 자라고 할 수 없다(대결 1967.2.23. 67마55).[1]

5. 丁과 戊의 각 소유권이전등기 말소 청구 방법

丁과 戊가 변론종결 후 승계인에 해당하여 甲과 丙 확정판결의 기판력이 확장된다면 甲 종중은 승계집행문을 발급받아 집행을 할 수 있으나, 앞서 검토한 바와 같이 丁과 戊에게는 기판력이 미치지 않으므로 승계집행문을 발급받을 수 없다(민사집행법 제31조 1항)(즉, 甲이 승계집행문을 부여받아 丁과 戊의 이전등기의 말소를 구할 경우 丁과 戊는 자신들이 변론종결 전에 승계한 사실을 입증하여 승계집행문부여에 대한 이의신청을 할 수 있다).

따라서 甲종중은 丁과 戊를 상대로 각 별소로써 소유권이전등기 말소청구를 구하거나, 최종 등기명의인 戊를 상대로 진정명의회복을 원인으로 하는 소유권이전등기를 구하여야 한다. 참고로 판결이 이미 확정된 이후이므로, 丁에 대한 인수승계신청 등의 방안은 적절하지 못하다.

---

[1] "확정판결의 피고측의 제1차 승계가 이미 그 변론종결 이전에 있었다면 비록 그 제2차 승계가 그 변론종결 이후에 있었다 할지라도 제2차 승계인은 변론종결 후의 승계인으로 볼 수 없다"

甲은 乙에게 1억 원을 대여한 후 그 반환을 구하는 소를 제기하였다. 위 소송 결과 甲의 승소판결이 확정되었다. 그 후 丙은 乙로부터 위 1억 원의 반환채무를 면책적으로 인수하였다. 그 후 甲은 丙을 상대로 위 1억 원의 지급을 구하는 소를 제기하였다. **법원은 어떠한 재판을 하여야 하는가?**

I. 결 론

丙은 변론 종결 후의 승계인이므로 甲은 乙에 대한 승소확정판결에 기하여 丙을 상대로 집행할 수 있다. 따라서 丙을 상대로 제기한 소는 소의 이익이 없어 각하하여야 한다.

II. 논 거

1. 丙이 변론종결 후의 승계인인지 여부(적극)

(1) 면책적 채무인수인이 변론종결 후의 승계인인지 여부(적극)

변론종결한 뒤에 소송물인 권리관계에 관한 지위를 당사자로부터 승계한 제3자는 당사자 간의 판결의 기판력을 받는다(제218조 1항). 이는 패소한 자가 소송물이나 계쟁물을 양도하여 확정판결의 효력을 무용지물로 만드는 것을 방지하기 위함이다. 判例는 "전소 변론종결 또는 판결선고 후에 채무자의 채무를 소멸시켜 당사자인 채무자의 지위를 승계하는 이른바 면책적 채무인수를 한 자는 변론종결 후의 승계인"(대판 2016.9.28. 2016다13482)이라고 본다.

(2) 사안의 경우

丙은 甲의 乙에 대한 대여금채권의 이행판결이 확정된 후, 乙로부터 위 1억 원의 반환채무를 면책적으로 인수하였으므로 변론종결 후의 승계인에 해당한다.

2. 甲의 丙에 대한 소제기가 적법한지 여부(소극)

(1) 승소한 자가 재소한 경우 소의 이익이 있는지 여부(소극)

判例는 "확정된 승소판결에는 기판력이 있으므로, 승소 확정판결을 받은 당사자가 전소의 상대방을 상대로 다시 승소 확정판결의 전소와 동일한 청구의 소를 제기하는 경우 후소는 권리보호의 이익이 없어 부적법하다"(대판 2006.4.14. 2005다74764)는 입장이다.

(2) 변론종결 후 승계인의 경우

判例는 "전소 변론종결 또는 판결선고 후에 채무자의 채무를 소멸시켜 당사자인 채무자의 지위를 승계하는 이른바 면책적 채무인수를 한 자는 변론종결 후의 승계인으로서 전소 확정판결의 기판력이 미치게 되므로 원고는 특별한 사정이 없는 한 다시 본소를 제기할 이익이 없다"(대판 2016.9.28. 2016다13482)고 한다.

(3) 사안의 경우

丙은 변론종결 후의 승계인으로서 甲의 乙에 대한 승소확정판결의 기판력이 丙에게도 미친다 할 것이므로, 甲은 위 확정판결에 따라 부여받은 승계집행문으로 집행을 하면 되는 것이지 丙을 상대로 다시 이 사건 소송을 구할 소의 이익이 없다. 따라서 이 사건 소는 부적법하여 각하하여야 한다.

〈제1문의 2〉

〈기초적 사실관계〉

甲은 乙에게 토지를 대금 1억 원에 매도한 후 위 대금의 지급기일이 도래하였음에도 채무초과 상태에서 위 대금 채권을 행사하지 않았다(이러한 사실은 아래 각 소송절차에서 모두 주장·증명되었다). 그 후 丙은 자신이 2016. 5. 4. 甲에게 2억 원을 변제기일은 2017. 5. 3.로 정하여 대여하였다는 사실(이하 '이 사건 대여사실'이라고 한다)을 주장하면서 위 2억 원의 대여금채권을 피보전채권으로 하여 甲을 대위하여 乙을 상대로 위 대금 1억 원의 지급을 청구하는 소(이하 'A 소'라고 한다)를 2018. 7. 2. 제기하였다. 甲은 같은 날 A 소의 제기 사실을 알게 되었다.

제1심법원은 이 사건 대여사실이 존재하지 않는다는 이유로 A 소를 각하하는 판결을 선고하였고, 이 판결은 그대로 확정되었다. 그 후 丙은 甲을 상대로 대여금 2억 원의 반환을 청구하는 소(이하 'B 소'라고 한다)를 제기한 후 그 소송절차에서 이 사건 대여사실이 존재한다는 진술을 하고 A 소의 소송절차에서는 제출되지 않았던 새로운 증거를 제출하여 B소 제1심법원으로 하여금 이 사건 대여사실이 존재한다는 확신을 갖게 하였다.

〈문제 1.〉

A 소를 각하한 위 판결은 타당한가? (이 사건 대여사실이 존재하지 않는다는 법원의 판단에는 아무런 문제가 없음을 전제로 할 것) (15점)

〈문제 2.〉

B 소에 대하여 제1심법원은 어떠한 판결을 선고하여야 하는가? (15점)

Ⅰ. 문제 1.의 해결 - 채권자대위권과 기판력(15)

1. 논점의 정리

채권자대위소송에서 피보전채권이 존재하지 않는 경우 당사자적격의 존부가 문제된다.

2. 채권자대위소송의 법적 성질 및 요건

(1) 학 설

1) 법정소송담당설

채권자대위소송은 법률이 채권자가 자기 채권의 보전을 할 수 있도록 채권자에게 채무자의 권리에 관한 관리처분권, 즉 소송수행권을 부여한 것이고 채권자는 소송담당자라는 견해로서, 다수설·판례의 입장이다.

2) 고유의 대위권설(자신의 채권보전설)

채권자대위소송은 채권자가 자신에게 인정된 대위권이라는 실체법상의 권리를 행사하는 것이고 채권자는 소송담당자가 아니라는 견해이다.

(2) 판 례

判例는 "민법 제404조의 채권자대위권은 채권자가 자신의 채권을 보전하기 위하여 채무자의 권리를 자신의 이름으로 행사할 수 있는 권리"(대판 2001.12.27. 2000다73049)라고 보았고, 최근 判例도 "채권자대위소송에서 원고는 채무자에 대한 자신의 권리를 보전하기 위하여 채무자를 대위하여 자신의 명의로 채무자의 제3채무자에 대한 권리를 행사하는 것이므로, 그 지위는 채무자 자신이 원고인 경우와 마찬가지이다"(대판 2013.3.28. 2012다100746)고 하여 **법정소송담당설**임을 명확히 하였다.

(3) 검 토

대위소송에서 채권자가 궁극적으로 다투려 하는 것은 채무자의 제3채무자에 대한 권리이며, 그 행사의 효과도 바로 채권자에게 귀속되지 않고 직접 채무자에게 귀속하여 총채권자를 위해 공동담보가된다는 점을 고려해 보면, 소송물은 채무자의 권리이며 따라서 채무자와 병행하여 소송수행권이 인정된 '법정소송담당'으로 보아야 한다.

3. 당사자적격의 존부

(1) 학 설

1) 법정소송담당설

채권자대위권의 요건으로는 ⅰ) 피보전채권의 존재, ⅱ) 채권보전의 필요성, ⅲ) 채무자의 권리불행사, ⅳ) 피대위권리의 존재를 요구한다(민법 제404조). 법정소송담당설에 의할 경우 ⅰ), ⅱ), ⅲ)은 당사자적격에 관계되는 소송요건사실로서 흠결시 부적법 각하, ⅳ)는 본안요건으로서 흠결시 청구기각판결을하여야 한다.

2) 고유의 대위권설(자신의 채권보전설)

반면, 고유한 대위권설에서는 소송물을 채권자대위권으로 보며, ⅰ) 피보전채권의 존재, ⅱ) 채권보전의 필요성, ⅲ) 채무자의 권리불행사, ⅳ) 피대위권리의 존재는 요건사실로서 어느 하나라도 흠이있으면 청구기각을 하여야 한다는 입장이다.

(2) 판 례

判例는 법정소송담당설에 의해 "채권자대위소송에서 대위에 의해 보전될 채권자의 채무자에 대한 권리가인정되지 않을 경우에는 채권자 스스로 원고가 되어 채무자의 제3채무자에 대한 권리를 행사할 당사자적격이 없게 되므로 그 대위소송은 부적법하여 각하할 수밖에 없다"(대판 1992.7.28. 92다8996)고 판시하였다.

(3) 검토 및 사안의 경우

대위소송에서 채권자가 궁극적으로 다투려 하는 것은 채무자의 제3채무자에 대한 권리이며, 그 행사의 효과도 바로 채권자에게 귀속되지 않고 직접 채무자에게 귀속하여 총채권자를 위해 공동담보가된다는 점을 고려해 보면, 소송물은 채무자의 권리이며 따라서 채무자와 병행하여 소송수행권이 인정된 '법정소송담당'으로 보아야 한다. 따라서 이 사건 대여사실의 부존재가 증명되어 피보전채권(대여금채권)이인정되지 않은 이상 A 소는 원고적격의 흠결로 부적법하다.

4. 결 론

A 소는 원고적격의 흠결로 부적법하므로 A 소를 각하한 위 판결은 타당하다.

Ⅱ. 문제 2.의 해결 - 채권자대위권과 기판력(15)

1. 논점의 정리

채권자대위소송에서 피보전채권 부존재에 관한 기판력이 채무자에게 미치는지 여부가 문제된다.

2. 기판력의 객관적·시적 범위 - 소송판결에 대한 기판력 발생여부 및 범위

기판력의 시적 범위(표준시)는 사실심 변론종결시이고, 소각하 판결의 기판력의 객관적 범위는 소송요건이 흠결되었다는 판단에 미친다. 즉, 소송판결도 기판력이 발생한다. 소송판결의 기판력은 주문에서 판단한 소송요건의 부존재에 발생한다. 다만, 어느 소송요건에 흠이 있는가를 파악하기 위하여는판결이유를 참작하여야 하므로[1], 사안에서 전소의 기판력의 발생부분은 A 소 제1심 변론종결시에"丙의 피보전채권이 부존재한다"는 점이다.

3. 기판력의 주관적 범위 – 채권자대위소송의 소각하판결의 효력이 채무자에게 미치는지 여부(소극)[2]

(1) 학 설

다른 사람을 위하여 원고나 피고가 된 사람에 대한 확정판결은 그 다른 사람에 대하여도 효력이 미친다(제218조 3항). ① 적극설은 대위소송은 소송담당이라는 입장에서 제218조 3항이 다른 사람을 위해 원고나 피고가 된 사람에 대한 확정판결은 그 다름 사람에 대하여도 효력이 미친다고 하므로, 채무자에게 어느 경우에나 기판력이 미친다는 견해이고, ② 절충설은 대위소송은 소송담당이라는 입장이지만 채무자의 절차보장을 위해, 채무자가 소송고지 등에 의해 대위소송이 계속된 사실을 알게 되어 채무자의 절차권이 보장된 경우에 한해 채무자에게 기판력이 미친다고 하며, ③ 소극설은 대위소송은 소송담당이 아니라는 입장에서, 제218조 1항이 기판력은 당사자 등에 대하여 효력이 있다고 하므로, 당사자가 아닌 채무자에게는 어느 경우에나 기판력이 미치지 않는다고 한다.

(2) 판 례

判例는 "채권자가 채권자대위권을 행사하는 방법으로 제3채무자를 상대로 소송을 제기하고 판결을 받은 경우 어떠한 사유로 인하였든 적어도 채권자대위권에 의한 소송이 제기된 사실을 채무자가 알았을 때에는 그 판결의 효력이 채무자에게 미친다고 보아야 한다. 이때 '채무자에게도 기판력이 미친다'는 의미는 채권자대위소송의 소송물인 피대위채권의 존부에 관하여 채무자에게도 기판력이 인정된다는 것이고, 채권자대위소송의 소송요건인 피보전채권의 존부에 관하여 당해 소송의 당사자가 아닌 채무자에게 기판력이 인정된다는 것은 아니다. 따라서 채권자가 채권자대위권을 행사하는 방법으로 제3무자를 상대로 소송을 제기하였다가 채무자를 대위할 피보전채권이 인정되지 않는다는 이유로 소각하 판결을 받아 확정된 경우 그 판결의 기판력이 채권자가 채무자를 상대로 피보전채권의 이행을 구하는 소송에 미치는 것은 아니다"(대판 2014.1.23. 2011다108095)고 판시하고 있다.

(3) 검토 및 사안의 경우

ⅰ) 대위채권자는 관리보전권만 있고 파산관재인과 같은 처분권한은 없으므로 채권자가 패소한 경우에 채무자에게 늘 기판력이 미치면 **채무자에게 너무 가혹하다는 점**, ⅱ) 채무자에게는 어느 경우에나 기판력이 미치지 않는다고 본다면 제3채무자는 채권자에게 승소해도 다시 채무자의 후소(재소)에 응해야 하니, 제3채무자에게 너무 가혹하다는 점에 비추어, ⅲ) 채무자와 제3채무자를 공평하게 대하면서도 분쟁을 1회적으로 해결할 수 있는 다수설 및 判例의 입장 타당하다.

사안의 경우 A소 판결의 기판력은 "丙의 피보전채권이 부존재한다"는 점이고 채권자대위소송의 소송요건인 피보전채권의 존부에 관하여는 당해 소송의 당사자가 아닌 甲에게 기판력이 미치지 않는다.

4. 결 론

후소인 B소의 피고 甲은 전소인 A소의 기판력을 받는 자가 아니므로 A소 판결의 기판력은 B소에 미칠 수 없고, B소의 소송절차에서 이 사건 대여사실이 주장·증명되었으므로, 법원은 청구인용 판결을 해야 한다.

---

1) 판결의 주문은 무색·투명하고 간결하므로(소각하 판결과 청구기각 판결은 더욱 그러하다), 기판력이 미치는 범위를 파악하려면 주문을 판결이유와 대조하여 해석할 필요가 있다(이창민, 민사판례연구37, 한국민사판례연구회, 박영사, 2015.2.28 / 50쪽). "소송 판결인 경우에는 어떠한 소송요건의 흠으로 판단한 것인가에 관하여 판결이유를 참작해야 한다"(이시윤, 신민사소송법, 제7판, 박영사, 2013, 614면).

2) 본 문제는 채권자대위소송이 각하판결로 확정된 경우, 채무자에게 미치는 기판력의 범위를 묻는 문제이다. 3단계로 정리하여 풀어내면 되는데, 먼저 ① 소송판결에도 기판력이 인정되는지 여부 → ② 인정된다면, 대위소송의 기판력이 채무자에게 미치는지 여부 → ③ 미치는 경우라면 '피보전권리에 관한 판단'에 관하여도 채무자에게 기판력이 미치는지를 차례대로 서술해주면 된다. 반면 후술하는 사례 127.는 채권자가 채무자를 상대로 한 소송의 확정판결 후 대위소송시 법원의 조치에 대해서 논하고 있다. 양자의 차이점을 구분할 수 있어야 한다.

〈기초적 사실관계〉

B는 2002. 1. 1. 주택을 신축할 목적으로 C로부터 X토지를 매매대금 10억 원에 매수하면서, 소유권이전 등기는 추후 B가 요구하는 때에 마쳐주기로 하였다. B는 2002. 4. 5. 매매대금 전액을 지급하고 C로부터 X토지를 인도받았다. B는 그 무렵 이후 C에게 X토지에 관한 소유권이전등기절차의 이행을 요구하였는데, C는 X토지를 매도할 당시보다 시가가 2배 이상 상승하였다고 주장하면서 매매대금으로 10억 원을 더 주지 않으면 B에게 소유권이전등기를 마쳐줄 수 없다고 하였다. B는 C에게 수차례 소유권이 전등기절차의 이행을 구하다가 2009. 12. 4. A에게 X토지를 25억 원에 매도하였다.

〈추가적 사실관계〉

A는 2011. 5. 8. 법원에 C를 상대로 B에 대한 X토지에 관한 소유권이전등기청구권을 보전하기 위하여 B를 대위하여 2002. 1. 1.자 매매를 원인으로 한 소유권이전등기절차 이행을 구하는 소를 제기하였다.

1. 재판과정에서, A가 2010. 9. 10. B를 상대로 X토지에 관하여 2009. 12. 4.자 매매를 원인으로 한 소유 권이전등기청구의 소를 제기하였다가 그 매매계약이 적법하게 해제되었다는 이유로 패소판결을 선 고받아 그 판결이 2010. 12. 30. 확정된 사실이 밝혀졌다. **이 경우 법원은 어떠한 판단을 하여야 하 며, 그 이유는 무엇인가? (10점)**

Ⅰ. 문제 1.의 경우(10)

1. 결론

법원은 '소각하 판결'을 내려야 한다.

2. 채권자가 채무자를 상대로 한 소송(피보전채권)의 패소확정판결 후 대위소송시 법원의 조치

(1) 채권자대위소송의 요건 [보, 필, 불, 대]

채권자대위소송의 요건으로는 ⅰ) 피보전채권의 존재, ⅱ) 채권보전의 필요성, ⅲ) 채무자의 권리불 행사, ⅳ) 피대위권리의 존재를 요구한다(민법 제404조). 법정소송담당설에 의할 경우 ⅰ), ⅱ), ⅲ)은 당사자적격에 관계되는 소송요건사실로서 **흠결시 부적법 각하**, ⅳ)는 본안요건으로서 **흠결시 청구기각판 결을 하여야 한다.**[1]

(2) 판례

判例는 '법정소송담당설'의 입장에서 "채권자가 채무자를 상대로 소유권이전등기절차이행의 소를 제 기하여 패소의 확정판결을 받게 되면 채권자는 채무자의 제3자에 대한 권리를 행사하는 채권자대위 소송에서 그 확정판결의 기판력으로 말미암아 더 이상 채무자에 대하여 동일한 청구원인으로 소유권이전등기청 구를 할 수 없으므로 그러한 권리를 보전하기 위한 채권자대위소송은 그 요건을 갖추지 못하여 부적법 하다"(대판 2003.5.13. 2002다64148 ; 대판 2002.5.10. 2000다55171)고 판시하였다.

즉, 判例는 채권자가 채무자를 상대로 한 소송에서 패소판결 이미 확정된 경우에는 피보전채권에 대 한 '보전의 필요성'이 없어 당사자적격의 흠결로 소를 각하하여야 한다는 입장이다.[2] 즉, 기판력 저촉 이 아님에 유의하여야 한다. 왜냐하면 전 판결(혹은 분리확정된 판결)의 기판력 자체가 그 당사자가 아닌

---

[1] 반면, 독립한 대위권설에서는 소송물을 채권자대위권으로 보며, 피보전채권, 보전필요성, 채무자의 권리불행사, 피대위권리는 요건사 실로서 어느 하나라도 흠이 있으면 청구기각을 하여야 한다는 입장이다.

[2] 패소확정판결의 내용만 본다면 '피보전채권의 존재'의 요건을 흠결한 것으로 볼 여지가 있으나, 당해 판결의 기판력이 제3채무자인 C에게 미치는 것이 아니라는 점을 감안하면 대법원처럼 '채권보전의 필요성' 측면에서 접근하는 것이 좀 더 합리적이라는 견해도 있 다(송영곤, 민사법사례연습 Ⅰ, p.91)

제3채무자와의 관계에 미친다고 보기는 어렵기 때문이다.[3]

[비교판례] ❋ 대위소송의 소각하판결의 효력이 채권자가 채무자를 상대로 한 소송에 미치는지(소극)
判例는 "채권자가 채권자대위권을 행사하는 방법으로 제3채무자를 상대로 소송을 제기하고 판결을 받은 경우, 어떠한 사유로 인하였든 적어도 채권자대위권에 의한 소송이 제기된 사실을 채무자가 알았을 때에는 그 판결의 효력이 채무자에게 미친다고 보아야 한다. 이때 채무자에게도 기판력이 미친다는 의미는 채권자대위소송의 소송물인 피대위채권의 존부에 관하여 채무자에게도 기판력이 인정된다는 것이고, 채권자대위소송의 소송요건인 피보전채권의 존부에 관하여 당해 소송의 당사자가 아닌 채무자에게 기판력이 인정된다는 것은 아니다. 따라서 채권자가 채권자대위권을 행사하는 방법으로 제3채무자를 상대로 소송을 제기하였다가 채무자를 대위할 피보전채권이 인정되지 않는다는 이유로 소각하 판결을 받아 확정된 경우 그 판결의 기판력이 채권자가 채무자를 상대로 피보전채권의 이행을 구하는 소송에 미치는 것은 아니다"(대판 2014.1.23. 2011다108095)고 판시하였다.

(3) 사안의 경우

A가 C를 상대로 B를 대위하여 제기한 채권자대위소송은 그 소송요건인 '보전의 필요성'이라는 당사자적격의 요건을 갖추지 못하여 부적법 각하 되어야 한다.

사례_144 **채권자대위소송과 기판력(3)**[1]

2016년 · 2015년 변호사시험, 2015년 법전협 모의, 2012년 사법시험

丙이 진정한 소유자인 X토지를 丁이 사용 · 수익하고 있는 상황에서, 丙의 채권자 己는 丙을 대위하여 丁을 상대로 차임상당의 부당이득반환청구의 소를 제기하고 丙에게 소송고지를 하였다(일부청구이지만 일부청구를 명시한 바는 없다). **제1심법원은 己에 대한 패소판결을 선고하였고 이 판결이 확정되었다면, 이후 丙은 차임상당의 부당이득반환청구의 소를 제기할 수 있는가?** (민사소송법의 맥 C-16 참조)

Ⅰ. 문제점

기판력이란 확정된 종국판결의 내용이 가지는 후소에 대한 구속력을 말한다. 사안에서 丙의 채권자 己가 제기한 대위소송의 패소판결이 확정된 경우, 丙이 차임상당의 부당이득반환청구의 소를 다시 제기하는 것이 기판력에 저촉되어 허용되지 않는 것인지 문제된다.

Ⅱ. 기판력의 주관적 범위

1. 문제점

기판력은 당사자에게만 미치고 제3자에게는 미치지 않는 것이 원칙이다(기판력의 상대성의 원칙). 처분권주의와 변론주의 원칙에 의해 당사자에게만 소송수행의 기회가 부여된 채 심판하기에 그 기회가 없었던 제3자에게 소송의 결과를 강요할 수 없기 때문이다. 다만 분쟁해결의 실효성을 위해 당사자 이외의 제3자에게 기판력이 미치는 경우가 있는데, 이는 변론종결 뒤의 승계인, 목적물 소지자, 권리(이익)귀속주체, 소송탈퇴자와 같이 법률에 특별한 규정이 있는 경우에 한한다. 사안에서 己의 대위소송의 기판력이 丙에게 미치는지 여부는 대위소송의 법적성질을 어떻게 파악하느냐에 달려있다.

---

3) 윤경, 민사분야(2006.3.30.). 전자도서관

1) 본 문제는 대위소송의 기판력이 채무자에게 미치는지 여부를 묻고 있다. 반면 사례 127.은 채무자의 확정판결의 효력이 대위채권자에게 미치는지 여부에 관한 것으로 양자를 잘 구분할 수 있어야 한다.

2. 대위소송의 법적성질

(1) 판 례[2]

判例는 "민법 제404조 소정의 채권자대위권은 채권자가 자신의 채권을 보전하기 위하여 채무자의 권리를 자신의 이름으로 행사할 수 있는 권리"라고 보아 법정소송담당설의 입장이다(대판 2001.12.27. 2000다73049).

(2) 검 토

① 고유의 대위권 행사로 보는 견해도 있으나, ② 대위소송에서 채권자가 궁극적으로 다투려 하는 것은 채무자의 제3채무자에 대한 권리이며, 그 행사의 효과도 바로 채권자에게 귀속되지 않고 직접 채무자에게 귀속하여 총채권자를 위해 공동담보가 된다는 점을 고려해 보면, 소송물은 채무자의 권리이며 따라서 채무자와 병행하여 소송수행권이 인정된 '법정소송담당'으로 보아야 한다.

3. 대위소송의 확정판결의 기판력이 채무자 丙에게 미치는지 여부(적극)

(1) 판 례

전원합의체판결의 다수의견은 채권자가 채권자대위권을 행사하는 방법으로 제3채무자를 상대로 소송을 제기하고 확정판결을 받은 경우 "채권자가 채무자에 대하여 민법 제405조 1항에 의한 보존행위 이외의 권리행사의 통지, 또는 제77조에 의한 소송고지 혹은 비송사건절차법 제84조 1항에 의한 법원에 의한 재판상 대위의 허가를 고지하는 방법 등을 위시하여 어떠한 사유로 인하였던 적어도 채권자대위권에 의한 소송이 제기된 사실을 채무자가 알았을 경우에는 그 판결의 효력은 채무자에게 미친다"(대판 1975.5.13. 전합74다1664)라고 하여 채무자가 소송고지 등에 의해 대위소송이 계속된 사실을 알게 된 경우에 한하여 채무자에게 기판력이 미친다는 입장(절충설)이다.[3]

(2) 검토 및 사안의 경우

생각건대, ⅰ) 대위채권자는 관리보전권만 있고 파산관재인과 같은 처분권한은 없으므로 채권자가 패소한 경우에 채무자에게 늘 기판력이 미치면 채무자에게 너무 가혹하다는 점, ⅱ) 채무자에게는 어느 경우에나 기판력이 미치지 않는다고 본다면 제3채무자는 채권자에게 승소해도 다시 채무자의 후소(재소)에 응해야 하니, 제3채무자에게 너무 가혹하다는 점에 비추어, ⅲ) 채무자와 제3채무자를 공평하게 대하면서도 분쟁을 1회적으로 해결할 수 있는 대법원의 다수의견이 타당하다.

사안의 경우, 丙이 소송고지를 받음으로써 대위소송이 계속된 사실을 알았다는 점은 의문이 없다. 따라서 乙에 대한 청구기각의 확정판결의 기판력은 확장되어, 丙은 동 확정판결의 기판력의 주관적 범위에 해당한다.

---

2) [학설] 이에 대해 채권자대위소송에서 채권자는 채무자를 위하여 소송을 담당하는 것이 아니라, 자기 채권의 보전을 위하여, 즉 어디까지나 자신의 이익을 위하여 민법이 자신에게 인정한 대위권이라는 실체법상 권리를 행사하여 소송을 수행하는 것이라는 고유의 대위권설(=실체법상의 채권자 자신의 권리 행사설)이 주장된다. 이 견해에 의하면 소송물은 채권자의 실체법상 대위권이 된다.

3) 이 경우에는 채무자뿐만 아니라 다른 대위채권자에게도 기판력이 미치게 된다. "어느 채권자가 채권자대위권을 행사하는 방법으로 제3채무자를 상대로 소송을 제기하여 판결을 받은 경우, 어떠한 사유로든 채무자 채권자대위소송이 제기된 사실을 알았을 경우에 한하여 그 판결의 효력이 채무자에게 미치므로, 이러한 경우에는 그 후 다른 채권자가 동일한 소송물에 대하여 채권자대위권에 기한 소를 제기하면 전소의 기판력을 받게 된다"(대판 1994.8.12. 93다52808)

Ⅲ. 기판력의 객관적 범위와 작용국면

1. 문제점

확정판결의 주문에 포함된 것에 한하여 기판력이 발생하므로(제216조 1항), 설문의 경우, 判例의 입장인 대위소송의 법적 성질에 관한 **소송담당설**, 소송물이론에 관한 **구실체법설**에 의할 때, 丙의 丁에 대한 부당이득반환청구권이 부존재한다는 판단에 대하여 기판력이 발생한다. 또한, 기판력은 ⅰ) 후소의 소송물이 전소의 소송물과 **동일**하거나, ⅱ) 전소의 소송물을 **선결관계**로 하거나, ⅲ) 전소의 소송물과 **모순관계**에 있을 경우에 작용하는바, 전소의 소송물이 후소의 소송물과 동일하다고 보아 기판력이 후소에 작용하는 것인지 문제된다. 이는 일부청구시 기판력이 미치는 객관적 범위를 어떻게 볼 것인지와 관련되어 있다.

2. 일부청구와 기판력의 객관적 범위(사례 115. 참조)

(1) 판 례

判例는 명시적 일부청구의 경우 기판력이 미치지 않는다(대판 1989.6.27. 87다카2478)는 입장이다.

(2) 사안의 경우

判例에 의하면 己는 일부청구임을 명시한 바 없으므로, 전소의 기판력은 부당이득반환청구권 전체에 대하여 효력이 미친다. 따라서 이후 丙이 부당이득반환청구권을 행사하며 소를 제기하였더라도 전소와 후소의 소송물은 동일하므로 전소의 기판력은 후소에도 작용한다.

Ⅳ. 기판력의 시적 범위

ⅰ) 종국판결은 사실심변론종결시까지 제출된 주장사실 및 증거자료를 기초로 하므로 기판력의 표준시는 사실심변론종결시가 된다(제218조 1항·2항, 민사집행법 제44조 2항). ⅱ) 따라서 당사자는 전소의 사실심변론종결시 이전에 존재하였으나 그때까지 제출하지 않은 공격방어방법의 제출권을 상실한다(실권효). 사안에서는 전소의 사실심 변론종결시에 丙의 丁에 대한 부당이득반환청구권이 존재하지 않는다는 점에 관하여 기판력이 발생한다.

Ⅴ. 사안의 해결

채무자 丙이 대위소송의 제기사실을 안 이상 丙은 확정판결의 기판력의 주관적 범위에 해당하며, 己의 묵시적 일부청구에 의해 전소와 후소의 소송물은 동일하다고 보아야 하므로 전소의 기판력은 후소에도 미친다. 判例는 전소에서 인용된 부분은 권리보호이익이 없어 '각하'하여야 하고, 전소에서 기각된 부분은 모순없는 판결을 위해 후소에서 '기각'하여야 한다(대판 1979.9.11. 79다1275)고 하여, **모순금지설**의 입장이다. 이러한 判例에 따르면 丙의 청구를 기각하는 판결을 선고하여야 한다.

채권자대위소송과 기판력(4) – 채무자의 확정판결의 효력이 대위채권자에게 미치는지 여부

대판 1993.3.26. 92다32876

乙은 丙을 상대로 2014. 12. 30 대여금의 반환을 구하는 소송을 제기하여, 제1심 법원에서 2015. 5. 16 乙의 패소판결이 선고되자, 이에 불복 항소하였으나 제1심 법원에서 2016. 1. 28 항소기각의 판결이 선고됨에, 다시 상고하였으나 2018. 2. 15 상고취하로 확정되었다. 이후 乙의 채권자 甲은 2018. 3. 2. 채무자 乙을 대위하여 제3채무자 丙을 상대로 대여금의 반환을 구하는 소송을 제기하였다. **이 경우 법원은 어떠한 판단을 하여야 하며, 그 이유는 무엇인가?**

Ⅰ. 결 론

법원은 소각하 판결을 하여야 한다.

Ⅱ. 논 거

1. 기판력이 미치는지 여부(적극)

判例[1]는 "채권자가 채무자를 대위하여 제3채무자에 대하여 제기한 이 사건 소송과 이미 확정된 채무자의 제3채무자에 대한 소송은, 비록 당사자가 다르지만 실질상 동일 소송이라 할 것이므로, 위 확정판결의 **효력이 이 사건에 미친다**"(대판 1981.7.7. 80다2751 ; 대판 1979.3.13. 76다688)고 하여 대위소송에 기판력이 미친다고 하였다.

2. 대위소송의 소송요건을 갖추었는지 여부(소극)

判例는 "채권자대위권은 채무자가 제3채무자에 대한 권리를 행사하지 아니하는 경우에 한하여 채권자가 자기의 채권을 보전하기 위하여 행사할 수 있는 것이어서 채권자가 대위권을 행사할 당시는 이미 채무자가 권리를 재판상 행사하였을 때에는 설사 패소의 본안판결을 받았더라도 채권자는 채무자를 대위하여 채무자의 권리를 행사할 **당사자적격이 없다**"(대판 1993.3.26. 92다32876)고 하였다.

3. 판결 주문(소각하판결)

기판력의 본질에 관한 모순금지설에 따르면 전소에서 패소한 원고의 후소제기가 기판력에 반할 경우 청구기각을 선고해야 하지만 소송요건흠결사유도 함께 있는 경우는 소송요건의 선순위성 원칙에 따라 소각하판결을 하게 된다(대판 1993.3.26. 92다32876).

채권자취소소송 관련 사례

2010년 법무사

甲은 乙과 사이에 물품 공급계약을 체결하였고, 乙의 아버지인 丙은 위 계약 당일 위 공급계약에 따른 乙의 채무(3억 원)를 연대보증 하였다. 그 후 丙은 乙의 사업이 부진하다는 것을 알고 유일한 재산인 그 소유의 시간 5억 원 상당의 토지를 동생인 丁에게 증여하고 丁 명의로 소유권이전등기를 마쳐주었다.

---

1) [학설] ① 기판력설은 채권자대위소송의 법적 성질을 법정소송담당으로 보는 전제에서 채무자의 확정판결의 기판력이 대위소송에 확장된다고 하고, ② 반사효설은 기판력의 상대성 원칙에 비추어 채무자와 실체법상 대위권이란 특수한 의존관계에 있는 채권자에게도 반사효가 미친다고 하며, ③ 법률요건적 효력설은 채권자가 받는 효력은 채무자가 먼저 확정판결을 받았으므로 실체법상 대위권이 발생하지 않는 결과 패소하게 될 뿐이라고 한다.

甲은 2010. 7. 15. 丁을 피고로 삼아 위 증여계약의 취소와 丁 명의의 소유권이전등기의 말소를 구하는 소를 제기하였다. 한편, 丙에 대한 1억 원의 금전채권자인 戊가 2010. 7. 27. 丁을 상대로 같은 법원에 위 증여계약의 취소와 丁 명의의 소유권이전등기의 말소를 구하는 소를 제기하였다. 甲과 戊의 각 소송은 별개의 사건으로 진행되었는데, 甲이 제기한 위 소에서 丁이 특별한 주장을 하지 않았고, 결국 2010. 9. 3. 甲 승소판결이 선고되어 그 후 확정되었다.

戊가 제기한 소는 2010. 9. 24. 변론종결되었고, 그때까지 丁 명의의 위 소유권이전등기의 말소가 이루어지지 않은 상태라면, **법원은 戊의 위 소(청구)에 대하여 어떠한 판단을 하여야 하는가?**

※ 아래 사실관계가 모두 인정되는 것을 전제로 물음에 답하시오.

I. 결 론

법원은 청구인용판결을 해야 한다.

II. 논 거

1. 기판력의 의의

2. 채권자취소소송의 경우 기판력이 확장되는지 여부

(1) 기판력의 저촉여부(소극)

判例는 "채권자취소권의 요건을 갖춘 각 채권자는 고유의 권리로서 채무자의 재산처분 행위를 취소하고 그 원상회복을 구할 수 있는 것이므로 각 채권자가 동시 또는 이시에 채권자취소 및 원상회복소송을 제기한 경우 이들 소송이 중복제소에 해당하는 것이 아니"(대판 2003.7.11. 2003다19558)라고 판시하였다. 즉, 채권자취소송의 소송물은 채권자 자신이 각자 가지는 '채권자취소권' 그 자체이다(반면, 채권자 대위소송의 소송물은 '피대위권리'로 채무자의 권리이다), 따라서 각 채권자의 채권자취소권은 별개의 소송물로서 기판력이 미치는 관계가 아니다. 따라서 甲의 사해행위취소소송이 승소판결이 선고되어 그 후 확정되었다하더라도 이는 따른 취소채권자인 戊에게 기판력이 미치지 않는다.

(2) 권리보호이익 구비여부(적극)

채권자취소권의 요건을 갖춘 각 채권자가 동시 또는 이시에 채권자취소 및 원상회복소송을 제기하여 어느 한 채권자가 승소판결을 받아 그 판결이 확정되었다는 것만으로 그 후에 제기된 다른 채권자의 동일한 청구가 권리보호의 이익이 없어지게 되는 것은 아니고, 그에 기하여 재산이나 가액의 회복을 마친 경우에 비로소 다른 채권자의 채권자취소 및 원상회복청구는 그와 중첩되는 범위내에서 권리보호의 이익이 없게 된다(대판 2003.7.11. 2003다19558).

戊가 제기한 소가 2010. 9. 24. 변론종결되었고, 그때까지 丁 명의의 위 소유권이전등기의 말소가 이루어지지 않은 상태라면, 戊에게 권리보호이익이 인정된다.

3. 사안의 해결

戊에게는 기판력이 미치지 않고 권리보호이익이 인정된다. 문제에서 설문의 사실관계가 모두 인정된다는 전제가 주어졌으므로, 戊에게 실체법상 권리도 인정되므로 사해행위요건을 충족한다면 법원은 청구인용판결을 하여야 한다.

〈공통된 사실관계〉

甲은 2009. 7. 18. 乙로부터 X 부동산을 매수하고 2010. 7. 28. 소유권이전등기를 마침으로써 그 소유권을 취득한 이래 X 부동산을 점유하고 있다. 丙은 乙에 대한 A 채권을 보전하기 위하여 甲을 상대로 하여 甲-乙간 위 매매계약이 사해행위에 해당한다는 이유로 사해행위 취소 및 원상회복 청구소송('이 사건 소'라고 함)을 제기하였다.

〈문제 2.〉

이 사건 소가 제기되기 전에 甲은 乙을 상대로 甲-乙간의 위 매매계약에 기한 소유권이전등기청구 소송(전소)을 제기하여 그 승소 확정판결에 기하여 2010. 7. 28. 위 소유권이전등기를 마쳤다. 甲이 이 사건 소에서 위와 같은 사실을 이유로 "이 사건 소가 기판력에 저촉된다."고 주장하였다.

법원은 위 주장에 관하여 어떻게 판단하여야 하는가? (민사소송법의 맥 C-19 참조)

〈문제 3.〉

이 사건 소가 제기되기 전에 乙에 대하여 C채권을 가진 丁이 C채권을 보전하기 위하여 甲을 상대로 하여 甲-乙간 위 매매계약이 사해행위에 해당한다는 이유로 사해행위취소 및 원상회복청구 소송(전소)을 제기하여 청구인용 판결이 확정되었다. 甲은 이 사건 소의 변론기일에 "이 사건 소는 전소 판결의 기판력에 저촉되고, 권리보호의 이익이 없다."고 주장하였다. 이 사건 소에서 법원은 甲의 위 주장에 관하여 어떻게 판단하여야 하는가? (민사소송법의 맥 C-19 참조)

Ⅱ. 문제 2.의 해결 - 채권자취소소송의 상대효와 기판력의 범위

1. 논점의 정리

채무자 또는 채무자와 수익자와의 관계에서 채권자취소소송의 기판력 저촉여부가 문제된다.

2. 채권자취소소송의 상대효

"채권자가 사해행위의 취소와 함께 수익자 또는 전득자로부터 책임재산의 회복을 명하는 사해행위 취소의 판결을 받은 경우 수익자 또는 전득자가 채권자에 대하여 사해행위의 취소로 인한 원상회복의무를 부담하게 될 뿐, 채권자와 채무자 사이에서 취소로 인한 법률관계가 형성되는 것은 아니다. 따라서 위와 같이 채무자와 수익자 사이의 소송절차에서 확정판결 등을 통해 마쳐진 소유권이전등기가 사해행위취소로 인한 원상회복으로써 말소된다고 하더라도, 그것이 확정판결 등의 효력에 반하거나 모순되는 것이라고는 할 수 없다"(대판 2017.4.7. 2016다204783).

3. 채권자취소소송의 기판력의 범위

전소의 당사자는 甲과 乙이고, 후소의 당사자는 丙과 甲으로 상이하다. 또한 전소의 소송물은 甲의 乙에 대한 매매계약에 기한 소유권이전등기청구권의 존부이고, 후소의 소송물은 丙이 甲에 대하여 가지는 채권자취소권이다. 따라서 기판력의 주관적 범위와 객관적 범위가 다르므로 전소의 기판력이 후소에 미치지 않는다.

4. 사안의 경우

후소 법원은 甲의 기판력 저촉주장에 대해 직권으로 조사하되, 종국판결의 이유 또는 중간판결을 통해 기판력에 저촉되지 않는다는 판단을 하면 된다.

Ⅲ. 문제 3.의 해결 - 각 채권자의 채권자취소소송간 기판력과 권리보호이익

1. 논점의 정리

각 채권자가 채권자취소 및 원상회복소송을 제기한 경우 기판력의 저촉여부와 권리보호이익의 존부가 문제된다.

2. 기판력의 저촉여부(소극)

判例는 "채권자취소권의 요건을 갖춘 각 채권자는 고유의 권리로서 채무자의 재산처분 행위를 취소하고 그 원상회복을 구할 수 있는 것이므로 각 채권자가 동시 또는 이시에 채권자취소 및 원상회복소송을 제기한 경우 이들 소송이 중복제소에 해당하는 것이 아니"(대판 2003.7.11. 2003다19558)라고 판시하였다. 즉, 채권자취소소송의 소송물은 채권자 자신이 각자 가지는 '채권자취소권' 그 자체이다. 따라서 각 채권자의 채권자취소권은 별개의 소송물로서 기판력이 미치는 관계가 아니다.

3. 권리보호이익 구비여부

채권자취소권의 요건을 갖춘 각 채권자가 동시 또는 이시에 채권자취소 및 원상회복소송을 제기하여 어느 한 채권자가 승소판결을 받아 그 판결이 확정되었다는 것만으로 그 후에 제기된 다른 채권자의 동일한 청구가 권리보호의 이익이 없어지게 되는 것은 아니고, 그에 기하여 재산이나 가액의 회복을 마친 경우에 비로소 다른 채권자의 채권자취소 및 원상회복청구는 그와 중첩되는 범위 내에서 권리보호의 이익이 없게 된다(대판 2003.7.11. 2003다19558).

4. 사안의 경우

전소의 소송물은 丁이 甲에 대해 가지는 채권자취소권이고, 후소의 소송물은 丙이 甲에 대하여 가지는 채권자취소권이므로, 후소가 전소의 기판력에 저촉된다는 甲의 주장은 부당하다. 또한 기판력과 마찬가지로 권리보호의 이익도 소송요건에 해당하여 직원조사사항이므로, 후소 법원은 직권으로 조사하여 변론종결 당시 丁에게 원상회복이 이루어졌다면 각하판결을 하고, 원상회복이 이루어지지 않았다면 종국판결의 이유 또는 중간판결을 통해 권리보호이익이 인정된다는 판단을 하면 된다.

사례_148 판결의 편취(1)   2015년 10월 법전협 모의, 2012년 법무행정고시

甲은 乙과 건설공사계약을 체결하면서 6천만 원 상당의 공사대금채무가 발생했다. 乙로부터 甲에 대한 공사대금채권을 양수받은 丙은 甲을 상대로 위 공사대금의 지급을 구하는 소를 제기하였다. 만일 丙이 甲의 거주지를 알면서도 소재불명을 이유로 하여 공시송달을 신청한 뒤 법원의 공시송달명령에 의해 절차가 진행되어 2001. 9. 1. 丙의 승소판결이 선고되었고 판결정본 또한 2001. 9. 5. 甲에게 공시송달되었다.

(이하 민사소송법의 맥 C-20 참조)

〈문제 1.〉
2001. 10. 15. 현재 甲은 항소를 제기할 수 있는가?

〈문제 2.〉
甲은 丙에게 위 소의 강제집행에 의해 지급한 금원에 대해 부당이득반환청구를 할 수 있는가?

〈문제 3.〉
甲이 위 소의 집행단계에서 아직 금원지급 전이라면 청구이의의 소를 제기할 수 있는가?

Ⅰ. 문제점

丙은 甲의 주소를 알고 있음에도 주소불명으로 속여 공시송달명령을 받아 피고 모르게 승소판결을 받았는바, 이는 판결의 편취에 해당한다. 편취판결에 대한 구제방법으로 선결적으로 ① 판결의 효력이 인정되는지 문제되며, 효력이 인정될 경우 ② 소송법상 구제책으로서 상소 또는 재심 중 어떤 방법을 택해야 하는지, ③ 편취판결에 기해 강제집행이 이루어진 후라면 판결을 취소하지 않은 상태에서 곧바로 부당이득반환청구를 할 수 있는지, ④ 강제집행 전이라면 청구이의의 소를 제기할 수 있는지 문제된다.

Ⅱ. 편취판결의 효력(유효)

1. 학 설

① 피고의 재판을 받을 권리가 실질적으로 보장된 것이 아니므로 당연무효로 보아야 한다는 **무효설**(당연무효이므로 소송법적, 실체법적 구제책이 불필요하다고 본다)과 ② 판결을 편취한 경우에도 판결 자체는 유효하다는 **유효설**이 대립한다.

2. 검 토

판결이 무효라면 법적 안정성을 해할 우려가 있고, 판결편취의 경우 제451조 1항[1]에서 당연무효의 판결이 아님을 전제로 하여 재심사유로 규정하고 있으므로 유효설이 타당하다.

Ⅲ. 소송법상 구제수단(재심) - 문제 1.의 해결

1. 학 설

판결이 유효라는 전제에서 판결정본의 송달의 효력에 따라 ① 판결편취의 경우에 판결 정본 송달은 무효이므로 항소기간도 진행되지 아니하여 항소를 제기할 수 있다는 **항소설**과 ② 편취판결은 형식적으로 확정된 확정판결이므로 상소의 추후보완신청이나 재심의 소(제451조 1항 제3호)의 제기에 의해서만 구제될 수 있다는 **상소추후보완·재심설**이 대립한다.

2. 판 례

대법원은 상소추후보완·재심설의 입장에서, "피고의 **주소지를 허위로** 하여 소를 제기하고 그 주소에 **송달불능됨으로써 공시송달방법에 의하여** 피고에 대한 소송서류를 송달하여 소송절차를 진행한 결과 원고승소의 제1심판결이 선고되어 공시송달의 방법에 의하여 판결정본이 송달된 경우 피고의 주소지를 허위로 하여 소가 제기된 경우라 하더라도 그 송달은 유효한 것이고 그때부터 상소제기기간이 도과되면 그 판결을 확정되는 것이므로 피고는 재심의 소를 제기하거나 추완항소를 제기하여 그 취소변경을 구하여야 한다"(대판 1980.7.8. 79다1528)고 판시하였다.[2]

---

1) ① 다른 사람의 성명을 모용하여 판결을 받는 경우(성명모용판결), ② 소취하 합의를 하고서도 소를 취하함이 없이 피고의 불출석을 기화로 승소판결을 받는 경우(소취하합의 위반), ③ 원고가 피고의 주소를 알고 있음에도 주소불명으로 속여 공시송달명령을 받아 피고 모르게 승소판결을 받는 경우(공시송달에 의한 판결), ④ 원고가 피고의 주소를 허위로 기재하여 그 주소에 소장부본을 송달케 하고 원고 자신이 송달받아 자백간주로 승소 판결받는 경우(송달과정에서의 피고모용), ⑤ 피고의 대표자를 참칭대표자로 적어 송달되게 하여 자백간주로 승소판결 받는 경우(참칭대표자에 대한 송달)의 형태가 있다.

2) ① 상소추후보완·재심설을 따르는 다른 판례로는 ⅰ) "제3자가 피고를 참칭, 모용하여 소송을 진행한 끝에 판결이 선고되었다면 피모용자인 피고는 그 소송에 있어서 적법히 대리되지 않는 타인에 의하여 소송절차가 진행됨으로 말미암아 결국 소송관여의 기회를 얻지 못하였다 할 것이니 피고는 상소 또는 재심의 소를 제기하여 그 판결의 취소를 구할 수 있다"(대판 1964.11.17. 64다328)거나 ⅱ) "피고 종중의 대표자를 참칭대표자로 적어 그에게 소장 부본이 송달되어 자백간주로 시한 판결이 나고 판결정본도 그와 같이 송달된 경우에는 그 송달은 무효가 아니고 소송대리권의 흠결로 제451조 1항 3호의 재심사유가 된다" (대판 1994.1.11. 92다47632)고 판시한 경우가 있다. ② 한편 허위주소송달에 의한 자백간주로 편취한 경우에는 항소설에 따른다(대판 1978.5.9. 전합75다634)[(관련 기출문제) 2014 법무사 기출문제 참조).

3. 검 토

항소설에 의하면 불안정한 법률상태를 방치하는 것이 되며, 제451조 1항 11호가 이를 재심사유로 규정하고 있는 이상 공시송달 명령 및 그에 따른 송달을 무효로 볼 수는 없으므로, 판결정본의 송달은 적법하여 판결은 형식적으로 확정되는 것으로 보아야 한다. 따라서 **상소추후보완·재심설**이 타당하다.[3]

4. 사안의 경우

甲에 대한 공시송달은 유효하므로, 甲은 공시송달의 효력발생일로부터 2주내에 항소를 제기하여야 하는바, 2001. 10. 15. 현재는 항소기간이 경과된 후이므로 甲은 항소를 제기할 수 없다. 다만, 재심(제451조 1항 11호) 또는 추후보완 항소(제173조)에 의해 권리를 구제받을 수 있다.

IV. 부당이득반환청구 가부(소극) - 문제 2.의 해결

1. 문제점

편취판결에 의해 집행이 종료된 경우, 편취판결을 재심으로 취소하지 않고 바로 부당이득반환청구가 가능한지 문제된다.

2. 판 례

判例는 "대여금 중 일부를 변제받고도 이를 속이고 대여금 전액에 대하여 소송을 제기하여 승소 확정판결을 받은 후 강제집행에 의하여 위 금원을 수령한 채권자에 대하여, 채무자가 그 일부 변제금 상당액을 법률상 원인 없는 이득으로서 반환되어야 한다고 주장하면서 부당이득반환 청구를 하는 경우, 그 변제주장은 대여금반환청구 소송의 확정판결 전의 사유로서 그 판결이 재심의 소 등으로 취소되지 아니하는 한 그 판결의 기판력에 저촉되어 이를 주장할 수 없으므로, 그 확정판결의 강제집행으로 교부받은 금원을 법률상 원인 없는 이득이라고 할 수 없다"(대판 2000.5.16. 2000다11850)고 하여 **재심필요설**을 취하고 있다.[4]

3. 검토 및 사안의 경우

재심 없이 곧바로 부당이득반환청구를 허용하는 것은 전소판결과 직접적으로 모순관계를 초래하므로 판례가 타당하다. 사안의 경우 丙의 甲에 대한 강제집행이 종료된 뒤라면, 위 편취판결이 재심의 소에 의해 취소되지 않는 한 丙이 취득한 금원을 법률상 원인 없는 이익이라고 볼 수 없다. 따라서 甲은 재심의 소를 제기하지 않고 곧바로 丙을 상대로 부당이득반환청구를 할 수 없다.

V. 청구이의의 소 가부(적극) - 문제 3.의 해결

1. 문제점

편취판결의 집행이 종료되기 전 집행단계에서 청구이의의 소를 제기하여 집행을 막을 수 있는지 문제된다. 이의원인은 확정된 청구가 변론종결 후에 변경 소멸된 경우와 같이 변론종결 뒤의 이유여야 하기 때문이다(민사집행법 제44조 2항).

---

3) 다만 추후보완에 의한 항소는 판결절차가 공시송달을 통해 진행되었다는 사실을 안 날로부터 2주 이내에 제기하여야 하고, 재심의 소는 제456조 1항 3호, 4호 소정의 제소기간 내에 제기하여야 하는데, 위 제소기간은 불변기간이 아니므로 그 기간을 지난 후에는 추완에 의한 재심의 소제기는 허용되지 않는다.

4) 다만 허위주소 송달에 의한 판결편취의 경우 "상대방에 대한 판결의 송달은 부적법하여 무효이므로 상대방은 아직도 판결정본의 송달을 받지 않은 상태에 있어 이에 대하여 상소를 제기할 수 있을 뿐만 아니라, 위 사위판결에 기하여 부동산에 관한 소유권이전등기나 말소등기가 경료된 경우에는 별소로서 그 등기의 말소를 구할 수도 있다"(대판 1995.5.9. 94다41010)고 하였다.

2. 판 례

判例[5]는 "민사소송법 제505조(현행 민사집행법 제44조 2항)에서 청구에 관한 이의의 소를 규정한 것은 부당한 강제집행이 행하여지지 않도록 하려는데 있다 할 것으로 판결에 의하여 확정된 청구가 그 판결의 변론종결 후에 변경 소멸된 경우 뿐 만 아니라 판결을 집행하는 자체가 불법한 경우에는 그 불법은 당해 판결에 의하여 강제집행에 착수함으로써 외부에 나타나 비로소 이의의 원인이 된다고 보아야 하기 때문에 이 경우에도 이의의 소를 허용함이 상당하다 할 것이다"(대판 1984.7.24. 84다카572)고 하여 가능하다고 본다.

3. 검토 및 사안의 경우

민사집행법 제44조 2항의 취지가 부당한 강제집행이 행하여지지 않도록 하려는데 있다 할 것이므로, 判例와 같이 판결을 집행하는 것 자체가 불법인 경우에도 청구이의이유가 된다고 함이 타당하다. 따라서 甲은 강제집행 전이라면 청구이의의 소를 제기하여 丙의 강제집행을 저지할 수 있다.

사례_149 판결의 편취(2)
2017년 8월 법전협 모의, 2014년 법무사

甲은 乙을 상대로 乙 소유의 X토지에 관한 소유권이전등기절차이행청구의 소를 제기하면서 乙의 주소지를 허위로 기재하고 자신의 아들이 乙로 위장하여 소송서류를 송달받게 함으로써 무변론 승소판결(이하 '종전판결'이라고 함)을 받았다. 종전 판결은 2008. 6. 23. 확정되었고, 이에 기하여 甲은 X토지에 관하여 2008. 6. 25. 소유권이전등기를 마쳤다. 乙은 2014. 7. 20. 등기부등본을 통하여 이 같은 사실을 확인하고는, 甲을 상대로 위 소유권이전등기의 말소를 구하는 소송을 제기하였다. **甲의 乙에 대한 종전 판결의 효력을 검토하고, 종전판결을 다툴 수 있는 소송법상 乙의 구제방법 중 2014. 9. 1. 현재 가능한 것과 불가능한 것을 구분한 후 그 이유를 기재하시오.** (민사소송법의 맥 C-21 참조)

Ⅰ. 甲의 乙에 대한 종전판결의 효력

1. 편취판결의 의의

내용 및 절차상 흠이 있는 판결이라도 원칙적으로는 유효하고 다만 위법하여 상소·재심으로 취소를 구할 수 있을 뿐이다. 다만 이러한 절차를 거치지 않고 효력을 부인할 수 있는 경우가 있는바, 법적 안정성 측면에서 극히 예외적으로 인정된다.

2. 편취판결의 효력(무효)

(1) 학 설

① 피고의 재판을 받을 권리가 실질적으로 보장된 것이 아니므로 당연무효로 보아야 한다는 무효설(당연무효이므로 소송법적, 실체법적 구제책이 불필요하다고 본다)과 ② 판결을 편취한 경우에도 판결 자체는 유효하다는 유효설이 대립한다.

(2) 판 례

判例는 판결편취에 대해 추후보완·재심설의 입장을 취한다(사례 131. 참조). 그러나 원고가 피고의 주소를 허위로 기재하여 그 주소에 소장부본을 송달케 하고 원고 자신이 송달받아 자백간주로 승소 판결받는 경우(송달과정에서의 피고모용)에는 송달은 부적법하여 무효라고 본다(대판 1978.5.9. 전합75다634).

---

5) [학설] ① 법적 안정성을 강조하는 입장에서는 판결편취사실은 전소 변론종결 전의 사유로서 청구이의이유가 아니라고 하는 반면, ② 구체적 타당성을 강조하는 입장에서는 편취판결의 부당집행을 문제삼는 것은 청구이의이유에 해당한다고 본다.

3. 사안의 경우

甲의 乙에 대한 종전판결은 무효이다.

II. 乙의 구제방법

1. 편취판결에 대한 소송법적 구제수단

(1) 판 례

"제소자가 상대방의 주소를 허위로 기재함으로써 그 허위주소로 소송서류가 송달되어 그로 인하여 상대방 아닌 다른 사람이 그 서류를 받아 의제자백의 형식으로 제소자 승소의 판결이 선고되고 그 판결정본 역시 허위의 주소로 보내어져 송달된 것으로 처리된 경우에는 상대방에 대한 판결의 송달은 부적법하여 무효이므로 상대방은 아직도 판결정본의 송달을 받지 않은 상태에 있어 이에 대하여 상소를 제기할 수 있다"(대판 1978.5.9. 전합75다634)고 판시하여 항소설에 따른다.

(2) 검 토

제451조 1항 11호 는 "당사자가 상대방의 주소 또는 거소를 알고 있었음에도 있는 곳을 잘 모른다고 하거나 주소나 거소를 거짓으로 하여 소를 제기한 때"를 재심사유로 규정하고 있는데 判例는 11호의 범위에 관해, 허위주소로 송달된 후 송달불능을 이유로 공시송달된 경우만 이에 해당된다고 제한해석한다(대판 1978.5.9. 전합75다634). 허위주소로 송달된 경우에는 송달 자체가 없었으므로 송달이 무효라고 보아야 할 것이어서 항소에 의해 구제하는 判例의 입장이 타당하다.

2. 사안의 경우

판결정본의 송달은 교부송달이 원칙이다. 판결정본을 송달받을 장소에서 그 판결정본의 명의인 즉 乙에게 송달하여야 하는데, 乙이 아닌 甲의 아들이 乙로 위장하여 송달받았으므로 판결정본의 송달은 무효이다. ① 따라서 허위주소송달에 의한 판결이 있는 경우 이 때의 항소기간은 통상의 경우처럼 판결송달 후 2주일이 아니라 항소기간의 정함이 없는 것이 된다. 항소기간의 제한이 없으므로 2014. 7. 20.에 등기부등본을 통하여 허위주소송달을 알았다 할지라도 기간에 구애됨이 없이 항소를 제기할 수 있다. ② 반면, 허위주소송달에 의한 판결은 아직 확정되지 아니한 판결이므로 판결이 확정됨을 전제로 하는 추완항소나 재심의 소는 인정되지 아니한다.

사례_150 **판결의 편취(3)** 2015년 10월 법전협 모의

甲은 丁에 대하여 2015. 5. 1. 차용한금 3억 원의 반환채무를 부담하고 있었는데, 2015. 4. 5. 丁과의 사이에서 위 차용금채무의 변제에 갈음하여 X토지의 소유권을 이전하여 주기로 약정하였다. 乙이 2015. 4. 10. 甲을 상대로 2015. 2. 1.자 매매계약을 원인으로 한 X토지에 대한 소유권이전등기 및 인도청구의 소(전소라고 함)를 제기하였고, 그 소송의 변론종결 전인 2015. 4. 20. 甲은 X토지를 丁에게 인도하였다. 전소에서 乙이 소장에 甲의 주소를 허위로 기재하였고, 법원은 소장부본이 적법하게 송달된 것으로 잘못 알고서 자백간주를 이유로 2015. 5. 10. 원고승소판결을 선고하였으며, 乙은 그 판결에 기하여 2015. 5. 30. X토지에 관하여 소유권이전등기를 마친 후 2015. 6. 1. 丁을 상대로 X토지에 관하여 소유권에 기한 인도청구의 소(본소)를 제기하였다. 이에 丁이 청구원인을 모두 부인하면서 甲을 대위하여 X토지에 관한 소유권이전등기의 말소를 구하는 반소를 제기하였다. 이 반소가 적법한지 여부를 검토하고, **위 제시된 사실이 모두 주장·증명된다면 법원은 본소와 반소에 대하여 어떻게 판단할 것인지 서술하시오.**

I. 문제점

반소의 적법요건으로 반소요건과 일반요건을 모두 갖추어야 하는 바, 사안에서 乙은 전소인 甲에 대한 소유권이전등기청구에서 허위주소 기재를 통해 판결을 편취하였는데, 그 효력이 문제된다. 판결이 확정되어 유효하다면 반소가 전소의 기판력에 저촉되어 부적법하게 되는 반면, 판결이 무효여서 아직 확정되지 않았다면 丁의 乙에 대한 채권자대위소송이 전소와 중복된 소제기로서 부적법하게 되는데(제259조) 이를 검토한다. 또한 본소와 반소에 대한 법원의 판단을 검토한다.

II. 편취판결의 효력과 구제책(사례 132. 참조)

1. 편취판결의 효력

2. 구제책

3. 검토 및 사안의 경우

허위주소로 송달된 경우에는 송달 자체가 없었으므로 송달이 무효라고 보아 항소에 의해 구제받는 것이 타당하다. 따라서 乙이 전소에서 취득한 편취 판결은 확정되지 않고 소송계속 중이다.

III. 반소가 중복소제기에 해당하는지 여부(소극)

1. 중복소제기의 요건 [당, 소, 계]

이미 사건이 계속되어 있을 때는 그와 동일한 사건에 대하여 당사자는 다시 소를 제기하지 못한다(제259조). 중복소제기에 해당하려면, ⅰ) 전·후소 당사자의 동일, ⅱ) 소송물의 동일, ⅲ) 전소계속 중 별소제기를 요한다. 사안에서는 乙의 전소 소송물과 丁의 반소인 채권자대위소송의 소송물이 동일한지 문제된다.

2. 丁 반소의 소송물

통설·判例 입장인 법정소송담당설에 의하면, 채권자대위권의 소송물은 채무자의 제3채무자에 대한 권리이다. 따라서 丁의 반소청구의 소송물은 甲의 乙에 대한 등기말소청구권이 된다.

3. 전·후소의 소송물이 모순관계에 있는 경우 중복소제기 여부(소극)

(1) 문제점

乙의 전소 소송물은 2015. 2. 1. 매매계약에 기한 이전등기청구권이고 丁 반소 소송물은 청구원인을 모두 부정하는 내용의 등기말소청구권으로서 서로 모순관계에 있다. 중복소제기금지원칙은 소송물이 동일한 경우에 적용되는 것이 원칙이나, 모순방지를 위하여 이 경우에도 확대적용할 것인지 문제된다.

(2) 판례[1]

전·후소의 쟁점이 공통된 사건에서, "소유권을 원인으로 하는 이행의 소가 계속 중인 경우에도 소유권에 관해 당사자 사이에 분쟁이 있어 확정의 이익이 있는 경우에는 소유권확인의 소를 제기할 수 있다"(대판 1966.2.15. 65다2371)고 하여 동일소송물에 한정하여 중복소제기로 보는 입장이다.

(3) 검토 및 사안의 경우

소송물이 달라도 쟁점이 공통인 경우에는 전소가 후소를 무익하게 만들지 않는다는 점, 동일사건

---

1) [학설] ① 소송물이 동일한 경우가 아니므로 적용을 부정하는 견해와 ② 판결의 모순방지를 위하여 적용되어야 한다는 견해가 있다.

여부를 판별한 명확한 기준이 필요하다는 점에서 동일 소송물에 한하여 적용하는 것이 타당하다. 사안에서는 편취판결에 의하여 乙의 소유권이전등기가 이루어졌으므로 甲이 편취판결에 대하여 항소하여 승소한다고 하여도 이미 乙 앞으로 마쳐진 소유권이전등기를 말소할 필요가 있으므로 별소로서 등기말소청구를 할 수 있고 이를 중복소제기로 보아 금지할 것은 아니다.[2]

IV. 본안에 대한 판단

1. 본소에 대한 판단

乙의 소유권에 기한 인도청구가 인용되기 위하여는 주요사실인 乙의 소유권 취득사실과 丁의 점유사실이 주장·증명되어야 한다(민법 제213조). 乙 명의의 소유권이전등기는 확정되지 않은 판결에 기한 것으로서 집행권원 없이 이루어진 원인무효의 등기이므로 乙의 소유권은 인정되지 않는다. 그러나 등기의 적법성 추정에 의하여 乙이 소유권자로 추정되므로, 그 등기원인이 무효라는 점을 丁이 항변으로 주장·증명하여야 한다. 이 경우 乙의 본소청구는 기각될 것이다.

반면 乙이 본소에서 자신의 등기가 2015. 2. 1. 甲과의 매매계약에 의한 것이고 실체관계에 부합한다고 주장·증명한다면 乙의 본소청구는 인용될 것이다.

2. 반소에 대한 판단

乙의 등기가 무효라고 판단된다면 丁의 반소는 인용될 것이다. 반면 乙의 등기가 실체관계에 부합하여 유효라고 판단된다면 반소는 기각될 것이다.

사례_151 **판결의 편취(4) - 편취판결과 소송수계**   2019년 10월 법전협 모의

〈제1문의 3〉
〈기초적 사실관계〉
A가 사망하자 A 명의의 X 토지를 乙(妻)과 丙(子, 27세)이 공동상속하여 그에 관한 상속등기를 마쳤다. 乙과 丙이 상속재산의 분배·관리 등과 관련하여 갈등을 겪던 중, 乙은 X 토지를 丙의 동의 없이 甲에게 매도하였다. 乙은 X 토지를 甲에게 매도할 당시 丙의 인감도장, 인감증명서, 위임장 등을 제시하지 않은 채 甲과 매매계약을 체결하였다(아래의 각 설문은 독립적임).

〈문제 2〉
甲은 乙과 丙을 상대로 위 매매를 원인으로 한 소유권이전등기절차의 이행을 구하는 소를 제기하면서 乙과 통모하여 소장의 丙의 주소란에 乙의 주소를 기재하였고(乙과 丙의 주소는 다르다), 그후 乙은 丙에 대한 소송서류를 직접 송달받고도 그러한 사실을 丙에게 알려주지 아니하였다. 피고들은 법원이 지정한 변론기일에 출석하지 않았고, 법원은 甲의 청구를 인용하는 판결을 선고하였으며, 乙과 丙에 대한 판결정본은 2019. 7. 4. 乙에게 송달되었다. 乙은 2019. 7. 10. 교통사고로 사망하였고, 2019. 7. 29.경 乙의 유품을 정리하던 丙은 甲이 乙과 丙을 상대로 소유권이전등기청구의 소를 제기하여 승소한 사실을 알게 되었다. **丙은 乙과 丙에 대한 甲의 청구를 인용한 위 판결에 대하여 소송상 어떠한 조치를 취할 수 있는가? (25점)**

---

2) "제소자가 상대방의 주소를 허위로 기재함으로써 그 허위주소로 소송서류가 송달되어 그로 인하여 상대방 아닌 다른 사람이 그 서류를 받아 의제자백의 형식으로 제소자 승소의 판결이 선고되고 그 판결정본 역시 허위의 주소로 보내어져 송달된 것으로 처리된 경우에는 상대방에 대한 판결의 송달은 부적법하여 무효이므로 상대방은 아직도 판결정본의 송달을 받지 않은 상태에 있어 이에 대하여 상소를 제기할 수 있을 뿐만 아니라, 위 사위판결에 기하여 부동산에 관한 소유권이전등기나 말소등기가 경료된 경우에는 별소로서 그 등기의 말소를 구할 수도 있다"(대판 1995.5.9. 94다41010).

1. 논점의 정리

① 甲의 丙에 대한 청구에 대해서는 허위주소송달에 의한 자백간주로 편취한 판결의 효력 및 그 소송법상 구제방법이 문제되고, ② 甲의 乙에 대한 청구에 대해서는 丙이 乙의 상속인으로서 제1심 법원과 항소법원 중 어느 법원에 소송수계신청을 하여야 하는지가 문제된다.

2. 甲의 丙에 대한 청구

(1) 허위주소송달에 의한 자백간주로 편취한 판결의 효력

무효설은 피고의 재판을 받을 권리가 실질적으로 보장된 것이 아니므로 당연무효로 보아야 한다는 입장이고(당연무효이므로 소송법적, 실체법적 구제책이 불필요하다고 본다), **유효설**은 판결을 편취한 경우에도 판결 자체는 유효하다는 견해이다.

생각건대 판결이 무효라면 법적 안정성을 해할 우려가 있고, 판결편취의 경우 제451조 1항에서 당연무효의 판결이 아님을 전제로 하여 재심사유로 규정하고 있으므로 유효설이 타당하다.

(2) 소송법적 구제책

1) 학 설

판결이 유효라는 전제에서 판결정본의 송달의 효력에 따라 ① 항소설은 판결편취의 경우에 판결 정본 송달은 무효이므로 항소기간도 진행되지 아니하여 항소를 제기할 수 있다는 입장이고, ② 상소추후보완·재심설은 편취판결은 형식적으로 확정된 확정판결이므로 상소의 추후보완신청이나 재심의 소(제451조 1항)의 제기에 의해서만 구제될 수 있다는 견해이다.

2) 판 례

判例는 "제소자가 상대방의 주소를 허위로 기재함으로써 그 허위주소로 소송서류가 송달되어 그로 인하여 상대방 아닌 다른 사람이 그 서류를 받아 의제자백의 형식으로 제소자 승소의 판결이 선고되고 그 판결정본 역시 허위의 주소로 보내어져 송달된 것으로 처리된 경우에는 상대방에 대한 판결의 송달은 부적법하여 무효이므로 상대방은 아직도 판결정본의 송달을 받지 않은 상태에 있어 이에 대하여 상소를 제기할 수 있다"(대판 1978.5.9. 전합75다634)고 판시하였다.[1][2]

3) 검 토

허위주소송달에 의한 자백간주로 편취한 경우 허위주소 송달은 무효로 보아야 하므로 判例의 입장인 항소설이 타당하다.

(3) 사안의 경우

丙은 제1심 판결에 대하여 항소를 제기할 수 있다.[3]

---

1) 반면, 判例는 공시송달에 의한 편취판결의 구제방법에 대해서는 재심설에 따른다. 즉, "피고의 주소지를 허위로 하여 소를 제기하고 그 주소에 송달불능 됨으로써 공시송달방법에 의하여 피고에 대한 소송서류를 송달하여 소송절차를 진행한 결과 원고승소의 제1심판결이 선고되어 공시송달의 방법에 의하여 판결정본이 송달된 경우 피고의 주소지를 허위로 하여 소가 제기된 경우라 하더라도 그 송달은 유효한 것이고 그때부터 상소제기기간이 도과되면 그 판결을 확정되는 것이므로 피고는 재심의 소(제451조 11호)를 제기하거나 추완항소를 제기하여 그 취소변경을 구하여야 한다"(대판 1980.7.8. 79다1528)고 판시하였다. 허위주소송달의 경우 송달이 무효이나 공시송달의 경우 송달이 유효하므로 判例의 태도가 타당하다.

2) 문제에서는 소송법적 구제책을 묻고 있으나 실체법적구제책으로 부당이득반환청구를 할 수도 있다. 허위주소 송달에 의한 판결편취(피고모용)의 경우 송달이 무효여서 판결이 확정되지 않았으므로 判例는 "상대방에 대한 판결의 송달은 부적법하여 무효이므로 상대방은 아직도 판결정본의 송달을 받지 않은 상태에 있어 이에 대하여 상소를 제기할 수 있을 뿐만 아니라, 위 사위판결에 기하여 부동산에 관한 소유권이전등기나 말소등기가 경료된 경우에는 별소로서 그 등기의 말소를 구할 수도 있다"(대판 1995.5.9. 94다41010)고 하였다. 즉, 판결이 확정되지 않으므로 재심요부가 문제되지 않는다. 반면, 판결의 취소가 필요한 경우에는 판결의 기판력에 저촉되는 부당이득반환청구를 할 수 없으므로 재심을 거쳐야 한다(대판 2000.5.16. 2000다11850).

3) 재심의 소 또는 추완항소를 통해 판결의 효력을 다툴 수 있는 것으로 보는 견해에 따를 경우 丙은 이러한 사유를 안 날(2019. 7. 29.) 부터 30일 이내(제456조 제1항)에 재심의 소를 제기하거나 2주 이내(제173조 제1항)에 추완항소를 제기할 수 있다.

3. 甲의 乙에 대한 청구

(1) 소송절차의 중단 [중, 대, 속, 물]

소송계속 중 당사자가 사망한 경우 당사자의 절차권을 보장하고 쌍방심문주의를 관철하기 위해 소송절차가 중단되는 것이 원칙이다(제233조 1항 전단). 소송절차가 중단되기 위해서는 ⅰ) 소송계속 중 당사자가 죽은 경우이어야 하고, ⅱ) 소송대리인이 있는 경우가 아니어야 하며(제238조 참조), ⅲ) 상속인이 있어야 하고, ⅳ) 소송물이 상속될 수 있는 것이어야 한다.

(2) 소송절차 중단의 해소

소송절차가 중단되면 판결의 선고를 제외하고는 소송절차상의 일체의 소송행위를 할 수 없으며, 상속인은 수계신청으로 중단을 해소할 수 있다(제233조 1항 후단).

사안에서 제1심 판결정본이 송달된 후 항소기간 도과 전 乙이 사망하였는바 그 시점은 소송계속중이며, 소송대리인이 나타나있지 않고, 丙은 乙의 직계비속으로 상속인이며, 乙에 대한 甲의 청구의 내용을 이루는 X 토지의 5분의 3 지분에 관한 소유권이전등기절차이행의무는 일신전속적인 것이 아니므로 丙에게 상속되었다. 이러한 경우 丙은 乙의 상속인으로서 제1심 법원과 항소법원 중 어느 법원에 소송수계신청을 하여야 하는지 등이 문제된다.

(3) 소송수계신청을 할 법원

1) 통상의 경우 수계신청하여야 할 법원

상속인과 상대방 당사자는 중단 당시의 법원에 소송수계신청을 할 수 있다. 법원은 직권으로 조사하여 이유없다고 인정되면 결정으로 기각하고, 이유 있으면 별도의 재판없이 그대로 절차를 진행한다(제243조 1항).

2) 재판이 송달된 뒤에 소송절차가 중단된 경우 수계신청을 할 법원

判例는 "소송계속 중 어느 일방 당사자의 사망에 의한 소송절차 중단을 간과하고 변론이 종결되어 (항소심)판결이 선고된 경우 ⅰ) 적법한 상속인들이 원심법원에 수계신청을 하여 판결을 송달받아 상고하거나 또는 ⅱ) 사실상 송달을 받아 상고장을 제출하고 상고심에서 수계절차를 밟은 경우에도 그 수계와 상고는 적법한 것으로 보아야 한다"(대판 1995.5.23. 94다28444)고 판시하여 **선택설**[4]의 입장이다. 또한, 수계신청을 하여야 할 소송절차의 중단 중에 제기된 상소는 부적법한 것이지만 상소심법원에 수계신청을 하여 그 하자를 치유시킬 수 있다는 입장이다(대판 1996.2.9. 94다61649).

(4) 사안의 경우

丙은 피상속인인 乙에 대한 甲의 청구 부분에 대해서는 제1심 법원에 소송수계를 신청한 후에 항소를 제기하여야 한다(제243조 2항). 이 경우 항소기간은 수계허가결정이 송달된 때부터 새로이 진행한다(제247조 2항).

만약, 丙이 乙에 대한 甲의 청구 부분에 관하여 소송수계를 하지 않고 乙명의로 항소를 제기한 경우에는 항소법원에 소송수계신청을 함으로써 그 하자를 치유시킬 수 있다.

4. 결론

丙은 甲의 丙에 대한 청구에 대해서는 제1심 판결에 대하여 항소를 제기할 수 있고, 甲의 乙에 대한 청구에 대해서는 제1심 법원에 소송수계를 신청한 후에 항소를 제기하여야 한다.

---

4) [학설] ① 원심법원설은 제243조 2항은 종국재판을 한 법원에 수계신청을 하도록 규정하고 있는 점, 상소장의 원심법원 제출주의(제397조, 제425조)를 근거로 원심법원에 해야 한다는 견해, ② 선택설은 소송경제 및 당사자 편의를 위하여 원심법원 또는 상소심법원 어느 곳에나 수계신청을 할 수 있다는 견해이다.

제 **5** 편
병합소송

다음 각 청구의 병합형태 및 법원의 심판방법에 대하여 서술하시오.

〈문제 1.〉

원고는 피고에게 「고철 5,000톤을 인도하라. 인도할 수 없는 경우에는 300만 원(손해배상)을 지급하라」는 소를 제기하였다.

〈문제 2.〉

원고는 피고에게 「소를 인도하라. 인도할 수 없는 경우에는 500만 원(손해배상)을 지급하라」는 소를 제기하였다.

Ⅰ. 집행불능에 대비한 대상청구(종류물·특정물)

1. 병합형태, 목적물의 성질, 소의 이익

현재의 물건인도청구와 장래의 대상청구를 함께 구하는 현재이행의 소와 장래이행의 소의 단순병합에 해당한다. 특정물뿐만 아니라 종류물도 목적물이 된다. 대상청구는 장래이행의 소로서 소의 이익이 인정되어야 한다.

2. 심리(단순병합의 심리)

본위적 청구가 인용될 때만 대상청구가 인용이 되고 본위적 청구가 이유가 없을 때에는 대상청구는 심리할 것도 없이 배척한다(대판 1969.10.28. 68다158). 나아가, 대상청구를 본래의 급부청구에 예비적으로 병합한 경우에도 본래의 급부청구가 인용된다는 이유만으로 예비적 청구에 대한 판단을 생략할 수는 **없다**(대판 2011.8.18. 2011다30666).

Ⅱ. 이행불능에 대비한 대상청구(특정물)

1. 병합형태, 목적물의 성질

물건인도청구와 변론종결 시점에 이행불능을 이유로 기각될 것에 대비하여 전보배상을 구한 것으로 이는 예비적 병합에 해당한다. 종류물은 이행불능이 있을 수 없으므로 **특정물만이** 목적물이 된다.

2. 심리(예비적 병합의 심리)

주위적 청구가 인용될 때에는 예비적 청구에 대하여 심판할 필요가 없지만, 기각되는 때에는 예비적 청구에 대하여 심판하여야 한다.

Ⅲ. 사안의 경우

1. 문제 1.의 해결

사안에서 고철은 종류물로서 이는 집행불능을 대비한 대상청구로 보인다. 判例도 "물건의 인도를 구하고 그 집행불능인 경우에 대비하여 금전으로 손해배상청구를 하는 경우 그 문언을 '인도불능일 때에는' 또는 '인도하지 않을 때는' 이라고 기재하는 예가 있으나 이는 '집행불능의 때'의 의미로 보아야 할 것"이라고 하여 단순병합으로 보고 있다. 따라서 법원은 주청구가 인용되는 경우 대상청구에

---

1) 법원행정처, 법원실무제요 민사소송[II], p.103. / 박효근, 판례중심 민사소송법 신정2판 p.768.

대하여도 판단하여야 하고, 주청구가 이유 없을 때에는 대상청구에 대하여 심리할 것도 없이 모두 배척하면 된다.

2. 문제 2.의 해결

사안에서 소는 거래당시 개성이 중요시되는 특정물로 볼 수 있다. 특정물의 경우 이행불능에 대비한 대상청구도 할 수 있고, 집행불능에 대비한 대상청구도 할 수 있는바, 이는 원고의 의사에 따라 결정되며 만약 집행불능에 대비한 대상청구라면 법원은 〈문제 1.〉의 경우와 같이 판단하면 되며, 이행불능에 대비한 대상청구라면 1차청구가 인용될 경우에는 2차청구를 판단하지 않아도 되나, 1차청구가 기각될 경우에는 2차청구에 대하여 판단하여야 한다.

사례_153 **재판누락, 변론주의**   2011년 7월 법전협 모의변형

甲은 乙을 상대로 하여 X토지에 대한 임대기간이 도과하여 임대차가 종료하였음을 이유로, '乙은 甲에게 Y 건물을 철거하고, X 토지를 인도하고, X 토지에 대한 차임 상당 부당이득금으로 2009. 9. 1.부터 위 인도완료일까지 월 300만 원의 비율에 의한 금원을 지급하라'는 내용의 소를 제기하였다.
소송 진행 도중 피고들은 별다른 주장 없이 이 사건 대지에 대한 임대기간이 아직 만료되지 않았으므로 원고청구는 기각되어야 한다는 점만을 줄곧 주장해 왔다. 이에 대하여 법원은 '피고는 원고로부터 1억 원을 지급받음과 동시에 원고에게 Y건물을 철거하고 X토지를 인도하라.'라는 판결을 선고하였고, 부당이득반환청구에 대해서는 전혀 판단을 하지 않았다. **이러한 법원의 판단이 위법한지, 이에 대한 구제수단은 무엇인지 서술하시오.**

Ⅰ. 문제점

원고 甲은 건물철거 및 대지인도와 함께 인도 완료시까지의 월 300만 원의 비율에 의한 금원을 지급하라는 청구를 하였는데, 법원은 피고가 주장하지도 않은 상환이행판결을 하였고, 후자에 대해서는 전혀 판단을 하지 않았다. 이러한 법원의 판단이 위법한지, 이에 대한 구제수단은 무엇인지 검토해 보아야 한다.

Ⅱ. 상환이행판결의 위법여부 및 구제수단

1. 변론주의에 위배되는지 여부

(1) 변론주의 의의 및 내용

변론주의란 소송자료, 즉 사실과 증거의 수집·제출의 책임을 당사자에게 맡기고 법원은 당사자가 제출한 소송자료만을 재판의 기초로 삼아야 한다는 원칙이다. 이것이 진실발견에 도움이 되며 더욱 절차보장이 된다는 점에서 인정된다. 변론주의는 주요사실의 주장책임, 자백의 구속력, 증거제출책임(=원칙적 직권증거조사 금지)을 그 내용으로 한다. 그리고 법률효과의 판단에 직접 필요한 요건사실인 주요사실은 당사자가 변론에서 주장하여야 법원이 판결의 기초로 할 수 있다. 당사자가 자기에게 유리한 사실을 변론에서 주장하지 않아 입게 되는 패소위험을 주장책임이라고 한다.

(2) 사안의 경우

사안에서 피고는 단지 임대차 기간이 만료되지 않았다는 점만을 주장하고, 피고에게 주장책임이 있는 권리행사의 저지사실인 동시이행의 항변권을 주장하지 않았다. 그럼에도 불구하고 법원은 상환이행판결을 한 것이므로 이는 변론주의에 위반한 위법이 있다고 할 것이다.

2. 원고의 구제수단

(1) 변론주의 위반의 효과

변론주의 위반은 일반적 상고이유이므로, 항소는 물론 항소심 판결인 경우에도 상고할 수 있다.

(2) 항소의 이익 인정여부(적극)

원고가 무조건이행판결을 구하였으나 법원이 상환이행판결을 선고한 경우 항소이익이 인정되는가가 문제되는데, 이와 관련하여 判例는 "상소인은 자기에게 불이익한 재판에 대해서만 상소를 제기할 수 있는 것이고 재판이 상소인에게 불이익한 것인가의 여부는 재판의 주문을 표준으로 하여 결정되는 것"(대판 2002.6.14. 99다61378)이라고 하여 판결주문이 신청보다 양적 · 질적으로 불리한 경우에 항소의 이익을 인정하는 입장이다. 사안의 경우, 상환이행판결은 일부패소판결에 해당하므로 원고는 항소를 제기할 수 있다.

III. 손해배상청구에 대한 판단을 누락한 것에 대한 구제수단

1. 단순병합의 심판방법

단순병합시 법원은 병합된 모든 청구에 대해 판단을 해야 한다. 그럼에도 불구하고 법원은 손해배상청구에 대해서는 판단을 하지 아니하였고, 이는 재판누락에 해당한다.

2. 재판누락의 구제방법

재판누락이 있는 부분은 이를 누락한 법원에 계속 중이므로 **항소의 대상이 되지 못하며**(대판 2004.8.30. 2004다24083)[1] 그 법원이 추가판결을 하여야 한다(제212조). 사안의 경우 법원이 손해배상청구에 대해 판단하지 않은 부분은 재판의 누락에 해당하므로 기일지정신청을 통해 종전 변론을 재개한 후 1심 법원이 추가판결을 해야 한다.

3. 추가판결에 갈음한 항소심에서의 청구의 추가적 변경

앞서 논의한, 변론주의에 위반한 점을 이유로 항소를 하게 된 경우에, 항소심절차에서의 추가적 변경을 생각해 볼 수 있다. 하지만 손해배상청구는 1심에 여전히 계속 되어 있는 것이므로 항소심에서의 추가적 변경은 중복제소에 해당(제259조)하여 부적법하게 된다. 추가적 변경을 하기 위해서는 1심 법원에 계속 중인 손해배상청구를 취하하고 항소심에서 이를 추가적으로 변경하여야 할 것이다.

사례_154 **선택적 병합**　　　　　　　　　　　　　2011년 법원행정고시

원고는 피고에게 원고의 어머니를 부양한다는 조건으로 A주택과 B주택을 증여하고 소유권이전등기를 마쳐 주었다. 그런데 피고가 원고의 어머니를 부양하지 않고 폭행하자, 원고는 피고와 구두로 A주택과 B주택을 돌려받기로 하는 양도합의를 하였다. 양도합의의 입증에 자신이 없던 원고는 피고에게 증여해제의 의사표시를 한 다음, 피고를 상대로 증여해제를 원인으로 한 소유권이전등기청구의 소를 제기하였다. 원고는 제1심 소송 중에 양도합의를 원인으로 한 위 주택들의 소유권이전등기청구를 선택적으로 추가하였다. 제1심 법원은 증여해제를 원인으로 한 소유권이전등기청구를 기각하고, 양도합의를 원인으로 한 소유권이전등기청구에 대하여는 아무 판단도 없이 제1심 판결을 선고하였다.

---

1) "재판의 누락이 있는 경우, 그 부분 소송은 아직 원심에 계속 중이라고 보아야 할 것이어서 적법한 상고의 대상이 되지 아니하므로 그 부분에 대한 상고는 부적법하다"

<문제 1.>
이러한 형태의 병합청구는 허용되는가?   (민사소송법의 맥 D-01 참조)

<문제 2.>
제1심 판결은 정당한가?   (민사소송법의 맥 D-01 참조)

<문제 3.>
만약 제1심 법원이 증여해제를 원인으로 한 소유권이전등기청구를 인용하고, 피고가 항소하였는데, 원고가 제1심이 아닌 항소심에서 양도합의를 원인으로 한 소유권이전등기청구를 선택적으로 추가한 경우라면, 항소심 법원은 제1심에서 인용된 청구를 먼저 심판하지 않고 제1심에서 심판되지 않은 청구를 임의로 선택하여 심판할 수 있는지, 그리고 그 경우 주문형식을 서술하시오.
                                                                    (민사소송법의 맥 D-01 참조)

I. 문제 1.의 해결

1. 문제점

(1) 청구의 변경인지 여부(적극)

청구변경이란 하나의 소송절차에서 복수의 청구가 묶인다는 점에서, 하나의 청구에 복수의 공격방법이 묶이는 공격방법의 변경과 구분된다. 청구취지는 동일하고 청구원인만 변경되는 경우는 소송물이론에 따라 판단하는데, 실체법상 권리 즉 법률적 관점을 변경하는 경우 구실체법설에 의하면 소변경이고 신이론에 의하면 공격방어방법의 변경에 불과하다. 判例는 이전등기청구소송에서 등기원인을 바꾸는 것을 청구의 변경으로 보았다(대판 1997.4.11. 96다50520).[1] 判例에 따르면 사안과 같이 청구취지는 등기이전으로 동일하고 청구원인만 증여해제에서 양도합의로 추가되는 경우는 청구변경에 해당한다.

(2) 청구의 추가적 변경인지 여부(적극)

구청구에 갈음하여 신청구를 제기하는 청구변경을 교환적 변경, 구청구를 유지하면서 신청구를 추가 제기하는 청구변경을 추가적 변경이라 한다. 사안의 경우 원고는 증여해제를 원인으로 한 소유권이전등기청구를 유지하고 선택적으로 양도합의를 원인으로 한 소유권이전등기청구를 추가하였으므로 추가적 변경을 신청한 것이다.

2. 청구변경의 적법여부(적법)

(1) 요 건 [기, 지, 전, 일]

소의 변경이 적법하기 위해서는 i) 청구기초의 동일성이 있을 것, ii) 신청구의 심리를 위해 소송절차를 현저히 지연시키지 않을 것, iii) 사실심에 계속되고 변론종결 전일 것, iv) 청구병합의 일반요건으로서 신·구청구가 동종의 소송절차에 의하여 심리될 수 있어야 하고, 모든 청구에 대하여 당해 법원에 관할권이 있을 것이 요구된다(제262조). 사안에서는 **청구기초의동일성**이 인정될 것인지가 문제된다.

---

[1] "동일 부동산에 대하여 이전등기를 구하면서 그 등기청구권의 발생원인을 처음에는 매매로 하였다가 후에 취득시효의 완성을 선택적으로 추가하는 것도 단순한 공격방법의 차이가 아니라 별개의 청구를 추가시킨 것이므로 역시 소의 추가적 변경에 해당한다"

(2) 판 례

判例는 "채권자의 각 청구가 동일한 생활사실 또는 경제적 이익에 관한 분쟁에 있어서 그 해결방법에 차이가 있음에 불과하고 그 청구의 기초에 변경이 있는 것이 아닌 경우에는 각 청구취지 및 청구원인의 변경을 인정할 수 있다"(대판 1997.4.25. 96다3213)고 판시하여 **이익설이 주류**이나, "약속어음금청구와 전화가입명의변경청구 사이에 사실자료의 공통성이 없어 청구의 기초에 변경이 있는 것이다"(대판 1964.9.22. 64다480)고 판시하여 **사실자료동일성에 입각한 예도 있다.**[2]

(3) 사안의 경우

'증여해제를 원인으로 한 소유권이전등기청구'와 '양도합의를 원인으로 한 소유권이전등기청구'는 동일한 생활사실에 관한 분쟁에서 해결방법을 달리하는 것에 불과하므로 청구기초의 동일성이 인정되며, 나머지 요건이 흠결되었다고 볼 만한 특별한 사정이 없으므로 원고의 병합청구는 적법하다(추가적 병합).

3. 병합의 태양 - 선택적 병합

추가적 변경은 청구의 후발적 병합에 해당하므로 청구의 병합요건(제262조)을 갖춰야 하며 단순병합·선택적 병합·예비적 병합의 형태로 이루어진다. 사안의 경우 원고는 구청구를 유지하고 선택적으로 신청구를 추가하였으므로 선택적 병합이 문제된다.

(1) 의 의

선택적 병합이란 양립할 수 있는 수개의 경합적 청구권에 기하여 동일 취지의 급부를 구하거나 양립할 수 있는 수개의 형성권에 기하여 동일한 형성적 효과를 구하는 경우에 그 어느 한 청구가 인용될 것을 해제조건으로 하여 다른 청구에 관한 심판을 구하는 병합 형태를 말한다.

(2) 요 건 [양, 수, 논, 일]

ⅰ) 양립가능한 청구일 것, ⅱ) 수개의 청구권·형성권의 경합할 것, ⅲ) 청구사이의 논리적 관련성이 있을 것, ⅳ) 청구병합의 일반요건으로서 신·구청구가 동종의 소송절차에 의하여 심리될 수 있어야 하고, 모든 청구에 대하여 당해 법원에 관할권이 있을 것이 요구된다.

(3) 사안의 경우

구청구인 증여해제를 원인으로 한 소유권이전등기청구와 신청구인 양도합의를 원인으로 한 소유권이전등기청구는 어느 하나가 인용되면 소의 목적을 달성할 수 있으므로 양립가능하며, 해당토지의 소유권이전등기를 목적으로 하므로 양 청구원인간에 관련성이 있으며, 민사소송으로 소송절차가 공통되고, 부동산의 경우 부동산소재지에 관할법원이 있으므로(제20조) 선택적 병합이 된다.

Ⅱ. 문제 2.의 해결 - 선택적 병합에서 일부판결 가부(불가)

1. 판 례

선택적 병합의 경우에는 수개의 청구가 하나의 소송절차에 불가분적으로 결합되어 있기 때문에 선택적 청구 중 하나만을 기각하는 일부판결은 선택적 병합의 성질에 반하는 것으로서 법률상 허용되지 않는다(대판 1998.7.24. 96다99).[3]

---

[2] [학설] ① 분쟁이익 자체가 공통적인 것으로 보는 이익설, ② 신·구 청구 간에 사회현상인 사실이나 사실자료가 공통적인 경우로 보는 사실자료동일설, ③ 신·구 청구 간에 사실자료와 이익관계가 공통적인 경우로 보는 병용설이 대립한다.

[3] [관련판례] "제1심판결 선고 전의 명예훼손행위에 관하여 손해배상청구를 하였으나 피고가 그 내용이 진실이라고 믿을 만한 상당한 이유가 있다는 이유로 청구를 기각당한 원고가 그 항소심에서 청구취지를 변경하지 아니한 채 피고가 제1심판결 선고 후 행한 새로운 명예훼손행위를 청구원인으로 추가하였다면 이는 다른 특별한 사정이 없는 한 피고의 새로운 명예훼손행위를 원인으로 하는 손해배상청구를 선택적으로 병합하는 취지라고 볼 것이다. 그러므로 그 항소심이 새로운 명예훼손행위를 원인으로 한 선택적 병합청구에 관하여 아무런 판단도 하지 아니한 채 원고의 청구를 기각하는 것은 판단누락에 해당한다"(대판 2010.5.13. 2010다8365).

2. 검토 및 사안의 해결

판결의 모순되는 것을 방지하기 위하여 선택적 병합의 경우 일부판결이 허용되지 않는다는 判例의 입장이 타당하다. 따라서 사안의 경우 제1심법원이 원고의 선택적 청구 중 증여해제를 원인으로 한 소유권이전등기청구만을 판단하여 기각하고, 나머지 청구에 대하여 아무런 판단을 하지 아니한 조치는 위법하다.

3. 위법한 일부판결에 대한 구제책(상소·재심)

이에 대한 구제책[4]과 관련하여 判例는 판단누락임을 전제로 "원고가 이와 같이 위법한 제1심판결에 대하여 항소한 이상 원고의 선택적 청구 전부가 항소심으로 이심되었다고 할 것이므로, 선택적 청구 중 판단되지 않은 청구 부분이 재판의 탈루로서 제1심법원에 그대로 계속되어 있다고 볼 것은 아니다"(대판 1998.7.24. 96다99)고 하는바, 따라서 **판단누락에 준하여 상소**(제451조 1항 단서)와 **재심**(제451조 1항 9호)으로 다투어야 한다.

III. 문제 3.의 해결

1. 문제점

선택적 병합에서 한 청구에 대한 인용판결이 선고되어 피고가 항소를 제기한 경우 항소심이 나머지 청구를 임의로 선택하여 심판할 수 있는지 여부가 문제된다.

2. 판 례

선택적 병합의 경우도 상소불가분의 원칙에 따라 항소심에 전 청구가 이심되므로 항소심은 1심에서 판단되지 않은 청구라도 선택하여 심판할 수 있다. 다만 1심에서 판단한 청구는 이유가 없고, 오히려 판단하지 않은 청구가 이유 있을 때 항소심이 어떤 판결을 하여야 하는지 불이익변경금지원칙과 관련하여 문제되는바, 判例는 "수개의 청구가 제1심에서 처음부터 선택적으로 병합되고 그중 어느 한 개의 청구에 대한 인용판결이 선고되어 피고가 항소를 제기한 경우는 물론, 원고의 청구를 인용한 판결에 대하여 피고가 항소를 제기하여 항소심에 이심된 후 청구가 선택적으로 병합된 경우에 있어서도 항소심은 제1심에서 인용된 청구를 먼저 심리하여 판단할 필요는 없고, **선택적으로 병합된 수개의 청구 중 제1심에서 심판되지 아니한 청구를 임의로 선택하여 심판할 수 있다**"(대판 1992.9.14. 92다7023)고 한다.

3. 항소심의 판결주문[5]

判例는 "선택적으로 병합된 수개의 청구 중 제1심에서 심판되지 아니한 청구를 임의로 선택하여 심판할 수 있으나, 심리 결과 그 청구가 이유있다고 인정되고 그 결론이 제1심판결의 주문과 동일한 경우에도 피고의 항소를 기각해서는 안 되며, 제1심판결을 취소한 다음 새로이 청구를 인용하는 주문을 선고하여야 한다"(대판 1992.9.14. 92다7023)고 하여 **취소자판설**(항소인용설)의 입장이다(제416조).

생각건대 인용되는 권리를 명확하게 밝혀 준다는 의미에서 취소자판설이 타당하다. 따라서 사안의 경우 항소심법원은 제1심에서 인용된 증여해제를 원인으로 한 소유권이전등기청구를 먼저 심판하지 않고 원고가 항소심에서 선택적으로 추가한 양도합의를 원인으로 한 소유권이전등기청구를 임의로 선택하여 먼저 심판할 수 있다.

---

4) [학설] ① 판단누락설은 선택적 병합은 일부판결이 허용되지 않으므로 이를 전부판결로 보고 다만 판단누락에 준하는 위법이 있다고 하고, ② 재판누락설은 이는 재판누락이 되어 판단을 하지 않은 부분은 원심에 계속 중이므로 원심법원이 추가판결을 하여야 한다고 보며, ③ 절충설은 청구에 관한 것이므로 재판누락으로 볼 것이지만, 선택적 병합의 특성상 그 자체가 심리의 불가분성에 위반된 위법한 판결이어서 제1심에서 추가판결을 할 수 없다고 한다.

5) [학설] ① 항소기각설은 원고로서는 소송 목적을 달성하였다는 점에서 1심의 판결과 다를바 없으므로 항소를 기각하고 1심 판결을 유지해야 한다는 견해이며(제414조 2항), ② 취소자판설은 1심 판결을 취소하고 청구인용의 자판을 하여야 한다는 견해이다(제416조).

〈공통된 사실관계〉

甲은 "乙이 甲과의 운송계약에 따라 甲 소유의 시가 8억 원 상당의 X 기계를 운반하던 중 X 기계가 멸실되었다."라고 주장하면서 乙을 상대로 불법행위 또는 채무불이행으로 인한 손해배상금 8억 원의 지급을 청구하는 소(이하 'A소'라고 한다)를 제기하였다.

※ 재판상 자백 및 소송상 신의칙 위반은 고려하지 말 것.

〈변경된 사실관계〉

A소의 소송과정에서 甲은 "X 기계의 시가는 10억 원이고, 청구금액 8억 원은 그 중 일부 금액이다."라고 명시적으로 주장하였다.

〈문제 2.〉

甲은 A소의 소송 과정에서 이상과 같은 주장사실을 모두 증명하였고, X 기계의 멸실이 전적으로 乙의 과실에 의한 것이라고 주장하였으나, 乙은 과실비율에 대하여 아무런 주장을 하지 않았다. 심리 결과 법원은 "X 기계의 멸실은 甲과 乙의 과실에 의한 것이고, 甲과 乙의 과실비율은 각 50%이다."라는 확신을 갖게 되었다. 법원은 어떠한 판결을 선고하여야 하는가?

II. 문제 2.의 해결 - 일부청구에서의 과실상계, 선택적 병합

1. 논점의 정리

과실상계가 직권조사사항인지 여부, 처분권주의와 관련하여 명시적 일부청구에서 과실상계의 방법, 선택적 청구 중 하나에 대하여 일부만 인용하는 경우 다른 선택적 청구에 대한 심판방법이 문제된다.

2. 과실상계가 직권조사사항인지 여부

(1) 판 례

判例는 "피해자에게 과실이 인정되면 법원은 손해배상의 책임 및 그 금액을 정하면서 이를 참작하여야 하며, 배상의무자가 피해자의 과실에 관하여 주장하지 않는 경우에도 소송자료에 의하여 과실이 인정되는 경우에는 이를 법원이 직권으로 심리·판단하여야 한다"(대판 2009.8.20. 2008다51120, 51137, 51144, 51151)고 판시하여 과실상계를 직권조사사항으로 본다.

(2) 사안의 경우

乙이 과실비율에 대해 아무런 주장을 하지 않았다 하더라도 법원은 甲의 손해배상청구에 대해 甲의 과실을 직권으로 참작하여야 한다(민법 제396조).

3. 일부청구와 과실상계

(1) 학설 및 판례

피해자가 일부청구를 하는 경우에 과실상계를 어떻게 할 것인가에 관하여, 청구 부분에 한하여 과실상계 비율을 정한다는 '안분설'이 있으나, 일부청구를 하는 당사자의 통상적 의사에 비추어 볼 때 判例가 판시하는 바와 같이, (청구부분에 비례하여 과실상계비율을 정하지 않고) 손해의 전액에서 과실비율에 의한 감액을 하고 그 잔액(금액)이 청구액을 초과하지 않을 경우에는 그 잔액을 인용하고, 잔액이 청구액을 초과할 경우에는 청구의 전액을 인용하는 '외측설'이 타당하다(대판 1976.6.22. 75다819 ; 대판 2008.12.24. 2008다51649).[1]

(2) 사안의 경우

손해 전액인 10억 원에서 과실상계한 잔액 5억 원이 청구액을 초과하지 않으므로 잔액인 5억 원이 인용된다.

4. 선택적 병합의 심판방법

(1) 선택적 병합의 의의 및 요건 [양, 수, 논, 일]

선택적 병합이란 양립할 수 있는 수개의 경합적 청구권에 기하여 동일 취지의 급부를 구하거나 양립할 수 있는 수개의 형성권에 기하여 동일한 형성적 효과를 구하는 경우에 그 어느 한 청구가 인용될 것을 해제조건으로 하여 다른 청구에 관한 심판을 구하는 병합 형태를 말한다. 선택적 병합이 인정되기 위해서는 ⅰ) 양립가능한 청구일 것, 2) 수개의 청구권·형성권의 경합일 것, ⅲ) 청구사이의 논리적 관련성이 있을 것, ⅳ) 청구 병합의 일반 요건을 갖출 것이 요구된다.

(2) 선택적 병합의 심판방법

원고청구인용판결에 있어서는 이유 있는 청구 어느 하나를 선택하여 인용하고 나머지 청구에 관한 판단을 할 필요가 없지만, 원고청구기각판결을 하는 경우에는 병합된 청구 전부에 대하여 배척하는 판단이 필요하다.

(3) 선택적 청구 중 하나에 대하여 일부만 인용하는 경우

"청구의 선택적 병합은, 양립할 수 있는 여러 개의 청구권에 의하여 동일한 취지의 급부를 구하거나 양립할 수 있는 여러 개의 형성권에 기하여 동일한 형성적 효과를 구하는 경우에, 그 어느 한 청구가 인용될 것을 해제조건으로 하여 여러 개의 청구에 관한 심판을 구하는 병합 형태이다. 이와 같은 선택적 병합의 경우에는 여러 개의 청구가 하나의 소송절차에 불가분적으로 결합되어 있기 때문에, **선택적 청구 중 하나에 대하여 일부만 인용하고 다른 선택적 청구에 대하여 아무런 판단을 하지 아니한 것은 위법하다**"(대판 2016.5.19. 전합2009다66549).

(4) 사안의 경우

불법행위에 기한 손해배상청구와 채무불이행에 기한 손해배상청구는 양립가능하고 논리적 연관성이 있어 선택적 병합관계이다. 따라서 법원이 양 청구권 중 하나에 대하여 8억 원의 청구 중 일부인 5억 원을 인용한다면, 법원이 선택한 청구에 대해서는 5억 원 부분은 인용하고 3억 원 부분은 기각하며, 선택하지 않은 청구에 대해서는 3억 원 부분을 기각하는 판결을 선고하여야 한다. 선택하지 않은 청구 중 5억 원 부분은 판단하지 않는다.

사례_156 **(진정)예비적 병합, 불이익변경금지원칙**   2014년 6월·2019년 6월 법전협 모의

乙은 2001. 5. 1. 甲을 상대로 주위적으로 X가옥과 Y대지에 관하여 매매계약을 원인으로 한 소유권이전등기청구를, 예비적으로 가옥 X와 대지 Y에 대한 소유권이전등기청구가 불능인 경우 채무불이행 또는 불법행위를 원인으로 한 손해배상청구를 병합하여 소를 제기하였다. 이에 甲은 乙의 소유권이전등기청구권은 소멸시효완성에 의해 소멸되었다고 항변하였다. 제1심법원이 2001. 9. 1. 乙의 예비적 청구를 인용하는 판결을 선고하였고, 이에 甲만 항소한 경우, 항소심 법원은 심리결과 주위적 청구가 이유있다고 보아 주위적 청구를 인용하는 판결을 선고할 수 있는가?

---

1) **[판결주문]** "원고의 채무는 ○○ 원을 초과하여서는 존재하지 않음을 확인한다. 원고의 나머지 청구는 기각한다"

Ⅰ. 문제점

항소심 법원이 불복하지 않은 주위적 청구인 소유권이전등기청구를 인용하기 위해서는 소유권이전등기청구가 항소심으로 이심되어야 하고 인용판결이 불이익변경금지원칙에 위배되지 않아야 한다. 사안에서 피고 甲의 항소에 의해 소유권이전등기청구부분도 이심되고, 소유권이전등기청구도 항소심의 심판범위에 포함되어 항소심법원이 이를 인용할 수 있는 것인지 문제된다.

Ⅱ. 甲의 청구의 병합형태(객관적 예비적 병합)

소유권이전등기청구와 이행불능에 따른 손해배상청구는 양립불가능한 수개의 청구를 순서를 붙여 병합하여 주위적 청구의 인용을 해제조건으로 예비적 청구에 관해 심판을 구하는 형태의 병합에 해당하므로 '객관적 예비적 병합'에 해당한다.

Ⅲ. 이심의 범위(전부)

상소 제기에 의한 확정차단·이심의 효력은 원칙적으로 상소인의 불복신청의 범위에 관계없이 원판결의 전부에 대해 불가분적으로 발생하는데, 이를 '상소불가분의 원칙'이라고 한다. 객관적 예비적 병합에서 주위적 청구를 기각하고 예비적 청구를 인용한 것은 전부판결에 해당하는바, 상소불가분의 원칙에 의해 주위적 청구인 소유권이전등기청구도 확정이 차단되고 항소심으로 이심된다.

Ⅳ. 불이익변경금지원칙에 위배되는지 여부(적극)

1. 문제점

항소법원이 제1심 판결의 당부에 대해 구체적으로 심판할 수 있는 것은 항소 또는 부대항소한 당사자의 불복신청의 범위에 한하며, 그 한도를 넘어서 제1심판결을 불이익 또는 이익으로 변경할 수 없는 원칙을 불이익변경금지원칙이라고 한다(제415조). 주위적 청구를 배척하고 예비적 청구를 인용한 판결에 대해 피고만 항소한 경우 항소심 법원이 주위적 청구를 심판대상으로 삼는 것이 불이익변경금지원칙에 위배되는지 문제된다.

2. 판 례(예비적 청구에 국한)

대법원은 "제1심에서 주위적 청구를 기각하고 예비적 청구를 인용한 판결에 대하여 피고만이 항소한 때에는, 이심의 효력은 사건 전체에 미치더라도 원고로부터 부대항소가 없는 한 항소심의 심판대상으로 되는 것은 예비적 청구에 국한된다"(대판 1995.2.10. 94다31624)고 판시하였다.

3. 검토 및 사안의 경우

원고가 부대항소를 하지 않음에도 주위적 청구를 심판대상으로 하는 것은 처분권주의 원칙상 원고의 의사에 반하고 항소한 피고에게 불이익변경금지 원칙은 준수되어야 하므로 判例는 타당하다. 따라서 항소심 법원은 피고가 항소한 예비적 청구에 대해서만 판단할 수 있을 뿐이며, 주위적 청구인 소유권이전등기청구에 대해서는 판단할 수 없다(이 경우 주위적 청구를 인용하는 것은 항소한 피고에게 제1심 판결보다 불이익하게 변경하는 것이기 때문이다).

Ⅴ. 사안의 해결

피고 乙의 항소에 의해 주위적 청구인 소유권이전등기청구 또한 항소심으로 이심되나, 이에 대한 부대항소가 없는 이상 법원은 주위적 청구를 심판대상으로 삼을 수 없으므로 주위적 청구를 인용하는 판결을 선고할 수 없다.

甲은 2000. 3. 3. X토지의 소유자 乙로부터 X토지를 매수하면서 당일 대금을 완납하고 점유를 이전받았으나 소유권이전등기를 마치지 않았다. 乙이 2018. 4. 4. 사망하자 X토지는 자녀인 丙과 丁에게 공동상속되었다. 丙은 2018. 9. 9. 위조된 상속재산분할합의서를 근거로 X토지 전체에 관하여 본인 명의로 소유권이전등기를 마쳤다. 甲은 2021. 12. 12. 丙을 상대로 X토지에 관하여 주위적으로 매매계약을, 예비적으로 취득시효 완성을 원인으로 한 소유권이전등기청구의 소를 제기하였다.

1. 위 소송의 변론과정에서 甲은 乙로부터 X토지를 매수하였음을 증명하지 못하였지만, 2000. 3. 3. 이후 현재까지 X토지를 계속하여 점유하고 있음을 증명하였다. 이 경우 법원은 어떠한 판결을 선고하여야 하는가? (20점)

II. 제1문의 2.의 경우(20)

1. 문제점

甲의 丙에 대한 소위 '부진정예비적 병합'의 허용여부 및 이 때 법원이 내려야 할 판결을 검토해 본다.

2. 甲의 병합 청구의 모습(부진정 예비적 병합)

매매계약을 원인으로 한 소유권이전등기청구와 취득시효 완성을 원인으로 한 소유권이전등기청구는 '양립가능'하고 判例의 입장인 구소송물이론에 따르면 별개의 청구이므로 객관적 성질상 선택적 병합인데, 여기에 원고가 '심판순서'를 붙여 청구하였으므로 이는 소위 '부진정 예비적 병합'에 해당한다.

3. 甲의 부진정 예비적 병합의 인정여부

(1) 판 례

대법원은 "청구의 예비적 병합은 논리적으로 양립할 수 없는 수 개의 청구에 관하여 주위적 청구의 인용을 해제조건으로 예비적 청구에 대하여 심판을 구하는 형태의 병합이라 할 것이지만, 논리적으로 양립할 수 있는 수 개의 청구라 하더라도 당사자가 심판의 순위를 붙여 청구를 할 '합리적 필요성'이 있는 경우에는 당사자가 붙인 순위에 따라서 당사자가 먼저 구하는 청구를 심리하여 이유가 없으면, 다음 청구를 심리하여야 한다"(대판 2002.2.8. 2001다17633)고 판시하여 **예비적 병합으로 취급**(순서에 구속되어 심판)한다.

(2) 사안의 경우

'양립가능'한 청구라도 원고가 '심판순서'를 정한 소위 '부진정 예비적 병합이상 '처분권주의'에 비추어 이를 존중할 필요가 있으므로 判例의 입장이 타당하며, 사안의 경우 甲이 실체관계에 가장 부합하는 매매계약에 기한 소유권이전등기를 먼저 청구할 '합리적 필요성'이 인정되므로 따라서 甲의 청구는 적법하다.

4. 甲의 부진정 예비적 병합의 심판방법

선택적 병합관계에 순서를 붙인 '부진정 예비적 병합'의 경우에도 원고가 정한 순서에 따라 심리, 판단해야 하므로 1차 청구를 먼저 심판하여 인용되면 2차 청구를 심판할 필요가 없고, 1차 청구가 기각되면 2차 청구를 심판한다. 따라서 甲의 주위적 청구를 먼저 검토하고, 주위적 청구가 기각될 경우 예비적 청구를 검토하여야 한다.

5. 甲의 주위적 청구

甲은 乙로부터 X토지를 매수하였음을 증명하지 못하였으므로 甲이 丙을 상대로 X토지에 관하여 매매계약을 원인으로 제기한 소유권이전등기청구(민법 제568조)의 소는 기각된다. 甲의 주위적 청구가 기각되었으므로 법원은 甲의 예비적 청구에 대하여 판단하여야 한다.

6. 甲의 예비적 청구

(1) 甲의 점유취득시효 완성여부

ⅰ) 20년간 ⅱ) 소유의 의사로 ⅲ) 평온, 공연하게 부동산을 점유하는 자는 ⅳ) 등기함으로써 그 소유권을 취득한다(민법 제245조 1항).

1) 20년간 점유

甲은 소송의 변론과정에서 2000. 3. 3. 이후 2021. 12. 12. 소제기 현재까지 X토지를 계속하여 점유하고 있음을 증명하였으므로 20년 이상 점유요건을 충족하였다.

2) 자주점유

점유자 甲이 주위적 청구에서 매매와 같은 자주점유의 권원을 주장하였으나 이것이 인정되지 않는 경우에도 甲의 점유가 타주점유임에 대한 주장·증명책임은 丙에게 있고, 甲은 여전히 자주점유로 추정된다(대판 1997.8.21. 전합95다28625 ; 대판 2014.4.10. 2013다74080).

[관련판례] 소유의 의사는 1차적으로 점유취득의 원인이 된 사실, 즉 '권원의 객관적 성질'에 의하여 정하고, 점유권원의 성질이 분명하지 아니한 때에는 2차적으로 민법 제197조 1항에 의하여 소유의 의사로 점유한 것으로 추정한다. 또한 점유자가 스스로 매매 등과 같은 자주점유의 권원을 주장하였으나 이것이 인정되지 않은 경우에도 자주점유의 추정이 가능한지에 대해 判例는 '본래 자주점유의 입증책임이 점유자에게 있지 않다'는 것을 이유로 긍정한다(대판 1983.7.12. 전합82다708등).

3) 평온·공연한 점유

甲의 평온·공연한 점유는 추정되므로(민법 제197조 1항), 시효취득을 부정하는 丙이 평온·공연한 점유가 아님을 증명하여야 한다.

4) 등기청구

취득시효 완성 당시의 진정한 소유자가 원칙적으로 등기청구의 상대방이다. 사안의 경우 乙의 사망과 위조된 상속재산분할합의서를 근거로 한 丙 명의의 소유권이전등기가 문제된다.

(2) 乙의 사망과 상속관계

乙이 2018. 4. 4. 사망하면서 상속재산인 X토지는 공동상속인 丙과 丁이 각 1/2 지분씩 공유한다(민법 제1000조 1항 1호, 제1006조, 제1009조 1항). 비록 丙이 부정한 방법으로 공유물인 X토지 전부에 대해 소유권이전등기를 한 경우라 하더라도 등기는 물권의 효력발생요건이지 효력 존속 요건은 아니므로 그 물권의 효력에는 아무런 영향을 미치지 않는다(대판 2010.2.11. 2009다68408). 따라서 甲의 취득시효완성 시점인 2020. 3. 3. 당시 소유자인 丙과 丁은 甲에 대해 취득시효완성을 원인으로 한 소유권이전등기의무를 각 1/2 지분씩 부담한다.

(3) 법원의 판단

1) 일부인용 판결

X토지에 대한 丙명의의 등기 중 1/2 지분등기는 무효이므로, 甲의 丙에 대한 예비적 청구는 1/2 지분 한도에서 일부인용 판결을 선고해야 한다.[1]

---

1) 이 경우 甲은 X토지에 대한 점유취득시효완성을 원인으로 하는 소유권이전등기청구권을 피보전채권으로 하여 丁을 대위하여 丙을

2) 전부인용 판결을 할 수 있는 경우

만약 丁이 丙의 위조에 의한 상속권 침해 사실 안 이후 현재 시점을 기준으로 3년이 지났다면, 상속회복청구권의 제척기간 경과로 丁은 더 이상 丙의 1/2 지분 등기말소를 구할 수 없고 결국 상속 개시 시점으로 소급하여 X토지 전체가 丙의 소유로 확정되는 효과가 발생한다(제999조 2항) 이 경우 법원은 丙에 대한 예비적 청구의 전부를 인용하는 판결을 선고해야 한다.

7. 사안의 해결

법원은 甲의 주위적 청구에 대해서는 기각판결을 선고해야 하고, 예비적 청구에 대서는 설문만으로는 丁이 丙의 상속권 침해 사실을 알았는지 여부를 알 수 없으므로 "甲은 丙에게 X토지에 대한 1/2 지분이전등기를 경료하라"는 일부 인용 판결을 선고해야 한다.

사례_158 **부진정예비적병합의 인정여부(1) – 위법한 일부판결에 대한 구제책, 항소심 법원의 판단** 2016년 6월 · 2019년 10월 법전협 모의, 2010년 · 2014년 법원행정고시

〈제1문의 1〉

〈기초적 사실관계〉

甲은 2018. 4. 1. 그 소유의 2층 건물 중 1층 부분 100㎡(이하 '이 사건 건물' 이라고 함)를 乙에게 임대보증금 2억 원, 월차임 200만 원, 임대차기간 2년으로 정하여 임대하면서 같은 날 임대보증금을 수령함과 동시에 이 사건 건물을 인도하였고, 乙은 이 사건 건물에서 음식점 영업을 하고 있다.

2019. 5. 1. 24:00경 이 사건 건물 내부에서 원인불명의 화재가 발생하여 이 사건 건물이 불에 타 소실되는 사고가 발생하였다.

이 사건 화재의 발화지점은 1층 음식점 내로 추정되나, 발화원인에 관하여는 이 사건 화재를 진압한 서울서초소방서는 전기적 요인이 많아 보이나 명확한 증거를 찾을 수 없다는 이유로 원인미상으로 판정하였고, 화재현장을 감식한 서울지방경찰청 화재감식반은 전기합선이나 누전에 의한 발화가능성을 배제할 수 없으나, 화재로 인하여 전선을 지지하는 석고보드가 소실되었고 전선의 배선상태를 파악하기 곤란하여 구체적인 발화원인은 미상이라고 판정하였다.

甲이 乙을 상대로 불법행위에 기한 1억 원의 손해배상청구의 소를 제기하였다. 위 소송에서 甲은 乙의 과실로 화재가 발생하였다고 주장하였으나, 乙은 평소 이 사건 건물에 관하여 전기안전공사의 정기안전점검을 받아왔고, 이 사건 화재가 발생한 당일에도 안전점검을 마치고 전기 스위치를 내린 후 잠금장치를 하고 퇴근하였으므로 乙은 이 사건 화재에 아무런 책임이 없다고 주장하고 있다. 甲은 제1심 소송계속 중 불법행위의 요건사실을 모두 증명하기 어려워 패소할 수도 있다는 생각이 들자, 채무불이행에 기한 손해배상청구를 예비적으로 추가하였다(아래의 각 설문은 독립적임).

〈문제 1.〉

제1심 법원은 甲이 붙인 심판의 순위에 따라 판단하여 甲의 청구 중 불법행위에 기한 청구를 기각하고 채무불이행에 기한 청구에 대하여는 판단을 하지 않았다. 甲이 청구기각 부분에 대하여 불복하여 항소를 제기하였다. **항소심 법원의 심리결과 불법행위에 기한 손해배상청구가 이유 없다는 심증을 얻었다면 어떠한 판결을 선고할 것인가? (15점)**

상대로 X토지에 대한 丙명의의 무효인 1/2 지분이전등기의 말소를 청구한 후 丁을 상대로 X토지에 대한 1/2 지분이전등기를 청구할 수 있다(대판 2005.5.26. 2002다43417).

제1심 법원은 주위적 청구인 불법행위에 기한 손해배상청구는 기각하고 채무불이행에 기한 청구를 인용하는 판결을 선고하였다. 위 제1심 판결에 대하여 乙만 항소하였다. **항소심 법원의 심리결과 불법행위에 기한 손해배상청구가 이유 있다는 심증을 얻었다면 어떠한 판결을 선고할 것인가? (15점)**

I. 문제 1.의 해결 - 위법한 일부판결에 대한 구제책

1. 논점의 정리

① 甲의 예비적 청구가 논리적으로 양립가능하여 선택적 병합에 해당하는지, ② 선택적 병합에 해당한다면 원고패소 판결을 하면서 병합된 청구 중 어느 하나를 판단하지 아니한 경우 항소심의 심판범위가 문제된다.

2. 청구의 병합과 형태

(1) 부진정예비적병합의 의의 및 종류

양립가능한 청구에 대하여 순서를 붙여 예비적 병합의 형태로 청구하는 경우를 부진정예비적병합이라 하는데, 부진정예비적병합의 형태로는 단순병합관계에 순서를 붙인 경우와, 선택적 병합관계에 순서를 붙인 경우가 있다.

(2) 부진정예비적병합의 심판방법과 심판범위(병합청구의 객관적 성질에 따라 결정)

判例는 "병합의 형태가 선택적 병합인지 예비적 병합인지는 당사자의 의사가 아닌 병합청구의 성질을 기준으로 판단하여야 하고, 항소심에서의 심판 범위도 그러한 병합청구의 성질을 기준으로 결정하여야 한다"(대판 2014.5.29. 2013다96868)고 한다. 즉 判例는 부진정 예비적병합의 심판방법과 심판범위는 병합청구의 성질에 따라 결정한다.

(3) 사안의 경우(선택적 병합관계에 순서를 붙인 경우)

判例에 따르면 불법행위에 기한 손해배상청구와 채무불이행에 기한 손해배상청구는 그 청구 모두가 동일한 목적을 달성하기 위한 것으로서 어느 하나의 채권이 변제로 소멸한다면 나머지 채권도 그 목적 달성을 이유로 동시에 소멸하는 관계에 있으므로 선택적 병합 관계에 있다(대판 2018.2.28. 2013다26425). 따라서 사안의 경우 甲이 채무불이행에 기한 손해배상청구를 예비적으로 추가하였다 하더라도 이러한 청구의 병합은 예비적 병합이 아닌 선택적 병합의 방법으로 심판하여야 한다.

3. 선택적 병합의 심판과 항소심의 심판범위

(1) 선택적 병합의 심판방법

선택적 병합에서 원고청구인용판결을 하는 경우에는 이유 있는 청구 어느 하나를 선택하여 인용하고 나머지 청구에 관한 판단을 할 필요가 없지만, 원고청구기각판결을 하는 경우에는 병합된 청구 전부에 대하여 배척하는 판단이 필요하다(대판 2016.5.19. 전합2009다66549).

(2) 위법한 일부판결에 대한 구제책

1) 문제점

선택적 병합청구에 대해 원고청구기각판결을 하면서 병합된 어느 한 청구에 대해서 배척판단을 하지 않은 경우 이는 위법한 일부판결인데 이에 대한 구제책이 문제된다.

2) 판 례(판단누락설)

判例는 판단누락임을 전제로 "원고가 이와 같이 위법한 제1심판결에 대하여 항소한 이상 원고의 선택적 청구 전부가 항소심으로 이심되었다고 할 것이므로, 선택적 청구 중 판단되지 않은 청구 부분이 재판의 탈루로서 제1심법원에 그대로 계속되어 있다고 볼 것은 아니다"(대판 1998.7.24. 96다99)고 하였다.

3) 검 토

'판단누락'이란 하나의 소송물을 이유있게 하는 공격방어방법으로서, 판결에 영향을 미칠 중요한 사항에 관하여 판단을 표시하지 않은 경우를 말한다(제451조 1항 9호). 따라서 여러 청구의 선택적 병합에서 어느 하나의 판단을 하지 않은 것은 판단누락이라 할 수 없다. 그러나 일부판결이 허용되지 않는 소송에서는 재판누락(제212조)이 있을 수 없으므로 이 경우 판단누락에 준하는 위법이 있는 것으로 해석하는 판단누락설이 타당하다.

4. 결 론

사안에서 제1심 법원이 甲의 선택적 청구 중 불법행위에 기한 손해배상청구만을 판단하여 기각하고 채무불이행에 기한 청구에 대하여는 아무런 판단을 하지 아니한 조치는 판단누락의 위법이 있으므로, 甲이 청구기각부분에 대하여 항소하더라도 선택적 청구 전부가 항소심으로 이심된다. 따라서 항소심 심리결과 불법행위에 기한 손해배상청구가 이유 없다는 심증을 얻었다면 채무불이행에 기한 청구에 관하여 심리 판단하여야 한다.

II. 문제 2.의 해결 - 부진정예비적병합에서 주위적 청구 기각, 예비적 청구 인용판결에 피고만 항소한 경우

1. 논점의 정리

원고가 선택적 병합으로 할 사건을 예비적 병합으로 추가한 경우 피고가 인용된 예비적 청구에 대하여만 항소한 경우 항소심의 심판범위가 문제된다.

2. 병합형태의 결정과 항소심의 심판범위[1]

불법행위에 기한 손해배상청구와 채무불이행에 기한 손해배상청구는 선택적 병합 관계에 있는데(대판 2018.2.28. 2013다26425), 부진정 예비적병합의 심판방법과 심판범위는 병합청구의 성질에 따라 결정하기 때문에(대판 2014.5.29. 2013다96868), 判例는 "선택적 병합 관계에 있는 두 청구에 관하여 당사자가 주위적·예비적으로 순위를 붙여 청구하였고, 그에 대하여 제1심법원이 주위적 청구를 기각하고 예비적 청구만을 인용하는 판결을 선고하여 피고만이 항소를 제기한 경우에도, 항소심으로서는 두 청구 모두를 심판의 대상으로 삼아 판단하여야 한다"(대판 2014.5.29. 2013다96868)고 판시하였다.

3. 항소심 법원의 판단

선택적 병합의 경우 원고청구기각판결을 하는 경우에는 병합된 청구 전부에 대하여 배척하는 판단이 필요하나, 원고청구인용판결에 있어서는 이유 있는 청구 어느 하나를 선택하여 인용하고 나머지 청구에 관한 판단을 할 필요가 없다.

사안의 경우 피고 乙이 인용된 예비적 청구에 대하여만 항소를 제기하였으나 항소심 법원은 두 청구 모두 심판하여야 하므로, 주위적 청구인 불법행위에 기한 청구가 이유 있다고 판단하는 경우에는 원심판결을 전부 취소하고 불법행위에 기한 청구 부분을 인용하는 판결을 선고하여야 하며, 나머지 청구에 대하여는 심판을 요하지 않는다.

---

[1] 선택적 병합의 경우 하나의 전부판결이므로 확정차단 및 이심의 범위, 항소심의 심판대상은 전부이다. 수개의 청구가 제1심에서 선택적으로 병합되고 그 중 어느 하나의 청구에 대한 인용판결이 선고되어 피고가 항소를 제기한 때에는 제1심이 판단하지 아니한 나머지 청구까지도 항소심으로 이심되어 항소심의 심판 범위가 되므로, 항소심이 원고의 청구를 인용할 경우에는 선택적으로 병합된 수개의 청구 중 어느 하나를 임의로 선택하여 심판할 수 있으나, 원고의 청구를 모두 기각할 경우에는 원고의 선택적 청구 전부에 대하여 판단하여야 한다(대판 2010.5.27. 2009다12580).

4. 결론

원심판결을 전부 취소하고 불법행위에 기한 청구 부분을 인용하는 판결을 선고하여야 한다.[2]

사례_159 **부진정예비적병합의 인정여부(2)** 2014년 법원행정고시

B는 A에게 '가죽 옷 구입에 돈이 모자라니 1억 원을 주면 1주일 후에 2,000만 원을 더해서 1억 2,000만 원을 주겠다'고 하였다. A는 B에게 수차례에 걸쳐 1억 원을 주었다. B는 위 1억 원으로 가죽 옷을 구매하여 의류 생산·납품·판매업체를 운영하는 C에게 납품하였다. C는 원래 피고가 납품한 가죽의류제품을 일본의 거래처에 납품하려고 하였으나 제품에 하자가 있어 납품하지 못하고 국내에서 위탁판매, 직영점 판매의 방법으로 처분하기로 하였다. 그런데 위 가죽의류제품 판매가 잘 이루어지지 않아 C가 B에게 물품대금을 지급하지 못하였고, B도 A에게 돈을 돌려주지 못하였다. A는 B를 상대로 1억 원의 대여금 청구소송을 제기하였는데, 불법행위에 기한 손해배상 청구를 예비적 청구로 추가하면서 대여금 청구를 주위적 청구로 변경하였다. 제1심 법원은 제2항 설문과 같은 이유로 A의 주위적 청구를 기각하고, 'B가 자신이 가죽 제품을 구입하여 C에게 공급한다는 사실을 숨기고 C가 직접 가죽의류제품을 구입하여 판매하는 것처럼 가장하여 1억 원을 받은 것이 불법행위'라는 이유로 예비적 청구를 인용하였다. 위 판결에 B만이 항소하였다. 항소심 심리결과 제1심과 달리 차용의 주체는 B이고, 불법행위가 인정되지 아니하였다. **항소심 법원은 어떠한 판결을 하여야 하는지 설명하시오.**

(민사소송법의 맥 D-03 참조)

I. 문제점

A는 B에 대한 대여금 청구에 불법행위에 기한 손해배상 청구를 예비적 추가적 병합하였고, 제1심 법원이 주위적 청구를 기각하고 예비적 청구만을 인용하는 판결을 선고하여 피고 B만이 항소하였는 바, i) A의 예비적 청구의 추가가 예비적 병합의 요건 중 '양립할 수 없는 청구'에 해당하는지, ii) 해당하지 않는다면 '양립할 수 있는 청구'에 순서를 붙인 부진정 예비적 병합도 허용되는지, iii) 허용된다고 하더라도 무엇을 기준으로 항소심의 심판범위를 결정할 것인지, iv) 제1심에서 예비적 청구만을 인용한 경우 모든 청구가 확정이 차단되고 이심되는지, v) 항소심 심리결과 제1심과 달리 주위적 청구만 이유 있다고 인정되는 바, 항소심 법원이 어떠한 판결을 하여야 하는지 문제된다.

II. A의 예비적 추가적 병합의 허용 여부

1. A의 예비적 청구가 주위적 청구와 양립할 수 없는 관계인지 여부(소극)

선택적 병합과 예비적 병합은 모두 기초되는 사실관계에 있어 논리적 관련성이 있어야 바, 선택적 병합은 논리적으로 '양립할 수 있는' 수 개의 권리에 기해 청구하는 때에 한하여 인정되는 반면, 예비적 병합은 논리적으로 '양립할 수 없는' 수 개의 권리에 기해 청구하는 경우 인정되는 것이 원칙이다.

사안의 경우 A가 B를 상대로 불법행위에 기한 손해배상을 청구하기 위하여 반드시 그 소비대차계약을 기망을 이유로 취소하여야 하는 것은 아니므로 A의 B에 대한 주위적 청구인 대여금 청구와 예비적 청구인 불법행위에 기한 손해배상청구는 논리적으로 양립할 수 있는 경우에 해당한다.

---

2) 나머지 청구에 대해서는 심판을 요하지 않음.

2. 부진정 예비적 병합의 허용여부(적극)

判例는 "논리적으로 양립할 수 있는 수 개의 청구라 하더라도 당사자가 심판의 순위를 붙여 청구를 할 합리적 필요성이 있는 경우에는 당사자가 붙인 순위에 따라서 당사자가 먼저 구하는 청구를 심리하여 이유가 없으면 다음 청구를 심리하여야 한다"(대판 2002.2.8. 2001다17633)고 하여 **양립할 수 있는 청구에 순서를 붙인 부진정 예비적 병합도 허용**된다고 한다.

사안의 경우 양청구를 모두 판단하여야 하는 단순병합과 달리, 대여금청구를 인용하면 불법행위 손해배상청구를 판단할 필요가 없고, 불법행위 손해배상청구를 인용하면 대여금청구를 판단할 필요가 없다는 점에서, 순위를 붙여 청구를 할 합리적 필요성이 있는 경우이므로, A의 예비적 병합청구는 일응 허용된다.

Ⅲ. 항소심 법원의 판결

1. 항소심에서의 심판 범위의 결정기준

判例는 "병합의 형태가 선택적 병합인지 예비적 병합인지는 당사자의 의사가 아닌 병합청구의 성질을 기준으로 판단하여야 하고, 항소심에서의 심판범위도 그러한 병합청구의 성질을 기준으로 결정하여야 한다"(대판 2014.5.29. 2013다96868)고 한다. 따라서 사안의 경우 A의 병합청구의 성질은 실질적으로는 선택적 병합의 관계에 있으므로 항소심에서의 심판 범위도 이에 따라 결정되어야 할 것이다.

2. 항소심에서의 심판 대상

(1) 확정차단 및 이심

선택적 병합의 경우 제1심에서 어느 하나의 청구를 인용한 경우 피고가 항소의 이익이 있으므로 피고의 항소가 있으면 모든 청구가 확정이 차단되고 이심된다. 그리고 이 경우에는 인용되지 않은 다른 청구도 항소심의 심판대상이 된다. 사안의 경우 제1심 법원이 A의 주위적 청구를 기각하고 예비적 청구를 인용하여 피고 B만이 항소한 바, 항소심으로서는 두 청구 모두를 심판의 대상으로 삼아 판단하여야 한다.

(2) 항소심이 다른 청구가 이유 있다고 인정한 경우

判例는 "심리한 결과 다른 청구가 이유 있다고 인정되고 그 결론이 제1심판결의 주문과 동일한 경우에도 피고의 항소를 기각하여서는 안되며 제1심판결을 취소한 다음 새로이 청구를 인용하는 주문을 선고하여야 할 것이다"(대판 1992.9.14. 92다7023)고 하여 항소인용설(제416조)의 입장이다.[1]

사안에서 항소심 심리결과 제1심과 달리 주위적 청구가 이유 있고 예비적 청구는 인정되지 않는 것으로 판단되므로, 항소심 법원은 제1심판결을 취소한 다음 새로이 주위적 청구는 인용하고 예비적 청구는 기각하는 주문을 선고하여야 할 것이다.

Ⅳ. 사안의 해결

A의 B에 대한 주위적 청구인 대여금 청구와 예비적 청구인 불법행위에 기한 손해배상청구는 양립할 수 있는 청구에 순서를 붙인 부진정 예비적 병합의 청구로서 허용되나, 실질적으로는 선택적 병합 관계에 있으므로 제1심 법원이 주위적 청구를 기각하고 예비적 청구를 인용하여 피고 B만이 항소한 경우에도 항소심으로서는 두 청구 모두를 심판의 대상으로 삼아 판단하여야 한다. 따라서 항소심 심리결과 제1심과 달리 주위적 청구가 이유 있고 예비적 청구는 인정되지 않는 것으로 판단된 이상 항소심 법원은 제1심판결을 취소하고 새로이 주위적 청구를 인용하고 예비적 청구는 기각하는 판결을 하여야 한다.

---

1) 이에 대하여 학설은 항소심이 제1심이 인용한 청구는 이유가 없고 다른 청구가 이유 있다고 판단하였다 하더라도 항소를 기각하고 제1심 판결을 유지해야 한다는 항소기각설(제414조 2항)이 일반적이다.

甲회사는 乙회사를 상대로 「부정경쟁방지 및 영업비밀보호에 관한 법률」 제5조에 기하여 2010. 1. 1.부터 2013. 6. 30.까지의 부정경쟁행위로 인한 손해배상을 청구하였다. 이에 대하여 제1심 법원은 甲의 청구를 기각하는 판결을 선고하였다. 甲회사는 항소심에서 위 청구를 철회하고 구 「상표법」 제67조에 기한 손해배상을 청구하는 것으로 청구원인을 변경하였다. 그 후 甲회사는 다시 「부정경쟁 방지 및 영업비밀보호에 관한 법률」 제5조에 기하여 2010. 1. 1.부터 2014. 3. 3.까지의 부정경쟁행위 로 인한 손해배상청구를 추가하였다. **이와 같은 甲의 청구의 추가가 재소금지의 원칙에 저촉되는지 설명하시오.**　　　　　　　　　　　　　　　　　　　　　　　　　　(민사소송법의 맥 D-05 참조)

Ⅰ. 결 론

甲의 추가청구 중에서 2010. 1. 1.부터 2013. 6. 30.까지의 청구부분은 재소금지의 원칙에 저촉되나, 2013. 7. 1.부터 2014. 3. 3.까지의 청구부분은 재소금지의 원칙에 저촉되지 않는다.

Ⅱ. 논 거

1. 항소심에서 청구원인을 변경한 것이 소의 교환적 변경에 해당하는지 여부(적극)

소의 교환적 변경이란 당사자와 법원의 동일성을 유지하면서, 구청구에 대신하여 신청구에 대해 심 판을 구하는 것인바(제262조), 소송물의 변경이 아닌 단순한 공격방어방법의 변경과는 구별된다. 사 안에서 '구 「상표법」 제67조에 기한 손해배상청구권'과 '「부정경쟁방지 및 영업비밀보호에 관한 법 률」 제5조에 기한 손해배상청구권'은 별개의 소송물이므로, 소송물을 「부정경쟁방지 및 영업비밀보 호에 관한 법률」 제5조에 기한 손해배상청구권에서 구 「상표법」 제67조에 기한 손해배상청구권으로 변경하였다가 다시 「부정경쟁방지 및 영업비밀보호에 관한 법률」 제5조에 기한 손해배상청구권으 로 변경한 것은 소의 교환적 변경에 해당한다.

2. 교환적 변경의 요건 [기, 지, 전, 일]

(1) 소 변경의 적법요건

ⅰ) 청구기초의 동일성이 있을 것, ⅱ) 신청구의 심리를 위해 소송절차를 현저히 지연시키지 않을 것, ⅲ) 사실심에 계속되고 변론종결 전일 것, ⅳ) 청구병합의 일반요건으로서 신·구청구가 동종의 소송절차에 의하여 심리될 수 있어야 하고, 모든 청구에 대하여 당해 법원에 관할권이 있을 것이 요구된다(제262조).

(2) 사안의 경우

「부정경쟁방지 및 영업비밀보호에 관한 법률」 제5조에 기한 손해배상청구와 구 「상표법」 제67조 에 기한 손해배상청구는 동일한 생활사실 또는 경제적 이익에 관한 분쟁에 있어서 그 해결방법에 차이가 있는 것으로 보이므로 ⅰ) 청구기초의 동일성이 인정되며, ⅱ) 소송절차를 현저히 지연시키 는 사정도 보이지 않는다. ⅲ) 사실심변론종결 전에 변경신청을 한 것이며, 기타 병합요건의 위배여 부도 문제되지 않는다. ⅳ) 다만 일반소송요건과 관련하여 재소금지원칙에 위배되는지 문제된다.

3. 재소금지원칙 위배여부(소극)

(1) 소의 교환적 변경과 재소금지의 해당 여부(소의 교환적 변경의 법적 성질)

1) 재소금지의 요건 [당, 소, 리, 본]

본안에 관하여 종국판결이 있은 뒤에는 이미 취하한 소와 동일한 소를 제기할 수 없다(제267조 2항). 재소금지는 ⅰ) 당사자 동일, ⅱ) 소송물 동일, ⅲ) 권리보호이익의 동일, ⅳ) 본안에 대한 종국판결 선고 뒤의 취하의 요건을 갖추어야 한다. ⅳ)의 충족 여부와 관련하여 소의 교환적 변경의 경우에도 재소금지의 적용을 받는지 문제된다.

2) 판 례

判例는 "소의 교환적 변경은 신청구의 추가적 병합과 구청구의 취하의 결합형태로 볼 것이므로 본안에 대한 종국판결이 있은 후 구청구를 신청구로 교환적 변경을 한 다음 다시 본래의 구청구로 교환적 변경을 한 경우에는 종국판결이 있은 후 소를 취하하였다가 동일한 소를 다시 제기한 경우에 해당하여 부적법하다"(대판 1987.11.10. 87다카1405)고 하여, 재소금지의 적용을 받는다는 입장이다.

(2) 사안의 경우

사안에서 당사자가 동일하며 별도의 권리보호이익이 인정되는 사정은 보이지 않고, 본안에 대한 종국판결 선고 뒤의 취하의 요건은 충족하였다. 다만 소송물이 동일한지와 관련하여 2010. 1. 1.부터 2013. 6. 30.까지의 손해배상청구는 전 청구와 소송물이 동일하므로 재소금지의 원칙에 저촉되어 각하되어야 하나, 2013. 7. 1.부터 2014. 3. 3.까지의 손해배상청구부분은 이전 청구와 다른 신청이므로 소송물이 다르다. 따라서 이 부분은 재소금지의 원칙에 저촉되지 않아 적법하다.

判例도 "부정경쟁방지 및 영업비밀보호에 관한 법률 제4조, 제5조에 기하여 침해금지청구, 일정 기간의 부정경쟁행위로 인한 손해배상청구를 하였다가 패소한 후 항소심에서 이를 철회하는 등 청구원인을 변경한 자가, 다시 다른 기간의 부정경쟁행위로 인한 침해금지청구 및 손해배상청구를 추가한 사안에서, 추가한 청구가 제1심의 청구와 소송물이 동일하다고 보기 어렵고 다시 청구할 필요도 있어 재소금지의 원칙에 저촉되지 않는다"(대판 2009.6.25. 2009다22037)고 판시한바 있다.

사례_161 **채권자취소소송(1) – 피보전채권의 변경이 소변경인지 여부** 2013년 6월 법전협 모의

甲은 2010. 1. 1. 乙로부터 그의 유일한 재산인 X 토지를 1억 원에 매수하기로 약정하고 대금을 전액지급하였으나, 乙이 소유권이전등기를 해주지 아니하자 채무불이행을 이유로 같은 해 6. 1. 위 매매계약을 적법하게 해제하였다. 이에 乙은 甲에 대한 매매대금반환채무를 면탈할 의도로 처남인 丙과 통정하여 허위로 2010. 7. 1. 丙에게 위 토지를 1억 2천만 원에 매도하는 내용의 매매계약을 체결하고 같은 날 丙 명의로 소유권이전등기를 경료하였다(서울중앙지방법원 2010. 7. 1. 접수 제5678호). 그 후 丙은 같은 해 10. 1. 친구인 丁에게 위 토지를 매도하고 같은 날 丁 명의로 소유권이전등기를 경료하여 주었다(동 법원 2010. 10. 1. 접수 제6789호).
한편 甲은 해제 직후인 2010. 6. 7. 위 매매대금반환채권을 피보전권리로 하여 X 토지를 가압류하였으나, 같은 해 7. 15. 乙이 丙에게 위와 같이 토지를 양도한 사실을 알게 되었고, 이에 乙의 재산을 조사한 결과 같은 해 11. 10. 경 乙에게 위 토지 외에는 다른 재산이 없음을 알게 되었다.

〈소송의 경과〉
이에 2011. 10. 10. 甲은 乙과 丙 사이의 매매행위가 사해행위라고 주장하면서, ① 乙을 상대로 매매대금 1억 원의 반환을, ② 乙, 丙을 상대로 피고 乙과 피고 丙이 체결한 2010. 7. 1.자 매매계약의 취소를, ③ 丙, 丁을 상대로 피고 丙과 피고 丁이 체결한 2010. 10. 1.자 매매계약의 취소를 구하고, ④ 피고 丙, 丁은 피고 乙에게 위 토지에 관하여 경료된 소유권이전등기의 말소등기절차를 이행하라는 소를 제기하였다. 위 사건 심리 결과 위 사실관계 및 丙, 丁이 모두 악의임이 인정되었다.

〈추가된 사실관계〉
위 사건 심리결과 위 매매계약이 적법하게 해제되지 않았음이 밝혀지자 원고는 이 사건 심리 도중인 2011. 12. 1.자 준비서면에서 피보전채권을 '매매대금반환채권 1억 원'에서 '2010. 7. 5.자 대여금채권 1억 원'으로 바꾸어 주장하면서 위 준비서면을 변론기일에 진술하였다.
위와 같은 피보전채권의 교환적 변경은 제척기간과 관련하여 문제가 없는가?

(민사소송법의 맥 D-04 참조)

Ⅰ. 채권자취소권의 피보전채권의 변경이 소의 변경인지 여부(소극)

1. 판례

判例는 "채권자가 사해행위의 취소를 청구하면서 그 보전하고자 하는 채권을 추가하거나 교환하는 것은 그 사해행위취소권을 이유 있게 하는 공격방법에 관한 주장을 변경하는 것일 뿐이지 소송물 또는 청구 자체를 변경하는 것이 아니므로 소의 변경이라 할 수 없다"(대판 2003.5.27. 2001다13532)고 한다.

2. 사안의 경우

피보전채권의 변경은 공격방법에 관한 주장을 변경하는 것일 뿐 소의 변경이 아니므로 처음의 취소의 소제기가 제척기간 내에 이루어졌다면 제척기간이 경과한 후에 피보전채권을 변경하더라도 제척기간 내에 소가 제기된 것으로 인정된다. 따라서 사안에서 교환적 변경일인 2011. 12. 1.이 아닌 최초의 소제기일인 2011. 10. 10.을 기준으로 제척기간 준수여부를 판단해야 한다.

Ⅱ. 제척기간 준수여부(적극)

甲이 취소원인을 안 날은 2010. 11. 10.이고 이로부터 1년이 경과하기 전인 2011. 10. 10. 채권자취소 소송을 제기하였으므로 제척기간을 준수하였다(민법 제406조 2항).

사례_162 **채권자취소소송(2) - 피보전채권의 변경이 소변경인지 여부** 2018년 10월 법전협 모의

〈공통된 사실관계〉
甲은 2009. 7. 18. 乙로부터 X 부동산을 매수하고 2010. 7. 28. 소유권이전등기를 마침으로써 그 소유권을 취득한 이래 X 부동산을 점유하고 있다. 丙은 乙에 대한 A 채권을 보전하기 위하여 甲을 상대로 하여 甲-乙간 위 매매계약이 사해행위에 해당한다는 이유로 사해행위 취소 및 원상회복 청구소송('이 사건 소'라고 함)을 제기하였다.

〈문제 1.〉
丙은 제척기간이 도과하기 전에 이 사건 소를 제기하였는데, 소송 도중 A채권이 변제로 소멸하자 피보전채권을 B채권으로 변경하겠다는 신청을 하였고, 그 변경신청서 접수 당시를 기준으로 하면 제척기간이 도과한 상태였다. 법원은 丙의 변경신청을 받아들여 본안판결을 할 수 있는가?

Ⅰ. 문제 1.의 해결 - 피보전채권의 변경이 사해행위 취소소송의 청구변경인지 여부

1. 논점의 정리

피보전채권의 변경이 사해행위 취소소송의 청구변경인지 여부가 문제된다. 청구의 교환적 변경에 해당한다면 청구변경서를 법원에 제출한 때를 기준으로 제소기간준수여부를 판단하게 되므로(제265조), 丙의 소는 부적법하게 된다.

2. 피보전채권의 변경이 사해행위 취소소송의 청구변경인지 여부

소변경과 공격방법의 변경을 구별하는 기준은 소송물이론이다. 그런데 채권자취소권의 소송물은 채권자취소권 자체이고, 피보전채권의 존재, 사해행위의 존재, 사해의사의 존재는 법률요건에 해당한다(민법 제406조). 따라서 判例는 "채권자가 사해행위의 취소를 청구하면서 그 보전하고자 하는 채권을 추가하거나 교환하는 것은 그 사해행위취소권을 이유 있게 하는 공격방법에 관한 주장을 변경하는 것일 뿐이지 소송물 또는 청구 자체를 변경하는 것이 아니므로 소의 변경이라 할 수 없다"(대판 2003.5.27. 2001다13532)고 판시하였다.

3. 사안의 경우

丙이 제척기간이 도과하기 이전에 사해행위취소의 소를 제기한 이상, 제척기간 도과 이후에 피보전채권을 A채권에서 B채권으로 변경하더라도, 이는 소변경이 아니라 공격방어방법의 변경에 불과하므로, 법원은 丙의 변경청구를 받아들여 본안판결을 할 수 있다.

사례_163 채권자대위소송에서의 소변경 - 대위채권자가 피대위채권을 양수한 경우
대판 2010.6.24. 2010다17284

甲은 乙과 주택신축공사에 관한 도급계약을 체결하고 공사를 시작하였고, 2000. 1. 20. 甲은 3천만 원에 해당하는 공사잔대금을 두 달 후에 받기로 하고 도급인 乙에게 완공된 주택을 인도하였다. 그리고 甲은 2000. 2. 20. 丙으로부터 토지거래허가구역 내에 있는 신축중인 X건물을 사무실로 사용하고자 매수하고 계약금을 지급하였다. 이 후 관할관청으로부터 토지거래허가를 받았으나 중도금을 지급하지 못하던 중 甲은 乙이 이행을 지체하던 2002. 4. 20. 乙에 대한 채권을 중도금 지급에 갈음하여 丙에게 양도하였다.
만약 丙이 2000. 3. 20. 甲을 대위하여 乙을 상대로 공사잔대금 3천만 원에 대한 채무이행의 소를 제기하다가 2003. 5. 20. 직접 乙을 상대로 한 양수금 3천만 원에 대한 채무이행의 소로 청구변경을 하였다면, 乙이 소멸시효 완성을 주장하는 경우 乙의 주장은 이유가 있는가?

(민사소송법의 맥 B-07 참조)

Ⅰ. 문제점 - 채권자대위 소송에서 양수금청구로 소변경 한 경우 시효중단의 효력이 소멸하는지 여부(소극)

채권양도가 있기 이전에 채권자대위소송을 제기한 丙이 채권을 양수한 다음 소멸시효가 완성된 이후에야 양수금채권이행청구로 청구변경을 한 경우(제262조), 소멸시효 중단의 효력이 유지되는지 여부가 문제된다. 이는 시효중단의 범위와 관련이 있다.

Ⅱ. 시효중단의 범위

1. 시효중단의 물적 범위 및 인적범위

재판상 청구에 의한 시효중단의 범위에 관해, 통설·判例는 소송물 그 자체에 국한하지 않고 재판상 청구를 통해 권리를 행사한 것으로 볼 수 있는 경우에까지 이를 확대한다(권리행사설).[1] 즉, 시효중단사 유인 재판상 청구를 기판력이 미치는 범위와 일치하여 고찰할 필요는 없다. 그리고 시효중단의 효과 는 당사자 외에 승계인에게도 인정된다(민법 제169조).

2. 사안의 경우

丙(원고)이 채권자대위권에 기해 청구를 하다가 당해 피대위채권 자체를 양수하여 양수금청구로 소를 변경한 경우, 判例가 판시하고 있는 바와 같이 "이는 청구원인의 교환적 변경으로서 채권자대위권에 기한 구 청구는 취하된 것으로 보아야 하나, 그 채권자대위소송의 소송물은 채무자의 제3채무자에 대한 공사잔대금청구권인데, 위 양수금청구는 丙(원고)이 위 공사잔대금청구권 자체를 양수하였다는 것이 어서 양 청구는 동일한 소송물에 관한 권리의무의 특정승계가 있을 뿐 그 소송물은 동일한 점, 시효중단의 효력 은 특정승계인에게도 미치는 점 등[2]에 비추어 볼 때, 당초의 채권자대위소송으로 인한 시효중단의 효력 이 소멸하지 않는다"(대판 2010.6.24. 2010다17284). 따라서 乙의 소멸시효 완성 주장은 이유가 없다.

사례_164 **반소(1) - 상호관련성, 항소심에서의 반소** 　대판 1996.3.26. 95다45545

甲은 乙에게 그 소유의 X 건물을 매매대금 5억 원에 매도하고, 乙로부터 계약금 5,000만 원을 지급받았 다. 이후 乙은 丙에게 이 사건 건물을 매매대금 6억 원에 매도하고, 계약금 및 중도금 합계 3억 원을 지급받았다. 이후 乙은 丙으로부터 잔금지급과 상환으로 소유권이전등기를 해달라는 요청을 받고, 丙 이 송금하자, 乙은 소요서류를 위조하여 이 사건 건물에 관하여 甲으로부터 직접 丙앞으로 소유권이전 등기를 마쳐주었다(단, 丙은 甲과 乙사이의 내부사정에 관하여는 아는 바 없었고, 등기가 위조된 사실 에 대해서도 알지 못하였다).
이후 이를 알게 된 甲이 丙을 상대로 이 사건 건물의 소유권이전등기의 말소등기를 구하는 소를 제기 하였다. 丙은 甲의 등기말소청구소송에서 자신은 乙로부터 이 사건 건물 전부를 매수하였으므로 자신 명의의 소유권이전등기는 원인무효가 아니라고 항변하였다. 그러나 제1심법원은 丙의 항변에 대하여 충분히 심리하였으나 甲의 청구를 인용하는 판결을 선고하였고, 이에 丙은 항소하였다. 항소심에서 丙은 乙을 대위하여 甲을 상대로 위 말소등기청구가 인용되면 甲은 乙에게 소유권이전등기절차를 이행 하라는 취지의 반소를 제기하였다. 이에 甲은 반소기각 답변만을 하였을 뿐 위 반소제기에 동의하지 않았다. **위 반소는 적법한가? 결론과 그 논거를 서술하시오.** 　　(민사소송법의 맥 D-09 참조)

Ⅰ. 결 론

丙이 제기한 반소는 적법하다.

---

[1] 원칙적으로는 소송물로 주장한 권리관계에 대하여만 시효중단의 효력이 발생한다. 예컨대 소송물이론 중 구이론에 따를 때 소송물 인 원고 주장의 실체법상의 권리만이 중단의 대상이 되는바, 여관투숙객이 화재로 인하여 상해를 입은 경우 불법행위에 기한 손해배 상청구권을 주장하였다면 불법행위에 기한 손해배상채권의 시효만이 중단되고 채무불이행으로 인한 손해배상채권의 시효는 중단되 지 않는다.

[2] 그 외에도 "계속 중인 소송에 소송목적인 권리 또는 의무의 전부나 일부를 승계한 특정승계인이 소송참가하거나 소송인수한 경우에 는 소송이 법원에 처음 계속된 때에 소급하여 시효중단의 효력이 생기는 점, 원고는 위 공사잔대금채권을 채권자대위권에 기해 행사 하다 다시 이를 양수받아 직접 행사한 것이어서 위 계약금반환채권과 관련하여 원고를 '권리 위에 잠자는 자'로 볼 수 없는 점"(대판 2010.6.24. 2010다17284)에 비추어 시효중단의 효력이 소멸하지 않는다고 보아야 한다.

Ⅱ. 논 거

1. 반소의 요건 [관, 지, 전, 일]

반소는 특별소송요건(병합요건)으로서 ⅰ) 반소청구가 본소의 청구 또는 방어의 방법과 서로 관련이 있을 것(상호관련성), ⅱ) 본소의 소송절차를 현저히 지연시키지 아니할 것, ⅲ) 본소가 사실심에 계속되고 변론종결 전일 것, ⅳ) 청구병합의 일반요건을 갖출 것, 아울러 반소도 소이므로 일반소송요건도 갖추어야 한다(예를 들면 중복소제기금지, 재소금지의 원칙 등에 저촉되지 않아야 하고 소의 이익이 인정되어야 한다). 사안의 경우 다른 요건은 문제되지 않으나, 위 반소가 상호관련성이 인정되는지, 항소심에서 제기된 반소로서의 요건을 갖춘 것인지 문제된다.

2. 본소의 방어방법과의 상호관련성의 의미

본소의 방어방법과 반소청구가 상호관련성이 있다는 것은 반소청구가 본소청구의 항변사유와 대상·발생원인에 있어서 사실상 또는 법률상 공통성이 있는 경우를 말하며, 본소의 방어방법과 관련된 반소는 ⅰ) 그 방어방법이 반소제기 당시에 현실적으로 제출되어야 하며 ⅱ) 법률상 허용되어야 한다.

사안에서 丙은 甲의 말소등기청구에 대한 항변으로 丙과 乙의 매매계약체결사실을 제출하였으며, 법률상 금지되는 것이 아니므로 위 반소청구와 본소의 방어방법은 상호관련성이 인정된다.

3. 항소심에서의 반소시 상대방의 동의

(1) 항소심에서의 반소시 상대방의 동의요부(적극)

반소는 항소심에서도 제기할 수 있다. 다만 제412조는 1항에서 항소심에서 반소제기시 상대방의 동의를 요구하고 있다. 이는 원고의 심급의 이익을 보호하기 위한 것이다.

(2) 상대방의 '반소기각의 답변'을 동의로 볼 수 있는지 여부(소극)

제412조는 2항에서 반소의 본안에 관하여 이의 없이 변론할 경우 동의를 의제하고 있다. 그러나 判例는 "항소심에서 피고가 반소장을 진술한 데 대하여 원고가 "반소기각 답변"을 한 것만으로는 2항 소정의 '이의 없이 반소의 본안에 관하여 변론을 한 때'에 해당한다고 볼 수 없다"고 한다(대판 1991.3.27. 91다1783)

(3) 상대방의 동의 필요여부 [중, 원, 충, 예]

위와 같이 2002년 개정법 전에는 항소심에서 반소 제기시에는 상대방의 동의를 요구하였다. 그런데 상대방의 심급이익을 해하지 않는 경우에도 동의가 필요한지 문제되었다. 判例는 "반소청구의 기초를 이루는 실질적인 쟁점에 관하여 제1심에서 본소의 청구원인 또는 방어방법과 관련하여 충분히 심리되었다면, 항소심에서의 반소제기를 상대방의 동의 없이 허용하더라도 상대방에게 제1심에서의 심급의 이익을 잃게 하거나 소송절차를 현저하게 지연시킬 염려가 있다고 할 수 없으므로, 이러한 경우에는 상대방의 동의 여부와 관계없이 항소심에서의 반소 제기를 허용하여야 한다"(대판 1996.3.26. 95다45545)고 하였고 2002년 개정법은 이러한 判例의 입장을 반영하여 항소심에서의 '반소는 상대방의 심급의 이익을 해할 우려가 없는 경우 또는 상대방의 동의를 받은 경우에 제기할 수 있다'고 규정하였다(제412조 1항). ⅰ) 중간확인의 반소, ⅱ) 본소와 청구원인을 같이하는 반소, ⅲ) 제1심에서 이미 충분히 심리한 쟁점과 관련된 반소, ⅳ) 항소심에서 반소의 변경으로 예비적 반소를 추가하는 경우 등의 경우에는 원고의 심급의 이익을 해할 우려가 없다고 해석된다.

(4) 사안의 경우

甲이 반소기각답변만을 한 것만으로는 반소동의가 의제되지 않는다. 그러나 제1심에서 丙은 이미 丙과 乙의 매매계약체결사실을 항변으로 제출하였고 이에 대하여 법원이 충분히 심리하였으므로, 위 반소는 甲의 심급의 이익을 해할 우려가 없다. 따라서 위 반소제기는 적법하다.

〈기초적 사실관계〉

甲은 乙로부터 X부동산을 5억 원에 매수하였다며 2017. 3. 2. 乙을 상대로 "乙은 甲에게 X부동산에 관하여 2015. 7. 1. 매매를 원인으로 한 소유권이전등기절차를 이행하라."라는 취지의 소유권이전등기청구의 소를 제기하였다.

〈추가적 사실관계〉 제1심 법원이 甲의 청구를 기각하자 甲이 항소하였다. 乙은 항소심에서 X부동산에 관한 매매계약이 해제되었다고 주장하고, 만일 해제되지 않았다면 甲은 乙에게 매매 잔대금 1억 원을 지급할 의무가 있다고 주장하면서 예비적으로 "甲은 乙에게 1억 원을 지급하라."라는 취지의 반소를 제기하였다.

〈문제 3.〉 항소심 법원이 항소기각 판결을 한다면 위 반소청구에 대하여 판단을 하여야 하는가?

I. 결 론

항소심 법원은 반소 청구에 대하여 판단을 할 필요가 없다.

II. 논 거

1. 반소의 적법 여부 [관, 지, 전, 일]

반소는 특별소송요건(병합요건)으로서 ⅰ) 반소청구가 본소의 청구 또는 방어의 방법과 서로 관련이 있을 것(상호관련성), ⅱ) 본소의 소송절차를 현저히 지연시키지 아니할 것, ⅲ) 본소가 사실심에 계속되고 변론종결 전일 것, ⅳ) 청구병합의 일반요건(동종절차, 공통관할)을 갖출 것, 아울러 반소도 소이므로 일반 소송요건도 갖추어야 한다

사안의 경우, 乙은 "만일 매매계약이 해제되지 않았다면 매매잔대금 1억원을 지급하라"는 취지의 반소를 제기하였는바, 이는 甲의 본소 (매매를 원인으로 하는 소유권이전등기 청구)에서의 방어방법(동시이행항변)과 상호 관련이 있고, 그 외 요건도 충족하는 것으로 보인다. 나아가, 반소의 청구 원인 또한 매매계약으로서, 본소와 청구원인을 같이하므로 상대방의 심급의 이익을 해할 우려가 없는 때에 해당한다. 따라서 乙의 반소는 적법하다.

2. 예비적 반소의 의의 및 판단 요부

예비적 반소는 본소청구가 인용될 때를 대비하여 조건부로 반소청구에 대하여 심판을 구하는 것으로 ⅰ) 본소청구가 각하·취하되면 반소청구는 소멸되며, ⅱ) 본소청구가 기각되면 반소청구에 아무런 판단을 요하지 않는다(대판 1991.6.25. 91다1615). 이 경우 반소청구에 대하여 판단을 하면 무효이다.

사안의 경우, 乙의 반소는 원고의 청구가 인용될 경우를 전제로 반대급부인 매매대금의 지급을 청구하는 것이므로 예비적 반소에 해당한다. 그런데 甲의 항소가 기각됨으로써 원고의 본소청구를 기각한 1심 판결이 유지되고 있으므로, 예비적 반소인 乙의 매매대금 청구 부분은 판단할 필요가 없다.

반소(3) – 예비적 반소(예비적 반소와 본소의 각하판결에 대하여 원고만 항소한 경우 항소심의 이심의 범위와 심판의 대상)

乙은 생전에 X와 X소유의 토지를 2억 원에 매수하기로 하였는데, 대금을 지급하지 못한 상태에서 의료사고로 사망하게 되었다. 이에 乙의 상속인 N은 매매가 유효하다고 주장하면서 X에게 위 토지의 1/2 지분에 대한 소유권이전등기절차를 이행하라는 소를 제기하였다. X는 소송계속 중에 N을 상대로 1/2 지분에 대한 소유권이전등기청구가 인용되면 매매대금 2억 원을 지급하라는 취지의 반소를 제기하였다. 제1심법원은 소의 이익이 없음을 이유로 원고의 본소와 피고의 반소를 모두 각하하였다.

〈문제 1.〉
N의 소와 X의 소가 모두 소의 이익이 없는 경우라면, 제1심법원의 판결이 정당한가?

(민사소송법의 맥 D-07 참조)

〈문제 2.〉
이에 원고 N만 항소하였고, 항소심법원은 제1심판결을 취소하고 원고의 청구를 인용하는 판결을 하면서 제1심판결에 대하여 원고만이 불복 항소하였으므로 원심의 심판범위는 본소청구에 관한 것으로 한정된다고 하면서 반소청구에 대하여 아무런 판단을 하지 않았다. 위 항소심법원의 판결은 정당한가?

(민사소송법의 맥 D-07 참조)

Ⅰ. 문제 1.의 경우

1. 결 론

제1심법원이 예비적 반소를 각하한 것은 부당하다.

2. 논 거

(1) 예비적 반소의 의의·특성

예비적 반소는 본소청구가 인용될 때를 대비하여 조건부로 반소청구에 대하여 심판을 구하는 것을 말한다. 이 경우 ① 본소청구가 각하·취하되면 반소청구는 소멸되며, ② 본소청구가 기각되면 반소청구에 아무런 판단을 요하지 않는다.

(2) 사안의 경우

判例에 의하면 "피고의 예비적 반소는 본소청구가 인용될 것을 조건으로 심판을 구하는 것으로서 제1심이 원고의 본소청구를 배척한 이상 피고의 예비적 반소는 제1심의 심판대상이 될 수 없는 것이고, 이와 같이 심판대상이 될 수 없는 소에 대하여 제1심이 판단하였다고 하더라도 그 효력이 없다"(대판 2006.6.29. 2006다19061)고 한다. 따라서 제1심법원이 본소청구를 각하하면서 예비적 반소청구에 대하여 각하판결을 한 것은 심판대상이 될 수 없는 소에 대하여 판단한 것으로서 부당한 판결이다.

Ⅱ. 문제 2.의 경우

1. 결 론

항소심법원의 판결은 부당하다.

2. 논 거

(1) 예비적 반소와 본소의 각하판결에 대하여 원고만 항소한 경우 항소심의 이심의 범위와 심판의 대상

1) 항소심으로의 이심여부(적극)

상소불가분원칙이란 판결의 확정차단의 효력과 이심의 효력은 원칙적으로 불복신청의 범위와 관계 없이 원판결 전부에 대해 불가분으로 발생하는 것을 말한다. 청구의 객관적 병합의 경우, 상소불가 분원칙은 하나의 전부판결을 한 경우에 적용된다.

N의 본소청구와 X의 반소청구 모두에 대해 소각하 판결을 한 경우, 전술하였듯이 예비적 반소에 대 한 판단이 무효로서 형식적으로 일부판결이나 실질적으로는 하나의 사건을 완결하는 **전부판결**이므 로 원고의 본소청구에 대해서만 항소하였더라도 상소불가분원칙상 예비적 반소청구도 확정이 차단 되고 2심으로 이심된다.

2) 항소심의 심판대상여부(적극)

a. 문제점

불이익변경금지원칙이란 1심판결은 그 불복의 한도 안에서만 바꿀 수 있다는 것을 말하는 바(제415 조 본문), 항소하지 않은 예비적 반소청구에 대해 심판하는 것이 항소한 원고에게 불이익한 변경인 지 문제된다.

b. 판 례

判例는 "피고의 예비적 반소는 본소청구가 인용될 것을 조건으로 심판을 구하는 것으로서 제1심이 원고의 본 소청구를 배척한 이상 피고의 예비적 반소는 제1심의 심판대상이 될 수 없는 것이고, 이와 같이 심판 대상이 될 수 없는 소에 대하여 제1심이 판단하였다고 하더라도 그 효력이 없다고 할 것이므로, 피고 가 제1심에서 각하된 반소에 대하여 항소를 하지 아니하였다는 사유만으로 이 사건 예비적 반소가 원심의 심판대상으로 될 수 없는 것은 아니라고 할 것이고, 따라서 **원심**(주: 항소심을 의미함)으로서는 원 고의 항소를 받아들여 원고의 본소청구를 인용한 이상 피고의 예비적 반소청구를 심판대상으로 삼아 이를 판단 하였어야 한다"(대판 2006.6.29. 2006다19061)고 판시하여 예비적 반소도 항소심의 심판의 대상이 된다고 본다. 즉, 불이익변경금지원칙에 반하지 않는다고 보았다.

c. 검토 및 사안의 경우

위 판결에 대하여 피고가 재판결과에 승복하여 항소·부대항소를 하지 아니하는 마당에 항소심이 심판을 하는 것이므로 처분권주의 및 불이익변경금지원칙에 반한다는 비판이 있다. 하지만 예비적 반소는 본소가 인용될 때를 대비한 조건부 청구이고 예비적 반소의 인용을 원고도 예상할 수 있으 며, 1심에서의 예비적 반소에 대한 판단은 무효이므로 항소심에서 이를 판단한다고 하여 불이익한 변경이라고 볼 수도 없는바, 判例의 입장이 타당하다. 따라서 항소심법원이 N의 청구를 인용한 이상 X의 예비적 반소청구를 심판대상으로 삼아 판단하여야 한다.

(2) 사안의 해결

원고 N의 항소에 의하여 예비적 반소도 항소심에 이심되고, 항소심의 심판대상이 된다. 따라서 항소 심 법원은 원고의 본소청구를 인용한 이상 예비적 반소청구에 대하여 판단하였어야 함에도 불구하 고 이를 판단하지 않았으므로 항소심 법원의 판단은 부당하다.

甲과 乙은 2010. 3. 1. 甲이 乙에게 X 토지를 매도하는 매매계약을 체결하였다. 乙은 계약금 및 중도금을 지급하고 나머지 잔금은 2010. 3. 31. 지급하기로 약정하였다. 그런데 잔금을 지급하기 전 戊는 乙에 대한 대여금 채권을 보전하기 위하여 2010. 7. 15. 乙의 甲에 대한 X 토지에 관한 위 매매를 원인으로 한 소유권이전등기청구권을 가압류하였고, 그 가압류 결정은 2010. 7. 22. 甲에게 송달되었다. 甲은 2011. 2. 10. 乙을 상대로 잔대금의 지급을 구하는 소를 제기하였다. 그 후 乙은 甲에게 잔대금을 지급할 테니 X 토지에 관한 소유권이전등기절차를 이행해 달라고 요구하였으나 甲이 이를 거절하자, 2011. 7. 25. 甲을 피공탁자로 하여 잔대금을 변제공탁한 다음, 같은 날 甲을 상대로 X 토지에 관하여 위 매매를 원인으로 한 소유권이전등기절차의 이행을 구하는 반소를 제기하였다. 이에 甲은 戊가 乙의 甲에 대한 위 소유권이전등기청구권에 관하여 가압류하였으므로 乙의 반소청구에 응할 수 없다고 주장하는 한편, 乙에 대한 잔대금지급 청구의 소를 취하하였고, 乙은 甲의 소취하에 대하여 동의하였다. **乙의 甲에 대한 반소청구에 대한 각 결론[청구전부인용, 청구일부인용(일부 인용되는 경우 그 구체적인 금액 또는 내용을 기재할 것), 청구기각]을 그 논거와 함께 서술하시오.**　　(민사소송법의 맥 D-08 일부변형)

Ⅰ. 결 론

가압류를 해제할 것을 조건으로 乙의 청구를 일부인용[1]해야 한다(甲은 X 토지에 대한 가압류를 해제받음과 동시에 乙에게 위 토지에 대한 소유권이전등기절차를 이행하라).

Ⅱ. 논 거

1. 본소취하시 반소청구의 적법성(적법)

判例는 "반소가 적법하게 제기된 이상 그 후 본소가 취하되더라도 반소의 소송계속에는 아무런 영향이 없다"(대판 1970.9.22. 69다446)고 한다. 검토하건대, 본소의 계속은 반소제기의 요건이고 그 존속요건은 아니므로 반소제기 후에 본소가 각하 또는 취하되어도 예비적 반소가 아닌 한 반소에 영향이 없다고 보는 것이 타당하다. 따라서 乙의 甲에 대한 반소제기 후에 甲이 본소를 적법하게 취하하였다고 하더라도 乙의 반소는 적법하다.

2. 가압류된 채권에 대한 이행청구가부(조건부 가능 : 반소의 본안판단)

채권(소유권이전등기청구권)에 대한 가압류가 있더라도 이는 채무자(乙)가 제3채무자(甲)로부터 현실로 급부를 추심하는 것만을 금지하는 것이므로 채무자(乙)는 제3채무자(甲)를 상대로 그 이행을 구하는 소송을 제기할 수 있고 법원은 가압류가 되어 있음을 이유로 이를 배척할 수는 없는 것이지만, 소유권이전등기를 명하는 판결은 의사의 진술을 명하는 판결로서 이것이 확정되면 채무자(乙)는 일방적으로 이전등기를 신청할 수 있고 제3채무자(甲)는 이를 저지할 방법이 없게 되므로 위와 같이 볼 수는 없고 이와 같은 경우에는 가압류의 해제를 조건으로 하지 않는 한 법원은 이를 인용하여서는 안 되는 것이다(대판 1999.2.9. 98다42615).[2]

---

1) ★ **[고려대 김제완 교수님의 보충해설]** 가압류를 해제할 것을 조건으로 乙의 청구를 인용한다면, 이는 성질상 일부인용이지 전부인용이 아닙니다. 그리고 예컨대 이 경우, 소송비용은 어떻게 될까요? 무조건 청구에 대해 조건부 인용을 하는 것은 일부승소에 해당하므로, 소송비용도 원고와 피고가 일부씩 부담하는 것이 원칙입니다. 대표적으로 매매대금청구에 대해 소유권이전등기와 동시이행 판결을 선고하면, 이는 전부승소가 아니라 일부승소입니다. 이 문제가 만일 기록형 시험이었다면, 어떤 점에 유의하여야 할까요? 반소 청구취지에서 무조건 청구를 하는 방법도 있지만, 이 경우 일부승소만 하게 되므로, 전부 승소를 위해서는 청구 당시부터 조건부 청구를 하는 것이 정답이 될 수도 있을 것입니다.

2) "소유권이전등기청구권에 대한 압류나 가압류는 채권에 대한 것이지 등기청구권의 목적물인 부동산에 대한 것이 아니고, 채무자와 제3채무자에게 그 결정을 송달하는 외에 현행법상 등기부에 이를 공시하는 방법이 없는 것으로서, 당해 채권자와 채무자 및 제3채무자 사이에만 효력이 있을 뿐 압류나 가압류와 관계가 없는 제3자에 대하여는 압류나 가압류의 처분금지적 효력을 주장할 수 없게

A 주식회사 대표이사 B는 C에게 돈을 빌리기 위해, 연대보증의 의미나 효과에 대해서 전혀 알지 못하는 등록된 지적장애인인 자신의 조카 E(남, 38세)에게 연대보증인이 되어 줄 것을 부탁하였다. C는 E의 지적장애 상태를 알지 못한 채 위 1억 원을 변제기 2010.3.1. 이율 월 2%로 정하여 대여하는 계약을 체결하였다. C는 A 주식회사 측에 위 대여금의 지급을 촉구하였으나 지급받지 못하자 E를 상대로 연대보증채무의 이행을 구하는 소송을 제기하였다. E는 2012.11.3. 금치산선고를 받았는데, 아버지 E1이 후견인으로 선임된 후 친족회 동의를 얻어 E의 법정대리인으로서 C의 본소에 대하여 답변하는 한편, 반소로서 위 연대보증채무(C가 E에게 청구한 본소청구 금액 전부)가 존재하지 아니한다는 내용의 채무부존재확인의 소를 제기하였다. E 측은 본소에 대한 항변 및 반소청구원인으로 C와 E 사이의 연대보증계약은 주위적으로 폭리행위여서 무효라고 주장하고, 예비적으로 의사무능력자의 행위여서 무효라고 주장하였다. E의 반소의 각 결론[각하, 청구전부인용, 청구일부인용(일부 인용되는 경우 그 구체적인 금액 또는 내용을 기재할 것), 청구기각]을 그 논거와 함께 서술하시오.　(민사소송법의 맥 D-06 참조)

Ⅰ. 결 론

법원은 반소 각하 판결을 하여야 한다.

Ⅱ. 논 거

1. 반소의 요건 [관, 지, 전, 일](사례 143. 참조)

사안의 경우 다른 요건은 구비되었으나, 반소의 이익을 구비하였는지 문제된다.

2. 반소의 이익구비 여부(소극)(사례 046.과 비교)

반소는 독립한 소이므로 본소에 대한 방어방법 이상의 적극적 내용이 포함되어야 하고, 본소청구의 기각을 구하는 이상의 의미를 가지고 있지 않다면 반소의 이익이 없어 허용되지 않는다. 判例도 "어떤 채권에 기한 이행의 소에 대하여 동일채권에 관한 채무부존재확인의 반소를 제기하는 것은 그 청구의 내용이 실질적으로 본소청구의 기각을 구하는 데 그치는 것이므로 부적법하다"(대판 2007.4.13. 2005다40709)[1][2]고 한다. 따라서 判例의 위 법리에 따르면 E는 C의 본소에서 청구기각의 판결을 구함으로써 연대보증채무가 부존재함을 다툴 수 있으므로, E의 채무부존재확인의 반소는 반소의 이익이 없어 허용되지 않는다.

되므로, 소유권이전등기청구권의 압류나 가압류는 청구권의 목적물인 부동산 자체의 처분을 금지하는 대물적 효력은 없고, 또한 채권에 대한 가압류가 있더라도 이는 채무자가 제3채무자로부터 현실로 급부를 추심하는 것만을 금지하는 것이므로 채무자는 제3채무자를 상대로 그 이행을 구하는 소송을 제기할 수 있고 법원은 가압류가 되어 있음을 이유로 이를 배척할 수는 없는 것이지만, 소유권이전등기를 명하는 판결은 의사의 진술을 명하는 판결로서 이것이 확정되면 채무자는 일방적으로 이전등기를 신청할 수 있고 제3채무자는 이를 저지할 방법이 없게 되므로 위와 같이 볼 수는 없고 이와 같은 경우에는 가압류의 해제를 조건으로 하지 않는 한 법원은 이를 인용하여서는 안되는 것이며, 가처분이 있는 경우도 이와 마찬가지로 그 가처분의 해제를 조건으로 하여야만 소유권이전등기절차의 이행을 명할 수 있다"

1) [비교판례] 채권자가 병존적 채무인수인을 상대로 제기한 채무이행청구소송(전소)과 병존적 채무인수인이 채권자를 상대로 제기한 원래 채무자의 채권자에 대한 채무부존재확인소송(후소 ; 당해 사안은 반소가 아닌 별소)은 "그 청구취지와 청구원인이 서로 달라 전소와 후소의 동일성을 인정할 수 없으므로 후소가 중복된 소제기에 해당 한다고 할 수 없고, 다만 소의 이익이 없어 부적법하다" (대판 2001.7.24. 2001다22246)(사례 29. 참조)

2) [학설] 학설은 ① 중복된 소제기의 문제로 해결하자는 견해와 ② 청구취지가 달라 중복된 소제기의 문제로 해결할 수 없고 확인의 소의 보충성의 문제로 해결하자는 견해가 있다.

甲은 乙과 사이에 물품공급계약을 체결하였고, 乙의 친구인 丙이 물품대금채무에 대한 연대보증인이 되었다. 만약, 丙이 甲의 대금 청구에 대하여 그 소송이 계속 중 대금 채권이 시효로 소멸하였다고 주장하면서 甲을 상대로 대금 채무에 대한 채무부존재확인의 반소를 제기하였다면, **丙의 반소에 대한 결론(소 각하, 청구인용, 청구기각)과 그 논거를 기재하시오.**

I. 결론

법원은 반소 각하 판결을 하여야 한다.

II. 논거

1. 반소의 요건 [관, 지, 전, 일](사례 143. 참조)

사안의 경우 다른 요건은 구비되었으나, 반소의 이익을 구비하였는지 문제된다.

2. 반소의 이익구비 여부(소극)(사례 146. 참조)

判例의 법리에 따르면 丙은 甲의 본소에서 청구기각의 판결을 구함으로써 연대보증채무가 부존재함을 다툴 수 있으므로, 丙의 채무부존재확인의 반소는 반소의 이익이 없어 허용되지 않는다(대판 2007.4.13. 2005다40709).

사례_170 반소(7) - 반소제기에 의해 본소의 소의 이익이 소멸되는지 여부

甲은 운전 중 과속으로 진행해 오는 차량이 있는지 여부를 주의 깊게 살피지 아니하여 乙로 하여금 약 10주간의 치료를 요하는 상해를 입게 하였고, 乙도 시야가 제한된 야간에 과속으로 운전하면서 전방의 동태를 주의 깊게 살피지 아니한 잘못이 있었다. 이에, 자동차보험회사인 丙이 교통사고 피해자인 乙에 대하여 본소로서 이 사건 교통사고가 피고의 과속운전 등 전적인 잘못으로 발생하였다고 주장하면서 교통사고로 인한 손해배상채무의 부존재확인을 구하자, 乙은 丙에 대하여 반소로서 상법 제724조 2항에 기초하여 교통사고로 인한 손해배상을 청구하였다. **乙의 반소는 적법한가?**

(사례 046. 참조)

확인의 소가 먼저 제기된 상태에서 이행의 소가 반소로 제기된 경우에 대해 判例는 반소는 중복소제기가 아님[1]을 전제로 판단하고 본소는 소의 이익이 있다고 판시하였다(대판 2010.7.15. 2010다2428). 따라서 乙의 반소는 적법하다.

---

1) **[학설]** ① 이행의 소는 확인의 소보다 큰 요구인 집행력 있는 판결까지 바라는 것임을 근거로 확인의 소가 후소인 때에만 중복소제기라는 견해와 , ② 이행의 소에서 청구권의 기한미도래를 이유로 청구기각될 수 있다는 점을 근거로 중복소제기가 아니라는 견해와, ③ 판결이 모순될 염려가 있음을 근거로 중복소제기라는 견해와, ④ 중복소제기의 문제는 아니나 확인의 소의 보충성 때문에 확인의 이익이 없어 각하된다는 견해가 있다.

甲은 乙에게서 P시에 소재하는 1필의 X토지 중 일부를 위치와 면적을 특정하여 매수했으나 필요가 생기면 추후 분할하기로 하고 분할등기를 하지 않은 채 X토지 전체 면적에 대한 甲의 매수 부분의 면적 비율에 상응하는 지분소유권이전등기를 甲 명의로 경료하고 甲과 乙은 각자 소유하게 될 토지의 경계선을 확정하였다.

甲과 乙은 각자 소유하는 토지 부분 위에 독자적으로 건축허가를 받아 각자의 건물을 각자의 비용으로 신축하기로 하였다. 각 건물의 1층 바닥의 기초공사를 마치고 건물의 벽과 지붕을 건축하던 중 자금이 부족하게 되자 甲과 乙은 공동으로 丁에게서 건축 자금 1억 원을 빌리면서 X토지 전체에 저당권을 설정해 주었다. 이후 건물은 완성되었으나 준공검사를 받지 못하여 소유권보존등기를 하지 못하고 있던 차에 자금 사정이 더욱 나빠진 甲과 乙은 원리금을 연체하게 되어 결국 저당권이 실행되었고 경매를 통하여 戊에게 X토지 전체에 대한 소유권이전등기가 경료되었다. 戊는 甲과 乙에게 법률상 근거 없이 X토지를 점유하고 있다는 이유로 각 건물의 철거 및 X토지 전체의 인도를 청구하고 있다. 甲과 乙은 위 소송 과정에서 자신들이 승소하기 위하여 법률상 필요하고 유효적절한 항변을 모두 하였다. **戊의 甲, 乙에 대한 소의 주관적 병합의 형태와 그 근거를 서술하시오.** (민사소송법의 맥 D-12 참조)

I. 결 론

戊의 甲, 乙에 대한 소의 주관적 병합의 형태는 통상공동소송이다.

II. 근 거

1. 통상의 공동소송과 필수적 공동소송의 구별

소의 주관적 병합이란 당사자가 복수인 다수당사자소송을 말하는바,[1] 사안에서는 戊가 처음부터 甲, 乙을 공동피고로 제소하였으므로 원시적 공동소송만이 문제된다. 이러한 원시적 공동소송 중 소송목적이 공동소송인 모두에게 합일확정의 필요가 있는 소송이 필수적 공동소송인바, 필수적 공동소송에 해당되지 않으면 통상공동소송이다.[2]

2. 공유관계소송에서 공동소송의 종류

공유자는 자유롭게 그 지분을 처분할 수 있고(민법 제263조), 보존행위는 각자가 할 수 있다(민법 제265조 단서). 判例는 이러한 규정을 근거로 공유관계소송은 대부분 통상공동소송으로 본다.[3]

3. 공유자에 대한 철거소송 및 공동점유자에 대한 인도청구의 경우 주관적 병합의 형태

(1) 甲과 乙을 상대로 한 각 건물 철거소송의 형태(민법 제214조) - 통상공동소송

甲과 乙은 각자의 비용으로 건물을 신축하였으므로 보존등기 없이도 각기 그 건물을 원시취득한다

---

1) 주관적 병합은 원시적 공동소송과 후발적 공동소송으로 나뉜다. ① 원시적 공동소송은 다시 통상공동소송과 필수적 공동소송으로, ② 후발적 공동소송은 보조참가, 공동소송참가, 공동소송적 보조참가, 독립당사자참가로 나뉜다.

2) ① 합일확정의 필요성뿐만 아니라 소송공동이 법률상 강제되는 경우를 '고유필수적 공동소송'(제67조)이라 한다. 이는 '실체법상 관리처분권'이 여러 사람에게 공동 귀속되는 경우에 행하여지므로 실체법상 이유에 의한 필수적 공동소송이라고 한다. ② 합일확정의 필요성은 있으나, 소송공동이 법률상 강제되지 않는 경우를 '유사필수적 공동소송'이라 한다. 이는 소송법상 판결의 효력이 제3자에게 미치는 경우, 공동소송인간의 판결의 모순·저촉을 피하기 위하여 생긴 소송이므로 소송법상 이유에 의한 필수적 공동소송이라고 한다.

3) [관련판례] 判例는 '공유는 소유권이 지분의 형식으로 공존할 뿐 관리처분권이 공동귀속하는 것이 아님'을 내세우거나 또는 '보존행위'를 근거로 삼아 공유관계소송에 대해 고유필수적 공동소송으로 보는 범위를 좁히고 있다. 즉, 공유물 전체에 대한 소유권확인청구(대판 1994.11.11. 94다35008), 공유물분할청구(대판 2003.12.12. 2003다44615), 공유토지 경계확정의 소(대판 2001.6.26. 2000다24207) 등을 제외하고는 원칙적으로 통상의 공동소송으로 본다.

(민법 제187조). 그렇다면 甲과 乙은 각기 그 건물철거의 단독피고가 될 수 있는바, 이 경우 실체법적으로 관리처분권이 공동으로 귀속되는 관계(고유필수적 공동소송)가 아니며, 또 판결의 효력이 확장되는 관계에 있는 것(유사필수적 공동소송)도 아니다. 그러므로 사안의 경우는 甲에 대해서는 甲소유의 건물철거를, 乙에 대해서는 乙소유의 건물철거를 단순병합하는 형태이므로 통상공동소송의 형태에 해당한다.

(2) 甲과 乙을 상대로 한 X토지 전체 인도청구소송의 형태(민법 제213조) - 통상공동소송

① 통상공동소송으로 볼 경우 상반된 판결로 인해 집행불능이 될 수 있다는 점을 근거로 필수적공동소송으로 보는 견해도 있으나, ② 통설·判例와 같이 "공동점유는 수인이 하나의 물건을 공동으로 사실상 지배하는 관계이므로, 공동점유자 각자는 그 점유물의 일부분씩만을 반환할 수는 없고, 그 점유물 전부에 대하여 반환하여야 함은 물론이나 그 점유물의 인도를 청구하는 경우에 그 공동점유자 각자에게 대하여 그 점유물의 인도를 청구하면 족하고, 반드시 그 공동점유자 전원을 상대로 하여야만 인도를 청구할 수 있다는 것이 법률상 요건은 아니"고, "공동점유물의 인도를 청구하는 경우 상반된 판결이 나는 때에는 사실상 인도청구의 목적을 달성할 수 없을 때가 있을 수 있으나 그와 같은 사실상 필요가 있다는 것만으로 그것을 필요적 공동소송이라고는 할 수 없는 것"(대판 1966.3.15. 65다2455)이라 보아 통상공동소송으로 보는 것이 타당하다.

(3) 사안의 경우

사안에서 戊가 대외적으로 공유자인 甲과 乙에 대하여 각 건물 철거 및 X토지 인도를 청구하는 것은 통상공동소송으로 봄이 타당하다.

사례_172 **통상공동소송(1) - 공동소송인 독립의 원칙**　　　2019년 제8회 변호사시험

〈기초적 사실관계〉
甲은 乙로부터 X부동산을 5억 원에 매수하였다며 2017. 3. 2. 乙을 상대로 "乙은 甲에게 X부동산에 관하여 2015. 7. 1. 매매를 원인으로 한 소유권이전등기절차를 이행하라."라는 취지의 소유권이전등기청구의 소를 제기하였다.

〈추가적 사실관계〉
제1심 법원이 甲의 청구를 기각하자 甲이 항소하였고 乙은 甲의 항소 직후 사망하였다. 그런데 항소심 법원이 이를 간과한 채 소송을 진행하여 항소장 부본 및 변론기일 소환장이 공시송달의 방법으로 송달되었다. 항소심 법원은 甲의 항소를 받아들여 甲의 청구를 인용하는 판결을 선고하였고 판결문까지 공시송달의 방법으로 송달되었다. 乙의 상속인으로는 A, B가 있고 A, B는 상소기간 도과 후인 2018. 10. 28.에야 이러한 사실을 알게 되었는데, A는 위 판결을 그대로 받아들이기로 했으나 B는 위 판결의 효력을 다투고 있다.

〈문제 2.〉
B가 혼자서 2018. 11. 5. 추후보완상고를 제기하였다면 이는 적법한가? (민사소송법의 맥 D-10 참조)

I. 결 론

B의 추후보완상고는 적법하다.

Ⅱ. 논거

1. 논점의 정리(상고 요건) [대, 기, 리, 포, 불, 신, 중]

상고가 유효하기 위해서는 상소 요건을 충족해야 한다. 즉, ⅰ) 상소의 대상적격(判 ; 유효한 종국판결) 및 당사자적격 ⅱ) 상소기간 준수, ⅲ) 상소이익, ⅳ) 상소포기와 불상소합의가 없을 것, ⅴ) 기타 소송행위의 유효요건으로 신의칙에 반하지 않을 것, 소송절차 중단 중의 소송행위가 아닐 것이 요구된다.

2. 상소의 대상이 되는 재판

상소의 대상은 법원이 한 '유효한' 종국판결이다(제390조). 그런데 사안의 경우 소송 당사자였던 甲이 항소 직후 사망하였으나 항소심 법원은 이를 간과하고 판결을 하였다. 判例는 이와 같이 소송 계속 중 사망의 경우, "상속인과의 관계에서 대립당사자구조가 존재하고 다만 수계시까지 절차가 중단될 뿐인 바, 절차 중단을 간과한 판결은 절차상 위법은 있지만 당연무효라고 할 수 없다(대판 1995.5.23. 전합94다28444)"고 하여 상소의 대상이 된다고 본다.

3. 상고기간의 준수 - 추후보완상고 요건

추후보완상고는 불변 기간을 준수하지 못한 경우 그 것이 당사자가 책임질 수 없는 사유로 인한 것인 때, 그 사유가 없어진 날부터 2주 이내에 제기 할 수 있다(제173조). 상고는 판결서가 송달된 날부터 2주 이내에 제기하여야 하고, 이는 불변기간이다(425조, 396조 1항·2항)

사안의 경우 B는 상소기간을 준수하지 못하였는데, 이는 항소장 부본 및 변론기일 소환장이 공시송달의 방법으로 송달되었기 때문이다. 判例는 이처럼 처음부터 소장 부본 등의 서류가 피고에게 공시송달된 경우 "특별한 사정이 없는 한 피고가 그 공시송달 사실을 모른 데 과실이 없다"(대판 1981.3.24. 80다2739)고 하여 추후보완상소를 허용한다.

따라서 B는 장애사유가 없어진 때부터 2주일 내에 추후보완 상고를 제기할 수 있다. 여기서 장애사유가 없어진 때란, "단순히 판결이 있었던 사실을 안 때가 아니고, 나아가 판결이 공시송달 방법으로 송달된 사실을 안 때"(대판 1994.12.13. 94다 24299)를 의미한다. 결국 B가 그 사실을 안 2018. 10. 28.로부터 2주가 도과하기 전인 2018. 11. 5.제기한 상고는 추후보완상고의 요건을 갖춘 것이다.

4. 단독으로 상소 제기 가부- 공동소송인 독립 원칙

상소는 상소의 당사자 적격이 있는 자가 제기하여야 하는 바, 이는 원칙적으로 상소할 이익이 있는 '당사자'를 의미한다. 사안과 같이 소송 중 당사자가 사망하는 경우, 그 상속인들이 당연히 소송상 당사자 지위를 승계한다. 나아가 공동 상속인은 특별한 사정이 없는 한 상속재산에 관하여 관리처분권이 공동 귀속되는 관계이거나 판결 효력이 확장되는 관계도 아니므로, 통상 공동소송인의 관계에 있게 된다. 통상 공동 소송의 경우, 공동소송인 독립의 원칙에 따라 공동소송인 중 한 사람이 단독으로 상소를 제기할 수 있으며, 이는 다른 공동소송인에게 영향을 미치지 않는다(제66조). 결국 공동상속인 중 1인인 B는 甲의 당사자 지위를 승계한 자로서 단독으로 상소를 제기할 수 있다.

甲은 乙에게 2천만 원의 대여금 채권을 가지고 있었는데, 사고로 의식을 잃은 乙이 사망하자 乙의 상속인을 찾아보던 중 乙에게 그의 사실혼 배우자인 丙과의 사이에 태어난 자 M과 N이 있다는 사실을 알게 되었다. 이에 甲은 M과 N을 공동피고로 하여 乙의 2천만 원의 대여금 채무를 M과 N이 각 1/2 지분씩 공동상속하였다고 주장하며, 1천만 원씩의 지급을 구하는 소를 제기하였다.

위 소송에서 소장부본이 M에 대하여는 공시송달하였고, N에 대하여는 교부송달되었다. 그 후 진행된 변론기일에 M은 출석하지 않았고, N은 출석하여 乙이 위 대여금 중 800만 원을 변제하였다고 주장하면서 증인 S를 신청하였고 증인 S는 乙이 甲으로부터 2천 만 원을 대여하는 것과 변제기에 甲에게 800만 원을 우선 변제하는 것을 목격했다고 증언하였다. 위 대여사실과 변제사실이 모두 인정될 경우 甲의 M과 N에 대한 청구는 각각 어느 범위에서 인용되어야 하는지 결론과 그 이유를 서술하시오.

Ⅰ. 결 론

법원은 M에 대한 청구에 대하여는 1천만 원을 지급하라는 전부인용판결을, N에 대한 청구에 대하여는 600만 원을 지급하라는 일부인용판결을 선고하여야 한다.

Ⅱ. 논 거

1. 논점의 정리

乙의 대여사실과 변제사실이 모두 인정되는 경우 N은 이에 대한 주장 및 증거제출을 다하였으므로, 변제한 부분에 관하여는 N이 승소판결을 받을 수 있는 것으로 보인다. 다만 M은 변론기일에 출석하지도 않고 주장과 증거를 제출하지도 않고 있는바, N의 위 주장 및 증거제출행위를 M에게 공통시켜서 판단할 수 있는지 문제된다.

2. 공동소송의 형태

(1) 통상공동소송과 필수적공동소송의 구별

소송목적이 공동소송인 전원에 대해 합일확정될 필요가 있는 소송이 필수적 공동소송인 바, 필수적 공동소송에 해당되지 않으면 통상공동소송이다. ① '소송법상 소송수행권'에 대응하는 '실체법상 관리처분권'이 공동귀속되면 고유필수적 공동소송이 된다. 고유필수적 공동소송에서는 공동소송이 강제되며 합일확정이 요구된다. ② (공동소송이 법률상 강제되는 것은 아니나) 소송법상 판결효력이 확장되는 관계일 경우에 판결의 모순 회피를 위해 소송법적 이유에서 필수적 공동소송으로 다뤄지는 소송을 유사필수적공동소송이라고 한다.

(2) 사안의 경우

判例에 의하면 "금전채무와 같이 급부의 내용이 가분인 채무가 공동상속된 경우, 이는 상속 개시와 동시에 당연히 법정상속분에 따라 공동상속인에게 분할되어 귀속되어 귀속되는바"(대판 1997.6.24. 97다8809), 따라서 M과 N의 상속채무는 분할채무로서 실체법상 관리처분권이 공동귀속되는 것도 아니고, 판결의 효력이 서로 미치는 경우도 아니므로 통상공동소송에 해당한다.

---

3. 통상공동소송의 심판방식 - 통상공동소송인 독립의 원칙

(1) 의 의

공동소송인 가운데 한 사람의 소송행위 또는 이에 대한 상대방의 소송행위와 공동소송인 가운데 한 사람에 관한 사항은 다른 공동소송인에게 영향을 미치지 아니하는 것을 말한다(제66조). 즉 공동소송인은 각자 독립하여 소송수행권을 가지고 상호간에 연합관계나 협력관계가 없다.

(2) 내 용 [요, 자, 진, 판, 상]

통상공동소송의 경우 ① 소송요건의 존부는 개별조사하고, ② 공동소송인의 한 사람의 소송행위는 유리·불리를 가리지 않고 원칙적으로 다른 공동소송인에게 영향을 미치지 아니하며(소송자료의 독립), ③ 공동소송인의 한 사람에 관한 사항은 다른 공동소송인에 영향이 없고(소송진행의 독립), ④ 판결의 통일이 요구되지 않으며, 법원은 전부판결을 하는 것이 원칙이나 공동소송인 1인에 대하여 판결할 수 있을 만큼 심리가 성숙한 때에는 변론의 분리·일부판결을 할 수 있다(판결의 불통일) ⑤ 공동소송인의 상소기간은 개별적으로 진행되며, 상소의 효력은 상소한 자에게만 미친다.[1]

다만, M과 N은 제65조 전문에 해당하는 공동소송인이므로 독립의 원칙에 따라 심판하면 판결의 모순·저촉되어 부자연스러운 문제가 있다. 따라서 이를 수정하려는 시도로서 증거공통과 주장공통의 방법이 논의되고 있다.

4. 공동소송인 독립 원칙의 수정 인정여부

(1) 증거공통의 원칙

1) 의 의

증거공통의 원칙이란 당사자 일방이 제출한 증거가 상대방의 원용 없이도 상대방에게 유리한 사실인정의 자료로 사용될 수 있다는 원칙이다.

2) 인정 여부

判例는 "공동소송에 있어서 입증 기타 행위가 행위자를 구속할 뿐 다른 당사자에게는 영향을 주지 않는 것이 원칙"이라고 하여 증거공통의 원칙을 부정하는 듯한 판시를 하였다(대결 1959.2.19. 4291민항231). 생각건대 통상공동소송에서는 합일확정이 필연적으로 요청되는 것은 아니고, 변론주의 원칙에 비추어 判例의 태도가 타당한바, 원칙적으로 부정함이 타당하다.

(2) 주장공통의 원칙

1) 의 의

주장공통의 원칙이란 어느 당사자이든 변론에서 주장하였으면 되고 반드시 주장책임을 지는 당사자가 진술하여야 하는 것은 아니라는 원칙이다.

2) 인정 여부(부정)

判例는 "제66조의 명문의 규정과 우리 민사소송법이 취하고 있는 변론주의 소송구조 등에 비추어 볼 때, 통상의 공동소송에 있어서 이른바 주장공통의 원칙은 적용되지 아니한다"(대판 1994.5.10. 93다47196)고 하여 주장공통의 원칙을 부정한다. 주장공통은 공동소송인 독립의 원칙과 변론주의의 주장책임에 반하므로 判例의 태도가 타당하다.

5. 사안의 경우

(1) 甲의 N에 대한 청구에 대하여(일부인용판결)

---

1) [관련판례] "통상의 공동소송에 있어 공동당사자 일부만이 상고를 제기한 때에는 피상고인은 상고인인 공동소송인 이외의 다른 공동소송인을 상대방으로 하거나 상대방으로 보태어 부대상고를 제기할 수는 없다"(대판 1994.12.23. 94다40734)

N은 800만 원 일부변제사실을 주장하였고 N이 신청한 증인 S의 증언을 통해 법원이 변제사실이 인정된다고 심증을 형성한 이상, 乙의 변제는 N에 대하여는 400만 원의 채무 소멸을 가져오므로 600만 원은 인용, 400만 원의 청구 부분에 대하여는 기각의 '일부인용판결'을 하여야 한다.

(2) 甲의 M에 대한 청구에 대하여(전부인용판결)

M의 불출석에도 불구하고 M에 대하여 소장부본이 공시송달되었으므로 자백간주가 적용되지 않는다(제150조 3항 단서). 다만, M은 변제주장을 하지 않았고, N의 변제주장·증거제출은 M에게 아무런 영향을 미치지 않으므로 甲의 대여사실이 인정되는 이상 법원은 1천만 원 전부에 대하여 인용판결을 하여야 한다.

사례_174 통상공동소송(3) – 공동소송인 독립의 원칙   2015년 6월 법전협 모의

甲 소유 2층 건물을 甲의 아들 A로부터 임차하여 사용·수익하는 乙은 건물 중 1층 부분을 丙에게 전대하여 乙과 丙이 위 건물을 나누어 점유 사용하고 있다. 이에 대하여 甲은 乙과 丙이 권원 없이 점유하고 있다고 주장하면서 乙과 丙에 대하여 소유권에 기한 각 점유부분의 인도 및 그 부분의 사용수익으로 인한 차임 상당의 부당이득반환청구의 소를 제기하였다. 甲은 위 소에 관하여 점유이전금지가처분 등 보전처분을 하지 않았다. 위 소송에서 제1심 법원은 甲의 청구를 전부 인용하는 판결을 선고하였다. 이에 대하여 乙만이 항소하였다. **항소심법원이 심리한 결과 甲의 청구가 부당하다고 판단하면 항소심법원은 丙에 대하여서도 제1심법원의 판단과 달리 유리한 판결을 할 수 있는가?**

Ⅰ. 문제점

사안에서 乙과 丙간의 공동소송형태를 살펴어 그 소송형태에 따라 항소심법원의 丙에 대한 유리한 판결 가부가 결정된다. 즉 통상공동소송인의 관계라면 공동소송인 독립의 원칙이 적용되어 논의의 실익이 있다.

Ⅱ. 공동소송의 형태 – 필수적 공동소송과 통상공동소송의 구별(사례 150. 참조)

사안에서 乙과 丙은 실체법상 관리처분권이 공동귀속되는 경우에 해당하지 않고, 판결의 효력이 미치는 관계에 있지 않은 점, 소송의 목적이 되는 법률관계가 사실상 또는 법률상 같은 원인으로 말미암아 생긴 경우에 해당하는 점(제65조 1항)에서 통상공동소송인에 해당한다.

Ⅲ. 통상공동소송인 독립의 원칙(사례 150. 참조)

1. 의 의(제66조)

2. 심 판 [요, 자, 진, 판, 상]

공동소송인의 상소기간은 개별적으로 진행되며, 상소의 효력은 상소한 자에게만 미친다. 공동소송인의 甲의 청구에 대한 인용판결에 대해 乙만이 항소하였다면, 공동소송인 독립의 원칙에 의해 乙과 甲의 소송부분만이 항소심으로 이심되고, 丙의 청구는 항소기간 도과로 분리확정 된다.

Ⅳ. 사안의 해결

설문에서 乙과 丙은 통상공동소송인의 관계에 있고, 乙만이 항소하였으므로 丙의 부분은 상소불가분 원칙에 대한 예외로서 분리확정 되어 이심되지 않는바, 항소심 법원은 丙에 대하여 1심법원의 판단과 달리 유리한 판결을 할 수 없다.

대형유통업체인 주식회사 A(이하 A회사라 한다)에서 수주 및 발주 업무를 담당하고 있는 특판과장 甲은 2010. 2.경 거래처인 주식회사 B(이하 B회사라 한다)의 대표이사이자 친한 친구인 乙로부터 회전다리미판이라는 아이디어 상품 개발사업과 관련된 투자자 물색을 요청받고는 업무상 알고 지내던 丙을 乙에게 소개시켜 주었으나 丙은 투자를 선뜻 결정하지 못한 채 망설였다.

그러자 甲과 乙은 丙을 기망하여 투자를 받기로 공모하고서 2010. 3.경 甲이 업무상 보관하고 있던 A회사 대표이사의 인감을 이용해 'A회사는 B회사로부터 회전다리미판을 독점적으로 공급받아 이를 홈쇼핑이나 대형마트에서 판매한다'는 내용의 독점판매계약서를 위조한 후 2010. 3. 15. 다시 丙을 만나서 그에게 위 독점판매계약서를 보여주며 'B회사가 이미 물건개발을 끝냈지만 아쉽게도 자금이 부족하여 양산을 못하고 있는 사정인데 만약 丙이 2억 원을 투자해준다면 즉시 생산이 가능해진다. 그렇게 되면 B회사가 회전다리미판을 독점적으로 납품함에 따른 영업이익으로부터 丙은 이익을 얻을 수 있을 것이다'라고 거짓말을 하였다.

이에 속은 丙이 투자에 긍정적 반응을 보이자 다음 날인 2010. 3. 16. 甲과 乙은 수신인이 B회사로 되어 있는 A회사 명의의 허위의 발주서(회전다리미판 9,000개를 개당 30,000원의 가격으로 6개월 뒤인 2010. 9. 16. A회사에 납품하라는 내용)를 작성하여 다시 A회사 대표이사의 인감을 날인한 후 이를 팩스로 丙에게 송부하였으며, 이를 본 丙은 더욱 甲과 乙의 말을 신뢰하게 되어 위 독점판매계약서 및 발주서의 진위 여부, B회사의 제품생산능력 및 자금사정 등을 제대로 확인해 보지 않은 채 같은 날 甲과 乙을 만나서 투자약정을 하였다. 그 내용은 丙이 B회사에 2억원을 대여해주고 위 발주서의 납품일인 2010. 9. 16.로부터 1개월 내에 2억 원의 원금과 함께 회전다리미판 개당 3,000원의 판매수익을 지급받는다는 것이었다. 이 약정 후 丙은 즉시 B회사의 은행계좌로 2억 원을 송금해 주었다.

2억 원을 송금받은 B회사는 그제야 회전다리미판 개발을 시작하였지만 그 개발에 실패하였고, 2010. 7. 경 결국 부도가 나고 말았다. 그 와중에도 乙은 丙으로부터 받은 2억 원을 온전히 회전다리미판 개발에 사용하지 않았고 그 상당부분을 甲과 함께 유흥비로 탕진하거나 甲의 주식투자 손실을 보전해 주는 용도로 소비해버렸다.

위 발주서에 적힌 납품기일이 지났음에도 B회사로부터 아무런 연락이 없자, 丙은 甲과 乙에게 연락하였으나 모두 조금 더 기다려 달라는 말만 되풀이 하였다. 이에 의심을 품은 丙은 이리저리 수소문한 끝에 그간의 모든 사정과 자신이 甲과 乙에게 속았다는 사실을 알게 되었다. 이에 丙은 2010. 12. 11. 甲, 乙 그리고 A회사를 상대로 소를 제기하였다. 그리고 그 소송에서 변론에 현출된 제반사정을 고려한 결과 丙의 손해에 대한 甲과 乙의 기여도는 동일한 것(5:5)으로 인정되었으며 피해자 丙의 과실 또한 40%로 인정되었다.

위 소를 제기하기 전인 2010. 10. 1. 丙은 甲을 만나 자신을 기망하였다고 화를 내며 甲과 乙을 사기죄로 고소하겠다고 하였다. 그러자 甲은 자신의 비행이 A회사에 발각될 것이 두려워 丙의 고소를 막고자 일단 丙에게 5,000만 원을 건네주면서 조금만 더 기다려주면 자신이 乙과 상의하여 丙에게 아무런 손해가 없도록 처리해 주겠다고 말하였다. 그러나 두 달 이상 기다려도 아무런 후속조치가 취해지지 않자 丙은 위 소를 제기하였던 것이다. 위 소송에서 甲은 丙에게 이미 5,000만 원을 일부 변제한 사실을 주장하고 이에 대한 증거자료도 제출하였다. 그러나 乙과 A회사는 5,000만 원의 일부변제사실에 대해 전혀 주장하지 않았다. 법원의 심리 결과 원고의 청구원인 사실이 전부 인정되고 5,000만 원 변제 사실도 인정되어 1심 법원은 甲에 대하여는 원고 청구 금액 중 5,000만 원을 공제한 나머지 금원을 지급하고, 乙과 A회사에 대하여는 원고 청구 금액 전액을 지급하라고 판결하였다. **이 판결은 정당한가?**

I. 甲, 乙, A회사가 필수적 공동소송인의 관계에 있는지 여부(사례 150. 참조)

설문의 경우, 甲, 乙, A회사는 부진정 연대채무자(공동불법행위자)인바, 소송물인 의무는 공통되나 실체법적으로 관리처분권의 공동귀속관계가 아니므로 고유필수적 공동소송인이 아니고, 법률상 기판력이 확장되는 관계에 있는 것도 아니어서 유사필수적 공동소송인도 아니다. 결국 甲, 乙, A회사는 **통상공동소송인의 관계**에 있다고 볼 수 있다.

II. 甲, 乙, A회사에 대한 소송에서 심판 방법

1. 공동소송인 독립원칙(제65조) [요, 자, 진, 판, 상](사례 150. 참조)

2. 공동소송인 독립원칙의 수정여부(소극)(사례 150. 참조)

사안과 같이 甲과 乙, A의 진술이 서로 다른데 소송자료와 소송진행이 독립적이라면 모순된 판결결과가 나올 수 있다. 이러한 결과는 이론상 부자연스럽기 때문에 甲의 유리한 주장과 증거를 乙, A에게 공통으로 미치게 하려는 '공동소송인독립원칙의 수정이론'이 논의된다. 그러나 判例는 공동소송인 독립원칙의 수정원칙으로서 **주장공통의 원칙을 부정**한다(대판 1994.5.10. 93다47196).

3. 사안의 경우

부진정연대채무자 甲, 乙, A회사와 같은 통상공동소송에서는 공동소송인독립의 원칙에 따라 공동당사자들 상호간의 공격방어방법의 차이에 따라 모순되는 결론이 발생할 수 있고, 이는 변론주의를 원칙으로 하는 소송제도 아래서는 부득이한 일로서 판결의 이유모순이나 이유불비가 된다고 할 수 없다(대판 1991.4.12. 90다9872). 따라서 甲에 대하여는 원고 청구금액 중 5,000만원을 공제한 나머지 금원을 지급하고, 乙과 A회사에 대하여는 원고 청구 금액 전액을 지급하라고 판결한 것은 정당하다.[1]

사례_176 **통상공동소송(5) – 공동소송인 독립의 원칙과 그 수정** 2018년 제7회 변호사시험

〈기초적 사실관계〉
甲은 2011. 8. 1. 丙과 丁의 연대보증 아래 乙에게 3억 원을 변제기 2012. 7. 31. 이율 연 12%(변제기에 지급)로 정하여 대여(이하 '이 사건 대여'라 한다)하였다. 丁은 무자력 상태에서 2015. 10. 1. 자신의 유일한 재산인 시가 4억 원 상당의 X토지를 戊에게 1억 원에 매도(이하 '이 사건 매매계약'이라 한다)하고 같은 달 10. 소유권이전등기(이하 '이 사건 소유권이전등기'라 한다)를 마쳐주었다. 丁에 대해 변제기가 2014. 11. 30.인 2억 원의 물품대금채권을 가지고 있던 K는 戊를 상대로 2016. 9. 1. 이 사건 매매계약의 취소와 소유권이전등기의 말소를 구하는 사해행위취소의 소를 제기하였다.

〈추가된 사실관계〉
대변제기가 지나도 乙이 이 사건 대여금을 변제하지 않자 甲은 2017. 9. 1. '乙, 丙, 丁은 연대하여 甲에게 이 사건 대여원리금을 지급하라'는 취지의 소를 제기하였다. 甲의 이 사건 대여사실과 丙과 丁의 연대보증사실이 기재된 소장 부본이 2017. 9. 29. 乙에게 송달되었고, 乙은 '甲으로부터 이 사건 대여금을 차용한 사실은 있지만 대여금 채권은 시효소멸되었다'는 취지의 답변서를 그 무렵 제출하였다. 한편, 丙에게도 2017. 10. 2. 소장 부본이 송달되었으나 丙은 답변서나 준비서면을 제출하지 않았고, 丁에게는 소장 부본이 소재불명으로 송달불능되어 재판장의 명령에 따라 소장 부본이 공시송달되었다.

---

1) 즉 그러한 결과가 부자연스럽더라도, 判例에 의하면 주장공통의 원칙과 증거공통의 원칙은 부정되는 바, 법원이 석명권을 행사하여 주장을 통일시키거나 증거를 원용하게 하여 판결의 모순 방지를 도모함이 타당하다.

법원은 적법하게 변론기일소환장을 송달(丁에게는 공시송달됨)하여 2017. 11. 6. 제1차 변론기일을 진행하였다. 乙은 변론기일에 출석하여 답변서를 진술하면서 자신은 컴퓨터판매업을 하는 상인이고, 이 사건 대여금은 사업운영자금으로 빌린 돈이라고 주장하였다. 이에 대해 甲은 乙의 위와 같은 상황을 알고서 대여해 준 것이며, 乙의 주장이 맞다고 진술하였다. 위 변론기일에 丙은 적법하게 변론기일소환장을 받고도 출석하지 않았으며, 丁 또한 출석하지 않았다. 甲은 변론기일에서 乙이 작성명의인으로 된 이 사건 대여금의 차용증서는 증거로 제출하였으나 丙, 丁의 연대보증사실을 증명할 만한 증거를 제출하지는 않았다.

만약 법원이 위 변론기일을 종결하고 2018. 1. 12. 판결을 선고하는 경우 피고들에 대한 각 청구의 결론과 논거를 서술하시오. (민사소송법의 맥 D-11 참조)

I. 결론

법원은 甲의 乙, 丁에 대한 각 청구를 기각하고, 丙에 대한 청구를 인용하는 판결을 선고하여야 한다.

II. 논거

1. 乙, 丙, 丁의 소송수행형태

乙, 丙, 丁은 실체법상 관리처분권이 공동으로 귀속되는 관계에 있는 것도 아니고, 판결의 효력이 확장되는 경우도 아니므로, 결국 乙, 丙, 丁은 통상공동소송관계에 있다.

2. 통상공동소송의 심판방법

통상 공동소송에서 한 사람의 소송행위는 다른 공동소송인에게 영향을 미치지 않는다(제66조). 따라서 丙과 丁의 불출석이 乙에 대하여 영향을 미치지 아니하고, 나아가 乙이 출석하였다고 하여 丙과 丁이 기일해태의 불이익을 면하는 것도 아니다.

3. 변론주의의 대상인 주요사실에 해당하는지 여부

(1) 주요사실과 간접사실의 구별기준(법규기준설)

통설, 判例인 법규기준설에 따르면 법률효과를 발생시키는 법규의 직접요건에 해당하는 사실을 주요사실로 본다.

(2) 소멸시효기간이 주요사실에 해당하는지 여부(소극)

判例는 "권리를 소멸시키는 소멸시효 항변은 변론주의 원칙에 따라 당사자의 주장이 있어야만 법원의 판단대상이 된다. 그러나 이 경우 어떤 시효기간이 적용되는지에 관한 주장은 권리의 소멸이라는 법률효과를 발생시키는 요건을 구성하는 사실에 관한 주장이 아니라 단순히 법률의 해석이나 적용에 관한 의견을 표명한 것이다. 이러한 주장에는 변론주의가 적용되지 않으므로 법원이 당사자의 주장에 구속되지 않고 직권으로 판단할 수 있다"(대판 2017.3.22. 2016다258124)고 한다.

(3) 사안의 경우

乙의 차용사실 및 丙, 丁의 연대보증사실은 권리근거규정에 해당하는 요건사실로서 주요사실에 해당하고, 이 사건 대여금채권의 소멸시효 기산점은 권리멸각규정에 해당하는 요건사실로서 주요사실에 해당하는 반면 소멸시효기간은 변론주의의 대상인 주요사실에 해당하지 아니한다.

4. 증명책임의 소재

증명책임분배란 요증사실의 진위불명상태에서 누구에게 불이익을 돌릴 것인지의 문제로서, 통설, 判例인 법률요건분류설에 따르면 각 당사자는 자기에게 유리한 법규의 요건사실에 관한 증명책임을 진다. 사안의 경우 乙의 차용사실과 丙, 丁의 연대보증사실은 원고 甲에게 유리한 법규의 요건사실로서 원고 甲이 증명책임을 지고, 이 사건 대여금채권의 소멸시효완성사실은 피고 乙에게 유리한 법규의 요건사실로서 피고 乙이 증명책임을 진다.

5. 甲의 乙에 대한 청구

(1) 乙의 차용사실에 대한 재판상 자백의 성부(적극)

법원에서 당사자가 자백한 사실은 증명을 필요로 하지 아니하는 바(제288조 본문), 변론 또는 변론준비기일에서 상대방의 주장과 일치하고 자기에게 불리한 주요사실을 진술한 경우 재판상 자백이 성립한다. 사안의 경우 피고 乙은 변론기일에 출석하여 답변서를 진술하면서 원고 甲의 주장과 일치하고 자기에게 불리한 주요사실에 해당하는 이 사건 대여사실을 인정하였으므로 재판상 자백이 성립한다.

(2) 甲의 소멸시효완성사실에 대한 재판상 자백의 성부(소극)

乙은 '대여금채권은 시효소멸되었다'는 취지의 답변서를 제출하고, 변론기일에 출석하여 답변서를 진술하면서 이 사건 대여금채권이 상사채권이라고 주장하였고, 이에 대하여 甲은 乙의 주장이 맞다고 진술하였는바, 소멸시효기간은 변론주의의 대상인 주요사실에 해당하지 아니하므로 이에 대하여 재판상 자백은 성립할 수 없고, 법원이 직권으로 판단할 수 있다.

(3) 사안의 경우

乙의 차용사실에 대하여 재판상 자백이 성립하였으나, 법원이 직권으로 판단하여 볼 때 乙이 컴퓨터판매업을 하는 상인이고, 이 사건 대여금이 사업운영자금으로 빌린 돈이라는 점이 밝혀졌다면 이 사건 대여금채권의 변제기인 2012. 7. 31. 로부터 5년의 상사소멸시효기간이 경과한 2017. 9. 1.에 이 사건 소가 제기되었으므로 甲의 乙에 대한 청구는 기각되어야 한다.

6. 甲의 丙, 丁에 대한 청구

(1) 무변론원고승소판결의 가부(소극)

법원은 피고가 30일 이내에 답변서를 제출하지 아니한 때 청구의 원인이 된 사실을 자백한 것으로 보고 변론 없이 판결할 수 있다(제257조 1항).

사안의 경우 피고 丙, 丁이 답변서나 준비서면을 제출하지 아니하였지만 설문상 법원이 변론기일을 진행하였다고 하므로 무변론원고승소판결은 문제되지 않는다.

(2) 불출석 자백간주 성립여부(소극)

불출석 자백간주가 성립하려면 ① 당사자가 변론기일에 불출석할 것, ② 불출석한 당사자가 상대방의 주장사실을 다투는 답변서 기타 준비서면을 제출하지 않을 것, ③ 당사자가 공시송달에 의하지 않은 기일통지를 받았음에도 불출석한 경우일 것을 요한다(제150조 3항).

사안의 경우 丙은 변론기일에 불출석하였고, 甲의 주장사실을 다투는 답변서 기타 준비서면을 제출하지도 않았으며, 공시송달에 의하지 않은 적법한 기일통지를 받았음에도 계속 불출석한 경우이므로 자백간주가 성립할 수 있다. 그러나 丁은 공시송달에 의하여 변론기일소환장을 송달받았으므로 자백간주가 성립하지 아니한다.

(3) 주장공통의 원칙 적용여부(소극) - 공동소송인 독립의 원칙의 수정

피고 乙이 이 사건 대여금채권의 소멸시효 완성의 항변을 하였는바, 통상공동소송의 관계에 있는 피고 丙, 丁에 대한 관계에서 주장공통의 원칙이 적용될 수 있는지 문제되는데, 判例는 "민사소송법 제66조의 명문의 규정과 우리 민사소송법이 취하고 있는 변론주의 소송구조 등에 비추어 볼 때, 통상의 공동소송에 있어서 이른바 주장공통의 원칙은 적용되지 아니한다"(대판 1994.5.10. 93다47196)고 하여 주장공통의 원칙을 부정하는 입장이다.

(4) 사안의 경우

甲의 丙에 대한 청구와 관련하여 丙의 불출석으로 인하여 자백간주가 성립한바 법원은 자백간주 사실에 반하는 사실을 인정할 수 없고, 따라서 甲의 丙에 대한 청구를 인용하여야 할 것이다. 그러나 甲의 丁에 대한 청구와 관련하여 이 사건 대여금채권의 소멸시효가 완성되었음이 피고 乙에 의하여 주장되었다 하더라도 주장공통의 원칙이 적용되지 않아 丁이 주장한 것으로 볼 수 없다. 그러나 원고 甲이 자기에게 증명책임이 있는 이 사건 丁의 연대보증사실을 증명할 만한 증거를 제출하지 않았으므로 법원은 甲의 丁에 대한 청구를 기각하여야 할 것이다.

사례_177 **통상공동소송인의 추가 가부 - 수인이 공동매수인으로서 매매예약을 체결한 경우의 법률관계**
2016년 제5회 변호사시험

자동차 판매대리점을 하는 乙은 2014. 3. 10. 甲종중(대표자 A)으로부터 1억 원을, 丙으로부터 2억 원을 각각 이자 연 12%, 변제기 2015. 3. 9.로 정하여 차용하면서, 이를 담보하기 위해 乙 소유의 X 토지에 관하여 甲종중 및 丙과 1개의 매매예약을 체결하였고, 이에 따라 X 토지에 관하여 甲종중과 丙의 채권액에 비례하여 甲종중은 1/3 지분으로, 丙은 2/3 지분으로 각 특정하여 공동명의의 가등기를 마쳤다. 甲종중은 위 변제기가 지난 후 단독으로 「가등기담보 등에 관한 법률」이 정한 청산절차를 이행하고, 2015. 10. 14. 乙을 상대로 X 토지에 대한 1/3 지분에 관하여 가등기에 기한 본등기절차이행을 구하는 소(이하 '이 사건 소'라 한다)를 제기하였다. 이 사건 소송계속 중 甲종중은 丙을 공동원고로 추가하는 신청을 하였다. 甲종중의 이 사건 소 제기 및 위 추가신청이 각 적법한지와 각 근거를 설명하시오.

I. 결 론

'이 사건 소' 제기는 적법하나, 甲종중이 丙을 공동원고로 추가하는 신청은 부적법하다.

II. 근 거

1. 공동명의로 담보가등기를 마친 경우 예약완결권의 귀속형태

(1) 판 례

수인의 채권자가 각기 채권을 담보하기 위하여 채무자와 채무자 소유의 부동산에 관하여 수인의 채권자를 공동매수인으로 하는 1개의 매매예약을 체결하고 그에 따라 수인의 채권자 공동명의로 그 부동산에 가등기를 마친 경우, 종래의 判例는 "복수의 채권자는 예약완결권을 준공유하는 관계에 있고 복수채권자가 매매예약 완결권을 행사하는 경우는 매매예약 완결권의 처분행위라 할 것이므로, 매매예약의 의사표시 자체는 복수채권자 전원이 행사하여야 한다"(대판 1984.6.12. 83다카2282)[1]라고 하였으나

---

1) "(이 때) 채권자가 채무자에 대하여 예약이 완결된 매매목적물의 소유권이전의 본등기를 구하는 소는 필요적 공동소송으로서 복수채권자 전원이 제기하여야 할 것이다"

변경된 判例에 따르면 "수인의 채권자가 공동으로 매매예약완결권을 가지는 관계인지 아니면 채권자 각자의 지분별로 별개의 독립적인 매매예약완결권을 가지는 관계인지는 매매예약의 내용에 따라야 하고, 매매예약에서 그러한 내용을 명시적으로 정하지 않은 경우에는 종합적으로 고려하여 판단하여야 한다"(대판 2012.2.16. 전합2010다82530)[2][3]고 한다.

(2) 검토 및 사안의 경우

甲종중이 乙에게 돈을 대여하면서 담보 목적으로 乙 소유의 부동산 지분에 관하여 乙의 다른 채권자 丙과 공동명의로 매매예약을 체결하고 각자의 채권액 비율에 따라 지분을 특정하여 가등기를 마쳤다면 채권자가 각자의 지분별로 별개의 독립적인 매매예약완결권을 갖는 것으로 볼 수 있으므로, 甲이 단독으로 담보목적물 중 자신의 지분에 관하여 매매예약완결권을 행사할 수 있고, 이에 따라 단독으로 자신의 지분에 관하여 가등기에 기한 본등기절차의 이행을 구할 수 있다(대판 2012.2.16. 전합2010다82530).[4] 따라서 甲종중 단독의 가등기에 기한 본등기절차이행을 구하는 소는 적법하다.

2. 필요적 공동소송이 아닌 소송에서의 공동소송인 추가의 가부(불가)

(1) 문제점

법원은 필수적 공동소송인 가운데 일부가 누락된 경우에는 제1심의 변론을 종결할 때까지 원고의 신청에 따라 결정으로 원고 또는 피고를 추가하도록 허가할 수 있다(제68조 1항 본문). 그런데 甲종중과 丙은 각자의 지분별로 별개의 독립적인 매매예약완결권을 가지는 관계로서 이른바 통상공동소송에 해당하는데, 이처럼 필요적 공동소송이 아닌 소송에서도 공동소송인의 추가가 허용되는지 여부가 문제된다.

(2) 판례

判例는 "필수적 공동소송이 아닌 이 사건에 있어 소송 도중에 피고를 추가하는 것은 그 경위가 어떻든 간에 허용될 수 없다"(대판 1993.9.28. 93다32095)고 판시하여 명문의 규정이 없는 통상공동소송인의 추가를 불허하고 있다.

(3) 검토 및 사안의 경우

소송경제와 재판의 통일을 기할 수 있으므로 이를 허용하여야 한다는 긍정설이 있으나, 필수적 공동소송인의 추가가 입법화되었으므로 현행법 해석으로는 인정될 수 없고, 이를 허용하면 경솔한 제소가 증가하여 소송절차의 불안정과 소송지연을 초래할 수 있으므로 부정하는 判例의 견해가 타당하다. 이에 따르면 甲종중이 丙을 공동원고로 추가하는 신청은 부적법하다.

---

2) "수인의 채권자가 공동으로 매매예약을 체결하게 된 동기 및 경위, 매매예약에 의하여 달성하려는 담보의 목적, 담보 관련 권리를 공동 행사하려는 의사의 유무, 채권자별 구체적인 지분권의 표시 여부 및 지분권 비율과 피담보채권 비율의 일치 여부, 가등기담보권 설정의 관행 등을 종합적으로 고려하여 판단하여야 한다"

3) [관련판례] 종전의 판례 중에도 사안은 같지 않지만 대상판결과 같은 취지의 것이 있었다. 즉 명의신탁해지에 따라 발생한 소유권이전청구권을 보존하기 위하여 수인이 매매예약을 원인으로 하여 가등기를 한 사안에서, "공유자는 그 지분을 단독으로 처분할 수 있으므로 그 권리자 중 한 사람은 자신의 지분에 관하여 단독으로 가등기에 기해 본등기를 청구할 수 있고, 가등기 원인을 매매예약으로 하였다는 이유만으로 가등기 권리자 전원이 동시에 본등기절차의 이행을 청구하여야만 하는 것은 아니다"고 판시한 바 있다(대판 2002.7.9. 2001다43922,43939).

4) [판례평석] 매매예약은 그 목적에 따라 그 유형이 나뉜다. 대체로 보면, ① 순수한 매매의 예약으로서, 어느 부동산을 수인이 장차 공동으로 사용·수익할 것을 목적으로 그 매수를 예약하는 유형이다. ② 채권담보의 목적으로 매매의 예약을 하고 그 청구권을 보전하기 위해 가등기를 하는 유형으로서, 매매예약은 주로 이러한 방식으로 이용된다. 그리고 채권자가 수인인 경우에는 채권액에 비례하여 가등기에 관한 지분등기를 하는 것이 보통이다.
여기서 종전 판례가 전개한 법리는 위 ①의 유형에 맞는 것이고 ②의 유형에는 맞지 않는 것이다. 즉 ①의 유형에서는 수인의 예약권리자가 서로 긴밀한 유대관계를 가지고 있고 또한 목적물의 사용수익을 목적으로 하는 만큼 목적부동산 전체에 관하여 매매가 성립되지 않으면 그 목적을 달성하기가 어려울 것이나, ②의 유형에서는 채권자간에 연대나 불가분의 관계가 없는 이상 각 채권자는 자기 채권의 만족을 받는 데 그 목적이 있을 뿐이어서 각자의 지분별로 예약완결의 의사표시와 그에 따라 가등기에 기한 본등기청구를 하면 족한 것이다. 즉 여기서는 담보의 법리가 적용될 것이지, 매매예약의 준공유 및 공유물의 처분행위의 법리가 적용되어야 할 이유가 없다. 본 사안은 매매예약의 유형 중 위 ②에 관한 것이므로 이것은 전술한 대로 타당하다[양승태," 공동명의로 가등기한 수인의 매매예약자의 법률관계", 민사판례연구 제7집, p.18 ; 김준호, 21판(민법강의), p.1546].

소프트웨어 개발 전문가인 甲은 乙 회사로부터 특정 프로그램 개발을 수급하면서 그 보수를 10억 원으로 정하였다. 乙 회사는 자신의 자금 10억 원을 丙 은행에 甲과 공동명의로 예치한 후 작업 진행의 공정에 따라 甲에게 분할하여 지급하기로 甲과 약정하였다. 아울러 甲과 乙 회사는 예금인출은 공동으로 하겠다고 丙 은행과 약정하였다. 이는 乙 회사로서는 甲이 개발대금을 함부로 쓰지 않도록 감시하고 甲으로서도 乙 회사가 다른 용도로 돈을 쓰지 못하게 하기 위함이었다. 그 후 甲은 개발을 40% 마친 단계에서 위 약정에 따른 검수 확인을 위해 소프트웨어를 乙 회사에 인도하고 乙 회사에 그때까지의 개발 진행에 대한 보수 4억 원의 지급을 위해 丙 은행으로부터 공동으로 예금을 인출할 것을 요구하였다. 乙 회사는 甲의 요구가 타당한 것은 인정하면서도 자금 사정의 악화를 이유로 이를 거절하였다. 이에 甲은 단독으로 丙 은행에 대하여 위 4억 원의 인출을 요구했으나, 丙 은행은 "甲의 단독 인출 요구에는 응할 수 없고, 甲과 乙 회사가 공동으로 인출을 요구하지 않는 한 설령 甲의 예금 인출에 대한 乙 회사의 동의가 있더라도 甲에게 예금반환을 할 수 없다"고 주장하고 있다. 甲은 乙 회사와 丙 은행을 공동피고로 하여 乙 회사에 대하여는 '위 4억 원의 예금인출에 대한 동의'를, 丙 은행에 대하여는 '乙 회사의 동의를 조건으로 위 4억 원의 예금반환'을 구하는 소를 제기하였다. 위 병합의 소는 적법한가?

I. 결 론

甲이 단독으로 조건을 붙여 丙에 대해 예금반환청구를 한 것은, 필수적 공동소송에 해당하지 않고 조건부 청구나 미리 이행할 필요가 있어 적법하다. 甲이 乙에 대해 의사진술을 구하는 청구는 丙에 대한 예금반환청구와 공동소송의 요건을 갖추었으므로 위 병합의 소는 적법하다.

II. 논 거

1. 甲이 단독으로 丙에 대해 공동명의예금에 대한 반환청구를 한 것의 적법여부(적법)

(1) 공동예금의 경우 고유필수적 공동소송인지 여부

"ⅰ) 동업자들이 동업자금을 공동명의로 예금한 경우라면 채권의 준합유관계에 있어 합유의 성질상 은행에 대한 예금반환청구가 필요적 공동소송에 해당한다고 볼 것이나, ⅱ) 공동명의 예금채권자들 중 1인이 전부를 출연하거나 또는 각자가 분담하여 출연한 돈을 동업 이외의 특정목적을 위하여 공동명의로 예치해 둠으로써 그 목적이 달성되기 전에는 공동명의 예금채권자가 자신의 예금에 대하여도 혼자서는 인출할 수 없도록 방지, 감시하고자 하는 목적으로 공동명의로 예금을 개설한 경우에는 그 예금에 관한 관리처분권까지 공동명의 예금채권자 전원에게 공동으로 귀속된다고 볼 수 없을 것이므로, 이러한 경우에는 은행에 대한 예금반환청구가 민사소송법상의 필요적 공동소송에 해당한다고 할 수 없다" (대판 1994.4.26. 93다31825)

(2) 사안의 경우

甲과 乙 회사의 공동명의 예금은 乙 회사로서는 甲이 개발대금을 함부로 쓰지 않도록 감시하고 甲으로서도 乙 회사가 다른 용도로 돈을 쓰지 못하게 하기 위함이었으므로, 동업 이외의 특정목적을 위하여 공동명의로 예치한 것이다. 따라서 甲의 丙 은행에 대한 예금반환청구는 필요적 공동소송에 해당하지 않으므로 甲 단독으로 청구하더라도 원고적격이 인정된다.

2. 甲이 조건을 붙여 丙에 대해 청구를 한 것이 장래이행의 소로서 적법한지 여부(적법)

(1) 장래이행의 소의 적법요건

1) 대상적격(청구적격, 권리보호의 자격)

ⅰ) 청구권의 발생의 기초가 되는 사실상, 법률상 관계가 변론종결 당시 존재하고 있어야 하고, ⅱ) 그 청구권의 이행기가 변론종결 이후에 도래하며, ⅲ) 원고가 주장하는 장래이행기까지의 상태계속이 확실하여야 한다(대판 1997.11.11. 95누4902,4919). 다만, 조건부 청구권은 조권성취의 개연성이 희박하지 않는 한 인정된다.

2) 미리 청구할 필요(권리보호의 필요)

ⅰ) 이행기 도래 또는 조건의 성취 이전에 의무자가 미리 의무의 존재를 다투거나 조건·기한에 대해 다투는 경우 ⅱ) 계속적·반복적 이행청구의 경우 이미 이행기도래 부분에 대해 불이행한 경우 인정된다.

(2) 사안의 경우

甲은 예금반환청구권의 기초가 되는 법률상 관계가 존재하고, 丙의 반환의무는 乙 회사의 동의를 조건으로 하므로 변론종결 이후에 이행기가 도래하는 것이어서 장래이행의 소에 해당한다. 또한 조건성취의 개연성이 희박한 경우가 아니므로 청구적격을 갖추었다. 한편 丙 은행은 乙 회사의 동의가 있더라도 甲에게 예금반환을 할 수 없다고 주장하므로 미리 청구할 필요성도 인정된다. 따라서 甲이 조건을 붙여 丙에 대해 청구를 한 것은 장래이행의 소로서 적법하다.

3. 甲이 乙과 丙을 공동피고로 소 제기한 것이 공동소송으로 적법한지 여부(적법)

(1) 공동소송의 요건

ⅰ) 소송목적이 되는 권리나 의무가 여러 사람에게 공통되거나 사실상 또는 법률상 같은 원인으로 말미암아 생긴 경우, ⅱ) 소송목적이 되는 권리나 의무가 같은 종류의 것이고, 사실상 또는 법률상 같은 종류의 원인으로 말미암은 것인 경우에는 그 여러 사람이 공동소송인으로서 당사자가 될 수 있다(제65조).

(2) 사안의 경우

甲이 乙에 대해 의사진술을 구하는 청구와 丙에 대해 예금반환을 구하는 청구는 소송목적이 되는 권리나 의무가 공동명의예금의 인출이라는 사실상 또는 법률상 같은 종류의 원인으로 말미암은 것이므로 공동소송으로서 적법성을 갖추었다.

사례_179 **고유필수적 공동소송(2) – 심판방법**

2013년 6월 법전협 모의, 2013년 법무사, 2010년 사법시험

甲은 주택건설사업 등을 영위하는 건설회사이고, 乙은 연립주택을 철거하고 새로이 아파트를 건축하려고 조직된 재건축조합이다. 甲과 乙은 공동사업주체로서 기존의 연립주택을 철거하고 그 지상에 아파트를 건설하기로 하며, 乙의 조합원들에 의한 사업부지 제공의 대가로 아파트의 일부 세대를 乙의 조합원들에게 분양하고 乙의 조합원들이 일정한 분담금을 납부하는 한편, 나머지 일반분양세대를 분양하여 그 대금을 甲과 乙에게 귀속시키기로 하는 내용의 이 사건 시행·시공계약을 체결하였다. 이 사건 계약에 의하면 甲와 乙은 이 사건 아파트를 공동으로 분양하고 수익과 손실을 공동으로 분담하는 것으로 되어 있었다. 이에 따라 甲과 乙이 공동으로 매도인이 되어 2010. 10. 20. 丙에게 일반분양세대인 이 사건 아파트를 분양하는 내용의 분양계약서를 작성하여 이 사건 분양계약을 체결하였다. 이 사건 아파트 완성 후 丙은 이 사건 분양계약에 정해진 분양대금을 지급하지 않고 있다. 이에 따라 甲과

乙은 丙을 상대로 분양대금의 지급을 청구하는 소('이 사건 소송'이라 한다)를 제기하였다. 이 소송 도중에 乙은 丙과 소송 외에서 원만히 합의하자는 제안에 따라 소를 취하하였다. **이러한 소의 취하는 유효한가?**

(민사소송법의 맥 D-13 참조)

Ⅰ. 문제점(소취하의 요건) [당, 소, 시, 동, 소]

소를 취하하는 당사자에게 소송능력이 있어야 하며, 모든 소송물에 대하여, 시기는 소제기 후 종국판결의 확정 전까지(제266조 1항) 할 수 있고, 피고가 응소한 뒤에는 피고의 동의를 받아야 취하의 효력이 생긴다(제266조 2항). 그리고 소의 취하도 소송행위이므로 소송행위의 유효요건을 구비하여야 한다.

설문의 경우 이 사건 소송 도중에 乙이 한 소취하가 유효한지와 관련하여 소취하의 당사자요건으로서 i) 이 사건 시행·시공계약의 법적 성질이 조합계약인지가 문제된다. ii) 나아가 조합계약이라면 이 사건 공동소송의 유형이 고유필수적 공동소송인지, iii) 고유필수적 공동소송이라면 공동소송인 중 한 사람인 乙이 단독으로 한 소취하가 유효한지 여부가 문제된다.

Ⅱ. 이 사건 시행·시공계약의 법적 성질

1. 민법상 조합과 비법인사단의 구별 [사, 다, 변, 주]

비법인사단이란 사단의 실질을 갖추었지만 법인등기를 갖추지 못한 단체이고, 조합은 2인 이상이 상호 출자하여 공동사업을 경영할 것을 약정하는 계약으로서(민법 제703조 1항), 判例는 명칭에 구애됨이 없이 일반적으로 그 단체성의 강약을 기준으로 판단해야 한다고 판시하고 있다(대판 1999.4.23. 99다4504 등).[1]

구체적으로는 "i) 어떤 단체가 고유의 목적을 가지고 사단적 성격을 가지는 규약을 만들어 이에 근거하여 의사결정기관 및 집행기관인 대표자를 두는 등의 조직을 갖추고 있고, ii) 기관의 의결이나 업무집행방법이 다수결의 원칙에 의하여 행하여지며, iii) 구성원의 가입, 탈퇴 등으로 인한 변경에 관계없이 단체 그 자체가 존속하고, iv) 그 조직에 의하여 대표의 방법, 총회나 이사회 등의 운영, 자본의 구성, 재산의 관리 기타 단체로서의 주요사항이 확정되어 있는 경우에는 비법인사단으로서의 실체를 가진다"(대판 1999.4.23. 99다4504 등)고 한다.

2. 사안의 경우

설문의 경우, 甲과 乙은 사단성을 가지는 규약, 조직이 존재하거나 기타 단체로서의 주요사항이 확정되었다고 볼 수 없고, 기존의 연립주택을 철거하고 그 지상에 아파트를 건설하여 분양하기로 하는 공동사업을 경영할 것을 약정하였고, 설문상 명확하지 않으나 지분에 따라 수익과 손실을 분담할 것을 약정한 것으로 보이므로, **이 사건 시행·시공계약은 조합계약의 성질을 가진다.**

Ⅲ. 이 사건 공동소송의 유형

1. 고유필수적 공동소송 여부 고찰

조합재산에 관한 능동소송의 경우 i) 합유물의 처분·변경에는 합유자 전원의 동의가 필요하고(민법 제272조), 합유물의 지분 처분에도 전원의 동의가 필요한 점에 비추어(민법 제273조), 조합원의 조합재산에 관한 소송은 고유필수적 공동소송이다(대판 1967.8.29. 66다2200, 대판 1994.10.25. 93다54064). ii) 다만

---

[1] 가령 농협협동조합 등은 조합의 명칭을 사용하나 그 성질은 특별법에 의한 법인이며, 재건축조합 등도 조합이 아니라 권리능력 없는 사단이다(대판 2001.5.29. 2000다10246 ; 당해 판결이후 재건축조합은 도시 및 주거환경정비법 제18조 1항에 의해 법인화되었다).

보존행위에 관한 소송(조합지분권자가 피고의 등기말소를 구하는 경우)은 통상공동소송으로 본다(민법 제272조 단서).[2]

2. 사안의 경우

설문의 경우, 이 사건 분양 계약은 甲과 乙이 공동사업주체의 지위에서 체결한 것으로서 이 사건 분양대금지급청구권은 조합의 재산에 속하고, 이 사건 소송은 보존행위가 아닌 조합원의 조합재산에 관한 능동소송으로서 고유필수적 공동소송에 해당한다.

IV. 이 사건 소취하의 유효여부(무효)

1. 고유필수적 공동소송의 심판 방법(소송자료의 통일)

소송목적이 공동소송인 모두에게 합일적으로 확정되어야 할 공동소송의 경우에 공동소송인 가운데 한 사람의 소송행위는 모두의 이익을 위하여서만 효력을 가진다(제67조 1항). 따라서 공동소송인 중 한 사람의 소송행위가 유리한 때에는 모두에게 효력이 있고, 공동소송인 중 한 사람의 소송행위가 불리한 때에는 전원이 하지 아니하면 효력이 없다.

2. 사안의 경우

소취하는 불리한 소송행위로서 甲과 乙이 함께 하지 않으면 효력이 없다. 判例 역시 "고유필수적 공동소송에서는 원고들 일부의 소 취하 또는 피고들 일부에 대한 소취하는 특별한 사정이 없는 한 그 효력이 생기지 않는다"고 판시하고 있다(대판 2007.8.24. 2006다40980). 따라서 공동소송인 중 한 사람인 乙이 단독으로 한 소취하는 무효이다.

V. 사안의 해결

甲과 乙의 이 사건 시행·시공계약은 조합계약이고, 이 사건 소송은 조합재산에 관한 능동소송으로서 고유필수적 공동소송에 해당하며, 이 사건 소취하는 불리한 소송행위로서 공동소송인 중 한 사람인 乙이 단독으로 한 소의 취하는 무효이다.

사례_180 고유필수적 공동소송(3) – 1인의 소취하 가부   2010년 사법시험

甲, 乙, 丙은 5,000만 원씩 공동 출자하여 건축업을 동업하여 오던 중, 丁과 공사대금 1억 5천만 원에 건물신축공사를 하기로 하는 도급계약을 체결하였다. 甲, 乙, 丙은 위 도급계약에 따라 건물을 완공하였으나 공사대금을 받지 못하자, 丁을 상대로 위 공사대금 청구의 소를 제기하였다. 위 소송계속 중 丙은 자신의 지분에 대한 소취하서를 제출하였고 丁은 이에 동의하였다. **丙의 소취하는 유효한가?** (사례 156. 참조)

I. 문제점(소취하의 요건) [당, 소, 시, 동, 소]

II. 甲, 乙, 丙 간의 관계의 법적 성질

---

2) 수동소송의 경우 즉 조합채권자가 조합채무의 이행을 청구하는 소송에서 i) 각 조합원에게 개인재산에 관하여 개인적 책임을 묻는 소송은 통상공동소송이다. ii) 다만 조합원에게 조합재산에 관하여 공동책임을 묻거나, 합유로 등기된 부동산의 이전등기를 청구하는 소송은 고유필수적 공동소송이다.

1. 민법상 조합과 비법인사단의 구별 [사, 다, 변, 주]

2. 사안의 경우

甲, 乙, 丙은 사단성을 가지는 규약, 조직이 존재하거나 기타 단체로서의 주요사항이 확정되었다고 볼 수 없고, 공동 출자하여 건축업을 동업하여 조합체를 형성한 것으로 보인다.

Ⅲ. 이 사건 공동소송의 유형

1. 고유필수적 공동소송 여부 고찰

2. 사안의 경우

이 사건 도급 계약은 甲, 乙, 丙이 공동사업주체의 지위에서 체결한 것으로서 조합의 재산에 속하고, 이 사건 소송은 보존행위가 아닌 조합원의 조합재산에 관한 능동소송으로서 고유필수적 공동소송에 해당한다.

Ⅳ. 이 사건 소취하의 유효여부

1. 고유필수적 공동소송의 심판 방법(소송자료의 통일)

2. 사안의 경우

소취하는 불리한 소송행위로서 甲, 乙, 丙이 함께 하지 않으면 효력이 없다. 공동소송인 중 한 사람인 丙이 단독으로 한 소취하는 무효이다.

사례_181 **고유필수적 공동소송(4) – 누락된 공동소송인 보정방법**　　2014년 사법시험

甲, 乙, 丙은 X토지를 공유하고 있었는데, 甲은 개인적인 사정상 공유관계를 해소하고자 한다.
乙은 X토지에 대한 공유물분할에 동의하였는데 丙이 공유물분할에 동의하지 않자, 甲은 丙만을 피고로 삼아 공유물분할을 구하는 소를 제기하였다.

〈문제 1.〉
이 사건 소가 적법한지와 그 근거를 설명하시오.　　(민사소송법의 맥 D-14 참조)

〈문제 2.〉
만약 부적법하다면 甲과 乙이 각자 그 사유를 해소할 수 있는 방법에 대하여 설명하시오.
　　(민사소송법의 맥 D-14 참조)

Ⅰ. 문제 1.의 경우

1. 결 론

이 사건 소는 당사자적격의 흠결로 부적법하다.

2. 논 거

(1) 공유물분할청구의 소의 공동소송의 유형

1) 통상공동소송과 필수적 공동소송의 구별기준(사례 150. 참조)

2) 공유물분할청구의 소의 소송유형

공유물분할소송은 공유물 자체의 처분·변경을 가져오므로 민법 제264조에 의하여 소송수행권이 전원에게 귀속되는 바, "분할을 청구하는 공유자가 원고가 되어 다른 공유자 전부를 공동피고로 하여야 하는 고유필수적 공동소송"(대판 2003.12.12. 2003다44615)이다.

(2) 고유필수적 공동소송에서의 당사자적격

고유필수적 공동소송에서는 공동소송인 전원에 대하여 판결이 합일적으로 확정되어야 하므로, 소송물에 이해관계를 가지는 일정범위의 자 전원이 원고나 피고가 되어야 한다. 따라서 공동소송인으로 될 자 중 일부가 누락된 경우에는 소 전체가 당사자적격의 흠결로 부적법해진다.

(3) 사안의 경우

공유물분할청구의 소는 고유필수적 공동소송이므로 비록 乙은 공유물분할에 동의하고 丙만 동의하지 않더라도 乙까지도 피고로 삼아야 한다. 그런데 甲은 丙만을 피고로 삼아 공유물분할청구의 소를 제기하였으므로, 이 사건 소는 당사자적격의 흠결로 부적법하다.

II. 문제 2.의 경우

1. 결 론

甲은 제68조의 필수적 공동소송인의 추가제도를 통해 누락된 乙을 추가함으로써 이 사건 소의 부적법사유를 해소할 수 있다. 乙은 제83조의 공동소송참가를 통해 이 사건 소의 부적법 사유를 해소할 수 있다. '별소제기와 변론병합'도 하나의 방법이긴 하나, 변론병합은 '법원'에 의해 이루어지는 것이므로 甲과 乙이 할 수 있는 방법은 아니라고 보인다.

2. 논 거

(1) 甲의 고유필수적 공동소송인의 추가

1) 의 의

법률상 공동소송이 강제되는 고유필수적 공동소송인 가운데 일부가 누락된 경우에 그 누락된 공동소송인을 추가하는 임의적 당사자 변경 제도를 말한다(제68조).

2) 요 건 [필, 공, 동, 일]

ⅰ) 필수적 공동소송인 중 일부가 누락된 경우이어야 하고, ⅱ) 종전 당사자와 신당사자간에 공동소송의 요건을 갖추어야 하며, ⅲ) 원고측 추가의 경우에는 신당사자의 절차보장 내지 신당사자의 처분권의 존중을 위하여 추가될 신당사자의 동의를 요구하며, ⅳ) 제1심 변론종결시까지 추가가 허용된다.

3) 사안의 경우

ⅰ) 乙은 고유필수적 공동소송인 공유물분할청구소송의 누락된 당사자이고, ⅱ) 두 당사자 간에 제65조 전문의 권리와 의무가 공통되어 공동소송의 요건을 갖추었고, ⅲ) 乙은 피고측에 추가되는 당사자이므로 그의 동의는 필요 없으므로 甲은 제68조에 의해 乙을 피고로 추가함으로써 이 사건 소의 부적법 사유를 해소할 수 있다.

(2) 누락자 乙의 공동소송참가

1) 의 의

소송 계속 중 당사자 간의 판결의 효력을 받는 제3자가 원고 또는 피고의 공동소송인으로 참가하는 것을 말한다(제83조 1항).

2) 요 건 [타, 당, 합]

ⅰ) 타인간의 소송계속 중 일 것, ⅱ) 당사자적격 등의 소송요건을 갖출 것, ⅲ) 합일확정의 필요가 있을 것을 요한다.

3) 고유필수적 공동소송의 경우 공동소송참가의 허용 여부(적극)

ⅲ)의 요건과 관련하여, 본소송의 판결의 효력이 제3자에게 확장되는 유사필수적 공동소송이 이에 해당함에는 의문의 여지가 없다. 그런데 고유필수적 공동소송으로 될 경우에도 포함되는지와 관련해서는 고유필수적 공동소송인 중 일부가 누락된 경우에는 ① 당사자적격의 흠결로 소를 각하해야 하며 참가는 불가능하다는 견해도 있으나, ② 공동소송참가는 필수적 공동소송인의 추가와 달리 상소심에서도 허용되는 것이므로 필수적 공동소송인의 추가 규정의 신설에도 불구하고 여전히 의미가 있다는 점, 당사자적격은 변론종결시까지 구비하면 된다는 점, 소송경제 등을 고려할 때 공동소송참가에 의한 흠의 치유를 긍정함이 타당하다.

4) 사안의 경우

丙과 고유필수적 공동소송인의 관계에 있으나 피고에서 누락된 乙은 제83조에 의해 스스로 공동소송인으로 참가함으로서 이 사건 소의 부적법 사유를 해소할 수 있다.

사례_182 **유사필수적 공동소송** 2012년 법원행정고시, 2015년 변리사

甲은 乙로부터 X토지를 매수하는 계약을 체결했다. X토지의 등기부에는 乙 명의의 소유권이전등기 다음에 丙 명의로 소유권이전등기가 경료되어 있는데, 甲은 乙과 의논하여 乙을 대위하여 丙을 상대로 소유권이전등기말소청구소송을 제기했다. 甲이 제1심에서 소송을 수행하던 중 사망하였고 甲의 상속인으로는 두 아들 A와 B가 있었다. A, B는 乙과 의논한 다음, 甲의 소송을 수계하여 공동원고로서 소송을 수행하였다.

A, B는 제1심에서 원고 패소판결을 받자 A는 항소하였으나 B는 항소하지 않았다. 항소심 법원은 A와 丙 사이에서만 절차를 진행하여 A의 항소를 기각하였다. **항소심판결은 정당한지 설명하시오.**

(민사소송법의 맥 D-15 참조)

Ⅰ. 결 론

항소심판결은 필수적 공동소송에 관하여 특칙을 규정한 제67조 1항의 법리를 오해한 것으로서 위법하다.

Ⅱ. 논 거

1. 채권자 대위소송의 법적성격 – 법정소송담당설(사례 028. 참조)

2. A와 B의 소송수행형태 – 유사필수적 공동소송관계

(1) 통상공동소송과 필수적공동소송의 구별기준(사례 150. 참조)

(2) A와 B의 소송수행형태

"채무자가 채권자대위권에 의한 소송이 제기된 것을 알았을 경우에는 그 확정판결의 효력은 채무자에게도 미친다는 것이 判例인바, 다수의 채권자가 각 채권자대위권에 기하여 공동하여 채무자의 권리를 행사하는 경우 위 채권자들은 유사필수적 공동소송관계에 있다"(대판 1991.12.27. 91다23486). 대위

소송의 법적 성질에 관한 법정소송담당설이 타당하다고 보는 이상 대위소송의 확정판결의 효력이 다른 채권자에게 확장되는 관계에 있으므로[1] 유사필수적 공동소송설이 타당하다.

3. 유사필수적 공동소송의 심판방법 - 상소불가분원칙 적용

필수적 공동소송의 경우에는 상호연합관계에 있으므로, 합일확정의 판결만이 허용된다. 따라서 소송자료 및 소송진행의 통일이 요청되며, 일부판결은 허용되지 않고 모두에 대하여 판결하여야 한다. 상소기간은 각 공동소송인별로 진행하나, 전원에 대하여 상소기간이 만료되기까지는 판결은 확정되지 않는다. 또한 공동소송인 중 일부의 상소제기는 전원의 이익에 해당된다고 할 것이어서 다른 공동소송인에 대하여도 그 효력이 미치며, 따라서 필수적 공동소송인 전원에 대하여 확정이 차단되고 상소심에 이심된다(대판 1991.12.27. 91다23486). 즉, 상소불가분의 원칙이 적용된다.

4. 사안의 해결

A와 B는 유사필수적 공동소송의 관계에 있고, A의 항소제기는 전원의 이익에 해당하므로 제67조 제1항에 따라 B에 대하여도 그 효력이 미친다. 따라서 B의 청구 부분도 확정이 차단되고 항소심으로 이심되므로 항소심법원은 필수적 공동소송관계에 있는 소송수계인 A와 B에 대하여 합일확정을 위하여 한 개의 판결을 선고하여야 할 것임에도 A에 대하여만 절차를 진행하여 판결을 선고하였으므로 제67조 1항의 법리를 오해한 것으로서 위법하므로 파기되어야 한다.

[참고] ※ 필수적 공동소송에서 불복하지 않은 공동소송인의 지위

불복하지 않은 공동소송인의 지위에 대해 ① 상소인설 ② 선정자설 ③ 단순한 상소심당사자설의 견해 대립이 있으나, 합일확정의 요청으로 얻는 특수지위이며 상소를 제기하거나 선정을 하지 않은 자이므로 단순한 상소심당사자설이 타당하다(대판 1995.1.12. 94다33002). 따라서 당사자 표시에 있어서 상소하지 않은 당사자는 '상소인'이라고 표시하지 않고 '원고' 또는 '피고'라고만 표시하고, 상소비용도 부담하지 않으며, 상소취하권이 없고, 상소인지를 붙이지 않아도 된다.

사례_183 **예비적 공동소송(1) - 법률상 양립불가능의 의미** 2015년 제4회 변호사시험

B는 2002. 1. 1. 주택을 신축할 목적으로 C로부터 X토지를 매매대금을 10억 원으로 하여 매수하면서, 소유권이전등기는 추후 B가 요구하는 때에 마쳐주기로 하였다. B는 매매대금 전액을 지급하고 C로부터 X토지를 인도받았다. B는 그 무렵 이후 C에게 X토지에 관한 소유권이전등기절차의 이행을 요구하였는데, C는 X토지를 매도할 당시보다 시가가 2배 이상 상승하였다고 주장하면서 매매대금으로 10억 원을 더 주지 않으면 B에게 소유권이전등기를 마쳐줄 수 없다고 하였다. B는 C에게 수차례 소유권이전등기절차의 이행을 구하다가 2009. 12. 4. A에게 X토지를 25억 원에 매도하였다. A는 2011. 6. 18. 법원에 B와 C를 공동피고로 하여, B에 대하여는 X토지에 관한 매매를 원인으로 한 소유권이전등기절차 이행을 구하고, C에 대하여는 A의 B에 대한 X토지에 관한 2009. 12. 4.자 매매를 원인으로 한 소유권이전등기청구권을 보전하기 위하여 B를 대위하여 2002. 1. 1.자 매매를 원인으로 한 소유권이전등기절차 이행을 구하는 소를 제기하였다. 재판과정에서, B는 자신은 X토지에 대한 매매계약과는 무관하고 X토지를 평소 관리하던 자신의 동생인 D가 아무런 권한 없이 B의 대리인을 자처하면서 A에게 X토지를 매도한 것이라고 주장하였다. B의 주장이 받아들여질 경우에 대비하여, 위 소송절차에서 A는 D에 대하여 손해배상을 구하는 예비적 청구를 추가하고자 한다.

---

[1] "어느 채권자가 채권자대위권을 행사하는 방법으로 제3채무자를 상대로 소송을 제기하여 판결을 받은 경우, 어떠한 사유로든 채무자가 채권자대위소송이 제기된 사실을 알았을 경우에 한하여 그 판결의 효력이 채무자에게 미치므로, 이러한 경우에는 그 후 다른 채권자가 동일한 소송물에 대하여 채권자대위권에 기한 소를 제기하면 전소의 기판력을 받게 된다"(대판 1994.8.12. 93다52808)

〈문제 1.〉
이 경우 예비적으로 D를 피고로 추가하는 것이 가능한지 여부와 그 이유를 서술하시오.

〈문제 2.〉
D가 피고로 추가되고 B의 주장이 모두 사실로 밝혀졌을 경우, 법원은 B와 D에 대하여 각각 어떠한 판단을 하여야 하며, 그 이유는 무엇인가?

I. 문제 1.의 경우

1. 결 론

A는 예비적으로 D를 피고로 추가할 수 있다.

2. 근 거

(1) 주관적 예비적 공동소송의 허용 여부(적극)

주관적 추가적 병합이란 소송계속 중에 제3자가 스스로 당사자로 가입하거나 당사자가 제3자에 대한 소를 병합제기하는 경우를 말하는 바, 종래 判例는 명문 규정이 없고, 예비적 피고의 지위가 불안하다는 이유로 부정하는 입장이었으나(대판 1997.8.26. 96다31079), 2002년 신설된 제70조는 예비적·선택적 공동소송에 대한 특별규정을 두어 '공동소송인 가운데 일부의 청구가 다른 공동소송인의 청구와 법률상 양립할 수 없거나 공동소송인 가운데 일부에 대한 청구가 다른 공동소송인에 대한 청구와 법률상 양립할 수 없는 경우에는 제67조 내지 제69조를 준용한다'고 규정하여 제68조를 준용하므로 주관적 추가적 병합이 허용되었다.

(2) 주관적 예비적 공동소송의 허용 요건 [동, 택, 상, 소]

주관적 예비적 병합이 적법하기 위해서는 i) 양 원고의 청구 또는 양 피고에 대한 청구가 법률상 양립할 수 없는 경우이어야 하며, ii) 공동소송의 주관적, 객관적 요건을 구비하여야 한다(제70조). 특히 判例는 "'법률상 양립할 수 없다'는 것은, 동일한 사실관계에 대한 법률적인 평가를 달리하여 두 청구 중 어느 한 쪽에 대한 법률효과가 인정되면 다른 쪽에 대한 법률효과가 부정됨으로써 두 청구가 모두 인용될 수는 없는 관계에 있는 경우나, 당사자들 사이의 사실관계 여하에 의하여 또는 청구원인을 구성하는 택일적 사실인정에 의하여 어느 일방의 법률효과를 긍정하거나 부정하고 이로써 다른 일방의 법률효과를 부정하거나 긍정하는 반대의 결과가 되는 경우로서, 각 청구에 대한 판단 과정이 필연적으로 상호 결합되어 있는 관계를 의미하며, 실체법적으로 서로 양립할 수 없는 경우뿐 아니라 소송법상으로 서로 양립할 수 없는 경우를 포함한다"(대결 2007.6.26. 2007마515)[1]고 하였다.

(3) D를 예비적 피고로 추가할 수 있는지 여부(적극)

사안에서 B는 D에 의한 무권대리를 주장하는 바, B에 대한 청구가 인용 또는 기각되면 D에 대한 청구도 기각 또는 인용될 수밖에 없으므로 B와 D에 대한 청구는 법률상 양립불가능하고 그 판단 과정이 필연적으로 상호 결합되어 있다(민법 제135조). 또한 제1심 변론종결시까지 소송계속 중에 예비적 공동소송인이 추가되는 형태의 추가적 병합이 가능하므로(제70조 1항, 제68조), 결국 A는 D에 대한 손해배상을 구하는 예비적 청구를 추가할 수 있다.

---

1) [판례검토] 사실상 양립불가능의 경우까지 포함하면 투망식 소송이 될 우려가 있으므로 법률상 양립불가능한 청구에 한해 인정함이 타당하다. 법률상 양립할 수 없으면 실체법적으로 뿐만 아니라 소송법상으로 서로 양립할 수 없는 경우도 포함한다(대결 2007.6.26. 2007마515).

Ⅱ. 문제 2.의 경우

1. 결 론

법원은 B에 대한 청구를 기각하고, D에 대한 청구를 인용하여야 한다.

2. 근 거

(1) 주관적 예비적 공동소송의 심판

주관적 예비적 공동소송은 제67조 내지 제69조를 준용하므로(제70조 1항), 소송자료와 소송진행을 통일해야 한다. 또한 주관적·예비적 공동소송은 동일한 법률관계에 관하여 모든 공동소송인이 서로간의 다툼을 하나의 소송절차로 한꺼번에 모순 없이 해결하는 소송형태로서 모든 공동소송인에 관한 청구에 관하여 판결을 하여야 하고(제70조 2항), "일부공동소송인에 대하여만 일부판결하거나 남겨진 자를 위한 추가판결을 하는 것은 허용되지 않는다"(대판 2008.6.26. 2007마515). 다만, 청구의 포기·인낙, 화해 및 소의 취하의 경우에는 그러하지 아니하다(제70조 1항). 따라서 주관적 예비적·선택적 병합은 청구의 포기·인낙, 화해 및 소의 취하를 제외하고 필수적 공동소송의 심판절차에 의한다. 따라서 주위적 피고에 대한 청구를 인용하면 예비적 피고에 대한 청구를 기각해야 하고, 주위 청구를 기각하면 예비적 청구를 인용해야 한다.

(2) 사안의 경우

B의 주장이 모두 사실로 밝혀진 경우 D는 B의 무권대리인이며, A가 표현대리를 주장하지 않는 이상 표현대리의 성립여부를 판단할 수도 없다(대판 1983.12.13. 83다카1489). 따라서 A는 B에 대한 소유권이전등기청구권을 갖지 못하며 A는 D에 대하여 민법 제135조에 의한 손해배상채권을 갖는다. 따라서 법원은 A의 B에 대한 X토지의 소유권이전등기청구를 기각해야 하며 D에 대한 손해배상청구를 인용해야 한다.

사례_184 **예비적 공동소송(2) – 예비적 공동소송인의 추가**   2019년 6월 법전협 모의

〈제1문의 3〉
〈기초적 사실관계〉
Y 아파트는 제1동부터 제10동까지의 10개동으로 구성되어 있고, 甲과 乙은 Y 아파트 제2동의 입주자로서 Y 아파트 입주자대표회의의 구성원이다. 甲은 乙을 상대로 '乙이 위 제2동 동대표 지위에 있지 않다.'는 확인을 청구하는 소를 제기하였다.

〈문 제〉
甲은 위 입주자대표회의를 위 확인청구에 대한 예비적 피고로 추가할 수 있는가? (15점)

Ⅰ. 논점의 정리

대표자 지위확인의 소의 피고적격이 누구에게 인정되는지, 원고가 피고를 잘못 지정한 경우에 올바른 피고를 예비적 피고로 추가하여 두 피고 모두를 상대로 소송을 할 수 있는지, 특히 예비적 공동소송인 추가의 요건 중 법률상 양립 불가능이 인정되는지 문제된다.

Ⅱ. 대표자 지위확인의 소의 피고적격

判例는 단체내부의 분쟁의 피고적격에 대해서는 '단체피고설'의 입장에서 "주주총회결의 취소와 결의무효

확인판결은 대세적 효력이 있으므로 그와 같은 소송의 피고가 될 수 있는 자는 그 성질상 회사로 한정된다. 주식회사의 이사회결의는 회사의 의사결정이고 회사는 그 결의의 효력에 관한 분쟁의 실질적인 주체라 할 것이므로 그 효력을 다투는 사람이 회사를 상대로 하여 그 결의의 무효확인을 소구할 있다 할 것이나 그 이사회결의에 참여한 이사들은 그 이사회의 구성원에 불과하므로 특별한 사정이 없는 한 이사 개인을 상대로 하여 그 결의의 무효확인을 소구할 이익은 없다"(대판 1982.9.14. 80다2425)고 판시하였다.[1]

III. 원고가 피고를 잘못 지정한 경우에 올바른 피고를 예비적 피고로 추가하여 두 피고 모두를 상대로 소송을 할 수 있는가 여부

1. 주관적 예비적 공동소송의 허용 여부(적극)

주관적 추가적 병합이란 소송계속 중에 제3자가 스스로 당사자로 가입하거나 당사자가 제3자에 대한 소를 병합제기하는 경우를 말하는 바, 종래 判例는 명문 규정이 없고, 예비적 피고의 지위가 불안하다는 이유로 부정하는 입장이었으나(대판 1997.8.26. 96다31079), 2002년 신설된 제70조는 예비적·선택적 공동소송에 대한 특별규정을 두어 '공동소송인 가운데 일부의 청구가 다른 공동소송인의 청구와 법률상 양립할 수 없거나 공동소송인 가운데 일부에 대한 청구가 다른 공동소송인에 대한 청구와 법률상 양립할 수 없는 경우에는 제67조 내지 제69조를 준용한다'고 규정하여 제68조를 준용하므로 주관적 추가적 병합이 허용되었다.

2. 주관적 예비적 공동소송의 허용 요건 [동, 택, 상, 소]

주관적 예비적 병합이 적법하기 위해서는 i) 양 원고의 청구 또는 양 피고에 대한 청구가 법률상 양립할 수 없는 경우이어야 하며, ii) 공동소송의 주관적, 객관적 요건을 구비하여야 한다(제70조). 특히 判例는 "민사소송법 제70조 제1항에 있어서 '법률상 양립할 수 없다'는 것은, 동일한 사실관계에 대한 법률적인 평가를 달리하여 두 청구 중 어느 한 쪽에 대한 법률효과가 인정되면 다른 쪽에 대한 법률효과가 부정됨으로써 두 청구가 모두 인용될 수는 없는 관계에 있는 경우나, 당사자들 사이의 사실관계 여하에 의하여 또는 청구원인을 구성하는 택일적 사실인정에 의하여 어느 일방의 법률효과를 긍정하거나 부정하고 이로써 다른 일방의 법률효과를 부정하거나 긍정하는 반대의 결과가 되는 경우로서, 각 청구에 대한 판단 과정이 필연적으로 상호 결합되어 있는 관계를 의미하며, 실체법적으로 서로 양립할 수 없는 경우뿐 아니라 소송법상으로 서로 양립할 수 없는 경우를 포함한다"(대결 2007.6.26. 2007마515)고 하였다.

사안의 경우 제65조 전문의 권리의무의 발생요건이 공통한 경우이므로 공동소송의 주관적 요건은 갖추었고, 동종절차에서 심리할 수 있으며 제25조 2항의 관련재판적도 갖출 수 있으므로 공동소송의 객관적 요건도 갖추었다. 따라서 법률상 양립 불가능한 경우인지가 문제된다.

3. 법률상 양립 불가능의 판단

(1) 단체의 구성원을 피고로 삼아 제기한 소에서 단체를 피고로 추가할 수 있는지 여부

어느 한 피고는 피고적격이 없고 다른 피고는 피고적격이 있는 관계도, 법률관계의 분쟁 해결을 위하여 누가 가장 직접적인 이해관계를 가지는가 그리고 가장 유효적절한 분쟁해결을 위해서는 누가 피고로 되어야 하는가의 선택 문제로 이는 법률상 양립 불가능에 해당한다. 특히 피고적격자가 아닌 자를 피고로 삼았을 때 피고의 경정이 허용되는데 그렇다면 굳이 예비적 피고의 추가신청을 배척할 이유가 없다. 뿐만 아니라 예비적 공동소송을 가급적 넓게 인정하여 하나의 소송에서 여러 개의 청구를 일거에 해결할 수 있도록 하는 것이 당사자 보호나 소송의 신속 경제에 도움이 된다.[2]

---

1) 반면 判例는 단체내부의 분쟁의 원고적격과 관련하여서는 "학교법인의 이사회결의에 대한 무효확인의 소를 제기할 수 있는 자가 누구인지에 관하여 사립학교법이나 민법 등에 특별한 규정이 없으므로, 통상 확인의 소의 경우처럼 확인의 이익 내지 법률상 이해관계를 갖는 자는 누구든지 원고적격을 가진다"(대판 2011.9.8. 2009다67115)고 판시하였다.

(2) 판례 및 사안의 경우

判例는 "법인 또는 비법인 등 당사자능력이 있는 단체의 대표자 또는 구성원의 지위에 관한 확인소송에서 그 대표자 또는 구성원 개인뿐 아니라 그가 소속된 단체를 공동피고로 하여 소가 제기된 경우에 있어서는, 누가 피고적격을 가지는지에 관한 법률적 평가에 따라 어느 한 쪽에 대한 청구는 부적법하고 다른 쪽의 청구만이 적법하게 될 수 있으므로 이는 민사소송법 제70조 제1항 소정의 예비적·선택적 공동소송의 요건인 각 청구가 서로 법률상 양립할 수 없는 관계에 해당한다"(대결 2007.6.26. 2007마515)[3]고 하여 단체의 구성원을 피고 삼아 제기한 소에서 단체를 피고로 추가할 수 있다는 입장이다. 따라서 사안의 경우 甲은 대표자 개인인 乙을 상대로 부적법한 확인의 소를 제기한 후 적법한 피고적격자인 입주자대표회의를 예비적 피고로 추가할 수 있다.

4. 추가요건 구비여부

사안의 경우 소송이 제1심 법원에 계속 중이고 변론종결 전이므로 공동소송인의 추가가 허용될 것이며, 피고측의 추가이므로 추가되는 입주자대표회의의 동의는 필요하지 않다. 공동소송인의 추가는 신소제기의 성질을 가지므로 서면에 의하여야 하며 추가결정이 있은 경우 처음 소가 제기된 때에 추가되는 당사자와의 사이에 소가 제기된 것으로 보기 때문에 시효중단과 기간준수의 효과는 처음 제소시로 소급된다. 따라서 시효완성과 기간도과의 문제 또한 발생하지 않는다.

IV. 결 론

동대표 지위를 구하는 소송에서 구성원인 乙과 단체인 입주자대표회의 중 누가 피고적격을 가지는지에 관해서는, 단체내부의 분쟁의 피고적격에 대해 '단체피고설'을 따르는 判例의 입장을 고려할 때 (대판 1982.9.14. 80다2425), 乙에 대한 청구는 부적법하고 입주자대표회의에 대한 청구만이 적법하게 되므로, 甲은 위 입주자대표회의를 위 확인청구에 대한 예비적 피고로 추가할 수 있다.

사례_185　예비적 공동소송(3)　　2007년·2014년 법원행정고시, 2007년·2011년 사법시험

X는 자신이 Y의 대리인이라고 주장하는 Z로부터 X 소유의 A토지상에 B건물을 지어 식당을 할테니 위 토지를 임대하여 달라는 부탁받았다. X는 Y에게 A토지를 임대하였고, Z은 A토지를 인도받아 B건물을 완공하였다. Y가 A토지와 건물을 사용하는 것으로 알고 있던 X는 Z가 B건물에서 야간에 도박장을 개장하는 등으로 주민의 원성을 사게 되자 'Y가 당초 약속과 달리 도박장으로 사용함으로써 임대차 계약을 더 이상 유지할 수 없을 만큼 신뢰관계가 훼손되었다'고 주장하며 위 임대차 계약 해지로 인한 원상회복으로 위 건물의 철거와 위 토지의 인도를 구하는 소를 제기하였다. 변론에서 Y는 Z의 행위는 무권대리행위이므로 당해 임대차계약은 무효라고 항변하였고, 이에 X는 예비적으로 Z도 피고로 끌어들인 후에 Z에게 무권대리인의 책임을 묻는 청구를 병합하였다. Z는 자신은 아무런 관계없는 제3자라

---

2) 호문혁, 민사판례연구 33 (상), 한국민사판례연구회, 박영사, 2011.2.28. 27page

3) 이러한 판결에 대해 단체내부의 분쟁의 피고적격에 대해 '단체피고설'인 判例의 입장을 고려하여(대판 1982.9.14. 80다2425), "이 사건 분쟁의 경우 법리상 피고적격은 입주자대표회의에만 있고 피고 개인에게는 없음이 명백하므로, 법원이 피고 개인에 대한 소가 부적법하다고 판결한 후 원고들이 입주자대표회의에 대한 소를 제기하였을 때 법원이 전소에서의 판단과 달리 입주자대표회의에 대한 소가 부적법하다는 판결을 할 가능성이 없다(또는 두 개의 소를 제기하였을 경우 법원이 두 소를 모두 부적법하다고 각하할 가능성도 없다). 또한 피고 개인에 대한 소와 입주자대표회의에 대한 소를 하나의 소송절차로 한꺼번에 모순없이 해결할 필요도 없다. 따라서 이 사건 예비적 피고 추가신청은 허용될 수 없다고 보아야 한다. 대상 결정이 민사소송법 제70조에서 정한 '법률상 양립할 수 없다'는 의미에 관하여 이정표적인 판단을 한 것은 높이 평가하여야 할 것이나, 이 사건 주관적·예비적 추가신청이 허용될 수 있다고 본 것은 잘못이다"(민경도, 아주대학교 법학전문대학원 교수·변호사, '예비적·선택적 공동소송의 허용여부와 이중패소의 위험', 考試界 2013년 3月號 通卷 673號, 22쪽 참조)는 비판이 있다.

고 주장하며 준비서면을 제출하지 않고 변론기일에 출석하지 않았으며, Y는 변론기일에 출석하여 자신의 억울함을 호소하였다. 이에 제1심법원은 예비적 병합의 법리에 따라 Z의 청구에 대해서만 불출석 자백간주를 이유로 X의 승소판결을 선고하였다.

〈문제 1.〉 X의 Z에 대한 청구의 병합이 적법한지에 관해 논하라.

〈문제 2.〉 원심법원의 판결에 어떠한 하자가 있는지 논하라.

Ⅰ. 문제 1.의 경우

1. 문제점

주관적 추가적 병합이란 소송계속 중에 제3자가 스스로 당사자로 가입하거나 당사자가 제3자에 대한 소를 병합제기하는 경우를 말하는 바, Y에 대한 소송계속 중 X가 Z에 대한 소를 병합제기하는 것이 가능한지 문제된다.

2. 허용 여부에 관한 종래의 판례와 개정 입법(사례 160. 참조)

주관적 추가적 병합이 허용된다.

3. 주관적 예비적 병합의 요건 [동, 택, 상, 소](사례 160. 참조)

4. 사안의 해결

X의 Y에 대한 주위적 청구는 유권대리임을 전제로 한 것이며, Z에 대한 예비적 청구는 무권대리임을 전제로 한 것이므로 Y에 대한 청구가 인용되거나 기각되면 Z에 대한 청구가 기각되거나 인용될 수밖에 없어, X의 Y와 Z에 대한 청구는 법률상 양립불가능하다. 또한, 동종절차에 의해 심판될 수 있고, 전속적 관할위반의 문제도 없으며, 권리의무의 발생 원인이 법률상 공통된 경우이므로 공동소송의 요건도 갖추었다. 따라서 X의 병합소송은 주관적 예비적 병합의 요건을 갖추어 적법하다.

Ⅱ. 문제 2.의 경우

1. 주관적 예비적 · 선택적 병합의 심판방법(사례 160. 참조)

청구의 포기 · 인낙, 화해 및 소의 취하를 제외하고 필수적 공동소송의 심판절차에 의한다.

2. 불출석에 의한 자백간주를 인정한 것이 위법한 것인지 여부(위법)

당사자가 공시송달에 의하지 않은 적법한 기일통지를 받고도 변론기일에 출석하지 않거나 변론에서 상대방이 주장하는 사실을 명백히 다투지 아니한 때에는 그 사실을 자백한 것으로 본다(제150조 1항, 3항). 그러나 사안에서 Y가 변론에 출석하였는바, 소송목적이 공동소송인 모두에게 합일적으로 확정되어야 할 공동소송의 경우에 공동소송인 가운데 한 사람의 소송행위는 모두의 이익을 위하여서만 효력을 가진다(제67조 1항). 따라서 Y의 출석으로 인해 Z의 출석효과가 발생하므로 법원은 Z의 불출석에 의한 자백간주효과를 인정하여서는 아니된다.

3. Y에 대한 청구에 대해 판단하지 않은 것이 위법한 것인지 여부(위법)

주관적 예비적 · 선택적 병합은 객관적 예비적 병합과 달리 모든 공동소송인에 관한 청구에 대하여 판결을 하여야 한다(제70조 2항). 따라서 일부 공동소송인에 관한 청구에 대하여만 판결을 하는 경우 이는 일부판결이 아닌 흠이 있는 전부판결에 해당하여 상소로써 이를 다투어야 하고, 그 판결에서 누락된 공동소송인은 이러한 판단유탈을 시정하기 위하여 상소를 제기할 이익이 있다(대판 2008.3.27. 2005다49430)

甲은 2012. 5. 6. 乙이 운전하는 영업용택시를 타고 귀가하던 중 자신이 탄 택시와 丙이 운전하던 승용차가 교차로에서 충돌하는 교통사고를 당하여 안면부 열상과 뇌진탕 등의 상해를 입었다. 수사결과 丙이 교통사고를 위반한 과실이 인정되어 丙에게 벌금 300만 원의 약식명령이 내려지자 甲은 2013. 2. 5. 丙을 상대로 이미 지출된 치료비 3,000만 원 상당의 손해배상을 청구하는 소송('전소'라고 한다)을 제기하였다.

전소의 진행도중 丙이 위 약식명령에 불복하여 정식재판을 청구한 결과 "丙이 교통신호를 위반한 사실을 인정할 증거가 부족하다"는 취지에서 2013. 10. 5. 무죄 판결을 선고받아 그 판결이 같은 달 13. 확정되었다. **甲이 전소에서 乙을 예비적 피고로 추가할 수 있는지 검토하시오.**

I. 乙을 예비적 피고로 추가할 수 있는지 여부

1. 주관적 예비적 병합의 요건 [동, 택, 상, 소] (사례 160. 참조)

2. 법률상 양립불가능성의 판단

사안에서는 피해자 甲이 가해자 丙에 대한 손해배상청구 소송 중 공동불법행위자인 乙에 대한 청구를 예비적으로 추가하는 것이 허용되는지가 특히 '법률상 양립불가능성'과 관련해 문제된다. 判例는 "부진정연대채무의 관계에 있는 채무자들을 공동피고로 하여 이행의 소가 제기된 경우 그 공동피고에 대한 각 청구가 서로 법률상 양립할 수 없는 것이 아니므로 그 소송을 제70조 1항 소정의 예비적·선택적 공동소송이라고 할 수 없다"(대판 2009.3.26. 2006다47677)고 한다.

[관련쟁점] "제70조 1항 본문이 규정하는 '공동소송인 가운데 일부에 대한 청구'를 반드시 '공동소송인 가운데 일부에 대한 모든 청구'라고 해석할 근거는 없으므로, 주위적 피고에 대한 주위적·예비적 청구 중 주위적 청구 부분이 인용되지 아니할 경우 그와 법률상 양립할 수 없는 관계에 있는 예비적 피고에 대한 청구를 인용하여 달라는 취지로 결합하여 소를 제기하는 것도 가능하고, 이 경우 주위적 피고에 대한 예비적 청구와 예비적 피고에 대한 청구가 서로 법률상 양립할 수 있는 관계에 있으면 양 청구를 병합하여 통상의 공동소송으로 보아 심리·판단할 수 있다" (대판 2009.3.26. 2006다47677).

II. 사안의 해결

공동불법행위자 상호간에는 부진정연대채무관계에 있어 양자 모두에 대한 법률효과의 인정 또는 부정이 가능한바 **법률상 양립불가능성이 인정되지 않고, 따라서 피해자 甲이 가해자 丙에 대한 손해배상청구 소송 중 공동불법행위자인 乙에 대한 청구를 예비적으로 추가하는 것은 허용되지 않는다.**

甲은 물품공급업자 戊로부터 A회사가 무역업을 영위하는데 필요한 물품을 매수하기로 하는 계약을 체결하였다. 戊는 A회사에 물품을 공급하고 대금을 청구하였으나, A회사는 이 사건 물품공급계약의 당사자가 대표이사 甲 개인이라고 주장하였다. 그러나 戊는 A회사가 계약당사자라고 생각하고 A회사만을 상대로 물품대금청구의 소를 제기하였다. 소송이 진행되는 과정에서도 A회사가 이 사건 물품공급계약의 당사자는 대표이사 甲 개인이라는 주장을 거듭하자, 戊는 불안한 나머지 대표이사 甲을 예비적 피고로 추가하였다.

〈문제 1.〉

戊가 甲을 피고로 추가한 것은 적법한가? 결론과 그에 따른 논거를 서술하시오.

(민사소송법의 맥 D-16 참조)

〈문제 2.〉

위 문제 1.의 추가가 적법한 경우, 甲이 대금을 지급하겠다고 진술하였다면 인낙의 효력이 인정되는지 여부와 그에 따른 논거를 서술하시오.

(민사소송법의 맥 D-16 참조)

I. 문제 1.의 경우

1. 결 론

戊가 甲을 예비적 피고로 추가하는 것은 적법하다.

2. 논 거

(1) 예비적 공동소송인의 추가의 허용여부(사례 160. 참조)

예비적 공동소송에서도 주관적 추가적 병합을 허용된다.

(2) 예비적 공동소송인의 추가의 요건 [동, 택, 상, 소](사례 160. 참조)

3. 사안의 경우

계약당사자가 'A회사인지 甲 개인인지'라는 택일적 사실인정으로 인하여 A회사에 대한 청구가 인용되거나 기각되면 甲에 대한 청구가 기각되거나 인용될 수밖에 없어 戊의 피고 A회사와 甲에 대한 청구는 법률상 양립불가능하고 기타 공동소송의 요건이 흠결된 사정은 보이지 않으므로 위 피고의 추가는 적법하다.

II. 문제 2.의 경우

1. 결 론

甲의 인낙은 주위적 피고인 A회사에 대한 청구가 기각될 경우에만 유효하다.

2. 논 거 - 예비적 피고의 인낙 가부

(1) 문제점

제70조 1항 단서는 소송당사자 각자 청구의 인낙을 할 수 있다고 규정하고 있는바, 예비적 공동소송에서 예비적 피고가 인낙하는 경우에도 법원이 곧바로 예비적 피고의 인낙을 유효하게 볼 수 있는지 아니면 주위적 피고에 대한 청구를 심리한 후 인용되면 예비적 피고의 인낙에도 불구하고 예비적 피고에 대한 청구를 기각해야 하는지 문제된다.

(2) 학설 및 검토

긍정설은 제70조의 명문 규정이 인낙을 허용하고 있음을 근거로 예비적 피고의 인낙이 허용된다고 본다. 그러나 주위적 피고에게 승소하려는 원고의 의사를 고려하여 주위적 피고에 대한 청구가 기각될 경우에만 예비적 피고의 인낙이 유효하다고 보는 부정설이 타당하다.

3. 사안의 경우

甲이 대금을 지급하겠다고 진술하였더라도 바로 인낙이 유효한 것이 아니라, 주위적 피고인 A회사에 대한 심리결과 원고의 청구가 기각되는 경우에만 甲의 인낙의 효력이 인정된다.

사례_188 **선정당사자제도(1) - 공동의 이해관계**   2002년 법무사시험

A 주택의 임차인들인 甲, 乙, 丙은 丁이 임대차계약상의 임대인이라고 주장하면서 丁을 상대로 그 각 보증금의 전부 내지 일부의 반환을 청구하는 소송을 제기하였다. 그런데 丁은 자신이 임대차계약상의 계약당사자가 아니라고 주장하고 있다. 그 소송에서 甲, 乙, 丙이 선정당사자를 선정할 수 있는지 여부 및 그 근거를 기재하시오.   (민사소송법의 맥 533쪽 참조)

I. 결 론

甲, 乙, 丙은 공동의 이해관계가 있으므로 선정당사자를 선정할 수 있다.

II. 논 거

1. 선정당사자제도의 의의 및 선정의 요건 [여, 공, 중]

선정당사자란 법률이 명문으로 인정한 임의적 소송담당으로서, 공동의 이해관계 있는 다수의 사람이 공동소송인이 되어 소송을 하여야 할 경우에 총원을 위해 소송을 수행할 당사자로 선출된 자를 말한다(제53조 1항). 선정당사자제도를 이용하기 위해서는 i) 공동소송을 할 다수자가 있을 것(여러 사람), ii) 공동의 이해관계가 있을 것, iii) 공동의 이해관계가 있는 다수 중에서 선정할 것이라는 요건을 갖추어야 한다(제53조). 사안에서는 甲, 乙, 丙간에 공동의 이해관계가 있는지가 문제된다.

2. 공동의 이해관계의 의미

(1) 판 례[1]

判例는 "공동의 이해관계란 다수자 상호간에 공동소송인이 될 관계에 있고, 또 주요한 공격방어 방법을 공통으로 하는 것을 의미하므로, 다수자의 권리·의무가 동종이며 그 발생 원인이 동종인 관계에 있는 것만으로는 공동의 이해관계가 있는 경우라고 할 수 없어, 선정당사자의 선정을 허용할 것이 아니"라고 보면서도, "임차인들이 X를 임대차계약상의 임대인이라고 주장하면서 X에게 그 각 보증금의 전부 내지 일부의 반환을 청구하는 경우, 그 사건의 쟁점은 X가 임대차계약상의 임대인으로서 계약당사자인지 여부에 있으므로, 그 임차인들은 상호간에 공동소송인이 될 관계가 있을 뿐 아니라 주요한 공격방어 방법을 공통으로 하는 경우에 해당함이 분명하다고 할 것이어서, 민사소송법 제53조 소정의 공동의 이해관계가 있어 선정당사자를 선정할 수 있다"(대판 1999.8.24. 99다15474)고 보았다(다만 이러한 判例의 태도에 대해 제65조 후문의 경우에도 한정적으로 선정을 허용하는 것이라고 평가하는 견해가 있다)

---

1) **[학설]** ① 통설은 다수자가 공동소송인이 될 관계에 있고 주요한 공격방어방법을 공통으로 하는 경우, 즉 제65조 전문의 견련성이 인정될 때에 공동의 이익관계가 인정된다고 하나, ② 제65조 후문의 견련성만이 인정되는 경우라도 이를 구체적으로 살펴 주요한 공격방어방법의 공통됨이 예상되거나 인정된다면 공동의 이해관계를 인정할 수 있다고 보아 이를 비판하는 견해가 있다.

(2) 검 토

공동의 이해관계를 제65조 전문(소송목적이 되는 권리나 의무가 여러 사람에게 공통되거나 사실상 또는 법률상 같은 원인으로 말미암아 생긴 경우)에 한정하려는 입장이 있으나, 소송절차를 단순화하려는 선정당사자제도의 취지를 고려한다면 제65조 후문(소송목적이 되는 권리나 의무가 같은 종류의 것이고, 사실상 또는 법률상 같은 종류의 원인으로 말미암은 것)의 경우라도 쟁점을 공통으로 하는 경우에는 공동의 이해관계를 인정하여야 한다고 봄이 타당하다.[2]

3. 사안의 해결

사안의 경우 甲, 乙, 丙은 제65조 후문의 공동소송인의 관계에 있으나, 당해 소송의 쟁점이 丁이 임대차계약상의 임대인으로서 계약당사자인지 여부에 있으므로 주요한 공격방어방법을 공통으로 하는 경우에 해당한다. 따라서 제53조의 공동의 이해관계가 있으므로, 이들 중에서 선정당사자를 선정할 수 있다.

사례_189 **선정당사자제도(2) - 심급한정의 선정 가부**

대결 1995.10.5. 94마2452, 대판 2014.10.15. 2013다25781, 대판 2006.9.28. 2006다28775

甲, 乙, 丙, 丁은 戊에 대하여 소음피해로 인한 손해배상청구소송을 제기하였다. 소송계속 중 乙·丙·丁은 직접 소송을 수행하기 어렵게 되자 1994. 3. 5. 甲을 선정당사자로 선정하여 선정서를 제1심 법원에 제출하였다(선정서에는 '제1심 소송절차에 관하여' 선정당사자 甲의 지위를 인정한다고 기재하였다). 이후 제1심법원은 1995. 3. 5. 甲의 청구기각판결을 선고하였다.

〈문제 1.〉
甲은 제1심판결정본을 송달받은 뒤 항소를 제기하였는바, 甲의 항소는 적법한가? 결론과 그에 따른 논거를 서술하시오. (민사소송법의 맥 D-17 참조)

〈문제 2.〉
甲은 제1심판결정본을 송달받은 뒤 자신의 항소권을 포기한다는 내용의 서면을 원심법원에 제출하였고, 나머지 소송당사자 乙·丙·丁을 위하여 항소를 제기하였다. 甲의 항소는 적법한가? 결론과 그에 따른 논거를 서술하시오. (민사소송법의 맥 536쪽 참조)

I. 문제 1.의 해결

1. 결 론

甲의 항소는 적법하다.

2. 논 거

(1) 문제점

甲에 대한 선정이 요건을 갖춘 것인지, 심급을 제한하여 행한 선정행위가 위법한 것인지, '제1심 소송절차에 관하여'라는 문구를 어떻게 해석하여야 하는지 문제된다.

---

[2] 즉 선정당사자제도는 소송절차의 단순화를 위한 것인데, 선정당사자 선정으로 모든 공동소송절차가 단순화되는 것은 아니므로, 통설·判例가 공동의 이해관계 인정여부를 다수자 상호간에 공동소송인이 될 관계 외에 주요한 공격방어방법의 공통이라는 기준에 의함은 타당하다. 다만, 후문의 관계만으로는 공동이해관계가 있다고 할 수는 없겠지만, 후문 중에도 쟁점을 같이 하여 주요한 공격방어방법을 공통으로 하는 경우가 있을 수 있으므로 이 경우에도 선정을 허용하는 것이 소송절차의 단순화를 꾀하는 선정당사자제도의 취지상 마땅하다.

(2) 선정당사자의 선정의 요건

1) 요 건 [여, 공, 중](사례 164. 참조)

사안에서는 甲, 乙, 丙, 丁간에 공동의 이해관계가 있는지가 문제된다.

2) 공동의 이해관계의 의미(사례 164. 참조)

공동의 이해관계를 제65조 전문에 한정하려는 입장이 있으나, 제65조 후문의 경우라도 쟁점을 공통으로 하는 경우에는 공동의 이해관계를 인정하여야 한다.

3) 사안의 경우

甲, 乙, 丙, 丁은 소음피해로 인한 손해배상청구권을 행사하는 자들로서 제65조 전문의 관계에 있으며, 甲은 위 다수 당사자 중에서 선정당사자로 선정된 것이므로 선정당사자의 선정의 요건을 갖추었다.

(3) 선정방법의 적법성 – 심급을 제한한 선정행위의 효력(유효)

1) 문제점

선정행위는 소송수행권을 수여하는 소송행위이므로, 소송능력이 있어야 하며 조건부 선정은 허용되지 않는다. 다만, 사안과 같이 당초부터 심급을 제한하여 행한 선정행위가 유효한 것인지 문제된다.

2) 심급을 제한한 선정당사자 선정의 효력(유효)

a. 판 례[1]

判例는 "공동의 이해관계가 있는 다수자가 당사자를 선정한 경우에는 선정된 당사자는 당해 소송의 종결에 이르기까지 총원을 위하여 소송을 수행할 수 있고, 상소와 같은 것도 역시 이러한 당사자로부터 제기되어야 하는 것이지만, 당사자 선정은 총원의 합의로써 장래를 향하여 이를 취소, 변경할 수 있는 만큼 당초부터 특히 어떠한 심급을 한정하여 당사자인 자격을 보유하게끔 할 목적으로 선정을 하는 것도 역시 허용된다"(대결 1995.10.5. 94마2452)고 보았다

b. 검 토

소송절차의 단순화라는 취지를 고려해 부정하는 입장이 있으나, 어느 때라도 선정을 취소 또는 변경할 수 있다는 점을 고려하면 선정시 심급제한을 긍정하는 判例의 태도가 타당하다.

(4) '제1심 소송절차에 관하여'라는 기재가 심급을 제한한 것인지 여부(소극)

判例는 "제1심에서 제출된 선정서에 사건명을 기재한 다음에 '제1심 소송절차에 관하여' 또는 '제1심 소송절차를 수행하게 한다'라는 문언이 기재되어 있는 경우라 하더라도, 특단의 사정이 없는 한, 그 기재는 사건명 등과 더불어 선정당사자를 선정하는 사건을 특정하기 위한 것으로 보아야 하고, 따라서 그 선정의 효력은 제1심의 소송에 한정하는 것이 아니라 소송의 종료에 이르기까지 계속하는 것으로 해석함이 상당하다"(대결 1995.10.5. 94마2452)고 보아 선정당사자의 취지를 고려하여 심급한정문구를 엄격하게 해석한다.

(5) 사안의 경우

'제1심 소송절차에 관하여'라는 문구가 선정서에 기재되었더라도, 甲에 대한 선정의 효력은 소송 종료시까지 계속되는 것으로 보아야 하므로 甲은 여전히 선정당사자로서의 소송수행권을 가진다. 따라서 甲의 항소는 적법하다.

---

1) **[학설]** ① 선정당사자의 제도가 소송절차를 단순화하여 소송의 효율적인 진행을 도모하는 것을 목적으로 하고, 선정된 자가 당사자로서 소송의 종료에 이르기까지 소송을 수행하는 것이 그 본래의 취지임에 비추어 선정서에 제1심 소송절차만을 수행케 하는 내용의 조건이 있어도 선정의 효력은 소송의 종료까지 있다는 소송종료시설과 ② 선정자는 어느 때라도 선정을 취소할 수 있으므로 제1심으로 한정하는 것이 가능하다는 심급한정설이 대립한다.

II. 설문 2.의 해결

1. 결 론

甲의 항소는 부적법하다.

2. 논 거

(1) 선정당사자의 자격상실 사유

判例에 따르면 제53조의 선정당사자는 공동의 이해관계를 가진 여러 사람 중에서 선정되어야 하므로, 선정당사자 본인에 대한 부분의 소가 취하되거나 판결이 확정되는 등으로 공동의 이해관계가 소멸하는 경우에는 선정당사자는 선정당사자의 자격을 당연히 상실한다(대판 2014.10.15. 2013다25781). 따라서 선정당사자가 선정자 1인에 대한 부분만 항소를 제기하고 본인에 대한 부분은 항소를 제기하지 아니하여 제1심판결이 그대로 확정되었다면, 공동의 이해관계가 소멸됨으로써 선정당사자의 자격을 상실하였고, 따라서 선정당사자의 지위에서 상고를 제기하는 것은 부적법하다(대판 2006.9.28. 2006다28775).

(2) 甲의 항소의 적법여부(부적법)

甲은 제1심판결정본을 송달받은 뒤 자신의 항소권을 포기한다는 내용의 서면을 원심법원에 제출하였으므로 이로써 甲에 대한 부분이 확정되어 공동의 이해관계가 소멸함으로써 甲은 乙 등에 대한 선정당사자 지위를 상실했으므로, 甲이 乙 등에 대한 선정당사자 지위에서 제기한 항소는 부적법하다(위 2006다28775).

사례_190 **보조참가(1) - 요건, 참가인의 지위, 참가적 효력[1]**

대결 2014.5.29. 2014마4009, 2009년 사법시험

乙은 2014. 2. 1. 소송을 마치고 돌아오던 중 丁의 차량과 충돌하여 전치 4주의 상해를 입었다. 이에 乙의 차량의 보험자인 丙 화재보험회사는 2014. 3. 1. 乙에게 보험금을 지급하였고, 2016. 1. 9. 丁을 상대로 구상금청구의 소(이하 '丙의 소'라고 한다)를 제기하였다. 이에 2016. 1. 13. 乙은 丙의 소에서 丙측에 보조참가하여 丁의 과실의 존부 및 그 범위에 관하여 적극적으로 다투었다.

〈문제 1.〉
乙의 보조참가는 적법한가? 결론과 그에 따른 논거를 서술하시오. (민사소송법의 맥 542쪽 참조)

---

1) 보조참가는 최근 사법시험, 변리사시험 등 각종 시험(08사시, 08변리사, 09사시, 11변리사, 11일행, 15일행)에서 계속해서 출제되고 있으며, 제1회 변호사시험에서 출제된 바 있다(보조참가인의 지위). 특히 법전협 모의시험에도 2012년, 2013년, 2015년 출제되어 유력한 쟁점으로 보인다.
　　설문 1. 보조참가의 적법여부에 대하여는 보조참가의 의의와 요건을 서술한 후, 요건 중에서 '소송결과에 이해관계가 있을 것'을 판단해주는 것이 핵심이다. 특히 判例가 소송결과의 이해관계에 대하여 "주문에서 판단되는 소송물의 권리관계 존부"라고 하고 있는 점과 예외적으로 참가이익을 확대한 사안을 암기하여 서술할 수 있어야 한다.
　　설문 2.는 보조참가인의 항소제기 가부를 묻고 있는데, 보조참가인의 지위에 대한 충분한 이해가 필요하다. '독립적'지위에 기초해 항소제기가 가능하나, '종속적'지위에 기초해 항소기간의 제한을 받는다. 주의할 점은 공동소송적 보조참가의 경우 상소기간을 독립적으로 계산한다는 점이다. 비교를 요한다.
　　설문 3.은 보조참가인에 대한 판결의 효력에 관하여 判例는 기판력과 다른 참가적 효력을 인정하고 있기 때문에 이에 대한 이해와 그 범위로 주관적 범위와 객관적 범위 그리고 참가적 효력의 배제사유에 해당하는지 여부를 묻고 있다. 참가효의 범위와 기판력과 비교하여 공부해두어야 한다.

<문제 2.>
법원이 청구기각판결을 선고하고 2016. 5. 1. 丙에게, 2016. 5. 4. 乙에게 각각 판결정본을 송달한 경우 2016. 5. 17. 乙은 항소를 제기할 수 있는가? 결론과 그에 따른 논거를 서술하시오.
(민사소송법의 맥 545쪽 참조)

<문제 3.>
丙의 소에서 제1심법원이 위 교통사고는 乙의 중과실로 발생한 것이며, 丁에게는 과실이 없음을 이유로 청구기각판결을 선고하였고 위 판결이 확정되었다. 이후 丙이 乙을 상대로 부당이득반환청구의 소를 제기하였다. 乙은 위 부당이득반환청구소송에서 丁에게 과실이 있음을 주장할 수 있는가? 결론과 그에 따른 논거를 서술하시오.
(민사소송법의 맥 550쪽 참조)

<문제 4.>
만약 '丙의 소'에서 乙이 보조참가를 하지 않은 경우라고 한다면, 문제 3.의 경우에 丙이 후일 제기된 부당이득반환청구의 소에서 乙이 丙과 丁 사이의 위 판결에서 인정한 사실적·법률적 판단과 다른 주장을 할 것에 대비하여 '丙의 소' 계속 중에 乙에게 취할 수 있는 조치는 무엇인가?
(민사소송법의 맥 552쪽 참조)

I. 문제 1.의 경우

1. 결 론

乙의 보조참가는 적법유효하다.

2. 논 거

(1) 보조참가의 의의와 요건

보조참가는 다른 사람 사이의 소송계속 중 소송결과에 이해관계 있는 제3자가 한쪽 당사자의 승소를 돕기 위하여 그 소송에 참가하는 것을 말한다(제71조).

보조참가가 적법하기 위하여는 ⅰ) 타인간의 '소송이 계속 중'일 것, ⅱ) 참가이유로 '소송결과에 이해관계'가 있을 것, ⅲ) '소송절차를 현저히 지연'시키지 않을 것, ⅳ) 소송행위의 유효요건을 갖출 것이 필요하다. [타, 결, 현, 소]

사안의 경우, 丙의 소송이 계속 중이며, 乙의 참가에 의해 소송절차가 현저히 지연될 특별한 사정을 찾을 수 없고, 기타 소송요건의 흠결은 문제되지 않는바, ⅱ) 요건이 충족되었는지 문제된다.

(2) 소송결과에 이해관계가 있을 것

1) 판 례

判例는 ① 기본적으로 판결주문에서 판단되는 소송물인 권리관계의 존부에 의하여 참가인의 법적 지위가 직접적으로 영향을 받는 경우에 한하여 참가이유를 인정하는 입장이나(대판 2007.4.26. 2005다19256), ② "불법행위로 인한 손해배상책임을 지는 자는 피해자가 다른 공동불법행위자들을 상대로 제기한 손해배상 청구소송의 결과에 대하여 법률상의 이해관계를 갖는다고 할 것이므로, 위 소송에 원고를 위하여 보조참가를 할 수가 있다"(대판 1999.7.9. 99다12796)고 판시하여 참가의 이익을 확대하였다.

2) 검 토

소송의 결과를 '판결주문'에서 '판결이유의 판단'까지 확장하여 본소의 중요쟁점인 사항에 참가인의 지위가 논리적으로 의존관계에 있으면 참가의 이익이 있다는 견해가 있으나, 이는 쟁점효 이론을 전제한 것으로서 명문에 반하므로 判例의 태도가 타당하다.

(3) 사안의 경우

丙이 丁을 상대로 제기한 '丙의 소'는 실질적으로 乙이 丁에 대하여 가지는 손해배상청구권을 이전받아 대위행사하는 성격을 띠고 있으므로 丙의 소의 소송물인 구상금채권의 존부 및 범위에 따라 乙의 丁에 대한 손해배상청구권의 존부 및 범위가 결정될 뿐만 아니라, 문제 3.에서 보는 바와 같이 丙의 소의 소송물인 구상금채권의 존부에 따라 보험회사 丙이 乙에게 부당이득반환청구권을 행사할지 여부가 결정되므로, 乙은 丙의 소의 소송결과에 이해관계가 있다.

Ⅱ. 문제 2.의 경우

1. 결 론

乙은 항소를 제기할 수 없다.

2. 논 거

(1) 문제점[2)]

보조참가인 乙의 항소제기 여부는 보조참가인의 지위와 관련된 문제로, 항소제기가 가능한 경우라도 항소가 적법하려면 대상적격, 기간준수 등을 충족해야 하는데, 특히 보조참가인의 항소기간 기산점의 판단기준이 피참가인을 기준으로 하는지 문제된다.

(2) 보조참가인의 지위

보조참가인은 승소보조자란 점에서 **종속적**[3)]이며, 반면 자기의 이익을 위해 독자적인 권한으로 소송에 관여하는 점에서 **독립적**[4)]이기도 하다. 독립적 지위에서 참가인은 소송에 관하여 공격·방어·이의·상소, 그 밖의 모든 소송행위를 할 수 있다(제76조 1항 본문). 따라서 사안의 **항소제기도 보조참가인이 할 수 있는 소송행위**에 해당한다.

(3) 보조참가인의 항소기간 기산점 판단기준(종속성)

1) 판 례

判例는 "피고 보조참가인은 참가할 때의 소송의 진행 정도에 따라 피참가인이 할 수 없는 소송행위를 할 수 없으므로, 피고 보조참가인이 상고장을 제출한 경우에 피고 보조참가인에 대하여 판결정본이 송달된 때로부터 기산한다면 상고기간 내의 상고라 하더라도 이미 피참가인인 피고에 대한 관계에 있어서 상고기간이 경과한 것이라면 피고 보조참가인의 상고 역시 상고기간 경과 후의 것이 되어 피고 보조참가인의 상고는 부적법하다"(대판 2007.9.6. 2007다41966)고 한다.

2) 사안의 경우

보조참가인은 참가할 때의 소송의 진행정도에 따라 할 수 없는 소송행위는 할 수 없는(제76조 1항 단서) 승소보조인에 불과한 점에 비춰 判例와 같이 피참가인을 기준으로 판단하는 것이 타당하다. 따라서 항소기간은 피참가인인 丙이 판결정본을 송달받은 2016.5.1.부터 기산한다. 항소는 판결서가 송달된 날부터 2주 이내에 하여야 하므로(제396조 1항), 2016.5.1.부터 2주가 지난 후인 2016.5.17.에는 항소기간이 도과되었다. 따라서 乙은 항소를 제기할 수 없다.

---

2) 원고 보조참가인 乙의 항소제기가 참가인에게 허용되는 소송행위인지 검토 후, 원고 보조참가인 乙이 피참가인의 항소기간(제396조에 따라 14일) 도과 후에도 자신의 송달시점을 기준으로 항소한 경우 이를 적법한 항소로서 효력을 인정할 것인지 검토한다. 다만 설문에서 보조참가가 유효하다고 한 바, 그에 대한 적법성은 논외로 한다.

3) 보조참가인은 기판력을 받지 않는다. 피참가인의 승소를 보조할 뿐이다. 따라서 소송정도에 따라 피참가인이 할 수 없었던 행위(제76조 1항 단서), 참가인의 소송행위가 피참가인의 소송행위와 어긋나는 경우(제76조 2항), 피참가인에게 불이익한 행위, 심판대상을 변경·확장하는 행위, 피참가인의 사법상 권리행사 등은 할 수 없다[**없, 어, 불, 장, 사**].

4) 당사자에 준하는 절차관여권이 인정되어 기일통지, 서류송달 등은 당사자와 별도로 받는다. 또한 피참가인을 위하여 피참가인이 할 수 있는 일체의 소송행위 즉 소송에 관하여 공격, 방어, 이의, 상소 그 밖의 모든 소송행위를 할 수 있다(제76조).

※ 보조참가인의 종속적 지위로 인하여 참가인이 할 수 없는 행위 [없, 어, 불, 장, 사]

① 참가한 때의 소송정도에 따라 피참가인도 할 수 없는 행위(제76조 1항 단서)

예를 들어 시기에 늦은 공격방어방법의 제출 등은 할 수 없다.

② 피참가인의 행위와 어긋나는 행위(재76조 2항)

判例는 ⅰ) "참가인의 소송행위가 피참가인의 소송행위에 어긋나는 경우라 함은 참가인의 소송행위가 피참가인의 행위와 명백히 적극적으로 배치되는 경우를 말하고 소극적으로만 피참가인의 행위와 불일치하는 때에는 이에 해당하지 않는 것인바, 피참가인인 피고가 원고가 주장하는 사실을 명백히 다투지 아니하여 민사소송법 제150조에 의하여 그 사실을 자백한 것으로 보게 될 경우라도 참가인이 보조참가를 신청하면서 그 사실에 대하여 다투는 것은 피참가인의 행위와 명백히 적극적으로 배치되는 경우라 할 수 없어 그 소송행위의 효력이 없다고 할 수 없다"(대판 2007.11.29. 2007다53310)고 한다. ⅱ) 적극적으로 배치되는 경우로서 피참가인이 자백한 후에 참가인은 이를 부인할 수 없고(대판 2001.1.19. 2000다59333), 피참가인이 상소권을 포기한 이후에 참가인은 상소를 할 수 없으며(대판 2000.1.18. 99다47365), 보조참가인이 제기한 항소를 피참가인이 포기·취하할 수 있다(대판 2010.10.14. 2010다38168).

③ 피참가인에 불이익한 행위

소의 취하, 청구의 포기·인낙, 화해 등 피참가인에 불이익한 행위는 할 수 없다. 자백에 관하여는 필수적 공동소송인조차 이를 단독으로 할 수 없고, 자백은 승소의 보조가 아니라는 점에서 무효로 보는 것이 통설이다.

④ 소의 변경 또는 확장행위

소를 변경하거나(대판 1989.4.25. 86다카2329) 확장하는 행위는 할 수 없다. 반소, 중간확인의 소, 재심사유를 주장하여 재심청구의 추가(대판 1992.10.9. 92므266)는 할 수 없다.

⑤ 피참가인의 사법상 권리의 행사

ⅰ) 부정설은 보조참가인의 종속성을 강조하여 보조참가인은 원칙적으로 피참가인이 가진 사법상의 권리를 행사할 수 없다고 하고, ⅱ) 긍정설은 보조참가인의 독립성을 강조하여 보조참가인은 피참가인의 사법상의 권리를 행사할 수 있다고 하는데, 피참가인이 실체법상의 형성권 행사를 하지 않았기 때문에 패소가 된 경우에는 참가적 효력이 배제되어 참가인은 충분히 보호되므로 부정설이 타당하다.

Ⅲ. 문제 3.의 경우

1. 결 론

乙은 丁에게 과실이 있음을 주장할 수 없다.

2. 논 거

(1) 보조참가의 참가적 효력

1) 참가적 효력의 의의와 성질

제77조에 의하면 보조참가의 경우 그 판결의 효력이 참가인에게 미친다고 규정하고 있다. 이 효력에 대해, 통설과 判例[5]는 참가인으로서 피참가인이 패소하고 나서 뒤의 피참가인에 대한 관계에서 참가인은 판결의 내용이 부당하다고 주장할 수 없는 구속력으로 보는 참가적 효력설의 입장이다.[6]

---

5) "보조참가인이 피참가인을 보조하여 공동으로 소송을 수행하였으나 피참가인이 그 소송에서 패소한 경우에는 형평의 원칙상 보조참가인이 피참가인에게 그 패소판결이 부당하다고 주장할 수 없도록 구속력을 미치게 하는 이른바 참가적 효력이 있음에 불과하므로 피참가인과 그 소송상대방간의 판결의 기판력이 참가인과 피참가인의 상대방과의 사이에까지는 미치지 아니한다"

2) 참가적 효력의 범위

참가적 효력은 기판력과 달리 판결이유 중 패소이유가 되었던 사실상·법률상의 판단으로서 참가인이 피참가인과 공동이익으로 주장할 수 있었던 사항에도 인정되고(객관적 범위), 피참가인이 패소한 경우에 미치는 효력이며 참가인과 피참가인 사이에서만 인정된다(주관적 범위).[7]

3) 참가적 효력의 배제 사유 [없, 어, 방, 실]

그러나 참가적 효력은 금반언의 원칙상 인정되는 효력이므로 참가인이 현실로 변론을 다하는 것이 법률상 기대될 수 없거나 소송수행의 제약이 있는 경우에는 참가적 효력이 배제된다(제77조). 즉 ⅰ) 참가인이 필요한 행위를 유효하게 할 수 없었을 경우, ⅱ) 참가인의 행위가 피참가인의 행위와 어긋난 경우, ⅲ) 피참가인이 참가인의 행위를 방해한 경우. ⅳ) 참가인이 할 수 없는 행위를 피참가인이 고의나 과실로 하지 아니한 경우 참가인은 참가적 효력을 면한다. 나아가 判例는 "전소가 확정판결이 아닌 화해권고결정에 의하여 종료된 경우에는 확정판결에서와 같은 법원의 사실상 및 법률상의 판단이 이루어졌다고 할 수 없으므로 참가적 효력이 인정되지 아니한다"(대판 2015.5.28, 2012다78184)고 판시하였다.

(2) 사안의 경우

乙은 丙의 소의 보조참가인으로서 참가적 효력을 받는 **주관적 범위에 포함**되며, 위 교통사고에서 丁의 과실이 없다는 점은 참가적 효력의 **객관적 범위에 포함**되며, 별도의 참가적 효력의 배제사유는 보이지 않으므로 乙은 丙이 제기한 부당이득반환청구의 소에서 丁에게 과실이 있음을 주장할 수 없다.

Ⅳ. 문제 4.의 경우

1. 결 론

丙은 '丙의 소' 계속 중에 乙에게 소송고지를 하여 후소에서 乙이 '丙의 소'에서 인정한 사실적·법률적 판단과 다른 주장을 하지 못하게 할 수 있다.

2. 논 거

(1) 소송고지의 의의 및 요건 [계, 고, 피, 송]

소송고지란 소송계속 중에 당사자가 소송참가를 할 이해관계가 있는 제3자에 대하여 일정한 방식에 따라서 소송이 법원에 계속된 사실을 통지하는 것이다(제84조).

소송고지가 적법하기 위하여는 ⅰ) 소송 계속 중일 것, ⅱ) 고지자는 계속 중인 소송의 당사자인 원·피고, 보조참가인 및 이들로부터 고지 받은 피고지자이고, ⅲ) 피고지자는 그 소송에 참가할 수 있는 제3자이며, ⅳ) 고지서를 법원에 제출하고(제85조 1항), 피고지자와 상대방에게 송달될 것을 요한다(제85조 2항).

---

6) [학설] ① 기판력의 확장이라 보는 기판력설, ② 기판력과는 다른 특수효력, 즉 참가적 효력으로서 피참가인이 패소하고 나서 뒤에 피참가인이 참가인 상대의 소송을 하는 경우 피참가인에 대한 관계에서 참가인은 판결의 내용이 부당하다고 주장할 수 없는 구속력으로 보는 참가적 효력설, ③ 참가인과 피참가인 사이에는 참가적 효력이 생기지만 참가인과 상대방 사이에서도 기판력 내지 쟁점효를 인정해야 한다는 신기판력설이 대립한다.

7) "보조참가인이 피참가인을 보조하여 공동으로 소송을 수행하였으나 피참가인이 그 소송에서 패소한 경우에는 형평의 원칙상 보조참 가인이 피참가인에게 그 패소판결이 부당하다고 주장할 수 없도록 구속력을 미치게 하는 이른바 참가적 효력이 있음에 불과하므로 피참가인과 그 소송상대방간의 판결의 기판력이 참가인과 피참가인의 상대방과의 사이에까지는 미치지 아니한다"(대판 1988.12.13. 86다카2289)

(2) 소송고지의 효과

1) 피고지자의 지위

소송고지를 받은 피고지자의 참가 여부는 자유이다. 만일 피고지자가 참가하는 경우 고지자의 상대방만이 이의를 제기할 수 있고 피고지자는 이의를 제기할 수 없다. 피고지자가 참가하지 아니하는 경우 판결문에 피고지자의 이름을 표시할 필요는 없다.

2) 참가적 효력

소송고지의 피고지자가 고지자에게 보조참가할 이해관계가 있는 한 고지자가 패소한 경우에는 참가하지 않은 경우라도 소송고지에 의하여 참가할 수 있었을 때에 참가한 것과 마찬가지로 제77조의 '참가적 효력'을 받는다(제86조). 참가효는 고지받은 보조참가 할 수 있는 자와 고지자가 소송할 경우에 미치며(주관적 범위), 전소 판결주문과 이유를 모두 다툴 수 없게 된다(객관적 범위). "피고지자가 후일의 소송에서 주장할 수 없는 것은 전소확정판결의 결론의 기초가 된 사실상, 법률상 판단에 반하는 것으로서 피고지자가 보조참가를 하여 상대방에 대하여 고지자와 공동이익으로 주장하거나 다툴 수 있었던 사항에 한한다"(대판 1986.2.25. 85다카2091).

다만 "고지자가 소송에서 (필요한)항변을 하지 아니하여 고지자에게 패소판결을 하였다면 피고지자는 판결결과에 구속받지 아니한다"(대판 1991.6.25. 88다카6358).

(3) 사안의 경우

丙은 '丙의 소'가 법원에 계속 중인 경우, '丙의 소'의 소송결과에 이해관계가 있는 乙에게 소송고지를 하여 후일 제기된 丙과 乙사이의 부당이득반환청구소송에서 전소확정판결에서의 결론의 기초가 된 사실상 법률상의 판단에 반하는 것을 주장하지 못하게 할 수 있다.

사례_191 **보조참가(2) - 요건, 참가의 효력, 참가적 효력** 　　　　　2018년 8월 법전협 모의

〈공통된 사실관계〉
甲은 자신의 소유인 A토지에 관하여 乙과 대금 2억 원으로 한 매매계약서를 작성하고서 乙 앞으로 소유권이전등기를 마쳐주었는데, 위 매매계약서에는 매매대금 2억 원의 채무를 丙이 연대보증한다는 내용이 기재되어 있고, 甲, 乙, 丙 세 사람이 이에 서명, 날인을 하였다.
그런데 甲이 丙을 상대로 매매대금에 관한 연대보증채무의 이행을 구하는 소송(전소)을 제기하면서 위 매매계약서를 증거로 제출하였다.

〈문제 1.〉
乙은 甲에 대한 매매대금채무가 없다는 사실을 주장, 증명하기 위하여 전소에 어떤 형식으로 참가할 수 있는가?

〈추가된 사실관계 - 아래 설문 2.와 설문 3.에만 적용함〉
전소에서 乙이 적법한 형식으로 소송참가를 하여 위 매매계약이 가장매매라고 주장하였는데도 법원은 청구인용 판결을 선고하였고 그 판결이 확정되었다. (설문 2.와 설문 3.은 상호 무관함)

〈문제 2.〉
丙이 위 판결에 따라 甲에게 매매대금 상당의 보증금을 지급한 뒤 주채무자인 乙을 상대로 구상금 청구의 소(후소)를 제기하자 그 소송에서 乙은 위 매매계약이 가장매매이므로 구상금을 지급할 수 없다고 주장하였다. 후소 법원이 심리 결과 乙의 주장에 신빙성이 있다는 심증을 얻었다면 어떤 판결을 선고하여야 하는가?

〈문제 3.〉
丙이 위 판결확정 후에도 보증금을 지급하지 않자, 甲은 乙을 상대로 매매대금청구의 소(후소)를 제기
하였는데, 그 소송에서 乙이 위 매매계약이 가장매매라고 주장하면서 이 점을 증명할 수 있는 확인서
를 증거로 제출하였고, 이에 대하여 甲은 전소판결의 확정사실, 전소에서 乙이 적법하게 참가한 사실
을 주장, 증명하였다. 후소 법원이 심리 결과 乙의 주장에 신빙성이 있다는 심증을 얻었다면 어떠한
판결을 선고하여야 하는가?

Ⅰ. 문제 1.의 해결 - 기판력을 받지 않는 자의 소송참가

1. 논점의 정리

전소의 기판력이 미치는 자는 후소에서 공동소송참가(제83조)나 공동소송적 보조참가(제79조)를 할
수 있으나, 甲과 丙간 전소의 기판력은 乙에게 미치지 않는바 이 경우 乙이 보조참가(제71조)를 할
수 있는지 문제된다.

2. 보조참가의 의의

다른 사람 사이의 소송계속 중 소송결과에 이해관계 있는 제3자가 한쪽 당사자의 승소를 돕기 위하
여 그 소송에 참가하는 것을 말한다(제71조 본문). 보조참가인은 자기의 이름으로 판결을 구하지 않
는다는 점에서 당사자나 당사자적격 있는 참가인과 다르고, 자기의 이익을 위하여 소송을 수행한다
는 점에서 대리인과 구별된다.

3. 보조참가의 요건 [타, 결, 현, 소]

보조참가의 요건으로는 ⅰ) 타인간의 '소송이 계속 중'일 것, ⅱ) 참가이유로 '소송결과에 이해관계'가
있을 것, ⅲ) '소송절차를 현저히 지연'시키지 않을 것(제71조 단서), ⅳ) 소송행위의 유효요건을 갖출
것이 필요하다.
사안의 경우 甲·丙간의 소송이 계속 중이고 소송절차를 현저히 지연시키거나 기타 소송요건을 갖추
지 못한 사정이 없으므로 乙에게 甲·丙간 소송결과에 이해관계가 인정되는지가 문제된다.

4. 주채무자가 채권자와 연대보증인간의 소송에 대해 법률상 이해관계를 갖는지 여부

주채무자는 민법 제441조 또는 제442조에 의해 연대보증인으로부터 구상책임을 지게 될 것이므로,
채권자와 주채무자간의 후소에 대하여 법률상 이해관계를 갖는 자로서 보조참가를 할 수 있다(대판
1991.4.23. 90다19657).

5. 사안의 경우

乙은 甲과 丙간의 전소에 대하여 기판력을 받는 자가 아니므로 甲과 丙간의 후소에 대하여 공동소송
참가(제83조)나 공동소송적 보조참가(제79조)를 할 수는 없으나, 후소에 대하여 법률상 이해관계를
갖는 자로서 보조참가(제71조)를 할 수 있는 있다.

Ⅱ. 문제 2.의 해결 - 보조참가의 소송법적 효력

1. 논점의 정리

보조참가자에게는 기판력이 미치지 않으나 민사소송법은 참가인에게 참가적 효력(제77조)이 미치는
것으로 규정하고 있는바 그 효력의 내용과 적용 배제요건이 문제된다.

2. 참가적 효력의 의의

(1) 학 설

① 기판력설은 기판력의 확장이라 보며, ② **참가적 효력설**은 기판력과는 다른 특수효력, 즉 참가적 효력으로서 피참가인이 패소하고 나서 뒤에 피참가인이 참가인 상대의 소송을 하는 경우 피참가인에 대한 관계에서 참가인은 판결의 내용이 부당하다고 주장할 수 없는 구속력으로 보며, ③ 신기판력설은 참가인과 피참가인 사이에는 참가적 효력이 생기지만 참가인과 상대방 사이에서도 기판력 내지 쟁점효를 인정해야 한다고 본다.

(2) 판 례

피참가인이 패소한 뒤에 참가인과 소송행위를 하는 경우 피참가인에 대한 관계에서 참가인은 그 판결의 내용이 부당하다고 주장할 수 없는 구속력으로 보는 **참가적 효력설**의 입장이다(대판 1988.12.13. 86다카2289).

3. 참가적 효력의 요건

(1) **참가적 효력의 요건** [본, 피, 확, 참]

참가적 효력이 발생하기 위해서는 당해 소송에서 본안판결이 선고되었을 것(소송판결 제외), 피참가인이 패소하였을 것, 그 판결이 확정되었을 것, 참가인에게 피참가인을 위하여 소송을 수행할 기회가 주어졌을 것(대판 2015.5.28. 2012다78184) 등을 요건으로 하여 발생한다.

(2) 사안의 경우

甲과 丙의 소송은 본안판결이 선고되어 피참가인 丙의 패소가 확정되었고, 乙은 甲과 丙의 소송에서 적법한 소송참가를 하여 매매계약이 가장매매라고 주장하였는바 소송을 수행할 기회가 충분히 주어졌다. 따라서 참가적 효력의 발생요건은 충족되었다.

4. 참가적 효력의 배제

(1) **참가적 효력의 배제요건** [없, 어, 방, 실]

제76조의 규정에 따라 참가인이 소송행위를 할 수 없거나 보조참가인의 행위가 피참가인의 행위와 어긋나 효력을 가지지 아니하는 때(1호), 피참가인이 참가인의 소송행위를 방해한 때(2호), 피참가인이 참가인이 할 수 없는 소송행위를 고의나 과실로 하지 아니한 때(3호)에는 보조참가인에게 참가적 효력이 미치지 않는다.

(2) 사안의 경우

설문에 주어진 사실관계에서는 참가적 효력을 배제할 사유가 나타나 있지 않으므로, 乙에게는 전소의 참가적 효력이 미친다.

5. 참가적 효력의 범위

(1) 주관적 범위

참가적 효력은 상대방과 참가인 사이에서는 미치지 않고 피참가인과 참가인 사이에만 미친다. 따라서 본 소송에서 패소한 피참가인이 참가인에 대하여 제기한 소에서 참가인은 본 소송의 판결의 내용이 부당하다고 다툴 수 없다.

(2) 객관적 범위

참가적 효력은 판결주문에 대해서 뿐만 아니라 판결이유 중의 패소이유가 되었던 사실인정이나 법률판단에도 미친다. 기판력과 달리 참가적 효력을 확대하지 않으면 참가인에게 판결의 효력이 미치는 실익이 없어지기 때문이다. 다만 전소 확정판결의 참가적 효력은 전소 확정판결의 결론의 기초가 된 사실상 및 법률상의 판단으로서 보조참가인이 피참가인과 공동이익으로 주장하거나 다툴 수 있었던 사항에 한하여 미친다(대판 1997.9.5. 95다42133).

(3) 사안의 경우

甲과 丙간의 소송에서 丙이 패소한 이유에 대해서도 乙에게 참가적 효력이 미치므로, 丙과 乙간의 소송에서 乙은 甲과 乙간의 매매계약이 유효하여 甲에 대해 매매대금채무를 부담한다는 사실과, 丙의 연대보증계약이 유효하여 丙의 甲에 대한 보증채무가 존재한다는 점에 대해 참가적 효력을 받는다.

6. 법원의 판결

참가적 효력을 직권조사사항으로 보는 견해도 있으나, 통설은 기판력과 달리 항변사항으로 파악한다. 이에 따르면 丙이 乙에 대한 소송에서 乙의 보조참가와 판결의 선고 및 확정사실을 주장 증명한다면, 참가적 효력을 근거로 乙의 주장을 배척하고 丙의 구상금청구를 인용하는 판결을 선고하여야 할 것이다. 다만, 丙이 이와 같은 주장을 하지 않는다면 법원은 증거조사 결과 얻은 심증에 따라 판단을 할 수 있을 것이다.

III. 문제 3.의 해결 - 제3자에 대한 판결의 효력

1. 논점의 정리

전소판결의 기판력 내지 참가적 효력이 乙에게 미치는지, 판결이유 중의 판단에 대해서도 구속력이 인정되는지 문제된다.

2. 전소판결의 기판력이 乙에게 미치는지 여부

전소판결의 당사자는 甲과 丙이고, 乙은 전소판결의 당사자가 아니므로 기판력의 주관적 범위에 해당하지 않아, 전소판결의 기판력이 乙에게는 미치지 않는다.

3. 전소판결의 참가적 효력이 乙에게 미치는지 여부

참가적 효력은 판결주문에 대해서 뿐만 아니라 판결이유 중의 패소이유가 되었던 사실인정이나 법률판단에도 미치지만, 상대방과 참가인 사이에서는 미치지 않고 피참가인과 참가인 사이에만 미친다. 그런데 甲은 전소판결의 피참가인이 아니므로 乙과의 관계에서 참가적 효력을 주장할 수 없다.

4. 판결이유 중의 판단에 대해서도 구속력이 인정되는지 여부

(1) 문제점

확정판결은 주문에 포함된 것에 한하여 기판력이 발생하므로(제216조 1항), 판결이유 중의 판단에는 기판력이 발생하지 않는다. 그러나 분쟁의 재현과 판결의 모순 방지의 관점에서 판결 이유 중에 기판력을 인정할지 여부에 관해 견해가 대립한다.

(2) 판 례[1]

대법원은 원고가 양도담보권자라는 전제 하에 농지인도청구를 인용한 판결이 확정된 후 피고가 원고는 양도담보권자가 아님을 들어 원고명의의 소유권이전등기말소청구를 한 사건에서 "기판력의 객관적 범위는 주문에 포함된 법률관계 존부·판단에만 국한하는 것"이라고 하여 양도담보권자라는 판단에는 기판력 발생을 부정한 후, "전소의 기판력은 토지인도청구권 존부에만 미치고, 후소는 이전등기말소청구소송으로서 소송물이 상이하므로 기판력에 저촉되지 않는다"(대판 1979.2.13. 78다58)고 하여 이유 중 판단에 기판력 또는 쟁점효를 부정한다.

(3) 검 토

판결이유 중의 판단에 구속력을 인정하면 제216조 1항에 반하고, 오판의 시정기회가 적어지므로 구속력을 부정하는 것이 타당하다. 이 경우 판결의 모순·저촉을 방지하는 방안으로 判例는 "민사재판에 있어서는 다른 민사사건 등의 판결에서 인정된 사실에 구속받는 것이 아니라 할지라도 이미 확정된 관련 민사사건에서 인정된 사실은 특별한 사정이 없는 한 유력한 증거가 되므로, 합리적인 이유설시 없이 이를 배척할 수 없고, 특히 전후 두개의 민사소송이 당사자가 같고 분쟁의 기초가 된 사실도 같으나 다만 소송물이 달라 기판력에 저촉되지 아니한 결과 새로운 청구를 할 수 있는 경우에 있어서는 더욱 그러하다"(대판 1995.6.29. 94다47292)고 판시하여 증명력설의 입장이다.

5. 사안의 경우

전소판결의 당사자가 아닌 乙에게는 전소판결의 기판력이 미치지 않고, 전소판결의 피참가자가 아닌 甲은 乙에게 참가적 효력은 주장할 수 없으나, 전소판결에서 인정된 사실은 후소에서 유력한 증거가 된다. 다만 후소 법원에서 증거조사결과 매매계약이 무효라는 심증을 얻었다면 乙의 항변을 받아들여 甲의 청구를 기각하여야 한다.

사례_192 **예비적 공동소송의 요건 및 심판방법**   2022년 제11회 변호사시험

甲은 X건물을 소유하고 있으며, 아들인 乙이 오랫동안 X건물을 관리해 왔다. 甲이 병환으로 입원하자, 乙은 병원비 조달과 자신의 사업 자금 마련을 위하여 평소 보관하고 있던 甲의 인장과 관련 서류를 이용하여 위임장을 만든 후, 甲의 대리인이라고 하면서 X건물을 丙에게 매도하였다. 병원에서 퇴원한 甲이 이 사실을 알고 乙을 질책하자, 乙은 丙에게 X건물에 관한 소유권이전등기를 마쳐 주지 않았다. 이에 丙은 甲을 상대로, 주위적으로는 유권대리, 예비적으로는 표현대리에 의한 매매계약의 성립을 주장하며 매매계약을 원인으로 한 소유권이전등기청구의 소를 제기하였으나, 법원은 丙에게 추가적인 주장·증명을 요구하였다. 그러자 丙은 甲에 대한 청구가 기각될 것을 대비하여 乙을 상대로 「민법」 제135조의 무권대리로 인한 손해배상을 구하는 내용의 피고 추가 신청을 하였다.

1. 甲법원의 심리 결과 甲이 乙에게 명시적으로 X건물을 매도할 권한을 준 사실은 없지만 乙이 甲을 대신하여 X건물을 오랫동안 관리해 왔고, 건물 매도에 필요한 모든 서류를 乙이 보관하고 있던 점을 참작하여 甲에게 표현대리로 인한 계약상의 책임이 있다고 판단하였다. ① 丙의 피고 추가 신청은 적법한가, ② 법원은 이 사건에서 어떠한 판결을 선고하여야 하는가? (20점)

---

[1] [학설] ① 쟁점효이론은 전소에서 당사자가 주요한 쟁점으로 다투고 법원이 이를 심리한 경우 그 쟁점에 대한 판결이유 중의 판단에 대해서는 쟁점효가 생긴다고 하여 판결이유 중의 판단에 구속력을 인정한다. 반면, ② 증명력설은 판결의 보고문서성을 전제하고 후소 법원이 합리적인 이유설시 없이 이를 배척할 수 없도록 하여 판결의 모순·저촉을 방지한다.

Ⅰ. 제1문의 경우(20)

1. 문제점

丙의 乙에 대한 예비적 공동소송인 추가신청이 적법한지(설문 ①), 적법하다면 법원이 甲, 乙에 대한 각 청구에 대하여 어떠한 판결을 내려야 하는지 문제된다(설문 ②).

2. 乙을 예비적 공동소송인으로 추가하는 것이 적법한지 여부

(1) 예비적 공동소송의 의의 및 요건

예비적 공동소송이란, 공동소송인 가운데 일부의 청구가 다른 공동소송인의 청구와 법률상 양립할 수 없거나 공동소송인 가운데 일부에 대한 청구가 다른 공동소송인에 대한 청구와 법률상 양립할 수 없는 경우로서, 양 원고의 청구 또는 양 피고에 대한 청구가 법률상 양립할 수 없는 경우이어야 하며, 공동소송의 주관적, 객관적 요건을 구비하여야 한다(제70조 1항)

(2) 예비적 병합과 예비적 공동소송

"민사소송법 제70조 제1항 본문이 규정하는 '공동소송인 가운데 일부에 대한 청구'를 반드시 '공동소송인 가운데 일부에 대한 모든 청구'라고 해석할 근거는 없으므로, 주위적 피고에 대한 주위적·예비적 청구 중 주위적 청구 부분이 인용되지 아니할 경우 그와 '법률상 양립할 수 없는 관계'에 있는 예비적 피고에 대한 청구를 인용하여 달라는 취지로 결합하여 소를 제기하는 것도 가능하다"(대판 2014.3.27. 2009다104960,104977).

(3) 사안의 경우

따라서 주위적 피고 甲에 대해서는 주위적으로 乙의 유권대리에 의한 부동산매매계약의 성립을 주장하면서 소유권이전등기청구를 하는 한편, 예비적 피고 乙에 대해서는 乙이 무권대리일 경우 손해배상을 청구하는 것은 '택일적 사실인정'에 의하여 어느 일방의 법률효과를 긍정하거나 부정하고 이로써 다른 일방의 법률효과를 부정하거나 긍정하는 반대의 결과가 되는 경우로서, '법률상 양립불가능'하므로 (대판 2021.7.8. 2020다292756) 乙을 예비적 공동소송인으로 추가하는 것은 적법하다.

[관련판례] '법률상 양립할 수 없다'는 것은, ① 동일한 사실관계에 대한 법률적인 평가를 달리하여 두 청구 중 어느 한 쪽에 대한 법률효과가 인정되면 다른 쪽에 대한 법률효과가 부정됨으로써 두 청구가 모두 인용될 수는 없는 관계에 있는 경우나, ② 당사자들 사이의 사실관계 여하에 의하여 또는 청구원인을 구성하는 택일적 사실인정에 의하여 어느 일방의 법률효과를 긍정하거나 부정하고 이로써 다른 일방의 법률효과를 부정하거나 긍정하는 반대의 결과가 되는 경우로서, 각 청구에 대한 판단 과정이 필연적으로 상호 결합되어 있는 관계를 의미하며, ③ 실체법적으로 서로 양립할 수 없는 경우뿐 아니라 소송법상으로 서로 양립할 수 없는 경우를 포함한다"(대결 2007.6.26. 2007마515). [동, 택, 상, 소]

3. 법원의 甲, 乙에 대한 판결

(1) 예비적 공동소송의 심판방법(본안재판의 통일) [요, 자, 진, 판, 상]

① '객관적 예비적병합'인 주의적 피고 甲에 대한 주위적 청구인 '유권대리'가 인용될 때에는 예비적 청구인 '표현대리'에 대하여 심판할 필요가 없지만, 주위적 청구가 기각되는 때에는 예비적 청구에 대하여 심판하여야 한다.

② '주관적·예비적 공동소송'은 동일한 법률관계에 관하여 모든 공동소송인이 서로간의 다툼을 하나의 소송절차로 한꺼번에 모순 없이 해결하는 소송형태로서 모든 공동소송인에 관한 청구에 관하여 판결을 하여야 한다(제70조 2항). 따라서 주위적 피고에 대한 청구를 인용하면 예비적 피고에 대한 청구를 기각해야 하고(이 점이 예비적 병합과 다름), 주위적 청구를 기각하면 예비적 청구를 인용 또는 기각(양립불가능한 청구라도 증명의 책임을 다하지 못하면 모든 당사자에 대한 청구가 기각될 수 있으므로)해야 한다.

(2) 사안의 경우

① 법원이 甲에게 표현대리로 인한 계약상의 책임이 있다고 판단한 이상, 법원은 甲에 대한 주위적 청구를 기각하는 한편, 甲에 대한 예비적 청구를 인용하여야 한다.

② 한편 예비적 피고 乙에 대한 민법 제135조의 손해배상청구의 경우 무권대리인의 책임은 본인의 표현대리 책임이 인정되지 않을 것을 그 요건으로 하는데(다수설),[1] 甲의 책임이 인정된 이상 청구기각 판결을 하여야 한다.

사례_193 **보조참가(3)-보조참가인의 항소제기** 2012년 제1회 변호사시험, 2017년 6월 법전협 모의

A는 丙이 제기한 소송에서 피고 乙을 보조참가하는 신청을 하였고 이에 대하여 丙은 아무런 이의를 제기하지 아니하여 보조참가는 유효하게 되었다. 丙이 제기한 위 소송에서 원고 청구에 대한 전부 인용 판결이 선고되었다고 가정하고, 2011. 12. 12. 그 판결 정본이 피고 乙에게, 2011. 12. 14. 피고 보조참가인 A에게 각각 송달되었고, 피고 乙은 기한 내에 항소를 하지 아니하였으며, 피고 보조참가인 A는 2011. 12. 28. 제1심 법원에 항소장을 제출하였다면 위 항소는 효력이 있는가?

I. 결 론

피고 보조참가인 A의 항소는 효력이 없다.

II. 논 거

1. 문제점

참가인 A는 소송에 관하여 독립하여 항소를 제기할 수 있다(제76조 1항 본문). 참가인 A가 적법하게 항소를 제기하려면 항소기간을 준수하여야 하는데, 항소는 판결서가 송달된 날부터 2주 이내에 하여야 하고(제396조 본문), 판결서는 정본으로 송달한다(제210조 2항).

사안의 경우 참가인 A의 항소기간의 기산점과 관련하여 참가인 A 자신이 판결정본을 송달받은 날과 피참가인 乙이 판결정본을 송달받은 날 중 어느 것을 기준으로 항소기간 준수여부를 판단하여야 하는지 문제된다.

2. 판 례

判例는 "보조참가인에 대하여 판결정본이 송달된 때로부터 기산한다면 보조참가인 명의로 된 상고제기가 2주 이내에 제기한 것이 된다 하여도 이미 피참가인인 피고에 대한 관계에 있어 상고기간이 경과한 것이라면 보조참가인의 상고 역시 상고기간 경과 후의 것임을 면치 못하여 보조참가인의 위 상고는 부적법하다(대판 2007.9.6. 2007다41966)"고 하여 **참가인의 상소기간도 피참가인의 상소기간에 종속한다**는 입장이다. 생각건대 당사자인 피참가인이 상소를 제기할 수 없는 상태에서 보조참가인이 상소를 제기할 수 있다고 보는 것은 보조참가인의 종속적 지위에 비추어 타당하지 않으므로 판례의 태도가 타당하다.

---

1) **[학설]** 표현대리가 성립할 경우 무권대리에 관한 제130조 내지 제135조의 규정을 적용할 것인가와 관련하여 ① 전부적용설(표현대리를 무권대리의 특수형태로 보아 전부 적용된다는 견해)과, ② 적용부정설(표현대리를 유권대리의 일종으로 보아 전부 적용되지 않는다는 견해)이 있으나, ③ 표현대리는 (광의의) 무권대리의 일종이나 표현대리의 성립으로 상대방은 소기의 목적을 달성할 수 있으므로 무권대리인의 상대방에 대한 책임규정인 제135조만은 적용되지 않는다는 부분적용설이 타당하다(다수설 ; 대법원은 앞서 검토한 바와 같이 표현대리가 무권대리임을 분명히 밝혔다. 그러나 구체적으로 전부적용설을 따를 것인지 부분적용설을 따를 것인지에 대한 判例는 보이지 않는다).

3. 사안의 경우

참가인 A는 항소장을 제1심법원에 제출하였다(제397조 1항). 그러나 참가인 A의 항소는 피참가인인 乙에게 판결정본이 송달된 2011. 12. 12로부터 2주가 도과한 12. 28에 제기되었으므로 항소기간을 도과하여 부적법하다. 따라서 이 사건 항소는 효력이 없다.

사례_194 **보조참가(4) - 참가적 효력**　　　　　　　　　2008년 사법시험

甲은 乙에 대하여 1억 원의 보증채무 이행을 구하는 소를 제기하였다. 이 소송이 진행되는 도중에 주채무자인 丙은 乙 측에 보조참가하였다. 이 보조참가 신청이 받아들여진 후 丙은 자신의 주채무가 존재하지 않는다고 주장하였지만, 乙은 주채무와 보증채무를 모두 인정하였다. 법원은 乙의 진술을 받아들여 甲의 청구를 인용하여 이 판결은 확정되었다.

〈문제 1.〉위 판결에 따라 1억 원을 甲에게 지급한 乙이 丙에 대하여 구상금의 지급을 구하는 소를 제기한 경우, 이 소송에서 丙은 주채무가 존재하지 않는다고 다툴 수 있는가?

〈문제 2.〉乙이 위 판결 후에 1억 원을 甲에게 지급하지 않아 甲이 丙에 대하여 주채무의 지급을 구하는 소를 제기한 경우, 이 소송에서 丙은 주채무가 존재하지 않는다고 다툴 수 있는가?

I. 문제 1.의 해결(사례 166. 참조)

1. 보조참가의 참가적 효력

(1) 참가적 효력의 의의와 성질

통설과 判例는 참가인으로서 피참가인이 패소하고 나서 뒤의 피참가인에 대한 관계에서 참가인은 판결의 내용이 부당하다고 주장할 수 없는 구속력으로 보는 **참가적 효력설**의 입장이다.

(2) 참가적 효력의 범위

판결이유 중 패소이유가 되었던 사실상·법률상의 판단으로서 참가인이 피참가인과 공동이익으로 주장할 수 있었던 사항에도 인정되고(객관적 범위), 피참가인이 패소한 경우에 미치는 효력이며 참가인과 피참가인 사이에서만 인정된다(주관적 범위).

(3) 참가적 효력의 배제 사유 [없, 어, 방, 실]

2. 사안의 경우

丙은 전소에서 乙측의 보조참가인으로서 참가적 효력을 받는 주관적 범위에 포함되며, 주채무자가 존재한다는 사실에 참가적 효력이 발생한다. 다만, 丙은 전소에서 주채무가 존재하지 않는다고 다투었으나 乙은 자백하여 패소판결이 확정된 것으로, 이는 보조참가인의 행위가 피참가인의 행위와 어긋나 효력을 가지지 아니하는 때에 해당하여(제76조 1호) 丙에게 참가효가 미치지 않는다고 할 것이다. 따라서 丙은 후소에서 주채무가 존재하지 않는다고 다툴 수 있다.

II. 문제 2.의 해결

1. 문제점

전소의 보조참가인 丙과 전소 피참가인의 상대방인 甲이 후소의 당사자 된 경우 기판력 내지 참가적 효력이 미치는지 문제된다.

2. 기판력과 참가적 효력

(1) 기판력의 의의 및 인정범위

기판력이란 확정된 종국판결의 내용이 가지는 후소에 대한 구속력을 말한다. 기판력은 당사자에게만 미치고 제3자에게는 미치지 않는 것이 원칙이다(기판력의 상대성 원칙). 확정판결은 주문에 포함된 것에 한하여 기판력을 가진다(제216조 1항). 따라서 항변같이 판결이유 중 판단에 대해서는 기판력이 생기지 않는다.

(2) 참가적 효력의 의의 및 범위(문제 1. 참고)

(3) 보조참가인과 피참가인의 상대방 사이에서도 참가적 효력 내지 기판력이 발생하는지 여부(소극)

"보조참가인이 피참가인을 보조하여 공동으로 소송을 수행하였으나 피참가인이 그 소송에서 패소한 경우에는 형평의 원칙상 보조참가인이 피참가인에게 그 패소판결이 부당하다고 주장할 수 없도록 구속력을 미치게 하는 이른바 참가적 효력이 있음에 불과하므로 피참가인과 그 소송상대방간의 판결의 기판력이 참가인과 피참가인의 상대방과의 사이에까지는 미치지 아니한다"(대판 1988.12.13. 86다카2289 : 참가적 효력설).

다만 이에 대하여 '신기판력설'은 참가인과 피참가인 사이에는 참가적 효력이 생기지만 참가인과 상대방 사이에서도 기판력 내지 쟁점효를 인정해야 한다고 주장한다. 생각건대, 신기판력설은 제77조, 제216조, 제218조의 명문 규정에 반하는 해석이므로 타당하지 않다. 따라서 判例와 같이 제77조의 참가적 효력은 피참가인과 참가인 사이에서만 미친다고 봄이 타당하다.

3. 사안의 해결

사안에서 전소의 당사자와 후소의 당사자가 다르므로 기판력의 주관적 범위에 해당하지 않아 기판력이 미치지 않으며, 참가적 효력 또한 피참가인과 참가인 사이에서 미치는 것이므로, 피참가인의 상대방인 甲과 丙에 대하여는 전소 판결의 참가적 효력이 미치는 주관적 범위에 해당하지 않는다. 따라서 丙은 후소에서 주채무가 존재하지 않는다고 다툴 수 있다. 다만 전소 판결에서 인정된 사실은 후소에서 이를 배척할만한 특별한 사정이 없는 한 유력한 증거자료가 될 것이다.

사례_195 **보조참가(5) – 보조참가인의 지위**　　　　　　2017년 6월 법전협 모의

〈공통된 사실관계〉

甲은 2016. 10. 5. '乙이 甲으로부터 2015. 10. 1. 1,000만 원을 변제기한은 같은 달 31.로 정하여 차용하고(이하 제1 차용이라고 함), 2016. 7. 1. 2,000만 원을 변제기한은 같은 달 31.로 정하여 차용하였으며(이하 제2 차용이라고 함), 丙은 乙의 甲에 대한 제1, 2 차용금반환채무에 대한 보증(이하 제1 차용금반환채무에 대한 보증을 제1 보증, 제2 차용금반환채무에 대한 보증을 제2 보증이라고 함)을 하였다'라고 주장하면서 丙을 상대로 합계 3,000만 원의 보증채무 이행을 청구하는 소를 제기하였다. 제1심 소송계속 중 乙은 丙을 피참가인으로 하는 민사소송법 제71조의 보조참가를 하였다(보조참가의 요건을 갖추어진 것으로 본다. 아래 각 설문은 서로 별개이다).

〈문제 1.〉

제1심 소송의 변론기일에 丙은 제1, 2 차용 사실과 제1 보증 사실은 인정한다고 진술하였지만 제2 보증 사실의 진위에 대하여는 아무런 언급을 하지 않았고 "乙이 甲에게 제1 차용금을 반환하였다"고 진술하였다. 이에 甲은 "乙이 甲에게 제1 차용금을 반환한 사실이 없다"고 진술하였다. 한편 乙은 "제1 차용 사실과 제2 보증 사실을 부인한다"고 진술하였다. 증거조사 결과 제1심 법원은 제1, 2 차용 사실과

제1 보증 사실, 그리고 乙의 제1차용금 반환 사실의 진위 여부에 대하여는 확신을 갖지 못했지만, 제2 보증 사실이 허위라는 점에 대하여는 확신을 가졌다. **제1심 법원은 어떠한 판결을 선고해야 하는가? (법원의 석명의무는 고려하지 말 것)** (민사소송법의 D-19 참조)

〈문제 2.〉
乙은 위 보조참가 후 변호사 丁에게 乙을 위하여 제1심 소송수행을 할 수 있는 소송대리권을 수여하고 (상소에 관한 특별수권은 하지 않았다) 사망하였다. 그 후 제1심 법원은 변론을 종결하고 甲의 청구를 일부 인용하는 판결을 선고하였다. 판결정본은 2017. 1. 2. 甲, 丙, 丁에게 송달되었다. **2017. 1. 31. 현재 丙은 항소를 할 수 있는가?** (민사소송법의 D-19 참조)

I. 문제 1.의 경우

1. 문제점

甲이 丙을 상대로 합계 3,000만 원의 보증채무 이행을 청구하는 소를 제기하였는 바, 제1 보증채무와 관련하여 피고 丙의 제1 차용사실과 제1 보증사실에 대한 인정진술이 재판상 자백에 해당하는지 여부, 참가인 乙의 제1 차용사실에 대한 부인진술의 효력, 피고 丙의 제1 차용금채무 변제항변과 진위불명시 증명책임의 소재가 문제되고, 제2 보증채무와 관련하여 피고 丙의 제1 보증사실에 대한 침묵이 자백 간주되는지 여부, 이에 대한 참가인 乙의 부인진술의 효력이 문제된다.

2. 甲, 丙, 乙이 각 주장한 사실들이 주요사실에 해당하는지 여부 및 증명책임의 소재

(1) 변론주의의 대상이 되는 주요사실에 해당하는지 여부

재판상 자백 내지 자백간주 여부, 증명책임의 소재를 밝히기 전에 변론주의의 대상이 되는 주요사실에 해당하는지 여부가 문제되는 바, **법규기준설**에 따르면 법률효과를 발생시키는 법규의 직접요건에 해당하는 사실을 주요사실로 본다(통설, 判例).

사안의 경우 제1, 2 차용사실 및 제1, 2 보증사실은 권리근거규정에 해당하는 요건사실로서 주요사실에 해당하고, 제1 차용금 변제사실은 대여금반환청구의 권리멸각규정에 해당하는 요건사실로서 주요사실에 해당한다.

(2) 진위불명상태에서 증명책임의 소재

증명책임분배란 요증사실의 진위불명상태에서 누구에게 불이익을 돌릴 것인지의 문제로서, **법률요건분류설**에 따르면 각 당사자는 자기에게 유리한 법규의 요건사실에 관한 증명책임을 진다(통설, 判例).

사안의 경우 제1, 2 차용사실 및 제 1, 2 보증사실은 원고 甲에게 유리한 법규의 요건사실로서 원고 甲이 증명책임을 지고, 제1 차용금 변제사실은 피고 丙에게 유리한 법규의 요건사실로서 피고 丙이 증명책임을 진다.

3. 제1 보증채무에 대한 판단

(1) 제1 차용사실 및 제1 보증사실에 대한 재판상 자백의 성립여부

법원에서 당사자가 자백한 사실은 증명을 필요로 하지 아니하는 바(제288조 본문), 변론 또는 변론준비기일에서 상대방의 주장과 일치하고 자기에게 불리한 주요사실을 진술한 경우 재판상 자백이 성립한다.

사안에서 피고 丙은 변론기일에 제1 차용사실과 제1 보증사실을 인정한다고 진술하였는 바, 이는 원고 甲의 주장과 일치하고 원고 甲이 증명책임을 지는 주요사실로서 피고 丙에게 불리한 주요사실을 진술한 경우에 해당하므로 재판상 자백이 성립한다.

(2) 참가인 乙의 제1 차용사실에 대한 부인진술의 효력

참가인의 소송행위가 피참가인의 소송행위와 어긋나는 때는 효력이 없다(제76조 2항). 특히 判例는 "피고가 원고의 주장사실을 자백한 이상 보조참가인이 이를 다툴 수는 없다고 판단하여 참가인의 주장을 받아들이지 아니한 원심의 조치는 정당하다"(대판 2001.1.19. 2000다59333)고 판시한 바 있다. 따라서 피참가인 丙에 의해 재판상 자백이 성립한 제1 차용사실에 대한 참가인 乙의 부인진술은 효력이 없다.

(3) 제1 차용금 변제항변과 증명책임의 소재

제1 차용금에 대한 변제사실은 권리멸각규정에 해당하는 요건사실로서 피고 丙에게 유리한 주요사실에 해당하므로 피고 丙이 증명책임을 진다. 그런데 증거조사 결과 제1심법원이 제1 차용금 반환사실의 진위 여부에 대하여 확신을 갖지 못하였으므로 피고 丙에게 불리하게 없는 것으로 취급하여야 한다.

(4) 소 결

피고 丙의 제1 차용사실과 제1 보증사실에 대한 인정진술로서 재판상 자백이 성립하였으므로 법원은 제1 차용사실과 제1 보증사실에 대하여 자백한 그대로 사실을 인정하여야 한다. 따라서 제1심법원은 제1 보증채무(1,000만 원) 이행청구 부분을 인용하는 판결을 선고하여야 한다.

4. 제2 보증채무에 대한 판단

(1) 제2 보증사실에 대한 자백간주 성립여부

당사자가 변론에서 상대방이 주장하는 사실을 명백히 다투지 아니한 때에는 그 사실을 자백한 것으로 본다(제150조 1항).

사안에서 피고 丙은 변론기일에 출석하여 원고 甲이 주장하는 제2 보증사실의 진위에 대하여 아무런 언급을 하지 않았으므로 제2 보증사실에 대하여 자백한 것으로 간주된다.

(2) 참가인 乙의 제2 보증사실에 대한 부인진술의 효력

判例는 "참가인의 소송행위가 피참가인의 소송행위에 어긋나는 경우라 함은 참가인의 소송행위가 피참가인의 행위와 명백히 적극적으로 배치되는 경우를 말하고 소극적으로만 피참가인의 행위와 불일치하는 때에는 이에 해당하지 않는 것인 바, 민사소송법 제150조에 의하여 그 사실을 자백한 것으로 보게 될 경우에 참가인이 보조참가를 신청하면서 그 사실에 대하여 다투는 것은 피참가인의 행위와 명백히 적극적으로 배치되는 경우라 할 수 없어 그 소송행위의 효력이 없다고 할 수 없다"(대판 2007.11.29. 2007다53310)고 한다. 따라서 제2 보증사실에 대하여 자백간주 되었다 하더라도 참가인 乙의 부인진술에 의해 자백간주의 효과가 배제된다.

(3) 소 결

제2 차용사실에 대하여 피고 丙의 침묵으로 자백간주되었다고 하더라도 참가인 乙의 부인진술에 의해 자백간주의 효과가 배제되고, 법원이 제2 보증사실이 허위라는 점에 대하여 확신을 가진 이상 객관적 증명책임은 문제되지 않는다. 따라서 제1심법원은 제2 보증채무(2,000만 원) 이행 청구부분에 대하여 기각하는 판결을 선고하여야 한다.

5. 사안의 해결 - 제1심법원의 판결

제1 보증채무(1,000만 원)에 대하여는 제1 차용사실과 제1 보증사실에 대하여 재판상 자백이 성립하였고, 제2 보증채무(2,000만 원)에 대하여는 자백간주의 효과가 배제되고 법원이 제2 보증사실이 허위라는 점에 대하여 확신을 가졌다. 따라서 제1심법원은 '丙은 甲에게 1,000만원을 지급하라. 甲의 나머지 청구를 기각한다'는 일부인용판결을 선고하여야 한다.

Ⅱ. 문제 2.의 경우

1. 결론

2017. 1. 31. 현재 丙은 항소를 할 수 없다.

2. 논거

(1) 문제점

소송대리인이 있으면 대리인은 상속인의 대리인이 되고 절차는 중단되지 않는다(제238조). 다만 심급대리의 원칙상 대리인에게 상소의 특별수권이 없으면 판결정본의 송달로 절차는 중단된다(제90조 2항 3호). 사안의 경우 참가인 乙이 변호사 丁에게 제1심 소송수행의 소송대리권을 수여하고 상소에 관한 특별수권은 하지 않은 채 사망하였으므로, 판결정본이 송달된 2017. 1. 2.에 절차가 중단되는 것으로 볼 수 있는지 문제된다.

(2) 참가인의 사망과 소송절차의 중단여부(소극)

判例는 "보조참가인은 피참가인인 당사자의 승소를 위한 보조자일 뿐 자신이 당사자가 되는 것이 아니므로 소송계속 중 보조참가인이 사망하더라도 본소의 소송절차는 중단되지 아니한다"(대판 1995.8.25. 94다27373)고 한다. 생각건대 보조참가인의 당사자에 대한 종속적 지위에 비추어 이러한 판례의 태도는 타당하다고 본다.

사안의 경우 참가인 乙이 사망하였더라도 소송절차가 중단되는 것은 아니다. 따라서 2017. 1. 31. 현재 이미 항소기간이 도과하였으므로 丙은 항소를 할 수 없다.

사례_196 보조참가(6) - 공동불법행위에서 가해자의 보조참가

2015년 8월 법전협 모의, 2015년 법원행정고시

甲은 2012. 5. 6. 乙이 운전하는 영업용택시를 타고 귀가하던 중 자신이 탄 택시와 丙이 운전하던 승용차가 교차로에서 충돌하는 교통사고를 당하여 안면부 열상과 뇌진탕 등의 상해를 입었다. 수사결과 丙이 교통사고를 위반한 과실이 인정되어 丙에게 벌금 300만 원의 약식명령이 내려지자 甲은 2013. 2. 5. 丙을 상대로 이미 지출된 치료비 3,000만 원 상당의 손해배상을 청구하는 소송('전소'라고 한다)을 제기하였다.

전소의 진행도중 丙이 위 약식명령에 불복하여 정식재판을 청구한 결과 "丙이 교통신호를 위반한 사실을 인정할 증거가 부족하다"는 취지에서 2013. 10. 5. 무죄 판결을 선고받아 그 판결이 같은 달 13. 확정되었다. 乙은 추후 예상되는 소송에서 자신의 손해배상책임을 면하기 위하여 전소에서 甲의 승소를 돕기 위한 보조참가를 할 수 있는가?

(민사소송법의 맥 D-18 참조)

I. 乙의 보조참가 가부

1. 보조참가의 의의와 요건 [타, 결, 현, 소](사례 166. 참조)

사안에서 공동불법행위자인 乙이 피해자 甲의 가해자 丙에 대한 손해배상청구에 보조참가할 수 있는 지와 관련하여 특히 소송결과에 대한 이해관계를 인정할 수 있는지가 문제된다.

2. 소송결과에 이해관계가 있을 것(참가이유)

(1) 판 례(사례 166. 참조)

기본적으로 판결주문에서 판단되는 소송물인 권리관계의 존부에 의하여 참가인의 법적 지위가 직접 적으로 영향을 받는 경우에 한하여 참가이유를 인정하는 입장이나 불법행위로 인한 손해배상책임을 지는 자는 보조참가를 할 수가 있다고 판시하였다(대판 1999.7.9. 99다12796).

(2) 검토 및 사안의 경우

甲의 승소를 돕기 위해 乙이 보조참가하는 것은 甲이 패소할 경우 乙은 손해배상청구를 받을 우려가 있고, 형사판결의 증명력에 의해 책임비율이나 손해배상청구에 있어 불이익을 입을 여지가 큰 점, 보조참가는 그 참가형태가 가장 완화된 형식으로서 피참가인인 공동불법행위자의 소송수행권을 침해할 염려도 적은 점에 비추어 법률상 이해관계를 인정함이 타당하다.

3. 기타의 요건

기타의 요건으로 甲과 丙간의 소송이 진행 중이고 보조참가는 상고심에서도 가능하다. 소송을 현저히 지연시키는 사정은 보이지 않고 甲에게 소송행위의 유효요건을 결하는 사정도 보이지 아니한다. 보조참가의 기타요건은 충족되었다.

II. 사안의 해결

甲의 소송에 공동불법행위자인 乙이 피해자를 돕기 위해 보조참가 하는 것은 피해자가 패소할 경우 추후 甲으로부터 손해배상청구를 받을 것이라는 점을 고려할 때 법률상 이해관계가 인정되고, 보조 참가를 허용함이 타당하다.

사례_197 공동소송적 보조참가 – 채권자대위소송에서 채무자의 참가, 공동소송적 보 조참가인의 지위

2006년 사법시험

A토지는 원래 甲의 소유였는데, 甲이 2005. 9. 1. 사망하여 그의 아들 乙이 단독으로 상속하였다. 그런 데 乙이 미처 상속등기를 하지 못한 사이에 甲의 전처인 丙은 甲의 생전인 2005. 7. 1. 甲으로부터 A토 지를 증여받았음을 원인으로 하여 2005. 11. 1. 이에 관한 소유권이전등기를 경료하였다. 丁은 2005. 10. 1. 乙로부터 A토지를 매수하였는데 甲이 丙에게 A토지를 증여한 바 없음에도 丙이 관계서류를 위조하여 등기를 경료하였다고 주장하면서 2006. 4. 1. 乙을 대위하여 丙을 상대로 그 명의의 위 소유권 이전등기의 말소를 구하는 소를 제기하였다. 이 사건 소송이 제1심에 계속되어 있던 중 乙은 丁을 돕기 위하여 소송에 참가하였다.
이 사건 소송에서 乙의 소송상 지위는 어떠한가?

(민사소송법의 맥 D-20 참조)

I. 문제점

채권자 대위소송 계속 중 채권자 측에 가담한 채무자가 원고의 공동소송인으로 참가하는 것인지,

아니면 본 소송의 당사자적격은 없지만 판결의 효력을 받는 자로서 공동소송적 보조참가를 하는 것인지 문제된다.

Ⅱ. 학설

1. 공동소송참가설

소송담당자인 원고 채권자가 받은 판결의 효력은 피담당자인 채무자에게 미치며(제218조 3항), 채무자는 제3채무자에 대해서 당연히 당사자적격이 있고, 별소가 아닌 참가는 판결의 모순·저촉의 가능성이 없어서 중복소제기규정에 반하지 않으므로 공동소송참가에 해당한다고 본다.

2. 공동소송적 보조참가설

① 채권자대위소송 계속 중 채무자가 참가하는 경우에는 채무자는 당사자적격을 잃은 자는 아니나 중복소제기에 해당하게 되어 공동소송참가는 부적법하게 되므로 공동소송적 보조참가만 가능하다는 견해와 ② 공동소송참가에 있어서는 중복소제기에는 해당하지 않으나 채권자가 채무자의 권리를 대위행사한 때에는 채무자는 관리처분권을 상실한 것이므로(민법 제405조 2항) 당사자적격을 상실하여 공동소송적 보조참가만을 할 수 있다는 견해가 있다.[1]

Ⅲ. 검토

채권자대위소송의 법적 성질을 법정소송담당으로 본다면 공동소송적 보조참가를 할 수 있다는 견해가 타당하다. 다만, 권리주체가 현재 계속 중인 담당자의 소송에 참가하면 병합심리되기 때문에 재판의 모순·저촉이 초래되지 않으므로 중복소제기금지에 근거를 두는 것은 타당하지 못하며, 채권자대위소송이 제기되고 이 사실이 채무자에게 통지된 후에는 채무자는 자신의 권리를 처분하지 못하는데(민법 제405조 2항, 비송사건절차법 제49조 2항), 이때 제한되는 처분권의 행사 속에 소송수행권이 포함되어 대위 사실이 통지된 이후에는 피대위권리에 관한 소를 제기하는 것은 금지된다고 할 것이므로 당사자의 지위를 얻을 수 없는 공동소송적 보조참가에 해당한다고 보는 견해가 타당하다.

Ⅳ. 사안의 경우

채무자 乙은 채권자 丁의 대위소송에서 공동소송적 보조참가를 할 수 있다.[2]

사례_198 공동소송참가(1) - 채권자대위소송에서 다른 채권자의 공동소송참가 가부

대판 2015.7.23. 2013다30301

甲은 친구 A, B에게 매달 높은 이자를 주겠다고 하며 A로부터 3억 원을, B로부터 2억 원을 빌렸다. 1년간은 이자를 잘 지급해오다가 그 후로는 이자를 전혀 지급하지 않고 있고 변제기가 도래했음에도 원금을 변제하지 못하고 있다. A는 甲을 대위하여 甲이 개보수공사로 인하여 乙에 대해 가지는 손해배상채권 중 2억 원의 지급을 구하는 소를 제기하면서, 금전지급은 A 자신에게 이행하라고 청구하였다 (일부청구임을 명시함). 위 소송은 甲에게 소송고지가 되었다. 이에 B도 甲의 乙에 대한 손해배상채권을 대위행사 하고자 한다. A의 소송이 진행되는 도중에 B는 A측에 공동소송참가신청을 하면서 甲을

---

[1] 채권자대위소송을 소송담당이 아니라 실체법상 대위권을 행사하는 것으로 보는 견해는 제218조 3항이 적용되지 않아 대위소송의 판결의 기판력은 채무자에게 미치지 않으므로 통상의 보조참가를 할 수 있다고 한다.

[2] 반면, 채권자대위소송 계속 중 다른 채권자가 동일한 채무자를 대위하여 채권자대위권을 행사하면서 참가하는 것은 공동소송참가에 해당한다(대판 2015.7.23. 2013다30301)(사례 172. 참조)

대위하여 甲이 乙에 대하여 가지는 손해배상채권 중 1억 원의 청구를 하였고, 금전지급의 상대방을 자신으로 하였다. B의 공동소송참가신청은 적법한지 그 결론과 이유를 쓰시오.

(민사소송법의 맥 D-21 참조)

I. 결론

B의 공동소송참가신청은 제83조의 요건을 갖추었으므로 적법하다.

II. 논거

1. 공동소송참가의 의의와 요건 [타, 당, 합]

공동소송참가란 소송 계속 중 당사자 간의 판결의 효력을 받는 제3자가 원고 또는 피고의 공동소송인으로 참가하는 것을 말한다(제83조 1항). 공동소송참가가 적법하기 위하여는 ⅰ) 타인간의 소송계속 중 일것, ⅱ) 당사자적격 등의 소송요건을 갖출 것, ⅲ) 합일확정의 필요가 있을 것을 요한다. 설문에서 A의 대위소송이 계속 중인바, 대위소송의 법적성격을 살펴본 뒤 다른 요건을 충족했는지 판단하기로 한다.

2. 채권자대위소송의 법적성질(법정소송담당)

① 고유의 대위권 행사로 보는 견해도 있으나, ② 대위소송에서 채권자가 궁극적으로 다투려 하는 것은 채무자의 제3채무자에 대한 권리이며, 그 행사의 효과도 바로 채권자에게 귀속되지 않고 직접 채무자에게 귀속하여 총채권자를 위해 공동담보가 된다는 점을 고려해 보면, 소송물은 **채무자의 권리**이며 따라서 채무자와 병행하여 소송수행권이 인정된 '법정소송담당'으로 보아야 한다. 判例도 "제404조 소정의 채권자대위권은 채권자가 자신의 채권을 보전하기 위하여 채무자의 권리를 자신의 이름으로 행사할 수 있는 권리"라고 보아 동일한 입장이다(대판 2001.12.27. 2000다73049).

3. 소송목적이 A와 B에 대하여 합일적으로 확정될 경우인지 여부(적극)

(1) 합일확정의 필요가 있는지 여부(적극)

判例[1]는 "어느 채권자가 채권자대위권을 행사하는 방법으로 제3채무자를 상대로 소송을 제기하여 판결을 받은 경우, 어떠한 사유로든 채무자 채권자대위소송이 제기된 사실을 알았을 경우에 한하여 그 판결의 효력이 채무자에게 미치므로, 이러한 경우에는 그 후 다른 채권자가 동일한 소송물에 대하여 채권자대위권에 기한 소를 제기하면 전소의 기판력을 받게 된다"(대판 1994.8.12. 93다52808)고 한다. 따라서 "채권자대위소송이 계속 중인 상황에서 다른 채권자가 동일한 채무자를 대위하여 채권자대위권을 행사하면서 공동소송참가신청을 할 경우, 양 청구의 소송물이 동일하다면 민사소송법 제83조 제1항이 요구하는 '소송목적이 한쪽 당사자와 제3자에게 합일적으로 확정되어야 할 경우'에 해당하므로 참가신청은 적법하다"(대판 2015.7.23. 2013다30301).

사안에서 채무자 甲이 소송고지를 통해 대위소송이 제기된 사실을 안 이상, B는 A의 대위소송의 기판력을 받는 관계에 있으므로 '양 청구의 소송물이 동일하다면' 소송목적이 합일적으로 확정되어야 할 경우에 해당한다.

---

1) **[학설]** ① 기판력설은 대위의 소제기 사실을 채무자가 알았을 때 채무자는 대위소송의 기판력을 받으므로, 이러한 채무자를 통해 동일한 소송물에 대한 다른 채권자의 대위소송에 기판력이 미친다고 하고, ② 반사효설은 대위의 소제기 사실을 채무자가 알았을 때 채무자는 대위소송의 기판력을 받으므로, 이러한 채무자를 통해 채무자와 실체법상 의존관계에 있는 다른 채권자의 대위소송에 반사효가 미친다고 하며, ③ 효력이 미치지 않는다는 견해는 각 채권자는 자신의 대위권을 행사하는 것이므로 판결의 효력을 받지 않는다고 한다.

(2) 양 청구의 소송물이 동일한지 여부(적극)

1) 채권자들이 각기 자신을 이행상대방으로 한 경우

"양 청구의 소송물이 동일한지는 채권자들이 각기 대위행사하는 피대위채권이 동일한지에 따라 결정되고, 채권자들이 각기 자신을 이행 상대방으로 하여 금전의 지급을 청구하였더라도 채권자들이 채무자를 대위하여 변제를 수령하게 될 뿐 자신의 채권에 대한 변제로서 수령하게 되는 것이 아니므로 이러한 채권자들의 청구가 서로 소송물이 다르다고 할 수 없다"(대판 2015.7.23, 2013다30301).

2) 원고가 일부청구임을 명시한 경우

"원고인 채권자가 일부 청구임을 명시하여 피대위채권의 일부만을 청구한 것으로 볼 수 있는 경우에는 참가인의 청구금액이 원고의 청구금액을 초과하지 않는 한 참가인의 청구가 원고의 청구와 소송물이 동일하여 중복된다고 할 수 있다"(대판 2015.7.23, 2013다30301).

3) 사안의 경우

A가 일부청구임을 명시하여 피대위채권의 일부(2억 원)만을 청구한 경우, 참가인 B의 청구금액(1억 원)이 A의 乙에 대한 청구금액을 초과하지 아니하므로 참가인 B의 청구는 A의 청구와 소송물이 동일하여 중복된다고 할 수 있으므로 소송목적이 피참가인 쪽 당사자와 참가인에게 합일적으로 확정되어야 할 경우에 해당한다.

4. 당사자적격 등 소송요건을 갖췄는지 여부(적극)

채권자 B는 민법 제404조에 의해 당사자적격을 가지며 다른 채권자 A가 먼저 채무자 甲을 대위하여 소송을 제기하였더라도 적격을 상실하지 않는다. 채권자대위소송 중 다른 채권자가 참가하는 경우 중복소송에 해당한다고 볼 수 있으나 이미 형성되어 있는 소송관계에 참가하는 것으로서 소송경제가 도모될 뿐만 아니라 판결의 모순, 저촉을 유발할 가능성도 없다는 점을 감안하면 B의 공동소송참가는 중복소송에 해당하지 않는다.

사례_199 **공동소송참가(2) - 주주대표소송에 회사의 공동소송참가 가부** 대판 2002.3.15, 2000다9086

甲회사의 대표이사 X는 Y와의 소송종료 이후 회사의 주주들로부터 A토지와 관련하여 방만한 경영을 하였다는 이유로 질타를 받게 되었고, 이윽고 주주들은 甲회사를 대표하여 X를 상대로 대표소송을 제기하였다. 제1심 소송계속 중 甲회사는 주주들에게 공동소송참가를 하였다면, 이는 적법한가?

Ⅰ. 문제점

타인간의 소송이 계속 중이며, 소송목적이 한 쪽 당사자와 제3자에게 합일적으로 확정되어야 할 경우, 소송요건을 구비한 제3자는 공동소송인으로 소송에 참가할 수 있다(제83조 1항). 소송담당에 해당하는 주주의 대표소송으로 인한 판결의 효력은 회사에 미치므로(제218조 3항) 회사와 주주는 소송목적인 법률관계가 합일확정되어야 할 필요성이 인정된다. 문제는 대표소송에 회사가 공동소송참가하는 것이 중복소제기로서 부적법한 것인지 여부이다.

Ⅱ. 판례

判例[1]는 "주주의 대표소송에 있어서 원고 주주가 원고로서 제대로 소송수행을 하지 못하거나 혹은

---

1) 이에 대해, ① 주주와 회사는 함께 당사자 적격이 있으나 공동소송참가는 중복소송에 해당하여 부적법하므로 공동소송적 보조참가를

상대방이 된 이사와 결탁함으로써 회사의 권리보호에 미흡하여 회사의 이익이 침해될 염려가 있는 경우 그 판결의 효력을 받는 권리귀속주체인 회사가 이를 막거나 자신의 권리를 보호하기 위하여 소송수행권한을 가진 정당한 당사자로서 그 소송에 참가할 필요가 있으며, 회사가 대표소송에 당사자로서 참가하는 경우 소송경제가 도모될 뿐만 아니라 판결의 모순·저촉을 유발할 가능성도 없다는 사정과, 상법 제404조 제1항에서 특별히 참가에 관한 규정을 두어 주주의 대표소송의 특성을 살려 회사의 권익을 보호하려한 입법 취지를 함께 고려할 때, 상법 제404조 제1항에서 규정하고 있는 회사의 참가는 공동소송참가를 의미하는 것으로 해석함이 타당하고, 나아가 이러한 해석이 중복제소를 금지하고 있는 민사소송법 제234조에 반하는 것도 아니다"(대판 2002.3.15. 2000다9086)고 보아 공동소송참가가 가능하다고 보았다.

III. 사안의 해결

별소 아닌 소송참가는 소송경제가 도모될 뿐만 아니라 판결의 모순·저촉의 우려도 없다는 점, 대표소송의 경우 채권자대위소송과 달리 민법 제405조와 같은 규정이 없고 상법 제404조 1항에서 특별히 참가규정을 두어 회사 권익을 보호하려한 입법취지를 고려할 때, 회사의 참가는 공동소송참가에 해당한다고 봄이 타당하다. 따라서 사안의 甲회사는 별도의 소송요건 흠결이 없는 이상 소송계속 중 주주 측에 공동소송참가를 할 수 있다.

사례_200 독립당사자참가(1) – 권리주장참가의 참가이유, 원·피고만의 일부 화해 가부, 참가신청을 각하한 제1심판결에 대하여 참가인만이 항소한 경우

2013년 변리사

甲회사(대표이사 A)는 乙을 상대로 乙로부터 X 부동산을 매수하였음을 이유로 이에 대한 소유권이전등기청구의 소를 2011. 5. 6.에 제기하였다. 甲 회사의 전직 대표이사 B는 소송계속 중 위 매매의 실제 매수인은 B 개인이며 甲 회사가 아니라고 주장하면서 원고 甲을 상대로는 X 부동산에 대한 소유권이전등기청구권 부존재확인청구를, 피고 乙을 상대로는 X 부동산에 대한 소유권이전등기절차의 이행을 구하는 독립당사자참가신청을 하였다.

〈문제 1.〉
B의 독립당사자참가가 적법한지 여부와 그 논거에 대하여 서술하시오.　　(민사소송법의 맥 D-22 참조)

〈문제 2.〉
B의 독립당사자참가가 적법하다고 가정할 경우, 위 소송에서 법원이 甲과 乙, B 사이에 '乙은 甲에게 X부동산에 대하여 매매를 이유로 소유권이전등기절차를 이행한다'는 화해권고결정을 하였는데, 참가인 B만이 화해권고결정에 대하여 이의하였고, 甲과 乙은 화해권고결정을 송달받고 이의하지 않았다. 법원은 甲과 乙 사이에 재판상 화해가 성립되었음을 이유로 B의 청구에 대해서만 판결을 선고할 수 있는가? 결론과 그에 따른 논거를 서술하시오.　　(민사소송법의 맥 573쪽 참조)

〈문제 3.〉
제1심 법원은 B의 참가신청은 부적법하다고 하여 각하하고 甲의 청구를 인용하였다. 이에 대해 참가인 B만이 항소하였으나 항소심은 B의 항소를 기각하면서, 1심 판결 중의 甲의 승소부분을 취소하고 甲의 청구를 기각하는 판결을 선고하였다. 항소심이 甲의 청구를 기각한 것은 정당한가?　　(민사소송법의 맥 D-24 참조)

해야한다는 입장과, ② 주주와 회사는 함께 당사자적격이 있고, 별소 아닌 소송참가는 소송경제가 도모되고 판결의 모순 가능성도 없어서 중복소제기금지규정에 반하는 것이 아니므로 공동소송참가를 해야한다는 입장이 대립된다.

I. 문제 1.의 경우

1. 결론

B의 독립당사자참가는 원고 甲의 본소청구와 양립불가능한 것으로서 적법하다.

2. 논거

(1) 독립당사자참가의 의의와 요건 [타, 이, 취, 소, 병]

B는 甲이 주장하는 소유권이전등기청구권이 자신의 권리임을 주장하고 있으므로 독립당사자참가 중 권리주장참가를 한 것이다. 권리주장참가는 타인 간의 소송계속 중에 소송목적의 전부 또는 일부가 자기의 권리임을 주장하는 제3자가 원·피고 양쪽 또는 한쪽을 상대방으로 하여 당사자로서 그 소송절차에 참가하는 것을 말한다(제79조).[1]

독립당사자참가 중 권리주장참가가 적법하려면 i) 타인간의 소송이 계속 중일 것, ii) 소송목적의 전부 또는 일부가 자신의 권리임을 주장할 것(참가이유), iii) 당사자의 양쪽 또는 한쪽을 상대방으로 한 청구일 것(참가취지), iv) 청구의 병합요건 및 소송요건을 갖출 것이 요구된다.

(2) 참가이유의 구비여부 - 소송목적의 전부 또는 일부가 자신의 권리임을 주장할 것

1) 참가이유로서 양립불가능성

제79조 1항 전단의 권리주장참가에서는 참가인이 원고의 본소청구와 양립되지 않는 권리 또는 그에 우선할 수 있는 권리를 주장해야 하는 바, 학설 및 判例는 권리주장참가의 참가이유를 판단할 때 본소청구와 참가인의 청구가 주장 자체에서 양립하지 않는 관계에 있으면 족하며, 본안심리 결과 양청구가 실제로 양립되면 참가인의 청구를 기각하면 된다고 한다(대결 2005.10.17. 2005마814).

구체적으로 判例는 ① 원고가 자신의 소유라고 주장하는데 대해 참가인이 자신의 소유라고 주장하는 경우와 같이 참가인이 물권 또는 물권적 청구권을 주장한 경우,[2] ② 채권 또는 채권적 청구권을 주장한 경우라도 그 귀속주체를 다투는 것이어서 원고의 주장과 양립할 수 없으면 참가를 긍정하는 반면, ③ 부동산 2중매매에서 제2매수인의 소유권이전등기청구소송 계속 중, 제1매수인이 피고에게 매매를 원인으로 이전등기를 청구하면서 독립당사자참가를 신청한 경우에 제1매수인의 권리주장참가는 부정한다(대판 1982.12.14. 80다1872 등).

2) 사안의 경우

"원고의 피고에 대한 소유권이전등기청구권과 참가인의 피고에 대한 소유권이전등기청구권은, 당사자참가가 인정되지 아니하는 2중매매 등 통상의 경우와는 달리 하나의 계약에 기초한 것으로서 어느 한쪽의 이전등기청구권이 인정되면 다른 한쪽의 이전등기청구권은 인정될 수 없는 것이므로 그 각 청구가 서로 양립할 수 없는 관계에 있다"(대판 1988.3.8. 86다148). 따라서 B의 참가는 참가이유를 구비하였다.

[관련판례] 이외에도, 甲이 乙 명의로 된 부동산의 실질적인 소유자라고 주장하면서 乙에 대하여 명의신탁 해지로 인한 이전등기절차의 이행을 구하는 본소에 대하여, 丙이 자신이 실질적인 소유자로서 乙에게 명의신탁을 해 둔 것이라고 주장하면서 乙에 대하여는 명의신탁 해지로 인한 이전등기절차의 이행을 구하고 甲에 대하여는 이전등기청구권의 존재 확인을 구하는 독립당사자참가를 한 경우, "甲의 乙에 대한 명의신탁 해지로 인한 이전등기청구권과 丙의 乙에 대한 명의신탁 해지로 인한 이전등기청구권은 어느 한 쪽의 청구권이 인정되면 다른 한 쪽의 청구권은 인정될 수 없는 것으로서 각 청구가 서로 양립할 수 없는 관계에 있어 하

---

1) 3면 분쟁을 일거에 해결하여 소송경제·분쟁해결의 1회성에 기여하고, 심판의 모순·저촉을 방지하며 제3자에게 참가의 기회를 보장하기 위함이다. 독립당사자참가는 당사자참가이므로 보조참가(제71조)와 구별되고, 독립한 지위에서 참가하는 것이므로 종전 당사자의 한쪽과 연합관계인 공동소송참가(제83조)와 구별된다.

2) "원고가 건물의 증축부분의 소유권에 터잡아 명도를 구하는 소송에서 참가인이 증축부분이 자기 소유임을 이유로 독립당사자참가신청을 한 경우 주장 자체에 의해서는 원고가 주장하는 권리와 참가인이 주장하는 권리가 양립할 수 없는 관계에 있다 할 것"(대판 1992.12.8. 92다26772)

나의 판결로써 모순 없이 일시에 해결할 수 있는 경우에 해당하고, 丙은 甲에 의하여 자기의 권리 또는 법률상의 지위를 부인당하고 있는 자로서 그 불안을 제거하기 위하여 乙에 대한 이전등기청구권이 丙에게 있다는 확인의 소를 제기하는 것이 유효적절한 수단이어서 丙이 乙에 대하여 이전등기절차의 이행을 구함과 동시에 甲에 대하여 이전등기청구권의 존재확인을 구하는 것은 확인의 이익이 있는 적법한 청구"(대판 1995.6.16. 95다5905)라고 하여, 丙의 당사자참가를 적법하다고 보았다.

[관련판례] "준물권행위인 채권양도에서 유효한 양도시 양수인은 1인 뿐이다. 따라서 채권적 권리에 기해 청구하고 있더라도 양립불가능한 관계에 있으므로 참가는 적법하다"(대판1991.12.24. 91다21145).

(3) 참가취지의 구비여부

1) 甲의 乙에 대한 소유권이전등기청구권 부존재 확인의 이익이 있는지 여부

判例는 "독립당사자참가인의 권리 또는 법률상 지위가 원고로부터 부인당하거나 또는 그와 저촉되는 주장을 당함으로써 위협을 받거나 방해를 받는 경우에는 독립당사자참가인은 원고를 상대로 자기의 권리 또는 법률관계의 확인을 구하여야 하며, 그렇지 않고 원고가 자신의 주장과 양립할 수 없는 제3자에 대한 권리 또는 법률관계를 주장한다고 하여 원고에 대하여 원고의 그 제3자에 대한 권리 또는 법률관계가 '부존재'한다는 확인을 구하는 것은 확인의 이익이 있다고 할 수 없다"(대판 2012.6.28. 2010다54535)고 한다.

즉 B는 곧바로 자신에게 소유권이전등기청구권이 존재한다는 적극적 확인의 소를 제기할 수 있음에도 소극적 확인의 소를 제기한 경우로서 분쟁해결에 유효적절한 수단이라 할 수 없어 B의 甲에 대한 이전등기청구권의 부존재확인청구는 확인이 이익이 없다. 따라서 B의 청구권부존재확인의 소는 부적법하므로, 사안의 독립당사자참가는 편면참가가 된다.

2) 편면참가의 허용여부

종래 判例는 편면참가의 형태를 허용하지 않고 있었으나, 2002년 개정 민사소송법 제79조 1항은 독립당사자참가제도의 탄력적 운용을 위하여 '소송목적의 전부나 일부가 자기의 권리라고 주장하거나, 소송결과에 따라 권리가 침해된다고 주장하는 제3자는 당사자의 양쪽 또는 한쪽을 상대방으로 하여 당사자로서 소송에 참가할 수 있다'고 규정하여 편면참가를 명문으로 허용하였다.

(4) 사안의 경우

B는 甲과 乙의 소송 계속 중에 권리주장참가를 한 것으로, 참가이유 및 참가취지가 인정되며 기타 청구의 병합요건 및 소송요건을 갖추지 못하였다는 사정이 보이지 않으므로 B의 독립당사자참가는 적법하다.

II. 문제 2.의 경우

1. 결론

법원은 B의 청구에 대해서만 판결을 할 수 없다.

2. 논거

(1) 독립당사자참가의 심리방식

독립당사자참가소송은 원고·피고·참가인 사이의 다툼을 하나의 소송절차로 한꺼번에 모순 없이 해결하려는 소송형태로서 필수적 공동소송에 관한 제67조가 준용된다(제79조 제2항). 따라서 공동소송인 가운데 한 사람의 소송행위는 모두의 이익을 위하여서만 효력을 가진다(제67조).

(2) 독립당사자참가에서 일부화해 가부(소극)

判例는 "제79조에 의한 소송은 동일한 권리관계에 관하여 원고, 피고 및 참가인 상호간의 다툼을 하나의 소송절차로 한꺼번에 모순 없이 해결하려는 소송형태로서 두 당사자 사이의 소송행위는 나머지 1인에게 불이익이 되는 한 두 당사자 간에도 효력이 발생하지 않는다고 할 것이므로, 원·피고

사이에만 재판상 화해를 하는 것은 3자간의 합일확정의 목적에 반하기 때문에 허용되지 않는다. 독립당사자참가인이 화해권고결정에 대하여 이의한 경우, 이의의 효력이 원·피고 사이에도 미친다"(대판 2005.5.26. 2004다25901)고 판시하였다.

(3) 사안의 경우

화해권고결정은 당사자가 이의하지 않으면 재판상 화해와 같은 효력을 가진다(제231조). 하지만 독립당사자참가소송에서 화해권고결정은 참가인 B의 이의신청에 의하여 참가인에 대하여 뿐만 아니라 원고와 피고 사이에서도 효력이 발생하지 않고, 따라서 위 소송은 화해권고결정이전의 상태로 돌아간다. 따라서 B의 청구에 대한 일부판결은 허용되지 않으며, 하나의 전부판결을 하여야 한다.

III. 문제 3.의 경우

1. 결 론

항소심법원의 판결은 불이익변경금지원칙에 반하여 위법 부당하다.

2. 논 거

(1) 문제점

항소심법원이 항소하지 않은 甲의 청구를 기각하기 위해서는 참가인 B의 항소에 의해 甲의 청구부분도 항소심으로 이심되고 甲의 청구를 기각하는 것이 불이익변경금지원칙에 위배되지 않아야 한다.

(2) 참가인 B의 항소만으로 甲의 청구가 이심되는지 여부(적극) - 상소불가분원칙의 적용여부(적극)[3]

통설, 判例는 제1심에서 원고 및 참가인 패소판결이 선고되고 원고만 항소한 경우 "독립당사자참가소송은 세 당사자사이에서 합일확정적인 결론을 내려야 하므로, 이 본안판결에 대하여 일방이 항소한 경우에는 제1심판결 전체의 확정이 차단되고 사건 전부에 관해 이심의 효력이 생긴다"(대판 2007.10.26. 2006다86573,86580)고 하여 상소불가분원칙이 적용된다고 한다(이심설). 따라서 B의 항소에 의해 甲의 청구부분 또한 항소심으로 이심된다.

(3) 항소심법원이 甲의 청구부분을 심판할 수 있는지 여부(소극) - 불이익변경금지원칙의 적용여부(적극)

상소심의 심판범위는 상소로 불복신청한 부분에 한정되고, 불복신청의 범위를 넘어서 원판결을 불이익 또는 더 유리하게 변경할 수 없다(제415조 본문). 다만 判例는 독립당사자참가소송에서 "원고승소 판결에 대하여 참가인만이 상소를 했음에도 원고의 피고에 대한 청구인용 부분을 원고에게 불리하게 변경할 수 있는데, 이는 i) 참가인의 참가신청이 적법하고, ii) 합일확정의 요청상 필요한 경우에 한한다고 하면서 독립당사자참가소송에서 원고의 피고에 대한 청구를 인용하고 참가인의 참가신청을 각하한 제1심판결에 대하여 참가인만이 항소하였는데, 참가인의 항소를 기각하면서 제1심판결 중 피고가 항소하지도 않은 본소 부분을 취소하고 원고의 피고에 대한 청구를 기각한 것은 부적법하다"(대판 2007.12.14. 2007다37776)고 한다..

즉 항소기각으로 참가신청각하판결이 정당한 판결로 처리되어(i 요건 불비) 참가인의 청구에 대하여 판단할 필요가 없는바, 합일확정의 필요가 없으므로(ii 요건 불비) 본소청구에 대하여 불이익변경금지원칙이 적용된다. 따라서 항소심법원이 항소하지 않은 본소부분을 취소하고 甲의 청구를 기각한 것은 불이익변경금지원칙에 위배되어 부당하다.[4]

---

3) [학설] ① 이심설은 피고만이 원고를 상대로 불복한 경우 참가인에 대해서도 상소의 효력이 미쳐 상급심으로 이전되는 것으로 보고, ② 분리확정설은 참가인의 소송관계는 끝나고 이심의 효력이나 확정차단의 효력이 생기지 않는다고 하며, ③ 제한적이심설은 패소하고서도 상소하지 아니한 자의 청구부분이 그대로 확정되면 상소인에게 불이익이 될 염려가 있는 경우에 한하여 제한적으로 이심된다고 한다.

4) 반면 합일확정이 필요한 한도 내에서는 불이익변경금지원칙이 배제된 판례로는 (**대판** 2007.10.26. 2006다86573 사례 175. 참조)

[참고] ※ 이중매매의 경우 권리주장참가 가부

1. 판례[5]

判例는 타인간의 소유권이전등기청구소송에 같은 부동산을 먼저 매수하였음을 이유로 자기에게의 이전등기와 소유권확인을 구하여 참가하는 것은, 아직 자기 앞으로의 등기를 경유하지 못한 이상 제3자에게는 그 소유권을 대항하거나 주장할 수 없어 결국 피고에 대한 청구만이 성립될 수 있을 뿐이어서 그 참가는 부적법하다고 한다(대판 1982.12.14. 80다1872 ; 서울지법 2004.3.25. 2002나44365참고). 이러한 判例의 태도는 부동산의 이중양도의 경우에 양수인은 양도인에게 소유권이전등기청구권만이 있고 배타적인 물권이 없으므로 독립당사자참가가 허용되지 않는다는 입장이라고 평가된다.

2. 검토

생각건대, 제1매수인과 제2매수인 모두가 매도인에 대하여 매매에 기한 이전등기청구권을 갖고, 두 청구는 모두 인용판결을 받을 수 있으므로 양 청구는 양립가능하며, 이중매매 사안의 경우 세 당사자 사이의 분쟁이 한꺼번에 통일적으로 해결될 수 없으므로 독립당사자참가의 제도적 취지와 부합할 수 없으므로 부정설이 타당하다.

사례_201 독립당사자참가(2) – 독립당사자참가의 상소심에서의 심판방법

2018년 6월 법전협 모의

〈공통된 사실관계〉
X 부동산에 관하여 乙 명의로 소유권보존등기가 마쳐졌다. 甲은 乙을 상대로 위 소유권보존등기말소 및 자신이 X 부동산의 소유권자라는 확인을 구하는 소를 제기하였다. 이 소송에서 丙은 乙을 상대로 위 소유권보존등기말소 및 자신이 X 부동산의 소유권자라는 확인을 구함과 아울러 甲을 상대로 자신이 X 부동산의 소유권자라는 확인을 구하는 독립당사자참가신청을 하였다.

〈문제 1.〉
위 소송에서 법원은 甲의 청구를 인용하고 丙의 청구를 기각하는 판결을 선고하였고, 이에 대해 丙만이 항소를 하였다. 그런데 항소심 법원의 심리 결과 X 부동산의 소유권이 乙에게 있음이 밝혀졌을 때, 항소심 법원은 甲의 청구를 기각하여야 하는가?

I. 문제 1.의 해결 - 독립당사자참가의 상소심에서의 심판방법

1. 논점의 정리

독립당사자참가에서의 상소불가분원칙과 불이익변경금지원칙이 문제된다.

2. 丙의 독립당사자참가의 적법성

(1) 독립당사자참가의 요건 [타, 이, 취, 소, 병]

丙은 소송목적인 X 부동산의 소유권이 자신에게 있다고 주장하고 있으므로 丙의 참가는 권리주장참가에 해당한다. 독립당사자참가 중 권리주장참가가 적법하려면 i) 타인간의 소송이 계속 중일 것,

---

5) [학설] ① 긍정설은 제1매수인의 이전등기청구권과 제2매수인의 이전등기청구권은 주장 자체로 양립불가능하다고 해석하며, ② 부정설은 이중매매의 경우 제1매수인과 제2매수인은 각각 별개의 매매계약을 체결한 것이며, 양자 모두 매도인에 대해 자신의 소유권이전등기청구권을 갖고 있으므로 제2매수인이 매매에 기해 소유권이전등기청구를 하는 경우 서로 양립가능한 권리를 주장하는 것에 불과해 권리주장참가가 불가능하다고 본다.

ⅱ) 소송목적의 전부 또는 일부가 자신의 권리임을 주장할 것(참가이유), ⅲ) 당사자의 양쪽 또는 한쪽을 상대방으로 한 청구일 것(참가취지), ⅳ) 청구의 병합요건 및 소송요건을 갖출 것이 요구된다.

(2) 사안의 경우

丙은 甲과 乙의 소송 계속 중, 甲과 乙을 상대로 1물1권주의 원리상 양립불가능한 X부동산의 소유권을 주장하고 있으므로, 丙의 참가는 적법하다.

3. 이심의 범위

(1) 丙의 상소와 상소불가분의 원칙

3당사자 가운데 두 당사자가 패소하였으나 그 중 한 사람만이 승소당사자를 상대로 상소를 제기한 경우, 상소를 제기하지 않은 다른 패소당사자에 대한 판결부분도 이심되는지 아니면 분리확정되는지가 문제된다.[1] 判例는 "민사소송법 제79조 제1항에 따라 원·피고, 독립당사자참가인 간의 소송에 대하여 본안판결을 할 때에는 위 3당사자를 판결의 명의인으로 하는 하나의 종국판결만을 내려야 하는 것이지 위 당사자의 일부에 관해서만 판결을 하는 것은 허용되지 않고, 같은 조 제2항에 의하여 제67조가 준용되는 결과 독립당사자참가소송에서 원고승소의 판결이 내려지자 이에 대하여 참가인만이 상소를 한 경우에도 판결 전체의 확정이 차단되고 사건 전부에 관하여 이심의 효력이 생긴다"(대판 2007.12.14. 2007다37776,37783)고 하여 이심설의 입장이다.

(2) 검토 및 사안의 경우

생각건대, 분리확정설은 상소하지 않은 참가인의 판결부분이 분리확정된다고 하고 있으나 이것은 판결의 모순·저촉의 우려가 있으므로 문제가 있고, 제한적 이심설은 상소인에게 불리한가의 여부를 따져서 상소하지 않은 당사자의 이심여하를 결정할 수 있는 법적 근거가 없으므로 이심설이 타당하다. 따라서 丙만이 항소한 경우에도 X부동산에 대한 소송은 판결 전체가 확정이 차단되고 사건 전부에 관하여 이심의 효력이 생긴다.

4. 심판의 범위

(1) 불이익변경금지원칙의 의의

제1심에서 심판된 사건은 항소의 제기에 의하여 사건은 원칙적으로 전부 이심되지만, 항소법원이 제1심 판결의 당부에 대해 구체적으로 심판할 수 있는 것은 항소 또는 부대항소한 당사자의 불복신청의 범위에 한하며, 그 한도를 넘어서 제1심판결을 불이익 또는 이익으로 변경할 수 없는 원칙(제415조)을 불이익변경금지원칙이라고 한다.

(2) 독립당사자참가소송의 경우

1) 원 칙(적용 배제)

3자간 모순 없는 해결을 위해 불이익변경금지원칙(제415조)은 배제된다. 대법원도 "항소심에서 심리·판단을 거쳐 결론을 내림에 있어 위 세 당사자 사이의 결론의 합일확정을 위하여 필요한 경우에는 그 한도 내에서 항소 또는 부대항소를 제기한 바 없는 당사자에게 결과적으로 제1심판결보다 유리한 내용으로 판결이 변경되는 것도 배제할 수는 없다"(대판 2007.10.26. 2006다86573)고 판시하였다.

2) 예 외(적용 긍정)

그러나 判例는 "독립당사자참가소송에서 원고승소 판결에 대하여 참가인만이 상소를 했음에도 상소

---

1) [학설] ① 이심설은 피고만이 원고를 상대로 불복한 경우 참가인에 대해서도 상소의 효력이 미쳐 상급심으로 이전되는 것으로 보고, ② 분리확정설은 참가인의 소송관계는 끝나고 이심의 효력이나 확정차단의 효력이 생기지 않는다고 하며, ③ 제한적 이심설은 패소하고서도 상소하지 아니한 자의 청구부분이 그대로 확정되면 상소인에게 불이익이 될 염려가 있는 경우에 한하여 제한적으로 이심된다고 한다.

심에서 원고의 피고에 대한 청구인용 부분을 원고에게 불리하게 변경할 수 있는 것은 ⅰ) 참가인의 참가신청이 적법하고 나아가 ⅱ) 합일확정의 요청상 필요한 경우에 한한다"(대판 2007.12.14. 2007다37776,37783)고 하여 불이익변경금지원칙이 적용되는 경우도 인정하고 있다.

(3) 사안의 경우

丙의 참가는 적법하고 甲·乙·丙 3면 분쟁을 일거에 해결하기 위한 합일확정의 필요성이 인정되므로, 항소심 법원은 항소하지 않은 乙에게 유리하게 제1심판결을 취소하고, 甲의 청구를 기각하여야 한다.

사례_202 **독립당사자참가(3) - 불이익변경금지원칙이 배제되는 경우** 2008년 사법시험

A토지에 관하여 甲으로부터 乙 앞으로 매매를 원인으로 한 소유권이전등기가 마쳐져 있다. 甲은 乙을 상대로 乙이 등기관련 서류를 위조하여 위 등기를 이전하였다고 주장하면서 소유권이전등기 말소등 기청구의 소를 제기하였다. 소송이 진행되던 중, 丁은 A토지가 자신의 소유라고 주장하면서 甲을 상대로 소유권 확인을, 乙을 상대로 진정명의회복을 위한 이전등기를 각각 청구하면서 독립당사자참가를 하였다. 제1심법원은 丁의 청구를 기각하고, 甲의 청구를 인용하는 판결을 선고하였다. 이에 대하여 丁만 항소하였고, 제2심법원은 심리한 결과 丁의 청구가 이유 있다고 판단하였다.
이 경우 제2심법원은 어떠한 판결을 하여야 하는가? (민사소송법의 맥 D-25 참조)

Ⅰ. 결 론

제2심법원의 심리결과 丁의 청구가 이유 있다고 판단된다면 항소를 인용하여 제1심판결을 취소하고 丁의 청구를 인용하여야 한다. 또한 합일확정의 요청상 甲의 乙에 대한 청구에 대하여도 제1심판결을 취소하고 청구기각판결을 하여야 한다.

Ⅱ. 논 거

1. 독립당사자참가소송의 심판

독립당사자참가소송은 원고·피고·참가인 사이의 다툼을 하나의 소송절차로 한꺼번에 모순없이 해결하려는 소송형태로서 필수적 공동소송에 관한 제67조가 준용된다(제79조 2항). 따라서 일부판결은 허용되지 않는다.

2. 참가인 丁의 항소 제기시 상소불가분원칙의 적용여부(적극)(이심설, 사례 174. 참조)

丁의 항소에 의해 사건 전부가 항소심으로 이심되고 확정이 차단된다.

3. 제2심법원의 심판범위 - 불이익변경금지원칙의 적용여부(소극)(사례 174. 참조)

4. 사안의 해결

丁의 참가신청은 주장자체로 甲의 청구와 양립불가능하므로 丁의 독립당사자참가는 적법하다. 제1심 법원의 판결에 대하여 丁만이 항소한 경우라도 사건 전부가 항소심으로 이심되며, 합일확정의 요청 때문에 불이익변경금지원칙이 배제되므로, 제2심법원은 심리결과 丁의 청구가 이유있다고 판단된다 면 丁의 항소를 인용하여 제1심판결을 취소하고 丁의 청구를 인용하여야 한다. 또한 합일확정의 요 청상 甲의 乙에 대한 청구에 대하여도 심판의 대상에 포함시켜 제1심판결을 취소하고 청구기각판결 을 하여야 한다.

[참고] ※ 고유필수적 공동소송에서 패소하고도 상소하지 않은 공동소송인의 지위

불복하지 않은 공동소송인의 지위에 대해 ① 상소인설 ② 선정자설 ③ 단순한 상소심당사자설의 견해 대립이 있으나, 합일확정의 요청으로 얻는 특수지위이며 상소를 제기하거나 선정을 하지 않은 자이므로 단순한 상소심당사자설이 타당하다(대판 1995.1.12. 94다33002). 따라서 당사자 표시에 있어서 상소하지 않은 당사자는 '상소인'이라고 표시하지 않고 '원고' 또는 '피고'라고만 표시하고, 상소비용도 부담하지 않으며, 상소취하권이 없고, 상소인지를 붙이지 않아도 된다.

[참고] ※ 독립당사자참가 소송에서 패소하고도 상소하지 않은 당사자인 '참가인'의 상소심에서의 지위

1. 문제점

분리확정설에 의하는 경우 참가인에 관한 소송관계가 종료하므로 문제가 생기지 않으나, 이심설에 의하는 경우 상소심으로 상소하지 않은 당사자인 참가인의 항소심에서의 지위가 문제된다.

2. 판 례[1]

判例는 "독립당사자 참가인의 청구와 원고의 청구가 모두 기각되고 원고만이 항소한 경우에 제1심판결 전체의 확정이 차단되고 사건전부에 관하여 이심의 효력이 생기는 것이므로 독립당사자참가인도 항소심에서의 당사자라고 할 것이다"(대판 1981.12.8. 80다577)고 판시하여 단순한 상소심당사자설을 취하고 있다.

3. 검 토

생각건대 상소를 제기하지도 당하지도 않은 자를 상소인이나 피상소인으로 의제하기는 어렵고, 양지위겸유설도 상소인설 · 피상소인설의 결점을 그대로 가지고 있는 바, 이러한 당사자는 상소 제기와는 무관하나 합일확정의 요청에 의하여 상소심에 당사자로서 관여하는 자이므로 단순한 상소심당사자설이 타당하다.

사례_203 **독립당사자참가(4) − 불이익변경금지원칙이 배제되는 경우** 2015년 법무행정고시

甲이 乙을 상대로 X토지에 대한 소유권이 甲에게 있다는 확인을 청구하는 소를 제기하여 심리 중 X토지의 소유자임을 주장하는 丙이 甲과 乙을 상대로 독립당사자참가를 하였다. 심리결과 법원은 이 토지의 소유권이 丙에게 있다고 확인하는 판결을 선고하였다. 위 판결에 대해 乙은 항소를 제기하였으나, 甲은 항소를 제기하지 아니하였다. 항소심 법원이 위 X토지의 소유권이 甲에게 있음을 인정한 경우 X토지의 소유권이 甲에게 있다고 확인하는 판결을 선고할 수 있는가?

I. 결 론

항소심 법원은 X토지의 소유권이 甲에게 있다고 확인하는 판결을 선고할 수 있다.

---

1) [학설] ① 제67조 1항을 준용하여 상소인이라는 상소인설, ② 제67조 2항을 준용하여 피상소인에 준한다는 피상소인설, ③ 상소인에 대하여는 피상소인이고 피상소인에 대하여는 상소인이라는 양지위겸유설, ④ 단순한 상소심당사자라고 보는 단순한 상소심당사자설이 대립한다.

Ⅱ. 논 거

1. 독립당사자참가소송의 심리방식

독립당사자소송에는 필수적 공동소송에 관한 제67조가 준용된다(제79조 2항). 따라서 공동소송인 가운데 한 사람의 소송행위는 모두의 이익을 위하여서만 효력을 가진다(제67조).

사안의 경우 乙은 항소하였으나, 甲은 항소를 제기하지 아니한바, 불복하지 않은 甲의 乙에 대한 청구를 항소심에서 판단하려면 甲의 乙에 대한 청구가 이심되어야 하고, 항소심의 심판대상이 되어야 한다.

2. 乙의 항소로 甲의 乙에 대한 청구가 이심되는지 여부

判例는 독립당사자참가인의 청구와 원고의 청구가 모두 기각되고 원고만이 항소한 경우 제1심판결 전체의 확정이 차단되고, 사건 전부에 관하여 이심의 효력이 생긴다(대판 2014.11.13. 2009다71312)고 한다. 생각건대 민사소송법 제79조에 의한 독립당사자참가소송은 동일한 권리관계에 관하여 원고, 피고, 참가인이 서로간의 다툼을 하나의 소송절차로 한꺼번에 모순 없이 해결하는 소송형태로서, 독립당사자참가가 적법하다고 인정되어 원고, 피고, 참가인간의 소송에 대하여 본안판결을 할 때에는 위 세 당사자를 판결의 명의인으로 하는 하나의 종국판결을 선고함으로써 위 세 당사자들 사이에서 합일확정적인 결론을 내려야 하므로 이러한 판례의 태도는 타당하다고 본다.

3. 甲의 乙에 대한 청구가 항소심의 심판대상인지 여부

불이익변경금지의 원칙은 제1심에서 심판된 사건은 항소의 제기에 의하여 원칙적으로 전부 이심되나 항소법원이 제1심판결의 당부에 대해 구체적으로 심판할 수 있는 것은 항소 또는 부대항소한 당사자의 불복신청범위에 한하며, 그 한도를 넘어서 제1심판결을 불이익 또는 이익으로 변경할 수 없는 원칙(제415조)을 말한다.

그러나 判例는 제1심에서 원고 및 참가인 패소, 피고 승소의 본안판결이 선고된 데 대하여 원고만이 항소한 경우 원고와 참가인 그리고 피고 간 세 개의 청구는 당연히 항소심의 심판대상이 되어야 하는 것이므로 참가인의 원, 피고에 대한 청구에 대하여도 같은 판결로 판단해야 한다(대판 2007.10.2. 2006다86573)고 한다. 생각건대 독립당사자참가소송의 경우 피소하고도 불복상소를 제기하지 않은 당사자의 판결부분이 원고, 피고, 참가인 3자간의 합일확정의 요청 때문에 불이익변경금지의 원칙이 배제된다고 보는 判例의 태도가 타당하다고 본다.

따라서 甲이 비록 항소를 제기하지 않았다고 하더라도 甲의 乙에 대한 청구는 심판대상이 된다. 그러므로 항소심 법원은 X토지의 소유권이 甲에게 있다고 확인하는 판결을 선고할 수 있다.

사례_204 **독립당사자참가(5) - 항소심의 심판범위**   2015년 법무행정고시

甲이 乙을 상대로 X토지에 대한 소유권이 甲에게 있다는 확인을 청구하는 소를 제기하여 심리 중 X토지의 소유자임을 주장하는 丙이 甲과 乙을 상대로 독립당사자참가를 하였다. 심리결과 법원은 이 토지의 소유권이 丙에게 있다고 확인하는 판결을 선고하였다. 위 판결에 대해 乙은 항소를 제기하였으나, 甲은 항소를 제기하지 아니하였다. 항소심 법원이 위 X토지의 소유권이 甲에게 있음을 인정한 경우 X토지의 소유권이 甲에게 있다고 확인하는 판결을 선고할 수 있는가?

Ⅰ. 독립당사자참가소송의 심판(사례 174. 참조) - 독립당사자참가의 의의와 요건 [타, 이, 취, 소, 병]

Ⅱ. 乙의 항소제기시 상소불가분원칙의 적용여부(적극)(사례 174. 참조)

세 당사자사이에서 합일확정적인 결론을 내려야 하므로, 상소불가분원칙이 적용된다(이심설).

Ⅲ. 항소심법원의 심판범위 - 불이익변경금지원칙의 적용여부(소극)(사례 174. 참조)

불이익변경금지원칙은 ⅰ) 참가인의 참가신청이 적법하고, ⅱ) 합일확정의 요청상 필요한 경우에 한하여 배제된다.

Ⅳ. 사안의 해결

丙의 참가신청은 주장자체로 甲의 청구와 양립불가능하므로 丙의 독립당사자참가는 적법하며, 제1심 법원의 판결에 대하여 乙만이 항소한 경우라도 사건 전부가 항소심으로 이심된다. 甲이 비록 항소를 제기하지 않았더라도 합일확정의 요청상 甲의 乙에 대한 청구도 심판대상이 되므로, 항소심법원은 X토지의 소유권이 甲에게 있다고 확인하는 판결을 선고할 수 있다.

사례_205 독립당사자참가(6) - 사해방지참가
대판 1997.6.27. 95다40977

甲이 乙을 피고로 하여 X토지에 대해 2016. 1. 20. 대물변제계약을 원인으로 한 소유권이전등기절차의 이행을 구하는 소를 제기하였다. 그러자 丙은 독립당사자참가를 신청하면서 그 이유로 '참가인이 피고 乙로부터 2012. 1. 20. X토지를 매도담보로서 소유권이전등기를 경료받기로 약정하고 같은 해 2. 20.부터 12. 20.까지 사이에 4차례에 걸쳐 합계금 1억 원을 대여하였고, 변제기가 지난 후에도 위 채무를 갚지 못하여 X토지에 대하여 담보제공절차를 취하여야 할 처지에 이르게 되자 피고 乙이 유일한 재산인 X토지를 가장양도형식으로 타인명의로 소유권이전등기를 경료하여 주어 참가인에 대한 위 채무를 면탈하기 위해서 이를 잘 알고 있는 친구 甲과 공모하여 참가인을 해할 목적으로 가장대물변제계약을 체결하고 甲이 乙 상대로 소유권이전등기절차 이행의 소를 제기하였으므로 참가인은 그 소송결과에 의하여 권리의 침해를 받을 위험이 있다'고 주장하였다. 丙은 甲을 상대로는 위 1. 20. 대물변제계약의 무효확인을, 피고 乙을 상대로는 1.20. 대물변제계약의 무효확인과 매도담보약정을 이유로 한 소유권이전등기를 청구하였다.

〈문제 1.〉
丙의 위와 같은 참가는 적법한가?
(민사소송법의 맥 570쪽 참조)

〈문제 2.〉
이 사건 소송 중 甲이 위 소송에서 탈퇴하고자 한다. 甲의 탈퇴에 대하여 乙은 승낙을 하고 있으나, 丙은 반대하고 있다. 이 경우 甲은 소송탈퇴를 할 수 있는가?
(민사소송법의 맥 D-26 참조)

〈문제 3.〉
만약 甲이 탈퇴한 경우, 甲에게 위 판결의 효력이 미치는지 여부와 그 근거에 대하여 서술하시오.
(민사소송법의 맥 D-26 참조)

Ⅰ. 문제 1.의 해결

1. 결 론

丙의 참가는 사해방지참가로서 적법하다.

2. 논 거

(1) 독립당사자참가의 의의와 요건 [타, 이, 취, 소, 병](사례 174. 참조)

(2) 사해방지참가에서 참가이유의 구비여부(적법) - '권리침해'의 의미

1) 문제점

사안의 경우 甲의 소유권이전등기청구와 丙의 소유권이전등기청구는 주장자체로 양립이 가능하므로 권리주장참가는 허용되지 않는다. 따라서 丙의 참가가 사해방지참가로서 적법한지 검토하여야 하는 바, 주장자체로 양립이 가능한 경우에도 사해방지참가가 허용되는지, '권리침해'의 의미가 무엇인지가 문제된다.

2) 판 례[1] [해, 객, 염려]

사해방지참가의 경우 본소청구와 양립가능하더라도 참가가 허용되지만(대판 2001.9.28. 99다35331,35348), 참가인은 본소의 소송의 결과에 의하여 권리의 침해를 받을 것을 그 요건으로 하는 바, 권리침해의 의미에 대하여 判例는 "사해방지참가를 하기 위해서는 본소의 원고와 피고가 당해 소송을 통하여 ⅰ) 제3자를 해할 의사를 갖고 있다고 객관적으로 인정되고 ⅱ) 그 소송의 결과 제3자의 권리 또는 법률상의 지위가 침해될 염려가 있다고 인정되어야 한다"(대판 1997.6.27. 95다40977)고 하여 사해의사설의 입장인바, 독립당사자참가에 상당히 폭넓고 탄력성 있는 운용의 여지를 주는 사해의사설이 타당하다.

[참고판례] 다만 원고의 피고에 대한 청구의 원인행위가 사해행위라는 이유로 원고에 대하여 사해행위취소를 청구하면서 사해방지를 위한 독립당사자참가신청을 하는 것은 부적법하다. 判例는 "채권자가 사해행위의 취소와 함께 수익자 또는 전득자로부터 책임재산의 회복을 명하는 사해행위취소의 판결을 받은 경우 취소의 효과는 채권자와 수익자 또는 전득자 사이에만 미치므로, 수익자 또는 전득자가 채권자에 대하여 사해행위의 취소로 인한 원상회복 의무를 부담하게 될 뿐, 채권자와 채무자 사이에서 취소로 인한 법률관계가 형성되거나 취소의 효력이 소급하여 채무자의 책임재산으로 복구되는 것은 아니다. 이러한 사해행위취소의 상대적 효력에 의하면, 원고의 피고에 대한 청구의 원인행위가 사해행위라는 이유로 원고에 대하여 사해행위취소를 청구하면서 독립당사자참가신청을 하는 경우, 독립당사자참가인의 청구가 그대로 받아들여진다 하더라도 원고와 피고 사이의 법률관계에는 아무런 영향이 없고, 따라서 그러한 참가신청은 사해방지참가의 목적을 달성할 수 없으므로 부적법하다"(대판 2014.6.12. 2012다47548)고 하였다.

(3) 사안의 해결

甲은 乙이 유일한 재산인 X토지를 丙에게 담보로 제공해야할 처지에 있음을 잘 알고 있는 점에 비추어 서로 통모일 가능성이 많다. 또한 甲에게 X토지의 등기가 경료되면 丙은 담보를 취득할 수 있는 권리를 잃는 점에 비추어 丙이 甲과 乙의 통모사실, 乙의 소극적 응소사실, 주장이 허위인 사실 등을 주장·입증한다면 객관적 사해의사가 인정되므로 '권리침해'의 요건을 충족하게 되어 참가이유가 인정된다. 또한 사해방지참가의 다른 요건도 충족되었다고 보이므로 丙의 참가는 사해방지참가로서 적법하다.

Ⅱ. 문제 2.의 해결

1. 결 론

甲은 丙의 반대에도 불구하고 乙의 승낙을 얻어 위 소송에서 탈퇴할 수 있다.

2. 논 거

---

1) **[학설]** ① 본소판결의 기판력이나 반사적 효력이 제3자에게 미칠 경우라는 판결효설, ② 널리 소송의 결과로 실질상 권리침해를 받을 경우라는 이해관계설, ③ 본소의 당사자에게 사해의사가 있음이 객관적으로 판정될 수 있는 경우라는 사해의사설이 있다. 생각건대 판결효설은 참가를 허용하는 자의 범위를 너무 좁혀 독립당사자참가제도를 별도로 둔 취지에 부합하지 않는다는 점에서 부당하고, 이해관계설은 참가의 허용범위를 너무 넓혀 보조참가요건과의 구별이 불분명하므로, 사해의사설이 타당하다.

(1) 사해방지참가에서 탈퇴 허용여부(적극)]

1) 문제점

제80조는 '자기의 권리를 주장하기 위하여 소송에 참가한 사람이 있는 경우 원고나 피고는 탈퇴할 수 있다'고 규정되어 있어 사해방지참가의 경우에도 종전 당사자가 탈퇴할 수 있는지 문제된다.

2) 학설 및 검토

① 사해소송의 당사자가 탈퇴하는 경우란 실제로 거의 없을 것이라는 점과 제80조의 문언에 비추어 소극적으로 해석하는 견해가 있으나, ② 생각건대 제82조의 인수승계의 경우에도 소송탈퇴가 가능함 점과 사해방지참가의 경우에도 피고가 소송수행의 의욕이 없고 전혀 소극적 태도로 일관해 온 때에는 제3자가 소송참가함을 계기로 소송에서 탈퇴해 나갈 경우가 있을 것이라는 점을 고려할 때 사해방지참가의 경우에도 탈퇴할 수 있다고 봄이 타당하다.

(2) 소송탈퇴의 요건 - 참가인의 동의가 필요한지 여부(소극) [본, 참, 승]

소송에서 탈퇴하기 위해서는 ⅰ) 본 소송의 당사자일 것, ⅱ) 제3자의 참가가 적법·유효할 것, ⅲ) 상대방 당사자의 승낙이 필요하다(제80조). 다만, 참가인의 동의도 필요한지와 관련하여 ① 필요설도 있으나, ② 참가인이 승소한 경우 판결의 효력이 탈퇴자에게도 미친다는 점과 상대방의 승낙만을 요하도록 한 제80조의 법문으로 보아 탈퇴에 의하여 참가인의 이익을 해치지 않는다는 점에서 참가인의 동의는 불필요하다고 봄이 타당하다.

(3) 사안의 해결

사해방지참가의 경우에도 소송탈퇴를 할 수 있고, 이 경우 참가인의 승낙은 요건이 아니므로 甲은 丙의 반대에도 불구하고 상대방 乙의 승낙을 얻어 위 소송에서 탈퇴할 수 있다.

Ⅲ. 문제 3.의 해결

1. 탈퇴자 甲에게 위 판결의 효력이 미치는지 여부(적극)

제79조의 규정에 따라 자기의 권리를 주장하기 위하여 소송에 참가한 사람이 있는 경우 그가 참가하기 전의 원고나 피고는 상대방의 승낙을 받아 소송에서 탈퇴할 수 있다. 다만, 판결은 탈퇴한 당사자에 대하여도 그 효력이 미친다(제80조). 따라서 독립당사자참가소송에서 탈퇴한 당사자인 甲에 대하여도 위 판결의 효력이 미친다.

2. 판결의 효력이 미치는 이론적 근거

판결의 효력이 미치는 이론적 근거에 관하여 조건부 청구포기·인낙설에 의하면 원고탈퇴는 조건부 청구의 포기이고 피고탈퇴는 조건부 청구의 인낙이므로 탈퇴자에게 판결의 효력이 미친다고 하나, 생각건대 조건부 청구의 포기·인낙설은 판결 결과가 탈퇴자에게 유리하게 된 때를 설명하기 어려우므로 소송담당설이 타당하다고 보는 이상 그 소송담당관계의 반영으로 집행력도 탈퇴당사자에게 미치는 것으로 보는 것이 타당하다.

3. 효력의 성질

제80조 단서가 '판결은 탈퇴한 당사자에 대하여도 효력이 있다'고만 규정하고 있어 이때 효력의 내용에 관하여 참가적 효력설, 기판력설, 집행력 포함설이 대립하고 있는 바, 생각건대 참가적 효력설에 대해서는 보조참가와는 달리 탈퇴자와 잔류자 사이에 협력관계가 없다는 비판이 제기되고, 기판력설은 기판력으로는 잔류자가 탈퇴자에게 강제집행을 할 수 없다는 문제점이 있으므로 집행력 포함설이 타당하다.

독립당사자참가(7) - 편면참가 가부, 사해방지참가와 채권자취소권

甲은 주택 신축 등을 목적으로 하는 사업을 하면서 乙 및 친척인 丙에게 각각 1억 원의 대여금채무를 비롯하여 총 합계 3억 원 이상의 채무를 부담하게 되어 채무초과 상태에 이르게 되었다. 甲은 유일한 재산인 X토지를 소유하고 있었는데, 丙에 대한 甲의 대여금 채무를 위한 담보로 제공하는 저당권설정계약(이하 '이 사건 계약'이라 한다)을 丙과 체결하였다.

甲은 丙의 독촉에도 이 사건 계약에 의한 저당권설정등기를 미루고 있었는데, 이에 丙은 甲을 피고로 이 사건 계약을 원인으로 하여 저당권설정등기를 청구하는 소를 제기하였다. 丙의 위 소송에 대하여 甲은 제대로 응소하지 않고 있다.

위와 같은 소식을 들은 乙은 이 사건 계약의 체결 과정을 조사한 결과, 甲은 이 사건 계약으로 인하여 책임재산에 부족이 생기거나 이미 부족상태에 있는 책임재산이 한층 더 부족하게 됨으로써 乙의 채권을 완전하게 만족시킬 수 없다는 사실을 인식하였고, 丙도 그러한 점을 알고 있었다는 사실을 알게 되었다. 이에 乙은 원고 丙과 피고 甲 사이의 위 소송에 참가하려고 한다.

乙이 다음과 같은 취지로 독립당사자참가신청을 하는 것은 적법한가?

〈문제 1.〉 丙을 상대로 사해행위를 원인으로 하여 "X토지에 관하여 甲과 丙이 체결한 이 사건 계약을 취소한다."는 취지의 독립당사자참가신청 (민사소송법의 맥 D-23 참조)

〈문제 2.〉 丙과 甲을 상대로 통정허위표시를 원인으로 하여 "X토지에 관하여 甲과 丙이 체결한 이 사건 계약이 무효임을 확인한다."는 취지의 독립당사자참가신청 (민사소송법의 맥 D-23 참조)

I. 문제점 - 사해방지참가로서 적법한지 여부 [타, 이, 취, 소, 병] (사례 174. 참조)

설문은 원고의 권리가 참가인의 권리라거나 그에 우선한다는 주장은 아니므로, 사해방지참가로서 적법한지 문제된다.

II. 사해방지참가의 의의와 요건

1. 의의

민사소송법 제79조 제1항 후단의 사해방지참가는 본소의 원고와 피고가 당해 소송을 통하여 참가인을 해할 의사를 가지고 있다고 객관적으로 인정되고 그 소송의 결과 **참가인의 권리 또는 법률상 지위가 침해될 우려가 있다**고 인정되는 경우에 그 제3자가 사해소송의 결과로 선고·확정될 사해판결을 방지하기 위하여 그 사해소송에 참가하는 것을 말한다.

2. 요건 - 권리침해의 의미 [해, 객, 염려] (사례 178. 참조)

이에 대하여 판결효설, 이해관계설, 사해의사설 등의 대립이 있으나, 判例는 "사해방지참가를 하기 위해서는 본소의 원고와 피고가 당해 소송을 통하여 i) 제3자를 해할 의사를 갖고 있다고 객관적으로 인정되고 ii) 그 소송의 결과 제3자의 권리 또는 법률상의 지위가 침해될 염려가 있다고 인정되어야 한다"(대판 1997.6.27. 95다40977)고 하여 **사해의사설**의 입장이다.

III. 문제 1. : 편면참가의 허용여부와 채권자취소권을 행사하기 위한 사해방지참가의 경우

1. 편면참가의 허용여부(적극)

설문에서 乙은 원고측에 편면참가를 하였지만 2002년 신민사소송법(제79조 1항)은 "제3자는 당사자의 양 쪽 또는 한 쪽을 상대방으로 하여 당사자로서 소송에 참가할 수 있다."고 하여 편면참가도 허용하므로 문제가 없다.

2. 채권자취소의 효과(상대적 효력)

"채권자가 사해행위의 취소와 함께 수익자 또는 전득자로부터 책임재산의 회복을 명하는 사해행위 취소의 판결을 받은 경우 그 취소의 효과는 채권자와 수익자 또는 전득자 사이에만 미치므로, 수익자 또는 전득자가 채권자에 대하여 사해행위의 취소로 인한 원상회복 의무를 부담하게 될 뿐, 채권자와 채무자 사이에서 그 취소로 인한 법률관계가 형성되거나 취소의 효력이 소급하여 채무자의 책임재산으로 복구되는 것은 아니다"(대판 2014.6.12. 2012다47548,47555).

3. 乙 참가의 적법여부

"사해행위취소의 상대적 효력에 의하면, 원고의 피고에 대한 청구의 원인행위가 사해행위라는 이유로 원고에 대하여 사해행위취소를 청구하면서 독립당사자참가신청을 하는 경우, 독립당사자참가인의 청구가 그대로 받아들여진다 하더라도 원고와 피고 사이의 법률관계에는 아무런 영향이 없으므로, 그러한 참가신청은 사해방지참가의 목적을 달성할 수 없으므로 부적법하다"(대판 2014.6.12. 2012다 47548,47555). 결국 乙이 채권자취소권을 행사하기 위해 사해방지참가를 하는 것은 부적법하다.

Ⅳ. 문제 2. : 타인 간의 법률관계 확인을 위한 사해방지참가의 경우

1. 제3자 확인의 소의 적법요건

확인의 소는 반드시 당사자 간의 법률관계에 한하지 아니하고, 당사자 일방과 제3자 사이 또는 제3자 상호 간의 법률관계도 그 대상이 될 수 있다. 다만, 그 법률관계의 확인이 확인의 이익이 있기 위해서는 그 법률관계에 따라 제소자의 권리 또는 법적 지위에 현존하는 위험·불안이 야기되어야 하고, 그 위험·불안을 제거하기 위하여 그 법률관계를 확인의 대상으로 한 확인판결에 의하여 즉시 확정할 필요가 있으며 또한 그것이 가장 유효·적절한 수단이 되어야 한다(대판 2013.12.12. 2013다30196).

2. 乙 참가의 적법여부

설문의 乙은 타인 간 저당권설정계약의 무효확인을 구하는 독립당사자참가를 하였지만, 甲의 책임재산이 부족하게 되는 것을 방지하기 위한 것으로, 乙의 위험·불안을 제거하기 위한 유효·적절한 수단으로 보인다. 결국 적법한 참가라 할 수 있다.

사례_207 **임의적 당사자의 변경(1) - 피고경정** 　　　　대결 1997.10.17. 97마1632

甲은 B와 자신 소유의 Z토지를 5억 원에 매도하기로 하는 계약을 체결하였다. 그러나 B가 매매대금을 지급하지 않자 甲은 B를 상대로 매매대금의 지급을 구하는 소를 제기하였다. 위 소송에서 피고 B는 Z토지의 매수인의 지위를 이 사건 소 제기 전에 이미 C에게 양도하였으므로 자신은 대금을 지급할 수 없다고 주장하였다. 원고 甲은 B가 계속해서 위 주장을 하자 곰곰이 생각해보던 중 B의 주장이 맞다고 생각하여 피고 B를 C로 바꾸려고 한다.
원고 甲이 피고경정을 신청한 경우 허용될 수 있겠는가?[1]　　　　　　　　　(민사소송법의 맥 D-27 참조)

---

1) 피고경정의 요건 중 '원고가 피고를 잘못 지정한 것이 분명한 경우'의 의미에 대하여 判例가 판시하는 내용을 써주는 것이 관건이다. 判例는 피고경정의 요건을 엄격하게 보며 또한 명문의 규정이 없는 임의적당사자변경도 허용하지 않고 있다. 참고로 사안에서 피고경정이 허용됨이 명확하다면 명문의 규정이 없는 임의적 당사자변경에 대하여는 논의해주지 않아도 되나, 피고경정이 인정되지 않는 경우라면 명문의 규정이 없는 임의적당사자변경으로 경정할 수 없는 것인지 언급해줄 필요가 있다.

I. 결론

甲의 피고경정은 허용되지 않는다.

II. 논거

1. 문제점 - 임의적 당사자변경

임의적 당사자 변경이란 당사자의 의사에 기하여 종전의 당사자에 갈음하여 제3자를 가입시키거나 추가하여 가입시키는 것을 말한다. 명문의 규정에 없는 임의적 당사자변경을 허용할지에 대하여 判例는 당사자의 동일성이 유지되는 표시정정만 허용하고 임의적당사자변경은 명문의 규정이 없는 한 허용하지 않고 있다. 다만 1990년 개정법에서 피고경정을 규정하였는바, 사안에서 피고경정이 허용되는지 문제된다.[2]

2. 피고경정의 허용여부(소극)

(1) 피고경정의 의의와 요건 [분, 변, 소, 응, 동]

피고경정이란 원고가 피고를 잘못 지정한 것이 분명한 경우 제1심법원이 변론을 종결할 때까지 원고의 신청에 의하여 결정으로 피고를 경정하는 것을 말한다(제260조). 피고경정이 적법하기 위하여는 ⅰ) 원고가 피고를 잘못 지정한 것이 분명할 것, ⅱ) 제1심 변론종결 전일 것, ⅲ) 변경 전후 소송물이 동일할 것, ⅳ) 피고가 본안에 관하여 응소 한 때에는 피고의 동의가 있을 것을 요한다(제260조 1항 단서).

사안의 경우 다른 요건은 충족된 것으로 보이나, ⅰ)의 충족여부에 대하여 문제된다.

(2) 원고가 피고를 잘못 지정한 것이 분명한 경우 [소, 법, 법, 명백]

判例는 "'피고를 잘못 지정한 것이 명백한 때'라고 함은 소장의 청구취지나 청구원인의 기재 내용 자체로 보아 원고가 법률적 평가를 그르치는 등의 이유로 피고의 지정이 잘못된 것이 명백하거나 법인격의 유무에 관하여 착오를 일으킨 것이 명백한 경우 등을 말하고, 피고로 되어야 할 자가 누구인지를 증거조사를 거쳐 사실을 인정하고 그 인정 사실에 터 잡아 법률 판단을 해야 인정할 수 있는 경우는 이에 해당하지 않는다"(대결 1997.10.17. 97마1632)고 하여 경정의 요건을 엄격하게 해석하고 있다.[3]

(3) 검토 및 사안의 경우

제260조에서 원고가 피고를 잘못 지정한 것이 '분명한 경우'라고 하고 있는 점에 비추어, 경정의 요건을 엄격하게 해석하는 判例의 태도가 타당하다. 사안에서 실제 매수인이 B가 아니라 C인지 여부는 증거조사를 통해 판단할 수 있는 사항이므로 '원고가 피고를 잘못 지정한 것이 분명한 경우'가 아니다. 따라서 甲의 피고경정은 요건을 갖추지 못하여 허용될 수 없다.

---

2) ★ 위에서 명문의 규정이 없는 임의적 당사자변경의 허용여부에 대하여 언급한 이유는 사안에서 피고경정이 허용되지 않기 때문이다. 또한 만약 사안에서 피고경정이 허용되는 경우라면 피고경정만 쓰면 된다.

3) 이에 반하여 다수설은 소송경제를 이유로 피고경정을 넓게 인정하여 의무자를 혼동한 경우에도 피고경정이 가능하다고 본다.

甲은 자신 소유의 A 건물을 대여금 1억 원에 乙에게 매도하는 계약을 체결하였다. 甲은 매매계약을 체결한 후 계약금 1천만 원을 수령하였다. 아울러 잔대금 9천만 원을 지급받음과 동시에 이전등기서류를 乙에게 교부해 주기로 하였다. 그러나 약속된 날이 지나도 乙로부터 아무런 연락을 받지 못한 甲은 乙을 상대로 잔대금 9천만의 지급을 구하는 소를 제기하였다. 이후 피고 乙이 제출한 최초 답변서에 따르면 자신은 계약체결 후 자신의 매수인으로서의 지위를 이 사건 소 제기 전에 이미 戊에게 양도하였으므로 더 이상 자신에게 매매대금의 지급을 구할 이유가 없다고 주장하고 있다. 원고 甲은 피고 乙의 답변 내용에 따라 피고 乙을 戊로 경정하기 위해 법원에 피고경정신청서를 접수하였다. **이러한 피고경정신청은 적법한가?**

I. 결 론

원고 甲의 피고경정신청은 부적법하다.

II. 논 거

1. 피고경정의 의의, 요건 [분, 변, 소, 응, 동] (사례 180. 참조)

사안에서 '원고가 피고를 잘못 지정한 것이 분명할 것'의 요건과 관련하여 원고 甲이 피고 乙의 답변 내용에 따라 乙을 戊로 경정하는 것이 이에 해당하는지 문제된다.

2. 판 례 [소, 법, 법, 명백] (사례 180. 참조)

判例는 경정의 요건을 엄격하게 해석하고 있다. 이에 반하여 다수설은 소송경제를 이유로 피고경정을 넓게 인정하여 의무자를 혼동한 경우에도 피고경정이 가능하다고 본다.

3. 검토 및 사안의 경우

다수설에 의하면 피고경정이 가능할 것이지만, 원고가 피고를 잘못 지정한 것이 증거조사를 거친 사실인정을 통하여 비로소 판명될 수 있는 경우라면 '피고를 잘못 지정한 것이 분명한 경우'라고 할 수 없고, 현행법이 임의적 당사자변경을 제한적으로만 인정하는 태도를 고려하면 判例의 태도가 타당하다. 따라서 甲의 피고경정신청은 부적법하다.

甲은 乙회사와 공사도급계약을 체결하고 乙회사는 甲에게 건물을 완성하여 인도하였으나 甲은 공사대금을 지급하지 아니하였다. 이에 乙회사의 대표이사 丙은 甲을 상대로 공사대금지급청구의 소를 제기한 후 제1차 변론기일에 丙으로부터 乙로 원고의 표시를 정정하는 신청을 하고 甲도 이에 대하여 동의하였다. 그 후 제1심 법원 및 항소심 법원에서 청구인용의 판결이 선고되자 甲은 이 사건 당사자표시정정이 부적법하다고 주장하였다. 甲의 주장은 타당한가?

I. 원고경정이 적법한지 여부(부적법)

1. 학 설

학설은 개정 법률에서는 원고가 잘못 지정된 경우를 포함시키지 아니하였으나, 신 원고의 동의가 있으면 제260조를 확장해석하거나 제68조 1항 단서를 유추하여 원고의 경정도 허용할 것이라는 등 대체적으로 피고의 경정이 인정되는 것과의 균형상 해석상으로 원고의 경정을 인정하고자 한다.

2. 판 례

判例는 "권리능력 없는 사단인 부락의 구성원 중 일부가 제기한 소송에서 당사자인 원고의 표시를 부락으로 정정함은 당사자의 동일성을 해하는 것으로서 허용되지 아니한다"(대판 1994.5.24. 92다50232)고 하여 원고 정정의 경우 명문 규정이 없는 임의적 당사자변경의 문제로 보아 허용하지 않는 듯 하다.[1] 다만, 判例는 소송경제나 신의칙 등에 비추어 원고정정의 무효주장을 제한한다.

3. 검 토

소송 계속 중에 원고가 제68조의 규정에 따라 제3자를 그의 동의를 얻어 원고로 추가한 다음 피고의 동의를 받아 자기의 소를 취하하면 결과적으로 원고의 경정의 효과를 가져올 수 있을 것이므로 이를 허용하는 것이 소송경제상 타당하다.

4. 사안의 경우

원고경정을 부정하는 判例에 따르면 사안의 당사자표시정정은 부적법하고, 원고경정을 인정하는 학설에 따르더라도 사안의 경우 법인과 법인의 대표는 동일성이 없으므로 당사자표시정정의 요건을 갖추지 못하여 부적법하다.

II. 위법한 임의적 당사자변경을 간과한 판결의 무효주장(불가)

1. 판 례

" i) 제1심법원이 제1차 변론준비기일에서 부적법한 당사자표시정정신청을 받아들이고 ii) 피고도 이에 명시적으로 동의하여 제1심 제1차 변론기일부터 정정된 원고인 회사와 피고 사이에 본안에 관한 변론이 진행된 다음 iii) 제1심 및 원심에서 본안판결이 선고되었다면, 당사자표시정정신청이 부적법하다고 하여 그 후에 진행된 변론과 그에 터잡은 판결을 모두 부적법하거나 무효라고 하는 것은 소송절차의 안정을 해칠 뿐만 아니라 그 후에 새삼스럽게 이를 문제삼는 것은 소송경제나 신의칙 등에 비추어 허용될 수 없다"(대판 2008.6.12. 2008다11276).

2. 사안의 경우

丙으로부터 乙로 원고의 표시를 정정하는 신청은 부적법하나, 丙으로부터 乙로 원고의 표시를 정정하는 신청에 甲이 동의하였고 법원도 이를 받아들였으므로 상고심에서 甲이 원고경정의 무효를 주장할 수는 없다.

---

[1] 일반적으로 원고경정을 부정하는 견해는 이 判例를 근거로 제시한다. 그러나 이 判例는 당사자의 동일성이 없는 표시정정을 부정한 사안으로 원고경정을 부정했다고 단정할 수는 없다.

甲은 자신의 소유인 A토지 지상에 B건물을 신축하였으나 아직 자신의 명의로 등기를 마치지는 않고 있던 중 위 토지와 건물을 乙에게 매도하였다. 乙은 A토지에 대하여는 소유권이전등기를 경료하였고 B건물에 대하여는 아직 등기를 경료하지 못하였으나 이를 인도받아 이곳에서 거주하고 있다. 그 후 乙은 丁으로부터 3억 원을 차용하면서 A토지에 대해 채권최고액 3억 6천만 원의 근저당권을 설정하였다. 그 후 乙은 위 피담보채무가 전부 변제되었다며 丁을 상대로 근저당권설정등기말소청구의 소를 제기하였다. 피고 丁은 위 근저당권설정등기말소청구의 소에서 승소하였고 그 판결은 확정되었다. 그 후 丁은 토지 소유자인 乙이 3억 원의 차용금을 변제하지 않자 담보권실행을 위한 경매를 신청하였고 X가 A토지를 낙찰 받고 그 대금을 전액 납부하였다. 그 후 X는 乙을 상대로 B건물에 대한 철거를 구하는 소를 제기하였다. 제1회 변론기일에 피고 乙은 "원고 X가 이 사건 A토지의 소유자임을 인정한다"고 변론하였다. 소송계속 중 乙은 Y에게 건물의 일부를 임대하였다. **원고 X는 분쟁을 일회에 해결하기 위하여 위 소송에 Y를 피고로 추가시킬 수 있는가?** (민사소송법의 맥 D-28 참조)

I. 결 론

현행법상 기존 소송에 Y를 피고로 추가시킬 방법은 없다.

II. 논 거

1. 문제점

분쟁의 일회적 해결을 위해 Y를 상대로 퇴거청구가 가능한지 여부와, 소송계속 중 Y를 피고로 추가시킬 수 있는 방법으로 ① 제68조의 필수적 공동소송인의 추가, ② 제70조의 예비적·선택적 공동소송인의 추가, ③ 제82조의 추가적 인수승계가 인정되는지 문제된다.

2. 건물임차인 Y에 대한 퇴거청구의 가부(적극)

判例는 "건물이 그 존립을 위한 토지사용권을 갖추지 못하여 토지의 소유자가 건물의 소유자에 대하여 당해 건물의 철거 및 그 대지의 인도를 청구할 수 있는 경우에라도 건물소유자가 아닌 사람이 건물을 점유하고 있다면 토지소유자는 그 건물 점유를 제거하지 아니하는 한 위의 건물 철거 등을 실행할 수 없다. 따라서 그때 토지소유권은 위와 같은 점유에 의하여 그 원만한 실현을 방해당하고 있다고 할 것이므로, 토지소유자는 자신의 소유권에 기한 방해배제로서 건물점유자에 대하여 건물로부터의 **퇴출을 청구할 수 있다**"(대판 2010.8.19. 2010다43801)고 판시하여 건물임차인에 대한 퇴거청구를 긍정하였다(민법 제214조).

3. 제68조의 필수적 공동소송인의 추가 가부(소극)

(1) 요 건 [필, 공, 동, 일]

ⅰ) 필수적 공동소송인 중 일부가 누락된 경우이어야 하고, ⅱ) 종전 당사자와 신당사자 간에 공동소송의 요건을 갖추어야 하며, ⅲ) 원고 측 추가의 경우에는 신당사자의 절차보장 내지 신당사자의 처분권의 존중을 위하여 추가될 신당사자의 동의를 요구하며, ⅳ) 제1심 변론종결시까지 추가가 허용된다.

(2) 사안의 경우

Y는 건물임차인으로서 단순한 점유자에 불과하므로, 乙·Y 사이에 건물에 대한 실체법상 관리처분권이 공동귀속된다고 볼 수 없다. 따라서 乙·Y는 필수적 공동소송인이라 볼 수 없으므로 제68조에 의한 추가는 허용되지 않는다.

4. 제70조의 예비적 선택적 공동소송인의 추가 가부(소극)

(1) 요 건 [동, 택, 상, 소] (사례 160. 참조)

주관적 예비적 병합이 적법하기 위해서는 ⅰ) 양 원고의 청구 또는 양 피고에 대한 청구가 법률상 양립할 수 없는 경우이어야 하며, ⅱ) 공동소송의 주관적, 객관적 요건을 구비하여야 한다(제70조).

(2) 사안의 경우

B 건물에 대한 철거청구와 퇴거청구는 동시에 승소할 수 있는 경우에 해당하므로 법률상 양립불가능한 경우에 해당한다고 볼 수 없다. 따라서 제70조에 의한 추가는 허용되지 않는다.

5. 제82조의 추가적 인수승계 인정여부(소극)

(1) 요 건

인수승계는 ⅰ) 타인간의 소송계속 중일 것, ⅱ) 소송목적인 권리·의무의 전부나 일부의 승계[1]가 있을 것을 요한다(제82조). 상고심에서 인수승계는 허용되지 않는다(대판 2001.3.9. 98다51169).

(2) 추가적 인수의 가부(불가)

判例[2]는 "소송당사자가 제3자로 하여금 그 소송을 인수하게 하기 위하여서는 그 제3자에 대하여 인수한 소송의 목적된 채무이행을 구하는 경우에만 허용되고 그 소송의 목적된 채무와는 전혀 별개의 채무의 이행을 구하기 위한 경우에는 허용될 수 없다"(대결 1971.7.6. 71다726)고 하여 부정설의 입장이다. 소송경제와 남용 방지를 위해 추가적 인수를 부정하는 判例의 태도가 타당하다.

(3) 사안의 경우

사안에서 추가적 인수신청을 하는 것은 그 소송의 목적된 채무인 '건물철거채무와'는 전혀 별개의 '건물퇴거채무'의 이행을 구하기 위한 경우이므로 判例와 같이 부정하는 것이 타당하다.

사례_211 **임의적 당사자의 변경, 소송승계(2) – 당사자의 변경, 추가방법** 2011년 변리사

甲이 乙을 상대로 민사상의 청구를 제기하여 소송계속 중이다. 甲 또는 乙은 소외 제3자 丙을 이 소송의 당사자로 추가 또는 교체하고자 한다.
어떠한 소송상의 제도를 이용할 수 있는지를 논하시오.

Ⅰ. 문제점

설문에서 丙은 제3자이므로 甲 또는 乙과 동일성이 인정되지 않는다. 따라서 丙이 乙의 상속인이 아닌 한 丙을 소송에 끌어들이는 것은 당사자의 동일성이 인정되는 당사자표시정정이 아닌, 당사자 변경이 된다.

---

1) 소송물 자체에 대한 승계와 달리 계쟁물 승계의 경우 채권적 청구권과 물권적 청구권을 구별할 것인지 학설대립이 있으나, 소송물이론에 관한 구실체법설의 입장을 취하는 判例는 소송물인 청구권의 실체법적 성질을 '승계인'의 범위에 반영한다. 즉 "전소의 소송물이 채권적 청구권인 소유권이전등기청구권일 때에는 전소의 변론종결 후에 전소의 피고인 채무자로부터 소유권이전등기를 경료받은 자는 전소의 기판력이 미치는 변론종결 후의 제3자에 해당한다고 할 수 없다"(대판 1993.2.12. 92다25151)고 하여 전소 소송물이 물권적 청구권인 경우만 '승계인'에 포함된다는 입장이다. 다만 <u>사안의 경우 원고 X의 청구는 소유권에 기한 방해배제청구권(민법 제214조)이므로 어느 견해에 의하더라도 승계인에 해당한다.</u>

2) [학설] ① 추가적 인수를 허용하는 것은 소송목적인 권리 또는 의무를 승계한 때라고 규정한 제82조의 법문에 반하고, 인수제도의 취지가 소송 계속 중 그 소송의 목적된 채무를 승계한 자에 대하여 소송목적인 채무 그 자체의 이행을 담보하도록 하는 데에 그치므로 확대해석해서는 안 될 것이라는 부정설과 ② 추가적 인수의 경우에 이는 당사자적격의 이전이라기보다는 분쟁주체인 지위의 이전이라고 보아 인수승계신청을 허용하자는 긍정설이 대립한다.

Ⅱ. 丙이 乙의 상속인인 경우 - 당사자표시정정(사례 013. 참조)

Ⅲ. 丙을 소송에 당사자로 추가하고자 하는 경우

1. 임의적 당사자 변경(사례 180. 참조)

(1) 고유필수적 공동소송인의 추가 [필, 공, 동, 일](사례 183. 참조)

(2) 예비적·선택적 공동소송인의 추가 [동, 택, 상, 소](사례 160. 참조)

(3) 통상공동소송인의 추가(사례 154. 참조)

명문의 규정이 없는 통상공동소송인의 추가는 불허(대판 1993.9.28. 93다32095)

2. 丙이 본안적격을 승계한 경우

(1) 소송승계의 의의(사례 185. 참조)

(2) 당연승계 - 소송 중 사망일 때(사례 117. 참조)

(3) 추가적 인수승계(사례 183. 참조)

3. 丙으로 당사자를 교체하는 경우

(1) 피고경정 - 가능(사례 180. 참조)

(2) 원고경정 - 불가(사례 182. 참조)

사례_212 제3자의 당사자로서의 소송참가 유형 - 공동소송참가, 독립당사자참가, 참가승계
2015년 10월 법전협 모의

甲은 2015. 2. 1. 乙과의 사이에 甲소유의 X토지를 3억 원에 매도하기로 하는 계약을 체결하고, 계약금 3천만 원은 이 계약 당일 지급받았으며, 중도금 1억 원은 2015. 2. 28.까지, 잔금 1억 7천만 원은 2015. 3. 31. 소유권이전에 필요한 서류의 교부와 동시에 각 지급하기로 약정하였다.
甲은 丁에 대하여 2015. 5. 1. 차용한 금 3억 원의 반환채무를 부담하고 있었는데, 2015. 4. 5. 丁과의 사이에서 위 차용금채무의 변제에 갈음하여 X토지의 소유권을 이전하여 주기로 약정하였다. 乙이 2015. 4. 10. 甲을 상대로 2015. 2. 1. 자 매매계약을 원인으로 한 X토지에 대한 소유권이전등기 및 인도 청구의 소(전소라고 함)를 제기하였고, 그 소송의 변론종결 전인 2015. 4. 20. 甲은 X토지를 丁에게 인도하였다.
丁은 2015. 4. 5. 자 계약에 따른 권리의 실현을 위하여 전소에 참가하고자 한다. **소송법상 제3자가 당사자로 참가하는 경우를 들고, 그 각 경우에 丁이 당사자로 참가할 수 있는지를 검토하라.**

Ⅰ. 문제의 소재

제3자가 당사자로 참가하는 경우로는 당사자 어느 한쪽과 함께 직접 당사자로 참가하는 공동소송참가(제83조 1항)와 당사자 양쪽 또는 한쪽을 상대방으로 하여 제2의 당사자로서 참가하는 독립당사자참가(제79조), 그리고 소송계속 중 소송목적인 권리·의무의 전부나 일부를 승계한 자가 소송에 참가하여 소송상 당사자의 지위를 승계하는 참가승계 방식이 있다(제81조). 각 경우 丁이 당사자로 참가할 수 있는지를 검토한다.

Ⅱ. 공동소송참가

1. 의의 및 요건 [타, 당, 합](사례 158. 참조)

공동소송참가란 소송 계속 중 당사자 간의 판결의 효력을 받는 제3자가 원고 또는 피고의 공동소송인으로 참가하는 것을 말한다(제83조 1항). 공동소송참가가 적법하기 위하여는 ⅰ) 타인간의 소송계속 중 일 것, ⅱ) 당사자적격 등의 소송요건을 갖출 것, ⅲ) 합일확정의 필요가 있을 것을 요한다. 이때 '합일적으로 확정될 경우'란, 참가인과 당사자가 함께 소를 제기하거나 제기 당하였을 때 판결의 효력이 미치거나 필수적 공동소송의 관계로 될 경우이다. 여기서 판결의 효력은 반사적 효력을 포함한다.

2. 사안의 경우

丁은 甲과 乙 사이의 판결의 효력을 받는 자가 아니므로 합일확정의 필요성이 없어 공동소송참가는 허용되지 않는다.

Ⅲ. 독립당사자참가

1. 의의 및 요건 [타, 이, 취, 소, 병](사례 174. 참조)

다른 사람간의 소송 계속 중 제3자가 당사자의 양쪽 또는 한쪽을 상대방으로 하여 원·피고간의 청구와 관련된 자기의 청구에 대하여 심판을 구하기 위하여 당사자로서 그 소송에 참가하는 것을 말한다(제79조). 요건은 ① 타인 간의 소송계속 중일 것, ② 참가이유가 있을 것, ③ 당사자 양쪽 또는 한쪽을 상대방으로 한 청구일 것(참가취지), ④ 청구의 병합요건 및 소송요건을 갖출 것이 요구된다.

2. 참가형태로서 권리주장참가와 사해방지참가

(1) 권리주장참가(사례 174. 참조)

참가인이 원고의 본소청구와 양립되지 않는 권리 또는 그에 우선할 수 있는 권리를 주장해야 한다(대결 2005.10.17. 2005마814).

(2) 사해방지참가 [해, 객, 염려](사례 178. 참조)

사해방지참가의 경우 본소청구와 양립가능하더라도 참가가 허용되지만, ⅰ) 제3자를 해할 의사를 갖고 있다고 객관적으로 인정되고 ⅱ) 그 소송의 결과 제3자의 권리 또는 법률상의 지위가 침해될 염려가 있다고 인정되어야 한다(대판 1997.6.27. 95다40977)(사해의사설).

3. 사안의 경우

사안에서 丁은 매매에 기한 소유권이전등기청구권이 자기의 권리임을 주장하고 있으나 그 귀속주체를 다투는 것이 아니므로 乙의 권리와 양립가능하여 권리주장참가는 불가능하다. 그러나 甲·乙 간 소송결과에 따라 乙 앞으로 소유권이전등기가 마쳐지면 甲의 丁 앞으로의 소유권이전등기는 이행불능에 이르게 될 수 있으므로 丁은 사해방지참가하여 甲·乙 사이 매매계약이 무효라는 확인을 구하는 것은 가능하다.

Ⅳ. 참가승계

1. 의 의

소송이 법원에 계속되어 있는 동안에 제3자가 소송목적인 권리 또는 의무의 전부나 일부를 승계하였다고 주장하며 독립당사자참가신청의 방식으로 스스로 참가하여 새로운 당사자가 되는 것이다(제81조).

2. 요 건(참가승계·인수승계 공통)

(1) 타인간의 소송계속 중일 것

승계신청은 사실심의 변론종결 전에 한하며, 상고심에서 허용되지 않는다(대판 2002.12.10. 2002다48399). 사실심 변론종결 후의 승계인은 제218조에 의하여 판결의 효력이 미치므로 소송승계를 인정할 이익이 없기 때문이다.

(2) 소송목적인 권리·의무의 전부나 일부의 승계가 있을 것

소송물인 권리관계 자체가 제3자에 특정승계된 경우뿐만 아니라 소송물인 권리관계의 목적물인 계쟁물의 양도도 포함되는데, 계쟁물의 양도에 있어서 승계인의 범위는 제218조 제1항의 변론종결 뒤의 승계인에 준하여 취급하여야 한다는 것이 통설과 判例의 입장이다. 다만 소송물이 채권적 청구권인 경우에 계쟁물을 승계한 자는 피승계인의 상대방에 대하여 권리·의무자가 될 수 없는 것이므로 '소송목적인 권리 또는 의무를 승계'한 자라고 할 수 없다. 따라서 判例의 구이론에 따라 물권적 청구권에 기한 소송 중 계쟁물을 양수한 자만 승계인에 포함된다고 봄이 타당하다[1][2]

3. 사안의 경우

丁은 乙의 매매에 기한 소유권이전등기청구권 자체를 승계한 자가 아니고 계쟁물 X토지의 점유권을 취득한 자이다. 乙의 청구는 채권적 청구권이므로 丁은 제81조의 승계인에 해당하지 않는다. 丁의 참가승계는 허용되지 않는다.

V. 사안의 해결

丁은 공동소송참가의 요건을 갖추지 못하였고 제81조의 승계인이 아니어서 참가승계도 할 수 없으나, 甲·乙 간 소송결과에 따라 乙 앞으로 소유권이전등기가 마쳐지면 甲의 丁 앞으로의 소유권이전등기는 이행불능에 이르게 될 수 있으므로 사해방지참가를 할 수 있다.

사례_213 **인수승계(1) – 계쟁물양도에 있어서 승계인** 2014년 법무행정고시, 2004년·2007년 변리사
2016년 제5회 변호사시험, 2014년 사법시험, 2014년 10월·2015년 6월 법전협 모의

甲 소유의 X 토지에 관하여 乙이 등기서류를 위조하여 乙 명의로 소유권이전등기를 마쳤다. 이에 甲은 乙을 상대로 甲의 소유권에 기한 방해배제청구로서 乙 명의의 소유권이전등기에 대한 말소등기절차의 이행을 구하는 소(이하 '이 사건 소'라 한다)를 제기하였다. 甲의 乙에 대한 이 사건 소송계속 중, 乙은 丙에게 X 토지를 매도하고 丙 명의로 소유권이전등기를 마쳐주었다. **甲이 위 소송절차 내에서 丙을 당사자로 추가할 수 있는지와 그 근거를 설명하시오.** (민사소송법의 맥 D-30 참조)

I. 결 론

甲은 법원에 인수승계를 신청함으로써 丙을 당사자로 추가할 수 있다.

---

1) [학설] ① 구이론은 채권적 청구권에 기한 소송 중 계쟁물을 취득한 자는 여기의 승계인에 포함되지 아니한다고 보고, 물권적 청구권에 기한 소송 중 계쟁물을 양수한 자는 승계인에 포함시키고 있으며, ② 신이론은 소송물인 권리관계가 물권적 청구권인가 채권적 청구권인가를 가리기보다도 점유·등기승계인은 모두 승계적격자로 본다.

2) 사례 81.은 기판력과 관련된 변종 뒤의 승계인, 본 사례는 당사자 소송참가에서 변종 전 승계인, 판례는 양자의 범위를 일치하여 본다. 이는 인수승계에서도 마찬가지이다.

II. 논 거(인수승계 가부)

1. 인수승계의 의의

소송이 법원에 계속되어 있는 동안에 제3자가 소송목적인 권리 또는 의무의 전부나 일부를 승계한 때에는 법원은 당사자의 신청에 따라 그 제3자로 하여금 소송을 인수하게 할 수 있다(제82조 1항). 참가승계는 참가자 스스로 신청하는 반면, 인수승계는 종전당사자가 승계인인 제3자를 소송의 당사자로 강제로 끌어들일 것을 신청한다는 점에서 차이가 있다.

2. 인수승계의 요건(사례 185. 참조)

(1) 타인간의 소송계속 중일 것

(2) 소송목적인 권리 또는 의무의 승계가 있을 것

소송물인 권리관계 자체가 제3자에 특정승계된 경우뿐만 아니라 물권적 청구권에 기한 소송 중 계쟁물을 양수한 자도 승계인에 포함된다.

3. 사안의 경우

甲은 X토지의 소유권에 기한 방해배제청구로서 乙명의 소유권이전등기에 대한 말소등기절차의 이행을 구하는 소를 제기하였고, 소송 계속 중 丙은 계쟁물인 X토지에 대한 소유권이전등기를 마쳤다. 즉, 甲의 청구권은 소유권에 기한 물권적 청구권으로서 대세적 효력이 있어 丙은 계쟁물의 승계인(피고적격[1]을 승계한 자)에 해당하므로 甲은 법원에 인수승계를 신청함으로써 丙을 당사자로 추가할 수 있다.

사례_214 **인수승계(2)** 2015년 6월 법전협 모의

甲 소유 2층 건물을 甲의 아들 A로부터 임차하여 사용·수익하는 乙은 건물 중 1층 부분을 丙에게 전대하여 乙과 丙이 위 건물을 나누어 점유 사용하고 있다. 이에 대하여 甲은 乙과 丙이 권원 없이 점유하고 있다고 주장하면서 乙과 丙에 대하여 소유권에 기한 각 점유부분의 인도 및 그 부분의 사용수익으로 인한 차임 상당의 부당이득반환청구의 소를 제기하였다. 甲은 위 소에 관하여 점유이전금지가처분 등 보전처분을 하지 않았다. 만약 丙이 丁에게 1층 부분을 다시 전대하여 현재 丁이 1층 부분을 점유하고 있다는 사실을 甲이 사실심 변론종결 이전에 알았다면, **甲은 丁에 대하여 어떠한 소송법적 조치를 할 수 있는가?**

I. 문제점

사안의 경우 丙과 丁에게 실체법상 관리처분권이 공동귀속되지 않는바, 필수적 공동소송인의 추가(제68조)는 문제되지 않는다. 그렇다면 설문에서 丁이 소송목적인 의무의 전부나 일부를 승계한 자에 해당되어, 甲이 인수승계신청을 할 수 있는지 문제된다.

---

1) 통설 및 判例에 의하면 이행의 소에서는 자기에게 이행청구권이 있음을 주장하는 자가 원고적격을 가지며, 그로부터 이행의무자로 주장된 자가 피고적격을 갖는다. 다만 判例는 '말소등기청구'사건에서는 "등기의무자, 즉 등기부상의 형식상 그 등기에 의하여 권리를 상실하거나 기타 불이익을 받을 자(등기명의인이거나 그 포괄승계인)가 아닌 자를 상대로 한 등기의 말소절차이행을 구하는 소는 당사자적격이 없는 자를 상대로 한 부적법한 소이다"(대판 1994.2.25. 93다39225)라고 판시하여 등기의무의 존부를 당사자적격의 문제로 파악한다(대판 2009.10.15. 2006다43903). 사안의 경우 丙은 X토지에 대한 소유권이전등기를 마쳤으므로 현재 소유명의자이다. 따라서 소유권에 기한 말소등기청구소송의 등기의무자이므로 피고적격자가 된다.

Ⅱ. 인수승계의 요건(사례 185. 참조)

사안의 경우 甲은 소유권에 기한 인도 및 부당이득 반환청구를 한 점에서 견해의 대립과 관계없이 丁은 계쟁물의 승계인에 해당한다.

Ⅲ. 인수승계의 유형

1. 추가적 인수의 인정 여부(소극)

원칙적으로 소송의 목적인 채무 자체를 승계하는 교환적 인수가 허용되고 소송의 목적인 채무 자체를 승계한 것이 아니라 소송의 목적이 된 채무를 전제로 새로운 채무가 생김으로써 제3자가 새로 피고적격을 취득한 경우와 같은 추가적 인수의 경우에 인수승계를 인정할 수 있는지 문제된다. 判例는 "소송당사자가 제3자로 하여금 그 소송을 인수하게 하기 위하여서는 그 제3자에 대하여 인수한 소송의 목적된 채무이행을 구하는 경우에만 허용되고 그 소송의 목적된 채무와는 전혀 별개의 채무의 이행을 구하기 위한 경우에는 허용될 수 없다"(대결 1971.7.6. 71다726)고 하여 부정설의 입장이다.

2. 사안의 경우

소송의 목적은 소유권에 기한 각 점유부분의 인도 및 그 부분의 사용수익으로 인한 차임 상당의 부당이득반환이므로 현재 목적물을 점유·사용 중인 丁은 소송의 목적인 채무 자체를 승계한 자로서 교환적 인수승계인의 유형에 해당한다.

Ⅳ. 사안의 해결

설문에서 甲은 인수승계 신청에 의해 승계인 丁을 丙과 교환적으로 소송에 참가시킬 수 있다.

사례_215 인수승계(3)

2014년 10월 법전협 모의

甲은 乙 소유의 A 대지를 2011. 3. 11. 대금 1억 원에 매수하는 매매계약을 체결하였다. 甲은 계약금 및 중도금 4천만 원을 지급하고 나머지 잔금은 2011. 6. 11. 지급하기로 약정하였다. 그런데 잔금을 지급하기 전에 甲에 대해 1억 원의 물품대금채권을 가진 채권자 X가 甲의 乙에 대한 소유권이전등기청구권을 가압류하였다. 그 후 甲에 대해 1억 원의 대여금채권을 가진 다른 채권자 Y는 甲을 대위하여 소유자 乙을 상대로 소유권이전등기청구의 소를 제기하였다. 원고 Y는 위 소장의 청구원인에 소외 甲에 대한 다른 채권자 X가 이미 甲의 乙에 대한 소유권이전등기청구권을 가압류하였다는 사실을 기재하였다.

원고 Y가 제기한 대위소송이 진행되던 중 피고 乙은 이 사건 부동산을 丙에게 매각하고 이전등기까지 경료해 주었다. 원고 Y는 위 소송절차에 丙을 승계인으로 끌어들이고자 인수승계신청을 하였다. **이러한 인수승계신청은 적법한가?**

Ⅰ. 결 론

원고 Y의 인수승계신청은 부적법하다.

Ⅱ. 논 거

1. 문제점

계쟁물인 건물의 승계인인 丙이 '소송의 목적인 의무를 승계한 자'에 해당하여 인수승계가 성립하는 지 문제된다.

2. 인수승계의 의의, 요건(사례 185. 참조)

사안에서 타인의 소송 중에 인수승계를 신청한 것은 인정되나, 채권적 청구권인 소유권이전등기청 구권에 기한 소송계속 중인 계쟁물을 매수한 丙은 소송목적인 의무를 승계한 자에 해당하지 않는다.

3. 사안의 경우

丙은 채권적 청구권이 기한 소송계속 중 계쟁물을 승계한 자에 해당하므로 원고 Y의 인수승계신청 은 부적법하다.

사례_216 **인수승계(4) – 소송승계 후 의무자가 아님이 밝혀진 경우** 2007년 사법시험

甲은 자신의 소유인 A토지 위에 乙이 무단으로 B건물을 신축한 것이라고 주장하면서, 乙을 상대로 건물철거 및 토지인도를 청구하는 소를 제기하였다. 위 소송계속 중에 甲은 B건물이 丙에게 팔렸다는 이야기를 듣고 법원에 丙의 소송인수를 신청하였고, 이에 대해 법원은 인수결정을 하였다. 그런데 위 소송의 심리결과 乙에게서 B건물을 매수하여 점유하고 있는 자는 丙이 아니라 丁이라는 사실이 밝혀졌다. **이 경우 甲에 대하여 법원은 어떠한 내용의 재판을 하여야 할 것인가?**

(민사소송법의 맥 D-31 참조)

I. 결 론

법원은 甲의 청구를 기각하는 판결을 하여야 한다.

II. 논 거

1. 인수승계의 의의 및 요건(사례 185. 참조)

2. 인수신청 후 의무승계인 아님이 밝혀진 경우 법원의 처리

(1) 문제점

법원이 인수승계신청에 대하여 허가결정을 한 뒤 심리를 계속한 결과 양도사실이 없었던 것으로 판명된 경우라도 법원은 종국판결을 하는 데에 있어 중간적인 재판인 인수결정에 구속되지 않는 바, 사안과 같이 인수결정 후 본안에 관한 심리 중에 권리·의무의 승계가 없다고 판명된 때 어떠한 재판을 하여야 하는지가 문제된다.

(2) 판 례(청구기각판결설)

判例는 "승계인에 해당하는가의 여부는 피인수신청인에 대한 청구의 당부와 관련하여 판단할 사항으로 심리한 결과 승계사실이 인정되지 않으면 **청구기각의본안판결**을 하면 되는 것이지 인수참가신청 자체가 부적법하게 되는 것은 아니다"(대판 2005.10.27. 2003다66691)고 판시하여 청구기각판결설[1]의 입장이다.

---

1) **[학설]** ① 인수결정이 행해졌고 인수인이 당사자 지위로 연결되어 본안에 관한 심리도 행해졌으므로 본안문제로 취급하자는 청구기 각판결설, ② 인수승계는 당사사적격의 문제이므로 인수인으로 된 자에게 당사자적격이 없는 것이 판명된 것이어서 본안판결이 아닌 소각하판결을 해야 한다는 소각하판결설, ③ 본안의 선결문제로 보아 인수의 원인인 권리·의무의 승계가 없는 것이 판명되었으므로 인수신청 자체를 각하하자는 인수신청각하설이 대립한다.

(3) 검 토

생각건대, 절차적으로 간편하고 분쟁을 종국적으로 해결할 수 있는 점에서 소송경제에 합치하는 청구기각판결설이 타당하다.

3. 사안의 해결

법원은 소송의 심리결과 건물을 매수하여 점유하고 있는 자가 丁이라는 사실이 밝혀진 이상 甲의 청구를 기각하는 판결을 하여야 한다.

사례_217 **인수승계(5) – 소송승계 후 의무자가 아님이 밝혀진 경우** 2017년 10월 법전협 모의

甲은 乙에게 1억 원을 대여한 후 그 반환을 구하는 소를 제기하였다. 위 소송 도중 甲은 丙이 위 1억 원의 반환채무를 면책적으로 인수하였다고 주장하면서 丙을 승계인으로 하는 교환적 인수승계신청을 하였다. 심리 결과 丙이 위 1억 원의 반환채무를 인수한 사실이 없는 것으로 밝혀졌다. 이 소송에서 법원은 甲과 丙 사이에 어떠한 재판을 하여야 하는가? (乙에 대한 재판은 논외로 할 것)

I. 결 론

법원은 甲의 인수승계신청은 인용하고, 丙에 대한 청구는 기각하여야 한다.

II. 논 거

1. 甲의 인수승계신청에 대한 판단(인용)

(1) 인수승계의 신청

소송이 법원에 계속되어 있는 동안에 제3자가 소송목적인 권리 또는 의무의 전부나 일부를 승계한 때에는 법원은 당사자의 신청에 따라 그 제3자로 하여금 소송을 인수하게 할 수 있다(제82조). 이 경우 법원은 신청의 이유로서 주장하는 사실관계 자체에서 그 승계적격의 흠결이 명백하지 않는 한 결정으로 그 신청을 인용하여야 한다(대판 2005.10.27. 2003다66691).

(2) 사안의 경우

甲은 丙이 1억 원의 반환채무를 면책적으로 인수하였다고 주장하였는바 이는 주장자체에 의해 승계적격의 흠결이 명백한 것은 아니므로 법원은 甲의 인수승계신청을 인용하여야 한다.

2. 참칭승계인임이 밝혀진 후의 법원의 처리(본안에 대한 청구기각)

(1) 법원의 처리(청구기각판결설, 사례 189. 참조)

(2) 사안의 경우

심리 결과 丙이 위 1억 원의 반환채무를 인수한 사실이 없는 것으로 밝혀졌으므로 丙에 대한 청구는 이유가 없어 이를 기각하는 판결을 하여야 한다.

〈제1문의 3〉
〈기초적 사실관계〉
甲은 2008. 4. 1. 乙에게 1억 원을 변제기 2009. 3. 31.로 정하여 대여하였다.
[※ 아래 각 문제는 서로 독립적임] [※ 아래 문제에서 공휴일 여부는 고려하지 말 것]

〈문제 4〉
甲은 2018. 11. 1. 乙을 상대로 위 대여금 1억 원의 지급을 청구하는 소(전소)를 제기하였다. 전소에서 甲은 丙에게 위 대여금 채권을 양도하였다고 주장하면서 丙에 대한 소송인수 신청을 하였고, 법원이 소송인수 결정을 하였으며, 甲은 2019. 5. 1. 乙의 동의를 얻어 전소에서 탈퇴하였다. 인수참가인 丙에 대한 청구 인용 판결이 선고되자 乙은 항소를 제기하였다. 항소심은 위 채권양도가 무효라고 판단하여 丙에 대한 청구 기각 판결을 선고하였고 위 판결은 2019. 8. 1. 확정되었다. 채권양도가 무효로 판단됨에 따라 甲은 2019. 12. 1. 乙을 상대로 다시 위 대여금 1억 원의 지급을 청구하는 소(후소)를 제기하였다. 후소에서 乙은 '위 대여금 청구가 변제기로부터 10년이 도과하여 소멸시효가 완성되었다'고 주장하였고, 甲은 '시효완성 전에 전소를 제기하였고 비록 전소에서 탈퇴하였으나 전소 판결의 확정일부터 6개월 이내에 후소를 제기하였으므로 소멸시효가 중단되었다'고 주장하였다. **甲과 乙의 위 주장은 타당한가?** (20점)

1. 논점의 정리

소송목적인 권리를 양도한 甲이 소송에서 탈퇴한 후 인수참가인 丙에 대한 청구기각 판결이 확정된 경우, 甲이 제기한 최초의 재판상 청구로 인한 시효중단의 효력이 소멸하는지 여부가 문제된다.

2. 甲의 전소제기에 의한 시효중단 여부(적극)

재판상 청구에 의한 시효중단의 효과는 소를 제기한 때, 즉 소장을 법원에 제출한 때에 발생한다(제265조 전단 · 제248조). 따라서 사안의 경우 甲의 대여금채권은 변제기인 2009. 3. 31.부터 10년이 경과하기 전인 2018. 11. 1.에 甲이 제기한 전소에 의해 소멸시효가 중단된다(제168조 1호, 민소법 제265조).

3. 丙의 소송인수와 시효중단

참가승계의 경우 소송이 법원에 처음 계속된 때에 소급하여 시효의 중단 또는 법률상 기간준수의 효력이 생기고(제81조), 소송인수의 경우에는 제81조의 규정 가운데 참가의 효력에 관한 것을 준용하므로(제82조 3항), 인수승계의 경우에도 소송이 법원에 처음 계속된 때에 소급하여 시효의 중단 또는 법률상 기간준수의 효력이 생긴다. 따라서 시효중단의 효력은 丙이 소송을 인수하더라도 유지된다.

4. 丙에 대한 청구 기각 판결 확정과 甲의 후소제기에 의한 시효중단 여부(적극)

(1) 판례

"소송목적인 권리를 양도한 원고는 법원이 소송인수 결정을 한 후 피고의 승낙을 받아 소송에서 탈퇴할 수 있는데(민사소송법 제82조 제3항, 제80조), 그 후 법원이 인수참가인의 청구의 당부에 관하여 심리한 결과 인수참가인의 청구를 기각하거나 소를 각하하는 판결을 선고하여 그 판결이 확정된 경우에는 원고가 제기한 최초의 재판상 청구로 인한 시효중단의 효력은 소멸한다. 다만 소송탈퇴는 소취하와는 그 성질이 다르며, 탈퇴 후 잔존하는 소송에서 내린 판결은 탈퇴자에 대하여도 그 효력이 미친다(민사소송법 제82조 제3항, 제80조 단서). 이에 비추어 보면 인수참가인의 소송목적 양수 효력이 부정되어 인수참가인에 대한 청구기각 또는 소각하 판결이 확정된 날부터 6개월 내에 탈퇴한 원고가 다시 탈퇴 전과 같은 재판상의 청구 등을 한 때에는, 탈퇴 전에 원고가 제기한 재판상의 청구로 인하여 발생한 시효중단의 효력은 그대로 유지된다고 봄이 타당하다"(대판 2017.7.18. 2016다35789)

(2) 검 토

재판상의 청구는 소송의 각하, 기각 또는 취하의 경우에는 시효중단의 효력이 없고(민법 제170조 제1항), 다만 그로부터 6개월 내에 다시 재판상의 청구 등을 한 때에는 시효는 최초의 재판상 청구로 인하여 중단된 것으로 본다(민법 제170조 제2항). 그런데 여기에서의 "소송"에는 최초의 재판상 청구가 이루어진 뒤 제3자에게 승계된 소송도 포함된다고 해석할 수 있다. 이러한 해석은 문언에 반하지 않을 뿐만 아니라 소송탈퇴와 소송승계의 밀접한 관련성을 잘 반영한다. 이러한 해석론에 따르면 제3자에게 승계된 소송이 각하나 기각판결로 확정된 경우에도 그 확정 시점으로부터 6개월 내에 재판상 청구가 있으면 원래의 시효중단효가 유지된다.[1]

(3) 사안의 경우

甲의 대여금채권은 변제기인 2009. 3. 31.부터 10년이 경과하기 전인 2018. 11. 1.에 甲이 제기한 전소에 의해 소멸시효가 중단되고(제168조 1호, 민소법 제265조), 인수참가인 丙의 청구가 기각판결이 확정된 2019. 8. 1.로부터 6개월 이내인 2019. 12. 1.에 제기한 후소에 의해 시효중단의 효력은 유지된다.

5. 결 론

乙의 주장은 부당하고 甲의 주장이 타당하다.

사례_219 **참가승계(1) – 참가 후의 소송형태, 당사자 일방의 소송탈퇴에 대한 상대방의 부동의시 법원의 판단방법** 2014년 10월 법전협 모의, 2012년 법원행정고시

甲은 2016. 6. 20. 자신 소유의 Z토지(이하 '이 사건 토지'라고 한다) 위에 戊가 무단으로 목조건물을 설치하여 이 사건 토지를 점유하고 있자, 戊를 상대로 위 목조건물의 철거 및 이 사건 토지의 반환을 구하는 이행청구소송을 제기하였다. 한편 D는 위 소송계속 중 원고 甲으로부터 이 사건 토지를 증여받아 소유권이전등기절차를 마친 후 원고 승계참가신청을 하였다. 그럼에도 원고 甲은 위 소송에서 탈퇴하지 않았다. 제1심 법원은 원고 甲의 청구에 관하여는 별다른 판단 없이 원고 승계참가인 D승소판결을 하였고, 피고 戊는 피항소인을 원고 승계참가인 D로 기재하여 항소장을 제출하였다. 다음 각각의 경우에 대한 물음에 답하시오. **(각 물음은 서로 무관함)**

〈문제 1.〉

D가 참가한 후에 甲은 이에 대해 다투지 않고 소송탈퇴를 하고자 하였는데 피고 戊가 원고 甲의 탈퇴에 동의를 하지 않고 있다.

(1) 이 경우 甲은 탈퇴할 수 있는가? 만약 탈퇴할 수 없다면 이 경우 법원의 당사자들에 대한 심리방식은 어떠한지 설명하시오. (민사소송법의 맥 D-32 참조)

(2) 제1심이 원고 승계참가인 D의 승소판결만 한 것은 정당한 것인가? (민사소송법의 맥 D-32 참조)

〈문제 2.〉

원고 甲이 승계참가인 D의 승계효력을 다투면서 제1심 소송에서 탈퇴하지 아니하였다고 가정할 경우 원고 甲과 원고 승계참가인 D 및 피고 戊 사이의 다수당사자간 소송형태가 무엇인지 설명하시오.

(민사소송법의 맥 D-32 참조)

---

1) 소송탈퇴와 소멸시효 중단의 효력, 권영준, 민법판례연구 I , 박영사, 2019.06.28., 5page

I. 문제 1.(1)의 해결

1. 결 론

甲은 위 소송에서 탈퇴할 수 없고, 이 경우 법원은 통상공동소송인 독립의 원칙에 따라 심리한다.

2. 논 거

(1) 원고 甲의 소송탈퇴 가부(소극)

승계참가의 경우 권리승계인은 피승계인의 당사자로서의 지위를 승계한다. 따라서 피승계인은 상대방의 승낙을 얻어 소송에서 탈퇴할 수 있다(제80조). 탈퇴에 참가인의 동의는 필요 없다(통설). 사안에서 상대방 戊가 甲의 탈퇴에 동의하고 있지 않으므로 甲은 탈퇴할 수 없다.

(2) 피승계인이 탈퇴하지 않는 경우 법원의 심리방식 - 통상공동소송

判例는 "원고가 소송의 목적인 손해배상채권을 승계참가인에게 양도하고 피고들에게 채권양도의 통지를 한 다음 승계참가인이 승계참가신청을 하자 탈퇴를 신청하였으나 피고들의 부동의로 탈퇴하지 못한 경우, 원고의 청구와 승계참가인의 청구는 통상의 공동소송으로서 모두 유효하게 존속하는 것이므로 법원은 원고의 청구 및 승계참가인의 청구 양자에 대하여 판단을 하여야 한다" (대판 2004.7.9. 2002다16729)고 판시하였다.

만약 전주가 적법하게 소송탈퇴를 하면 소송형태는 통상의 2당사자 대립구조가 된다. 그러나 피승계인의 소송탈퇴에 상대방이 동의하지 않아 탈퇴하지 못한 경우에는 소송승계에도 불구하고 종전 당사자는 계속해서 그 소송에 남아 있을 필요가 있다. 다만, 이 경우 종전 당사자와 승계참가인은 서로 이해가 대립하는 관계는 아니므로 독립당사자참가와 같은 3면 소송관계가 성립하는 것은 아니고, 통상 공동소송인의 관계에 서게 된다.

(3) 사안의 경우

이 사건 토지를 증여한 원고 甲의 소송상 지위는 원고 승계참가인 D에게 승계되고, 원고 甲은 위 소송에서 탈퇴할 수 있다. 다만 원고 甲은 피고 戊가 자신의 탈퇴에 동의하지 않아 원고로서 남아 있을 뿐이므로, 원고 甲과 원고 승계참가인 D 사이에는 이해대립이 존재하지 않는다. 따라서 甲, 戊, D 사이의 소송형태는 통상 공동소송으로서 법원은 통상공동소송인 독립의 원칙(제66조)에 따라 심리하여야 한다.

II. 문제 1.(2)의 해결

1. 결 론

법원이 승계참가인 丙(D)의 승소판결만 한 것은 위법하다.

2. 논 거

判例는 "원고가 소송의 목적인 손해배상채권을 승계참가인에게 양도하고 피고들에게 채권양도의 통지를 한 다음 승계참가인이 승계참가신청을 하자 탈퇴를 신청하였으나 피고들의 부동의로 탈퇴하지 못한 경우, 원고의 청구와 승계참가인의 청구는 통상의 공동소송으로서 모두 유효하게 존속하는 것이므로 법원은 원고의 청구 및 승계참가인의 청구 양자에 대하여 판단을 하여야 한다"(대판 2004.7.9. 2002다16729)고 판시한다.

따라서 제1심으로서는 원고의 청구 및 승계참가인의 청구 양자에 대하여 판단을 하였어야 할 것임에도 원고 승계참가인 D의 승소판결만 하였는바, 이는 승계참가 및 소송탈퇴에 관한 법리를 오해하여 판결에 영향을 미친 위법이 있다.

Ⅲ. 문제 2.의 해결

1. 문제점

문제 1.의 경우와 달리 참가승계에 대하여 전주가 승계의 효력을 다투는 경우에는 전주가 소송탈퇴할 성질이 아니다. 이 경우 누가 권리자인지 다투어지면 독립당사자참가 중 권리주장참가의 형태로 심리하고, 누가 의무자인지 다투어지면 예비적 공동소송형태와 유사하므로 예비적 공동소송규정을 유추하여 심리해야 한다.[1]

2. 사안의 경우

전주인 甲이 D의 승계효력을 다투는 이상 甲, D, 戊 사이의 다수당사자간 소송형태는 권리자합일확정의 3면 소송관계가 성립하므로 법원은 독립당사자참가에 준하여 심판하여야 한다.

사례_220 **참가승계(2) - 참가 후의 소송형태, 당사자 일방의 소송탈퇴에 대한 상대방의 부동의시 법원의 판단방법**
2014년 10월 법전협 모의

甲은 자신 소유의 A 건물을 대여금 1억 원에 乙, 丙, 丁에게 매도하는 계약을 체결하였다. 매수인들은 자신들이 각자 1/3의 지분을 가진 공유자라고 甲에게 이야기 하였다. 甲은 매수인들과 매매계약을 체결한 후 계약금 1천만 원을 수령하였다. 아울러 잔대금 9천만 원을 지급받음과 동시에 이전등기서류를 매수인들에게 교부해 주기로 하였다. 그러나 약속된 날이 지나도 3인 중 어느 누구로부터도 아무런 연락을 받지 못한 甲은 乙, 丙, 丁을 상대로 각 피고에게 3천만 원씩 매매대금의 지급을 구하는 소를 제기하였다. 이 때 甲은 소장에 계약서상의 매수인들의 주소지를 송달장소로 기재하였다.
이후 피고 乙이 제출한 최초 답변서에 따르면 자신은 계약체결 후 자신의 매수인으로서의 지위를 이 사건 소 제기 전에 이미 戊에게 양도하였으므로 더 이상 자신에게 매매대금의 지급을 구할 이유가 없다고 주장하고 있다. 한편, 피고 丙의 주소로 발송된 소장에 대해서는 폐문부재를 이유로 송달불능되었다는 송달보고서가 법원에 도달하였고, 피고 丁에게는 소장이 정상적으로 송달되었다는 송달보고서가 법원에 도달하였다. 소송 진행 도중 丁의 매수인의 지위를 승계하였다고 주장하는 X가 참가승계신청을 해오자 丁은 이에 대해 다투지 않고 아예 소송탈퇴를 하고자 하였다. 그러나 원고 甲은 동의할 수 없다며 버티고 있다. **이 경우 법원은 어떤 판단을 하여야 하는가?**

Ⅰ. 결 론

丁과 X에 대한 청구는 통상공동소송의 형태가 되므로 법원은 丁과 X에 대한 청구에 대해 모두 판단하여야 한다.

Ⅱ. 논 거

1. 참가신청의 의의, 요건(사례 185. 참조)

사안의 경우 甲과 丁은 소송계속 중이고 X는 매수인의 지위를 승계하였다고 주장하는 소송물인 권리관계 자체의 승계인이므로 요건을 충족하여 X의 참가신청은 적법하다.

2. 당사자 일방의 소송탈퇴에 대한 상대방의 부동의시 법원의 판단방법(사례 191. 참조)- 통상공동소송

---

1) 김홍엽, 이시윤

3. 사안의 경우

甲이 丁의 소송탈퇴에 대해 동의하지 않은 이상, 법원은 X와 丁에 대한 청구에 대해 모두 심리하여야 한다.

사례_221 **당연승계 후 상속인이 아님이 밝혀진 경우**   대판 1981.3.10. 80다1895

甲은 乙과 건설도급계약을 체결하였다. 그 후 乙은 자신의 재료와 노력으로 골조공사를 비롯한 건물의 상당한 부분을 이미 완성하여 사회통념상 독립한 건물이라고 볼 수 있는 정도의 형태와 구조를 갖추었으나, 아직 미완성한 상태에서 벽에 재료분리현상이 일어나는 등의 하자가 발생하였다. 그러자 甲은 乙에게 채무불이행을 이유로 계약을 해제한다는 내용의 내용증명우편을 보낸 후 乙을 상대로 당해 미완성 건물의 철거를 구하는 소송을 제기하였다. 위 소송계속 중 乙이 사망하고 丁이 乙의 상속인이라 주장하면서 중단된 절차에 대해 수계신청을 하였다. 이에 법원은 수계신청이 이유있다고 절차를 진행시켰으나 그 후 丁이 진정상속인이 아님이 밝혀진 경우, 법원은 어떻게 처리하여야 하는가? 결론과 그에 따른 논거를 서술하시오.   (민사소송법의 맥 D-29 참조)

I. 결 론

법원은 丁의 수계신청기각결정을 하여야 한다.

II. 논 거

1. 문제점

수계신청이 있었을 때 법원은 승계인의 적격을 직권조사하여 상속인이 아닌 점 등 적격자가 아님이 밝혀지면 결정으로 수계신청을 기각하는 바(제243조), 이때 수계를 인정하고 절차를 진행하다가 승계인이 아님이 밝혀진 경우(참칭승계인)에 관하여 법원의 처리 여하가 문제된다.

2. 판 례[1]

判例는 "당사자의 사망으로 인한 소송수계 신청이 이유 있다고 하여 소송절차를 진행시켰으나 그 후에 신청이 그 자격 없음이 판명된 경우에는 수계재판을 취소하고 **신청을 각하하여야 한다**"(대판 1981.3.10. 80다1895)고 하여 **수계신청각하설**의 입장이다(判例는 특정승계의 경우 청구기각설의 입장이다 : 대판 2005.10.27. 2003다66691). 만일, **상소심에서 수계신청인이 수계를 신청할 자격이 없음이 판명된 경우라면**, 判例는 "상고이유의 당부를 떠나 원심과 제1심은 파기 및 취소를 면할 수 없다. 그러므로 원심판결을 파기하고, 제1심판결을 취소하며, 소송수계신청인의 소송수계신청을 기각하고, 이 사건 소송이 중단된 채 제1심에 계속되어 있음을 명백히 하는 의미에서 사건을 제1심 법원에 환송한다"(대판 2002.10.25. 2000다21802)고 판시하였다.

3. 검토 및 사안의 경우

수계신청각하설은 수계신청을 기각해야 한다는 제243조 1항의 규정에 반하므로 신청기각결정설이 타당하다. 이 때 만일 법원이 수계재판을 취소하지 아니하고 수계인이 진정한 재산상속인이 아니어서 청구권이 없다는 이유로 본안에 관한 실체판결을 하였다면 진정수계인에 대한 관계에서는 소송은 아직도 중단상태에 있다고 할 것이지만, 참칭수계인에 대한 관계에서는 판결이 확정된 이상 기판력을 가지는 것은 물론이다.

---

1) [학설] ① 판결로 승계인에 대한 소를 각하해야 한다는 소각하판결설, ② 수계시킨 조치를 취소하고 결정으로 수계신청을 기각해야 한다는 신청기각결정설, ③ 수계재판을 취소하고 신청을 각하해야 한다는 수계신청각하설이 대립한다.

제 6 편
상소심 및 재심절차

甲은 乙이 운전하던 A회사의 택시를 타고 가던 중, 乙이 丙이 운전하던 자동차와 추돌하는 바람에 중상을 입고 병원에 입원하여 치료를 받고 있다. 이 사고에 대한 乙의 과실은 40%, 丙의 과실은 60%로 확정되었다. 甲은 乙을 피고로 하여 불법행위를 이유로 치료비 1,500만 원, 일실수익 3,000만 원, 위자료 1,500만 원 합계 6,000만 원의 손해배상청구소송을 제기하였다.
甲은 제1심에서 치료비 1,500만 원, 일실수익 3,000만 원, 위자료 500만 원 합계 5,000만 원의 일부승소판결을 선고받았다. 이에 甲은 위자료 중 패소한 1,000만 원 부분에 대하여 항소한 후, 항소심에서 일실수익을 4,000만 원으로 청구취지를 확장하였다. **법원은 확장된 일실수익 부분에 대하여 어떠한 판단을 하여야 하는가?**
(민사소송법의 맥 E-01 참조)

I. 문제점

사안과 같이 인신사고로 인한 손해배상청구에서 소송물을 어떻게 판단할지 문제되며, 甲의 청구취지 확장과 관련하여 일실수익 청구부분도 항소심에 이심되었는지 여부 및 전부 승소한 경우에도 항소이익을 긍정할 수 있는지, 청구변경의 요건을 갖추었는지 문제된다.

II. 인신사고로 인한 손해배상청구에서의 소송물

判例는 "불법행위로 신체의 상해를 입었기 때문에 가해자에게 대하여 손해배상을 청구할 경우에 있어서는 그 소송물인 손해는 통상의 치료비 따위와 같은 적극적 재산상 손해와 일실수익 상실에 따르는 소극적 재산상 손해 및 정신적 고통에 따르는 정신적 손해(위자료)의 3가지로 나누어진다고 볼 수 있다"(대판 1976.10.12. 76다1313)고 하여 **손해3분설**의 입장이다.[1]
따라서 甲은 1심에서 여러 개의 청구를 병렬적으로 병합해 모두에 대해 심판을 구한 것으로 설문의 병합형태는 **단순병합**이 된다.

III. 甲의 청구취지확장의 적법여부

1. 일실이익 청구가 항소심으로 이심되는지 여부(적극) - 상소불가분원칙

항소가 제기되면 재판의 확정이 차단되고 사건은 항소심에 이심된다. 사안과 같이 단순병합에서 항소하지 않은 재산상 청구도 이심되는지 문제되나 다수설인 이심설은 단순병합의 경우에도 상소불가분원칙상 항소하지 않은 나머지 부분도 확정이 차단되고 상급심으로 이심된다고 보고, 判例도 일부 패소한 위자료부분에 대한 항소가 제기되면 사건 전부가 확정이 차단되고 소송물 전부가 항소심에 계속된다고 본다(대판 1994.6.28. 94다3063). 따라서 설문에서 일실수익 부분도 항소심에 이심된다.

2. 전부 승소한 일실이익청구에 대하여 항소이익이 인정되는지 여부(적극)

(1) 원 칙 - 상소이익 부정

判例[2]는 기본적으로 "상소인은 자기에게 불이익한 재판에 대해서만 상소를 제기할 수 있는 것이고

---

1) [학설] 이에 대해 **손해1분설**은 전체손해가 소송물이고 항목은 평가자료에 불과하다고 보며, **손해2분설**은 재산적 손해(민법 제750조)와 정신적 손해(민법 제751조, 제752조)의 별개의 소송물로 본다.
2) [학설] ① 당사자의 신청과 판결주문을 비교하여 후자가 전자보다 양적으로나 질적으로 불리한 경우에 불복의 이익을 긍정하는 형식적 불복설, ② 당사자가 상급심에서 원재판보다 실체법상 유리한 판결을 받을 가능성이 있으면 불복의 이익을 긍정하는 실질적 불복설, ③ 원고에 대해서는 형식적 불복설에 의하되, 피고에 대해서는 실질적 불복설에 따라 상소이익의 유무를 가리자는 절충설, ④ 실체법상 유리한 판결가능성을 기준으로 할 것이 아니라, 기판력을 포함한 판결의 효력이 미치는지 여부를 기준으로 할 것이며, 원판결이 그대로 확정되면 기판력 그 밖의 판결의 효력에 있어서 불이익을 입게 되면 상소의 이익을 인정하는 신실질적 불복설이 있다.

재판이 상소인에게 불이익한 것인가의 여부는 재판의 주문을 표준으로 하여 결정되는 것"이라 하여 형식적 불복설과 같은 입장이다(대판 1994.11.4. 94다21207). 따라서 전부승소한 甲은 원칙적으로 상소의 이익이 없다.

(2) 예 외 - 묵시적 일부청구와 인신사고로 인한 손해배상청구에서 상소이익 인정

그러나 통설·判例는 **묵시적 일부청구의 경우**(=가분채권에 대한 이행청구의 소를 제기하면서 그것이 나머지 부분을 유보하고 일부만 청구하는 것이라는 취지를 명시하지 아니한 경우)에는 그 확정판결의 기판력은 나머지 부분에까지 미치는 것이어서 별소로써 나머지 부분에 관하여 다시 청구할 수는 없으므로, 일부 청구에 관하여 **전부 승소한 채권자는 나머지 부분에 관하여 청구를 확장하기 위한 항소가 허용되지 아니한다면 나머지 부분을 소구할 기회를 상실하는 불이익을 입게 되고**, 따라서 이러한 경우에는 예외적으로 전부 승소한 판결에 대해서도 나머지 부분에 관하여 청구를 확장하기 위한 항소의 이익을 인정함이 상당하다(대판 1997.10.24. 96다12276)고 하여 예외적으로 전부승소한 자의 상소이익을 인정한다.

또한, 判例는 인신사고로 인한 손해배상청구에 있어서 "원고가 재산상 손해(소극적 손해)에 대하여는 형식상 전부 승소하였으나 위자료에 대하여는 일부 패소하였고, 이에 대하여 원고가 원고 패소부분에 불복하는 형식으로 항소를 제기하여 사건 전부가 확정이 차단되고 소송물 전부가 항소심에 계속되게 된 경우에는, 더욱이 불법행위로 인한 손해배상에 있어 재산상 손해나 위자료는 단일한 원인에 근거한 것인데 편의상 이를 별개의 소송물로 분류하고 있는 것에 지나지 아니한 것이므로 이를 **실질적으로 파악**하여, 항소심에서 위자료는 물론이고 재산상 손해(소극적 손해)에 관하여도 **청구의 확장을 허용**하는 것이 상당하다"(대판 1994.6.28. 94다3063)고 판시한 바 있다

(3) 검 토

실질적 불복설은 기준이 불명확하고, 항소심을 복심구조화 할 우려가 있으며, 절충설은 당사자 평등주의에 반한다. 신실질적 불복설은 예외를 인정하는 형식적 불복설과 사실상 동일한 결론이 된다. 따라서 형식적 불복설을 원칙으로 하되 예외적으로 기판력 기타 판결의 효력 때문에 별소의 제기가 허용되지 않는 경우(예를 들어 ① 잔부를 유보하지 않은 묵시적 일부청구의 경우와 ② 예비적 상계의 항변으로 승소한 피고는 소구채권의 부존재를 이유로 승소한 경우보다 결과적으로 불이익하므로 상소의 이익이 있다)는 실질적 불복설에 의함이 타당하다.

(4) 사안의 경우

인신사고로 인한 손해배상청구에서 재산상 손해나 위자료는 단일한 원인에 근거한 것으로 편의상 이를 별개의 소송물로 분류하고 있는 것에 지나지 아니하므로, 甲이 재산상 손해(소극적 손해)에 대하여는 형식상 전부승소한 원고라고 할지라도 예외적으로 청구취지확장을 위한 항소이익이 인정된다.

3. 甲의 추가적 변경의 요건구비 여부 [기, 지, 전, 일]

(1) 추가적 변경의 요건

금전채권의 일부청구에서 전부청구로 확장하는 양적 확장의 경우에 일부청구의 명시 여부를 불문하고 소의 추가적 변경으로 해석하여 서면에 의해야 한다는 것이 다수설이고 判例[3]이다.

소의 변경이 적법하기 위해서는 ⅰ) 청구기초의 동일성이 있을 것, ⅱ) 신청구의 심리를 위해 소송절차를 현저히 지연시키지 않을 것, ⅲ) 사실심에 계속되고 변론종결 전일 것, ⅳ) 청구병합의 일반요건으로서 신·구청구가 동종의 소송절차에 의하여 심리될 수 있어야 하고, 모든 청구에 대하여 당해 법원에 관할권이 있을 것이 요구된다(제262조).

---

[3] "소유권이전등기청구소송에서 그 대상을 1필지 토지의 일부에서 전부로 확장하는 것은 청구의 양적 확장으로서 소의 추가적 변경에 해당한다"(대판 1997.4.11. 96다50520).

(2) 사안의 경우

설문은 일실수익을 추가한 것인데, 청구원인의 변경 없이 청구취지만이 변경된 것이므로 청구기초의 동일성이 인정된다. 따라서 청구변경의 요건 충족하였다.

4. 사안의 해결

손해 3분설 및 항소의 이익에 대한 判例의 입장에 따르면 일실수익 부분에 대한 항소이익이 인정된다. 또한 청구의 변경 요건도 충족하였으므로 甲의 청구취지확장은 적법하고, 법원은 실체심리하여 청구를 인용 또는 기각하여야 한다.[4]

사례_223 상소의 이익 – 전부 승소자의 상소 가부(묵시적 일부청구)

2014년 8월 법전협 모의, 2011년 변리사

乙은 친지로부터 사채업자 A를 소개받아 대출여부를 문의하였다. 乙은 사채업자 A 의 요청에 의해 동인에게 자신의 甲은행 계좌와 비밀번호 등을 알려주었다. 그런데 A 는 이 정보를 이용하여 甲은행으로부터 공인인증서를 재발급 받고 인터넷 뱅킹을 통하여 乙의 계좌를 담보로 하여 5천만 원을 대출받은 후 잠적하였다. 그 후 이러한 사실을 알게 된 甲은행은 乙을 상대로 위 대출금 지급을 구하는 소를 제기하였다.
원고 甲은행은 자신의 채권이 5천만 원임에도 불구하고 소장에 아무런 표시 없이 3천만 원의 지급을 구하는 소를 제기하여 전부 승소판결을 받았다면 누구에게 항소의 이익이 인정되는가?

(민사소송법의 맥 603쪽 참조)

I. 결 론

원고 甲과 피고 乙 모두에게 항소의 이익이 인정된다.

II. 논 거

1. 상소의 이익의 판단기준(사례 194. 참조)

(1) 원 칙

전부승소한 자는 상소이익이 없는 것이 원칙이다(대판 1994.11.4. 94다21207 : 형식적 불복설).

(2) 전부승소한 자가 예외적으로 상소할 수 있는 경우

통설·判例는 묵시적 일부청구의 경우(대판 1997.10.24. 96다12276)와 인신사고로 인한 손해배상청구에 있어서는 청구의 확장을 허용한다(대판 1994.6.28. 94다3063).

2. 사안의 경우

乙은 패소자이므로 상소이익이 인정되고, 甲도 비록 전부승소한 원고이지만 甲의 청구는 묵시적 일부청구인 점에서 예외적으로 청구취지확장을 위한 항소이익이 인정된다.

---

4) 교수채점평 : 형식적 불복설을 기준으로 손해1개설에 의하면 청구취지를 확장한 부분도 심리하여야 하나, 손해2분설 및 손해3분설에서는 원칙적으로 확장된 일실수익 부분은 상소의 이익이 없어 각하된다. 다만 判例는 예외적으로 상소의 이익을 인정.

甲은 乙에 대하여 2008. 4. 1.을 변제기로 하는 10억 원의 공사대금채권을 가지고 있다. 변제기가 도래한 이후에도 乙이 대금을 지급하지 않자, 甲은 2011. 3. 2.에 7억 원의 지급을 구하는 소를 제기하였다. **(아래 각 설문은 독립적임)**

〈문제 1.〉

1심 소송계속 중 甲은 나머지 3억 원의 지급도 구하려고, 2011. 5. 3.에 청구취지확장신청서를 제출하였다. 甲이 추가로 청구한 3억 원은 이미 소멸시효가 완성되었다고 乙이 주장하자, 이에 대해 甲은 7억 원의 공사대금지급청구의 소를 제기함으로써 채권전부에 대한 소멸시효는 중단되었다고 주장하였다. 이 경우 법원은 시효중단의 범위를 어떻게 판단할 것인가?

〈문제 2.〉

7억 원의 공사대금지급청구에 대해서 제1심법원은 청구를 전부인용하는 판결을 선고하였다. 甲이 10억 원의 공사대금 전부를 지급받기 위해서 1심판결에 대해 항소하는 것은 적법한가?

I. 문제 1.의 해결

1. 문제점

공사대금채권은 도급받은 자의 공사에 관한 채권으로서 3년의 단기소멸시효가 적용된다(민법 제163조 3호). 다만 재판상 청구에 의하여 소멸시효는 중단되는데(민법 제170조), 사안에서 일부만 즉 7억 원만 재판상 청구를 하였으므로 나머지 3억 원은 피고의 항변대로 소멸시효가 완성된 것인지가 문제된다.

2. 일부청구와 시효중단의 범위

(1) 판례

判例는 기판력에 관하여는 명시설을 취하면서도 시효중단에 관하여는 명시의 여부를 불문하고 일부에 대해서만 시효중단되고 잔부에 관하여는 시효중단의 효력이 생기지 않는다고 한다(대판 1975.2.25. 74다1557). 다만 일부신체 훼손으로 인한 손해배상을 청구한 사건에서 "그 배상액을 확정하기 위하여, 통상 법원의 신체감정을 필요로 하기 때문에, 앞으로 그 절차를 거친 후 그 결과에 따라 청구금액을 확장하겠다는 뜻을 소장에 객관적으로 명백히 표시한 경우에는 소제기에 따른 시효중단의 효력은 소장에 기재된 일부청구액뿐만 아니라 배상청구권 전부에 대하여 미친다"(대판 1992.4.10. 91다43695)고 판시하여 탄력적으로 판단하고 있다.

(2) 검 토

일부청구의 허용성에 관하여 명시설을 취하는 한 절충설, 즉 일부청구임을 명시한 경우는 일부청구의 범위에서 시효중단의 효력이 발생하지만 일부청구임을 명시하지 아니한 경우에는 채권전부에 대하여 시효중단의 효력이 발생한다고 보는 견해가 타당하다. 그러나 그 일부청구가 그 취지로 보아 채권전부에 대해 판결을 구하는 것으로 해석된다면 判例와 같이 전부에 대해 시효중단을 인정하는 것이 시효중단의 근거에 관한 통설, 判例인 권리행사설[1]의 입장에 부합한다.

---

1) [학설] 시효중단의 근거와 관련하여 ① 기판력이 미치는 권리만이 재판상 청구에 의하여 시효중단된다고 보는 '권리확정설'과 ② 권리행사가 재판에서 어떠한 형태로 행하여지는가에 구애될 필요가 없다고 보는 '권리행사설'(다수설)의 대립이 있다.

(3) 사안의 경우

甲이 일부청구를 명시하였다는 사정이 보이지 않으므로, 甲의 2011. 3. 2. 소제기는 묵시적 일부청구이다. 그리고 그 취지로 보아 채권전부에 대해 판결을 구하는 것으로 볼 수 있는 사정이 보이지 않는다. 따라서 잔부청구인 3억 원은 이미 시효가 완성된 후에 제기된 것으로 법원은 甲의 3억 원의 청구에 대해 기각판결을 내려야 한다. 즉, 법원은 7억 원에 한하여 甲의 재판상 청구로 인한시효중단효력을 인정할 것이다.

Ⅱ. 문제 2.의 해결

1. 상소의 이익의 판단기준(사례 194. 참조)

전부승소한 자는 상소이익이 없는 것이 원칙이다(대판 1994.11.4. 94다21207 : 형식적 불복설).

2. 전부승소한 자가 예외적으로 상소할 수 있는 경우(사례 194. 참조)

묵시적 일부청구와 인신사고로 인한 손해배상청구는 청구의 확장을 허용한다.

3. 사안의 경우

甲의 일부청구는 묵시적 일부청구인 점에서 甲이 전부승소한 원고라고 할지라도 예외적으로 청구취지확장을 위한 항소이익이 인정된다. 따라서 甲의 항소는 적법하다.[2]

사례_225 상소의 이익 – 전부 승소자의 상소 가부   2019년 8월 법전협 모의

〈제1문의 4〉
〈기초적 사실관계〉

甲 소유인 X 토지에 관하여 乙 앞으로 매매를 원인으로 한 소유권이전등기(이하 '이 사건 등기'라고 한다)가 마쳐졌다. 丙은 "丙은 甲으로부터 X 토지를 매수하였으므로 甲에 대하여 X 토지에 관한 소유권이전등기청구권을 갖는다. 그리고 乙은 甲으로부터 X 토지를 매수하지 않았음에도 등기관련서류를 위조하여 이 사건 등기를 마쳤으므로 이 사건 등기는 원인무효이다. 따라서 丙은 甲에 대한 위 소유권이전등기청구권을 보전하기 위하여 甲을 대위하여 乙을 상대로 이 사건 등기의 말소를 청구할 수 있다."라고 주장하면서, 甲과 乙을 공동피고로 하여, 甲에 대하여는 丙에게 X 토지에 관하여 매매를 원인으로 한 소유권이전등기절차를 이행할 것을 청구하고, 乙에 대하여는 甲에게 이 사건 등기의 말소등기절차를 이행할 것을 청구하는 소를 제기하였다.

소송과정에서 甲, 乙, 丙 중 누구도 "甲이 丙에게 X 토지를 증여하였다."라는 주장을 하지 않았는데, 제1심 법원은 甲이 제출한 증거를 통하여 '甲이 丙에게 X 토지를 매도한 것이 아니라 증여하였다.'는 확신을 갖게 되었다. 이에 제1심 법원은 甲에 대하여는 丙에게 X 토지에 관하여 증여를 원인으로 한 소유권이전등기절차를 이행할 것을 명하고, 乙에 대하여는 甲에게 이 사건 등기의 말소등기절차를 이행할 것을 명하는 판결을 선고하였다(乙에 대한 판결에 있어, 법원은 丙의 甲에 대한 증여를 원인으로 한 소유권이전등기청구권을 피보전권리로 인정하였다).

〈문 제〉
2. 丙은 甲과 乙을 상대로 하여 제1심 판결에 대하여 항소를 할 수 있는가? (20점)

---

2) 문제에서 "(아래 각 설문은 독립적임)"이라는 제한이 없었더라도 항소는 적법하나 시효완성으로 청구기각될 것이라는 점에서 결론의 차이는 없다.

1. 논점의 정리

상소가 적법하기 위해서는 ⅰ) 상소의 대상적격(例 : 유효한 종국판결) 및 당사자적격 ⅱ) 상소기간 준수, ⅲ) 상소이익, ⅳ) 상소권 포기, 불상소합의 등의 상소장애사유가 없을 것, 기타 소송행위의 유효요건으로 ⅴ) 신의칙에 반하지 않을 것, ⅵ) 소송절차 중단 중의 소송행위가 아닐 것 등이 요구된다[대, 기, 리, 포, 불, 신, 중].

사안의 경우 전부승소한 丙에게 항소의 이익이 인정되는지 문제된다. 구체적으로 乙에 대한 판결에 있어, 법원은 丙의 甲에 대한 증여를 원인으로 한 소유권이전등기청구권을 피보전권리로 인정하였으므로 乙에 대한 판결에 대해서는 이유 중 판단에 대해 불복하는 항소의 이익이 인정되는지가 문제되고, 甲에 대한 판결에는 처분권주의 위반의 위법이 인정되므로 이를 이유로 한 항소 이익의 존부가 문제된다.

2. 전부승소한 자의 상소이익 존부

(1) 상소이익의 의의 및 판단기준

'상소이익'이란 하급심의 종국판결에 대하여 불복신청함으로써 그 취소를 구하는 것이 가능한 당사자의 법적 지위를 말하는 바, 이는 무익한 상소권행사를 견제하기 위한 것이다. 이에 대해 **형식적 불복설**[1]은 당사자의 신청과 판결주문을 비교하여 후자가 전자보다 양적으로나 질적으로 불리한 경우에 불복의 이익을 긍정하고, **실질적 불복설**[2]은 당사자가 상급심에서 원재판보다 실체법상 유리한 판결을 받을 가능성이 있을 경우 불복의 이익을 긍정한다. 判例는 "상소인은 자기에게 불이익한 재판에 대해서만 상소를 제기할 수 있는 것이고 재판이 상소인에게 불이익한 것인가의 여부는 재판의 주문을 표준으로 하여 결정되는 것"이라 하여 기본적으로 **형식적 불복설**과 같은 입장이다(대판 1994.11.4. 94다21207)

(2) 사안의 경우

① '실질적 불복설'은 기준이 불명확하고, 항소심을 복심구조화 할 우려가 있으므로 '형식적 불복설'이 타당하다. 상소이익의 판단기준에 관하여 원칙적으로 형식적 불복설에 따라 판결의 주문을 기준으로 불이익 여부를 판단하는 통설·判例에 의하면 전부승소한 丙은 원칙적으로 상소의 이익이 없다.

② 그러나 청구권경합의 경우 소송물이론 중 구이론을 취하는 判例에 따르면, 실체법상의 개개의 청구권마다 소송물이 별개라고 보므로, 원고 丙이 청구한 권리를 인용하지 않은 경우에는 승소판결을 선고하더라도 丙의 상소이익이 인정된다.

3. 乙에 대한 말소등기청구 판결에 대한 항소이익(부정)

(1) 이유 중 판단에 대해 불복하는 경우 상소이익 존부

"상소는 자기에게 불이익한 재판에 대하여 유리하게 취소변경을 구하기 위하여 하는 것이므로 승소판결에 대한 불복상소는 허용할 수 없고 재판이 상소인에게 불이익한 것인지의 여부는 원칙적으로 재판의 주문을 표준으로 하여 판단하여야 하는 것이어서, 청구가 인용된 바 있다면 비록 그 판결이유에 불만이 있더라도 그에 대하여는 상소의 이익이 없다"(대판 1992.3.27. 91다40696).

(2) 사안의 경우

구소송물이론을 따르면 말소등기청구소송의 소송물은 민법 제214조의 말소등기청구권 자체이고, 소송물의 동일성 식별표준이 되는 청구원인, 즉 말소등기청구권의 발생원인은 당해 '등기원인의 무효'에 국한된다. 따라서 등기원인의 무효를 뒷받침하는 개개의 사유는 독립된 공격방어방법에 불과하여 별개의 청구원인을 구성하는 것이 아니다(대판 1993.6.29. 93다11050).

---

1) 이에 의하면 제1심에서 전부승소의 판결을 받은 자는 항소를 할 수 없다. 그러나 이 학설도 전부승소한 자가 언제나 상소의 이익이 없다고 보지는 않고, 중복제소 기판력에 의해 별소나 후소제기가 차단되는 경우에는 청구취지의 확장을 위한 상소의 이익을 예외적으로 인정한다.

2) 따라서 제1심에서 전부승소의 판결을 받은 자라도 보다 유리한 판결을 구하기 위해 항소할 수 있다.

사안에서 제1심 법원에 직접 심판대상이 되고 판결의 기판력이 미치는 것은 어디까지나 甲의 乙에 대한 소유권이전등기 말소등기청구권의 존부라 할 것이고, 이에 관한 丙의 청구가 인용되어 승소한 이상, 제1심 법원이 판결이유에서 甲에 대한 丙의 피보전권리의 발생원인을 잘못 인정하였다 하더라도 그 사유만으로는 상소의 이익이 있다 할 수 없다(대판 1992.3.27. 91다40696).

4. 甲에 대한 이전등기청구 판결에 대한 항소이익(긍정)

(1) 소유권이전등기청구의 청구원인을 달리하여 승소한 경우 상소이익 존부

判例는 "원고가 매매를 원인으로 한 소유권이전등기를 청구한 데 대하여 원심이 양도담보약정을 원인으로 한 소유권이전등기를 명하였다면 판결주문상으로는 원고가 전부 승소한 것으로 보이기는 하나, 매매를 원인으로 한 소유권이전등기청구와 양도담보약정을 원인으로 한 소유권이전등기청구와는 청구원인사실이 달라 동일한 청구라 할 수 없음에 비추어, 원심은 원고가 주장하지도 아니한 양도담보약정을 원인으로 한 소유권이전등기청구에 관하여 심판하였을 뿐, 정작 원고가 주장한 매매를 원인으로 한 소유권이전등기청구에 관하여는 심판을 한 것으로 볼 수 없어 결국 원고의 청구는 실질적으로 인용한 것이 아니어서 판결의 결과가 불이익하게 되었으므로 원심판결에 처분권주의를 위반한 위법이 있고 따라서 그에 대한 원고의 상소의 이익이 인정된다"(대판 1992.3.27. 91다40696)고 판시하였다.

(2) 사안의 경우

매매를 원인으로 한 소유권이전등기청구소송과(민법 제568조) 증여를 원인으로 한 소유권이전등기 청구소송은(민법 제554조) 이전등기청구권의 발생원인을 달리하는 별개의 소송물이므로 전소의 기판력은 후소에 미치지 아니한다. 결국 丙이 주장한 매매를 원인으로 한 소유권이전등기청구에 대해서는 인용된 바가 없으므로 丙의 상소이익이 인정된다.

5. 결 론

甲에 대하여는 항소할 수 있지만 乙에 대하여는 항소할 수 없다.

사례_226 **상소의 이익, 부대항소와 청구취지 확장, 부대항소의 종속성(1)**

2011년 · 2014년 법무행정, 2010년 변리사

甲은 乙에게 매매계약에 기하여 X토지의 소유권이전등기를 경료해주었다. 乙은 X토지를 담보로 제공해서 돈을 대출받아 매매대금 5억 원 및 연 20%의 약정이자를 매매계약 체결시점부터 1년 안에 지급하기로 약속하였다. 그러나 매수인 乙은 1년이 경과하도록 매매대금의 지급을 이행하지 않았다. 이에 甲은 매수인 乙을 상대로 매매대금 원금인 5억 원의 지급을 구하는 이행의 소를 제기하였고 1심에서 전부승소판결을 선고받았다. 이에 피고 乙은 1심판결에 대해 전부 불복하는 취지의 항소를 제기하였다. 그러자 원고 甲은 이를 괘씸하게 여기고 약정이자 청구를 항소심에서 추가적으로 병합하였다. 이에 놀란 피고 乙이 항소를 취하하였는바, 항소심 법원은 원고 甲의 약정이자 청구에 대하여 심판할 수 있는지 서술하시오. (민사소송법의 맥 E-04 참조)

I. 문제점

항소심에서 약정이자 청구를 심판할 수 있으려면 약정이자 청구가 항소심의 심판대상이 되어야 하는바, ⅰ) 우선 1심에서 전부승소한 甲이 항소심에서 이자청구를 추가하여 심판대상을 확장하는 부대항소를 할 수 있는지, ⅱ) 이자청구를 추가한 것이 추가적 변경으로서 그 요건을 갖춰 적법한 것인지, ⅲ) 적법하더라도 乙의 항소취하가 있으면 甲의 부대항소가 효력을 잃어 항소심은 더 이상 심리를 진행할 수 없는 것인지 문제된다.

II. 전부승소한 甲의 항소심에서 청구의 추가적 병합이 허용되는지 여부(적극)

1. 항소심에서의 청구취지확장을 부대항소로 볼 수 있는지 여부(적극)

(1) 부대항소의 의의와 성질(비항소설)

항소이익의 판단 기준에 관한 **형식적 불복설**(대판 1994.11.4. 94다21207)에 따르면, 甲은 전부승소한 자이므로 원칙적으로 항소이익이 인정되지 않는다. 다만 부대항소로 볼 수 있는지 문제된다. 부대항소란 피항소인이 항소심 절차에 편승하여 항소심의 심판범위를 자신에게 유리하게 변경하는 신청으로(제403조),[1] 부대항소의 성질에 대해 항소설은 부대항소도 항소로 보아 항소의 이익이 없으면 부적법해진다고 보지만, 통설인 **비항소설**은 부대항소에 의해 항소심절차가 개시되는 것이 아니므로(공격적 신청 내지 특수한 구제방법이고 항소가 아니므로) **항소의 이익이 필요 없다**고 본다. **判例**도 "제1심에서 전부 승소한 원고도 항소심 계속 중 그 청구취지를 확장·변경할 수 있고, 그것이 피고에게 불리하게 하는 한도 내에서는 부대항소를 한 취지로도 볼 수 있다"(대판 1995.6.30. 94다58261)고 하여 **비항소설**의 입장이다.

(2) 요건, 절차 [계, 항, 전, 출]

비항소설에 따르면, i) 주된 항소가 적법하게 계속 중일 것, ii) 피항소인이 항소인을 상대로 제기한 것일 것, iii) 항소심의 변론종결 전일 것을 요하며, 피항소인이 자기의 항소권이 소멸된 경우에도 부대항소를 제기할 수 있다(제403조). iv) 원칙적으로 부대항소장을 제출해야 하나, 전부승소한 당사자가 상대방이 항소를 제기한 경우에 소의 변경 또는 반소의 제기를 위한 청구취지확장서(대판 1995.6.30. 94다58261), 반소장을 제출한 경우 상대방에게 불리하게 되는 한도에서 부대항소를 한 것으로 본다.

(3) 사안의 경우

원고 甲의 청구취지 확장은 피고 乙이 제기한 적법한 항소의 계속 중에 乙을 상대로 행한 부대항소에 해당하므로 항소이익이 요구되지 않는다. 따라서 甲의 부대항소는 적법하다.

2. 청구의 추가적 변경의 요건 충족 여부(적극)

(1) 청구의 추가적 변경 여부(적극)

매매대금청구와 그 이자의 청구는 **청구원인**과 **청구취지**를 모두 달리하는 청구로 신구이론을 불문하고 소송물이 다르다. 따라서 이자청구를 추가한 것은 추가적 변경이다.

(2) 청구의 추가적 변경의 요건 [기, 지, 전, 일](사례 194. 참조)

소의 변경이 적법하기 위해서는 i) 청구기초의 동일성이 있을 것, ii) 신청구의 심리를 위해 소송절차를 현저히 지연시키지 않을 것, iii) 사실심에 계속되고 변론종결 전일 것, iv) 청구병합의 일반요건으로서 신·구청구가 동종의 소송절차에 의하여 심리될 수 있어야 하고, 모든 청구에 대하여 당해 법원에 관할권이 있을 것이 요구된다(제262조).

여기서 **청구기초의 동일성**이란, 동일한 생활사실 또는 경제적 이익에 관한 분쟁에 있어서 그 해결방법에 차이가 있음에 불과한 경우(대판 1997.4.25. 96다32133)를 의미한다.

(3) 사안의 경우

매매대금청구와 이자청구는 동일한 생활사실에 관한 분쟁에서 해결방법을 달리하는 것에 불과하므로 청구기초의 동일성이 인정되며, 나머지 요건이 흠결되었다고 볼 만한 특별한 사정이 없다.

---

1) 항소인이 항소심에서 심판범위를 확장할 수 있는 것에 대응하여 피항소인도 부대항소로 심판범위를 확장할 수 있도록 하여 공평한 취급을 하고 소송경제를 도모함을 그 취지로 한다.

다만, 항소심에서 추가적 변경의 경우 피고의 동의를 요하는지 문제되나, 청구 변경은 청구기초의 동일성이 있는 경우에만 허용되므로 항소심에서 추가적 변경을 하여도 청구기초가 동일하다면 피고의 심급의이익이 실질적으로 침해되는 경우가 아니어서 피고의 동의가 필요 없다고 봄이 타당하다. 따라서 甲의 항소심에서 추가적 변경은 적법하다.

Ⅲ. 乙의 항소취하로 甲의 부대항소가 효력을 잃는지 여부(적극) - 항소취하와 부대항소의 종속성

1. 乙의 항소취하의 유효성(유효)

항소취하란 항소의 신청을 철회하는 소송행위(제393조)로, ⅰ) 항소제기 후 항소심 종국판결선고 전까지 할 수 있고, ⅱ) 항소불가분의 원칙에 의해 일부항소취하는 허용되지 않으며, ⅲ) 상대방의 동의는 필요 없고, ⅳ) 소송행위의 유효요건을 갖추어야 한다. 특히 상대방이 부대항소를 한 경우에도 判例는 "상대방의 부대항소 여부와 관계없이 항소를 취하할 수 있고, 피항소인이 부대항소의 이익을 잃게 되어도 그 이익은 본래 상대방의 항소에 의존한 은혜적인 것으로 주된 항소의 취하에 따라 소멸된다"(대판 1995.3.10. 94다51543)고 하여 부대항소인의 동의는 필요 없다는 입장이다. 따라서 乙의 항소취하는 유효하다.

2. 부대항소의 종속성과 독립부대항소

부대항소는 주된 항소가 취하 또는 부적법 각하되면 그 효력을 잃는 바(제404조 본문), 이는 부대항소의 종속성 때문이다. 다만, 부대항소인이 항소할 수 있는 기간 내에 제기한 부대항소는 독립항소로보기 때문에 주된 항소의 취하 또는 각하에 의하여 영향을 받지 않는데(제404조 단서), 이를 독립부대항소라고 한다. 그러나 주된 항소가 취하·각하된 뒤에는 부대항소는 통상의 항소로 전환되므로 항소의 이익을 갖추어야 한다.

3. 사안의 경우

甲은 1심에서 전부승소한 자로서 항소의 이익이 없으므로 독립부대항소로 볼 수 없다. 따라서 乙의 항소취하로甲의 부대항소도 효력을 잃으므로 항소심법원은 약정이자청구에 대해 심판할 수 없다.

사례_227 **상소의 이익, 부대항소와 청구취지 확장** 2018년 6월 법전협 모의

〈공통된 사실관계〉
甲은 "乙이 甲과의 운송계약에 따라 甲 소유의 시가 8억 원 상당의 X 기계를 운반하던 중 X 기계가멸실되었다."라고 주장하면서 乙을 상대로 불법행위 또는 채무불이행으로 인한 손해배상금 8억 원의지급을 청구하는 소(이하 'A소'라고 한다)를 제기하였다.
※ 재판상 자백 및 소송상 신의칙 위반은 고려하지 말 것.

〈문제 1.〉
A소를 심리한 제1심 법원은 甲의 청구를 전부 인용하는 판결을 선고하였다. ① 甲은 항소기간 내에"다시 알아보니 X 기계의 시가는 8억 원이 아니라 10억 원이었다."라고 주장하면서 청구취지를 10억원으로 확장하기 위한 항소를 할 수 있는가? ② 만일 乙이 위 판결에 전부 불복하는 취지의 항소를제기하였고, 甲이 자신의 항소기간이 도과한 후 항소심 진행 도중 위와 같이 X 기계의 시가가 10억원이라는 주장을 하면서 청구취지를 10억 원으로 확장하는 신청서를 법원에 제출하였다면, 이러한 신청은 적법한가?

I. 문제 1.의 해결 - 항소이익, 부대항소

1. 논점의 정리

제1심에서 전부 승소한 甲이 항소인으로서 청구취지의 확장을 위한 항소의 이익을 가지는지 문제되고, 항소기간을 도과한 甲이 피항소인으로서 신청서를 제출한 것을 부대항소로 볼 수 있는지, 청구취지 확장을 위한 부대항소가 가능한지 문제된다.

2. 항소심에서의 청구변경 가능성

(1) 청구변경의 요건 [기, 지, 전, 일]

소의 변경이 적법하기 위해서는 i) 청구기초의 동일성이 있을 것, ii) 신청구의 심리를 위해 소송절차를 현저히 지연시키지 않을 것, iii) 사실심에 계속되고 변론종결 전일 것, iv) 청구병합의 일반요건으로서 신·구청구가 동종의 소송절차에 의하여 심리될 수 있어야 하고, 모든 청구에 대하여 당해 법원에 관할권이 있을 것이 요구된다(제262조).

(2) 항소심에서의 청구변경

항소심에서도 청구의 기초에 변경이 없는 한 청구의 확장이 가능하다(대판 1969.12.26. 69다406). 사안의 경우 청구취지 8억 원에서 10억 원으로 확장한 것인데, 청구원인의 변경 없이 청구취지만이 변경된 것이므로 청구기초의 동일성이 인정된다. 따라서 청구변경의 요건을 충족하였다.

3. 甲에게 항소의 이익이 있는지 여부

(1) 상소이익의 판단 기준

형식적 불복설[1]은 당사자의 신청과 판결주문을 비교하여 후자가 전자보다 양적으로나 질적으로 불리한 경우에 불복의 이익을 긍정하고, **실질적 불복설**[2]은 당사자가 상급심에서 원재판보다 실체법상 유리한 판결을 받을 가능성이 있을 경우 불복의 이익을 긍정하는데, 判例는 "상소인은 자기에게 불이익한 재판에 대해서만 상소를 제기할 수 있는 것이고 재판이 상소인에게 불이익한 것인가의 여부는 재판의 주문을 표준으로 하여 결정되는 것"이라 하여 기본적으로 **형식적 불복설**과 같은 입장이다(대판 1994.11.4. 94다21207).

(2) 전부승소한 자의 상소이익 존부

1) 원 칙(상소이익 부정)

상소이익의 판단기준에 관하여 원칙적으로 형식적 불복설에 따라 판결의 주문을 기준으로 불이익 여부를 판단하는 통설·判例에 의하면 전부승소한 원고는 원칙적으로 상소의 이익이 없다.

2) 예 외(묵시적 일부청구의 경우 상소이익 인정)

통설·判例는 묵시적 일부청구의 경우(=가분채권에 대한 이행청구의 소를 제기하면서 그것이 나머지 부분을 유보하고 일부만 청구하는 것이라는 취지를 명시하지 아니한 경우)에는 그 확정판결의 기판력은 나머지 부분에까지 미치는 것이어서 별소로써 나머지 부분에 관하여 다시 청구할 수는 없으므로, 일부 청구에 관하여 전부 승소한 채권자는 나머지 부분에 관하여 청구를 확장하기 위한 항소가 허용되지 아니한다면 나머지 부분을 소구할 기회를 상실하는 불이익을 입게 되고, 따라서 이러한 경우에는 예외적으로 전부 승소한 판결에 대해서도 나머지 부분에 관하여 청구를 확장하기 위한 항소의 이익을 인정함이 상당하다(대판 1997.10.24. 96다12276)고 판시하여 예외적으로 전부승소한 자의 상소이익을 인정하고 있다.

---

[1] 이에 의하면 제1심에서 전부승소의 판결을 받은 자는 항소를 할 수 없다. 그러나 이 학설도 전부승소한 자가 언제나 상소의 이익이 없다고 보지는 않고, 중복제소 기판력에 의해 별소나 후소제기가 차단되는 경우에는 청구취지의 확장을 위한 상소의 이익을 예외적으로 인정한다.

[2] 따라서 제1심에서 전부승소의 판결을 받은 자라도 보다 유리한 판결을 구하기 위해 항소할 수 있다.

(3) 사안의 경우

손해배상채권은 금전채권으로 가분채권이고(제394조), 甲은 제1심에서 전부 승소하였으나 손해배상채권에 대한 이행청구의 소를 제기하면서 그것이 나머지 부분을 유보하고 일부만 청구하는 것이라는 취지를 명시하지 아니하였으므로, 묵시적 일부청구에 대한 항소의 이익이 인정된다.

4. 항소기간을 도과한 甲의 청구취지 확장 신청이 적법한 부대항소인지 여부

(1) 부대항소의 법적 성질(비항소설)

1) 판 례

부대항소의 법적 성질에 대해 항소설이 있으나, 判例는 "원고가 전부승소하였기 때문에 원고는 항소하지 아니하고 피고만 항소한 사건에서 청구취지를 확장 변경함으로서 그것이 피고에게 불리하게 된 경우에는 그 한도에서 부대항소를 한 취지로 볼 것이다"(대판 1967.9.19. 67다1709)고 하여 비항소설(불복이익불요설)의 입장이다.

2) 검토 및 사안의 경우

사안의 경우 甲은 묵시적 일부청구를 한 원고로서 전부승소 했더라도 항소의 이익이 인정되지만, 항소기간을 도과하여 항소설입장에서는 부대항소를 제기할 수 없다. 그러나 부대항소에 의하여 항소심 절차가 개시되는 것은 아니므로 判例의 입장인 비항소설이 타당하다. 따라서 甲의 청구취지 확장 신청은 부대항소의 요건을 갖추었는지에 따라 적법성을 인정받을 수 있다.

(2) 부대항소의 요건 [계, 항, 전, 출]

부대항소는 i) 주된 항소가 적법하게 계속 중일 것, ii) 피항소인이 항소인을 상대로 제기한 것일 것, iii) 항소심의 변론 종결 전일 것을 요하며[3] 피항소인은 자기의 항소권이 소멸된 경우에도 부대항소를 제기할 수 있다(제403조). iv) 원칙적으로 부대항소장을 제출해야 하지만, 判例는 "청구취지 변경신청서 및 준비서면에 부대항소한다는 취지가 명기되지 않았더라도 그 기재 내용으로 보아 부대항소를 제기한 것으로 봄이 상당하다"(대판 1993.4.27. 92다47878)고 판시하였다.

(3) 사안의 경우

甲은 제1심에서 전부승소하였고 항소기간도 도과하였으나, 부대항소는 항소의 성질을 갖지 못하므로 항소의 이익이 필요 없어 항소심 계속 중 부대항소로써 그 청구취지를 확장, 변경할 수 있다. 判例는 청구취지변경신청서 및 준비서면에 부대항소한다는 취지가 명기할 것을 요하지 않으므로(대판 1993.4.27. 92다47878), 甲의 청구취지 확장은 부대항소로서 적법하다.

---

3) 부대항소는 항소기간의 제한을 받지 않으며 주된 항소의 변론종결 전이면 제기가 가능하고, 부대상고는 상고이유서 제출기간 만료시까지 할 수 있다.

甲은 乙 소유의 A토지를 5억 원에 매수하기로 하는 매매계약을 乙의 피용자인 丙과 체결하고 매매대금 전부를 지급하였다. 甲은 乙에게 A토지에 관하여 소유권이전등기절차의 이행을 요구하였으나, 乙은 丙이 자신의 피용자인 것은 사실이지만 자신이 丙에게 A토지를 매도할 권한을 수여한 바 없다고 주장하면서 그 이행을 거절하였다.

甲은 乙을 피고로 주위적으로 A토지에 관한 매매를 원인으로 한 소유권이전등기절차의 이행을 구하고, 예비적으로 위 매매계약이 丙의 무권대리로 무효일 경우에 대비하여 민법 제756조의 사용자책임으로 인한 손해배상금 5억 원의 지급을 구하는 소를 제기하였다. 제1심 법원은 甲의 주위적 청구를 기각하고 예비적 청구를 인용하는 판결을 선고하였다.

제1심 판결에 대해서 乙이 항소한 후 甲이 주위적 청구부분에 대하여 부대항소를 제기하였다. **乙이 항소를 취하하였다면 항소심 법원은 주위적 청구를 인용하는 판결을 할 수 있는가?**

Ⅰ. 甲의 부대항소의 적법성(사례 197. 참조)

1. 부대항소의 의의와 성질

判例는 비항소설의 입장에서 "제1심에서 전부 승소한 원고도 항소심 계속 중 그 청구취지를 확장·변경할 수 있고, 그것이 피고에게 불리하게 하는 한도 내에서는 부대항소를 한 취지로도 볼 수 있다"(대판 1995.6.30. 94다58261)고 한다.

2. 요건·절차 [계, 항, 전, 출]

3. 사안의 경우

乙이 제기한 주된 항소가 계속 중 甲이 乙을 상대로 부대항소를 제기하였는바, 甲의 부대항소는 적법하다.

Ⅱ. 乙의 항소취하로 甲의 부대항소가 효력을 잃는지 여부 - 항소취하와 부대항소의 종속성

1. 乙의 항소취하의 유효성(유효, 사례 197. 참조)

항소취하에 부대항소인의 동의는 필요 없다(대판 1995.3.10. 94다51543). 따라서 乙의 항소취하는 유효하다.

2. 부대항소의 종속성과 독립부대항소(사례 197. 참조)

부대항소는 주된 항소가 취하 또는 부적법 각하되면 그 효력을 잃는다(제404조 본문 : **부대항소의 종속성**), 다만, 부대항소인이 항소할 수 있는 기간 내에 제기한 부대항소는 독립항소로 보기 때문에 주된 항소의 취하 또는 각하에 의하여 영향을 받지 않는데(제404조 단서 : **독립부대항소**), 통상의 항소로 전환되므로 항소의 이익을 갖추어야 한다.

3. 사안의 경우

甲이 항소기간 내에 부대항소를 제기한 경우라면, 1심에서 주위적 청구가 패소하였기 때문에 항소의 이익도 인정되므로 독립한 항소로 볼 수 있다. 따라서 항소심 법원은 乙의 항소취하에도 불구하고 甲의 항소가 이유있다고 판단되는 이상 주위적 청구를 인용하는 판결을 할 수 있다.

그러나 甲이 항소기간 경과 후에 부대항소를 제기한 경우에는 乙의 항소취하로 甲의 부대항소도 효력을 잃으므로 항소심법원은 주위적 청구가 이유 있고 예비적 청구가 이유 없다는 심증이 들더라도 주위적 청구를 인용하는 판결을 할 수 없다. 즉 乙의 항소취하에 따라 항소심절차는 종료되며, 예비적 청구를 인용한 제1심판결이 확정된다.

乙은 甲회사에게 소유권이전등기를 경료해준 뒤에 甲회사를 상대로 매매대금 2억 원의 지급을 구하는 청구와, 이전에 매수한 공작물의 인도를 구하는 청구를 병합하여 소를 제기하였다.
① 乙이 1심에서 매매대금청구 부분은 패소하고 공작물 인도청구 부분은 승소한 후 패소한 매매대금청구 부분 중 일부인 2,000만 원 부분에 대하여만 항소를 제기하였다가 항소심 계속 중 2억 원으로 항소취지를 확장하는 경우,
② 乙이 1심에서 전부 패소 후 매매대금청구 부분만 항소하였다가 공작물 인도청구 부분도 항소취지로 추가하는 경우,
③ 乙이 1심에서 전부 패소 후 2억 원의 매매대금청구 부분 중 일부인 2,000만 원 부분에 대해서만 항소를 제기하였다가 항소심에서 패소하자 상고를 제기하였고, 상고심에서 파기환송한 후 환송심에서 2억 원으로 항소취지를 확장하는 경우,
위 ①, ②, ③이 가능한지 여부를 근거를 제시하여 설명하시오.

Ⅰ. 문제점 - 청구 병합의 형태

사안에서 매매대금과 공작물 인도를 구하는 청구를 병합하였는바, 이는 양립하는 여러 개의 청구를 병렬적으로 병합하여 전부에 대하여 판결을 구하는 형태로서 객관적 병합 중 단순병합에 해당하고, 제1심 법원이 이에 대해 하나의 전부판결을 선고한 경우이다.

Ⅱ. 이심의 범위 - 상소불가분의 원칙

상소 제기에 의한 확정차단·이심의 효력은 원칙적으로 상소인의 불복신청의 범위에 관계없이 원판결의 전부에 대해 불가분적으로 발생하는데, 이를 상소불가분의 원칙이라고 한다. 사안과 같이 수개의 청구에 대해 하나의 전부판결을 한 경우에는 그 중 한 청구에 대해 항소를 하여도 다른 청구에 대하여 항소의 효력이 미치므로 항소하지 않은 청구 부분도 확정이 차단되고 이심된다.

Ⅲ. 항소심의 심판 범위

1. 이심의 범위와 심판의 범위의 불일치

원심판결의 전부에 대하여 확정차단 및 이심의 효력이 생긴다고 하여 전부가 곧 심판범위에 포함되는 것은 아니다. 상소심의 심판은 불복신청의 범위에 국한되므로(제415조), 확정차단·이심의 범위와 심판의 범위와는 일치하지 않을 수 있다. 判例도 수개의 청구를 기각한 제1심판결에 대해 일부에 대해서만 항소를 제기한 경우 불복하지 않은 나머지 부분은 항소심의 심판대상이 되지 않는다고 한다(대판 1994.12.26. 94다44644).

2. 심판범위의 확장

다만 상소불가분원칙에 의하여 상소의 효력은 원심판결의 전부에 미치므로 항소인은 항소심의 변론종결시까지 어느 때나 항소취지를 확장할 수 있고, 상대방도 부대항소를 신청하여 상소심에서 심판범위를 확장할 수 있다.

3. 단순병합에서 불복하지 않은 패소 부분의 확정시기

判例는 "수개의 청구를 기각(또는 각하)한 제1심판결 중 일부의 청구에 대하여만 항소가 제기된 경우, 항소되지 아니한 나머지 부분도 확정이 차단되고 항소심에 이심은 되나, 항소심 변론종결시까지 항소취지가 확장되지 않은 이상 그 나머지 부분은 항소심의 심판대상이 되지 않고 항소심의 판결선고와 동시에 확정되어 소송이 종료된다고 한다"(대판 2014.12.24. 2012다11684).

IV. 사안의 해결

1. ①의 경우

乙이 패소한 매매대금청구 부분 중 일부인 2,000만 원 부분에 대하여만 항소를 제기하였더라도 하나의 전부판결에 대한 일부상소이므로 불복하지 않은 나머지 1억 8,000만 원 부분도 확정이 차단되고 이심된다. 따라서 乙은 항소심 변론종결시까지 2억 원으로 항소취지를 확장하여 항소심의 심판범위를 확장시킬 수 있다.

2. ②의 경우

乙이 1심에서 전부 패소 후 매매대금청구 부분만 항소하였더라도 하나의 전부판결에 대한 일부상소이므로 불복하지 않은 나머지 공작물 인도청구 부분도 확정이 차단되고 이심되며, 乙은 항소심 변론종결시까지 공작물 인도청구 부분도 항소취지로 추가하여 심판의 범위를 확장시킬 수 있다.

3. ③의 경우

乙이 1심에서 전부 패소 후 매매대금 청구 부분 중 2,000만 원 부분에 대해서만 항소를 제기한 경우 불복하지 아니한 1억 8,000만 원 부분도 확정이 차단되고 항소심에 이심된다. 다만 항소심 변론종결시까지 항소취지가 확장되지 않은 이상 1억 8,000만 원 부분은 항소심의 심판대상이 되지 않고 항소심의 판결 선고와 동시에 확정되어 그 부분의 소송이 종료되었고, 상고의 대상이 되지 않으며 상고심에서 파기환송되었다 하더라도 항소심의 심판대상이 아니므로 乙은 매매대금청구 부분을 2억 원으로 항소취지를 확장할 수 없다.

[관련판례] ※ 원고의 청구를 일부 인용한 제1심판결에 대하여 원고만 패소부분에 대하여 항소하고, 피고가 항소나 부대항소를 제기하지 않아 원고 승소부분이 확정된 경우, 원고가 이에 대한 상고의 이익을 가지는지 여부(소극)

"원고의 청구를 일부인용한 제1심판결에 대하여 원고만이 그 패소부분에 대한 항소를 제기하고 피고는 항소나 부대항소를 제기하지 않은 경우, 제1심판결 중 원고 승소 부분은 항소심의 심판대상에서 제외됨으로써 항소심판결의 선고와 동시에 확정되는 것이고, 원고가 위와 같이 승소 확정된 부분에 대하여 상고를 제기하였다면 상고의 이익이 없어 부적법하다(대판 2008.3.14. 2006다2940)

사례_230 **상소불가분의 원칙 - 불복하지 아니한 패소부분의 확정시기**

2013년 8월 법전협 모의

甲이 乙, 丙을 상대로 2012. 4. 1. 소를 제기하였다. 甲은 소장에서 (1) 자신이 乙에게 2010. 5. 4. 丙의 연대보증 하에 1억 원을 대여하였고, (2) 乙이 2010. 12. 3. 자신에게 아파트 1채(별지 목록 1)를 매매대금 2억 원에 매도하였고, (3) 자신이 2010. 5. 1. 乙에게 자기 소유의 점포 1동(별지 목록 2)을 임대차보증금 5천만 원, 월차임 200만 원, 임대차기간을 2년으로 정하여 임대하였다고 주장하였다. 1심 법원은 2012. 10. 5. 변론을 종결하고 다음과 같은 주문의 판결을 선고하였다.

1. 피고 乙, 丙은 연대하여 원고에게 금 1억 원을 지급하라.
2. 피고 乙은 원고에게,
   가. 별지 목록(1) 기재 부동산에 관하여 2010. 12. 3. 매매를 원인으로 한 소유권이전등기절차를 이행하고,
   나. 원고로부터 5천만 원을 지급받음과 상환으로 별지 목록 (2) 기재 부동산을 인도하라.
3. 원고의 나머지 청구를 기각한다.

1심 판결에 대하여 乙만이 항소하였는데, 대여금청구는 다투지 아니하고, 건물인도청구와 소유권이전등기청구 부분만 다투었다. 항소심 법원은 乙의 항소를 기각하였다. 乙이 상고하면서 건물인도청구

부분만 다투었다. 대법원은 乙의 상고를 기각하였다. **乙과 丙에 대한 판결은 언제 확정되는가?**

(민사소송법의 맥 E-02 참조)

I. 문제점

상소가 제기되면 원심판결의 확정이 차단되고(제498조), 사건이 상급심으로 이심되는 효력이 발생한다. 설문의 경우 1심 판결에 대하여 乙만이 항소하였는바, 乙, 丙에 대한 판결의 확정차단 및 이심의 범위와 관련하여 상소불가분의 원칙이 문제된다.

II. 甲의 乙, 丙에 대한 병합소송과 공동소송의 유형

ⅰ) 甲의 乙, 丙에 대한 대여금청구, 건물인도청구와 소유권이전등기청구는 양립하는 여러 개의 청구를 병렬적으로 병합하여 전부에 대해 판결을 구하는 형태로서 단순병합에 해당하고, ⅱ) 채권자인 甲이 주채무자 乙과 연대보증인 丙을 공동피고로 한 경우로서, 실체법적으로 관리처분권의 공동귀속관계가 아니므로 고유필수적 공동소송인이 아니고, **법률상 기판력이 확장되는 관계**에 있는 것도 아니어서 유사필수적 공동소송인도 아니므로, 乙, 丙은 **통상공동소송인**의 관계에 있다.

III. 상소불가분의 원칙 (확정차단 및 이심의 범위)

1. 의 의

상소의 제기에 의해 확정차단 및 이심의 효력은 원칙적으로 상소인의 불복신청의 범위와 관계없이 원재판의 전부에 대하여 불가분으로 발생한다는 원칙이다. 따라서 재판의 일부에 대하여 상소가 된 경우라도 재판의 전부에 대하여 확정차단 및 이심의 효력이 생긴다.[1]

2. 예 외 - 통상공동소송의 경우

통상공동소송에 있어서는 공동소송인 독립의 원칙이 적용되므로, 공동소송인 중 1인의 또는 1인에 대한 상소는 다른 공동소송인에 관한 청구에 상소의 효력이 미치지 않고, 상소한 당사자만 일부이심되며, 상소하지 않은 당사자 부분은 분리확정된다.

IV. 단순병합에서 불복하지 않은 패소 부분의 확정시기

통설은 상대방의 부대항소가 허용될 수 없는 시기에 이르면 불복이 되지 않은 부분은 확정되므로, 항소심에서는 항소심 변론종결시(제403조 부대항소 참조), 상고심에서는 상고이유서제출시기의 도과시가 각기 확정시라고 한다(변론종결시설). 그러나 **判例**는 불복신청이 없는 부분의 판결 확정시는 항소심의 경우 항소심 판결의 선고시, 상고심은 상고심 판결의 선고시로 본다(대판 1994.12.23. 94다44644 : 선고시설).

V. 사안의 해결

1. 丙에 대한 판결의 확정시기

甲의 乙, 丙에 대한 공동소송은 통상공동소송이므로, 1심 판결에 대하여 乙만이 항소한 경우, 공동소송인 독립의 원칙에 의하여 甲과 乙 간의 소송관계만 가분적으로 확정차단 및 이심의 효력이 생기고, 甲과 丙간의 소송관계는 확정되어 종료된다. 따라서 丙에게 1심 판결서가 송달된 날로부터 2주를 경과한 시점에 丙에 대한 판결은 확정된다(제498조, 제396조 1항).

---

1) 상소불가분의 원칙은 항소인이 항소심변론종결시까지 항소취지를 확장할 수 있도록 하고 다른 한편으로 피항소인도 부대항소의 신청(민소법 제403조)을 할 수 있도록 하려는 데 그 취지가 있다.

2. 乙에 대한 판결의 확정시기

甲의 乙에 대한 대여금청구, 건물인도청구와 소유권이전등기청구는 단순병합으로서 ⅰ) 乙은 항소하면서 비록 대여금청구는 다투지 않았으나, 상소불가분의 원칙에 의하여 대여금청구 역시 항소심으로 이심되고, 항소심 변론종결시까지 항소취지를 확장하지 않았으므로 항소심의 심판대상이 되지 않아 判例에 의하면 항소기각판결의 선고시에 확정된다. ⅱ) 또한 乙은 상고하면서 비록 소유권이전등기청구 부분에 대해서는 다투지 않았지만, 상소불가분의 원칙에 의하여 소유권이전등기청구 부분 역시 상고심으로 이심되고, 判例에 의하면 상고기각판결의 선고시에 확정된다. ⅲ) 마지막으로 건물인도청구 부분 역시 상고기각판결의 선고시에 확정된다.

사례_231 **통상공동소송과 상소불가분의 원칙** 2012년 10월 법전협 모의

甲은 2008. 5. 10. 乙에게 그 소유의 토지 및 그 지상 상가건물(이하 '이 사건 대지 및 건물'이라 한다)을 매매대금 5억 원(계약금 5,000만 원, 중도금 2억 원, 잔금 2억 5,000만 원)에 매도하고, 그 무렵 乙로부터 계약금 5,000만 원을 지급받았다. 乙은 2008. 10. 20. 丙에게 이 사건 대지 및 건물을 매매대금 6억 원(계약금 6,000만 원, 중도금 2억 4,000만 원, 잔금 3억 원)에 매도하고, 계약금 및 중도금 합계 3억 원을 지급받았다.

이후 乙은 丙으로부터 잔금지급과 상환으로 소유권이전등기를 해달라는 요청을 받고, 丙에게 잔금 중 2억 5,000만 원은 甲의 계좌로 송금하고, 나머지 5,000만 원은 자기에게 직접 교부하면 소유권이전등기를 해주겠다고 답하였고, 이에 따라 丙이 2009. 2. 15. 甲의 계좌로 2억 5,000만 원을 송금한 후 이체확인증과 수표 5,000만 원 상당을 가져오자 이 사건 대지 및 건물에 관하여 甲으로부터 직접 丙앞으로 소유권이전등기를 마쳐주었다.

이후 丙이 2009. 9. 1. 丁에게 이 사건 대지 및 건물 전부를 월차임 1,200만 원, 차임지급시기 매월 말, 임대기간 3년으로 정하여 임대하였다. 丁은 같은 날 이를 인도받고 사업자등록까지 마쳤다.

이를 알게 된 甲이 2011. 5. 10. 丙을 상대로 이 사건 대지 및 건물의 소유권이전등기의 말소등기를, 丁을 상대로 이 사건 대지 및 건물의 인도를, 丙, 丁을 상대로 연대하여 2009. 9. 1.부터 이 사건 대지 및 건물의 인도시까지 월 1,200만 원의 비율에 의한 부당이득금의 반환을 구하는 소를 병합하여 제기하여, 그 무렵 소장이 丙, 丁에게 송달되었다(이하 'A소송'이라 한다).

A소송의 제1심 계속 중 乙이 丙을 위하여 보조참가를 하였다. A소송 제1심에서 丙, 丁에 대하여 패소판결이 선고되자, 乙은 항소를 제기하였다. 항소법원이 심리한 결과 丙, 丁에 대한 원심판결이 모두 잘못되었다고 판단하였다면, **원심판결을 모두 취소할 수 있는가?**

Ⅰ. 결 론

통상공동소송 독립의 원칙에 따라 항소심의 심판대상은 丙에 대한 청구에 한하고, 丁에 대한 청구는 심판 대상이 아니므로 법원은 丙에 대한 원판결만 취소할 수 있다.

Ⅱ. 논 거

1. 乙의 보조참가가 적법한지 여부 [타, 결, 현, 소](사례 166. 참조)

소송이 계속되는 가운데 소송의 결과에 이해관계가 있는 제3자가 한쪽 당사자를 돕기 위해 그 소송에 참가하는 것을 보조참가라고 한다. 보조참가의 요건으로는 ⅰ) 타인간의 '소송이 계속 중'일 것,

ii) 참가이유로 '소송결과에 이해관계'가 있을 것, iii) '소송절차를 현저히 지연'시키지 않을 것, iv) 소송행위의 유효요건을 갖출 것이 필요하다(제71조).

사안에서 乙은 丙이 패소할 경우에 자신에게 매매대금의 반환청구 등을 청구해 올 것이므로 소송결과에 대해 이해관계가 있다고 볼 수 있다. 따라서 乙의 보조참가는 적법하다.

2. 乙의 항소제기가 적법한지 여부

보조참가인은 독립적 지위에 기하여 상소의 제기를 포함하여 일체의 소송행위가 가능하고(제76조), 참가신청은 상소의 제기와 동시에 할 수 있다. 그리고 보조참가인 乙의 상소제기는 피참가인 丙의 상소제기와 동일한 효력이 있다. 다만 乙은 종속적 지위 때문에 丙의 상소제기기간 내에 상소를 제기하여야 한다. 결국 사안에서 보조참가인 乙의 항소는 효력이 있으므로, 이에 따라 丙에 대한 소송은 항소심으로 이심되어 계속되게 된다.

3. 항소의 효력과 공동소송인 독립의 원칙

(1) 문제점(상소불가분의 원칙)(사례 199. 참조)

상소의 제기에 의해 확정차단 및 이심의 효력은 상소불가분의 원칙에 따라 원칙적으로 상소인의 불복신청의 범위와 관계없이 원재판의 전부에 대하여 불가분으로 발생한다.

그런데 사안과 같이 공동소송의 경우에 공동소송인 1인의 상소가 다른 공동소송인에게 영향을 미치는지 문제된다.

(2) 丙과 丁의 공동소송의 형태

丙과 丁은 i) 실체법상 관리처분권이 공동으로 귀속되는 경우가 아니므로 고유필수적 공동소송이 아니고, ii) 소송법상 판결효력이 확장되는 관계에 있는 경우도 아니므로 유사필수적 공동소송도 아니다. 따라서 통상공동소송에 해당한다.[1]

(3) 통상공동소송의 심판방법

통상공동소송의 경우 '공동소송인 가운데 한 사람의 소송행위 또는 이에 대한 상대방의 소송행위와 공동소송인 가운데 한 사람에 관한 사항은 다른 공동소송인에게 영향을 미치지 않는다'는 공동소송인 독립원칙이 적용된다(제66조). 따라서 소송자료의 불통일, 소송진행의 불통일, 재판의 불통일 원칙이 적용된다.[2]

(4) 통상공동소송과 상소불가분의 원칙(예외)

결국 통상공동소송에 있어서는 공동소송인 독립의 원칙이 적용되므로, 공동소송인 중 1인의 또는 1인에 대한 상소는 다른 공동소송인에 관한 청구에 상소의 효력이 미치지 않고, 상소한 당사자만 일부이심되며, 상소하지 않은 당사자 부분은 분리확정된다.

따라서 丙에 대한 판결의 항소제기는 丁에게 그 효력이 미치지 아니한다.

---

1) 소송목적이 공동소송인 전원에 대해 합일확정될 필요가 있는 소송이 필수적 공동소송인 바, 필수적 공동소송에 해당되지 않으면 통상공동소송이다. ① '소송법상 소송수행권'에 대응하는 '실체법상 관리처분권'이 공동귀속되면 고유필수적 공동소송이 된다. 고유필수적 공동소송에서는 공동소송이 강제되며 합일확정이 요구된다. ② 소송법상 판결효력이 확장되는 관계일 경우에 판결의 모순 회피를 위해 소송법적 이유에서 필수적 공동소송으로 다뤄지는 소송을 유사필수적 공동소송이라고 한다.

2) 이러한 공동소송인 독립의 원칙에 따라 i) 공동소송인 가운데 한 사람의 소송행위는 원칙적으로 다른 공동소송인에게 영향을 미치지 않고, 공동소송인 가운데 한 사람에 대한 상대방의 소송행위는 다른 공동소송인에게 영향을 미치지 않는다(소송자료의 독립). ii) 공동소송인의 1인에 관한 사항은 다른 공동소송인에게 영향을 미치지 않고, 법원은 공동소송인 1인에 대해 변론을 분리할 수 있다(소송진행의 독립). iii) 법원은 전부판결 하는 것이 원칙이나, 공동소송인 1인에 대해 판결하기에 성숙한 때에는 일부판결도 가능하다(판결의 독립).

불이익변경금지원칙 – 소각하판결에 대해 원고만 항소한 경우 항소법원이 청구기각판결을 할 수 있는지 여부
2016년 사법시험, 2008년 법무행정고시

乙은 甲회사에게 소유권이전등기를 경료해준 뒤에 甲회사를 상대로 매매대금 2억 원의 지급을 구하는 청구와, 이전에 매수한 공작물의 인도를 구하는 청구를 병합하여 소를 제기하였다. 제1심 법원은 乙의 이 사건 소송이 부적법함을 이유로 소각하판결을 선고하였고, 이에 대하여 원고 乙만 항소하였다. 항소심 법원은 심리 결과 乙의 이 사건 소송은 적법하지만, 乙의 甲에 대한 청구가 이유 없다고 판단하였을 때 항소심 법원은 어떤 결론을 내려야 하는지 논거를 들어 서술하시오.

(민사소송법의 맥 613쪽 참조)

I. 결 론

항소심 법원은 청구기각판결을 하여야 한다. 다만 判例에 따르면 항소기각판결을 하여야 한다.

II. 논 거

1. 문제점

乙이 제기한 소에 대한 소각하의 제1심판결에 대해 항소심법원이 환송하지 않고 청구가 이유없다고 청구기각의 자판(제418조 단서)을 할 수 있는지 문제된다, 이는 청구기각판결을 하는 경우 소각하판결보다 원고에게 불리한 판결이라고 볼 여지가 있어 불이익변경금지원칙에 위배되는 것으로 볼 수 있기 때문이다.

2. 판 례

判例는 "확정판결의 기판력을 이유로 하여 원고의 청구를 기각하여야 할 것인데도 원고의 소가 부적법하다고 각하한 원심판결에 대하여 원고만이 상고한 경우 불이익변경금지의 원칙상 원고에게 더 불리한 청구기각의 판결을 선고 할 수는 없으므로 원고의 상고를 기각할 수밖에 없다"(대판 1987.7.7. 86다카2675)고 하여 항소기각설[1]의 입장이다.

3. 검 토

생각건대, 항소기각설은 잘못된 소각하판결을 확정시키는 것이므로 타당하지 않고, 환송설은 항소심에서 할 수 없는 불이익변경을 원심으로 미루는 것 밖에 안 되므로 소송경제에 반한다. 소각하판결에 대해 원고가 상소하는 것은 본안판결을 요구하는 것이므로 항소심법원은 제418조 단서의 요건이 갖추어지면 제1심 판결을 취소하고 청구기각할 수 있다는 청구기각설이 타당하다.

이 경우 불이익변경금지원칙의 취지는 원심판결이 판단하여 당사자에게 부여한 바를 상소심에서 함부로 박탈하는 것을 금하는 데 있으므로, 원심이 아직 아무런 판단을 한 바가 없다면 항소심이 청구기각의 판결을 하더라도 불이익변경금지원칙에 반하는 것은 아니라고 할 것이다.

---

1) ① **청구기각설**은 소각하 판결로는 원고에게 어떠한 이익이 생긴 것이 아니므로 청구기각판결을 해도 불이익변경금지원칙에 저촉되지 않고, 소각하 판결에 대해 원고가 상소하는 것은 본안판결을 요구하는 것이니 항소심법원은 세418조 난서의 요선이 갖추어지면 제1심 판결을 취소하고 청구기각할 수 있다고 하고, ② **항소기각설**은 청구기각을 하면 불이익변경이 되므로 항소심 법원은 최소한 원판결을 유지해야 한다고 하며, ③ **환송설**은 청구기각을 하면 불이익변경금지원칙에 저촉되고, 항소기각을 하면 법원의 판단과 판결의 효력 사이에 괴리가 생기므로 제418조 본문에 따라 소각하의 제1심 판결을 취소하고 제1심으로 환송해야 한다고 한다.

甲은 "자신이 2016. 5. 1. 乙에게 1억 원을 변제기 2017. 4. 30.로 정하여 대여하였다"라고 주장하면서, 2017. 7. 1. 乙을 상대로 위 대여금 1억 원의 지급을 구하는 소(전소)를 제기하였는데, 대여사실을 인정할 증거가 없다는 이유로 2017. 11. 1. 청구기각 판결(사실심 변론종결일은 2017. 9. 31.)을 선고받고 그 판결이 확정되었다. 그 후 甲이 자신의 위 주장에 부합하는 내용의 차용증을 발견하자, 乙을 상대로 위 대여금 1억 원의 지급을 구하는 소(후소)를 제기하였고, 乙은 변론기일에서 甲이 증거로 제출한 위 차용증(갑제1호증)의 진정성립을 인정하였는데, 그 후 법원은 후소가 전소의 기판력에 저촉된다는 이유로 소각하 판결을 선고하였다.

위 판결에 甲만이 항소하였고, 항소심에서 甲은 2017. 5. 1.부터 완제일까지 연 5%의 지연손해금의 지급을 구하는 청구를 추가하였는데, 乙이 전소 판결문 및 그 확정증명을 증거로 제출하였다. 항소심 법원은 어떤 판결을 선고하여야 할 것인가?

Ⅰ. 논점의 정리 - 기판력의 표준시, 선결관계에서의 기판력 적용

1억 원의 대여원금 청구에 대하여는 기판력의 적용여부와 관련하여 차용증의 발견을 표준시 이후의 사정변경으로 볼 수 있는지, 볼 수 없다면 제1심의 소각하 판결에 대해 항소심에서 청구기각판결을 하는 것이 불이익변경금지원칙에 반하는지 여부가 문제되고, 지연손해금 청구에 대하여는 추가적 변경의 적법 여부와 표준시 전후에 따른 기판력의 적용여부가 문제된다.

Ⅱ. 전소 판결의 기판력의 범위

확정판결은 주문에 포함된 것에 한하여 기판력을 가진다(제216조 1항). 따라서 2017.11.1. 선고된 전소판결의 기판력은 "甲의 乙에 대한 2016.5.1. 대여원금 1억 원의 반환청구권은 2017.9.30. 기분으로 존재하지 않는다는 것에 기판력이 발생하였고, 사실심변론종결시 이전인 2017.9.30. 이전의 대여금 반환청구권의 존부에는 기판력이 발생하지 않았다.

Ⅲ. 1억 원의 대여원금 청구에 대한 판단

1. 기판력의 적용 여부

(1) 표준시의 결정

확정판결은 **사실심의 변론종결시**(표준시)의 권리관계의 존부에 기판력이 생긴다. 표준시 이전이나 이후의 권리관계를 확정하는 것이 아니다. 전소 변론종결 후에 새로이 발생한 사실의 주장은 후소에서 실권효의 제재를 받지 않으며, 전소 변론종결 전의 사유라도 소송물이 다르면 후소에서 차단되지 않는다.

(2) 표준시 이후에 발생한 사유

확정판결의 기판력은 사실심 변론종결시 이후의 권리관계를 확정하는 것은 아니다. 다만 표준시 이후의 권리관계의 선결관계가 된다. 표준시 이후에 발생한 사유에는 실권효가 미치지 않으므로 그 새로운 사정에 기하여 후소를 제기할 수 있다. 변론종결 이후의 변제, 조건성취, 소멸시효 완성 등이 여기에 해당한다. 그러나 법률이나 判例의 변경 등 법률평가는 주장할 수 없다. 判例는 "변론종결 후에 발생한 새로운 사유라 함은 새로운 사실관계를 말하는 것일 뿐 기존의 사실관계에 대한 새로운 증거자료가 있다거나 새로운 법적 평가 또는 그와 같은 법적 평가가 담긴 다른 판결이 존재한다는 등의 사정은 그에 포함되지 아니한다"(대판 2016.8.30. 2016다222149)고 판시하였다.

(3) 차용증의 발견을 표준시 이후의 사정변경으로 볼 수 있는지 여부

차용증의 발견은 기존의 사실관계에 대한 새로운 증거자료일 뿐 변론종결 후에 발생한 새로운 사실 관계에 해당하지 않으므로 표준시 이후의 사정변경으로 볼 수 없다.

(4) 사안의 경우

대여원금에 대한 후소의 소송물은 전소와 동일하고 당사자도 甲과 乙로 동일하며 사정변경도 인정되 지 않으므로 대여원금에 대한 후소는 전소의 기판력에 저촉된다.

2. 항소심의 판단

(1) 기판력에 저촉되는 부분에 대한 판결

判例는 전소에서 인용된 부분은 각하해야 하고, 전소에서 기각된 부분은 후소에서 기각하여야 한다고 한다. 즉 判例는 확정판결이 있었던 전소와 후소의 소송물이 동일한 경우, 그 확정판결의 기판력이 후소에 미치므로, 그 중 전소의 확정판결에서 원고가 승소한 부분에 해당하는 부분은 권리보호의 이익이 없어 각하 해야 하고(대판 2009.12.24. 2009다64215), 후소와 전소송의 당사자 및 소송물이 동일한 경우, 전소송에서 한 원고 청구기각판결의 기판력에 의하여 그 내용과 모순되는 판단을 하여서는 안되는 구속력 때문에 후소는 전소판결의 판단을 채용하여 원고청구기각의 판결을 한다(대판 1989.6.27. 87다카2478)고 하여 **모순금지설** 의 입장이다.

(2) 소각하의 제1심판결에 대하여 원고만 항소한 경우

1) 학 설

청구기각설은 소각하 판결로는 원고에게 어떠한 이익이 생긴 것이 아니므로 청구기각판결을 해도 불 이익변경금지원칙에 저촉되지 않고, 소각하 판결에 대해 원고가 상소하는 것은 본안판결을 요구하 는 것이니 항소심법원은 제418조 단서의 요건이 갖추어지면 제1심 판결을 취소하고 청구기각할 수 있다고 하고, **항소기각설**은 청구기각을 하면 불이익변경이 되므로 항소심 법원은 최소한 원판결을 유지해야 한다고 하며, **환송설**은 청구기각을 하면 불이익변경금지원칙에 저촉되고, 항소기각을 하면 법원의 판단과 판결의 효력 사이에 괴리가 생기므로 제418조 본문에 따라 소각하의 제1심 판결을 취소하고 제1심으로 환송해야 한다고 한다. **절충설**은 제1심에서 본안심리가 이루어졌거나 당사자의 동의가 있으면 제418조 단서에 따라 제1심 판결을 취소하고 청구기각하되, 그렇지 않으면 동조 본문 에 따라 환송해야 한다고 한다.

2) 판 례

判例는 "확정판결의 기판력을 이유로 하여 원고의 청구를 기각하여야 할 것인데도 원고의 소가 부적 법하다고 각하한 원심판결에 대하여 원고만이 상고한 경우 불이익변경금지의 원칙상 원고에게 더 불리 한 청구기각의 판결을 선고 할 수는 없으므로 원고의 **상고를 기각할 수밖에 없다**"(대판 1987.7.7. 86다카 2675)고 하여 **항소기각설**의 입장이다.

(3) 검토 및 사안의 경우

생각건대, 항소기각설은 잘못된 소각하 판결을 확정시키는 것이므로 타당하지 않고, 환송설은 항소 심에서 할 수 없는 불이익변경을 원심으로 미루는 것 밖에 안 되므로 소송경제에 반하며, 절충설은 실질적으로 청구기각설과 동일하다고 보아야 하므로 청구기각설이 타당하다. 이 경우 불이익변경금 지원칙의 취지는 원심판결이 판단하여 당사자에게 부여한 '실체법상 지위'를 상소심에서 함부로 박탈 하는 것을 금하는 데 있으므로, 원심이 아직 아무런 판단을 한 바가 없다면 항소심이 청구기각의 판결을 하더라도 불이익변경금지원칙에 반하는 것은 아니라고 할 것이다. 따라서 항소심 법원은 1억 원의 대여원금청구에 대해 청구기각의 판결을 하여야 한다.

Ⅳ. 지연손해금 청구에 대한 판단

1. 추가적 변경의 적법 여부

(1) 추가적 변경의 요건 [기, 지, 전, 일]

추가적 변경이 적법하기 위해서는 ⅰ) 청구기초의 동일성이 있을 것, ⅱ) 신청구의 심리를 위해 소송절차를 현저히 지연시키지 않을 것, ⅲ) 사실심에 계속되고 변론종결 전일 것, ⅳ) 청구병합의 일반요건으로서 신·구청구가 동종의 소송절차에 의하여 심리될 수 있어야 하고, 모든 청구에 대하여 당해 법원에 관할권이 있을 것이 요구된다(제262조).

(2) 사안의 경우

지연손해금은 대여원금청구의 부수물이므로 청구기초의 동일성이 인정되고 항소심은 사실심으로서 후소는 변론종결 전이므로 추가적 변경의 요건은 충족했다. 따라서 항소심은 추가된 지연손해금 청구에 대해 제1심으로 재판하여야 한다. 다만 전소의 소송물인 원금채권은 후소의 소송물인 지연손해금채권과 선결관계라는 점에서 표준시 전후에 따른 기판력의 적용여부가 문제된다.

2. 2017.5.1.부터 전소의 사실심변론종결일까지의 지연금손해청구

(1) 판결이유 중 선결적 법률관계에 대한 판단에 구속력 인정여부

判例는 "확정판결의 기판력은 소송물로 주장된 법률관계의 존부에 관한 판단의 결론에만 미치고 그 전제가 되는 법률관계의 존부에까지 미치는 것은 아니"(대판 2002.9.24. 2002다11847)라고 하여 판결 이유 중의 판단에 구속력을 부정한다. 다만 이 경우 판결의 모순·저촉을 방지하는 방안으로 判例는 "민사재판에 있어서는 다른 민사사건 등의 판결에서 인정된 사실에 구속받는 것이 아니라 할지라도 이미 확정된 관련 민사사건에서 인정된 사실은 특별한 사정이 없는 한 유력한 증거가 되므로, 합리적인 이유설시 없이 이를 배척할 수 없다"(대판 1995.6.29. 94다47292)고 판시하여 증명력설의 입장이다.

(2) 사안의 경우

전소의 사실심변론종결일 이전의 대여금채권의 존부에 대해서는 기판력이 미치지 않는다. 다만, 전소에서 대여사실이 존재하지 않는다는 판결이유는 후소의 유력한 증거가 될 수 있다. 그러나 차용증은 처분문서로서 乙이 진정성립을 인정한 이상, 그 자백은 주요사실에 대한 자백과 같은 효력이 있으므로 2017.5.1.부터 전소의 사실심변론종결일까지의 지연금손해청구는 인용될 것이다. 다만 변론종결일 당일의 지연손해금을 청구할 수 있을지에 대해서는 견해의 대립이 있다.

3. 전소의 사실심변론종결일 이후의 지연금손해청구

(1) 전소가 후소의 선결관계인 경우 기판력 저촉여부

"확정된 전소의 기판력 있는 법률관계가 후소의 소송물 자체가 되지 아니하여도 후소의 선결문제가 되는 때에는 전소의 확정판결의 판단은 후소의 선결문제로서 기판력이 작용한다"(대판 2000.6.9. 98다18155).

(2) 사안의 경우

전후소의 당사자가 동일하고 표준시 이후의 청구이며 후소가 전소의 기판력이 작용되는 선결문제이므로, 甲의 전소의 지연금손해청구 중 사실심변론종결일 이후의 부분에 대해서는 청구기각의 판결을 하여야 한다.

불이익변경금지원칙 - 주위적 청구를 배척하고 예비적 청구를 인용한 판결에 대해 피고만 항소한 경우 항소심 법원이 주위적 청구를 심판대상으로 삼을 수 있는지 여부

2017년 8월 법전협 모의

甲은 2015. 3. 10. 乙과의 사이에 乙 소유의 X건물을 매수하는 계약을 체결하고, 같은 날 丙의 대리인이라고 주장하는 丁과의 사이에 丙으로부터 丙 소유의 Y건물을 매수하는 계약을 체결하였다.

甲은 위 각 매매계약에서 약정한 바에 따라 대금을 지급하였음에도 불구하고 乙과 丙이 소유권이전등기의무를 이행하지 않자, 乙과 丙을 공동피고로 하여 乙에 대하여는 X건물에 관하여, 丙에 대하여는 Y건물에 관하여 각 매매를 원인으로 하는 소유권이전등기를 구하는 소를 제기하였다.

위 소송계속 중 乙은 위 매매계약이 불공정한 법률행위라서 무효라고 주장하고, 丙은 丁에게 적법한 대리권이 없었다고 주장하였다.

이에 甲은 (1) 乙에 대한 청구에 위 불공정한 법률행위 주장이 인정될 경우에 대비하여 예비적으로 乙에게 지급한 매매대금의 반환을 구하는 청구를 병합하였고, (2) 丙에 대한 청구에 丁의 대리권이 인정되지 않을 경우를 대비하여 丁을 예비적 피고로 추가하면서 丁에 대하여 무권대리행위에 따른 손해배상을 청구하였다.

제1심 법원이 甲의 乙에 대한 주위적 청구를 기각, 예비적 청구를 인용하고, 丙에 대한 청구는 기각하며, 丁에 대한 청구는 인용하는 판결을 선고하였다.

위 제1심 판결에 대하여 乙과 丁은 각 자신이 패소한 청구에 대하여 항소를 제기하였지만 甲과 丙은 항소를 제기하지 않았다. 항소심 법원이 심리한 결과, 乙에 대한 청구에 관하여는 불공정한 법률행위가 아니라는 확신을 갖게 되고, 丙과 丁에 대한 청구에 관하여는 丁이 적법한 대리권을 가지고 계약을 체결하였다는 확신을 갖게 되었다. **항소심 법원은 어떤 판결을 선고해야 하는가? (재판상 자백은 고려하지 말 것)**

(민사소송법의 맥 D-02 참조)

I. 결 론

항소심법원은 ① 甲의 乙에 대한 청구에 대하여는 제1심판결 중 예비적 청구에 해당하는 매매대금반환청구 부분만을 취소하고, 그 부분을 기각하는 판결을 선고하여야 하고, ② 甲의 丙과 丁에 대한 청구에 대하여는 주위적 피고 丙에 대한 청구기각·예비적 피고 丁에 대한 청구인용의 제1심판결을 취소하여, 甲의 주위적 피고 丙에 대한 청구를 인용하고 甲의 예비적 피고 丁에 대한 청구를 기각하는 판결을 선고하여야 한다.

II. 논 거

1. 甲의 乙에 대한 소유권이전등기청구와 매매대금반환청구

(1) 甲의 청구병합의 형태

예비적 병합이란 양립불가능한 수개의 청구를 순서를 붙여 병합하여 주위적 청구의 인용을 해제조건으로 예비적 청구에 관해 심판을 구하는 형태의 병합을 말하는 바, 수 개의 청구가 ① 서로 양립할 수 없는 관계에 있고, ② 기초되는 사실관계가 관련되어 있을 것을 요한다.

사안의 경우 甲의 乙에 대한 소유권이전등기청구와 매매대금반환청구는 기초되는 사실관계가 X토지 매매계약으로서 서로 관련되어 있고, 전자는 매매계약의 유효를 전제로 하는 반면 후자는 매매계약을 무효를 전제로 하여 서로 양립할 수 없는 관계에 있는 바, 소유권이전등기청구의 인용을 해제조건으로 매매대금반환을 청구하는 것으로서 '객관적 예비적 병합'에 해당한다.

(2) 주위적 청구기각·예비적 청구인용의 제1심판결에 대하여 피고 乙만이 항소한 경우

1) 문제점

주위적 청구기각·예비적 청구인용의 원판결에 대하여 피고만이 그 패소부분에 대하여 상소한 경우, 불복하지 않은 주위적 청구에 해당하는 소유권이전등기청구 부분도 상소불가분의 원칙상 상소심으로 확정차단·이심되지만, 심판대상이 되는지 문제된다.

2) 학설 및 判例

항소심의 심리결과 예비적 청구는 이유 없는데 주위적 청구는 이유 있다고 판단될 경우 통설 및 判例는 원고의 부대항소가 없는 이상 불이익변경금지의 원칙상 주위적 청구는 항소심의 심판대상이 되지 않는다고 본다(주위적 청구 비심판설). 따라서 이에 의하면 원고의 부대항소가 없는 이상 제1심판결 중 예비적 청구 부분만을 취소하고, 그 부분을 기각하는 판결을 하여야 한다고 본다. 따라서 주위적 청구와 예비적 청구 모두 기각되게 된다.[1]

3) 검 토

원고가 부대항소를 하지 않음에도 주위적 청구를 심판대상으로 하는 것은 처분권주의 원칙상 원고의 의사에 반하고 항소한 피고에게 불이익변경금지 원칙은 준수되어야 하므로 判例는 타당하다. 따라서 항소심 법원은 피고가 항소한 예비적 청구에 대해서만 판단할 수 있을 뿐이며, 주위적 청구인 소유권이전등기청구에 대해서는 판단할 수 없다(이 경우 주위적 청구를 인용하는 것은 항소한 피고에게 제1심 판결보다 불이익하게 변경하는 것이기 때문이다).

4) 소 결

항소심의 심리결과 불공정한 법률행위가 아니라는 확신을 갖게 되었는 바, 주위적 청구인용·예비적 청구기각의 심증이 형성되었다고 볼 수 있으므로 항소심법원으로서는 제1심판결 중 예비적 청구에 해당하는 매매대금반환청구 부분만을 취소하고, 그 부분을 기각하는 판결을 하여야 한다. 즉 이 경우 주문은 '원판결 가운데 피고 패소 부분을 취소한다. 위 취소부분에 해당하는 원고의 청구를 기각한다'는 것이 된다. 따라서 甲의 乙에 대한 소유권이전등기청구와 매매대금반환청구 모두 기각되게 된다.

2. 甲의 丙과 丁에 대한 청구

(1) 甲의 청구의 병합형태

예비적 공동소송이란 공동소송인 가운데 일부의 청구가 다른 공동소송인의 청구와 법률상 양립할 수 없거나 공동소송인 가운데 일부에 대한 청구가 다른 공동소송인에 대한 청구와 법률상 양립할 수 없는 경우로서 주위적 피고에 대한 청구가 기각될 것을 대비하여 예비적 피고에 대해 심판을 바라는 형태를 말한다(제70조). 예비적 공동소송에 해당하려면 수 개의 청구가 법률상 양립할 수 없는 관계에 있어야 하고, 공동소송의 일반요건(제65조, 제253조)을 갖추어야 한다.

사안의 경우 甲의 주위적 피고 丙에 대한 청구는 유권대리를 전제로 한 소유권이전등기청구이고 甲의 예비적 피고 丁에 대한 청구는 무권대리를 전제로 한 손해배상청구인 바, 丁의 대리권 유무에 따라 어느 한 청구가 인용되면 법률상 다른 청구는 기각될 관계에 있으므로 예비적 공동소송에 해당한다.

---

1) [유력설] 이에 대하여 원고에게 부당한 결론이라고 하여 비판하는 견해가 유력한 바, 예비적 병합의 특성상 예비적 관계로 결합된 수 개의 청구에 대한 판결을 1개의 불가분의 판결이고 따라서 불복신청도 그 전부에 미치므로 항소심은 주위적 청구부분을 포함한 제1심판결 전체를 심판의 대상으로 하여야 하고, 원고의 부대항소 의사를 의제하여 예비적 병합청구를 신청한 원고의 의사가 전체심급을 통해 유지된다고 해석하는 것이 타당하며, 예비적 청구병합의 합리적 해결을 위해서라도 불이익변경금지의 원칙의 예외적 조치로 보아 주위적 청구부분도 항소심의 심판의 대상이 된다고 봄이 타당하다고 한다(주위적청구심판설, 김홍규).

(2) 이심의 범위 및 항소심의 심판대상

판결의 합일확정이 요구되므로 1인이라도 상소를 제기하면 상소를 제기하지 않은 자의 부분도 확정차단·이심되고, 불이익변경금지원칙(제415조)이 적용되지 않아 모든 청구가 상소심의 심판대상이된다. 判例도 "주관적·예비적 공동소송에서 주위적 공동소송인과 예비적 공동소송인 중 어느 한 사람이 상소를 제기하면 다른 공동소송인에 관한 청구부분도 확정이 차단되고 상소심에 이심되어 심판대상이 되고, 이러한 경우 상소심의 심판대상은 주위적·예비적 공동소송인들 및 그 상대방 당사자 사이의 결론의 합일확정의 필요성을 고려하여 그 심판의 범위를 판단하여야 한다"(대판 2015.3.20. 2014다75202)고 한다.

사안의 경우 주위적 피고 丙에 대한 청구기각·예비적 피고 丁에 대한 청구인용의 제1심판결에 대하여 예비적 피고 丁만이 항소한 경우에도 주위적 피고 丙에 대한 청부 부분도 확정이 차단되고 항소심에 이심되고, 항소심의 심판대상이 된다.

(3) 소 결

항소심의 심리결과 丁이 적법한 대리권을 가지고 계약을 체결하였다는 확신을 갖게 되었는 바, 항소심법원은 주위적 피고 丙에 대한 청구기각·예비적 피고 丁에 대한 청구인용의 제1심판결을 취소하고, 甲의 주위적 피고 丙에 대한 청구를 인용하고 甲의 예비적 피고 丁에 대한 청구를 기각하는 판결을 선고하여야 한다.

사례_235 **불이익변경금지원칙 – 주위적 청구를 배척하고 예비적 청구를 인용한 판결에 대해 피고만 항소한 경우 항소심 법원이 주위적 청구를 심판대상으로 삼을 수 있는지 여부**

2019년 제8회 변호사시험

〈기초적 사실관계〉
甲종중의 대표자 乙은 2018. 5.경 일부 종원들이 乙 몰래 甲종중 소유의 X토지를 종원 丙에게 매도하고 관련서류를 위조하여 소유권이전등기를 마쳐 준 사실을 알게 되어 甲종중을 원고로 하여 丙을 상대로 X토지에 관한 소유권이전등기말소청구의 소를 제기하였다.

〈추가적 사실관계〉
제1심 소송 계속 중 丙은 甲종중을 상대로 반소를 제기하면서 주위적으로 甲종중과의 매매계약이 유효하다면 X토지의 인도를 구하고, 예비적으로 위 매매계약이 무효라면 X토지 매매대금 상당의 부당이득금반환을 구하였다. 제1심은 위 매매계약이 무효라고 판단한 후 甲종중의 청구와 丙의 예비적 청구를 인용하였다. 이에 대하여 원고(반소피고)인 甲종중이 丙의 예비적 청구에 대하여 항소하였고, 丙은 패소부분에 대하여 항소 및 부대항소를 하지 않았다.

〈문제 2.〉
항소심에서 심리한 결과 甲종중과 丙의 매매계약이 유효라는 판단을 한 경우에 항소심은 丙의 주위적 청구를 인용할 수 있는가?

I. 결 론

인용할 수 없다.

Ⅱ. 논 거

1. 논점의 정리

항소심에서 丙의 주위적 청구를 인용하기 위해서는, ① 丙의 주위적 반소 청구도 항소심으로 이심되고, ② 그 또한 심판 대상이 될 수 있어야 한다.

2. 丙의 반소 청구에 의한 객관적 병합 형태

사안의 경우, 丙은 甲종중을 상대로 반소를 제기하면서, 그 반소 내에서도 양립 불가능한 수 개의 청구에 순서를 붙여 주장하고 있다. 즉, 丙의 반소는 그 자체로 진정 예비적 병합 청구에 해당한다. 나아가, 丙의 예비적 청구는 甲종중의 본소 청구와의 관계에서, 본소가 인용될 것을 전제로 하는 예비적 반소에 해당한다.

3. 항소심으로의 이심범위(상소불가분원칙)

(1) 상소불가분원칙의 의의

상소불가분 원칙이란 상소에 의한 판결 확정 차단의 효력과 이심의 효력은 원칙적으로 상소인의 불복신청 범위와 관계없이 원판결 전부에 대해 불가분으로 발생하는 것을 의미한다. 이는 항소인이 항소심 변론 종결시까지 항소 취지를 확장할 수 있게 하고, 피항소인의 부대항소 신청을 가능하게 하려는 데 그 취지가 있다.

(2) 사안의 경우

1심 법원은 甲종중의 본소 청구를 인용하면서 丙의 주위적 반소 청구를 기각하고, 丙의 예비적 반소 청구를 인용하였다. 이는 전부 판결이라 할 것이므로, 이 중 예비적 반소 청구에 대하여만 항소를 제기한 경우에도 甲종중의 본소 청구 및 丙의 반소청구 모두 확정이 차단되고 항소심으로 이심된다.

4. 항소심의 심판대상(불이익변경금지)

(1) 불이익변경금지원칙의 의의

상소심 법원은 상대방의 불복(항소, 부대항소)이 없다면 상소인에게 원판결보다 불리한 재판을 할 수 없다(제415조). 이는 처분권주의가 상소심에서 발현된 결과로서, 상소 인용 범위는 불복 범위 내로 제한된다(대판 2005.8.19. 2004다8197,8203). 따라서 진정 예비적 병합에서 주위적 청구를 기각하고 예비적 청구를 인용하였는데, 피고만 예비적 청구에 대해 항소한 경우, "이심의 효력은 사건 전체에 미치더라도 원고로부터 부대 항소가 없는 한 항소심의 심판대상으로 되는 것은 예비적 청구에 국한된다"(대판 1995.1.24. 94다29065).

(2) 사안의 경우

원고(반소피고)가 丙의 반소 중 예비적 청구에 대해서만 항소하였으므로, 위 법리에 비추어 丙의 주위적 청구는 심판 대상이 되지 않는다. 결국, 항소심은 매매계약이 유효하다고 판단되더라도 丙의 주위적 청구를 인용할 수 없다.

불이익변경금지원칙 – 주위적 청구를 배척하고 예비적 청구를 인용한 판결에 대해 피고만 항소한 경우 항소심 법원이 주위적 청구를 심판대상으로 삼을 수 있는지 여부

2014년 6월 법전협 모의

X는 자기 소유의 A토지를 점유하고 있는 乙과 丙을 상대로 지상의 B건물에 대한 철거를 구하는 소를 제기하였다. 원고 X는 위 소송계속 중 주위적으로 건물철거청구를, 예비적으로 법정지상권이 인정될 것에 대비한 지료청구를 구하는 내용으로 청구 변경을 하였다. 제1심 법원은 원고의 주위적 청구를 기각하고 예비적 청구를 인용하는 판결을 선고하였고 이에 피고만이 지료 인용금액이 높다며 항소하였다. 항소심 법원의 심리결과 제1심 법원의 판단과 달리 건물철거청구가 이유 있고 피고의 항소가 이유 없다고 판단되었다. 항소심 법원은 어떤 판결을 하여야 하는가?

Ⅰ. 결 론

항소심 법원은 "피고의 항소를 기각한다"는 판결을 선고하여야 한다.

Ⅱ. 논 거

1. 문제점

항소심 법원이 불복하지 않은 건물철거청구를 인용하기 위해서는 건물철거청구가 항소심으로 이심되어야 하고 인용판결이 불이익변경금지원칙에 위배되지 않아야 하는바, 선결적으로 소변경의 적법여부를 살핀 뒤에 위 문제에 대해 검토하여야 한다.

2. 소변경의 적법여부

(1) 소변경에 해당하는지 여부(적극)

건물철거청구와 지료청구는 소송물이론에 관한 학설대립에 관계없이 별개의 소송물에 해당하므로, 원고 X의 소변경은 추가적 변경에 해당한다.

(2) 소변경의 적법여부(적법) [기, 지, 전, 일](사례 194. 참조)

건물철거청구와 지료청구는 동일한 생활사실 또는 경제적 이익에 관한 분쟁에 있어서 해결방법에 차이가 있음에 불과하므로 청구기초의 동일성이 인정되며, 동종절차에서 심리할 수 있으며 전속관할 위배의 문제는 없고, 소송절차 지연의 문제 또한 없으므로 소변경은 적법하다(제262조).

3. 병합형태(객관적 예비적 병합)

건물철거청구와 법정지상권이 인정될 것을 조건으로 하는 지료지급청구는 양립불가능한 수개의 청구를 순서를 붙여 병합하여 주위적 청구의 인용을 해제조건으로 예비적 청구에 관해 심판을 구하는 형태의 병합에 해당하므로 '객관적 예비적 병합'에 해당한다.

4. 이심의 범위(전부)

상소 제기에 의한 확정차단·이심의 효력은 원칙적으로 상소인의 불복신청의 범위에 관계없이 원판결의 전부에 대해 불가분적으로 발생하는데, 이를 '상소불가분의 원칙'이라고 한다. 객관적 예비적 병합에서 주위적 청구를 기각하고 예비적 청구를 인용한 것은 전부판결에 해당하는바, 상소불가분의 원칙에 의해 주위적 청구인 건물철거에 대한 부분에 대해서도 확정이 차단되고 항소심으로 이심된다.

5. 불이익변경금지원칙에 위배되는지 여부(적극)

(1) 문제점

항소법원이 제1심 판결의 당부에 대해 구체적으로 심판할 수 있는 것은 항소 또는 부대항소한 당사자의 불복신청의 범위에 한하며, 그 한도를 넘어서 제1심판결을 불이익 또는 이익으로 변경할 수 없는 원칙을 불이익변경금지원칙이라고 한다(제415조). 주위적 청구를 배척하고 예비적 청구를 인용한 판결에 대해 피고만 항소한 경우 항소심 법원이 주위적 청구를 심판대상으로 삼는 것이 불이익변경금지원칙에 위배되는지 문제된다.

(2) 판 례

대법원은 "이심의 효력은 사건 전체에 미치더라도 원고로부터 부대항소가 없는 한 항소심의 심판대상으로 되는 것은 예비적 청구에 국한되는 것"(대판 1995.1.24. 94다29065)이라고 판시하였다.

(3) 검토 및 사안의 경우

원고가 부대항소를 하지 않음에도 주위적 청구를 심판대상으로 하는 것은 처분권주의 원칙상 원고의 의사에 반하고 항소한 피고에게 불이익변경금지 원칙은 준수되어야 하므로 判例는 타당하다. 따라서 항소심 법원은 피고가 항소한 예비적 청구에 대해서만 판단할 수 있을 뿐이며, 주위적 청구인 건물철거청구에 대해서는 판단할 수 없다(이 경우 주위적 청구를 인용하는 것은 항소한 피고에게 제1심 판결보다 불이익하게 변경하는 것이기 때문이다).

사례_237 **불이익변경금지원칙 – 항소심에서의 상계주장**   2015년 변리사

甲은 乙이 시공한 건물의 건축자재를 공급하였는데, 당초 乙이 공사를 완료하는 즉시 자재대금을 지급하기로 약속하였음에도 불구하고 공사 완료 후에도 대금을 지급하지 않아 수차례 독촉을 하였다. 그러나 乙이 공사 중 甲이 불량자재를 공급하여 해당 자재를 사용한 부분을 철거하고 재시공을 하느라 소요된 2억 원을 배상하여 줄 것을 요구하며 불응하므로, 甲은 乙을 상대로 법원에 3억 원의 건축자재 대금 이행청구의 소를 제기하였다.
제1심법원의 심리 중 乙은 甲이 청구한 자재 대금을 모두 변제하였다고 주장하였는데, 법원은 甲의 청구금액 3억 원을 모두 인정하면서 乙의 변제주장 중 1억 원만 받아들여 2억 원의 지급을 명하는 판결을 하였다. 이에 대해 甲만이 항소를 제기하고 乙은 항소나 부대항소를 제기하지 아니하였다. 그런데 항소심 법원의 심리 중 법원이 자신의 변제주장을 전부 배척하려 한다는 느낌을 받은 乙은 자재의 하자로 인한 손해배상채권 2억 원으로 원고의 청구채권 중 2억 원을 상계한다는 진술을 하였다. 항소심 법원은 심리 후 甲의 대금채권에 관한 乙의 변제주장은 전부 이유가 없으나, 오히려 乙의 손해배상채권 2억 원 전액의 존재와 甲의 청구채권과의 사이에 상계적상을 인정하고 있다면, 항소하지 않은 乙의 상계항변을 받아들일 수 있는지 설명하시오.

I. 결 론

항소심법원은 乙의 상계항변을 받아들일 수 있다.

II. 논 거

1. 항소심에의 이심범위(전부)

(1) 상소불가분의 원칙

상소 제기에 의한 확정차단·이심의 효력은 원칙적으로 상소인의 불복신청의 범위에 관계없이 원판결의 전부에 대해 불가분적으로 발생하는데, 이를 상소불가분의 원칙이라고 한다.

(2) 사안의 경우

甲만이 자신의 패소부분인 1억 원에 대하여만 항소를 제기하였다고 하더라도 상소불가분의 원칙에 따라 甲의 승소부분까지 포함하여 전부가 항소심으로 이심된다.

2. 항소심법원이 乙의 상계항변을 심판할 수 있는지 여부(적극)

(1) 불이익변경금지원칙

1) 원 칙

항소법원이 제1심 판결의 당부에 대해 구체적으로 심판할 수 있는 것은 항소 또는 부대항소한 당사자의 불복신청의 범위에 한하며, 그 한도를 넘어서 제1심판결을 불이익 또는 이익으로 변경할 수 없는 원칙을 불이익변경금지원칙이라고 한다(제415조).

2) 예 외

항소심에서 피고측의 상계주장이 이유 있다고 인정된 때에는 불이익변경금지의 원칙이 적용되지 않는다(제415조 단서). 따라서 이때에는 항소인의 불복범위를 넘어서 항소인에게 불이익한 판결을 할 수 있다. 만일 이 경우에도 불이익변경금지의 원칙이 적용된다면 항소심에서 피고가 상계의 항변을 한 경우 원고의 소구채권은 불복범위에서 소멸하나, 피고의 반대채권은 전부 소멸하기 때문이다.

(2) 사안의 경우

제1심법원이 乙의 변제항변을 인정하여 2억 원만 인용하였더라도, 항소심에서의 乙의 상계주장이 이유있다고 인정된 때에는 불이익변경금지의 원칙이 적용되지 않는다. 따라서 乙이 비록 항소나 부대항소를 제기하지 않았다고 하더라도 항소심 법원은 乙의 상계항변을 받아들일 수 있다.

사례_238 **불이익변경금지원칙 – 상계항변에 관한 판단(원고 또는 피고만이 항소한 경우)**
　　　　　　　　　　　　　　　　　　　　　　　　　　2018년 10월 법전협 모의

甲은 乙에게 1억 원을 대여하였다고 주장하면서, 乙을 상대로 위 1억 원의 반환을 구하는 소송을 제기하였다. 이에 대하여 乙은 甲으로부터 위 1억 원을 차용한 사실이 없고, 설령 차용하였다고 하더라도 甲에 대한 1억 원 손해배상채권으로 甲의 위 대여금 채권과 상계한다고 주장하였다.
※ 아래 설문 1.과 설문 2.는 상호 무관함

〈문제 1.〉
1. 제1심 법원은 甲이 청구한 대여금 채권의 발생을 인정하면서도 乙이 한 상계항변을 전부 받아 들여 甲의 청구를 기각하였다. 이와 관련하여 다음 각 경우 항소심 법원은 어떠한 판결을 선고하여야 할 것인가? (아래 설문 가.와 설문 나.는 상호 무관함) (설문 가와 나를 합하여 20점)

〈문제 1의 가〉 제1심 판결에 대해 甲이 항소하고, 乙은 항소심 변론종결 시까지 부대항소를 제기하지 아니하였는데, 항소심 법원이 심리한 결과 甲의 대여금 채권이 인정되지 않는다고 판단한 경우

(민사소송법의 맥 E-03 참조)

〈문제 1의 나〉 제1심 판결에 대해 乙이 항소하고, 甲은 항소심 변론종결 시까지 부대항소를 제기하지 아니하였는데, 항소심 법원이 심리한 결과 甲의 대여금 채권은 인정되고, 乙의 손해배상채권은 인정되지 않는다고 판단한 경우

(민사소송법의 맥 E-03 참조)

〈문제 2.〉

제1심 법원은 甲의 대여금 채권이 인정되지 않는다는 이유로 청구기각 판결을 선고하였다. 이에 대하여 甲이 항소를 제기하고 乙은 부대항소를 제기하지 않았는데, 항소심 법원은 甲이 주장하는 대여금 채권의 발생은 인정되지만 乙의 상계항변도 이유 있다고 판단하였다. 항소심 법원은 어떤 판결을 선고하여야 할 것인가?

Ⅰ. 문제 1. 의 해결 - 상계항변과 불이익변경금지원칙

1. 논점의 정리

항소심 심리결과 제1심에서 인정된 소구채권이나 반대채권이 부존재한다면 원심판결을 취소함이 타당하나, 원고 또는 피고만 항소한 경우 불이익변경금지원칙이 문제된다.

2. 불이익변경 금지 원칙

(1) 의 의

제1심에서 심판된 사건은 항소의 제기에 의하여 사건은 원칙적으로 전부 이심되지만, 항소법원이 제1심 판결의 당부에 대해 구체적으로 심판할 수 있는 것은 항소 또는 부대항소한 당사자의 불복신청의 범위에 한하며, 그 한도를 넘어서 제1심판결을 불이익 또는 이익으로 변경할 수 없는 원칙(제415조)을 불이익변경금지원칙이라고 한다.

(2) 법적 근거

불이익변경금지의 원칙이 인정되는 근거는 처분권주의(제203조)가 항소심에서 구현되었기 때문이다. 그리고 이 원칙에 의하여 당사자는 불복신청을 하더라도 원심판결 이상으로 불이익한 판결을 받을 염려가 없게 됨으로써 상소권을 보장받게 되는 기능을 한다. 그러므로 상소심은 원칙적으로 당사자가 불복대상으로 삼지 아니한 것은 심리하지 않는다. 상소불가분의 원칙에 의해 사건 전체가 상소심에 이심되지만 상소심의 심판범위는 당사자가 불복한 것에 국한되고, 그 결과 상소심에 이심되는 범위와 그 심판의 범위가 달라지게 된다.

(3) 판단기준

불이익변경금지에서 유·불리의 판결은 기판력의 범위를 그 기준으로 한다. 따라서 기판력이 미치는 판결의 주문에 영향을 미치는 경우에만 위 원칙이 적용되고 기판력이 생기지 않는 판결이유 등의 판단에는 불이익변경금지의 원칙이 적용되지 않는다. 그러나 피고가 상계항변을 제출한 경우 비록 판결이유 중의 판단임에도 자동채권의 존부에 대하여 상계로써 대항한 액수의 한도 내에서 기판력이 발생하므로(제216조 2항), 불이익변경금지원칙에 따라 판결을 하여야 한다.

3. 문제 가의 해결(피고의 상계항변을 받아들여 청구를 기각한 제1심판결에 원고만 항소한 경우)

(1) 소구채권이 부존재하는 경우 항소심 법원의 판결

"항소심은 당사자의 불복신청범위 내에서 제1심판결의 당부를 판단할 수 있을 뿐이므로, 설사 제1심 판결이 부당하다고 인정되는 경우라 하더라도 그 판결을 불복당사자의 불이익으로 변경하는 것은 당사자가 신청한 불복의 한도를 넘어 제1심판결의 당부를 판단하는 것이 되어 허용될 수 없는바, 제1심판결이 원고가 청구한 채권의 발생을 인정한 후 피고가 한 상계항변을 받아들여 원고의 청구를 기각하고 이에 대하여 원고만이 항소한 경우에 항소심이 제1심과는 다르게 원고가 청구한 채권의 발생이 인정되지 않는다는 이유로 원고의 청구를 기각하는 것은 항소인인 원고에게 불이익하게 제1심판결을 변경하는 것이 되어 허용되지 아니한다"(대판 2010.12.23. 2010다67258). 왜냐하면 원고로서는 상계에 제공된 반대채권 소멸의 이익을 잃게 되어 제1심 판결보다 불리해지기 때문이다. 따라서 항소심 법원은 ⅰ) 원고의 항소를 인용하여 원판결을 취소하고 청구기각의 자판을 할 수 없고, ⅱ) 소구채권의 부존재를 이유로 항소기각을 할 수도 없으며, ⅲ) 제1심 판결과 똑같은 이유로 항소기각판결을 하여야 한다.

(2) 사안의 경우

항소심은 소구채권이 인정되지 않는 것으로 판단되더라도 판결이유에서 제1심 판결과 마찬가지로 소구채권이 인정됨을 전제로 상계의 항변을 받아들여 청구가 기각되어야 하는 것으로 기재한 후 항소기각 판결을 선고하여야 한다.

4. 문제 나의 해결(피고의 상계항변을 받아들여 청구를 기각한 제1심판결에 피고만 항소한 경우)

(1) 항소의 이익 인정여부

원고의 청구를 전부 기각한 판결에 대하여는 피고가 판결이유 중의 판단에 불복이 있더라도 상소를 할 이익이 없는 것이 원칙이다. 그러나 상계를 주장한 청구가 성립되어 원고의 청구가 기각된 때와 같이 예외적으로 판결이유에 대한 기판력이 인정되는 경우에는, 상소를 할 이익이 인정된다(대판 1993.12.28. 93다47189).

(2) 반대채권이 부존재하는 경우 항소심 법원의 판결

반대채권이 부존재하는 경우 항소심법원은 ⅰ) 제1심 판결을 취소하여 청구인용판결을 할 수 없고, ⅱ) 반대채권의 부존재를 이유로 항소기각을 할 수도 없고, ⅲ) 제1심 판결과 똑같은 이유로 항소기각판결을 해야 한다. 즉, 상계에 의한 청구기각의 원판결을 유지하여야 한다. 判例는 "피고의 상계항변을 인용한 제1심 판결에 대하여 피고만이 항소하고 원고는 항소를 제기하지 아니하였는데, 항소심이 피고의 상계항변을 판단함에 있어 제1심이 자동채권으로 인정하였던 부분을 인정하지 아니하고 그 부분에 관하여 피고의 상계항변을 배척하였다면, 그와 같이 항소심이 제1심과는 다르게 그 자동채권에 관하여 피고의 상계항변을 배척한 것은 항소인인 피고에게 불이익하게 제1심 판결을 변경한 것에 해당한다"(대판 1995.9.29. 94다18911)고 판시하였다.

(3) 사안의 경우

소구채권은 인정되지만 반대채권(자동채권)이 인정되지 않는다고 판단되더라도, 항소심 법원은 불이익변경금지의 원칙상 제1심판결과 마찬가지로 소구채권 및 반대채권의 존재를 전제로 상계항변을 받아들여 항소기각 판결을 선고하여야 한다.

Ⅱ. 문제 2. 의 해결 - 예비적 상계의 항변이 이유 있는 경우 항소기각 가부

1. 논점의 정리

제1심이 소구채권의 부존재를 이유로 청구기각판결을 선고하고 원고만 항소하였는데, 항소심법원의 심리결과 피고의 예비적 상계의 항변이 이유 있는 경우 항소기각의 가부가 문제된다.

2. 상계항변과 기판력

기판력은 판결주문에서 판단된 소송물인 권리의 존부 및 그 범위의 판단에만 미치는 것이 원칙이지만, 예외적으로 피고가 상계항변을 제출한 경우 비록 판결이유 중의 판단임에도 자동채권의 존부에 대하여 상계로써 대항한 액수의 한도 내에서 기판력이 발생한다(제216조 2항). 따라서 소구채권의 부존재를 이유로 한 청구기각판결과, 소구채권은 존재하나 피고의 상계항변이 이유 있다는 이유로 한 청구기각판결은, 결론은 같은 청구기각이지만 기판력의 객관적 범위가 다르다.

3. 항소기각의 가부

항소가 이유 없다는 항소기각은 제1심판결이 정당하거나(제414조 1항), 그 이유는 부당하더라도 다른 이유로 정당하다고 인정될 때에 한다(제414조 2항). 즉, 판결이유 중의 판단에는 기판력이 미치지 않으므로 결론적으로 원판결의 주문과 일치하는 판단이 내려질 때 항소기각을 할 수 있다. 그런데 상계항변은 비록 판결이유 중의 판단임에도 기판력이 생기므로(제216조 2항), 항소심에서 상계항변을 인정하여 청구기각 판결을 선고하고 확정될 경우 발생하는 기판력의 객관적 범위는 소구채권의 부존재를 이유로 한 원심의 청구기각 판결에 따른 기판력의 객관적 범위와 완전히 다르기 때문에 항소기각 판결을 선고할 수 없다.

4. 사안의 경우

항소심법원의 심리결과 소구채권은 존재하나 피고의 상계항변이 이유 있다는 판단을 한 경우 항소기각이 아니라 원판결을 취소하고 다시 상계항변을 이유로 한 청구기각판결을 선고해야 한다.

사례_239 **불이익변경금지원칙 – 상계항변에 관한 판단(피고만이 항소한 경우)**

대판 1995.9.29. 94다18911

甲은 乙을 피고로 차용금반환청구의 소를 제기하였다. 乙은 제1심에서 상계항변을 제출하였고, 법원은 이를 받아들여 甲의 청구를 기각하였다. 이에 乙은 항소를 제기하였는바, 甲은 항소도 부대항소도 제기하지 않았다. 항소심의 심리결과 甲의 소구채권은 인정되나, 乙의 반대채권이 부존재한다는 심증이 들었다면 항소심법원은 어떠한 판단을 하여야 하는가? (乙의 항소의 적법함을 전제로 한다)

I. 결 론

항소심법원은 제1심법원의 판결을 유지하는 항소기각판결을 하여야 한다.

II. 논 거

1. 불이익변경금지원칙의 의의(사례 204. 참조)

2. 유불리의 판단기준

불이익변경금지에서 유·불리의 판결은 기판력의 범위를 그 기준으로 한다. 따라서 기판력이 미치는 판결의 주문에 영향을 미치는 경우에만 위 원칙이 적용되고 기판력이 생기지 않는 판결이유 등의 판단에는 불이익변경금지의 원칙이 적용되지 않는다. 그러나 피고의 상계항변의 경우는 판결이유 중의 판단이라도 예외적으로 기판력이 인정되기 때문에(제216조 2항) 불이익변경의 문제가 발생한다.

3. 상계의 항변을 받아들여 청구를 기각한 제1심판결에 대하여 피고만이 항소한 경우의 문제

사안과 같이 반대채권이 부존재한다는 심증이 든 경우라도 피고의 상계항변을 배척하면서 항소기각 하는 것은 항소한 피고에게 제1심 판결보다 더 불리해지므로 허용되지 않는다. 判例도 "피고의 상계 항변을 인용한 제1심 판결에 대하여 피고만이 항소하고 원고는 항소를 제기하지 아니하였는데, 항소 심이 피고의 상계항변을 판단함에 있어 제1심이 자동채권으로 인정하였던 부분을 인정하지 아니하 고 그 부분에 관하여 피고의 상계항변을 배척하였다면, 그와 같이 항소심이 제1심과는 다르게 그 자동채권에 관하여 피고의 상계항변을 배척한 것은 항소인인 피고에게 불이익하게 제1심 판결을 변 경한 것에 해당한다"(대판 1995.9.29. 94다18911)고 한다. 따라서 항소심법원은 제1심법원의 판결을 유지 하는 항소기각판결을 하여야 한다.

[참고] ※ 상계의 항변을 받아들여 청구를 기각한 제1심판결에 대하여 항소한 경우의 문제

1. 피고만이 항소한 경우

(1) 소구채권이 부존재하는 경우

제1심 판결이 그 이유는 부당하다고 하여도 다른 이유로 정당하다고 인정할 때이므로 제414조 2항에 의해 항소기각판결을 해야 하는지 문제되는 바, 예비적 상계의 항변에 의하여 승소한 피고가 항소를 했을 때에 항소법원에서 볼 때에 상계에 의한 필요 없이 변제의 항변 등을 받아들여 청구를 기각할 수 있으면, 원판결을 취소하고 다시 청구기각판결을 선고해야 한다. 상계의 항변에 관한 판단에는 기판력이 생기기 때문에(제216조 2항) 결론은 같은 청구기각이지만 기판력의 객관적 범위가 달라지 기 때문이다.

(2) 반대채권이 부존재하는 경우

항소심법원은 ⅰ) 제1심 판결을 취소하여 청구인용판결을 할 수 없고, ⅱ) 반대채권의 부존재를 이유 로 항소기각을 할 수도 없고, ⅲ) 제1심 판결과 똑같은 이유로 항소기각판결을 해야 한다. 즉, 상계에 의한 청구기각의 원판결을 유지하여야 한다.

2. 원고만이 항소한 경우

(1) 소구채권이 부존재하는 경우

항소심 법원은 ⅰ) 원고의 항소를 인용하여 원판결을 취소하고 청구기각의 자판을 할 수 없고, ⅱ) 소구채권의 부존재를 이유로 항소기각을 할 수도 없으며, ⅲ) 제1심 판결과 똑같은 이유로 항소기각 판결을 하여야 한다. 왜냐하면 상계의 항변을 인정하여 청구기각판결을 한 제1심 판결은 반대채권의 부존재에 기판력이 발생하지만, 소구채권의 부존재에 의한 청구기각의 항소심판결은 반대채권에 대 한 심리가 없어 반대채권부존재에는 기판력이 발생하지 않는다. 따라서 원고로서는 상계에 제공된 반대채권 소멸의 이익을 잃게 되어 제1심 판결보다 불리해지기 때문이다(대판 2010.12.23. 2010다66258).

(2) 반대채권이 부존재하는 경우

원고의 항소를 인용하여 원판결을 취소하고 청구인용의 자판을 하여야 한다.

[참고] ※ 상환이행판결과 불이익변경금지원칙

判例는 '불이익하게 변경된 것인지 여부는 기판력의 범위를 기준으로 하나, 동시이행의 판결에 있어 서는 원고가 그 반대급부를 제공하지 아니하고는 판결에 따른 집행을 할 수 없어 비록 피고의 반대 급부 이행청구에 관하여 기판력이 생기지 아니하더라도 반대급부의 내용이 원고에게 불리하게 변경 된 경우에는 불이익금지 원칙에 반하게 된다'는 입장이다(대판 2005.8.19. 2004다8197)

甲은 乙소유의 A토지에 관하여 임대차계약을 체결하였다. 이후 甲은 위 토지를 인도받아 사용하려고 하였으나 丙이 아무런 권원 없이 A토지 위에 창고를 건축하여 그 토지를 불법점유하고 있음을 알게 되었다. 이에 甲은 乙에 대한 임차권을 보전하기 위하여 乙을 대위하여 丙을 상대로 건물철거청구의 소를 제기하였다. (아래 각 설문은 서로 관련이 없음)

〈문제 1.〉
위 소송의 제1심법원은 원고 승소판결을 하였으나 항소심법원은 甲과 乙사이의 임대차계약이 무효이므로 피보전권리가 존재하지 않는다고 판단하여 제1심 판결을 취소하고 원고의 소를 각하하였다. 이와 달리 상고심법원은 甲과 乙 사이의 임대차계약은 적법하게 성립되어 피보전권리는 존재한다고 판단하여 원심판결을 파기하고 환송하는 판결을 하였다.
(1) 피고는 상고심의 파기환송판결에 대하여 재심을 제기하려고 한다. 파기환송판결은 재심대상이 될 수 있는가? (민사소송법의 맥 E-06 참조)
(2) 환송 후 원심법원이 임대차계약은 무효이므로 피보전권리가 없다고 판단하여 다시 원고의 소를 각하하는 판결을 하였다면 이 판결은 적법한가? 환송 후 원심법원의 판결에 대하여 다시 상고가 제기되었을 때 상고심은 환송 전 상고심판결에 기속되는가? (민사소송법의 맥 E-05 참조)

〈문제 2.〉
제1심법원에서 甲과 乙 사이의 임대차계약은 무효이므로 피보전권리가 존재하지 아니한다고 판단하여 본안에 대한 심리 없이 소각하판결을 하였고, 항소심 법원 역시 제1심법원과 같이 판단하여 원고의 항소를 기각하는 판결을 하였다. 상고심법원은 이와 달리 임대차계약이 유효하므로 피보전권리는 존재한다고 판단한 경우, 상고심법원은 원심판결을 파기하고 이 사건을 어느 법원으로 환송하여야 하는가? (민사소송법의 맥 E-05 참조)

Ⅰ. 문제 1.(1)의 해결

1. 결 론

파기환송판결은 재심의 대상이 될 수 없다.

2. 논 거 - 대법원의 환송판결이 재심의 대상적격이 있는지 여부(소극)

(1) 문제점

재심의 소는 확정된 종국판결에 대해서만 허용되는 바(제451조 1항), 대법원의 환송판결이 종국판결인지 여부와 확정된 종국판결인지 여부가 문제된다.

(2) 대법원의 환송판결이 종국판결인지 여부(적극)

종국판결은 소 또는 상소에 의하여 계속된 사건의 전부 또는 일부를 그 심급으로서 완결하는 판결이라 하고, 중간판결은 소송의 진행 중 당사자간에 쟁점으로 된 사항에 대하여 미리 판단을 하여 종국판결을 용이하게 하기 위한 판결인 바, 대법원의 파기환송판결도 당해 사건에 대하여 재판을 마치고 그 심급을 이탈시키는 판결인 점에서 당연히 제2심의 환송판결과 같이 **종국판결**로 보아야 할 것이라고 보는 것이 통설·判例이다.

생각건대, 종국판결과 중간판결의 구별기준은 당해 심급의 심리를 완결하여 사건을 당해 심급에서 이탈시킨다는 것에서 찾아야 하며, 대법원의 파기환송판결은 당해 심급인 상고심을 이탈시키는 판결이므로 종국판결이라고 할 것이다.

(3) 확정된 종국판결인지 여부(소극)

判例[1]는 "재심제도의 본래의 목적에 비추어 볼 때, 재심의 대상이 되는 '확정된 종국판결'이란 당해 사건에 대한 소송절차를 최종적으로 종결시켜 그것에 하자가 있다고 하더라도 다시 통상의 절차로는 더 이상 다툴 수 없는 기판력이나 형성력, 집행력을 갖는 판결을 뜻하는 것이라고 이해하여야 할 것인 바, 대법원의 환송판결은 형식적으로 보면 '확정된 종국판결'에 해당하지만, 여기서 종국판결이라고 하는 의미는 당해 심급의 심리를 완결하여 사건을 당해 심급에서 이탈시킨다는 것을 의미하는 것일 뿐이고 실제로는 환송받은 하급심에서 다시 심리를 계속하게 되므로 소송절차를 최종적으로 종료시키는 판결은 아니며, 소송물에 관하여 직접적으로 재판하지 아니하고 원심의 재판을 파기하여 다시 심리 판단하여 보라는 종국적 판단을 유보한 재판의 성질상 직접적으로 기판력이나 실체법상 형성력, 집행력이 생기지 아니한다고 하겠으므로 이는 중간판결의 특성을 갖는 판결로서 '실질적으로 확정된 종국판결'이라 할 수 없다"(대판 1995.2.14. 전합93재다27)고 하여 부정설의 장이다.

II. 문제 1.(2)의 해결

1. 결 론

① 환송 후 원심법원의 판결은 환송판결의 기속력에 반하여 위법하다. ② 환송 후 원심법원의 판결에 대하여 다시 상고가 제기되었을 때 상고심은 원칙적으로 환송 전 상고심판결에 기속된다. 다만, 대법원이 전원합의체를 연다면 기속되지 않는다.

2. 논 거

(1) 환송판결의 기속력의 의의 및 법적성질

환송을 받은 법원이 다시 심판을 하는 경우에는 상고법원이 파기를 이유로 한 사실상 및 법률상의 판단에 기속되는 바(제436조 2항 단서, 법원조직법 제8조), 이를 환송판결의 기속력이라고 한다. 기속력의 성질에 관하여는 ① 중간판결에 인정되는 기속력과 같이 보는 중간판결설, ② 확정판결의 기판력으로 보는 기판력설이 있으나, ③ 통설·判例는 심급제도의 유지를 위해 상급심의 판결이 하급심을 구속하는 특수한 효력으로 보는 특수효력설로 보고 있다.

(2) 기속력의 범위

1) 객관적 범위

환송받은 법원이 기속되는 것은 대법원이 한 사실상 판단과 법률상 판단인 바(제436조 2항), 이때 기속력은 원심판결의 판단을 부당하다고 하여 파기이유로 한 판단 및 파기이유와 논리필연적 관계가 있어서 상고법원이 파기이유의 전제로 당연히 판단하였다고 볼 수 있는 법률상의 판단도 포함된다(대판 1991.10.25. 90누7890).[2]

2) 주관적 범위

당해사건에 관한 한, 환송판결의 하급심법원에 대한 기속력을 절차적으로 담보하고 그 취지를 관철하기 위하여 환송을 받은 법원 및 그 하급심, 그 사건이 재상고된 때에는 상고법원(대법원의 부) 자신도

---

1) **[학설]** ① 대법원의 파기환송판결에 재심사유에 해당하는 중대한 하자가 있는 경우 신속한 하자의 시정에 중점을 두어 환송판결 자체가 재심의 대상이 된다고 보는 긍정설과 ② 재심이라는 예외적 비상구제수단은 실질적으로 통상의 구제수단이 모두 종료된 경우에만 허용된다는 재심제도의 보충성에 중점을 두어 환송판결 자체는 재심의 대상이 되지 않는다고 보는 부정설이 대립한다.

2) **[관련판례]** 判例는 "채권자대위소송에서 대위에 의하여 보전될 채권자의 채무자에 대한 권리(피보전채권)가 존재하는지는 소송요건으로서 법원의 직권조사사항이므로, 환송판결이 구 특조법에 의하여 경료된 등기의 추정력이 번복되는 경우인지에 관해서만 판단하였더라도, 그 판단은 甲이 乙 등 또는 상속인에 대하여 명의신탁 해지에 따른 이전등기청구권을 가지고 이를 피보전채권으로 하여 乙 등 또는 상속인을 대위할 수 있어 소송요건을 구비하였다는 판단을 당연한 논리적 전제로 하고 있으므로, 환송판결의 기속력은 갑의 청구가 소송요건을 구비한 적법한 것이라는 판단에 대하여도 미친다"(대판 2012.3.29. 2011다106136)

동일 사건의 재상고심에서 환송판결의 법률상 판단에 기속된다(자기구속, 대판 1981.2.24. 80다2029). 判例는 종래 재상고심의 전원합의체까지 기속된다고 보았으나, 그 입장을 변경하여 재상고심의 전원합의체는 기속되지 않는다고 판시하였다(대판 2001.3.15. 전합98두15597 : 환송판결은 재상고심을 기속하나 재상고심의 전원합의체는 기속하지 않는다).[3]

(3) 사안의 해결

상고심법원이 피보전권리가 존재한다고 판단하여 원심판결을 파기환송하였는데, 환송 후 원심법원이 새로운 증거에 의하여 새로운 사실을 인정하지 않은 채 환송 전 원심법원과 똑같이 위 임대차계약을 무효로 보아 피보전권리가 없다고 판단한 것은 대법원의 환송판결의 기속력에 반하여 위법하다. 따라서 위 판결에 대하여 다시 상고가 제기되었을 때 상고심은 원칙적으로 환송 전 상고심 판결에 기속된다. 다만, 대법원이 전원합의체를 연다면 기속되지 않게 된다.

III. 문제 2.의 해결 - 필수적 환송

1. 상고인용판결의 방법

상고법원은 상고가 이유 있다고 인정할 때에는 원판결을 파기하지 않으면 안 된다. 파기사유로는 ⅰ) 상고이유에 해당할 때, ⅱ) 직권조사사항에 관하여 조사한 결과 원판결이 부당한 때 등이다. 채권자 대위소송에서 피보전채권의 존재는 소송요건에 해당하고 소송요건은 직권조사사항에 해당한다. 따라서 적법한 대위소송인데 1심과 원심이 잘못하여 부적법 각하판결을 내렸다면 파기사유에 해당한다.

2. 파기 이후의 조치

(1) 원 칙 - 환송 · 이송(제436조)

상고법원은 상고에 정당한 이유가 있다고 인정할 때에는 원심판결을 파기하고 사건을 원심법원에 환송하거나, 동등한 다른 법원에 이송하여야 한다(제436조 1항). 사건을 환송받거나 이송받은 법원은 다시 변론을 거쳐 재판하여야 한다. 이 경우에는 상고법원이 파기의 이유로 삼은 사실상 및 법률상 판단에 기속된다(제436조 2항). 때문에 기속력이 문제된다(후술). 또한, 원심판결에 관여한 판사는 환송 또는 이송 재판에 관여하지 못한다(제436조 3항)

(2) 예 외 - 자판(제437조)

상고법원은 원판결을 파기하는 경우 원심법원에 환송 또는 이송하는 것이 원칙이나 ⅰ) 확정된 사실에 대하여 법령적용이 어긋난다 하여 판결을 파기하는 경우에 사건이 그 사실을 바탕으로 재판하기 충분한 때, ⅱ) 사건이 법원의 권한에 속하지 아니한다 하여 판결을 파기하는 때에는 상고법원이 그 사건에 대하여 종국판결을 하여야 한다(제437조). 이 경우 상고법원은 제2심(항소심)의 입장에서 재판을 하게 된다.

3. 사안의 해결

설문은 제1심과 원심에서 본안심리 없이 소를 부적법 각하한 사안이다. 상고심이 소가 적법하다고 보았다면 확정된 사실에 대하여 법령적용이 어긋난다 하여 판결을 파기하는 경우에 사건이 그 사실을 바탕으로 재판하기 충분한 때에 해당하므로 원심의 항소기각판결을 파기하고 제1심판결을 취소하는 자판을 하면서(제437조 1호), 사건을 제1심 법원에 환송하여야 한다(제425조, 제418조).

---

3) "환송판결이 파기이유로 한 법률상 판단도 여기에서 말하는 '대법원에서 판시한 법령의 해석적용에 관한 의견'에 포함되는 것이므로 대법원의 전원합의체가 종전의 환송판결의 법률상 판단을 변경할 필요가 있다고 인정하는 경우에는, 그에 기속되지 아니하고 통상적인 법령의 해석적용에 관한 의견의 변경절차에 따라 이를 변경할 수 있다고 보아야 한다"

부 록

판례색인

[기타 판결]

MEMO

MEMO

MEMO